Vertiefen und vernetzen mit den Sonderseiten

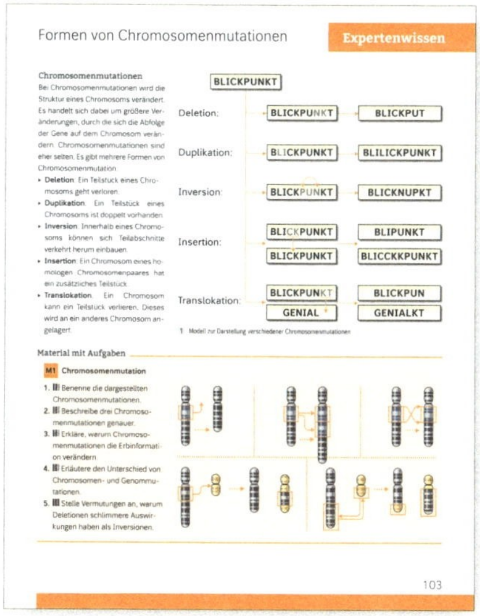

Expertenwissen: Auf diesen Seiten werden bestimmte Themen des Kapitels vertieft. Hier wirst du zur Expertin oder zum Experten.

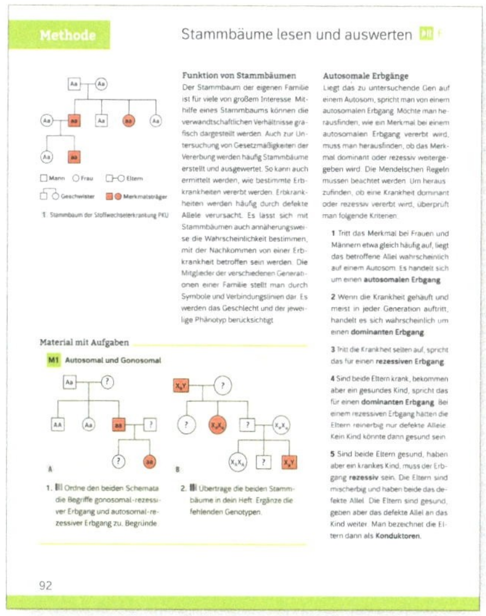

Methode: Auf diesen Seiten werden dir naturwissenschaftliche Methoden vorgestellt. Du lernst auch, diese selber anzuwenden.

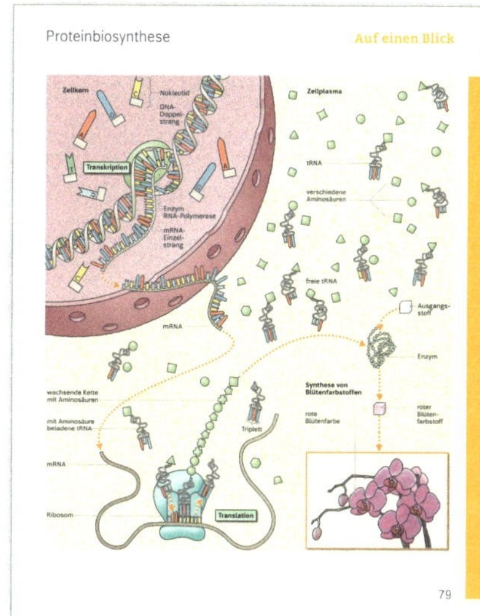

Auf einen Blick: Auf diesen Seiten werden verschiedene Themen des Kapitels miteinander vernetzt.

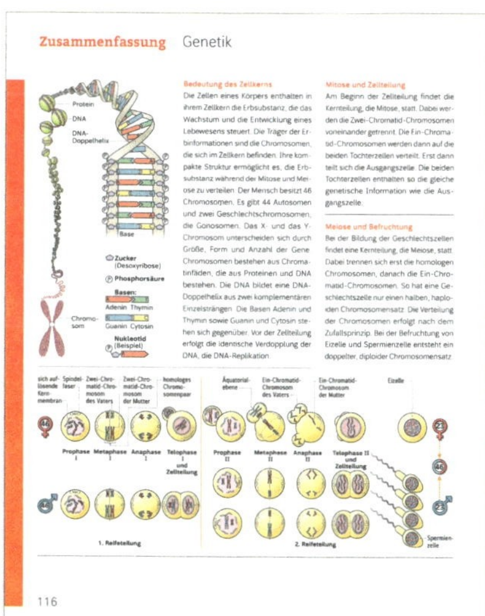

Zusammenfassung: Auf diesen Seiten sind die wichtigsten Inhalte des Kapitels noch einmal für dich zusammengefasst.

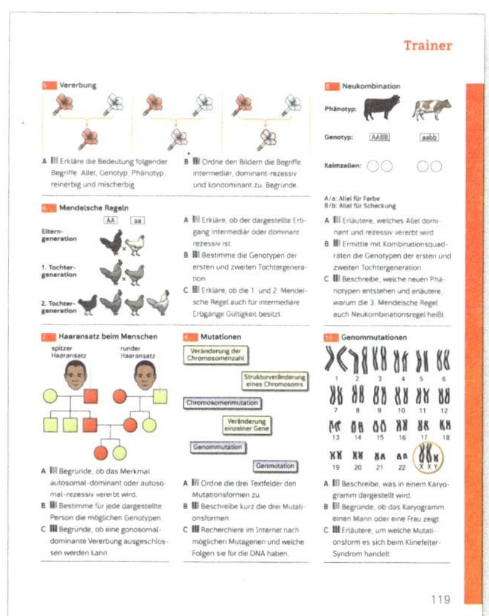

Trainer: Auf diesen Seiten findest du viele Aufgaben, mit denen du dein Wissen trainieren kannst.

Digital+

Digitale Ergänzungen zu deinem Buch erkennst du an dem Symbol **Digital+**. Gehe auf die Seite ***www.westermann.de/blickpunkt-188014*** und gib den Online-Schlüssel ein. Du kannst auch den QR-Code scannen und dann den Online-Schlüssel eingeben. Dort findest du Filme und Animationen passend zum jeweiligen Thema.

Online-Schlüssel
9BWS-ZK0Q-FYME

westermann

blickpunkt.

NATURWISSENSCHAFTEN

3

blick*punkt.*
NATURWISSENSCHAFTEN

erarbeitet von:
Dr. Petra Hoppe, Tobias Hoppe

unter Mitarbeit der Verlagsredaktion

in Teilen eine Bearbeitung von 978-3-14-188046-5, erarbeitet von: Nina Abels, Sandra Adamitzki, Horst Groth, Daniel Kroll, Uwe Leiding, Nina Matzke, Daniela Mittler, Thomas Sudeik, Julia Volkmer, Petra Wolthaus

Zusatzmaterialien
Für Lehrerinnen und Lehrer:

Materialien für Lehrerinnen und Lehrer 3: 978-3-14-188015-1
BiBox Einzellizenz für Lehrerinnen und Lehrer (Dauerlizenz):
978-3-14-188016-8
BiBox Kollegiumslizenz für Lehrerinnen und Lehrer (Dauerlizenz):
978-3-14-188017-5
BiBox Kollegiumslizenz für Lehrerinnen und Lehrer (1 Schuljahr):
978-3-14-107062-0

Für Schülerinnen und Schüler:

BiBox Einzellizenz für Schülerinnen und Schüler (1 Schuljahr):
978-3-14-188019-9
BiBox Klassenlizenz Premium (1 Schuljahr):
978-3-14-108414-6
BiBox Klassensatz PrintPlus (1 Schuljahr):
978-3-14-119436-4

Druck A² / Jahr 2023
Alle Drucke der Serie A sind im Unterricht parallel verwendbar.

Grafikkonzept: Atelier tigercolor Tom Menzel
Illustrationen: Atelier Tigercolor Tom Menzel, Jan Bintakies, Eike Gall, Thorsten Hardel/www.39punkt.de, Brigitte Karnath, Michal Rössler, Birgit und Olaf Schlierf, Frithjof Spangenberg, Hannes von Goessel
Umschlaggestaltung: LIO Design GmbH, Braunschweig
Layout: LIO Design GmbH, Braunschweig
Druck und Bindung: Westermann Druck Zwickau GmbH, Crimmitschauer Straße 43, 08058 Zwickau

ISBN 978-3-14-**188014**-4

1

Immunbiologie

2

Genetik

3

Evolution

4 Aufbau der Materie

5 Was die Welt zusammenhält

Vom Geben und Nehmen

Energiewandler

Energieumwandlungen

Radioaktivität

Anhang

Basiskonzepte

Bei allen Lebewesen kann man eine Vielzahl unterschiedlicher Merkmale und Eigenschaften beobachten. Viele Regeln und Erklärungsmuster tauchen in unterschiedlichen Themen der Naturwissenschaften immer wieder auf. Man bezeichnet sie als **Basiskonzepte**. Sie helfen, übergeordnete Prinzipien und Zusammenhänge in den Naturwissenschaften besser zu verstehen und zu vergleichen.

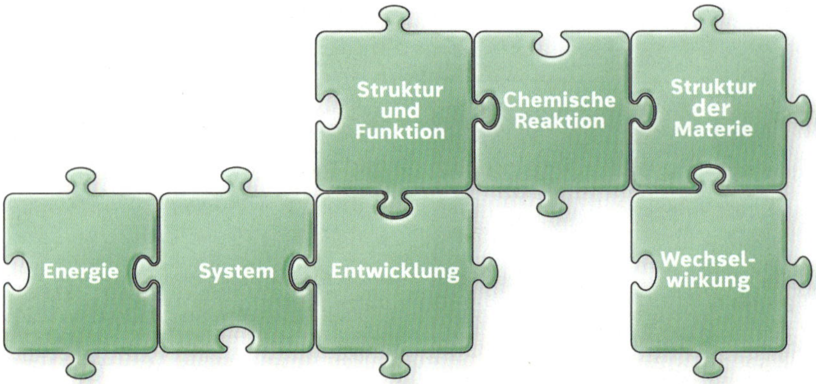

Basiskonzept Struktur und Funktion

Biologische Strukturen bezeichnen Teile von Organismen, die jeweils eine bestimmte Funktion erfüllen.

- Chromosomen sind die kompakte Transportform der DNA. Das Zentromer eines Zwei-Chromatid-Chromosoms dient als Ansatzpunkt für die Spindelfasern. So kann das Chromosom in zwei Chromatiden geteilt und damit die DNA gleichmäßig aufgeteilt werden.

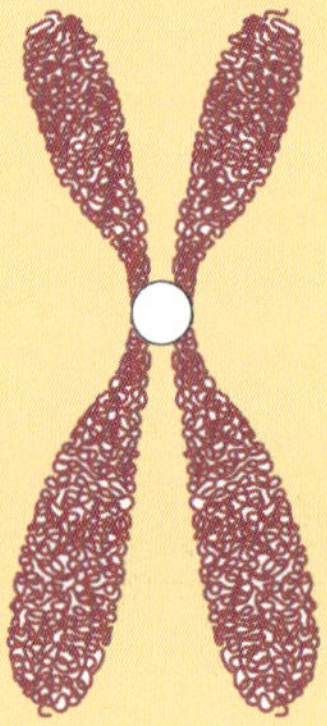

Basiskonzept Entwicklung

Alle Lebewesen pflanzen sich fort und habe sich im Laufe der Jahrhunderte durch Veränderung der Lebenswelt, Isolation, Mutation oder Selektion entwickelt oder sind ausgestorben.

- Schneehasen mit einem weißen Fell sind im Winter besser getarnt als Schneehasen, die ein braunes Fell haben. Dadurch ist die Wahrscheinlichkeit, dass ein Schneehase mit braunem Fell nicht lange überlebt, hoch.

Feldhasen dagegen sind mit ihrem braunen Fell besser auf Feldern getarnt als Hasen mit weißem Fell.

Basiskonzept System

Ein System besteht aus verschiedenen Bestandteilen, die arbeitsteilig verschiedene Aufgaben erfüllen. Nur durch ihr Zusammenwirken ist ein System funktionsfähig.

- Unser Stromnetz besteht aus vielen verschiedenen einzelnen Bestandteilen. Der Strom wird von den Kraftwerken über Transformatoren und Hochspannungsleitungen zu der Industrie oder den Haushalten transportiert und dort umgewandelt.

Basiskonzept Energie

Energie begegnet uns in verschiedenen Energieformen. Diese können von einer Energieform in eine andere umgewandelt werden.

‣ Der Mensch nutzt auf viele Weisen die Energie des Sonnenlichts. Mithilfe von Solarzellen wird zum Beispiel die Energie der Sonne in elektrische Energie umgewandelt. Diese kann dann im Haushalt genutzt werden. Auch fossile Brennstoffe wie Kohle oder Öl sind durch die Energie des Sonnenlichts entstanden.

Basiskonzept Chemische Reaktion

Vorgänge, bei denen aus Ausgangsstoffen neue Stoffe entstehen, nennt man chemische Reaktion.

‣ Natrium ist ein Metall und ist aus Natrium-Atomen aufgebaut. Chlor ist ein Nichtmetall und besteht aus Chlormolekülen. Reagiert geschmolzenes Natrium mit Chlorgas, entstehen weiße Salzkristalle. Es handelt sich um Natriumchlorid. Bei dieser chemischen Reaktion entstehen aus Atomen Ionen.

Basiskonzept Struktur der Materie

Materie besteht in ihrer Struktur aus kleinen Teilchen, den Atomen. Um den Aufbau der Materie zu veranschaulichen, benutzt man Atommodelle.

‣ Im Laufe der Zeit wurde die Vorstellung von dem Aufbau der Atome immer weiter entwickelt: Vom einfachen Kugelmodell bis zum Schalenmodell.

Basiskonzept Wechselwirkung

Körper oder Felder können sich gegenseitig beeinflussen. Man spricht von Wechselwirkungen.

‣ Induktion tritt immer dann auf, wenn sich das Magnetfeld um eine Spule ändert. Durch die Bewegungen von Spule oder Magnet beeinflussen sich die Magnetfelder der Spule und dem Magnet gegenseitig. Sie wechselwirken miteinander.

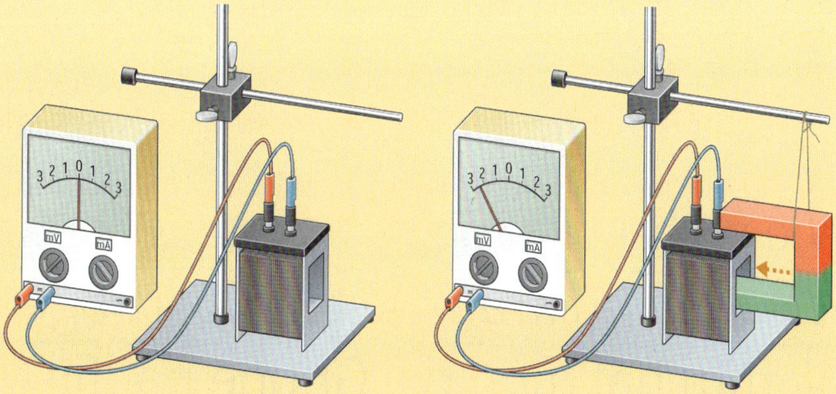

Immunbiologie

Wie wehrt sich der Körper gegen Krankheitserreger?
Wie können Krankheiten übertragen werden?
Warum hat man bei Grippe häufig Fieber?

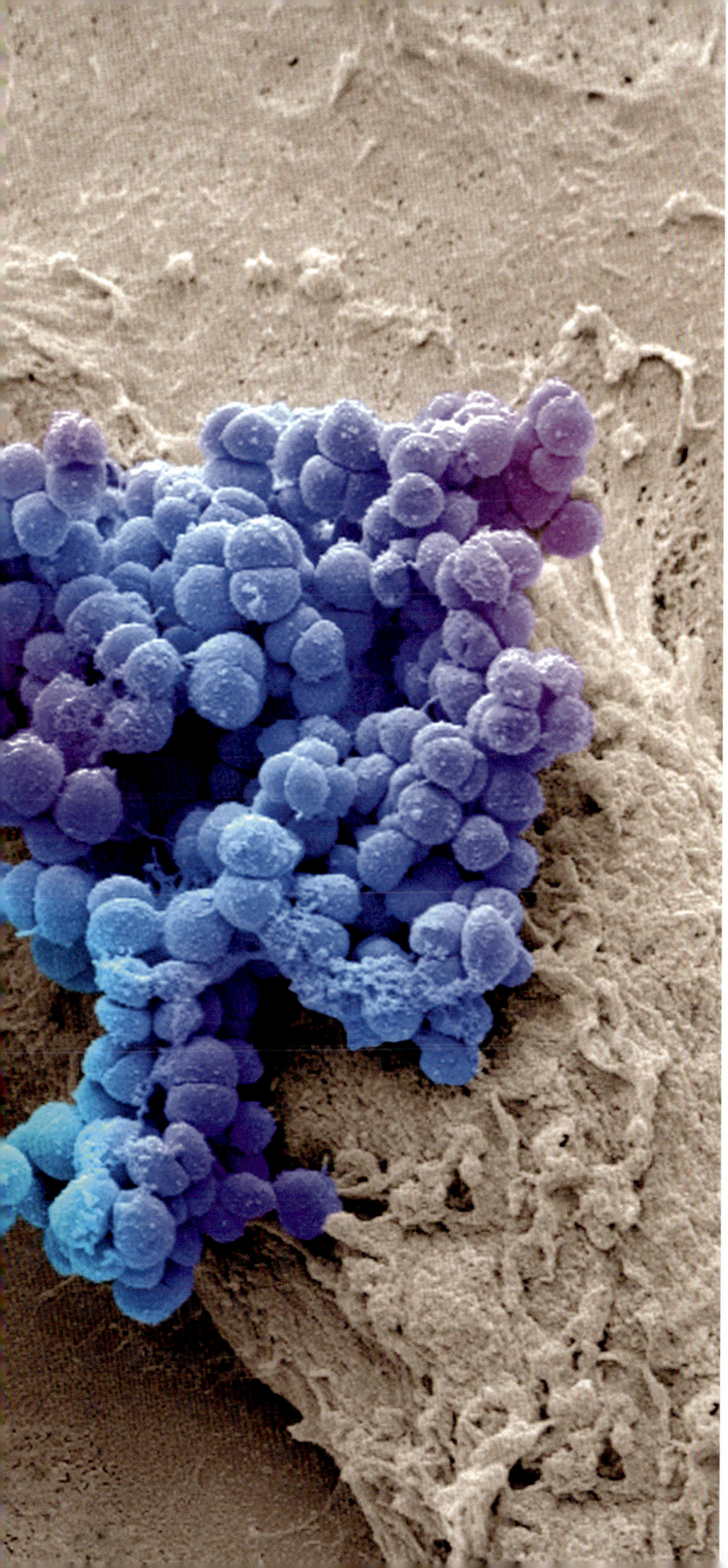

1

Überall in der Umwelt leben Bakterien. Sie befinden sich auch auf unserer Haut. Diese kleinen Lebewesen kann man mit dem bloßen Auge nicht sehen. Sie sind nur wenige Tausendstel Millimeter groß. Nicht alle Bakterien sind Krankheitserreger. Unser Körper ist dennoch ständig Krankheitserregern wie Bakterien oder Viren ausgesetzt. Unsere Haut ist eine Schutzbarriere und schützt uns vor dem Eindringen von Krankheitserregern.

1 Lebensmittelkontrolleur in einer Restaurantküche

Infektionskrankheiten

Krankheitserreger und Infektion

Im Sommer hört man manchmal in den Nachrichten, dass mehrere Menschen nach dem Essen an Durchfall erkrankt sind. Laboruntersuchen der Speisen bestätigten oft den Verdacht: Das Essen war mit Salmonellen verunreinigt. Vor allem Fleisch und Milchprodukte können mit Salmonellen belastet sein. Salmonellen sind krankheitserregende Bakterien. Sie vermehren sich bei warmen Temperaturen besonders schnell. Die Übertragung der Bakterien erfolgt meist über Lebensmittel. Durch falsche Lagerung oder falsche Zubereitung können sich Salmonellen schnell vermehren. Die Übertragung eines Krankheitserregers in den menschlichen Körper bezeichnet man als **Infektion**. Die Krankheiten, die sie verursachen, nennt man **Infektionskrankheiten**.

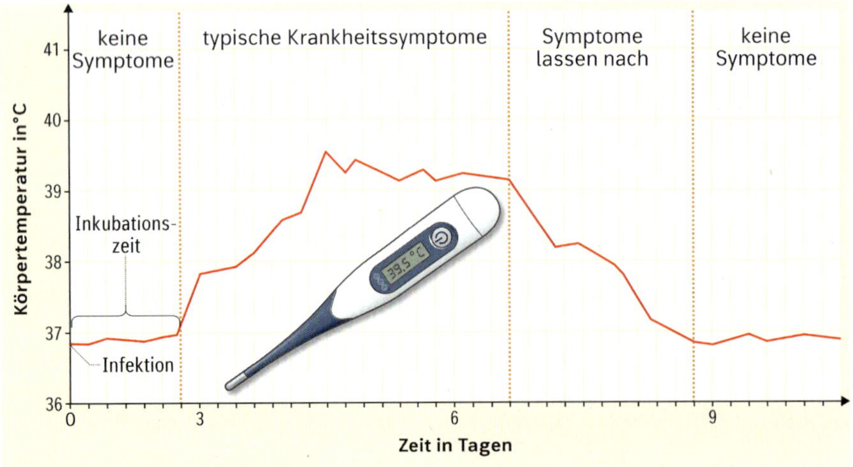

2 Verlauf einer Salmonellose

Infektionskrankheiten

Die von Salmonellen ausgelöste Infektionskrankheit wird Salmonellose genannt. Die Salmonellose verläuft wie alle Infektionskrankheiten in mehreren Schritten:

Die Zeit vom Eindringen des Erregers in den menschlichen Körper bis zum Auftreten der ersten Krankheitsanzeichen nennt man **Inkubationszeit**. Bei der Salmonellose dauert diese nur wenige Stunden. In der Zwischenzeit versucht das Abwehrsystem des Körpers, die Erreger unschädlich zu machen.

Nach dem Eindringen in den Körper mit der Nahrung gelangen die Salmonellen in den Darm. Dort vermehren sie sich stark. Sie geben Giftstoffe ab, die sich über das Blut im ganzen Körper ausbreiten. Der Körper reagiert darauf mit Durchfall, Erbrechen und Fieber bis zu 39 °C. Die Erhöhung der Körpertemperatur unterstützt die körpereigene Abwehr. Diese **Symptome** sind Folgen der Salmonelleninfektion. Vor allem bei jungen Betroffenen klingen die Symptome nach einigen Tagen ab. Die Gesundung des Körpers hat begonnen.

Übertragungsarten von Erregern

Die Erreger der Salmonellose können direkt von Mensch zu Mensch weitergegeben werden. Diese Übertragung bezeichnet man als **Kontaktinfektion**. Krankheitserreger können auch an Türgriffen, benutzten Handtüchern und anderen Gegenständen haften. Bei deren Berührung können sich Menschen mit den Erregern infizieren. Man spricht von einer **Schmierinfektion**. Beim Niesen und Husten können Krankheitserreger in feinen Speicheltröpfchen in die Luft abgegeben werden. Gelangen die Erreger in die Atemwege eines anderen Menschen, kann es auch so zu einer Infektion kommen. Man spricht von einer **Tröpfcheninfektion**. Auch durch **Tierbisse** und **Insektenstiche** können Krankheitserreger übertragen werden.

A Beschreibe mithilfe von Bild 2 den Verlauf einer Infektionskrankheit.

B Recherchiere die Definition der WHO zur Gesundheit. Nenne Maßnahmen zur Gesunderhaltung.

Material mit Aufgaben

M1 Übertragungsarten

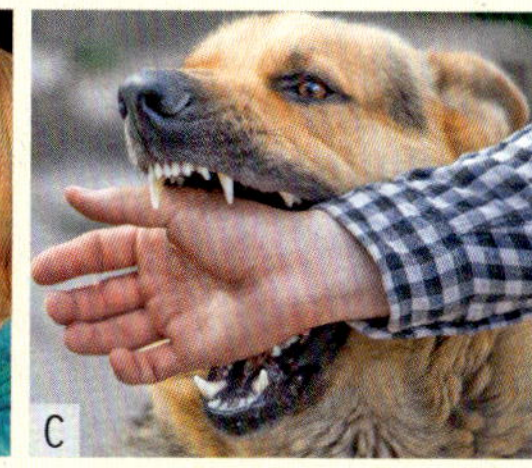

1. Ordne den Bildern A-C eine Übertragungsart von Krankheitserregern zu. Begründe.
2. Begründe, warum vor allem Personen in Schulen und Kitas sowie ältere Menschen an Infektionskrankheiten erkranken.
3. Stelle Vermutungen an, warum Ärzte und Pflegepersonal häufig Handschuhe tragen.
4. Erläutere Möglichkeiten, sich vor Infektionskrankheiten zu schützen. Recherchiere dazu auch im Internet.

M2 Bakterielle Infektionskrankheiten

	Inkubationszeit	Übertragung und Symptome
Tetanus	4-14 Tage	Verschmutzung von Wunden durch Erde und Kot, Schmerzen, Krämpfe, hohes Fieber
Scharlach	2-6 Tage	Über die Atemwege, Hautauschlag, Ausschlag auf Zunge, hohes Fieber
Typhus	2-3 Wochen	verunreinigte Lebensmittel und Trinkwasser, starke Durchfälle, steigendes Fieber, Hautausschläge

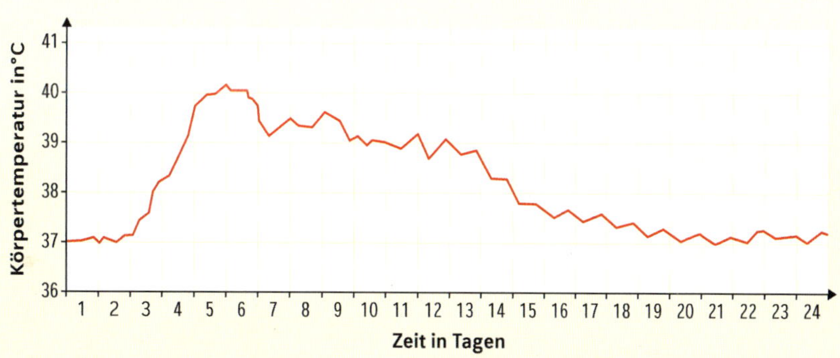

1. Nenne für die in der Tabelle aufgeführten Krankheiten mögliche Übertragungsarten.
2. Ordne dem Diagramm eine Krankheit aus der Tabelle zu. Begründe deine Zuordnung.

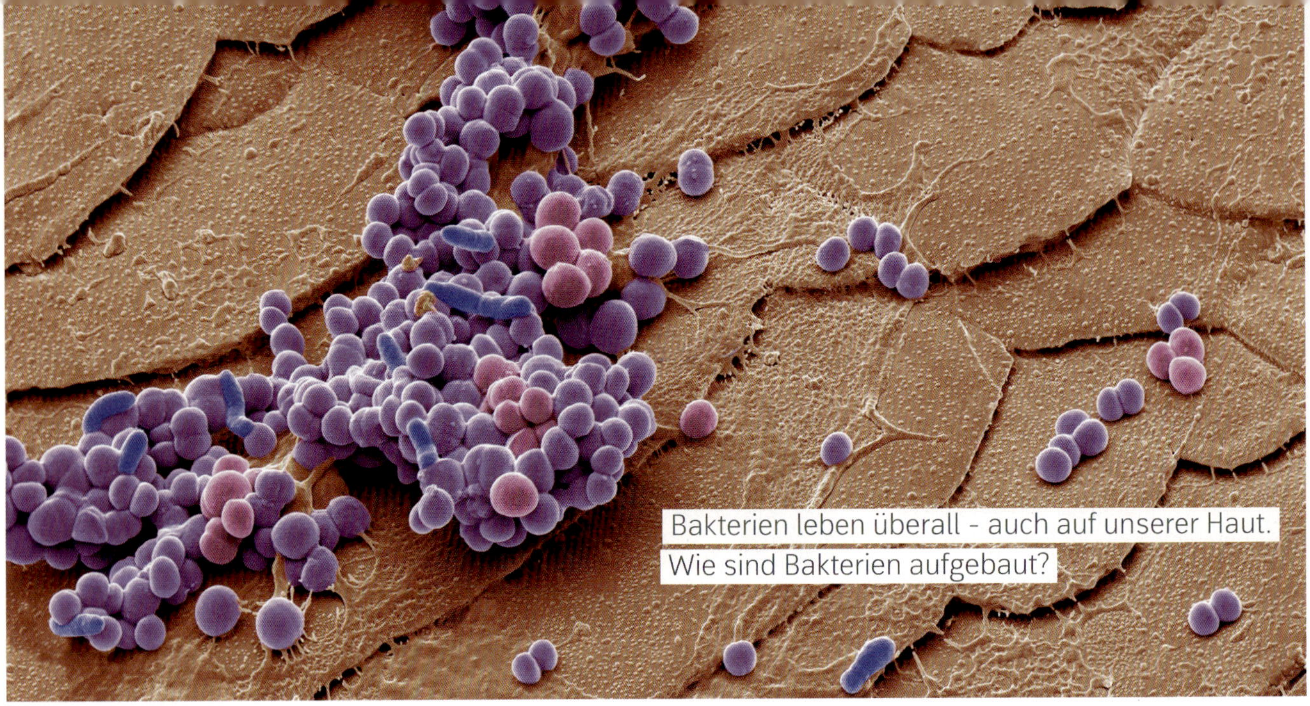

1 Bakterien auf der Haut

Bakterien

Bau von Bakterien

Bakterien bestehen aus nur einer Zelle und sind meist nur wenige tausendstel Millimeter groß. Man kann sie daher nur unter einem Mikroskop erkennen.

Nach ihrer Form unterscheidet man kugelförmige, stäbchenförmige und spiralförmige Bakterien.

Bakterien besitzen wie Pflanzenzellen um die Zellmembran eine **Zellwand**. Diese gibt ihnen Form und Festigkeit. Manche Bakterien bilden zusätzlich eine Schleimhülle aus. Diese **Kapsel** schützt die Bakterien vor Umwelteinflüssen. Manche Bakterien besitzen einen schwanzähnlichen Anhang, die **Geißel**. Mit ihr können sie sich fortbewegen. Die **Erbsubstanz** liegt frei im Zellplasma und ist nicht wie bei Tier- und Pflanzenzellen von einer Kernhülle umschlossen. Ihr Stoffwechsel findet ausschließlich im **Zellplasma** statt. Bakterien nehmen Nährstoffe über ihre Zelloberfläche auf.

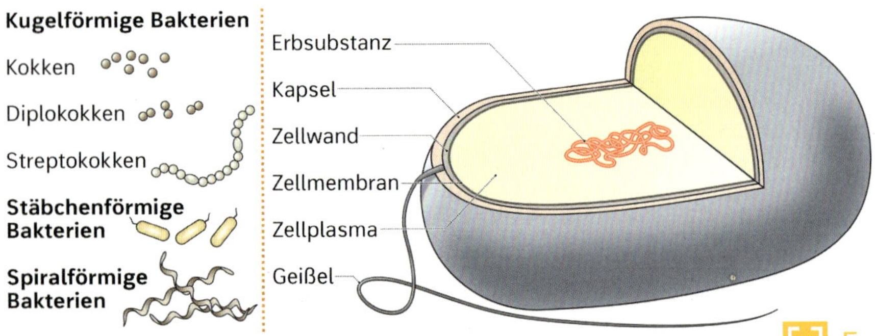

2 Formen von Bakterien und Bau eines Bakteriums

F

Bakterien sind widerstandsfähig

Unter ungünstigen Bedingungen fallen viele Bakterienarten in eine Art Ruhephase, in der sie Wasser- und Nährstoffmangel überstehen. Sie wandeln sich zu **Sporen**. So können die Bakterien große Kälte und Hitze überstehen. Sind die Bedingungen wieder günstig, wandeln sie sich wieder in normale Bakterienzellen um.

Vermehrung von Bakterien

Bakterien pflanzen sich nicht geschlechtlich fort. Sie vermehren sich durch **Zellteilung**. Dabei teilt sich ein Bakterium in zwei Tochterzellen. Nach der Teilung wachsen die Tochterzellen dann heran, bis sich beide wieder teilen. In einer warmen, nährstoffreichen und feuchten Umgebung verdoppelt sich die Anzahl der Bakterien alle 20 Minuten. So kann ihre Anzahl innerhalb weniger Stunden um ein Millionenfaches ansteigen. Anderenfalls sinkt die Bakterienzahl nach einiger Zeit wieder.

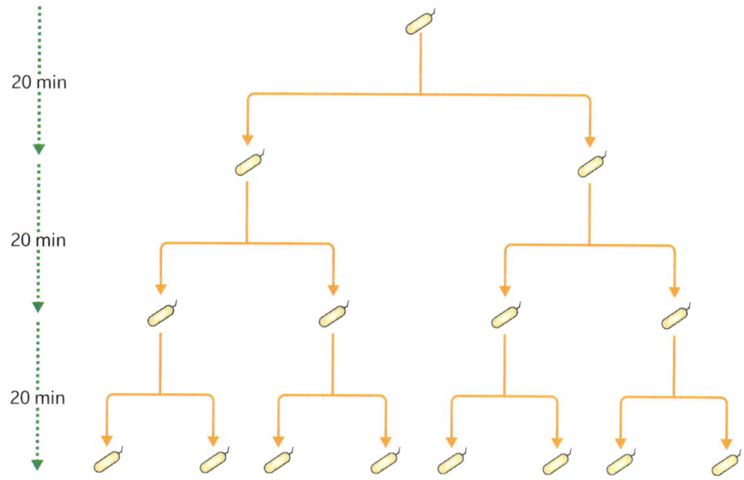

3 Vermehrung eines Bakteriums

Bedeutung von Bakterien

Die meisten Bakterienarten sind für uns nicht schädlich, sie haben sogar eine lebenswichtige Bedeutung für uns. Verschiedene Bakterienarten leben im und auf dem menschlichen Körper. So leben im Darm Milliarden von Bakterien, die bei der Verdauung notwendig sind. Nur wenige Bakterienarten verursachen Krankheiten und sind lebensbedrohlich. Wenn krankheitserregende Bakterienarten in den Körper eindringen, beginnen sie sich zu vermehren. Ist ihre Anzahl gering, kann sie das Abwehrsystem des Körpers schnell unschädlich machen. Einige Bakterienarten geben jedoch Giftstoffe ab, die dann zu Durchfall und Erbrechen führen. Andere Bakterienarten wie Borrelien können auch schwerwiegende Folgen wie Lähmungen verursachen. ▶

A Beschreibe den Bau eines Bakteriums mit Geißel.

B Beschreibe, wie Bakterien ungünstige Bedingungen überdauern.

Material mit Aufgaben

M1 Bakterienwachstum

Zeit in Minuten	0	20	40	60	80	100	120	140
Anzahl der Bakterien	1	2	4	...	...	...	...	...

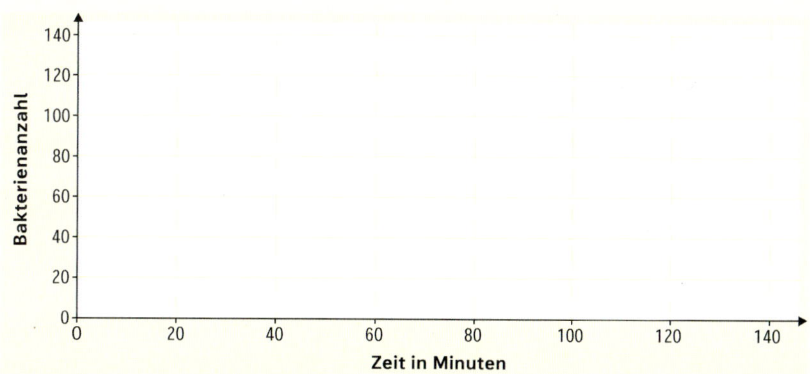

1. Ergänze die fehlenden Werte der Tabelle. Übernimm das Diagramm in dein Heft und trage die Werte ein. Verbinde die Punkte.
2. Erkläre den Kurvenverlauf. ⊞
3. Nenne Bedingungen, die die Vermehrung von Bakterien begünstigen können. ⊞
4. Wähle eine der Aufgaben aus:
   a Erkläre, warum Einfrieren Lebensmittel länger haltbar machen kann. ⊞
   b Erkläre, wie sich der Kurvenverlauf im Diagramm ändert, wenn weniger Nährmedium eingesetzt wird.

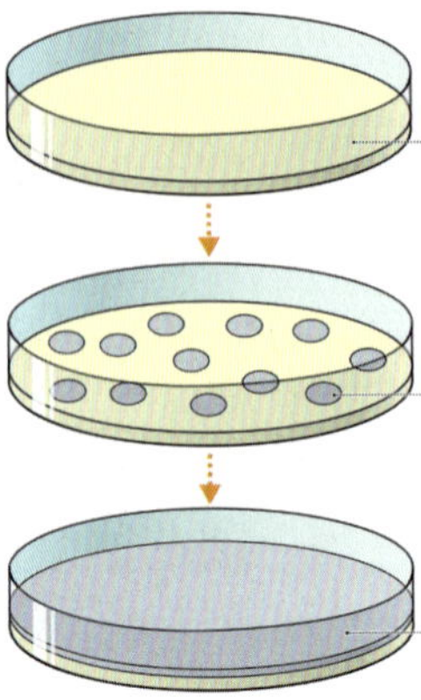

4 Vermehrung von Bakterien

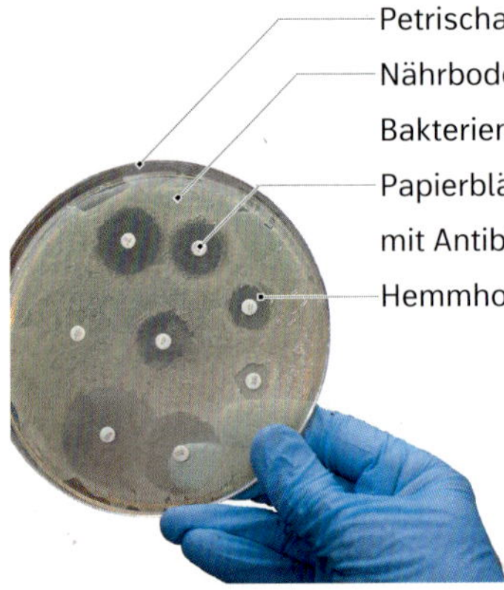

5 Bakterien und Antibiotika auf Nährboden

Bakterien in Kultur

Um sie besser erforschen zu können, hält und vermehrt man Bakterien in **Bakterienkulturen**. Dabei werden speziellen **Nährböden** die Nährstoffe zugegeben, die die jeweilige Bakterienart zum Leben benötigt. Auf festen Nährböden wachsen Bakterien als sichtbare Ansammlung, als **Bakterienkolonie**. Lässt man Bakterien auf einem Nährboden über längere Zeit wachsen, bilden sie eine geschlossene Schicht aus Bakterien, ein **Bakterienrasen**.

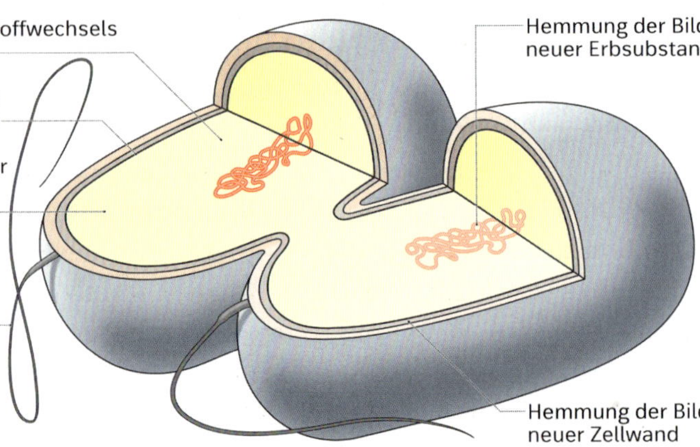

6 Wirkung von Antibiotika

Entdeckung des Penicillins

Im Jahr 1929 wuchsen auf einigen Bakterienkulturen des Bakteriologen **Alexander Fleming** Schimmelpilze. Interessanterweise waren die Bakterien direkt um den Schimmel abgestorben. Fleming fand heraus, dass einer der Schimmelpilze einen Stoff ausschied, der Bakterien abtötet. Diesen Stoff nannte Fleming nach dem Schimmelpilz Penicillium **Penicillin**. Penicillin ist ein **Antibiotikum**, das Bakterien abtötet.

Wirkung von Antibiotika

Antibiotika verhindern das Wachstum oder die Vermehrung der Bakterien. Sie wirken an Strukturen und Vorgängen von Bakterien, die bei menschlichen Zellen nicht vorkommen oder anders ablaufen. So verhindert Penicillin, dass Bakterien nach der Teilung eine Zellwand aufbauen können, die menschliche Zellen nicht haben. Andere Antibiotika hemmen Bakterien beim Aufbau ihrer Erbsubstanz oder hindern Bakterien daran, lebenswichtige Stoffe zu bilden.

Antibiotikatest

Antibiotika hemmen das Wachstum und die Vermehrung verschiedener Bakterien unterschiedlich stark. Im Labor findet man dies mit einem Antibiotikatest heraus. Dafür werden kleine, mit je einem Antibiotikum durchtränkte Papierplättchen auf einen Nährboden gegeben. Diese geben das jeweilige Antibiotikum in den Nährboden ab. Nach längerer Zeit wachsen statt eines Bakterienrasens in verschiedenen Abständen zu den Papierplättchen keine Bakterien. Es bilden sich **Hemmhöfe**.

Antibiotika-Resistenzen

Mithilfe des Penicillins war es möglich, bakterielle Infektionen zu bekämpfen. Eine große Euphorie breitete sich aus, Krankheiten besiegt zu haben.

Es traten jedoch mit der Zeit Bakterien auf, bei denen das Penicillin nicht mehr ausreichend wirkte. Bakterien können unempfindlich gegenüber bestimmten Antibiotika werden. Die Erbsubstanz dieser Bakterien hat sich durch Faktoren wie etwa UV-Licht verändert. Man bezeichnet solche Bakterien als **resistent**. Wird ein Antibiotikum in einen Nährboden gegeben, sterben alle Bakterien des Bakterienstammes ab. Nur das veränderte Bakterium mit der Resistenz überlebt. Dieses kann sich dann vermehren. Alle Nachkommen besitzen nun die Resistenz. So entsteht ein resistenter Bakterienstamm. Sind Bakterien gegen mehrere Antibiotika unempfindlich, spricht man von **multiresistenten** Bakterien, die kaum zu bekämpfen sind. Wenn ein verwendetes Antibiotikum bei einer bakteriellen Infektionskrankheit nicht mehr wirkt, dann kann dies lebensbedrohlich sein. Darum werden ständig neue Antibiotika entwickelt oder bekannte Antibiotika so chemisch verändert, dass sie wieder wirksam sind. ■

C Beschreibe die Wirkung von Antibiotika.

D Erkläre, warum Antibiotika keine menschlichen Zellen schädigen.

E Beschreibe und skizziere die Entstehung einer Antibiotikaresistenz.

F Nach einer bakteriellen Infektion nimmt Hatice nur zwei Tage lang ein Antibiotikum. Bewerte ihr Vorgehen.

Material mit Aufgaben

M2 Entwicklung von Resistenzen

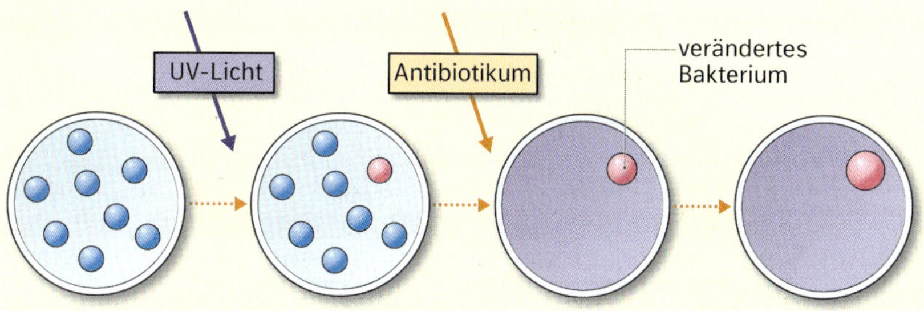

1. Beschreibe mithilfe des Bildes die Entstehung resistenter Bakterien. +
2. Erkläre, weshalb manche Ärzte und Forscher den zu häufigen Einsatz von Antibiotika kritisieren.

M3 Stempelversuche

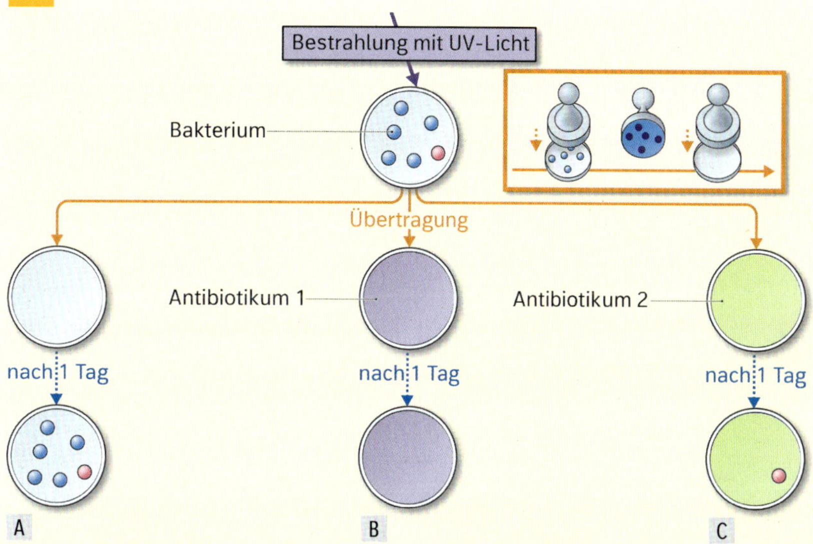

Bakterien können in Petrischalen auf einem Nährboden gezüchtet werden. Mit einem Stempel kann man von den Bakterienkolonien einen Abdruck machen und auf den nächsten Nährboden übertragen.

Mithilfe von UV-Licht fördert man die Veränderung der Erbsubstanz bei Bakterien.

1. Beschreibe die Versuchsdurchführung und die Beobachtungen.
2. Erkläre die Ergebnisse. +
3. Wähle eine der Aufgaben aus:
   - a Erläutere, warum die Versuchsreihe B ansatzweise den Beobachtung von Fleming entspricht.
   - b Erläutere, weshalb immer neue Antibiotika entwickelt werden.

1 Junge Frau mit Influenza

Viren

Viren sind Krankheitserreger

Die „echte Grippe" oder Influenza wird nicht von Bakterien, sondern von Influenza- oder Grippe-Viren verursacht. Die Viren werden durch Tröpfcheninfektion übertragen. Im Umfeld eines Grippe-Patienten erkranken daher häufig Kontaktpersonen. Grippe-Viren befallen die Atemwege und die Lunge. Das Abwehrsystem des Körpers benötigt meist bis zu 10 Tage, um die Viren zu vernichten. Da sich Grippe-Viren im Körper schnell vermehren, können auch andere Organe befallen werden. Im schlimmsten Fall kann es zu Organschäden kommen und die Krankheit endet tödlich.

Bau von Viren

Alle Viren bestehen aus Erbsubstanz und einer Kapsel. Viele Viren sind von einer Membranhülle umgeben. Auf ihr befinden sich stachelförmige Eiweißstoffe. Viren haben keinen eigenen Stoffwechsel und können sich nicht aktiv fortbewegen. Außerdem können sie sich nicht selbst aktiv vermehren. Viren zeigen nicht alle Kennzeichen des Lebendigen. Sie sind keine Lebewesen.

Material mit Aufgaben

M1 Vergleich von Tierzelle, Bakterium und Virus

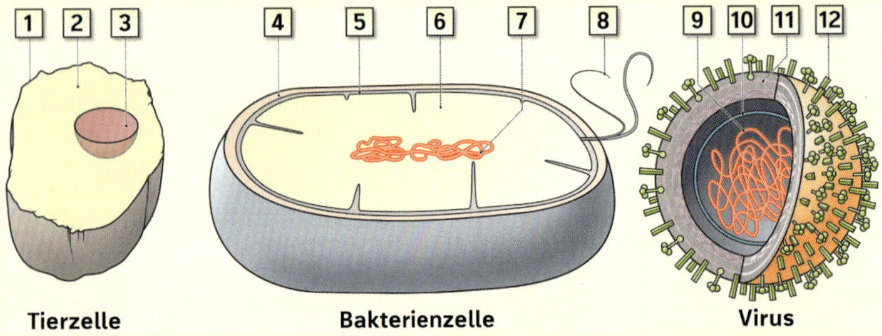

1. Benenne die mit Ziffern gekennzeichneten Teile.
2. Vergleiche den Bau einer Tierzelle, eines Bakteriums und eines Virus in Form einer Tabelle. +
3. Viren sind keine Lebewesen. Nimm Stellung zu der Aussage. +
4. Stelle Vermutungen an, warum Viren meist durch Tröpfcheninfektion übertragen werden.

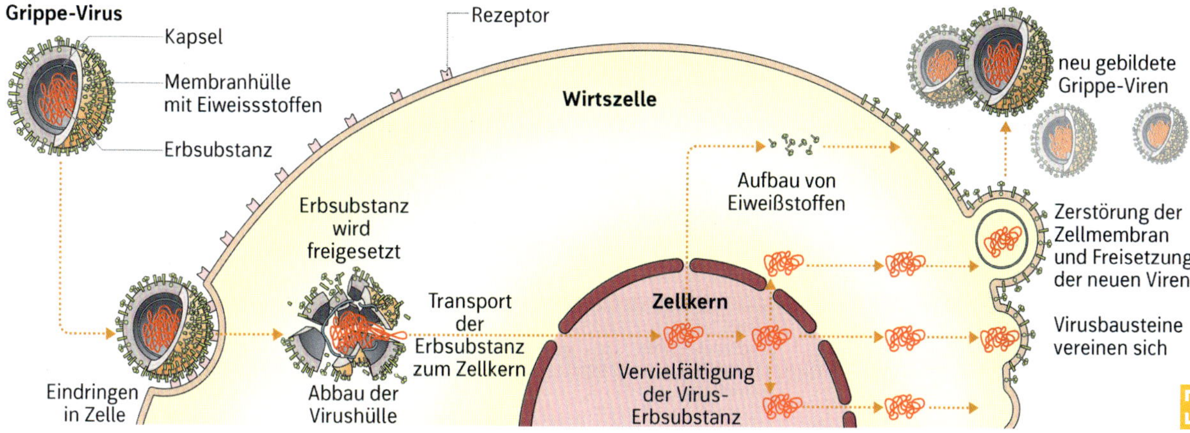

2 Vermehrung von Influenza-Viren

Vermehrung von Viren

Gripppe-Viren befallen die Schleimhautzellen der Atemwege. Diese dienen dem Grippe-Virus als **Wirtszelle**. Auf der Außenseite der Schleimhautzellen befinden sich **Rezeptoren**. Das Grippe-Virus dockt mit seinen Eiweißfortsätzen an diese Rezeptoren an. Die Zellmembran der Wirtszelle senkt sich ein und umschließt dann das Virus. Das Virus befindet sich nun im Zellinneren.
Danach wird die Virushülle abgebaut. So gelangt die Erbsubstanz des Virus in das Zellplasma der Schleimhautzelle. Die Erbsubstanz gelangt anschließend in den Zellkern und übernimmt die Steuerung der Schleimhautzelle. Die Schleimhautzelle beginnt damit, die Erbsubstanz des Virus zu vervielfältigen und die weiteren Virusbausteine und ihre Eiweißfortsätze herzustellen.
In der Wirtszelle werden die neuen Viren zusammengesetzt. Die Viren werden dann über die Zellmembran der Wirtszelle freigesetzt. Dabei sterben die Schleimhautzellen ab. Das ruft die typischen Symptome der Grippe hervor.
In Kürze werden so tausende neue Viren gebildet. Diese befallen andere Schleimhautzellen. Da die Virushülle von der Wirtszelle gebildet wird, kann das Abwehrsystem die neuen Viren schwer erkennen. Erst nach einiger Zeit werden Abwehrmaßnahmen eingeleitet.

Material mit Aufgaben

M2 Vermehrung von Viren

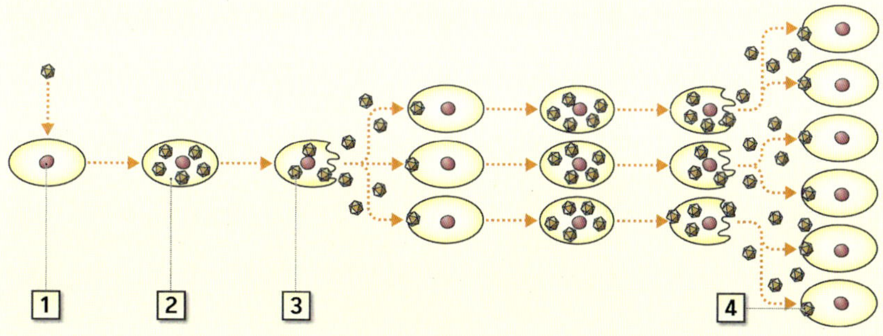

1. Beschreibe die Vermehrung eines Virus. Benenne die mit Ziffern gekennzeichneten Bestandteile.
2. Erkläre, warum Viren eine Zelle zur Vermehrung benötigen.
3. Erkläre, warum Viren sich im Körper massenhaft vermehren können.
4. Erkläre, warum Antibiotika bei einer Virusinfektion nicht helfen.

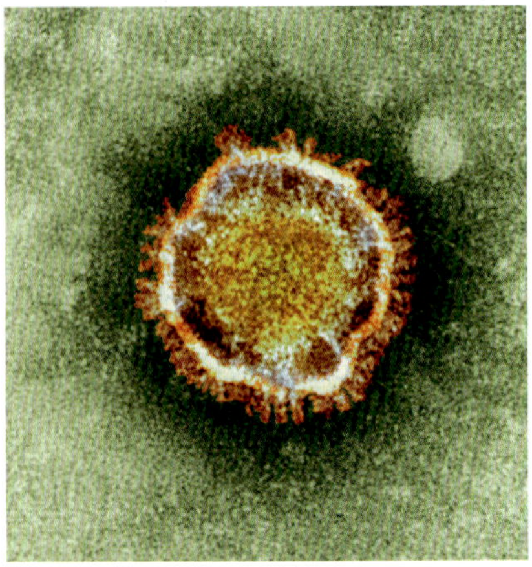

3 SARS-COV-2 (elektronenmikroskopisches Bild)

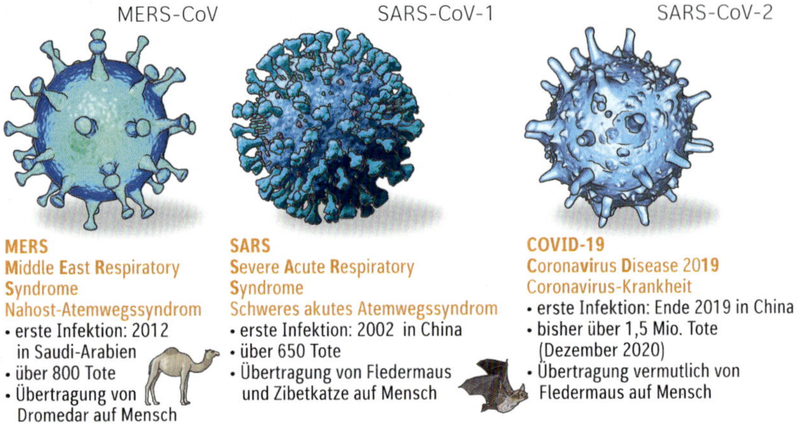

4 Krankheiten, die durch Corona-Viren ausgelöst werden

Symptome:
- Fieber
- Husten
- Atemschwierigkeiten
- Magen-Darm-Beschwerden

in schweren Fällen:
- Lungenentzündung
- Schwere Atemnot
- Nierenversagen
- Tod

Behandlung:
- vor Ende 2020 keine Impfung oder Medikamente verfügbar
- Nur Behandlung der Symptome

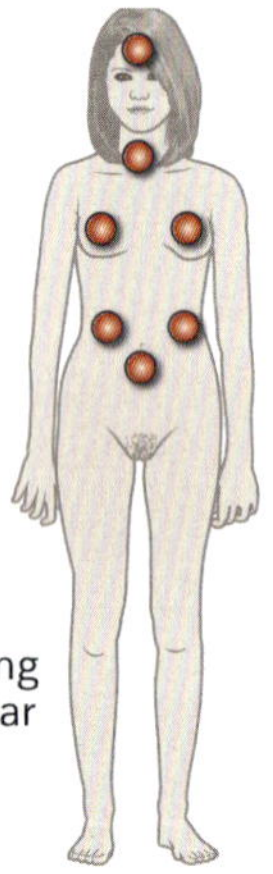

5 Symptome einer COVID-19-Erkrankung

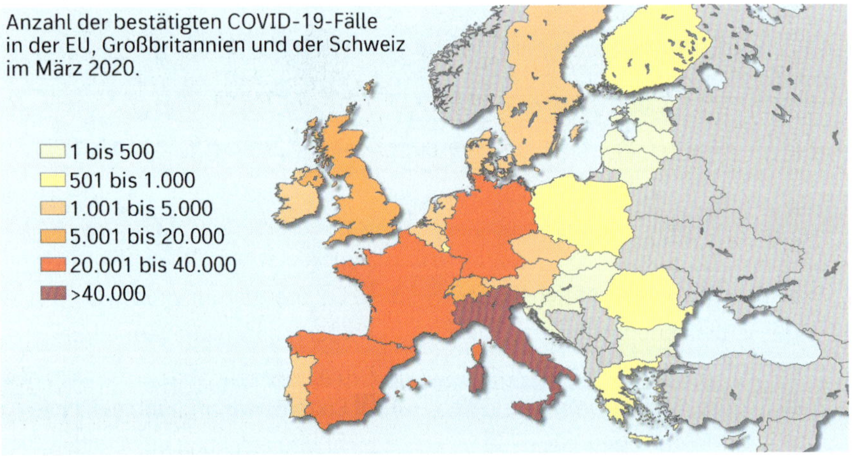

6 Erste Ausbreitungswelle in Europa im März 2020

Eine neuartige Lungenkrankheit

Zu Beginn des Jahres 2020 traten in Europa erste Fälle einer unbekannten Krankheit auf. Viele Betroffene zeigten Symptome wie Fieber, Husten und Atemnot. Sie wurden in Krankenhäusern zum Teil künstlich beatmet, weil ihre Lungenfunktion aussetzte. Bei vielen Patienten verlief diese Lungenerkrankung tödlich. Innerhalb weniger Wochen infizierten sich immer mehr Personen mit dem Virus. Die Erkrankung breitete sich schnell über die gesamte Welt aus.

Corona-Viren

Die neuartige Lungen-Erkrankung wird von Viren ausgelöst wird. Diese Viren zeichnen sich durch eine kranzförmige Proteinhülle aus. Man bezeichnet sie als **Corona-Viren**. Es gab schon häufiger auftretende Erkrankungen, die durch Corona-Viren ausgelöst wurden.
So breitete sich im Jahr 2002 die Atemwegserkrankung **SARS** aus. Diese Erkrankung wurde vom SARS-CoV-1-Virus ausgelöst. Im Nahen Osten trat 2012 eine weitere Corona-Virus-Infektion auf, die man als MERS bezeichnet. Jedoch forderten die Viren nicht so viele Todesopfer wie die Infektion mit dem Corona-Erreger 2020. Diese neu auftretende Infektionskrankheit wird durch das Virus **SARS-CoV-2** ausgelöst. Das Coronavirus löst die Erkrankung **COVID-19** aus. Das Virus dringt in die Zellen der oberen Atemwege ein und kann auch die Lungen befallen. Das Virus wird hauptsächlich über Tröpfcheninfektion von Mensch zu Mensch übertragen, aber auch Schmierinfektionen über Oberflächen beispielweise an Griffen sind möglich.

Bekämpfung von COVID-19

Zu Beginn der Krankheitswelle gab es keine Medikamente gegen den Virus. In vielen Ländern war daher vorrangiges Ziel, die **Ausbreitungsgeschwindigkeit** zu verringern, damit vor allem Krankenhäuser, medizinisches Personal und Labore nicht überlastet werden. Öffentlicher Nahverkehr mit Bussen und Bahnen, Supermärkte, Krankenhäuser oder auch Schulen sollten weiterhin gut funktionieren.

Die Bekämpfung des SARS-CoV-2 beruhte im Jahr 2020 vor allem darauf den Kontakt zwischen Menschen bestmöglich zu vermeiden. Die Regierungen der Länder haben dazu im Frühjahr 2020 verschiedene Maßnahmen beschlossen. Es kam zu landesweiten oder regionalen „**Lockdowns**". Geschäfte, Restaurants, Kinos und weitere Freizeiteinrichtungen wurden vorübergehend geschlossen. Auch der Schulbesuch wurde teilweise aufgehoben und das „**Homeschooling**" wurde eingeführt.

Mit **Corona-Tests** konnten Menschen getestet werden, ob sie mit dem Virus infiziert waren. Infizierte und deren Kontaktpersonen mussten in **Quarantäne**. Die Maßnahmen des ersten Lockdowns zeigten schnell Wirkung. Die Zahl der täglich Infizierten ging zurück. Im Herbst stiegen die **Infektionszahlen** wieder an. Durch den erhöhten Kontakt, die kalte Jahreszeit und die nachlassende Sorgfalt der Bevölkerung stiegen die Infektionszahlen im Herbst wieder an. Darum wurde zum Winter 2020 wieder ein Lockdown beschlossen. Die Ausbreitung des Virus konnte ohne einen Impfstoff nicht verhindert werden. ■

Material mit Aufgaben

M3 Infektionszahlen im Jahr 2020

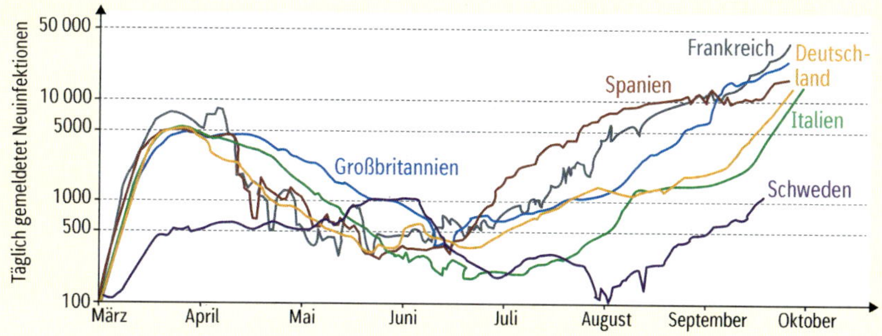

1. Beschreibe die Entwicklungen in den einzelnen Ländern.
2. Erkläre, die Abnahme der Infektionszahlen im Sommer. ⊞
3. Begründe, warum die Infektionszahlen in Europa im Herbst wieder zunahmen.

M4 AHA-Regel

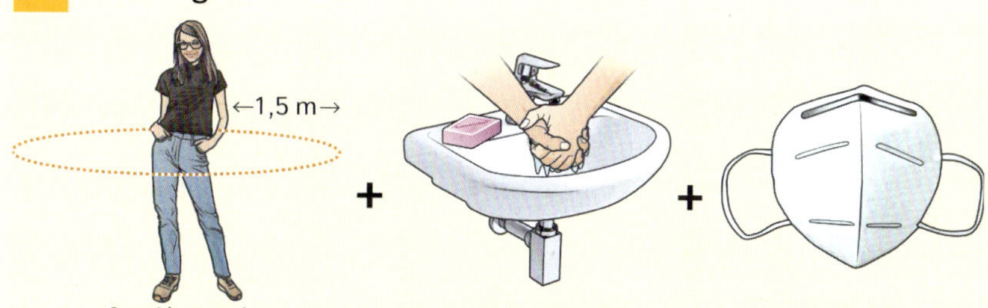

Maskentyp	Schal/Halstuch	selbstgenähte Maske	Mund-Nasen-schutz	FFP2/FFP3-Maske
Schutz für Träger	relativ gering	relativ gering	mittel	hoch
Schutz für Umfeld	relativ gering	mittel	relativ hoch	hoch

Achtung: Keine der Masken bietet einen vollkommenen Schutz vor einer Ansteckung!

1. Beschreibe die im Bild dargestellte AHA-Regel.
2. Erkläre, warum die AHA-Regel hilft, die Ausbreitung des Virus verlangsamen. ⊞
3. Vergleiche die Masken in der Tabelle. ⊞
4. Erläutere, warum die Politik im Jahr 2020 auf Lockdowns und die Umsetzung der AHA-Regel setzen.

1 Anopheles-Stechmücke

Malaria

Plasmodien

In den tropischen Gebieten Afrikas, Asiens und Südamerikas erkranken jährlich bis zu 200 Millionen Menschen an **Malaria**. Diese Krankheit wird durch den Stich der Weibchen einer Stechmückenart ausgelöst, die zur Gattung Anopheles gehören. Bei einem Stich übertragen befallene Mücken den Einzeller Plasmodium, wenn sie ihn in sich tragen. Er ist der Krankheitserreger der Infektionskrankheit Malaria. Nicht alle Mücken in den Tropen tragen den Erreger in sich.

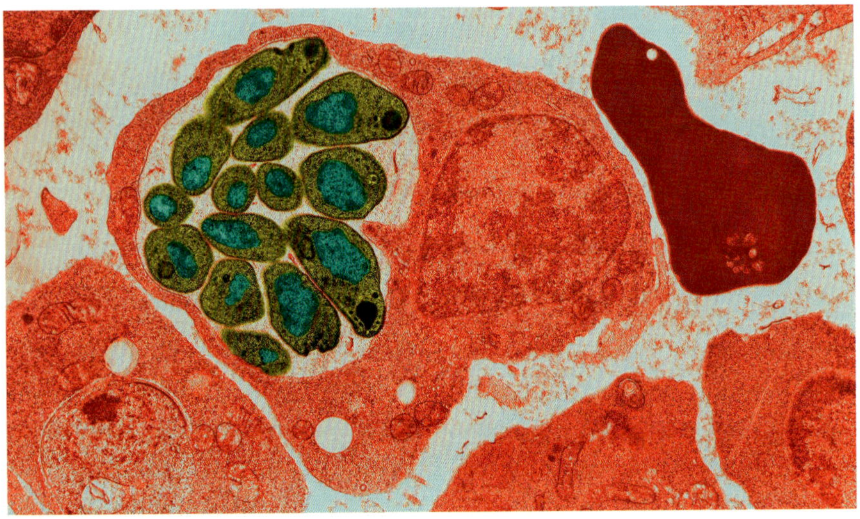

2 Plasmodien in Leberzelle

Verlauf von Malaria

Die Erkrankung beginnt ähnlich einer Grippe meist mit Fieber, Kopf- und Gliederschmerzen sowie Schüttelfrost und mündet in die für viele Malariaerkrankungen charakteristischen Fieberschübe. Man bezeichnet Malaria daher auch als Wechselfieber. Diese Symptome treten frühestens nach einer Inkubationszeit von einige Tagen auf. Bei Urlaubern wird die Krankheit deshalb erst spät erkannt, wenn sie bereits wieder in Deutschland sind. Wird die Krankheit jedoch zu spät behandelt, kann sie lebensgefährlich sein.

Entwicklung der Plasmodien

Bei einem Stich der Mücke werden mit dem Speichel eine Entwicklungsstadium der Plasmodien ins Blut übertragen. Sie befallen die Leber und vermehren sich dort durch Teilung. Es handelt sich um eine ungeschlechtliche Vermehrung. Dabei zerstören sie Leberzellen und gelangen wieder ins Blut. Sie befallen die roten Blutzellen und vermehren sich dort auch ungeschlechtlich. Die roten Blutzellen platzen auf und die Plasmodien mit den von ihnen abgegebenen Giftstoffen gelangen schubweise ins Blut. Dies löst die Fieberschübe aus und es kommt zu der für Malaria typischen Fieberkurve. Einige der Plasmodien in den Blutzellen entwickeln sich zu weiblichen und männlichen Formen. Gelangen diese bei einem erneuten Stich wieder in die Mücke, können sie sich geschlechtlich vermehren. Es entstehen neue Plasmodien. Die parasitischen Plasmodien benötigen also zwei Wirte. Dies bezeichnet man als **Wirtswechsel**.

Schutz vor Malaria

Es gibt keine Impfung gegen Malaria. Ärzte empfehlen die Einnahme bestimmter Medikamente, bevor man in betroffene Gebiete reist. Die Medikamente beugen Malaria vor. Man spricht von **Malariaprophylaxe**. Da die Plasmodien aber im Laufe der Zeit resistenter werden, sollten Notfall-Medikamente mitgeführt werden. Den besten Schutz vor Malaria stellt allerdings die Vermeidung von Mückenstichen in betroffenen Gebieten dar, da ein Großteil der Anophelesmücken dort von Plasmodien befallen sind.

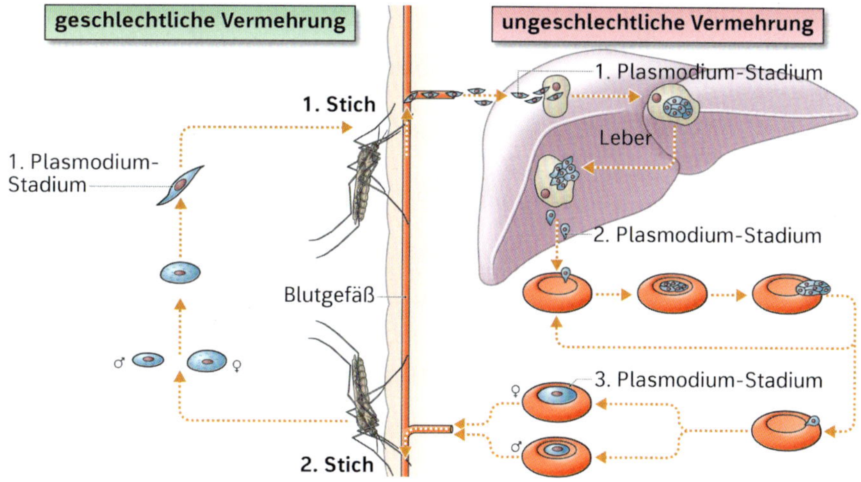

3 Lebenszyklus des Malaria-Erregers Plasmodium

A Definiere den Begriff Wirtswechsel.

B Beschreibe die Vermehrung der Plasmodien mithilfe von Bild 3.

C Begründe, warum der beste Schutz vor Malaria der Schutz vor Mückenstichen ist.

Material mit Aufgaben

M1 Plasmodien

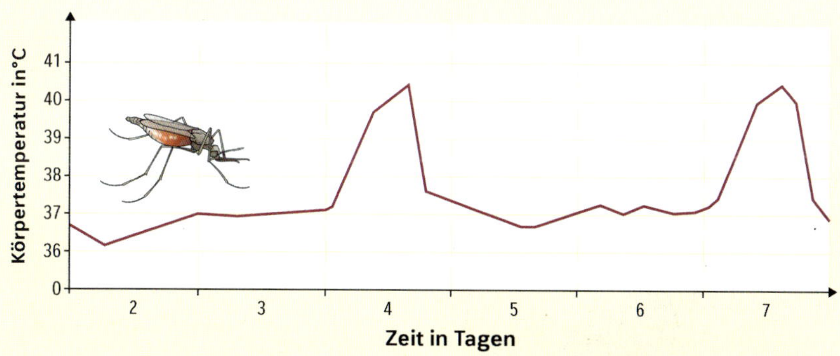

1. Beschreibe das Diagramm und den Kurvenlauf.
2. Erkläre, warum Malaria-Erkrankte eingeschränkte körperliche Leistungsfähigkeit haben. +
3. Begründe, warum man Malaria auch Wechselfieber nennt. +
4. Erkläre, wie es zu den zeitlich versetzten Fieberschüben bei der Malaria kommen kann.

1 Zecke sticht in Haut

Parasiten

2 Kopflaus

3 Floh

Parasiten

Lebewesen, die auf oder in anderen Lebewesen leben, nennt man **Parasiten**. Sie ernähren sich oft von den Körperflüssigkeiten eines anderen Lebewesens, dem **Wirt**. Dieser wird dadurch meist kaum geschädigt. Jedoch gibt es Krankheitserreger, die durch den Kontakt von Parasit und Wirt übertragen werden und den Wirt schädigen.

Zecken

Die Zecke ernährt sich vom Blut von Säugetieren wie dem Menschen. Sie kann zum einen ein Virus übertragen, das eine Hirnhautentzündung auslöst. Diese Krankheit nennt man **FSME**. Es können bei einem Zeckenstich auch Bakterien in das Blut des Wirtes gelangen, die starke Kopf- und Gelenkschmerzen verursachen. Diese Krankheit nennt man **Borreliose**. Da die Zecke außen am Körper des Wirtes lebt, bezeichnet man sie als **Außenparasit**.

Kopfläuse

Oft werden Kindergärten geschlossen, wenn ein Befall mit Kopfläusen vorliegt. Diese kleinen Insekten verursachen starken Juckreiz. Bei einem Stich können mit dem Speichel Bakterien übertragen werden, die Krankheiten wie Fleckfieber auslösen. Kopfläuse müssen aufwändig mit Läusekämmen entfernt und mit chemischen Mittel bekämpft werden.

Flöhe

Flöhe befallen viele Tiere, so auch den Menschen. Springt ein Floh auf den Menschen über, verursacht er durch einen Biss eine kleine Wunde in der Haut. Dies führt zu Rötungen und Juckreiz. Diese kleinen Insekten ernähren sich von dem austretenden Blut. Auch Flöhe können Bakterien übertragen. So war im Mittelalter lange Zeit unbekannt, dass Flöhe von Ratten die eigentlichen Überträger des Pesterregers und somit die Verursacher der Pest waren.

Wirte

Parasiten, die im Körper des Wirtes leben, nennt man **Innenparasiten**. Sie können sich an und in verschiedenen Organen im Körper befinden. Manche Larven von bestimmten Innenparasiten leben während ihrer Entwicklung in verschiedenen Wirten. Man bezeichnet diese Wirte als **Zwischenwirte**. Schließlich vermehren sich die ausgewachsenen Parasiten im **Endwirt**. Beides sind für jeden Innenparasiten ganz bestimmte Arten. Kommt es zur Übertragung auf eine andere Art, in der der Parasit seine Entwicklung nicht fortsetzen kann, spricht man von einem **Fehlwirt**.

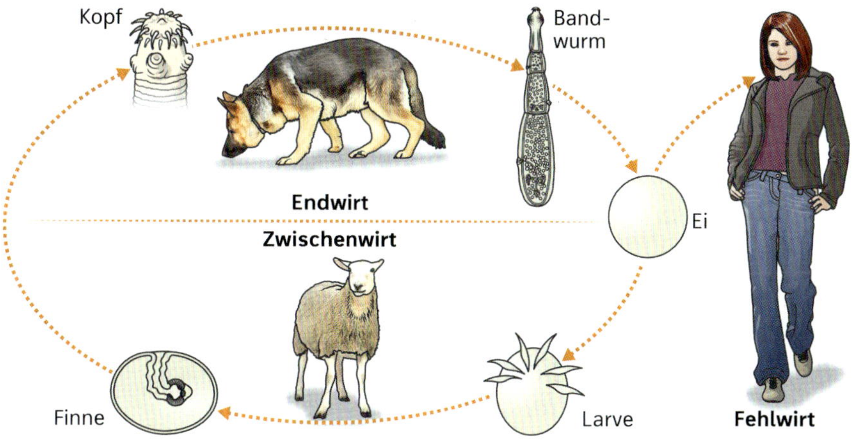

4 Lebenszyklus des Hundebandwurms

Bandwürmer

Mit einem Hakenkranz und Saugnäpfen am Kopf halten sich Hundebandwürmer im Darm von Hunden und Katzen fest. Sie nehmen über ihre dünne Körperoberfläche Nährstoffe aus dem Darm des Endwirtes auf. Im letzten Körperglied bildet der Hundebandwurm bis zu 1500 Eier, die er als Zwitter selbst befruchtet. Danach gibt er sie in den Darm des Endwirtes ab. Die Eier werden über dessen Kot ausgeschiedenen und gelangen so in die Natur. Von dort aus können die Eier von Zwischenwirten wie Schafen beim Fressen aufgenommen werden. Die Eier entwickeln sich in ihnen zu Larven, die durch die Dünndarmwand ins Blut und so auch in Leber und Lunge gelangen. Dort entwickeln sie sich zu **Finnen**. Diese wachsen und zerstören dadurch umliegendes Gewebe. Frisst ein Endwirt das Fleisch des Zwischenwirtes mit den Finnen, entwickeln sich diese in ihm wieder zu Bandwürmern.

Material mit Aufgaben

M1 FSME vorbeugen

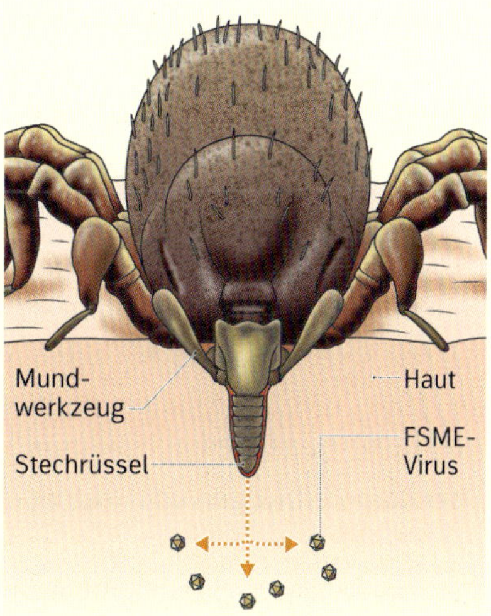

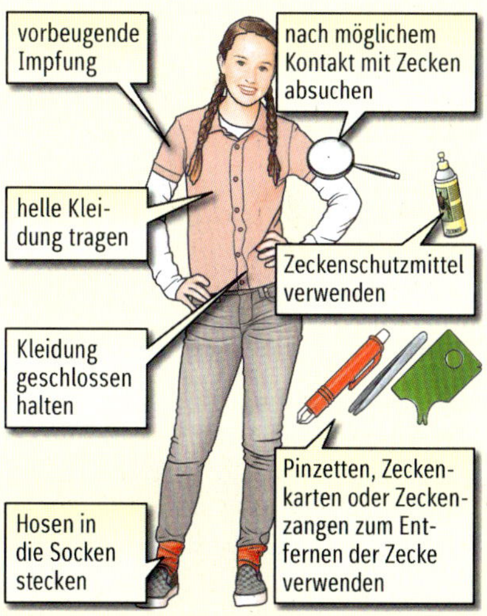

1. Beschreibe die Übertragung von FSME-Viren in den Körper des Wirts.
2. Beschreibe Verhaltensweisen für einen gefahrlosen Gang in hohem Gras.
3. Beschreibe Maßnahmen, die man nach einem Naturgang vornehmen sollte.
4. Stelle Vermutungen an, warum die Zecke Stoffe zur Verhinderung der Blutgerinnung absondert.

1 Verletzung nach einem Fahrradsturz

Unspezifische Immunabwehr

Schutzbarrieren

Die meisten Menschen erkranken nur selten, obwohl sie in ständigem Kontakt mit Krankheitserregern wie Bakterien, Viren oder Pilzen stehen.

Der menschliche Körper besitzt mehrere **Schutzbarrieren**, die das Eindringen der Krankheitserreger in den Körper verhindern. So bildet die Haut einen Säureschutzmantel aus. Für viele Erreger ist dies bereits ein unüberwindbares Hindernis. Dennoch gelangen Erreger über Körperöffnungen oder Wunden in den Körper.

Die inneren Oberflächen der Atemwege, des Verdauungstrakts und die Geschlechtsorgane sind mit schützenden Schleimhäuten bedeckt. Eingedrungene Erreger werden im Schleim gebunden und aus dem Körper transportiert. Gelangen Erreger in den Magen, tötet die Salzsäure die meisten Krankheitserreger ab.

Immunsystem des Körpers

Gelingt es Krankheitserregern doch ins Blut oder in Körperzellen zu gelangen, leitet der Körper die Bekämpfung der Erreger ein. Alle Organe und Zellen, die helfen, Erreger zu bekämpfen, zählen zur Abwehr, dem **Immunsystem**.

Unspezifische Immunabwehr

Die wichtigsten Zellen des Immunsystems sind die weißen Blutzellen, die **Leukozyten**. Sie gelangen mit dem Blut in alle Bereiche des Körpers. Sie können ihre Form verändern und kommen so auch in Zwischenräume von Zellen.

Manche Leukozyten können sich verformen, sodass sie sie Bakterien umfließen und einschließen. Sie nehmen Bakterien ins Zellinnere auf und verdauen sie. Daher nennt man sie **Fresszellen**. Sie sind nicht auf einen bestimmten Erreger spezialisiert. Fresszellen gehören zur **unspezifischen Immunabwehr**.

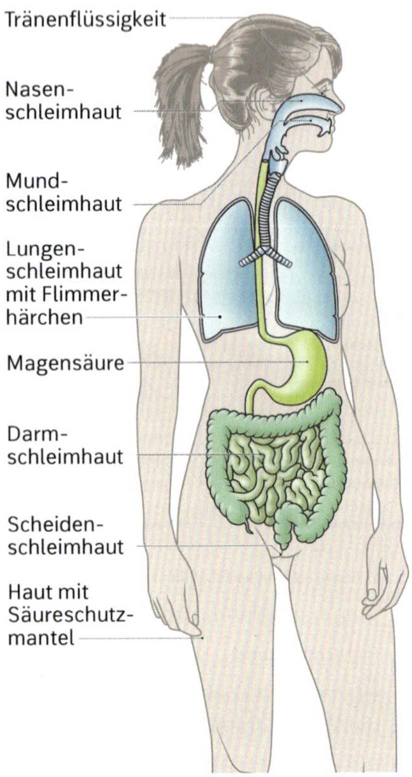

2 Schutzbarrieren des Körpers

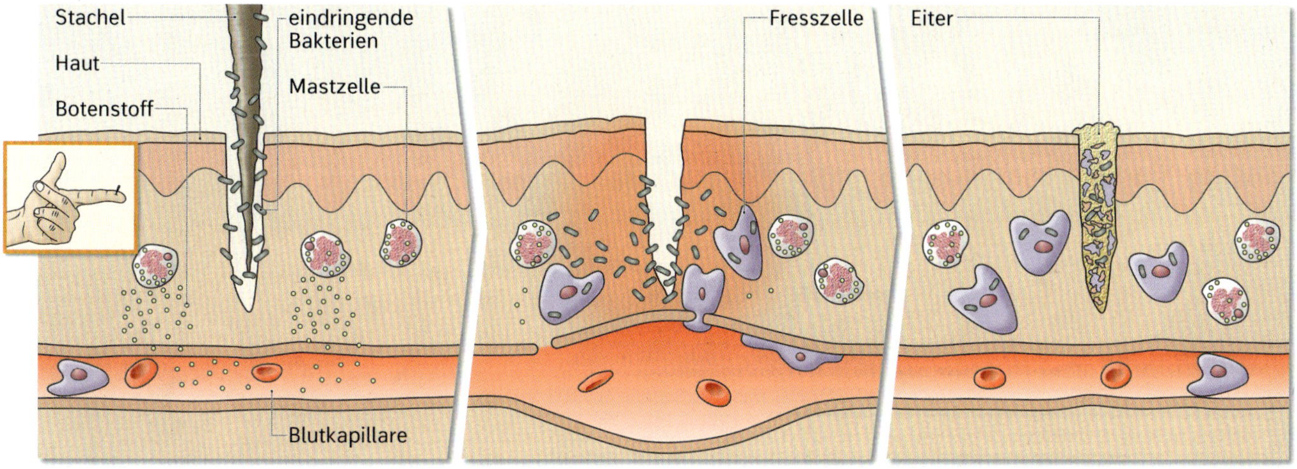

3 Verlauf einer Entzündung

F

Bei Krankheit und deren Bekämpfung erhöht sich die Körpertemperatur. Es entsteht Fieber. Durch den erhöhten Stoffwechsel können mehr Fresszellen gebildet werden.

Entzündungsreaktion

Wenn ein Gewebe wie die Haut durch verletzt wird, leitet der Körper die unspezifische Immunreaktion ein. Diese läuft immer ähnlich ab. Man bezeichnet dies als **Entzündungsreaktion**.
An der verletzten Stelle geben besondere Leukozyten, die **Mastzellen**, Botenstoffe ab. Durch diese Botenstoffe weiten sich die Blutgefäße und die Wände der Blutgefäße werden durchlässiger. So fließt mehr Blut ins geschädigte Gewebe. Die verletzte Stelle schwillt an und rötet sich.
Durch die Botenstoffe werden zahlreiche Fresszellen angelockt, die die eingedrungenen Erreger vernichten. Die Fresszellen sterben danach ab. Sie bilden zusammen mit Resten der abgestorbenen Zellen des betroffenen Gewebes, Bakterienresten und Blutplasma den gelblichen Eiter, der oft aus entzündeten Wunden austritt.

A Nenne Schutzbarrieren des Körpers und beschreibe jeweils die Funktion.

B Beschreibe den Verlauf einer Entzündung. Beachte die Aufgaben der Mastzellen und Fresszellen.

Material mit Aufgaben

M1 Fresszellen

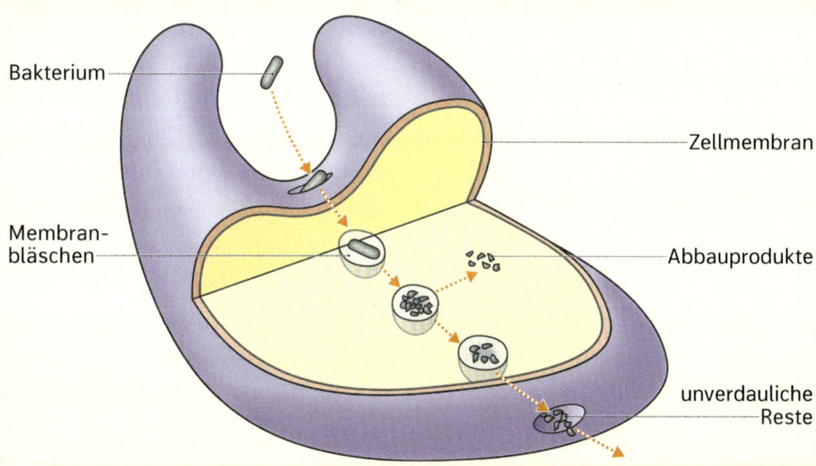

1. Beschreibe mithilfe des Bildes, wie Fresszellen eingedrungene Krankheitserreger vernichten.
2. Erkläre, warum man diese Form von Leukozyten als Fresszellen bezeichnet. +
3. Erkläre, warum Fieber hilft, eingedrungene Krankheitserreger zu vernichten. +
4. Stelle den Abwehrvorgang durch die Fresszellen in einem Fließschema dar.

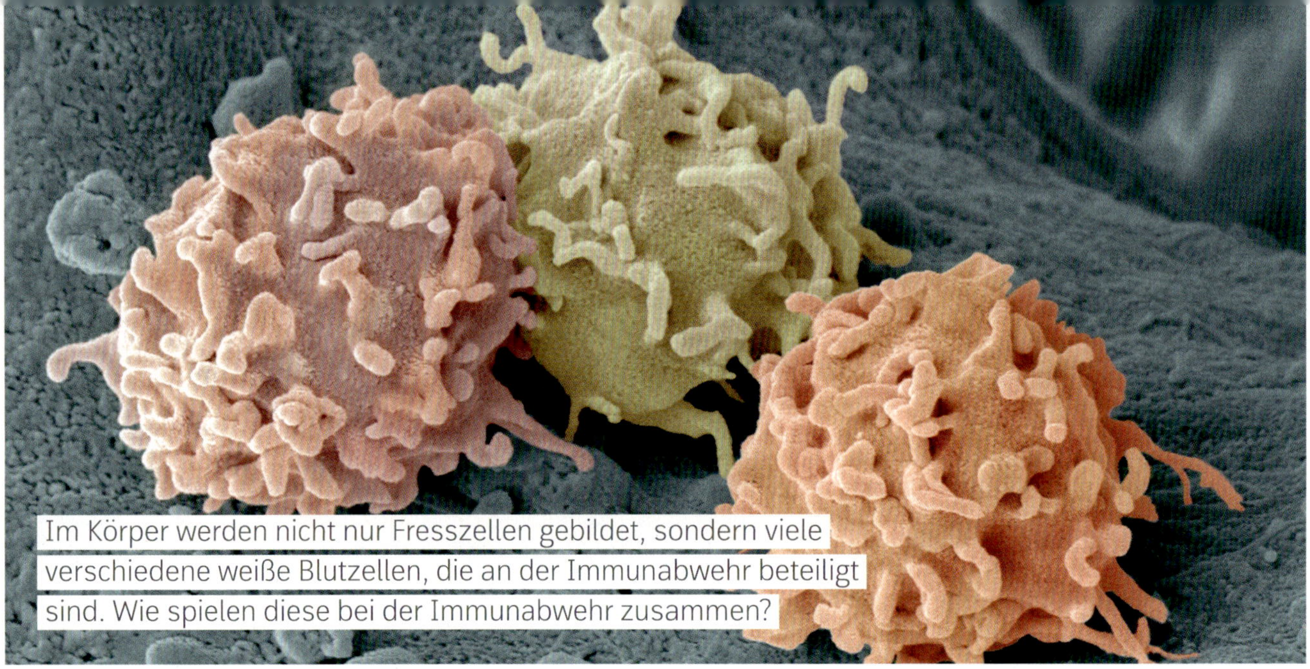

1 Aufnahme verschiedener Lymphozyten

Spezifische Abwehr

Spezifische Immunabwehr

In vielen Fällen reicht die unspezifische Immunabwehr nicht aus, in den Körper eingedrungene Krankheitserreger wie Bakterien und Viren zu erkennen und zu bekämpfen. Dann braucht der Körper spezialisierte Zellen, um die Krankheitserreger bekämpfen. Diese Zellen bilden die **spezifische Immunabwehr**. Sie sind alle Teil des während des Lebens **erworbenen Immunsystems**.

Bei der spezifischen Immunabwehr sind wie auch bei der unspezifischen Abwehr weiße Blutzellen beteiligt. Da sich diese zum größten Teil im Lymphsystem befinden, nennt man sie **Lymphozyten**. Es gibt mehrere Typen von Lymphozyten: Ein Teil der **B-Lymphozyten** wird im blutbildenden Knochenmark gebildet. Dieses ist vor allem Knochen wie Rippen, Wirbelkörper und Beckenknochen zu finden. In der Thymusdrüse, die direkt hinter dem Brustbein liegt, werden die **T-Lymphozyten** gebildet.

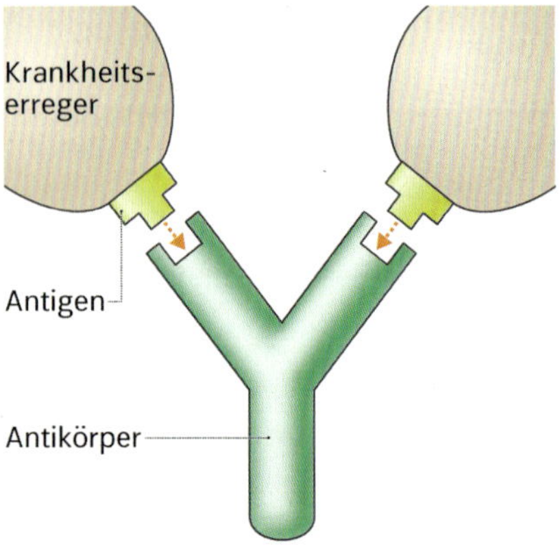

2 Antigen-Antikörper-Reaktion

Antigene

Auf der Oberfläche von Bakterien und Viren sind bestimmte Eiweißstoffe, die **Antigene**. Die Lymphozyten erkennen diese Oberflächenstrukturen. Wie jede Zelle haben die Lymphozyten auf ihrer Zelloberfläche **Rezeptoren**, mit denen sie an Antigene binden. Wie ein passender Schlüssel zum Schloss passen Antigen und Antikörper zusammen.

Immunabwehr durch Antikörper

Dringen Krankheitserreger in den Körper ein, gelangen Antigene in das Lymphsystem. In den Lymphknoten werden einige der Krankheitserreger zunächst von Fresszellen vernichtet. Dabei geben sie Botenstoffe ab und aktivieren eine besondere Form von T-Lymphozyten, die **T-Helferzellen**. Sie setzen Botenstoffe frei und aktivieren die B-Lymphozyten. Die B-Lymphozyten erkennen die Antigene der eingedrungenen Erreger. Sind die B-Lymphozyten aktiviert, teilen

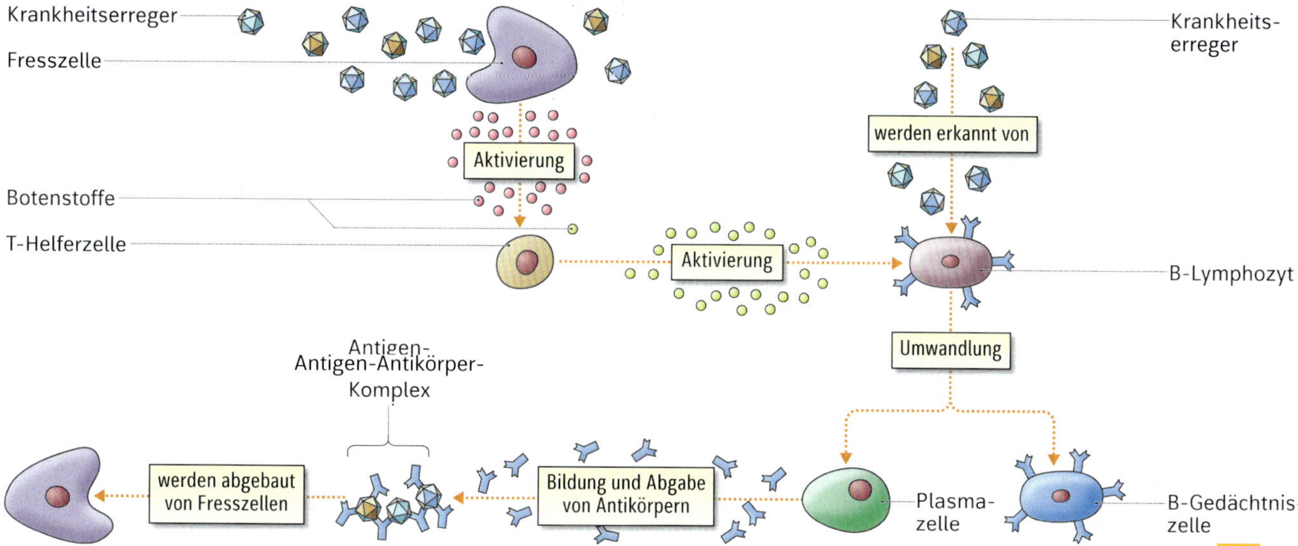

3 Immunantwort durch Antikörper

sie sich mehrfach und wandeln sich zu Plasmazellen. Diese beginnen damit, große Mengen bestimmter Eiweißstoffe zu bilden, die gegen ganz bestimmte Erreger wirken. Diese **Antikörper** gelangen in die Lymphe.
Treffen die Antikörper auf die passenden Antigene, binden sie wie ein passender Schlüssel zum Schloss. Durch diese **Antigen-Antikörper-Reaktion** können sich Bakterien nicht teilen oder Viren nicht in Zellen eindringen. Die Erreger werden unschädlich gemacht.

Gedächtniszellen

Neben Plasmazellen bilden die B-Lymphozyten auch **B-Gedächtniszellen**. Diese speichern Informationen zum Aufbau von Antigenen. Gelangen die gleichen Erreger wieder in den Körper, erkennen die Gedächtniszellen die Antigene und bilden sofort große Mengen Antikörper. Die Erreger werden schnell vernichtet, bevor die ersten Krankheitsanzeichen auftreten. Diese erworbene Immunität kann bei manchen Krankheiten wie Masern Jahrzehnte anhalten. ▶

Material mit Aufgaben

M1 Bildung von Antikörpern

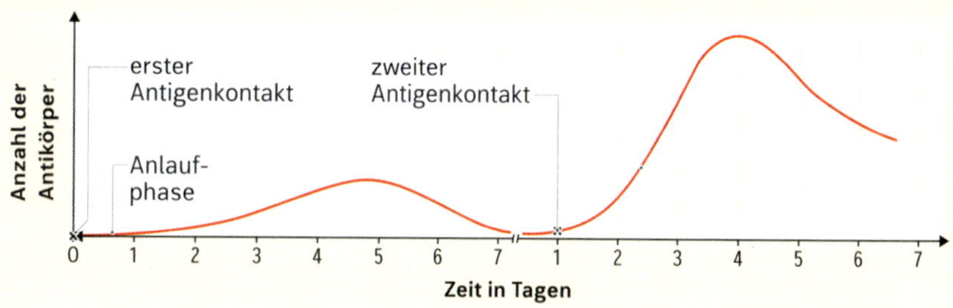

1. Beschreibe den Kurvenverlauf.
2. Erkläre, warum man bei der Immunantwort durch Antikörper zwischen erstem und zweitem Kontakt mit Antigenen unterscheidet.
3. Erkläre, warum man gegen viele Krankheiten wie Masern eine Immunität erwirbt. Beachte die Gedächtniszellen.

M2 Schlüssel zum Schloss

1. Zeichne die zu den Antigenen passenden Antikörper.
2. Erkläre die Antigen-Antikörper-Reaktion und warum sie dabei hilft, Erreger zu vernichten.
3. Erläutere mit dem Bild das Schlüssel-Schloss-Prinzip.

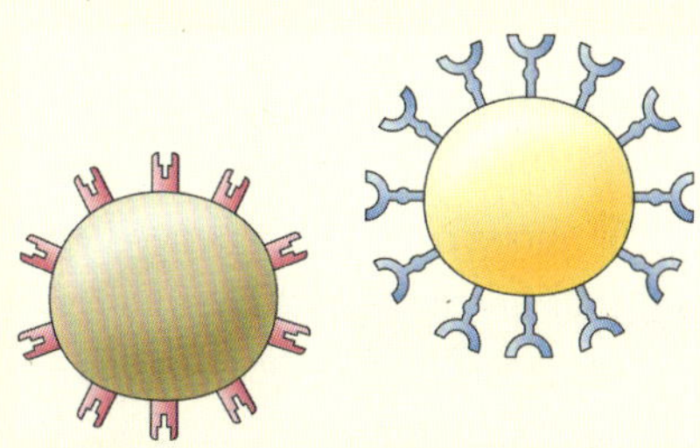

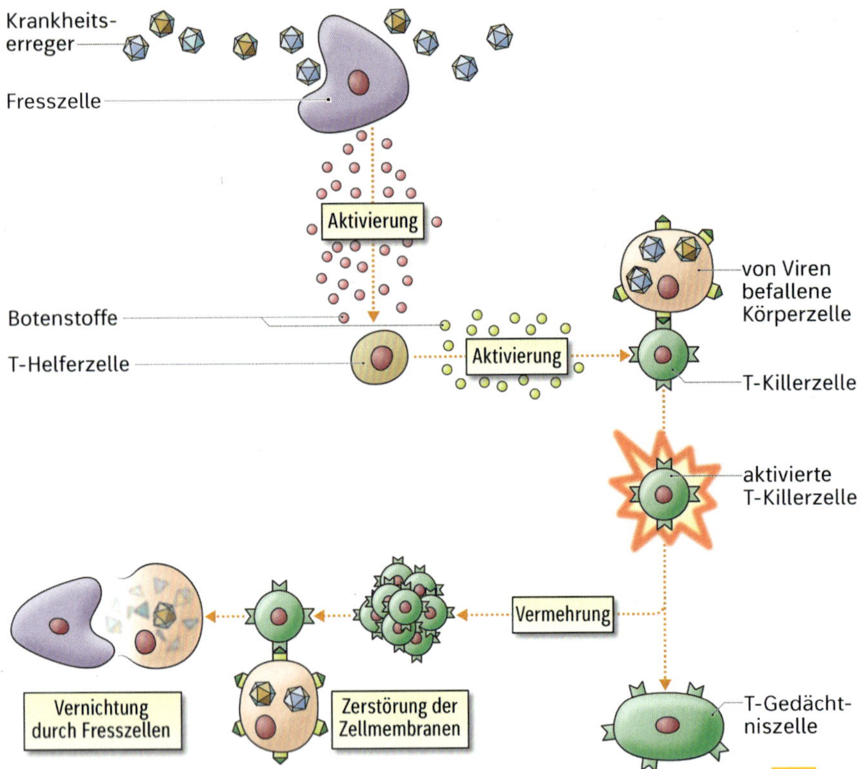

4 Zelluläre Immunantwort

Zelluläre Immunabwehr

Wenn es Viren gelingt, in Körperzellen einzudringen, können sie von Antikörpern und Fresszellen nicht mehr bekämpft werden. Die von Viren infizierten Zellen müssen dann von spezifischen Zellen vernichtet werden. Da für diesen Teil der spezifischen Immunabwehr diese Zellen verantwortlich sind, spricht man von **zellulärer Immunabwehr**.

Bildung von T-Killerzellen

Die Thymusdrüse bildet zu Beginn des Lebens Millionen von **T-Killerzellen**, die zunächst ruhen und nicht aktiv sind. Die T-Killerzellen erkennen die von Viren befallenen Zellen, weil sich die Oberfläche der Zellen durch den Virenbefall verändert.

Zusätzlich aktivieren **T-Helferzellen** die T-Killerzellen. Die nun aktivierten T-Killerzellen gelangen zu den infizierten Körperzellen. Sie zerstören die Zellmembran der befallenen Zellen. Die freigesetzten Viren und Zellreste werden von Fresszellen vernichtet.

Auch bei der zellulären Immunantwort werden Gedächtniszellen gebildet. Aus einigen der T-Killerzellen werden T-Gedächtniszellen. Bei einem erneuten Kontakt mit dem gleichen Antigen kann der eingedrungene Krankheitserreger sofort bekämpft werden.

A Beschreibe die zelluläre Immunabwehr durch T-Killerzellen mithilfe von Bild 4.

B Erkläre den Unterschied zwischen der zellulären Immunabwehr und der Immunantwort mittels Antikörpern.

Material mit Aufgaben

M3 Bildung der Lymphozyten

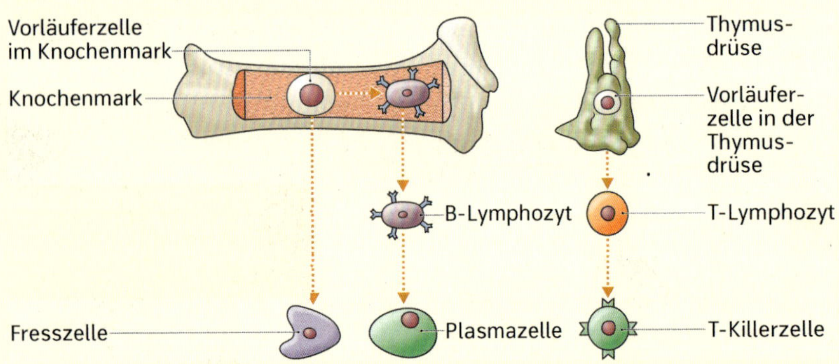

1. Nenne die verschiedenen Lymphozyten und beschreibe ihre Aufgaben. Fertige dazu eine Tabelle an.

2. Beschreibe die Bildung der verschiedenen Lymphozyten.

Material mit Aufgaben

M4 T-Killerzellen

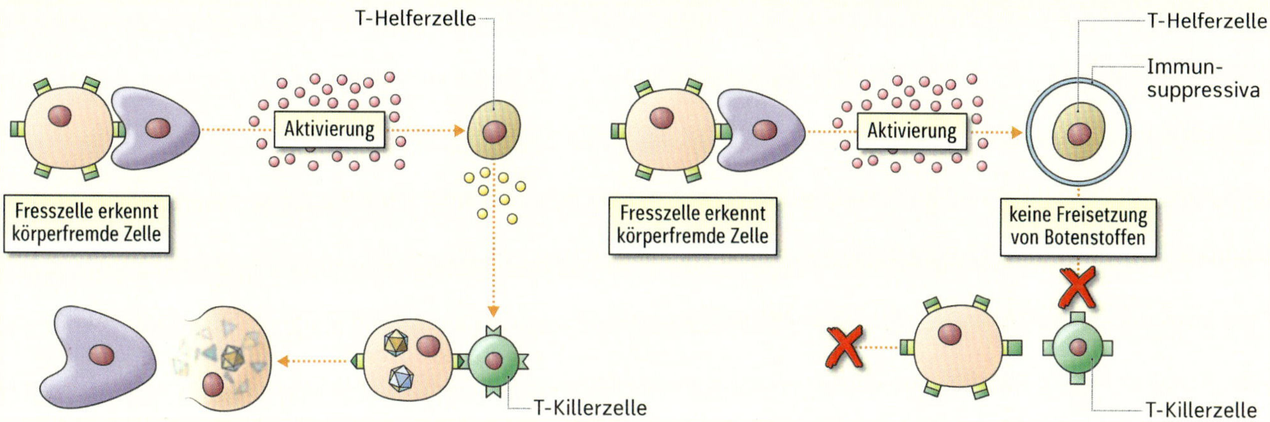

Die T-Killerzellen bekämpfen nicht nur die von Krankheitserregern befallen Zellen, sondern vernichten auch krankhaft veränderte Körperzellen, wie zum Beispiel Tumorzellen. Bei Organtransplantationen werden Organe oder Gewebe eines anderen Menschen in den Körper eingesetzt.
Es kann danach zu einer Abstoßungsreaktion des körperfremden Organs oder Gewebes kommen. Das Immunsystem bekämpft dabei das körperfremde Spendergewebe. Damit dies verhindert wird, werden dem Patienten bestimmte Medikamente, Immunsuppressiva, verabreicht.

1. Beschreibe, wo und wie die eingesetzten Immunsuppressiva wirken.
2. Erkläre, warum Immunsuppressiva die Immunabwehr durch T-Killerzellen blockiert.

M5 „Casting“ für die Immunabwehr

1. Betrachte den Comic und ordne den einzelnen Figuren die passenden Zellen des Immunsystems zu. Begründe.
2. Beschreibe das Zusammenspiel der einzelnen dargestellten Figuren bei der spezifischen Immunabwehr.
3. Zeichne in dein Heft eine weitere Figur, die eine Immunzelle der spezifischen Immunabwehr darstellt.

Expertenwissen

Autoimmunkrankheiten

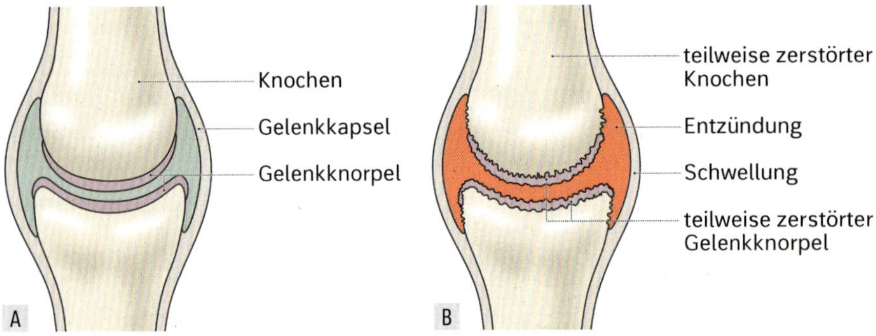

1 **A** Gesundes Fingergelenk, **B** Fingergelenk bei rheumatoider Arthritis

Rheumatoide Arthritis

Es gibt einige Krankheiten, bei denen sich einige Zellen des Immunsystems gegen die eigenen, gesunden Körperzellen richten und diese zerstören. Diese Krankheiten werden als Autoimmunkrankheiten bezeichnet. Oftmals sind die Ursachen für die Entstehung von Autoimmunerkrankungen noch nicht bekannt oder endgültig bestätigt. Eine der häufigsten Autoimmunkrankheiten ist die rheumatoide Arthritis. Bei dieser Krankheit sind die Gelenke, vor allem die Finger und Zehengelenke, schmerzhaft entzündet. Die Zellen des Immunsystems greifen den Gelenkknorpel an. Im Laufe der Erkrankung verformen sich die Gelenke und die Bewegungen des Skeletts werden eingeschränkt. An dieser Form der Arthritis können Menschen aller Altersgruppen erkranken, jedoch steigt die Gefahr der Neuerkrankung mit zunehmendem Alter.

Diabetes Typ I

Bereits in jungen Jahren kann Diabetes Typ I auftreten. Dies ist eine besondere Form der Zuckererkrankung, bei der die Immunzellen die insulinproduzierenden Zellen der Bauchspeicheldrüse zerstören. Insulin senkt den Blutzuckerwert. Personen mit Diabetes Typ I müssen sich Insulin regelmäßig spritzen, damit sie keine überhöhten Blutzuckerwerte bekommen. Diese würden zu langfristigen Schäden im Körper führen.

Material mit Aufgaben

M1 Multiple Sklerose

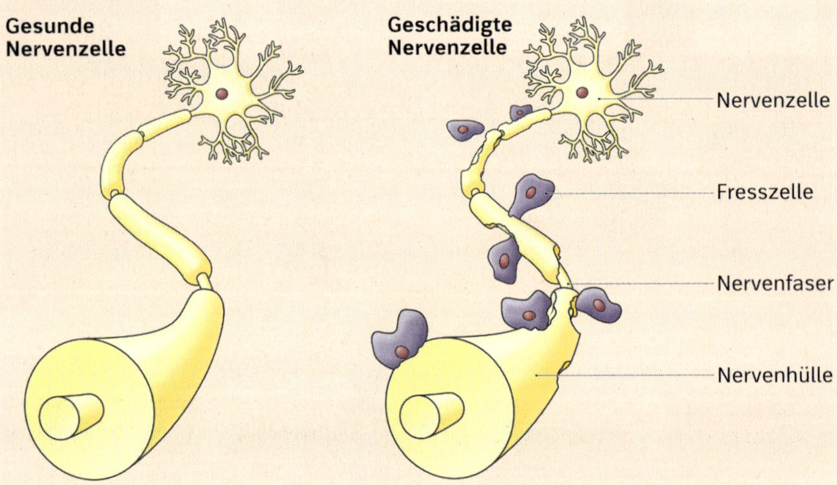

Bei Multipler Sklerose werden Nerven und Gehirn geschädigt. Die Krankheit tritt schubweise auf.

1. Beschreibe mithilfe des Bildes die Entstehung von Nervenschäden bei Multipler Sklerose.
2. Erkläre, warum die Multiple Sklerose zu den Autoimmunerkrankungen zählt.
3. Erläutere, warum die Bewegungskoordination im Laufe der Erkrankung abnimmt.

Entstehung von Krebs

Die Krankheit Krebs entsteht durch Veränderungen der Erbsubstanz von Zellen. Man spricht von **Mutationen**. Einige Chemikalien, radioaktive Strahlung oder auch UV-Strahlung begünstigen die Entstehung von Mutationen von Zellen. Im Normalfall werden veränderte Zellen im Körper durch Reparaturmaßnahmen beseitigt. Fallen diese aus, können sich die veränderten Zellen teilen und es entstehen **Tumorzellen**.

Im Körper werden ständig Tumorzellen gebildet. Diese werden in der Regel von Zellen des Immunsystems gezielt vernichtet. Die Tumorzellen unterscheiden sich in ihrer Oberflächenstruktur von den benachbarten Körperzellen und können dadurch von den T-Killerzellen erkannt werden. Treten Tumorzellen jedoch massenhaft auf, reicht die Abwehr nicht aus. Es kommt zu Gewebewucherungen, die man als **Tumor** bezeichnet.

Gutartiger und bösartiger Tumor

Bei gutartigen Tumoren wächst die Gewebewucherung nur langsam und zerstört nicht das benachbarte Gewebe. Teilen sich die Tumorzellen schneller und zerstören dabei benachbartes Gewebe, entsteht ein bösartiger Tumor, den man als **Krebs** bezeichnet.

Es kann vorkommen, dass sich einige Tumorzellen von dem Tumor lösen und beispielsweise über das Blut verbreiten. Bilden diese Zellen in anderen Körperregionen Tochtertumore, spricht man von **Metastasen**. Ist es so weit gekommen, sinken die Heilungschancen. Daher ist eine ärztliche Früherkennung bei Krebs sehr wichtig.

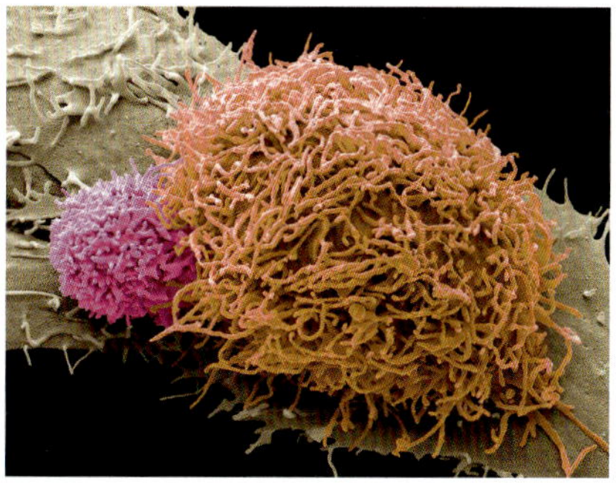

1 T-Killerzelle (orange) befällt Tumorzelle (rosa)

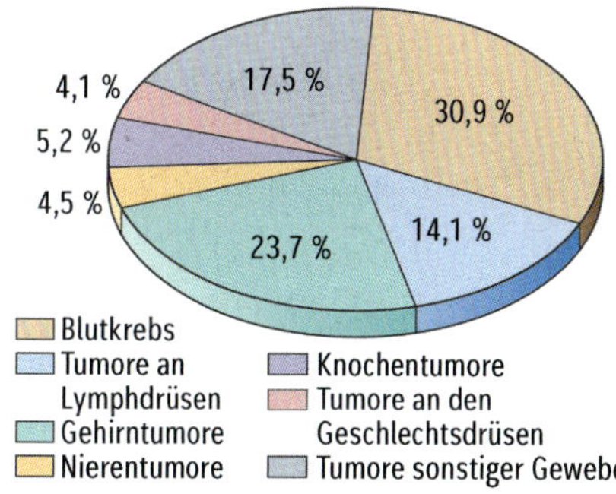

2 Häufigste Krebserkrankungen in Deutschland

Behandlung von Krebs

Wurde der Krebs rechtzeitig erkannt, kann der Tumor operativ entfernt werden. Häufig werden zur Behandlung von Krebs starke Medikamente eingesetzt, die die Krebszellen schädigen. Es werden aber auch die gesunden Körperzellen angegriffen. Diese **Chemotherapien** haben deshalb häufig Nebenwirkungen. Vor allem bei bösartigen Tumoren nutzt man zudem energiereiche **Bestrahlung**, die die Tumorzellen schädigt.

Material mit Aufgaben

M1 Entstehung von Krebs

1. Erkläre den Unterschied zwischen einem gutartigen und bösartigen Tumor.
2. Beschreibe die Entstehung eines bösartigen Tumors.
3. Erkläre, wie Tumorzellen im Körper bekämpft werden und warum sich dennoch Tumore bilden können.
4. Erläutere, weshalb man ab einem bestimmten Alter regelmäßig eine Krebsvorsorge durchführen sollte.

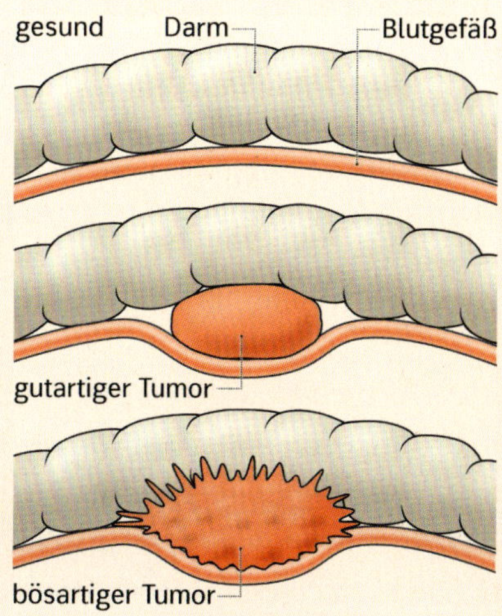

1 Arzt ertastet angeschwollene Lymphknoten

Das Lymphsystem

Das Lymphsystem

Neben dem Blutkreislauf gibt es ein zweites Zirkulationssystem des Körpers: das **Lymphsystem**. Im Lymphsystem werden nicht nur Krankheitserreger bekämpft und Abfallstoffe transportiert, sondern es dient auch der Entwässerung des Gewebes. Im Körper befindet sich ein Netzwerk von Lymphgefäßen, in dem eine wässrige, milchige Flüssigkeit fließt. Diese Flüssigkeit bezeichnet man als **Lymphe**. Sie tritt zum Beispiel bei Schürfwunden aus und sammelt sich in Brandblasen. Was die Körperzellen ausscheiden, nehmen zunächst die Lymphgefäße auf und transportieren es ab. Endgültig ausgeschieden werden diese Abfallstoffe dann über die Entgiftungsorgane Leber und Nieren.

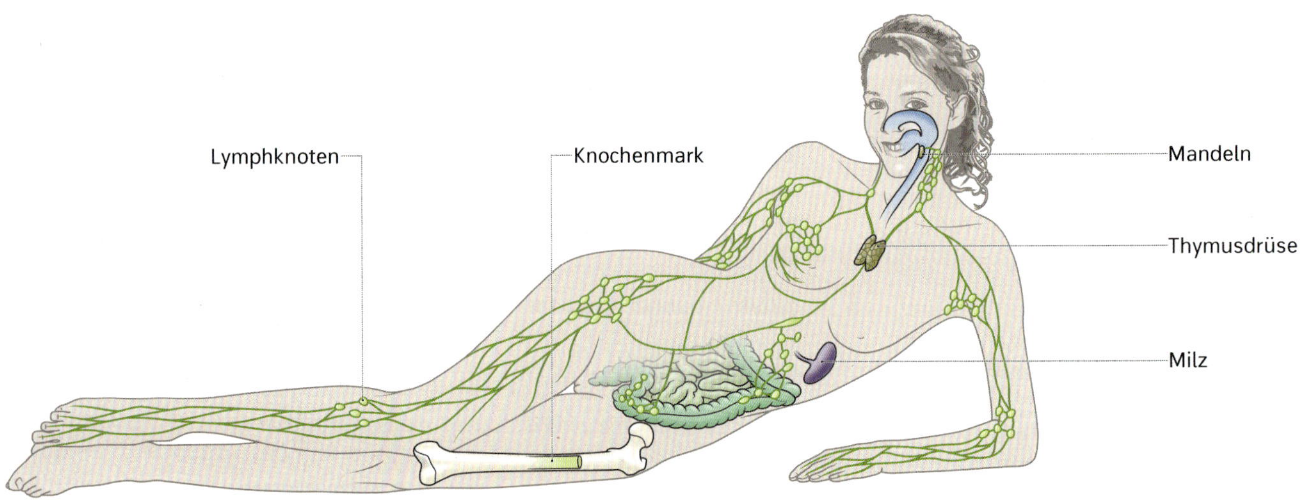

2 Das Lymphsystem des Menschen

Entstehung der Lymphe

Im Gewebe zwischen den Zellen sind feine Blutkapillaren. In die Zellzwischenräume fließt auch Blutplasma. Ein Teil des Blutplasmas sammelt sich in den Lymphkapillaren und bildet die Lymphe. Die Lymphe wird also aus dem Blut gebildet. Die Lymphkapillaren beginnen im Gewebe und vereinen sich zu immer größer werdenden Lymphgefäßen, die hinter den Venen des Schlüsselbeins in den Blutkreislauf einmünden.

Lymphknoten

Die Lymphe fließt in den Lymphgefäßen durch zahlreiche erbsengroße Verdickungen, die **Lymphknoten**. Am Hals, in den Achseln und im unteren Bauch befinden sich besonders viele Lymphknoten. Hier sammeln sich eine Vielzahl von Fresszellen, aber auch andere, von der Thymusdrüse und im Knochenmark gebildete Immunzellen.

Wenn Erreger die unspezifische Abwehr überwunden haben, können sie zwischen die Zellen im Gewebe geraten. Die Antigene werden von der Lymphe in das Lymphsystem gespült und von den Immunzellen in den Lymphknoten unschädlich gemacht.

Zusätzlich werden in den Lymphknoten auch Giftstoffe aus der Lymphe gefiltert. Befinden sich Antigene im Blut, werden diese in der Milz während des Blutdurchflusses vernichtet. In den Lymphknoten und in der Milz findet ein Großteil der Abwehrreaktionen des Körpers statt. Bei Infektionskrankheiten schwellen die Lymphknoten an. So sind große Lymphknoten wie die Mandeln am Hals als harte Knötchen ertastbar.

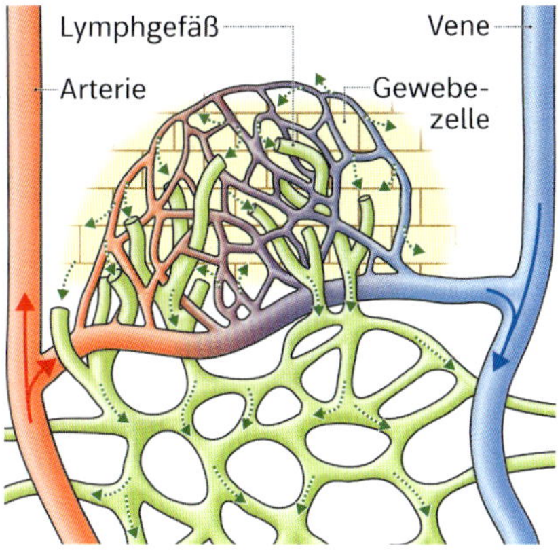

3 Entstehung der Lymphe

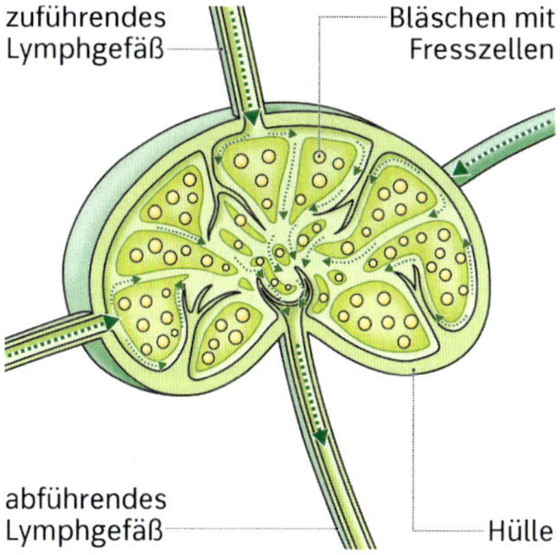

4 Bau eines Lymphknotens

Material mit Aufgaben

M1 Lymphe und Blut

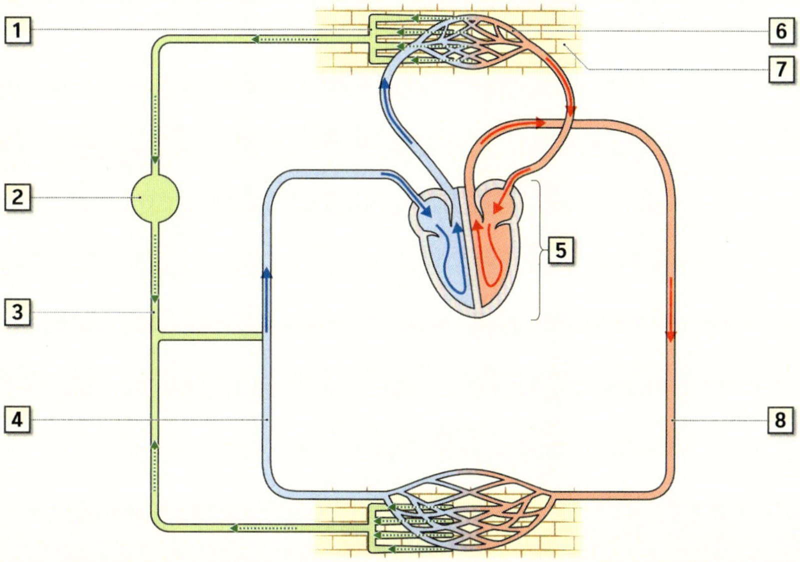

1. Benenne die mit Ziffern gekennzeichneten Teile des Lymphsystems und des Blutkreislaufs.
2. Beschreibe das Zusammenspiel von Lymphsystem und Blutkreislauf.
3. Beschreibe die Bildung der Lymphe.
4. Beschreibe die Aufgabe der Lymphknoten.
5. Erkläre, warum man Lymphknoten als „Filterstation" bezeichnet.
6. Stelle eine Vermutung an, warum bei Infektionen die Lymphknoten anschwellen.

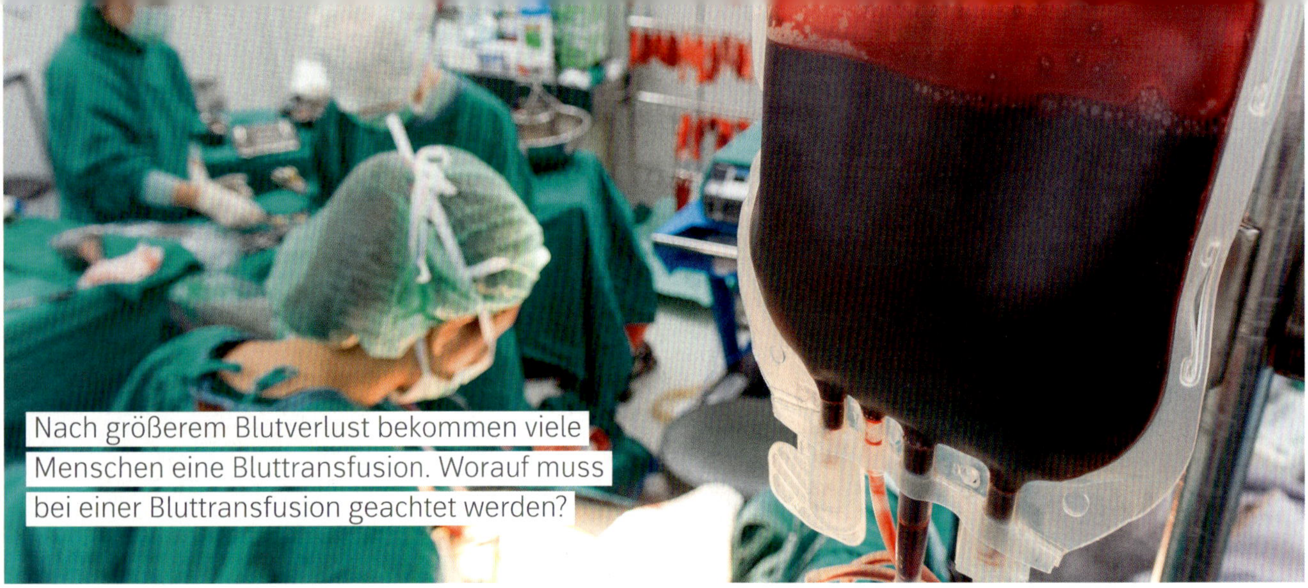

1 Bluttransfusion während einer Operation

Die Blutgruppen

Bestandteile des Blutes

Blut ist ein Gemisch aus festen und flüssigen Bestandteilen. Zu den festen Bestandteilen zählen die verschiedenen **Blutzellen**. Zu ihnen gehören die roten Blutzellen und die für die Immunabwehr des Körpers wichtigen weißen Blutzellen des Immunsystems. Den flüssigen Blutsbestandteil bezeichnet man als **Blutplasma**. Es transportiert die Nährstoffe, Abfallstoffe und andere Stoffe.

Blutgruppe	rote Blutzellen mit Antigenen	Blutplasma
A	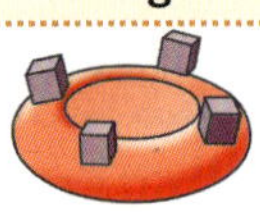	Anti-B
B	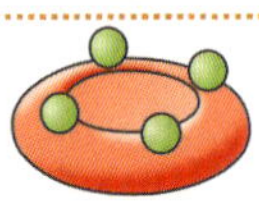	Anti-A
AB	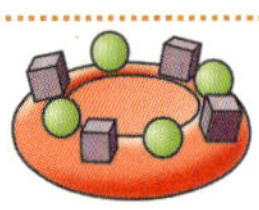	keine
0	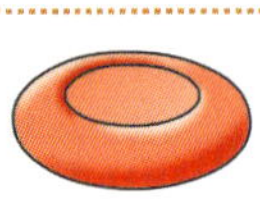	Anti-A Anti-B

2 Blutgruppen

Bluttransfusionen

Bei Verkehrsunfällen verlieren Verletzte manchmal sehr viel Blut. Das kann lebensgefährlich sein. Auch bei der Behandlung mancher Krankheiten und bei vielen Operationen sind Blutübertragungen, **Bluttransfusionen**, wichtig. Bei einer Bluttransfusion passt nicht jedes Blut eines Spenders zu jedem Empfänger. Es können Abwehrreaktionen auftreten.

Blutgruppen und Antigene

Es gibt vier verschiedene Blutgruppen: A, B, AB und 0. Die roten Blutzellen der Blutgruppen unterscheiden sich voneinander. Auf ihrer Oberfläche tragen sie verschiedene **Antigene**. Es gibt 2 Typen von Antigenen.
Bei der Blutgruppe A tragen die roten Blutzellen das Antigen A. Bei der Blutgruppe B tragen die roten Blutzellen das Antigen B. Bei der Blutgruppe AB tragen die roten Blutzellen beide Antigene. Trägt eine rote Blutzelle keines der beiden Antigene, liegt Blutgruppe 0 vor.

Antikörper im Blutplasma

Im Blutplasma befinden sich Eiweißstoffe, die Erreger bekämpfen. Es sind **Antikörper**, die seit der Geburt vorliegen. Menschen mit der Blutgruppe A haben keine Antikörper gegen ihre eigenen Antigene A, jedoch Anti-B gegen die Antigene der Blutgruppe B, die nicht im eigenen Körper vorkommt. Die Blutgruppe B besitzt die Antikörper Anti-A gegen die Antigene A der Blutgruppe A. Die Blutgruppe 0 besitzt Anti-A und Anti-B. Die Blutgruppe AB besitzt keine Antikörper im Blutplasma.

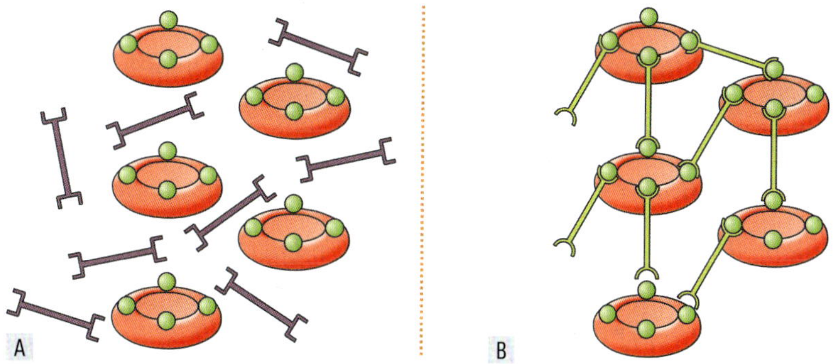

3 Blutgruppenunverträglichkeit: **A** Verträglichkeit, **B** Verklumpung

Blutgruppenunverträglichkeit

Bei Bluttransfusionen wird nur Blut der gleichen Blutgruppe an einen Empfänger übertragen. Das Blutserum der Blutgruppe A enthält Anti-B-Antikörper. Treffen diese auf rote Blutzellen mit dem Antigen B, verklumpt das Blut. Sie passen nach dem Schlüssel-Schloss-Prinzip zusammen und verbinden die Blutzellen zu großen Klumpen. Dies nennt man **Antigen-Antikörper-Reaktion**. Genauso reagiert die Blutgruppe B mit Antikörpern Anti-B der Blutgruppe. Die Blutzellen der Blutgruppe AB verklumpen mit Anti-A und mit Anti-B.

Untersuchung des Blutes

Bevor Blut einem Patienten übertragen werden kann, wird die Blutgruppe festgestellt. Das Blut wird auch auf Krankheitserreger überprüft. Meistens wird nur das Blutplasma gespendet. Organisationen wie das Deutsche Rote Kreuz rufen zur **Blutspende** auf, da es bereits jetzt einen Mangel an Blutkonserven gibt.

Material mit Aufgaben

M1 Bestimmung der Blutgruppe

In eine Schale mit Vertiefungen werden ein Tropfen Blut und je ein Testserum gegeben. Das eine Testserum enthält Anti-A-Antikörper, das andere Anti-B-Antikörper. Danach wird beobachtet, bei welchen Versuchansätzen das Blut verklumpt.

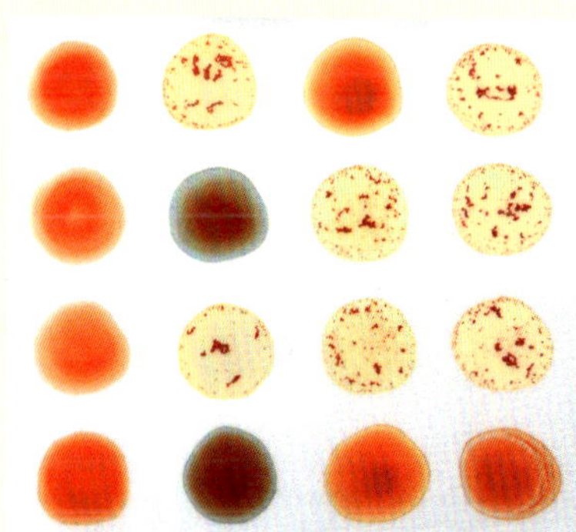

1. Beschreibe die Reaktionen zwischen Blut und den verschiedenen Testseren im Bild.
2. Erkläre, warum es bei dem Versuch zu Verklumpungen kommen kann.
3. Erläutere, warum die Verklumpungen in einem Körper lebensgefährlich sein können.
4. Wähle eine der Aufgaben aus:
   a. Niklas benötigt eine Bluttransfusion. Er hat die Blutgruppe B. Begründe, ob Lisa mit der Blutgruppe AB als Spenderin von Blutplasma in Frage kommt.
   b. Begründe, welche Blutgruppen als Universalspender und welche als Universalempfänger für Blutplasma bezeichnet werden.

1 Ärztin impft Kleinkind

Immunisierung

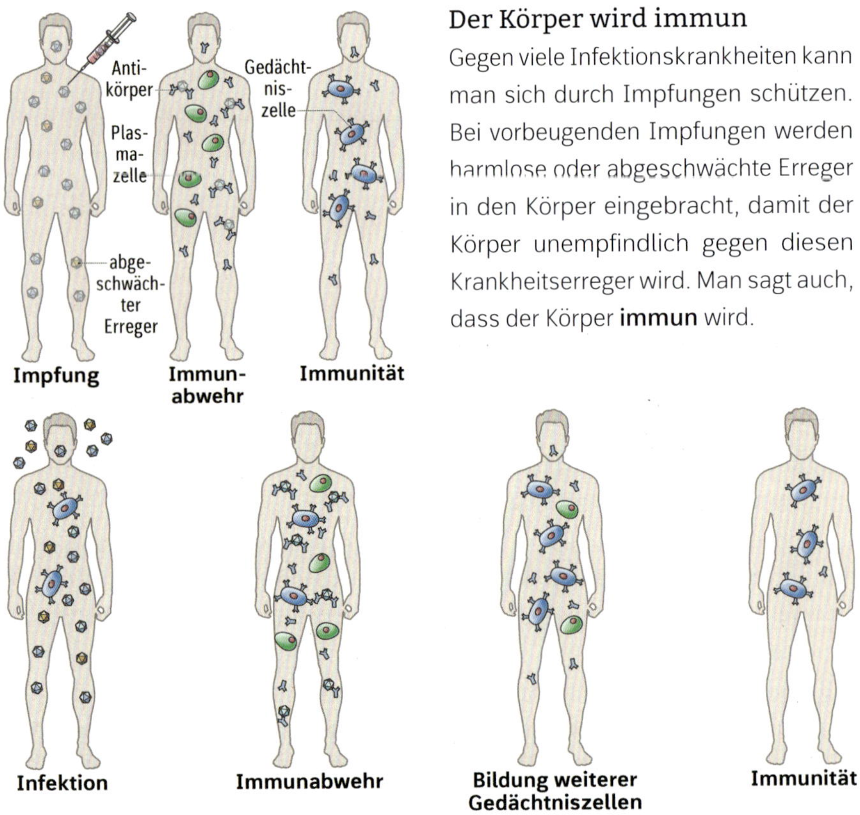

2 Aktive Immunisierung

Der Körper wird immun

Gegen viele Infektionskrankheiten kann man sich durch Impfungen schützen. Bei vorbeugenden Impfungen werden harmlose oder abgeschwächte Erreger in den Körper eingebracht, damit der Körper unempfindlich gegen diesen Krankheitserreger wird. Man sagt auch, dass der Körper **immun** wird.

Aktive Immunisierung

Bei einer Impfung werden Impfstoffe zum Schutz vor Infektionen verabreicht, die durch Bakterien oder Viren ausgelöst werden. **Totimpfstoffe** enthalten abgetötete Erreger von Erregern. Mit ihnen kann gegen Keuchhusten oder Kinderlähmung vorgebeugt werden. **Lebendimpfstoffe** wie gegen Masern oder Röteln sind lebendige, aber abgeschwächte Erreger, die die Krankheit nicht mehr auslösen können. Impfstoffe werden dem Menschen verabreicht, oftmals gespritzt. Die abgeschwächten Erreger lösen eine Immunantwort des Körpers aus. Der Körper wird angeregt, Antikörper gegen die Erreger zu bilden, damit die harmlosen Erreger vernichtet werden. Wie bei einer überstandenen Infektionskrankheit werden Gedächtniszellen gebildet. Diese leben sehr lange, oftmals mehrere Jahre.

Bei einem erneuten Kontakt mit den Antigenen der gefährlichen Erreger werden die Gedächtniszellen rasch vermehrt. Sie bilden in kurzer Zeit viele Antikörper gegen die Antigene und somit gegen die Erreger. Die eingedrungenen, gefährlichen Erreger werden vor den ersten Anzeichen einer Infektion vernichtet. Die Krankheit, die der Erreger normalerweise auslösen würde, bricht nicht aus.
Da der Körper selbst Antikörper bildet und die Erreger aktiv bekämpft, spricht man von **aktiver Immunisierung**. Diese bietet einen mehrjährigen, manchmal einen lebenslangen Schutz vor gefährlichen Krankheiten.

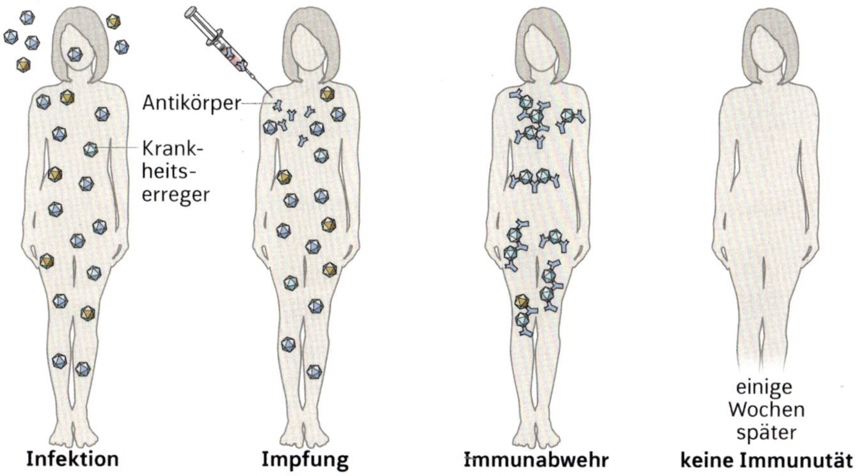

3 Passive Immunisierung

Passive Immunisierung

Bei einigen Krankheiten kann man nicht warten, bis der Körper Antikörper gebildet hat. Bei einer Infektion mit Tollwut-Viren wird ein Impfstoff mit Antikörpern gespritzt. Die gespritzten Antikörper binden sofort an die Erreger und ihre Vernichtung wird eingeleitet. Der Körper bildet jedoch keine Gedächtniszellen und baut die gespritzten Antikörper mit der Zeit ab. Der Impfschutz wirkt schnell, ist aber nicht dauerhaft. Da der Körper die Antikörper nicht selbst bildet, spricht man von **passiver Immunisierung**.
Die Impfstoffe für die passive Immunisierung gewinnt man aus dem Blut zuvor infizierter Tiere oder auch Menschen. Dazu werden abgeschwächte Erreger in deren Blut gegeben. Anschließend werden die von deren Körper gebildeten Antikörper aus deren Blut zurückgewonnen. Aus ihnen wird der Impfstoff hergestellt. ▶

Material mit Aufgaben

M1 Herstellung eines Impfserums

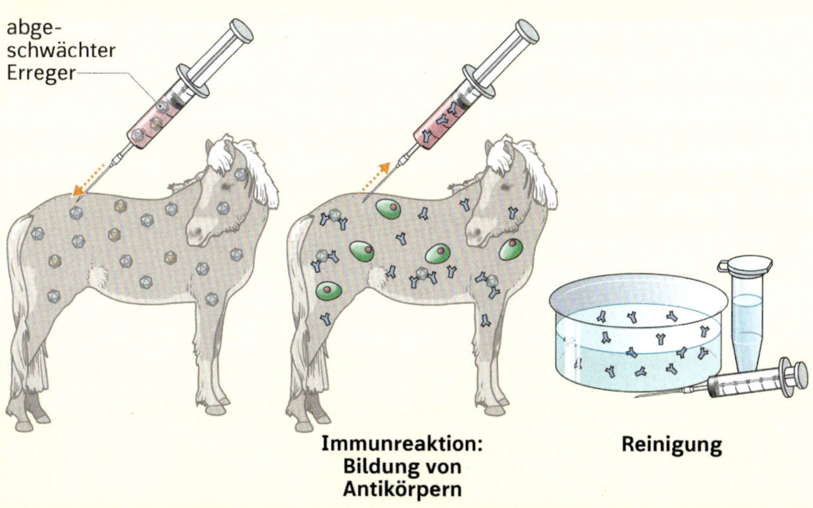

1. Beschreibe die Gewinnung des Impfstoffs.
2. Nenne die Art der Immunisierung. Erkläre, wie diese Immunisierung funktioniert. ⊞
3. Vergleiche aktive und passive Immunisierung. ⊞
4. Beurteile, nach welcher Art der Immunisierung der Mensch gegen Tollwut immun ist.

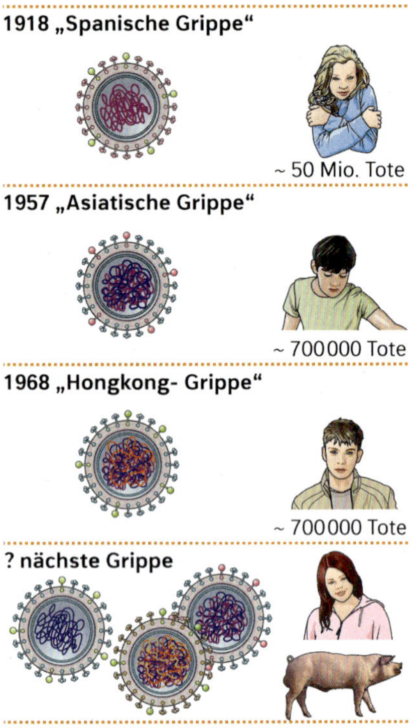

4 Verschiedene Grippeerreger

Epidemien und Pandemien

Im Winter erkranken viele Menschen in Europa an Grippe. Von diesen Grippewellen sind einzelne Regionen meist stark betroffen. Man spricht dann von **Epidemien**. Breitet sich ein Grippe-Erreger weltweit aus, handelt es sich um eine **Pandemie**. Durch die hohe Mobilität der Menschen steigt die Gefahr der weltweiten Ausbreitung gefährlicher Erreger.

Viren verändern sich

Das Grippe-Virus verändert oft sein Erbgut und so auch seine Oberfläche. So können gefährliche **Virustypen** entstehen. Viele Virustypen können nicht nur Menschen befallen, sondern auch Tiere wie Vögel und Schweine. Besonders gefährlich ist, wenn zwei Virustypen gleichzeitig einen Wirt befallen. Im Wirt kann das Viruserbgut neu kombiniert werden und das Virus so neue Eigenschaften entwickeln.

Treten bestimmte Virustypen gehäuft auf oder kommt ein neuer Virustyp auf, wird ein neuer Impfstoff entwickelt. Es lässt sich kein dauerhafter Impfschutz erreichen, sodass die Impfungen jedes Jahr erneuert werden müssen.

Empfohlene Impfungen

In Deutschland gibt es keinen gesetzlichen Impfzwang. Die Ständige Impfkommission des Robert-Koch-Instituts rät aber zu bestimmten Impfungen. Vor allem Kinder werden vorsorglich gegen Krankheiten geimpft. Die Impfungen werden in einen international gültigen **Impfausweis** eingetragen. In einigen Regionen Deutschlands sinkt die Impfquote. Die **Impfmüdigkeit** steigt. Die meisten Eltern lassen die empfohlenen Impfungen bei ihren Kindern durchführen. Es gibt jedoch überzeugte Impfgegner, die ihre Kinder nicht impfen lassen.

Material mit Aufgaben

M2 Veränderung von Viren

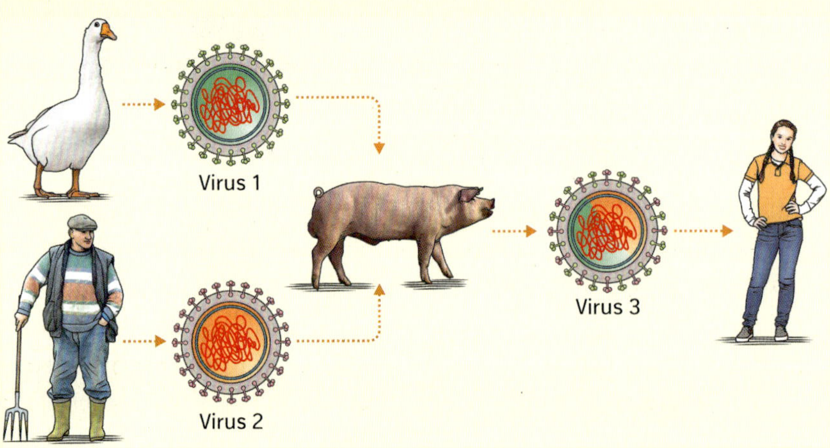

1. Beschreibe die Entstehung verschiedener Virustypen.
2. Erkläre, warum gegen Grippe kein vollständiger und dauerhafter Impfschutz möglich ist.
3. Nenne Faktoren, die die Entstehung von Epidemien oder Pandemien fördern.
4. Größere Firmen bieten ihren Mitarbeitern oft jährliche Grippeschutzimpfungen an. Beurteile dieses Angebot.

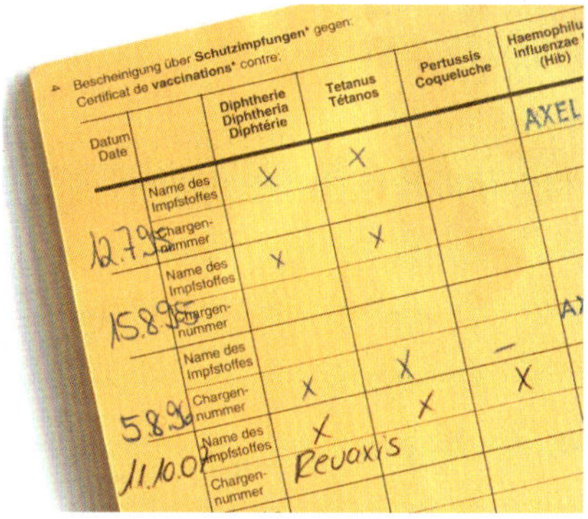

5 Impfpass

Material mit Aufgaben

M3 Jenner-Experiment

1. Beschreibe das 1796 von Jenner durchgeführte Experiment.
2. Formuliere eine Frage, die mit dem Versuch beantwortet wurde.
3. Erkläre, warum der Junge nach Impfung mit Kuhpocken auch gegen die ähnlich aufgebauten, gefährlichen Pocken immun war.

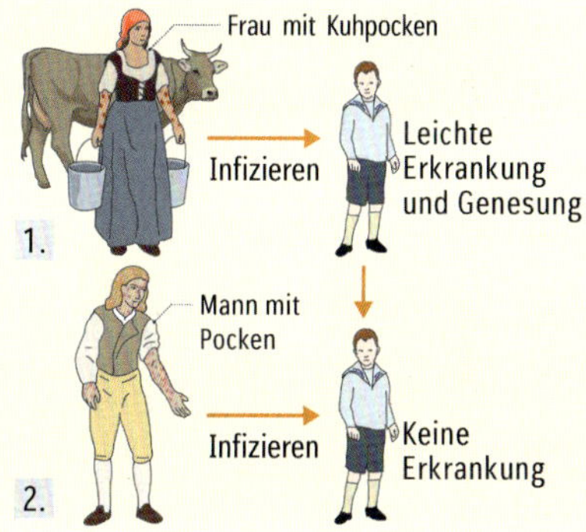

Material mit Aufgaben

M4 Impfen – Pro und Kontra

Arbeitet in Gruppen zusammen.

1. Sammelt Argumente für und gegen das Impfen. Ihr könnt zusätzlich weitere Informationen im Internet recherchieren. Erstellt eine Tabelle.
2. Diskutiert die verschiedenen Argumente der Impfgegner und der Impfbefürworter.
3. Erläutert mögliche Folgen, wenn die Impfmüdigkeit in der Bevölkerung weiter steigt.
4. Bewertet die Forderungen mancher Politiker in Deutschland, eine allgemeine Impfpflicht einzuführen.
5. Entwerft ein Plakat, das die Bevölkerung über das Impfen aufklärt.

Herr T.: Ich lehne Impfungen ab und lasse meine Kinder nicht impfen. Impfen ist mit Risiken und Nebenwirkungen verbunden. Einige Studien weisen darauf hin, dass es einen erhöhten Anteil an geimpften Kindern gibt, die an Allergien leiden.

Frau Dr. B.: Dass Impfen Allergien fördert, ist bisher nicht nachgewiesen. Das ist kein Grund, Impfungen zu verteufeln. Impfungen schützen vor lebensgefährlichen Krankheiten. Sie bieten Schutz vor Masern, Röteln, Tetanus oder Mumps.

Herr T.: Impfungen schwächen das Immunsystem! Es können Impfschäden entstehen. So sind Fieber und Übelkeit direkt nach der Impfung noch harmlos. In sehr seltenen Fällen können Impfungen Nerven schädigen oder sogar zum Tod führen.

Frau Dr. B.: Moment! Es gibt keine Langzeituntersuchung, die das beweist! In der Regel sind Impfungen unbedenklich. Sie vergessen, dass Impfungen Millionen Menschenleben gerettet haben. Wenn Sie Bedenken haben lassen, Sie sich von einem Arzt beraten, der klärt Sie über mögliche Nebenwirkungen auf.

Herr T.: Zwar sind viele Impfungen gut erforscht und haben sich über Jahre bewährt. Für neue Impfungen fehlen aber Langzeitstudien, ob Menschen sie gut vertragen!

Frau Dr. B.: Bei nur sehr wenigen Patienten wird eine Unverträglichkeit festgestellt. Impfen schützt die Bevölkerung aber vor Epidemien. Durch das Impfen ist in Europa seit langem keine Epidemie mehr ausgebrochen. Gegen die Impfmüdigkeit muss aufgeklärt werden.

Herr T.: Mit ihren Worten lassen Sie die Kassen der Pharmaindustrie klingeln! Die verkaufen teure Impfstoffe und ob die immer die Wahrheit sagen, wissen Sie nicht!

Frau Dr. B.: Jetzt hören Sie doch mal auf! Jeder Impfstoff wird von unabhängigen Instituten vor der Zulassung überprüft. Treten Probleme auf, darf der Impfstoff nicht verkauft werden.

1 Spendensammeln bei einer AIDS-Gala

HIV und AIDS

AIDS

„Gib AIDS keine Chance!" - Diesen Spruch liest man auf vielen Plakaten oder hört man im Fernsehen. **AIDS** ist die englische Abkürzung für **A**cquired **I**mmune **D**eficienty **S**yndrom, was man mit „Erworbene Immunschwäche" übersetzen kann. Die Krankheit AIDS wird durch **H**umane **I**mmundefizienz-**V**iren, kurz **HIV**, ausgelöst.

Infektion mit HIV

HIV kann sich wie jedes andere Virus nur in lebenden Zellen vermehren. Es ist für den Menschen so gefährlich, weil es die T-Helferzellen als Wirtszellen hat. So schwächt es das Immunsystem.

Eine von einem HI-Virus befallene T-Helferzelle produziert viele neue HI-Viren. Bei der Freisetzung der neu gebildeten HI-Viren in das Blut wird die T-Helferzelle zerstört. Sie kann ihre Aufgaben bei der Immunabwehr nicht mehr erfüllen. Die neu gebildeten HI-Viren greifen dann weitere T-Helferzellen an.

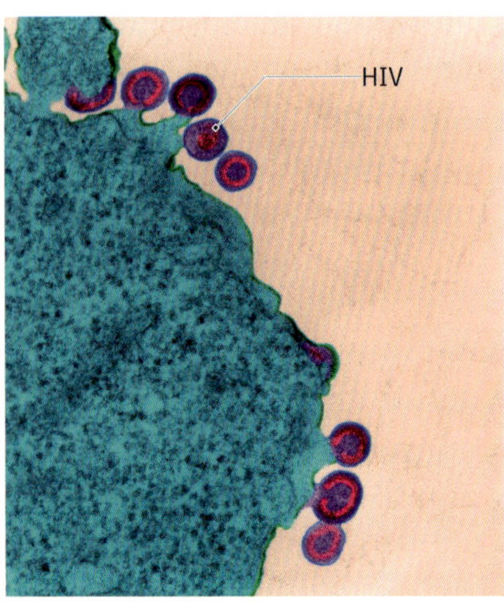

2 HI-Viren befallen eine Körperzelle

Krankheitsverlauf

Innerhalb von mehreren Jahren sinkt die Anzahl an T-Helferzellen im Körper eines HIV-Infizierten. Durch die Abnahme der T-Helferzellen können auch weniger Antikörper produzierende Plasmazellen und Killerzellen aktiviert werden. Das Immunsystem ist geschwächt. Erst nach zwei bis zehn Jahren nach der Infektion treten grippeähnliche Symptome auf.

AIDS

Das Endstadium der Krankheit bezeichnet man als **AIDS**. Durch das vermehrte Absterben der T-Helferzellen kann das Immunsystem Krankheitserreger wie Viren und Bakterien immer schlechter abwehren. Da der Körper bei AIDS im fortgeschrittenen Stadium so anderen Krankheitserregern schutzlos ausgeliefert ist, sind die Krankheitserscheinungen vielfältig. Oft stirbt der AIDS-Kranke nicht direkt an der HIV-Infektion, sondern an anderen Infektionskrankheiten.

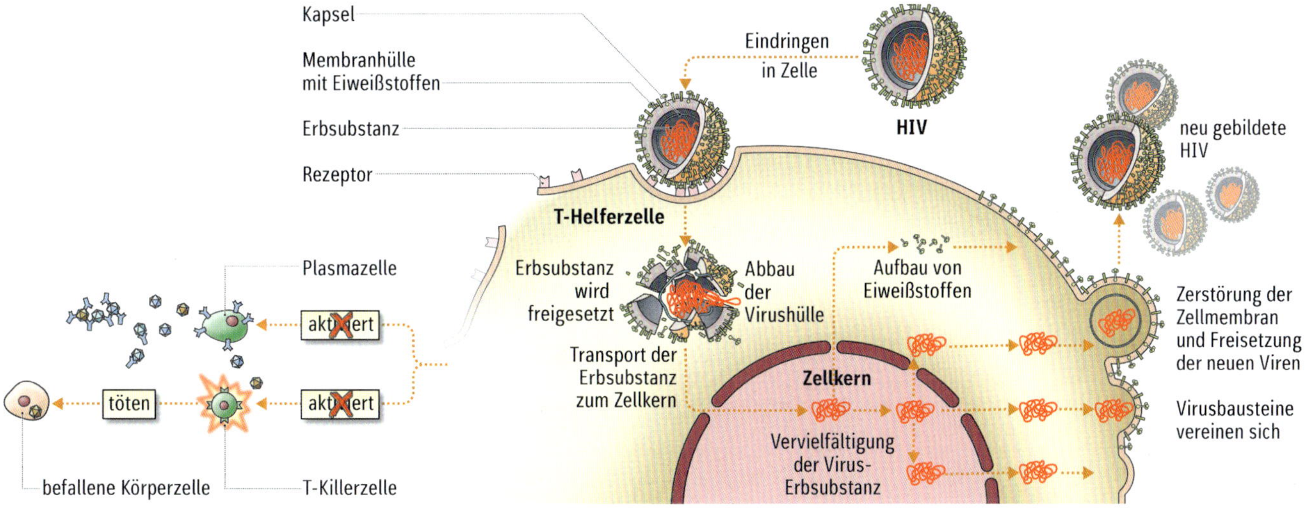

3 Vermehrung des HI-Virus

Bekämpfung von HIV

Nach der Infektion bildet der Körper Antikörper gegen die HI-Viren. Die Antikörper sorgen dafür, dass die HI-Viren verklumpen. Jedoch kann dies die Vermehrung der Viren nicht ganz stoppen. Die HIV-Antikörper können etwa zwölf Wochen nach der Infektion bei einem HIV-Test nachgewiesen werden. Wenn HIV-Antikörper vorhanden sind, ist der Betroffene HIV-positiv. Sind keine Antikörper vorhanden, HIV-negativ. In den letzten Jahren sind viele Medikamente entwickelt worden, die den Krankheitsverlauf verzögern und auch das Leiden der Erkrankten lindern. Jedoch kann AIDS derzeit noch nicht mit Medikamenten geheilt werden. Es wird aber an Impfstoffen gegen HIV geforscht. Eine vorbeugende Impfung gegen HIV gibt es aber bislang noch nicht.

A Erkläre den Unterschied zwischen HIV und AIDS.

B Beschreibe die Vermehrung des HI-Virus.

C Erkläre die Begriffe HIV-positiv und HIV-negativ.

Material mit Aufgaben

M1 Krankheitsverlauf

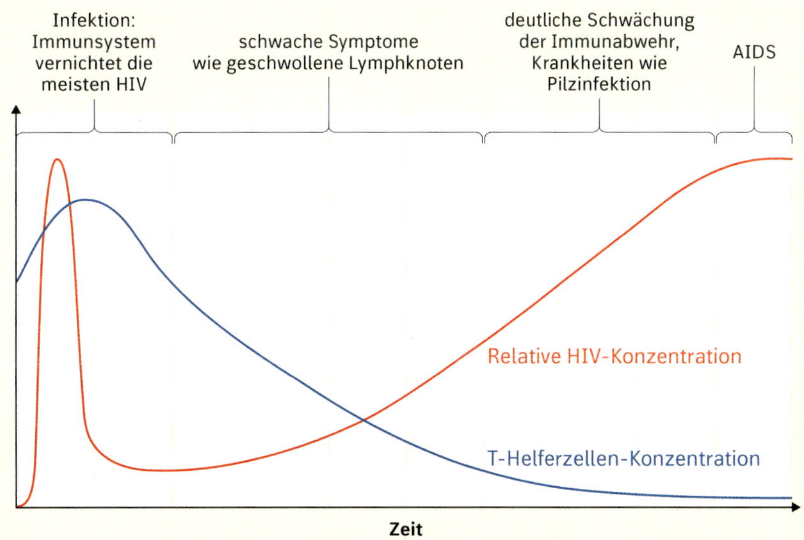

1. Beschreibe den Verlauf der beiden Kurven im Diagramm.
2. Erkläre, warum sich die Anzahl funktionsfähiger T-Helferzellen verändert.
3. Erkläre, warum die Krankheitserscheinungen im Verlauf der AIDS-Erkrankung schwerwiegender werden.

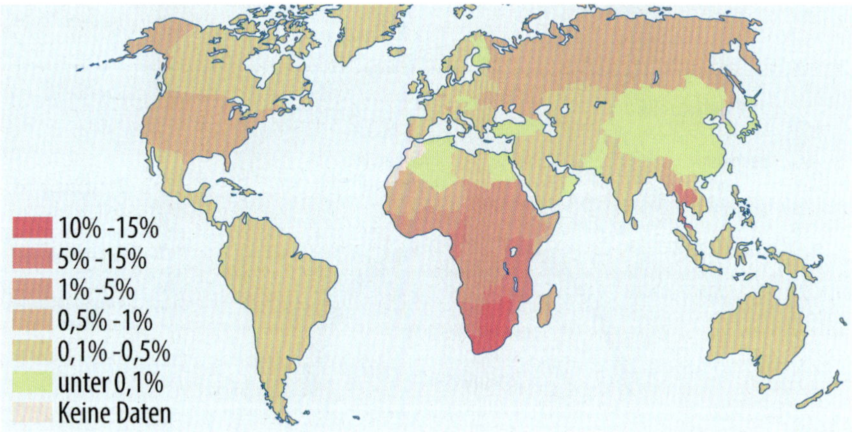

4 Anteil an HIV-Infizierten in der Bevölkerung

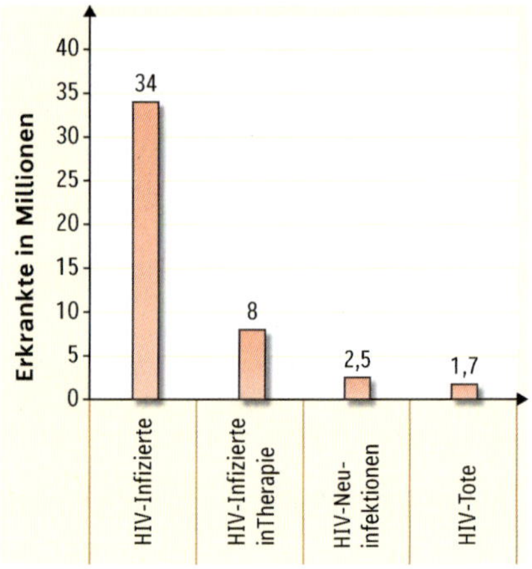

5 HIV-Infizierte weltweit

Material mit Aufgaben

M2 HIV-Übertragungen

A

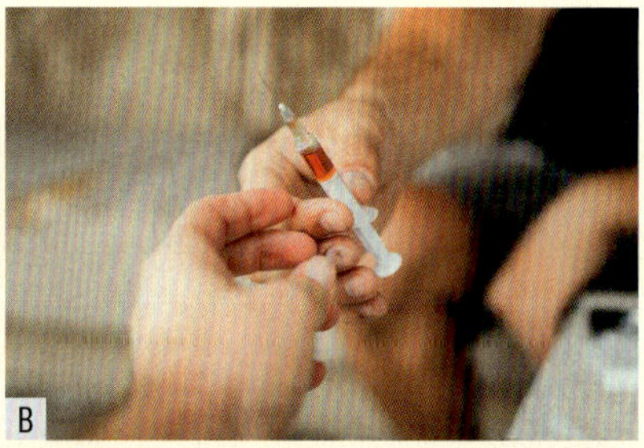
B

C

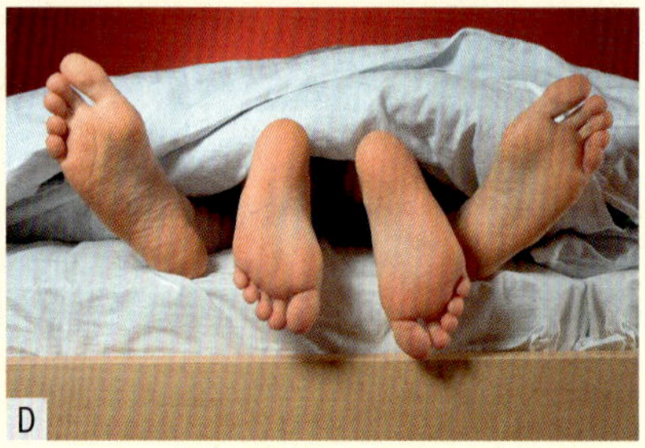
D

1. Beschreibe die einzelnen Situationen und erkläre, wann ein hohes Infektionsrisiko mit HIV besteht.
2. Beschreibe Verhaltensweisen, die das Risiko einer Ansteckung mit HI-Viren verringern.
3. Viele Menschen meiden HIV-Infizierte, sobald eine Infektion bekannt ist. Erläutere, warum dieses Verhalten unbegründet ist.

Übertragung von HIV

Gelangt das HI-Virus an die Luft, wird es schnell zerstört. Es braucht zum Überleben Feuchtigkeit. Bei Infizierten befindet sich das HI-Virus in Körperflüssigkeiten wie im Blut, im Sperma des Mannes sowie der Scheidenflüssigkeit der Frau.

Eine Infektion erfolgt, wenn eine große Zahl von HI-Viren in eine Person gelangt. Häufig wird der HI-Virus beim Geschlechtsverkehr übertragen. Ungeschützter Geschlechtsverkehr ist daher besonders gefährlich, weil man nicht sicher sein kann, dass der Partner oder die Partnerin frei von HIV ist. Die korrekte Verwendung von Kondomen bieten den besten Schutz vor einer HIV-Infektion.

Auch die mehrfache Verwendung von Spritzen bei Drogenabhängigen ist gefährlich, weil Blutreste von Infizierten in das Blut von Nichtinfizierten gelangen können. Eine Übertragung von HI-Viren über Speichel, Schweiß oder Tränenflüssigkeit konnte bislang nicht eindeutig nachgewiesen werden.

Sexuell übertragbare Krankheiten

Expertenwissen

Sexuelle Übertragung

Viele Infektionskrankheiten können durch ungeschützten Geschlechtsverkehr übertragen werden. Diese sexuell übertragbaren Krankheiten können von verschiedenen Krankheitserregern übertragen werden. Die meisten sexuell übertragbaren Krankheiten können erfolgreich behandelt werden und schwere gesundheitliche Schäden vermieden werden. Eine Ausnahme bildet zum Beispiel AIDS. Diese Krankheit kann bis heute nicht erfolgreich geheilt werden.

	Erreger	Vorbeugung	Symptome	mögliche Folgen
Herpes genitalis	Virus	Gebrauch von Kondomen	Bläschen, Schmerzen an den Geschlechtsorganen, Fieber	Schädigung von Gewebe oder innerer Organe
Hepatitis B	Virus	Impfung, Gebrauch von Kondomen	Fieber, Übelkeit, Appetitlosigkeit	Leberversagen, Leberkrebs
Tripper (Gonorrhoe)	Bakterium	Gebrauch von Kondomen	Brennen beim Wasserlassen, mitunter Entzündung vom Enddarm	Unterleibsentzündungen, Unfruchtbarkeit
Infektion mit Chlamydien	Bakterium	Gebrauch von Kondomen	Ausfluss, Brennen beim Wasserlassen, starker Harndrang	Unterleibsentzündungen, Unfruchtbarkeit
HPV-ausgelöster Gebärmutterhalskrebs	Virus	Impfung, Gebrauch von Kondomen	Schmerzen im Unterleib, Unfruchtbarkeit	Schädigung von Gewebe der Gebärmutter, Feigwarzen
Pilzinfektion	Pilze	Gebrauch von Kondomen	Ausfluss, Juckreiz, Brennen oder Schmerzen beim Wasserlassen	Schädigung von Gewebe oder innerer Organe

1 Sexuell übertragbare Krankheiten

Humane Papillomviren

Humane Papillomviren, kurz **HPV**, sind beim Geschlechtsverkehr übertragene Viren. Es sind über 200 Virustypen bekannt, von denen etwa 40 die Geschlechtsorgane befallen. Einige verursachen die Bildung schmerzhafter Feigwarzen an den Genitalien, andere Typen sind vermutlich an der Entstehung von Gebärmutterhalskrebs beteiligt. Etwa 80 Prozent aller sexuell aktiven Männer und Frauen infizieren sich mit HPV, die aber keine Symptome zeigen. Lediglich bei 1-3 Prozent der infizierten Frauen kommt es durch die Infektion zu Zellveränderungen, die im Laufe von mehreren Jahren zu Gebärmutterhalskrebs führen können. Da eine Infektion in der Regel keine Beschwerden verursacht, merken die meisten Menschen nichts von der Infektion.

Der dann entstandene Gebärmutterhalskrebs muss mit sehr aggressiven Medikamenten behandelt werden. Jedoch gibt es eine Impfung gegen HPV. Dadurch kann Gebärmutterhalskrebs wirksam vorgebeugt werden.

Material mit Aufgaben

M1 Humane Papillomviren

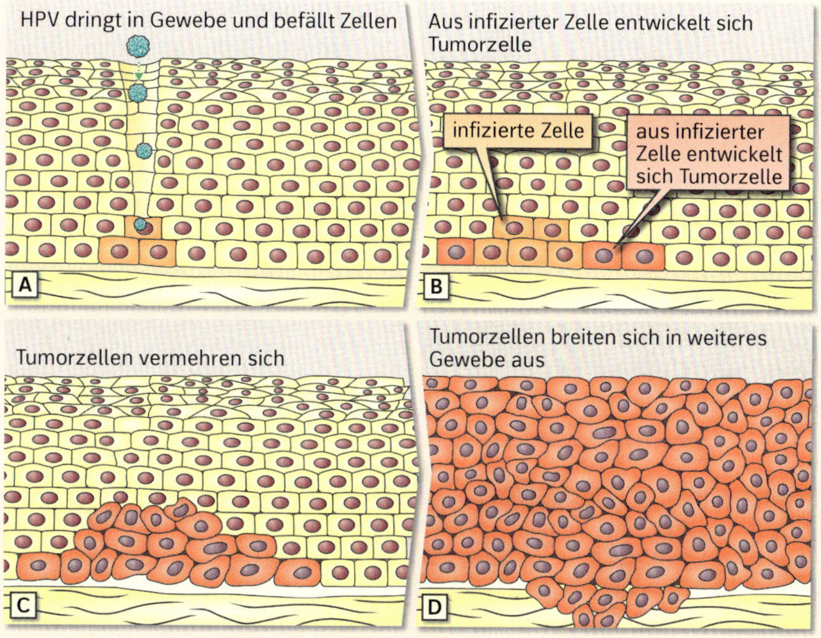

1. Beschreibe die Entstehung von Gebärmutterhalskrebs.
2. Begründe, weshalb bei sexueller Aktivität Kondome verwendet werden sollten.
3. Forscher und Ärzte empfehlen, dass sich auch Männer gegen HPV impfen lassen. Beurteile diese Empfehlung.

1 Gras gibt Pollen ab

Allergien

Heuschnupfen

Im Frühling blühen viele Pflanzen, die Pollen in die Luft abgeben. Manche Menschen reagieren auf bestimmte Stoffe, die im Pollen mancher Pflanzen enthalten sind. Betroffene leiden an Heuschnupfen. Sie haben eine **Allergie**.

Allergene

Der Körper reagiert bei einer Allergie überempfindlich auf die körperfremden Stoffe. Es handelt sich um eine Fehlreaktion des Immunsystems. Stoffe, die Allergien auslösen, bezeichnet man als **Allergene**. Ist das Immunsystem eines Allergikers erst **sensibilisiert**, reichen meist winzige Mengen des Allergens aus, allergische Reaktionen des Körpers hervorzurufen.

Viele Allergiker haben eine Allergie seit ihrer Kindheit. Allergien können sich aber auch erst entwickeln, obwohl das Allergen jahrelang keine Symptome einer Allergie auslöste.

Grundsätzlich kann jeder Stoff zu einem Allergen werden, jedoch verursachen manche Stoffe häufiger Allergien als andere. Neben den Pollen von Pflanzen gibt es viele weitere Allergene: So können Tierhaare eine Tierhaarallergie oder die Ausscheidungen von Hausstaubmilbe eine Hausstauballergie auslösen.

Material mit Aufgaben

M1 Pollenflugkalender

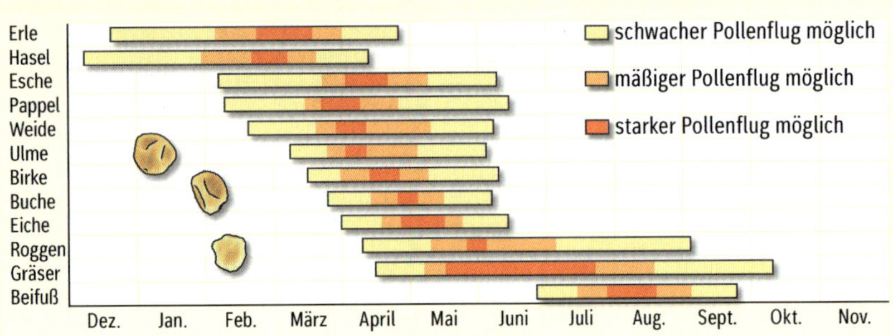

1. Erkläre, wann Heuschnupfen-Allergiker am stärksten und wann am wenigsten betroffen sind.
2. Erkläre, warum nicht alle Allergiker zur selben Zeit an Heuschnupfen leiden.

Allergische Reaktion

Allergene lösen beim **Erstkontakt** mit dem Körper noch keine sichtbare Reaktion aus. Es erfolgt aber die Immunantwort mit Antikörpern. Die B-Lymphozyten, die zu den Antigenen passen, wandeln sich zu Plasmazellen und bilden Antikörper gegen das Allergen. Bei Allergikern werden sehr viele Antikörper gebildet und „überschwemmen" das Immunsystem. Die Antikörper heften sich besondere Zellen des Immunsystems, die **Mastzellen**. Man spricht von **Sensibilisierung**. Bei einem erneuten Kontakt mit dem Allergen tritt die allergische Reaktion ein: Die Antigene des Allergens verbinden sich mit den Antikörpern auf den Mastzellen. Der Botenstoff **Histamin** wird von den Mastzellen ausgeschüttet. Durch diesen Stoff weiten sich die Blutgefäße. Es kommt zu Rötungen, Schwellungen der Schleimhäute, erhöhter Schleimproduktion und Juckreiz. Im schlimmsten Fall kann eine allergische Reaktion zu einem lebensbedrohlichen Schock mit dem Ausfall des Herz-Kreislauf-Systems führen.

Behandlung von Allergien

Mit einem Allergietest beim Arzt kann man herausfinden, auf welche Stoffe der Körper allergisch reagiert. Dazu werden möglichen Allergenen auf die Haut gebracht. Reagiert die Haut mit Rötungen oder Schwellungen, können Allergene bestimmt werden. Manche schwächeren Allergien können mit **Antihistaminen** behandelt werden. Sie verhindern die Wirkung des Histamins im Körper. Der beste Schutz für Allergiker ist, den Kontakt mit dem Allergen zu vermeiden.

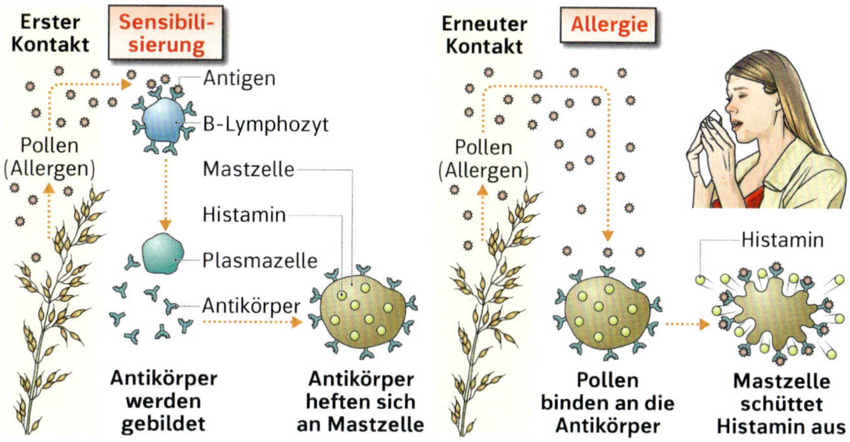

2 Entstehung einer allergischen Reaktion

A Erkläre, ab wann der Körper gegenüber einem Allergen sensibilisiert ist.

Material mit Aufgaben

M2 Allergietest

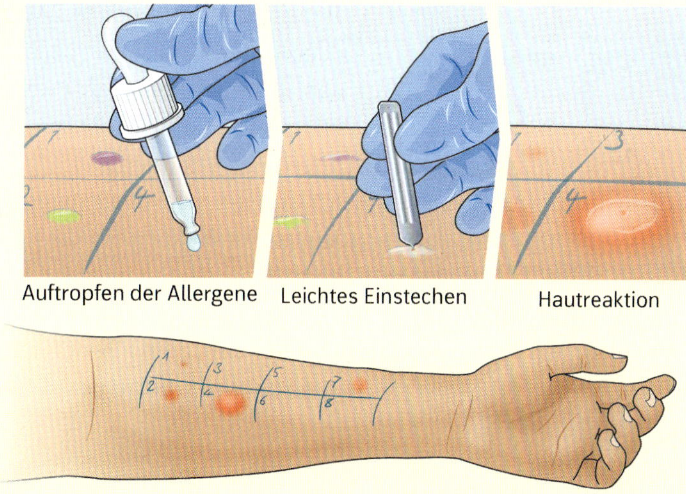

1. Beschreibe die Durchführung eines Allergietests.
2. Beschreibe, woran man erkennt, ob ein Körper auf ein Allergen reagiert.
3. Stelle Vermutungen an, weshalb bei einem Allergietest die Haut leicht angestochen wird.
4. Plane einen Versuch, bei dem man überprüft, auf welche Pollen eine Person allergisch ist.

1 Frau kauft im Supermarkt ein.

Lebensmittel-unverträglichkeiten

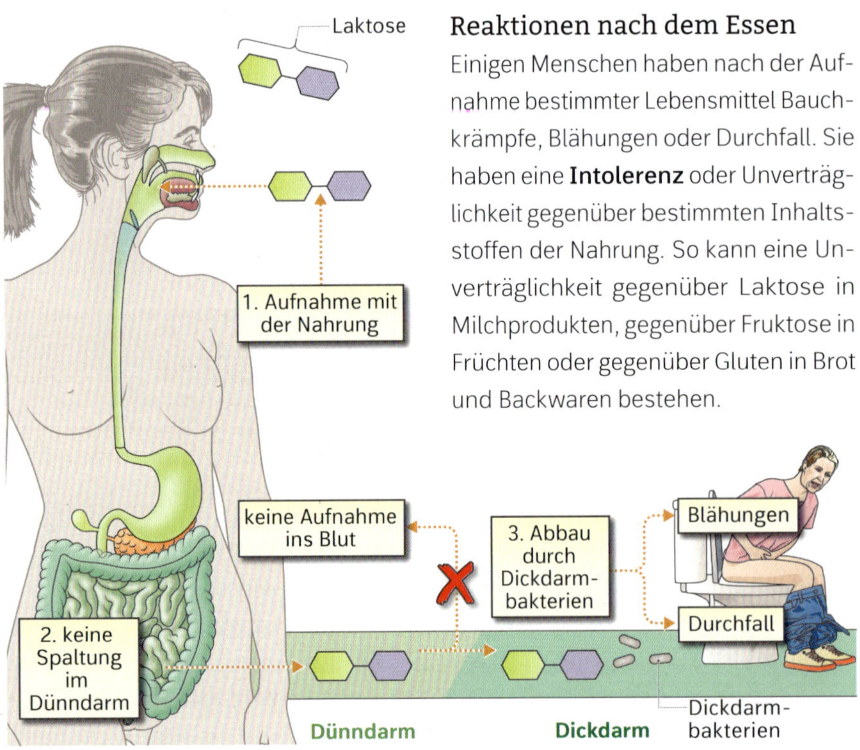

2 Auswirkung von Laktoseintoleranz

Reaktionen nach dem Essen

Einigen Menschen haben nach der Aufnahme bestimmter Lebensmittel Bauchkrämpfe, Blähungen oder Durchfall. Sie haben eine **Intoleranz** oder Unverträglichkeit gegenüber bestimmten Inhaltsstoffen der Nahrung. So kann eine Unverträglichkeit gegenüber Laktose in Milchprodukten, gegenüber Fruktose in Früchten oder gegenüber Gluten in Brot und Backwaren bestehen.

Zerlegung von Nährstoffen

Normalerweise werden mit der Nahrung aufgenommene Nährstoffe im Körper in ihre kleinsten Bausteine zerlegt. Nur diese können über die Schleimhaut des Dünndarm in das Blut aufgenommen werden. Die in Milchprodukten enthaltene **Laktose** ist ein Zweifachzucker und kann vom Körper nicht aufgenommen werden. Sie muss dafür in die beiden Einfachzucker Galaktose und Glukose zerlegt werden. Für diese Zerlegung nutzt der Körper **Enzyme**. Das Anheften und das Zerlegen der Laktose ist vergleichbar mit einem Schlüssel, der in ein bestimmtes Schloss passt. Das Enzym, die **Laktase**, ist der „Schlüssel", der zur Laktose, „dem Schloss", passt. Alle Enzyme des Körpers erfüllen ihre Aufgabe nach diesem Prinzip. Man bezeichnet es als **Schlüssel-Schloss-Prinzip**.

Laktoseintoleranz

Einige Menschen haben nach der Aufnahme laktosehaltiger Lebensmittel wie Milch und Joghurt Beschwerden. Sie leiden an **Laktoseintoleranz**. Betroffene bilden nur wenig oder keine **Laktase**. Dieses Enzym wird bei jedem Menschen im Kindesalter vom Dünndarm produziert und wird meist auch im Erwachsenenalter in geringen Mengen gebildet. Bei Menschen mit Laktoseintoleranz wird durch die fehlende Laktase die Laktose nicht im Dünndarm zerlegt. Stattdessen gelangt sie unverändert in den Dickdarm, wo sie Darmbakterien als Nahrung dient. Dabei entstehen Abfallstoffe wie Milchsäure, Methan und Kohlenstoffdioxid. Sie lösen die Beschwerden aus.

Zöliakie

Bei einigen Menschen löst die Aufnahme von Lebensmitteln aus Getreide Beschwerden aus. Ihr Körper reagiert auf ein Gemisch aus Eiweißstoffen im Getreide, das **Gluten**. Das glutenspaltende Enzym befindet sich auf den Darmschleimhautzellen. Wird bei Betroffenen aber auch wie bei einer allergischen Reaktion das **Immunsystem** aktiv, spricht man von **Zöliakie**. Es greift dann nicht nur das Gluten, sondern auch die Darmschleimhautzellen mit dem glutenspaltende Enzym an. So entsteht eine dauerhafte Entzündung des Dünndarms. Im Laufe der Zeit wird durch diese **Autoimmunreaktion** der Dünndarm geschädigt, sodass Nährstoffe aus der Nahrung immer schlechter ins Blut aufgenommen werden können. Mangelerscheinungen können die Folge sein.

Material mit Aufgaben

M1 Laktoseintoleranz

1. Beschreibe die Verdauung von Laktose im Körper.
2. Erkläre, warum Betroffene mit Laktoseintoleranz häufig an Beschwerden wie Bauchkrämpfen und Blähungen leiden, wenn sie Lebensmittel mit Laktose gegessen haben. ⊞
3. Erkläre, warum manche Menschen mit Laktoseintoleranz Mittel einnehmen, die künstlich hergestellte Laktase enthalten. ⊞
4. Stelle Vermutungen an, warum der Körper die meiste Laktase im Säuglings- und Kindesalter bildet. Begründe.

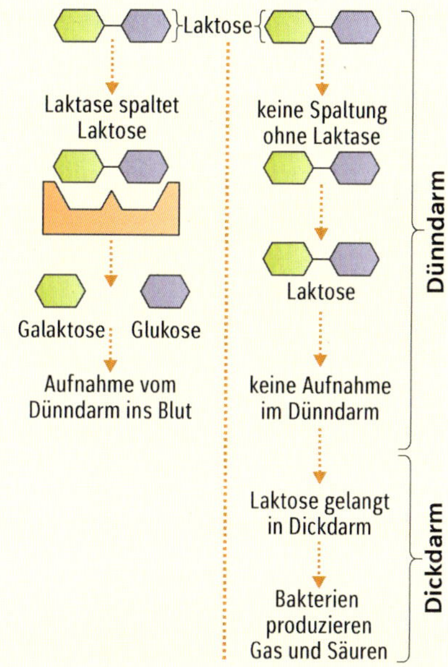

M2 Zöliakie

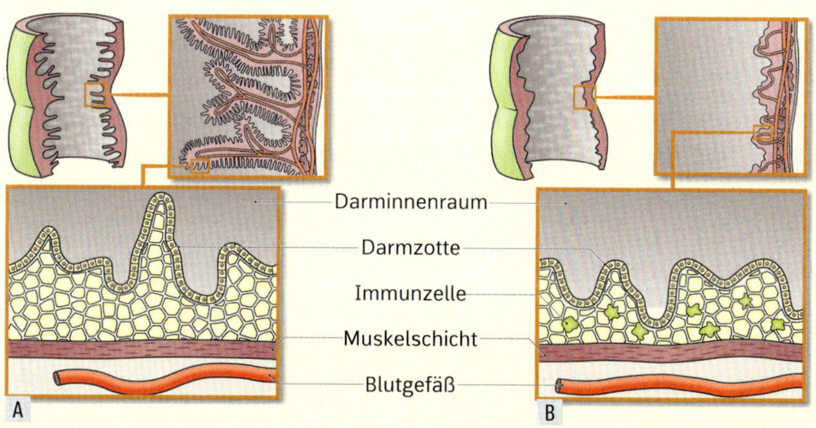

1. Vergleiche die innere Darmoberfläche eines Gesunden A und B eines von Zöliakie Betroffenen.
2. Erkläre, warum Zöliakie-Betroffene Probleme mit der Nährstoffaufnahme haben. ⊞
3. Erkläre, ob es sich bei Zöliakie um eine Lebensmittelunverträglichkeit oder eine Autoimmunerkrankung handelt. ⊞
4. Stelle Vermutungen an, warum bei Zöliakie Symptome von Laktoseintoleranz auftreten können.

Zusammenfassung Immunbiologie

Infektionskrankheiten

Krankheitserreger wie Bakterien, Viren oder Pilze können Infektionskrankheiten auslösen. Über den Mund, die Nase oder Wunden können Krankheitserreger in den Körper eindringen. Dies bezeichnet man als Infektion. Erst nach einer gewissen Zeit treten Krankheitserscheinungen wie Schnupfen, Husten oder Fieber auf. Diese Symptome sind Reaktionen auf die Krankheitserreger und ihre freigesetzten Stoffe im Körper. Die Zeit nach der Infektion bis zum Auftreten der Symptome nennt man Inkubationszeit.

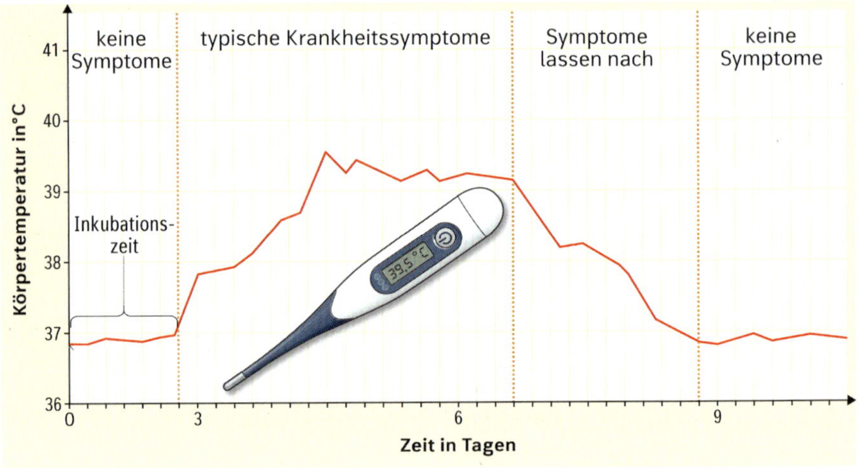

Bakterien und Viren

Bakterien sind winzige Lebewesen. Sie sind nur wenige tausendstel Millimeter groß. Die Bakterienzelle ist von einer Zellwand umgeben. Anders als Pflanzen- und Tierzellen besitzt die Bakterienzelle keinen Zellkern. Die Erbsubstanz liegt frei im Zellplasma. Bakterien vermehren sich durch Zellteilung. Viele besitzen Geißeln, mit denen sie sich fortbewegen. Manche Bakterien sind Krankheitserreger, die Krankheiten wie Salmonellose oder Tuberkulose auslösen. Andere Bakterien sind wichtige Helfer bei der Verdauung.

Viren bestehen aus einer Virushülle, in der die Erbsubstanz liegt. Sie sind keine Lebewesen. Sie haben keinen eigenen Stoffwechsel, können sich nicht aktiv bewegen und selbst vermehren. Sie befallen Wirtszellen und stellen deren Stoffwechsel so um, dass in den Wirtszellen neue Viren produziert werden.

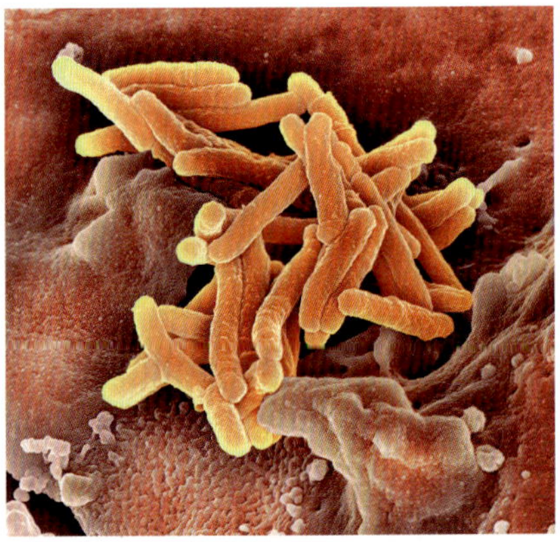

Antibiotika

Seit dem 20. Jahrhundert stehen wirkungsvolle Medikamente zur Verfügung, die in den Körper eingedrungene Bakterien abtöten oder sie an der Vermehrung hindern. Mit diesen Antibiotika können viele bakterielle Erkrankungen erfolgreich behandelt werden. Durch die verbesserte Hygiene und Antibiotika sterben heute deutlich weniger Menschen an Infektionskrankheiten.

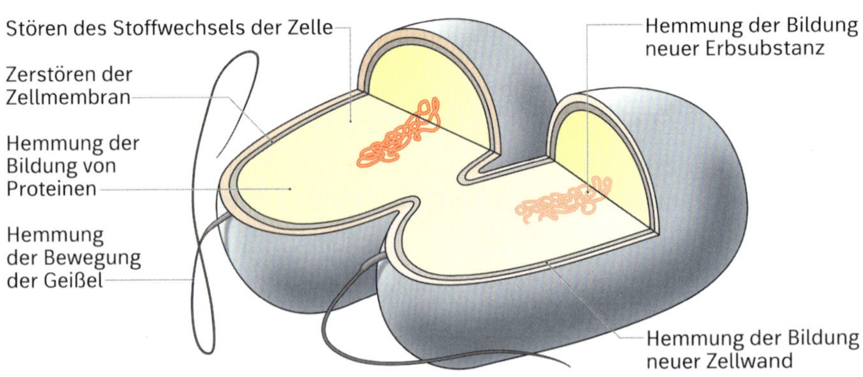

Zusammenfassung

Immunabwehr

Gelangen Krankheitserreger in den Körper, greifen Abwehrmechanismen des Immunsystems. Fresszellen vernichten eingedrungene Erreger. Da sie nicht auf bestimmte Erreger spezialisiert sind, spricht man von unspezifischer Immunabwehr. Erreger haben auf ihrer Oberfläche bestimmte Strukturen, die sie unverwechselbar machen. Diese Antigene werden von Zellen der spezifischen Immunabwehr erkannt. Plasmazellen produzieren spezielle Antikörper, die nach dem Schlüssel-Schloss-Prinzip zu den Antigenen passen. Erreger werden so unschädlich gemacht. Gelangen Viren dennoch in Körperzellen und verändern diese, können diese erkrankten Körperzellen von T-Killerzellen zerstört werden.

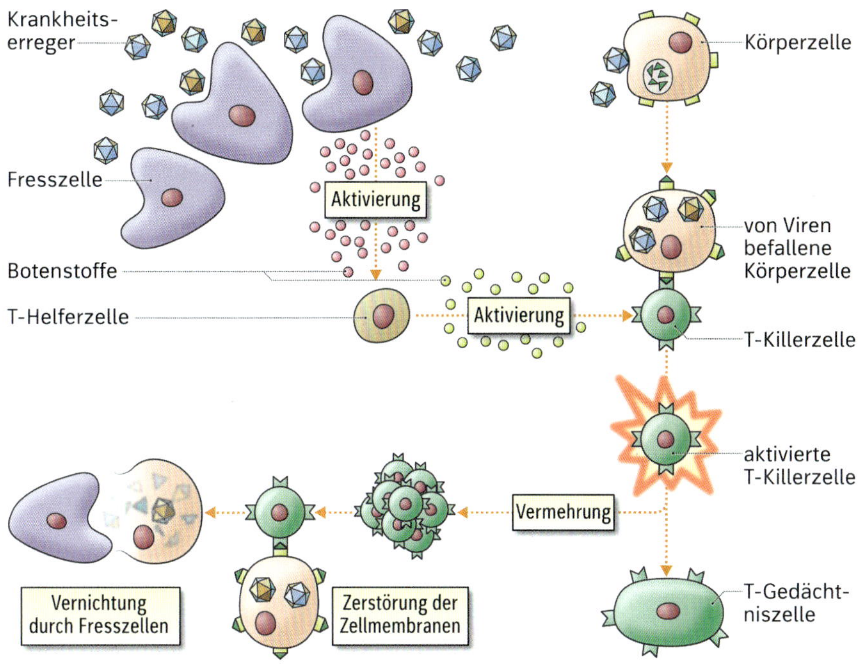

Immunisierung

Werden bei Impfungen Antigene abgeschwächter Erreger verabreicht, wird der Körper aktiv immunisiert. Der Körper bildet anschließend Gedächtniszellen, die bei erneuter Infektion schnell die Bildung von Antikörpern ermöglichen. Bei der passiven Immunisierung werden den Betroffenen Antikörper verabreicht. Es entwickelt sich keine Immunität.

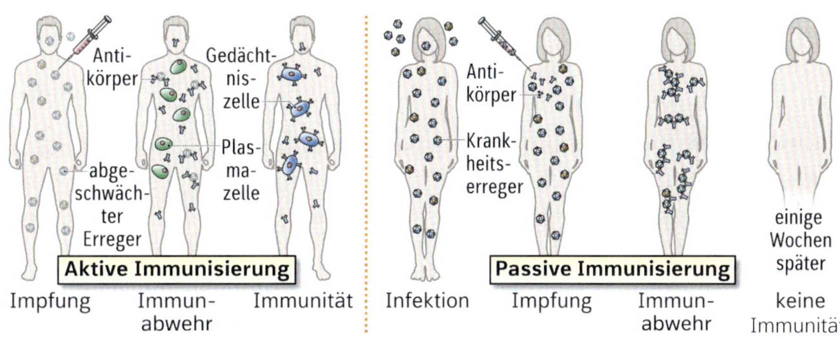

Allergien

Reagiert das Immunsystem des Körpers auf einen eigentlich harmlosen Stoff unverhältnismäßig stark, bezeichnet man dies als allergische Reaktion. Stoffe, die eine Allergie auslösen, bezeichnet man als Allergene. Allergien kann man mit Antihistaminen behandeln.

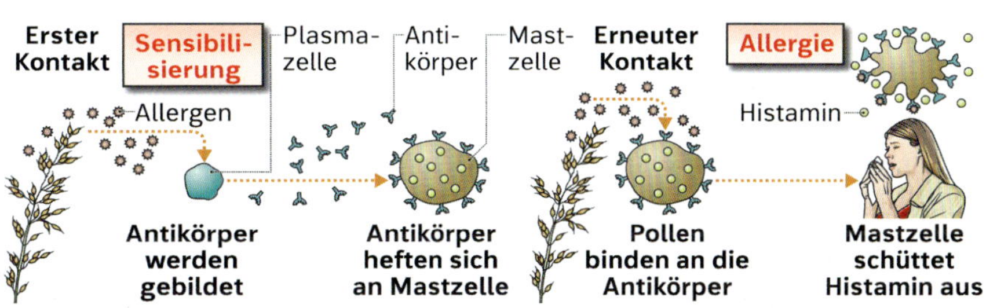

Immunbiologie

1 Infektionskrankheiten

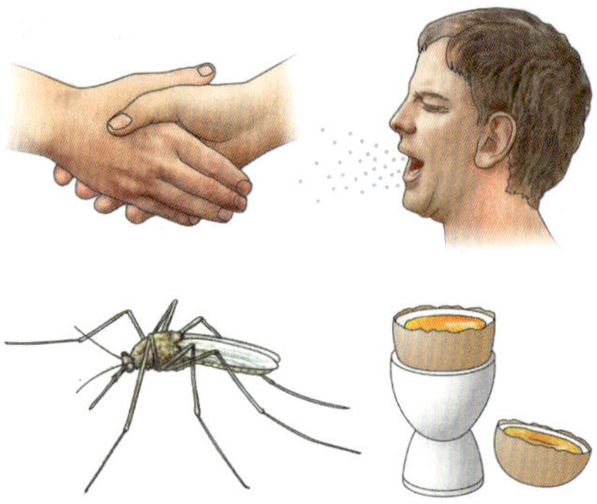

A Beschreibe mithilfe der Bilder verschiedene Möglichkeiten, sich mit Erregern zu infizieren.

B Beschreibe Möglichkeiten, wie man sich vor Infektionen mit Krankheitserregern schützen kann.

C Erkläre, warum Menschenansammlungen die Ausbreitung von Infektionskrankheiten fördern.

2 Bakterien

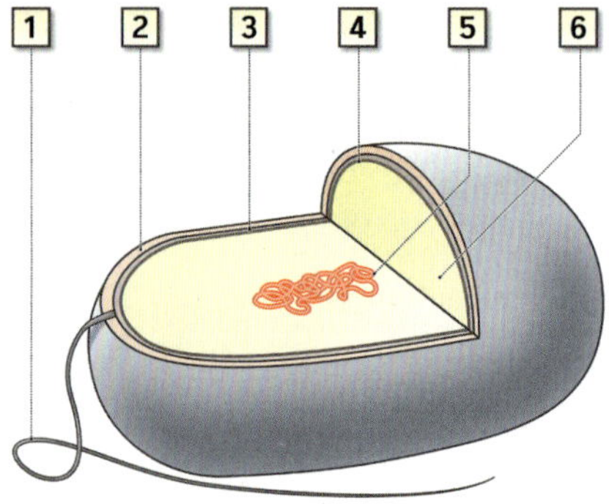

A Benenne die mit den Ziffern gekennzeichneten Teile einer Bakterienzelle.

B Vergleiche den Bau von Bakterienzelle und Tierzelle. Erstelle dazu eine Tabelle.

C Erkläre, wie Antibiotika wirken und an welchen Stellen Antibiotika die Bakterienzelle schädigen.

3 Influenza-Virus

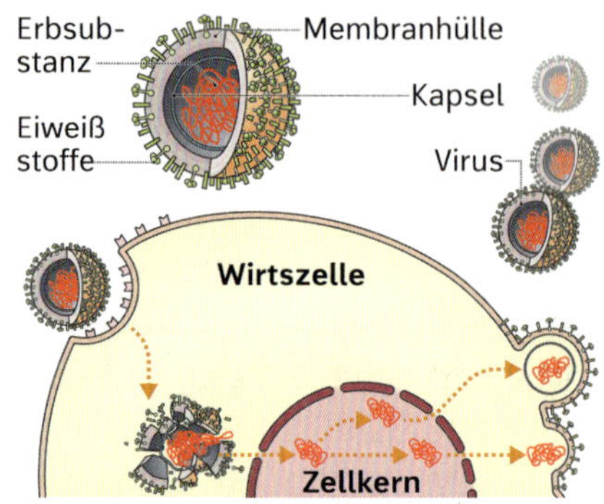

A Beschreibe den Bau des dargestellten Virus.

B Begründe, warum Viren keine Lebewesen sind.

C Beschreibe, wie sich ein Virus vermehrt.

D Erläutere, warum die Einnahme von Antibiotika kein wirksames Mittel zur Virusbekämpfung ist.

4 Infektionskrankheiten

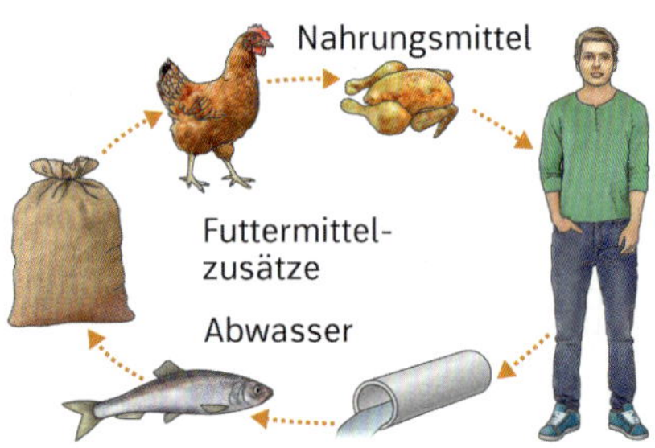

A Nenne Möglichkeiten sich mit dem Salmonellose-Erreger zu infizieren.

B Begründe, warum es wichtig ist, in Schulkantinen auf Hygienemaßnahmen zu achten.

5 Bakterienvermehrung

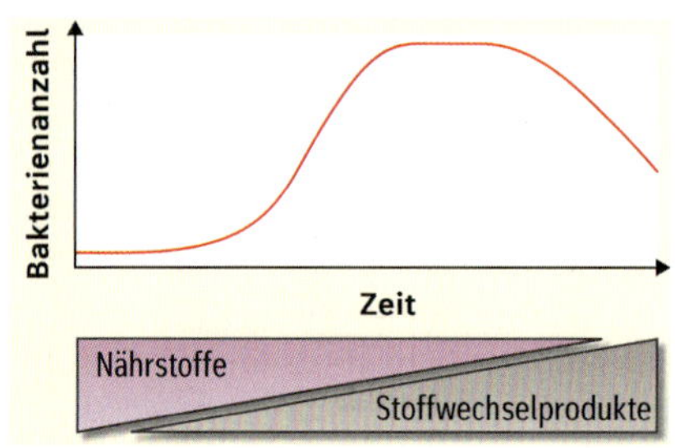

A Beschreibe das Diagramm zur Bakterienvermehrung.

B Erkläre den Kurvenverlauf des Diagramms.

C Vergleiche die Vermehrung von Bakterien und Viren.

D Erkläre, warum viele Bakterien Überdauerungsformen ausbilden.

6 Malaria

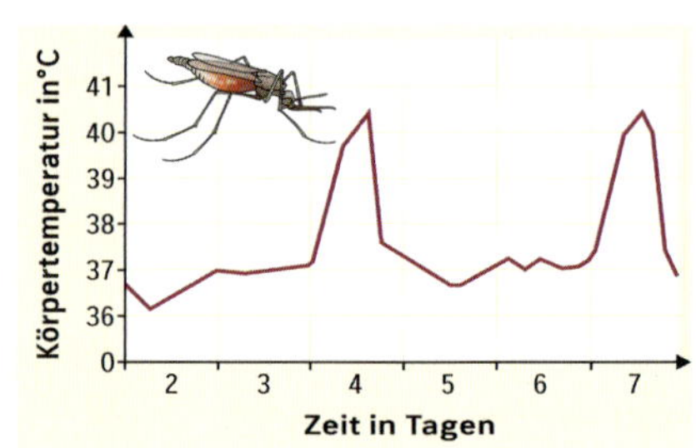

A Nenne den Erreger und den Überträger für Malaria.

B Beschreibe mithilfe des Diagramms den typischen Krankheitsverlauf der Malaria.

C Beschreibe Maßnahmen, sich vor einer Malaria-Erkrankung zu schützen.

7 Immunabwehr

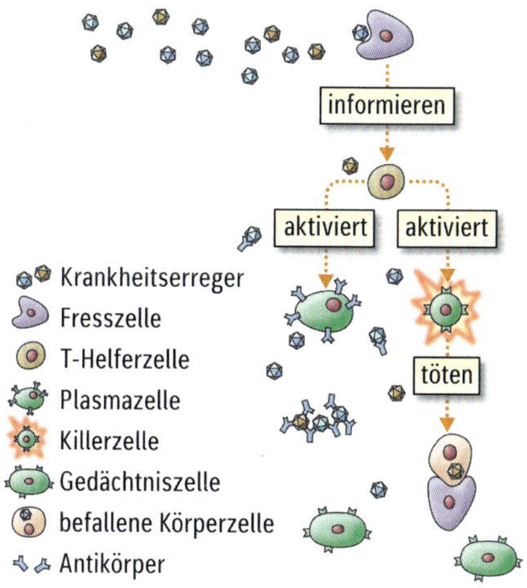

A Erkläre den Unterschied zwischen unspezifischer und spezifischer Immunabwehr.

B Beschreibe die Aufgabe der Plasmazellen und der T-Killerzellen bei der spezifischen Immunabwehr.

C Erkläre, was man unter einer Antigen-Antikörper-Reaktion versteht.

D Erkläre die Bedeutung der Bildung von Gedächtniszellen.

8 Immunisierung

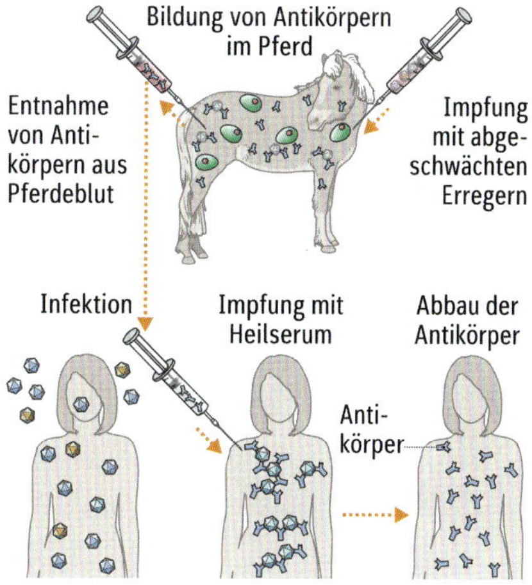

A Ordne der Abbildung die Begriffe aktive Immunisierung oder passive Immunisierung zu. Begründe.

B Vergleiche aktive und passive Immunisierung. Nenne Vorteile und Nachteile.

C Erkläre, warum bei der passiven Immunisierung keine dauerhafte Immunität erzielt wird.

D Erkläre warum gegen Influenza jährlich ein neuer Impfstoff entwickelt wird.

9 AIDS

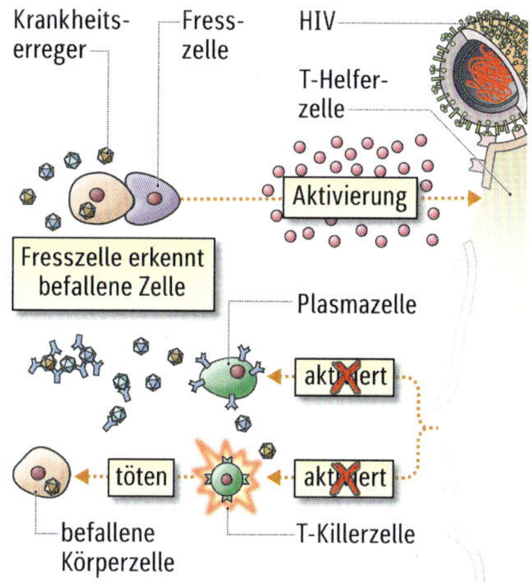

A Erkläre den Unterschied zwischen HIV und AIDS.

B Erkläre, warum eine HIV-Infektion das Immunsystem schwächt.

C Begründe, warum AIDS-Erkrankte im fortgeschrittenen Stadium kaum Infektionen mit anderen Erregern abwehren können.

10 Lymphsystem

A Benenne die Teile des Lymphsystems. Beschreibe die Aufgaben von Lymphgefäßen, der Thymusdrüse, des Knochenmarks und der Milz.

B Beschreibe die Aufgabe der Lymphknoten.

C Erkläre, warum Ärzte beim Verdacht auf eine Infektion die Lymphknoten abtasten.

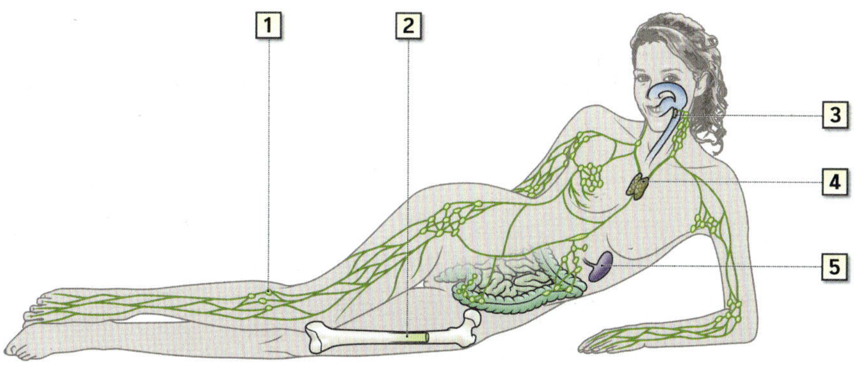

Genetik

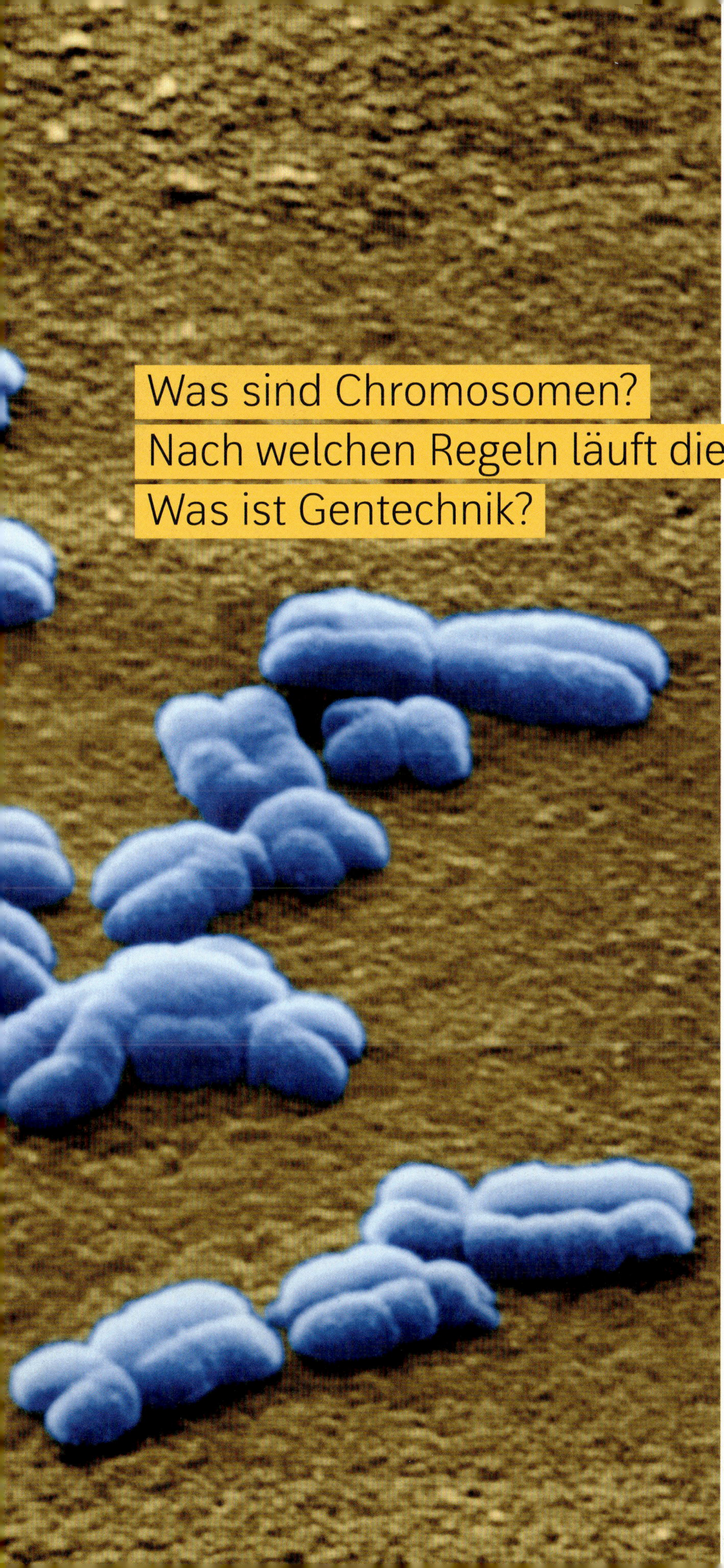

2

Was sind Chromosomen?
Nach welchen Regeln läuft die Vererbung ab?
Was ist Gentechnik?

Betrachtet man lebende Zellen unter Mikroskopen, kann man auch Zellteilungen beobachten. Zu Beginn verändert sich der Zellkern und es werden die Strukturen der Erbsubstanz erkennbar, die Chromosomen. Am Ende des Teilungsvorgangs haben sich zwei neue Zellen gebildet. Diese scheinen völlig identisch zu sein.
Jedes Lebewesen entsteht aus einer einzigen Zelle und ähnelt seinen Eltern, unterscheidet sich aber auch von ihnen.

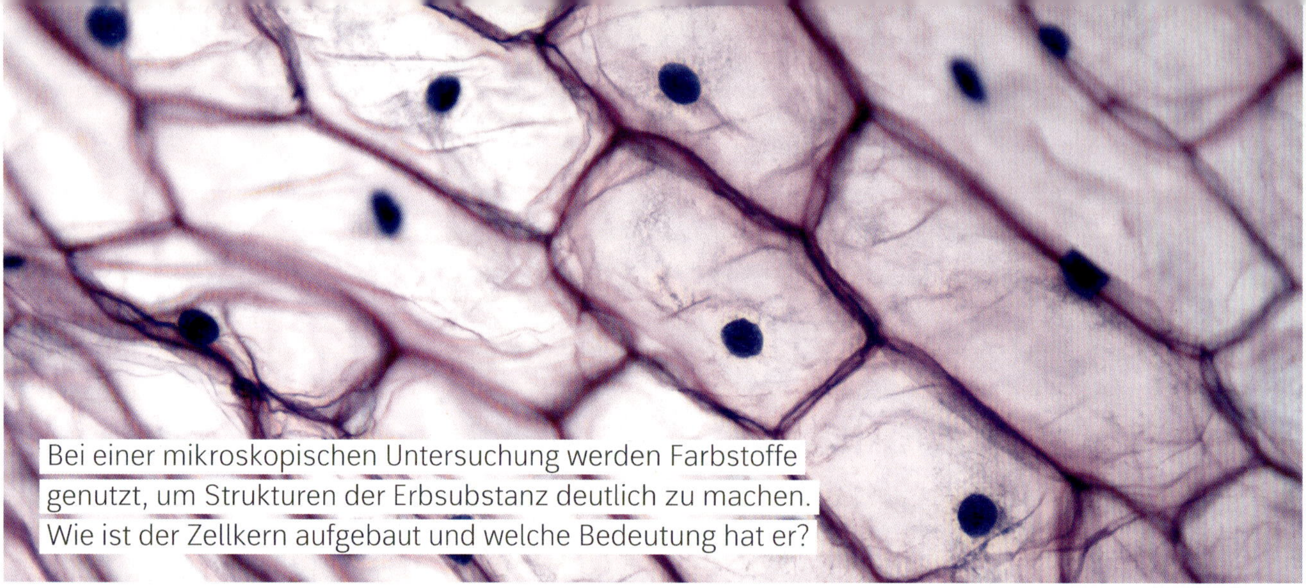

1 Angefärbte Erbsubstanz in Zellen

Bedeutung des Zellkerns

Erforschung des Zellkerns

Der deutsche Biologe Oscar Hertwig untersuchte im Jahr 1875 mit einem Lichtmikroskop die Befruchtung von Seeigel-Eiern. Dabei beobachtete er, dass der Kopf der Spermienzelle in die Eizelle eindrang. Anschließend sind die Zellkerne der Eizelle und Spermienzelle miteinander verschmolzen. Es entstand eine befruchtete Eizelle, die **Zygote**. Aus der Zygote entwickelte sich ein neues Lebewesen. Dieses ähnelt in den Merkmalen Mutter und Vater. Diese Beobachtungen ließen ihn vermuten, dass sich die Erbinformationen eines Lebewesens im Zellkern befinden.

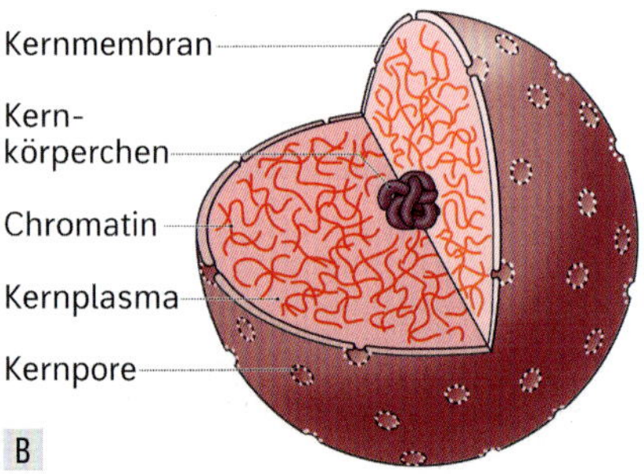

2 Zellkern: **A** Mikroskopische Aufnahme, **B** Schema

Aufgaben des Zellkerns

Im Zellkern sind alle Erbinformationen gespeichert. Er enthält die „Bauanleitungen" für die Zellen und die Entwicklung des Körpers sowie die Informationen für die Fortpflanzung. Auch der Stoffwechsel in den Zellen wird durch die Erbinformation gesteuert. Dazu wird die Erbinformation im Zellkern abgelesen und in eine Transportform übersetzt. Diese gelangt über **Kernporen** in der **Kernmembran** aus dem Zellkern in das Zellplasma zu den Zellorganellen, die die Stoffwechselvorgänge einleiten. Der Zellkern steht so als Steuerzentrale im ständigen Austausch mit der umgebenden Zelle. Deshalb gelangen auch Informationen aus dem Zellplasma in den Zellkern.

Jede Körperzelle eines Lebewesens enthält die gleichen Erbinformationen. Die Zellen sind erbgleich. Für das Wachstum des Körpers teilen sich die Körperzellen. Bei jeder Zellteilung muss die Erbinformation identisch an beide entstehenden Tochterzellen weitergegeben werden.

Bau des Zellkerns

Der Zellkern ist umgeben von einer Hülle, der **Kernmembran**. Sie enthält kleine Öffnungen, die **Kernporen**. Durch sie kann ein Austausch zwischen dem Kerninneren und dem Zellplasma stattfinden. Das Innere des Zellkerns wird von einer Grundsubstanz ausgefüllt, dem **Kernplasma**. Im Zellkern kann man daneben körnige, fadenförmige Strukturen erkennen. Da sich diese Strukturen anfärben lassen, nannte man sie nach dem griechischen Wort für Farbe **Chromatin**. In den Chromatinfäden liegt die Erbinformation. Neben dem Chromatin findet man im Zellkern kleinere, rundliche Gebilde, die **Kernkörperchen**. Sie produzieren Zellorganellen, die durch die Kernporen ins Zellplasma gelangen.

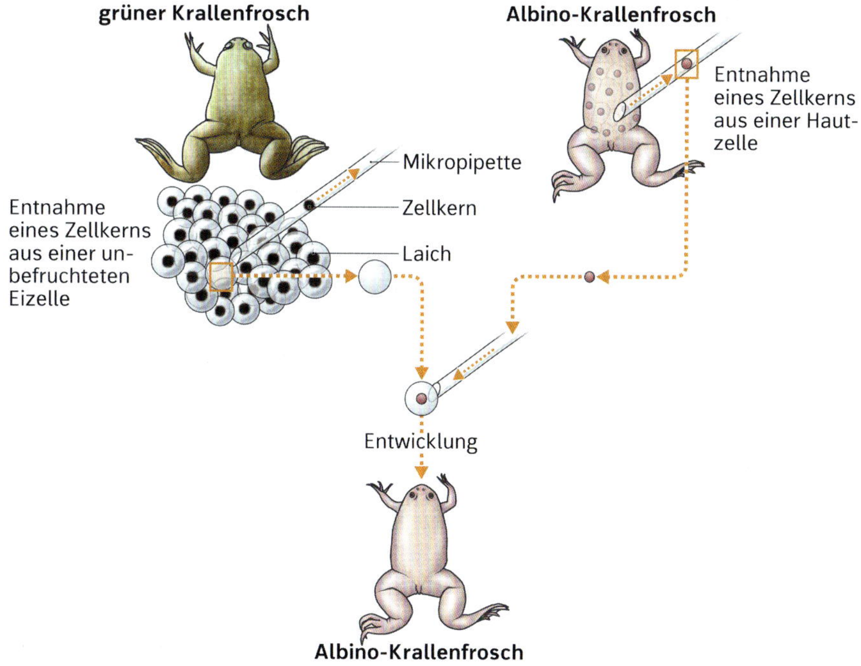

3 Kerntransplantationsversuch beim Krallenfrosch

Transplantationsexperimente

Mithilfe von Experimenten konnte die Vermutung bestätigt werden, dass der Zellkern die genetische Information enthält, die für die Entwicklung eines Lebewesens nötig ist.

Bei einer **Kerntransplantation** wird ein Zellkern einer Spenderzelle in eine entkernte Empfängerzelle übertragen. Der britische Biologe John Gordon führte im Jahr 1962 Experimente mit Krallenfröschen durch. Dazu pflanzte er einen Zellkern aus der Haut eines Albino-Krallenfroschs in die entkernte Eizelle von einem grünen Krallenfrosch ein. Die Eizelle entwickelte sich nach dem Kerntransfer zu einem ausgewachsenen Frosch. Zu seiner Überraschung stellte Gordon fest, dass der Krallenfrosch ein Albino war. Er war erbgleich mit dem Spenderfrosch des Zellkerns. ▶

Material mit Aufgaben

M1 Versuche mit Schirmalgen

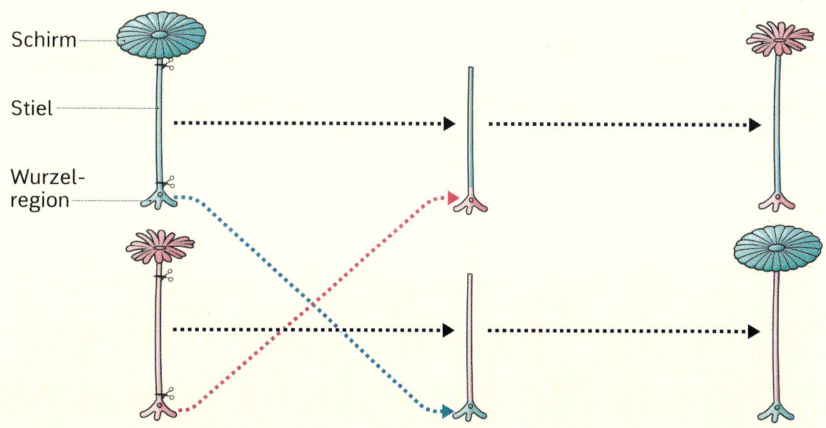

Die einzellige Schirmalge Acetabularia kommt in verschiedenen Formen vor. Sie besteht aus einer Wurzelregion, die den Zellkern enthält, sowie einem Schirm und einem Stiel.

1. Beschreibe die Durchführung und die Ergebnisse des Versuchs.
2. Erkläre am Beispiel der Schirmalge Acetabularia die Bedeutung des Zellkerns.

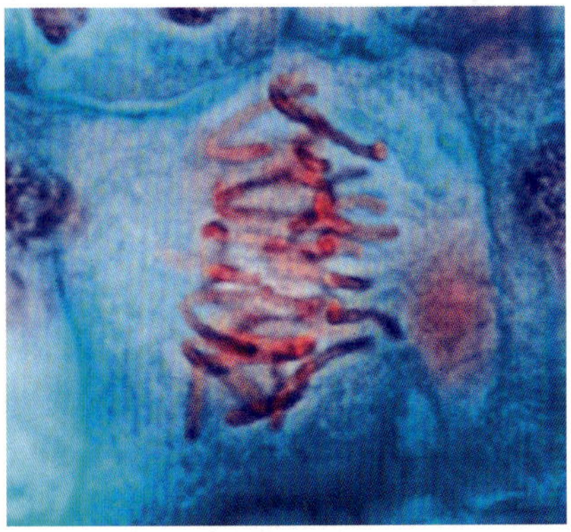

4 Zwei-Chromatid-Chromosomen in der Zelle

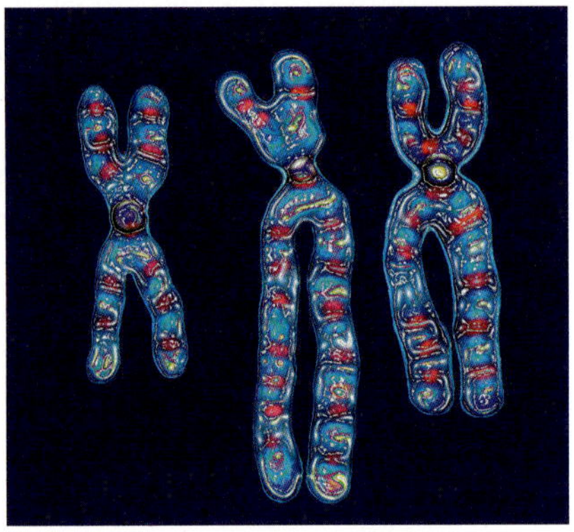

5 Markierte Gene auf Chromosomen

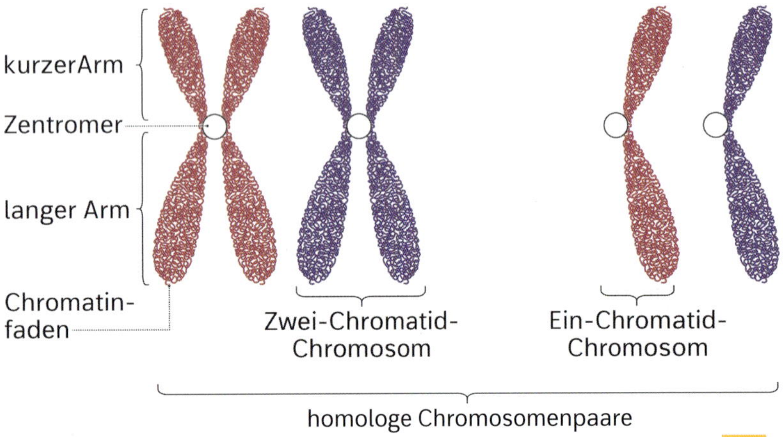

6 Zustandsformen der Erbsubstanz

A+F

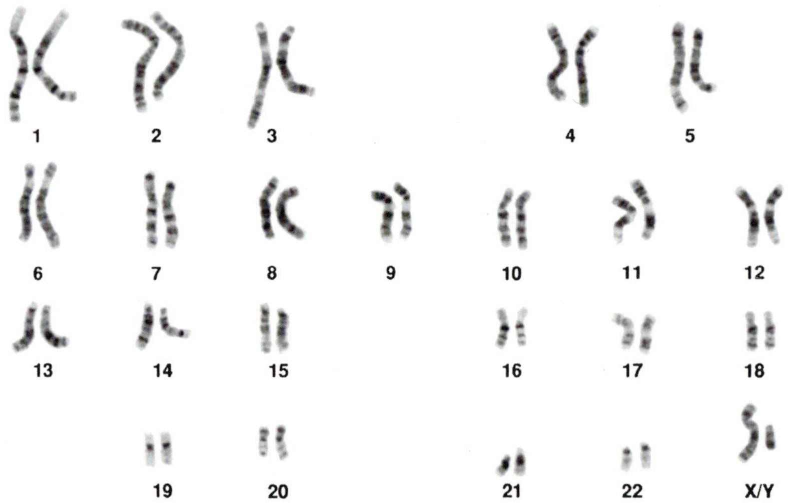

7 Karyogramm eines Mannes mit Zwei-Chromatid-Chromosomen

Erbsubstanz im Zellkern

Unter dem Lichtmikroskop erkennt man, dass der Zellkern keine einheitliche Kugel ist. Kurz vor der Zellteilung löst sich der Zellkern auf. Das **Chromatin** verdichtet sich zu fadenförmigen Strukturen. Diese Gebilde bezeichnet man als **Chromosomen**. Die Chromosomen sind die Träger der Erbanlagen. Diese befinden sich in einer bestimmten Reihenfolge auf festgelegten Orten des Chromosoms. Diese Erbanlagen bezeichnet man als **Gene**. Auf jedem Chromosom befindet sich eine Vielzahl Gene. Die Gene aller Chromosomen bilden zusammen das Erbgut eines Lebewesens.

Chromosomen eines Lebewesens

Seit 1956 kennt man die genaue Anzahl der Chromosomen des Menschen, den menschlichen **Chromosomensatz**. Menschen besitzen in jeder Körperzelle 46 Chromosomen. Die Maispflanze hat 26, der Goldfisch 100 und der Karpfen sogar 104 Chromosomen. Die Anzahl der Chromosomen sagt also nichts darüber aus, wie komplex ein Lebewesen entwickelt ist. Ordnet man sie nach ihrer Größe und ihrer Gestalt, erhält man ein **Karyogramm**.

Körperzellen besitzen einen doppelten Chromosomensatz. Zellkerne mit einem doppelten Chromosomensatz nennt man **diploid**. Geschlechtszellen wie Eizellen und Spermienzellen haben einen einfachen, vollständigen Chromosomensatz. Sie sind **haploid**.

A Beschreibe den Unterschied zwischen Chromatin und Chromosomen.

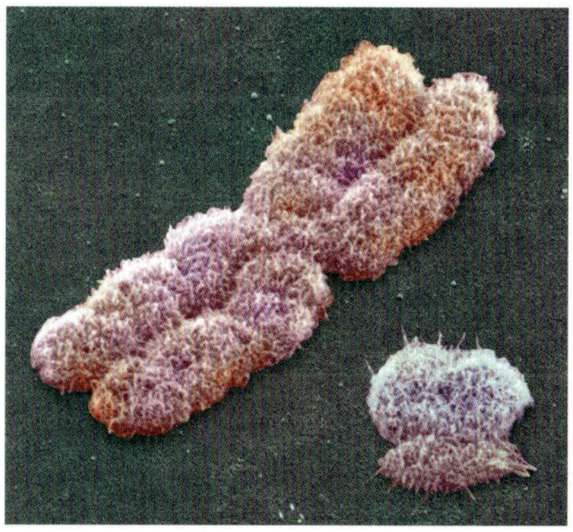

8 X-Chromosom und Y-Chromosom

Bau eines Chromosoms

Alle Chromosomen bestehen aus zwei identischen **Chromatiden**. Man bezeichnet sie in diesem Zustand als **Zwei-Chromatid-Chromosomen**. Die Chromatiden sind am **Zentromer** miteinander verbunden. Sie haben jeweils einen kurzen und langen Arm. Da jede Körperzelle einen diploiden Chromosomensatz besitzt, liegen die Chromosomen paarweise vor. Sie bilden jeweils **homologe Chromosomenpaare**. Bei der Zellteilung werden die Zwei-Chromatid-Chromosomen voneinander getrennt. Man spricht dann jeweils von **Ein-Chromatid-Chromosomen**.

Autosomen und Gonosomen

Die letzten beiden Chromosomen eines Karyogramms sind die Geschlechtschromosomen oder **Gonosomen**. Sie bestimmen das Geschlecht. Frauen besitzen zwei X-Chromosomen. Männer haben ein X-Chromosom und ein viel kleineres Y-Chromosom. Die anderen Chromosomen heißen **Autosomen**.

B Beschreibe den Bau eines Zwei-Chromatid-Chromosoms.

Material mit Aufgaben

M2 Chromosomensatz

1. Benenne die mit den Ziffern gekennzeichneten Zustandsformen der Erbsubstanz.
2. Erkläre mithilfe des Bildes die Begriffe haploid und diploid.
3. Erkläre, warum die Zygote die Erbsubstanz beider Elternteile erhält.
4. Stelle Vermutungen an, weshalb Eizellen und Spermienzellen haploid sind.

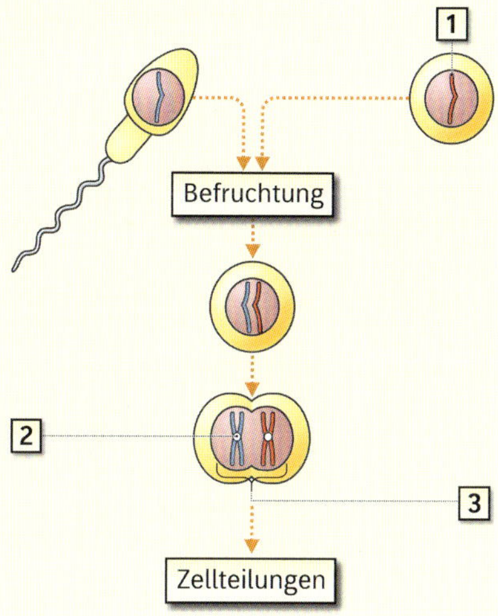

M3 Karyogramme

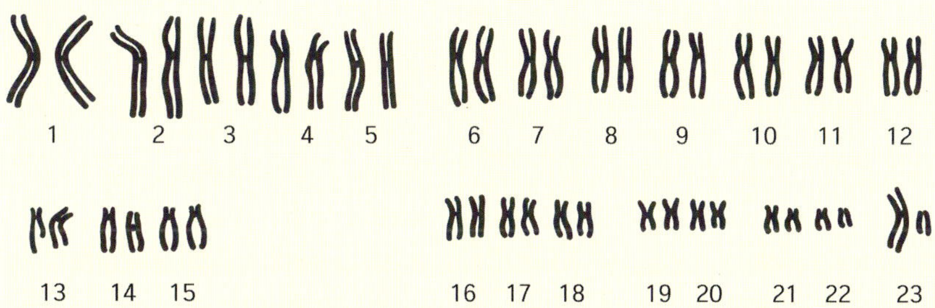

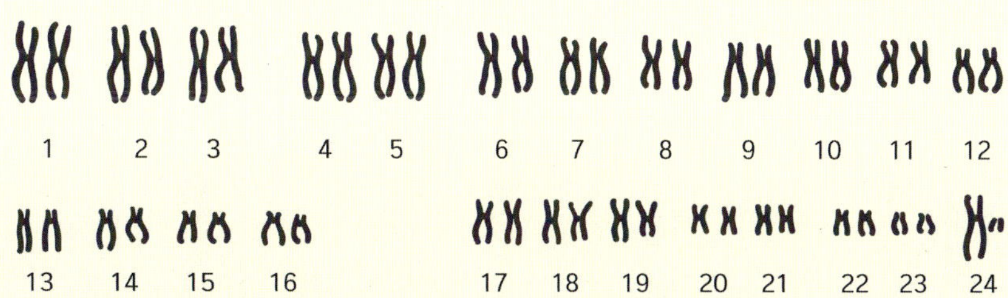

1. Beschreibe, welche Informationen ein Karyogramm enthält und wie dieses geordnet ist.
2. Begründe, welches der zwei Karyogramme zu einem Menschen gehört.
3. Begründe, ob das menschliche Karyogramm einen Mann oder eine Frau zeigt.
4. Erläutere, wann die Chromosomen als Zwei-Chromatid-Chromosomen vorliegen.

1 Hand eines Babys und eines Erwachsenen

Teilung und Wachstum

Bedeutung von Zellteilungen

Ein erwachsener Mensch besteht aus bis zu 60 Billionen Zellen. Er wächst wie die meisten anderen Lebewesen aus einer einzigen Zelle heran, der befruchteten Eizelle. Damit aus einer einzigen Zelle ein mehrzelliger Organismus entsteht, müssen sich die Zellen durch Zellteilungen vermehren. Dabei wird die Erbinformation unverändert an beide entstehenden **Tochterzellen** weitergegeben. Diese wachsen nach der Teilung auf die Größe der **Ausgangszelle** heran. Einige Zellen leben nur kurz und müssen daher durch ständige Zellteilungen ersetzt werden.

Eine Zelle teilt sich

Bevor sich die befruchtete Eizelle oder eine Körperzelle in zwei Tochterzellen teilt, löst sich die Kernmembran auf. Durch einen Kopiervorgang wird die Erbsubstanz im Zellkern identisch verdoppelt, sodass die ursprüngliche Erbsubstanz und die entstehende Kopie die gleichen Erbinformationen haben. Die beiden Erbsubstanzen werden danach voneinander getrennt. Diesen Vorgang bezeichnet man als **Kernteilung** oder **Mitose**. In der daran anschließenden **Zellteilung** bilden sich neue Zellmembranen aus. Es sind zwei Zellen mit den gleichen Erbinformationen entstanden.

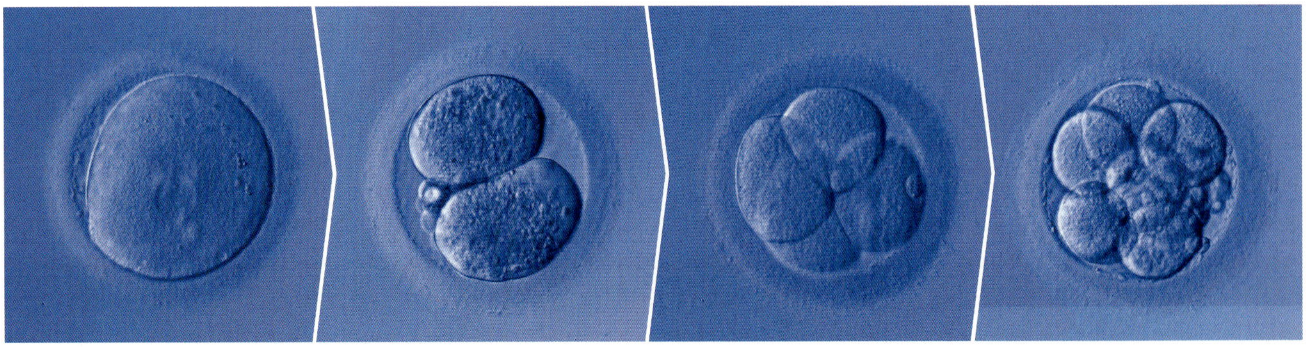

2 Erste Teilungen einer befruchteten Eizelle

Zellwachstum

Nachdem sich eine Zelle geteilt hat, sind die beiden entstandenen Tochterzellen zunächst kleiner als die ursprüngliche Ausgangszelle. Die Tochterzellen wachsen anschließend zu ihrer endgültigen Zellgröße heran. Sie bilden neues Zellplasma und Zellorganellen. Durch Zellteilungen und das daran anschließende **Zellwachstum** wachsen Lebewesen heran. So wird zum Beispiel der Körper von Kindern im Laufe der Zeit immer größer.

Zelldifferenzierung

Im Laufe des Zellwachstums bekommen manche Zellen des Körpers eine andere Form und Ausstattung im Zellinneren als die Ausgangszelle. Es entstehen verschiedene **Zelltypen** mit unterschiedlichen Merkmalen. So können sie bestimmte Aufgaben im Körper erfüllen. Beispielsweise besitzt eine Nervenzelle viele Fortsätze zur Vernetzung mit anderen Nervenzellen. Drüsenzellen können im Inneren besonders viele Stoffe bilden, die sie nach außen abgeben. Das Ausbilden von verschiedenen Zelltypen nennt man **Zelldifferenzierung**.

Die unterschiedlichen Zelltypen des Organismus besitzen jedoch alle dieselbe Erbinformation. Die unterschiedlichen Merkmale der Zelltypen entwickeln sich, weil nur bestimmte Bereiche der Erbinformation bei der Merkmalsausprägung verwirklicht werden.

Sobald sich eine Zelle differenziert hat, teilt sie sich meist nicht mehr. Eine differenzierte Zelle kann sich auch nicht mehr in einen anderen Zelltyp umwandeln. ▶

Material mit Aufgaben

M1 Eine Zelle teilt sich

1. Benenne die mit Ziffern gekennzeichneten Vorgänge, beim Teilen einer Zelle.
2. Beschreibe, was bei den einzelnen Vorgängen in den Zellen stattfindet.
3. Beschreibe die Bedeutung von Zellteilungen für das Wachstum des Körpers. ⊞
4. Erkläre, weshalb die entstehenden Tochterzellen erbgleich zur Ausgangszelle sind. ⊞

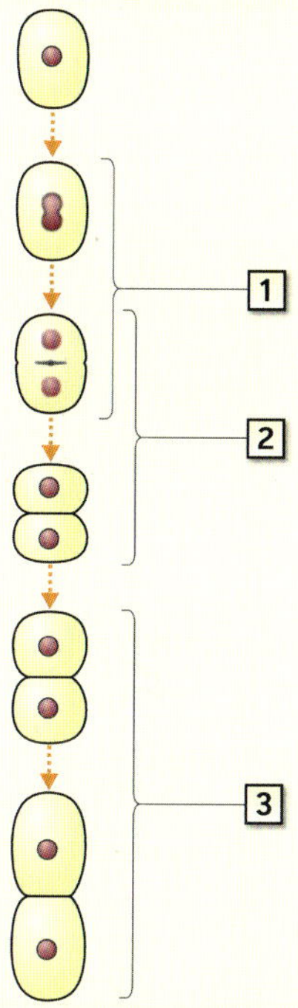

M2 Eine Zelle differenziert sich

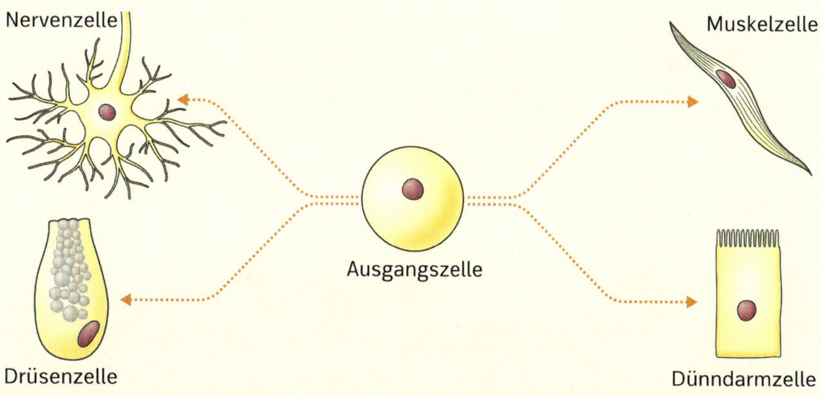

1. Nenne Gemeinsamkeiten und Unterschiede der verschiedenen Zelltypen.
2. Beschreibe, wie die verschiedenen Zelltypen aus einer Ausgangszelle entstehen können. ⊞
3. Erkläre am Beispiel eines Zelltyps das Basiskonzept Struktur und Funktion. ⊞
4. Erläutere, warum die Zelldifferenzierung für den Organismus lebensnotwendig ist.

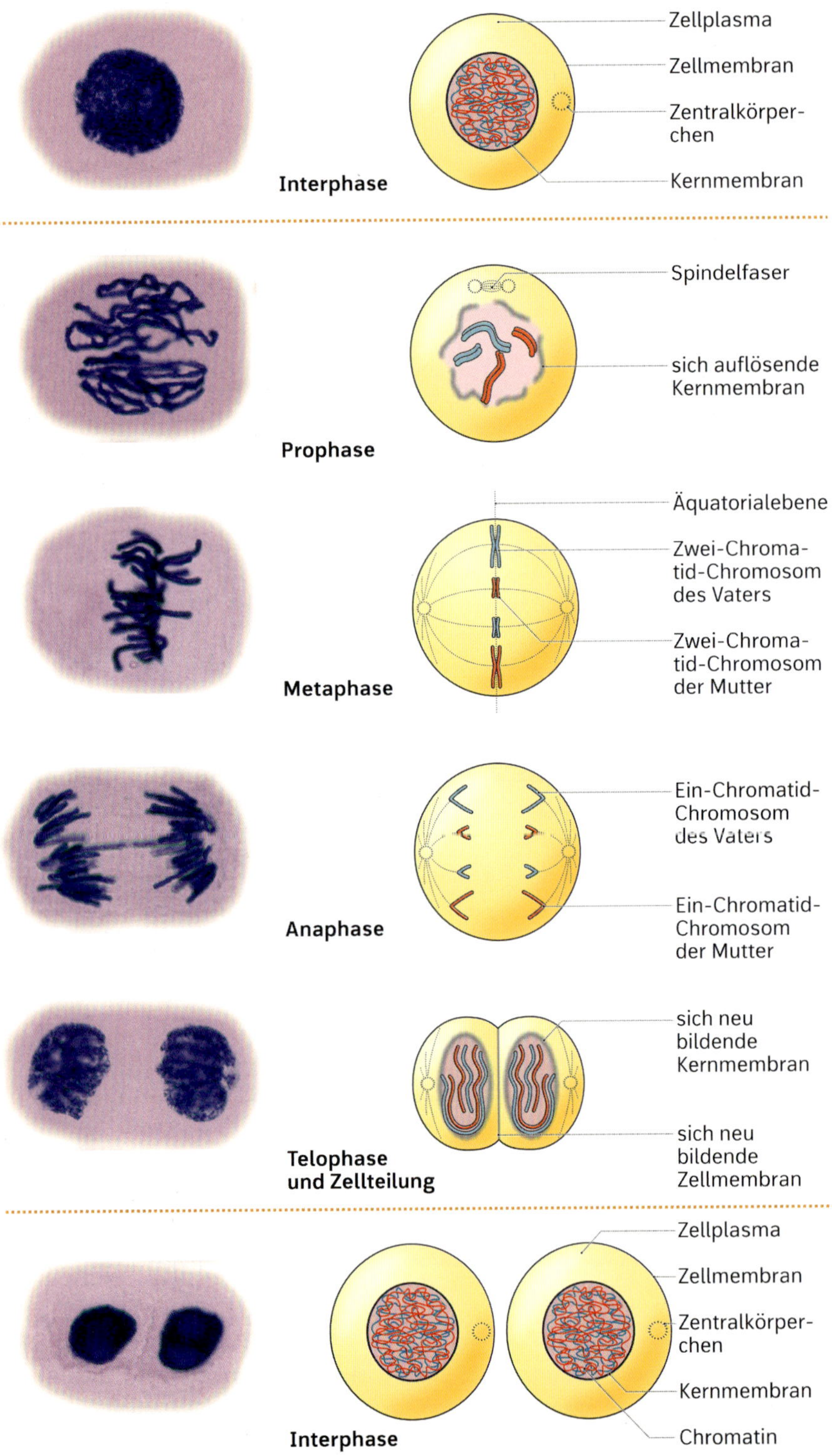

3 · Verlauf der Mitose

A+F

Mitose

Bei der Zellteilung entstehen aus einer Zelle zwei Tochterzellen mit den gleichen Erbinformationen. Sie sind erbgleich. Bevor sich eine Zelle teilt, muss sie ihre Erbsubstanz identisch kopieren. Die Aufteilung der Erbsubstanz geschieht während der Kernteilung, der **Mitose**. Sie läuft in mehreren Phasen ab:

- **Prophase** • In der Prophase beginnt sich der Zellkern aufzulösen. Das Chromatin verkürzt und verdichtet sich zu Chromosomen. Jedes Chromosom liegt als Zwei-Chromatid-Chromosom vor. Die beiden identischen Chromatide sind über das Zentromer verbunden. An den Zellpolen bilden sich Spindelfasern aus.
- **Metaphase** • In der Metaphase ordnen sich die Zwei-Chromatid-Chromosomen in der Mitte der Zelle an. Die Spindelfasern setzen an den Zentromeren an und richten die Zwei-Chromatid-Chromosomen in der Äquatorialebene aus. Sie transportieren die Zwei-Chromatid-Chromosomen durch die Zelle.
- **Anaphase** • In der Anaphase verkürzen sich die Spindelfasern. So werden die Zwei-Chromatid-Chromosomen am Zentromer getrennt. Als Ein-Chromatid-Chromosomen werden sie zu den entgegengesetzten Zellpolen gezogen.
- **Telophase** • In der letzten Phase der Mitose, der Telophase, entwinden sich die Ein-Chromatid-Chromosomen wieder zu Chromatin. Um jedes Chromatin bildet sich eine Kernhülle, sodass zwei Tochter-Zellkerne entstehen. Die Mitose ist beendet.

Zellteilung

Während der Telophase beginnt sich die Zelle einzuschnüren. Das Zellplasma und die übrigen Zellbestandteile werden auf die zwei entstehenden Tochterzellen aufgeteilt und diese werden durch Zellmembranen voneinander getrennt. Aus der Ausgangszelle entstehen zwei Tochterzellen mit gleichen Zellbestandteilen und gleichen genetischen Informationen.

Zellzyklus

Nach der Kernteilung und der Zellteilung liegt in jeder Tochterzelle jedes Ein-Chromatid-Chromosom nur einmal vor. Zunächst wachsen die Zellen. Jede der beiden Tochterzellen muss dieselbe genetische Information wie die Ausgangszelle haben. Zur Vorbereitung weiterer Zellteilungen müssen die Ein-Chromatid-Chromosomen wieder zu Zwei-Chromatid-Chromosomen verdoppelt werden. Das Wachstum der Zellen und die Verdopplung der genetischen Information laufen in der **Interphase** ab. Bei den meisten Zellen ist dies die längste Phase. Da Zellen die Vorgänge von Kernteilung, Zellteilung und Interphase in regelmäßiger Folge durchlaufen, spricht man vom Zellzyklus.

A Beschreibe den Ablauf der Mitose mithilfe von Bild 3.

B Benenne die verschiedenen Phasen des Zellzyklus.

C Ordne der Mitose und der Interphase folgende Zustandsformen der Chromosomen zu: Ein-Chromatid-Chromosom, Chromatin, Zwei-Chromatid-Chromosom.

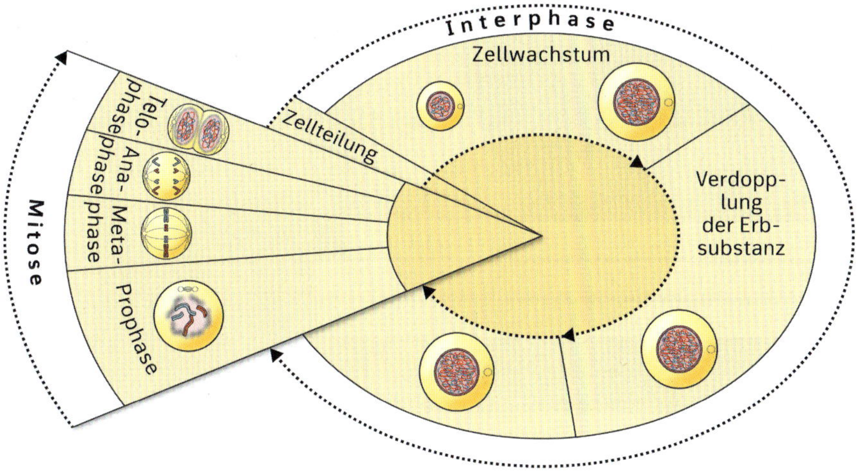

4 Zellzyklus

Material mit Aufgaben

M3 Eine Zelle teilt sich

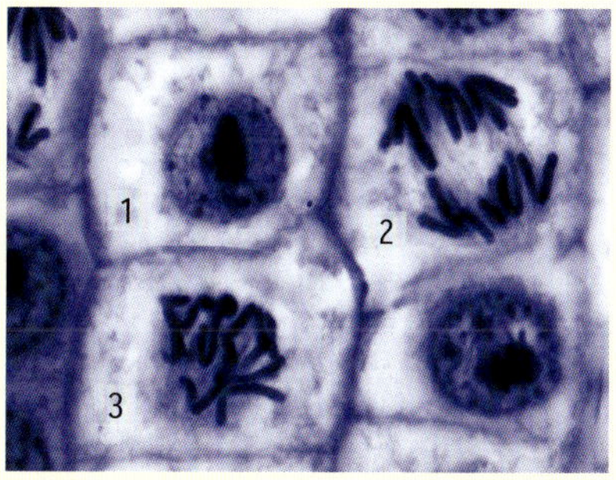

1. Ordne die in dem Foto markierten Zellen 1-3 je einer Phase der Mitose zu. Begründe deine Zuordnung.
2. Erkläre, weshalb einer Zellteilung die Mitose vorausgehen muss.

M4 Zellzyklus

Körperzelle	Interphase	Mitose
Dünndarmzelle	15 Stunden	0,7 Stunden
Leberzelle	9980 Stunden	0,7 Stunden
Blutbildene Zelle im Knochenmark	9 Stunden	0,7 Stunden

1. Stelle Vermutungen über die Dauer der Interphasen an.
2. Starker Alkoholkonsum schädigt Leberzellen. Erläutere diese Aussage mithilfe der Tabelle.
3. Wunden im Mundraum heilen schneller als Verletzungen der Haut am Arm. Stelle dafür Vermutungen an.

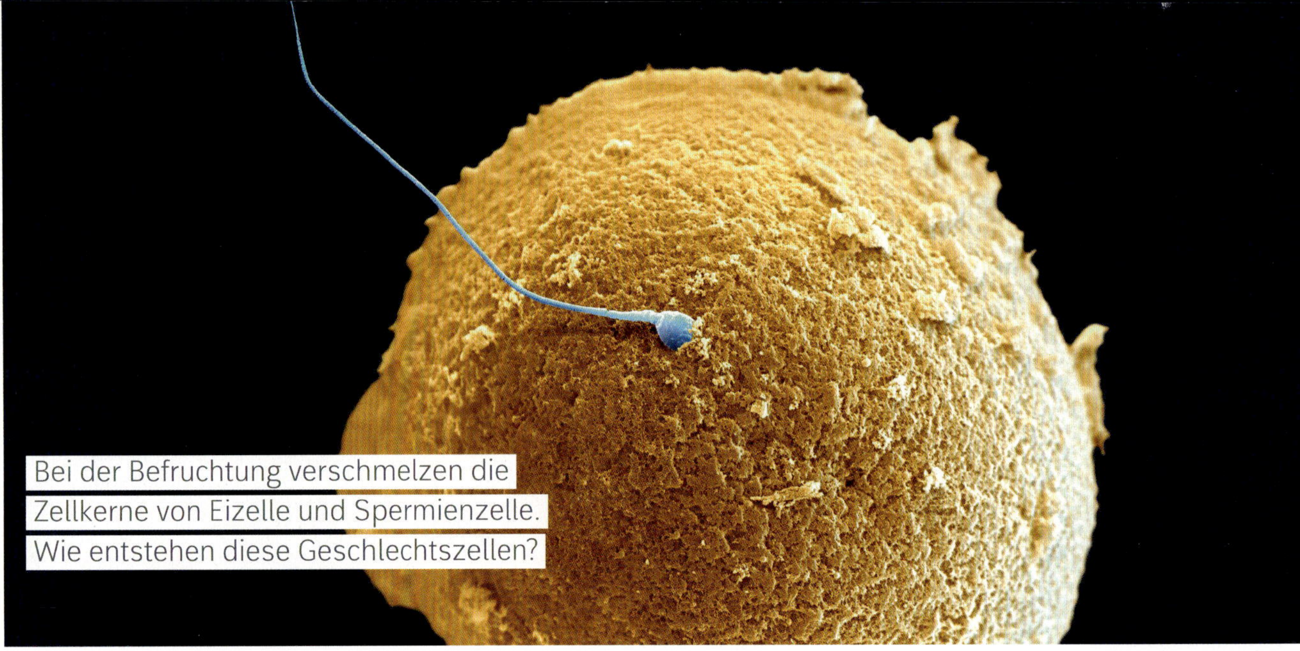

1 Verschmelzung von Eizelle und Spermienzelle

Bildung von Geschlechtszellen

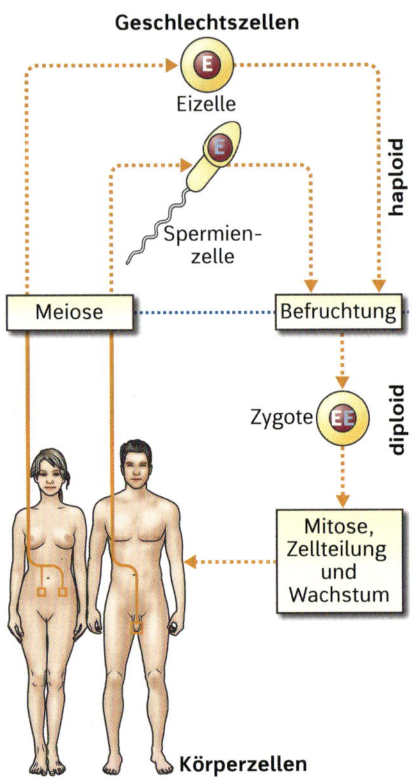

2 Entwicklungszyklus

Befruchtung

Bei der geschlechtlichen Fortpflanzung verschmelzen die Zellkerne einer Spermienzelle und einer Eizelle miteinander. Bei der Verschmelzung entsteht eine befruchtete Eizelle, die **Zygote**. Diese teilt sich danach mehrfach. Aus den mitotischen Zellteilungen entwickelt sich der vielzellige Mensch.

Bildung von Geschlechtszellen

Die Zygote enthält wie alle sich daraus entwickelnden Körperzellen 46 Chromosomen. 23 Chromosomen stammen vom Vater, 23 von der Mutter. Die Chromosomen liegen als **homologe Paare** vor. Körperzellen haben einen diploiden Chromosomensatz (2n).

Hätten Spermienzellen und Eizellen einen diploiden Chromosomensatz, hätte eine Zygote beim Menschen 92 Chromosomen. Der Chromosomensatz würde sich mit jeder Generation verdoppeln. Daher erfolgt bei der Entstehung der Geschlechtszellen eine Halbierung des diploiden Chromosomensatzes zu einem vollständigen, haploiden. Diese Verminderung von 46 auf 23 Chromosomen nennt man **Meiose**. Diese unterteilt sich in die Reifeteilung I und II.

Reifeteilung I

In der **Prophase I** beginnen sich die Chromatinfäden zu Zwei-Chromatid-Chromosomen zu verdichten.

In der **Metaphase I** werden die Zwei-Chromatid-Chromosomen zur Zellmitte bewegt. Die homologen Chromosomen lagern sich paarweise in der Äquatorialebene zusammen. Die Kernmembran löst sich auf. Von den Zellpolen gehen Spindelfasern aus, die an den Zentromeren der Chromosomen ansetzen.

In der **Anaphase I** werden die Zwei-Chromatid-Chromosomen zu den entgegengesetzten Zellpolen gezogen. Die beiden homologen Chromosomen eines Paares werden voneinander getrennt. Dabei verteilen sich die väterlichen und mütterlichen Chromosomen zufällig auf die beiden neu entstehenden Tochterzellen.

In der **Telophase I** teilt sich die Zelle vollständig. Es sind zwei Tochterzellen mit haploidem Chromosomensatz entstanden. Sie enthalten jeweils 23 Zwei-Chromatid-Chromosomen. Der Chromosomensatz wurde halbiert. Man spricht bei der ersten Reifeteilung der Meiose deshalb auch von Reduktionsteilung.

Reifeteilung II

In der zweiten Reifeteilung werden die 23 Zwei-Chromatid-Chromosomen voneinander getrennt. Es entstehen jeweils zwei Ein-Chromatid-Chromosomen. Die zweite Reifeteilung läuft ähnlich wie eine Mitose ab: In der **Prophase II** ordnen sich die Zwei-Chromatid-Chromosomen in der Zellmitte an. Dann werden die Chromatiden jedes Zwei-Chromatid-Chromosoms getrennt und zu den Zellpolen gezogen. Nach Ende der zweiten Reifeteilung liegen vier haploide Zellen vor. Die entstandenen Geschlechtszellen besitzen nicht die identischen Erbinformationen, weil die Chromosomen mütterlicher und väterlicher Herkunft zufällig verteilt wurden. Aus einer Ausgangszelle entstehen beim Mann vier Spermienzellen. Bei der Frau entsteht eine künftige Eizelle und drei verkümmerte Zellen, die Polkörper.

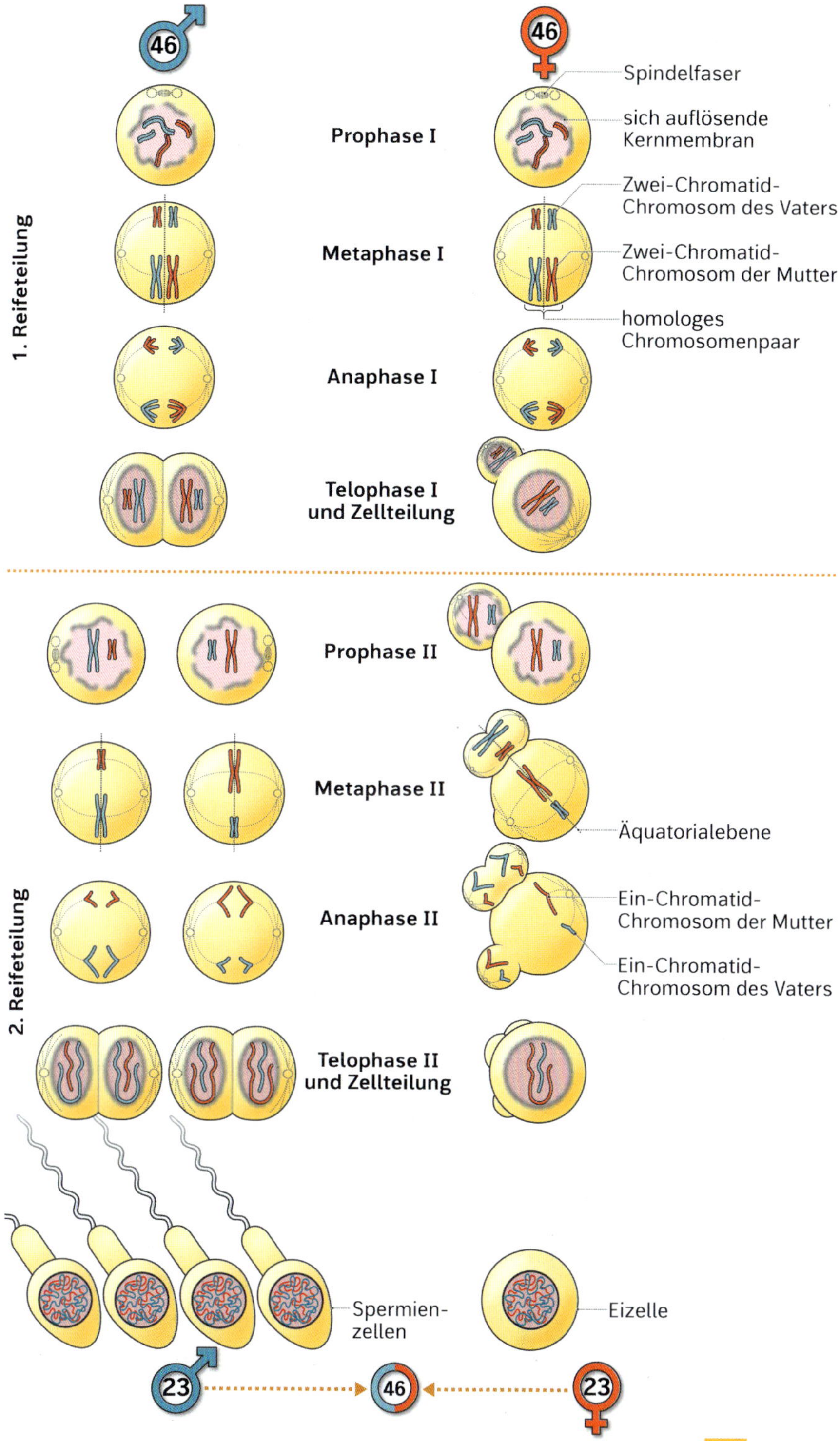

3 Ablauf der Meiose

A+F

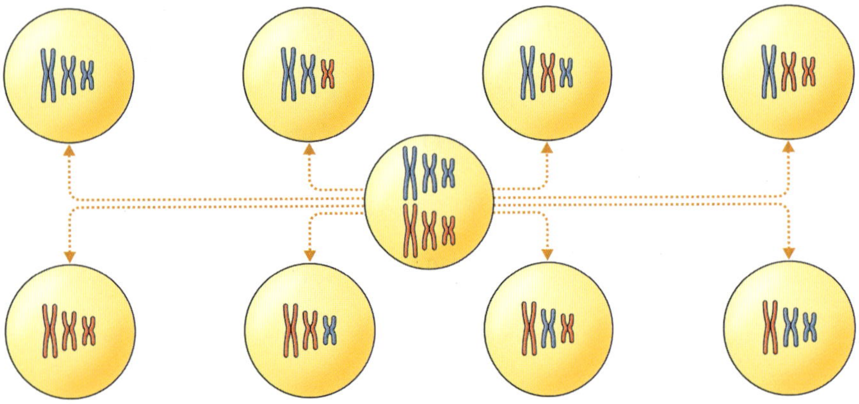

4 Kombinationsmöglichkeiten der Zwei-Chromatid-Chromosomen in der Prophase I bei der Meiose

Der Mensch besitzt 23 homologe Chromosomenpaare. Es gibt daher 2^{23} Kombinationsmöglichkeiten. Es können also etwa 8 Millionen verschiedene Geschlechtszellen gebildet werden. Bei der anschließenden Befruchtung wird eine Eizelle von einer Spermienzelle befruchtet. Auch dabei entscheidet der Zufall, welche Spermienzelle die Eizelle befruchtet. So ergeben sich noch mehr Kombinationsmöglichkeiten, nämlich etwa 70 Billionen (2^{23} x 2^{23}).

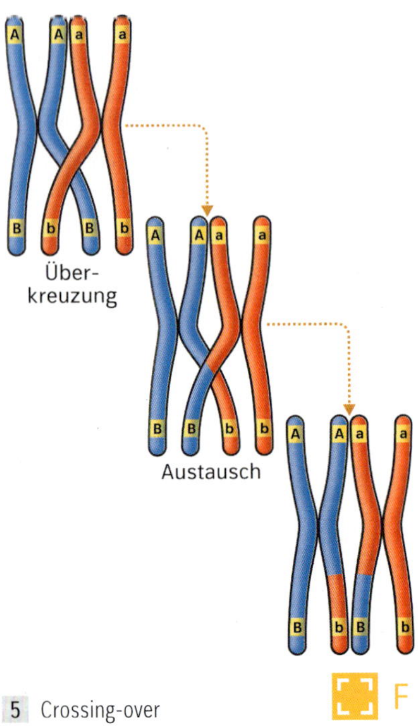

5 Crossing-over

Phänotyp und Genotyp

Menschen unterscheiden sich in ihrem jeweiligen Erscheinungsbild. Sie haben zum Beispiel unterschiedliche Augenfarben oder Haarfarben. Die Menschen unterscheiden sich in ihrem **Phänotyp**. Die Unterschiede im Phänotyp lassen sich auch auf die Erbinformation zurückführen. Die Menschen unterscheiden sich also in ihrem **Genotyp**. Warum unterscheiden sich aber auch Geschwister, obwohl ihre Gene von denselben Eltern stammen?

Genetische Rekombination

Bei der Mitose entstehen aus einer Ausgangszelle zwei identische Tochterzellen. Im Gegensatz zur Mitose werden bei der Meiose jedoch die genetischen Informationen neu verteilt. Die Chromosomen mütterlicher und väterlicher Herkunft werden zufällig auf die beiden Tochterzellen verteilt. Diese Neuverteilung der Chromosomen bezeichnet man als **genetische Rekombination**. Durch die zufällige Verteilung der genetischen Information ergeben sich viele Kombinationsmöglichkeiten.

Crossing-over

In der Prophase I der Meiose lagern sich die homologen Zwei-Chromatid-Chromosomen zusammen. Dabei können einzelne Abschnitte der Zwei-Chromatid-Chromosomen ausgetauscht werden. So kann zum Beispiel ein Chromosom mütterlicher Herkunft nun Chromosomenabschnitte vom Vater enthalten. Diesen Vorgang bezeichnet man als **Crossing-over**. Durch das Crossing-over entstehen fast unendlich viele Kombinationsmöglichkeiten.

Bedeutung der Meiose

Bei der Meiose wird der diploide Chromosomensatz zu einem haploiden Chromosomensatz halbiert. So kann bei der Verschmelzung von Spermien- und Eizelle mit jeweils haploidem Chromosomensatz wieder ein Individuum mit doppeltem, diploidem Chromosomensatz entstehen. Bei der Meiose werden die Erbinformationen durch die zufällige Verteilung der Chromosomen von Mutter und Vater neu kombiniert. So sind Geschwister verschieden, obwohl sie die gleichen Eltern haben.

Material mit Aufgaben

M1 Genetische Rekombination bei der Meiose

1. Benenne die mit Ziffern gekennzeichneten Teile.
2. Nenne die Vorgänge, durch die Chromosomen neu kombiniert werden können.
3. Beschreibe den Unterschied zwischen der Meiose beim Mann und bei der Frau.
4. Erkläre die Bedeutung der 1. Reifeteilung.
5. Wähle eine der Aufgaben aus:
   a Beschreibe, wie und wann Crossing-over stattfindet und erkläre die Bedeutung des Vorgangs.
   b Erkläre, in welcher Phase der Meiose es sich entscheidet, ob eine Spermienzelle ein X- oder ein Y-Chromosom enthält.

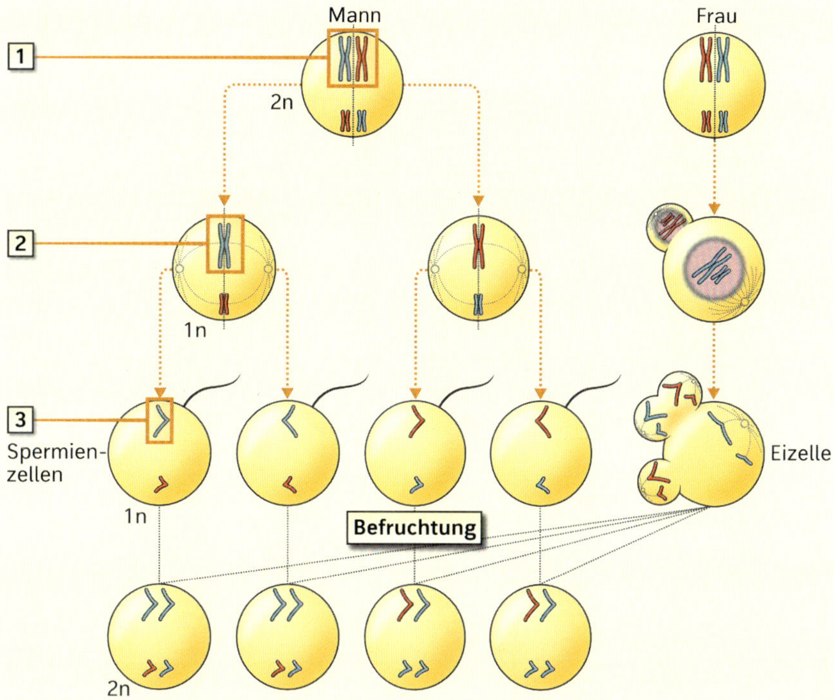

M2 Mitose und Meiose

1. Benenne die Vorgänge 1 bis 3 im Bild. Beachte, dass bei Vorgang 3 mehrere Vorgänge genannt werden müssen.
2. Gib für die jeweiligen Zellen im Bild an, ob sie haploid oder diploid sind.
3. Übertrage die Tabelle in dein Heft fülle sie aus.
4. Erläutere, wie es zur Ausbildung der Geschlechter kommt.

	Mitose	Meiose
Phasen	...	...
Ergebnis	...	...

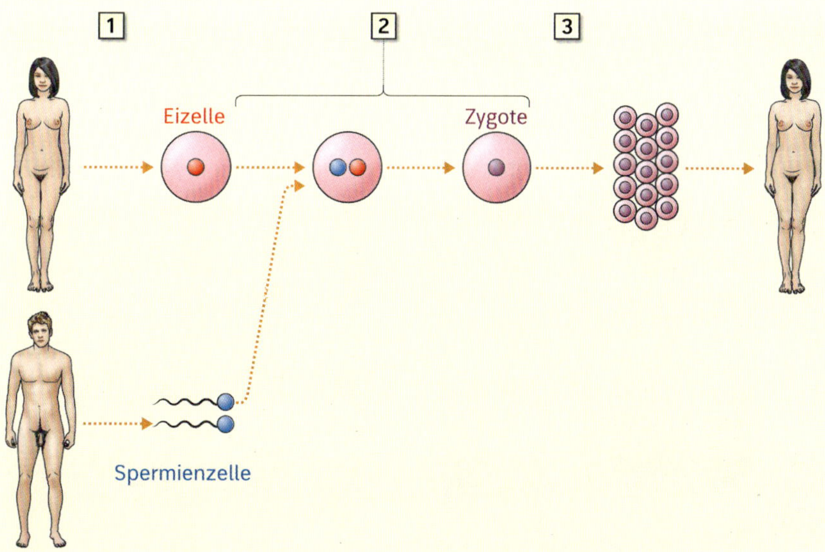

Mit Modellen arbeiten

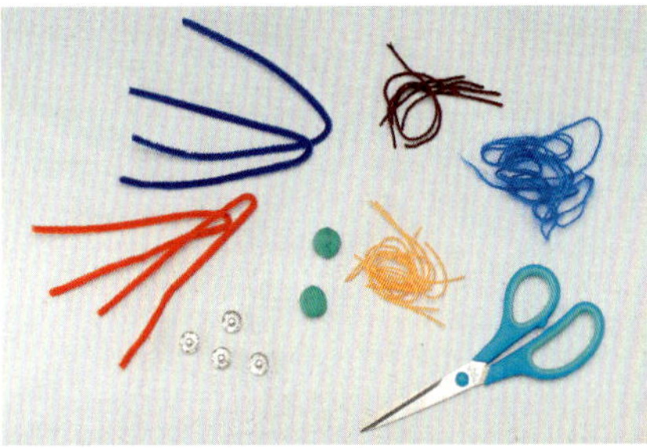

1 Materialien für den Bau des Modells

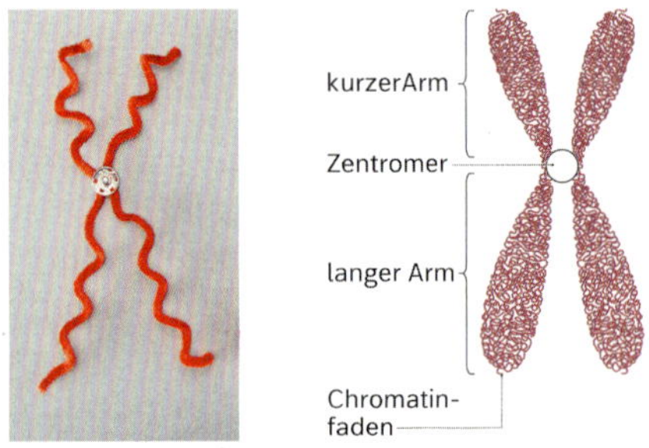

2 Chromosom im Modell

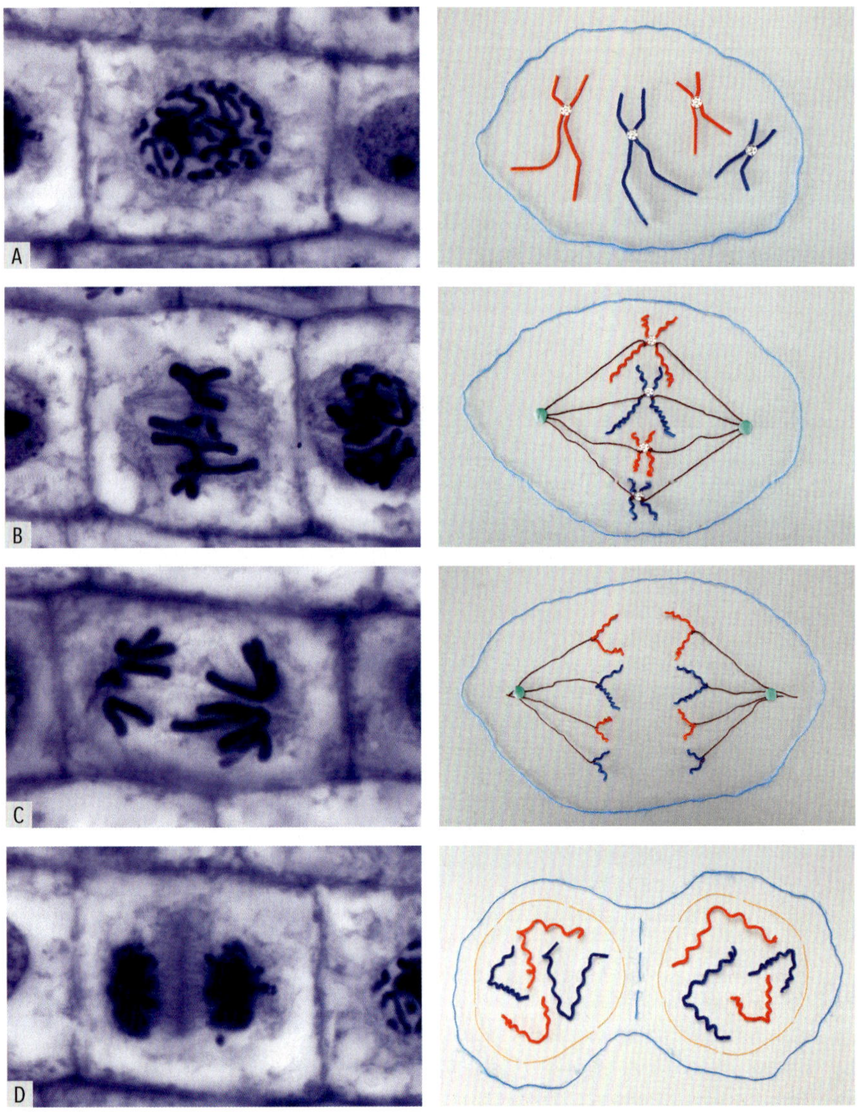

3 Mitose im Modell: **A** Anfang der Prophase, **B** späte Metaphase, **C** Anaphase, **D** Telophase

Arbeit mit Modellen

In vielen Fällen hilft ein **Modell** dabei, einen Sachverhalt zu verdeutlichen. Es stellt aber meist nur ausgewählte Teile der Wirklichkeit dar. Mithilfe eines Modells aus Pfeifenputzern kann man die Vorgänge während der Mitose und der Meiose nachvollziehen.

1 Nachbau der Chromosomen •
Schneide die Pfeifenputzer jeder Farbe in je zwei lange und zwei kurze Stücke. Verbinde alle gleichfarbigen und gleichlangen Pfeifenputzer mit einem Druckknopf in der Mitte.

2 Nachstellen der Mitose • Lege alle vier angefertigten Chromosomen ungeordnet auf den Tisch. Lege um den gesamten Aufbau den langen Wollfaden, der für die Zellmembran steht. Dies stellt das Ende der **Prophase** dar.
Ordne nun alle Chromosomen untereinander in der Mitte des Kreises an. Lege rechts und links an die Innenseite des langen Wollfadens je eine Knetkugel. Knote wie in Bild 4B an die Mitte jedes Pfeifenputzers einen kurzen Wollfaden. Lege alle Fäden der Pfeifenputzer auf der linken Seite an die linke Knetkugel und alle Fäden der Pfeifenputzer auf der rechten Seite an die rechte Knetkugel. Dies stellt die **Metaphase** dar.
Entferne nun alle Druckknöpfe. Ziehe alle Wollfäden in Richtung der Knetkugeln. Dies stellt die **Anaphase** dar.
Entferne die Knetkugeln mit den braunen Wollfäden. Stelle die Einschnürung der Zelle und die sich neu bildende Zellmembran dar. Dies zeigt die **Telophase**. Die Mitose ist abgeschlossen.

Material mit Aufgaben

M1 Modell und Wirklichkeit

1. Vergleiche das Modell mit der Wirklichkeit.

Modell	Wirklichkeit
...	...

2. Begründe, welche Phase der Meiose dargestellt ist.
3. Erkläre, was dieses Modell gut veranschaulicht.
4. Erläutere die Grenzen dieses Modells und entwickle Verbesserungsvorschläge.

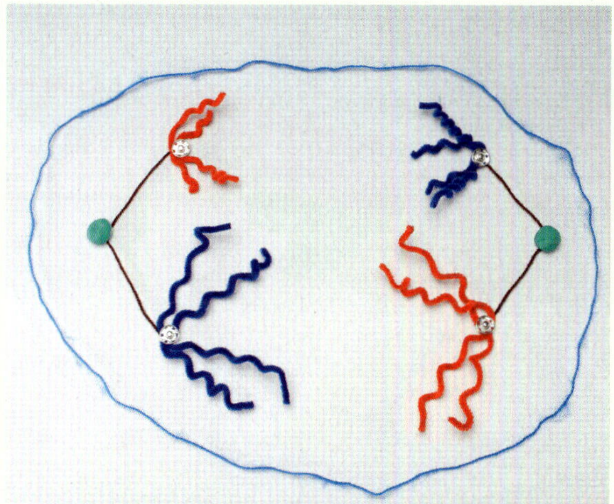

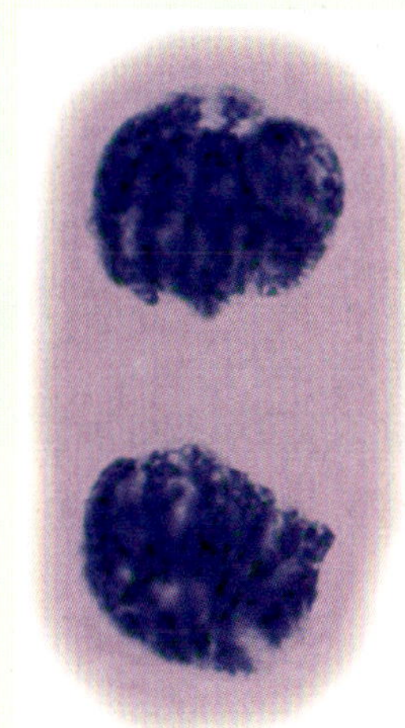

M2 Zellzyklus

1. Vergleiche die Chromosomen miteinander.
2. Ordne jedes Chromosom A-D einer der Phasen 1-4 im Zellzyklus zu.
3. Erkläre, in welcher Phase der Mitose die einzelnen Chromosomen vorliegen.

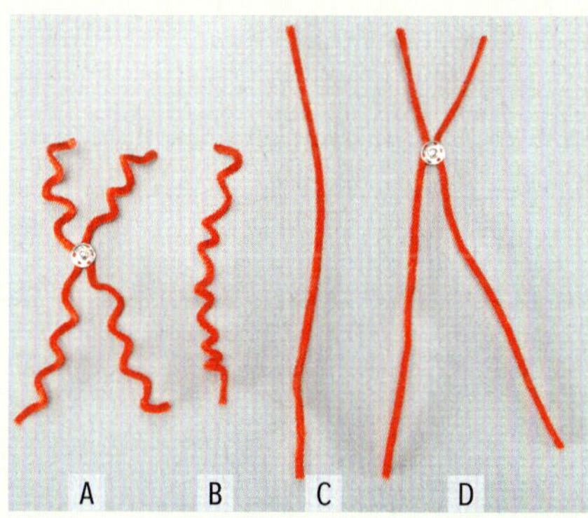

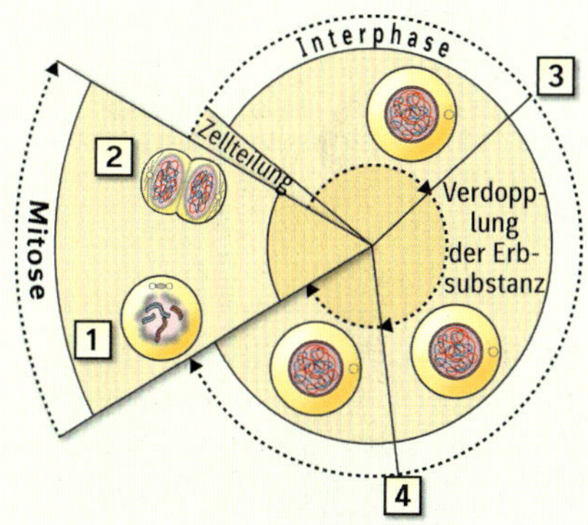

P3 Meiose

1. Stelle die Meiose mithilfe des Chromosomenmodells nach. Übertrage dazu das Schema in dein Heft. Dokumentiere deine Ergebnisse mit Fotos.

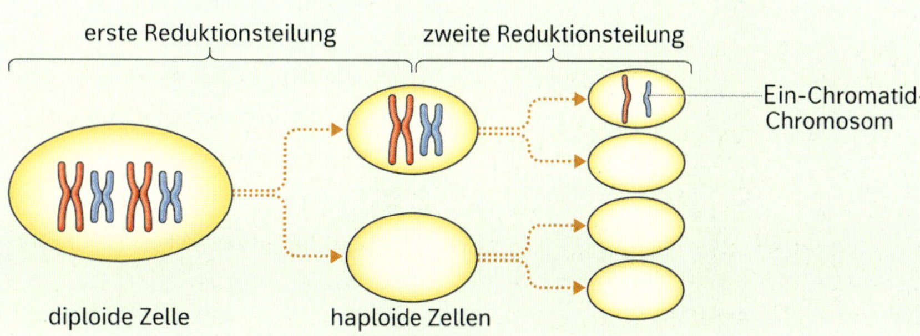

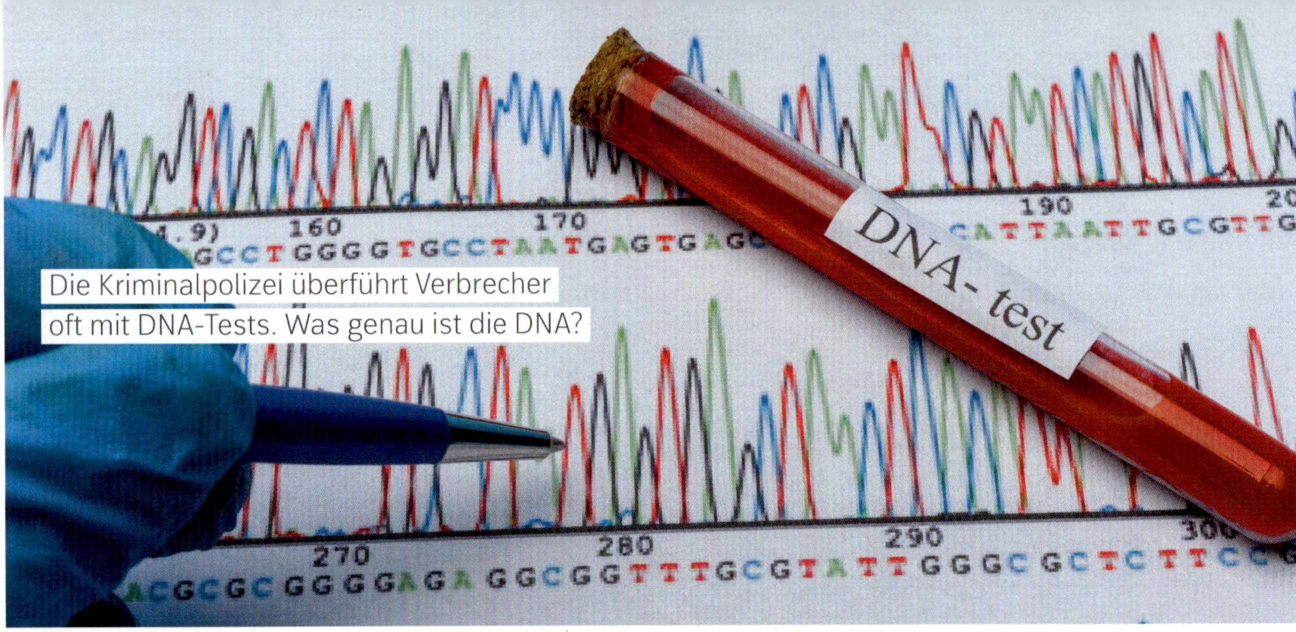

1 DNA-Analyse

Die DNA

DNA steht für **d**eoxyribo**n**ucleic **a**cid (englisch). Das deutsche Wort ist DNS (**D**esoxyribo**n**uklein**s**äure).

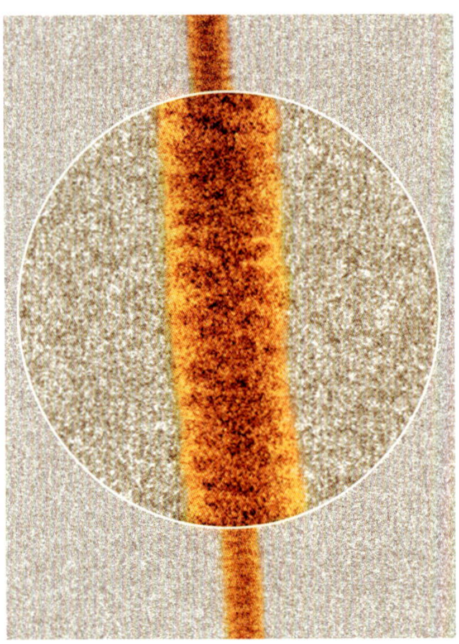

2 DNA unter dem Elektronenmikroskop

DNA

Die Chromatinfäden im Zellkern bestehen aus Nukleinsäuren und Proteinen. Dabei stellt eine besondere Form von Nukleinsäuren die Erbsubstanz dar, die Desoxyribonukleinsäure. Diese wird abgekürzt als DNA bezeichnet.

Bau der DNA

Man kann sich den Aufbau der DNA wie eine gedrehte Strickleiter vorstellen. Die „Strickleiter" besteht dabei aus zwei Strängen, bei der die beiden Seiten der Strickleiter aus Zucker und Phosphorsäure bestehen.

Material mit Aufgaben

M1 Zusammensetzung der DNA

	Adenin	Thymin	Guanin	Cytosin
Mensch	31 %	...	...	...
Schaf	...	30 %	...	...
Alge			30 %	
Weizen	...	...	...	23 %

1. Übertrage die Tabelle in dein Heft und ergänze die fehlenden Anteile der Basen.
2. Erkläre mithilfe deiner Tabelle, was man unter komplementärer Basenpaarung versteht. ⊞
3. Wähle eine der Aufgaben aus:
   a Erkläre, warum die DNA den genetischen Code von Lebewesen bestimmt. ⊞
   b Erkläre, warum ein DNA-Test einen gesuchten Verbrecher überführen kann.

Die „Sprossen" der Strickleiter werden von den **Basen** gebildet. In der DNA gibt es vier verschiedene Basen: Adenin (A), Thymin (T), Guanin (G) und Cytosin (C). Jeweils eine Base, ein Zucker und eine Phosphorsäure bilden zusammen ein **Nukleotid**.

In der DNA liegen sich immer zwei bestimmte Basen gegenüber. Die Basen Adenin und Thymin sowie die Basen Cytosin und Guanin bilden jeweils ein Basenpaar. Sie passen jeweils zusammen wie ein Schlüssel in das passende Schloss. Man bezeichnet dies als **komplementäre Basenpaarung**. Der Doppelstrang der DNA ist nicht gestreckt, sondern ähnlich wie eine Spirale schraubenförmig gewunden. Man spricht von der **DNA-Doppelhelix**.

Genetischer Code

Die DNA unterscheidet sich bei den verschiedenen Lebewesen durch die Reihenfolge der verschiedenen Basenpaare. Mithilfe der Abfolge der Basenpaare wird die genetische Information festgelegt. Man bezeichnet die DNA daher als Träger der Erbinformation. Man spricht vom **genetischen Code**.

Eine menschliche Zelle enthält ungefähr 3 Milliarden Basenpaare, die etwa 25000 Gene des Menschen tragen. ▶

A Nenne die Bestandteile der DNA.

B Beschreibe mithilfe von Bild 3 den Aufbau der DNA.

C Nenne die Bestandteile eines Nukleotids.

D „Beide DNA-Stränge sind identisch zueinander." Beurteile diese Aussage.

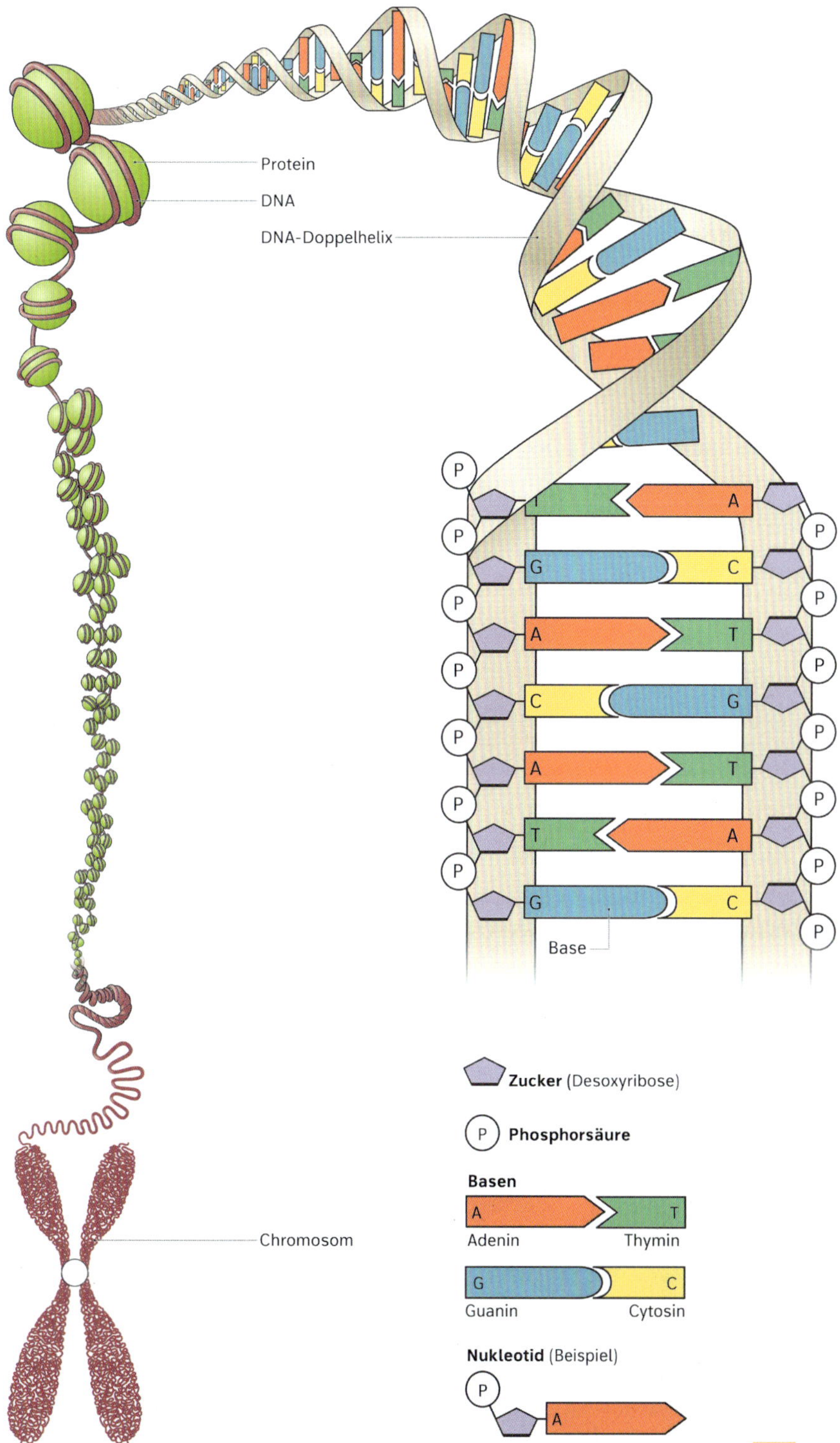

3 Vom Chromosom zur DNA

F

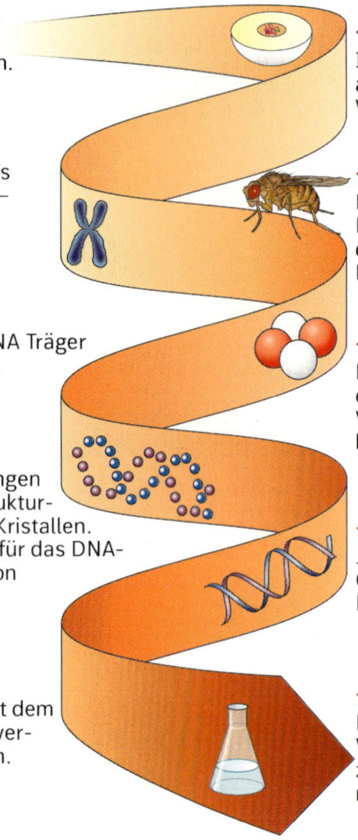

4 Geschichte der Erforschung der DNA

Die Entdeckung der DNA

Im Jahr 1951 begannen Francis Crick und James Watson, die Struktur der DNA zu entschlüsseln. Sie nutzten dazu auch die von anderen Forscherinnen und Forschern zuvor gewonnenen Erkenntnisse. Die beiden Forscher stützten sich auch auf die Forschungsergebnisse von Rosalind Franklin, die herausgefunden hatte, dass die DNA eine schraubenförmige Form aufweisen muss. Crick und Watson behaupteten, dass sich die DNA aus komplementären Basenpaaren zusammensetzt. Im Jahr 1953 veröffentlichten Watson und Crick ihr DNA-Modell. Es zeigt die Eigenschaften der DNA in der Form einer Doppelhelix und den Aufbau aus komplementären Basenpaaren. Für ihre gewonnenen Erkenntnisse erhielten Crick und Watson im Jahr 1962 den Nobelpreis.

E Stelle die Erforschung der DNA als Fließschema dar.

Material mit Aufgaben

M2 Modell der DNA aus Maisbausteinen

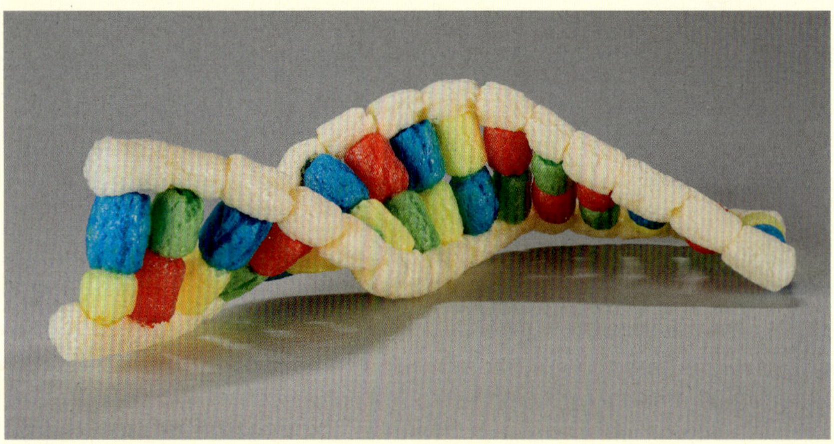

1. Ordne dem Modell im Foto die Bausteine der DNA zu und beschreibe den Aufbau des Modells.
2. Fertige dein eigenes Modell der DNA an und vergleiche es mit den Modellen deiner Mitschülerinnen und Mitschülern. ⊞
3. Vergleiche das Modell mit dem tatsächlichen Aufbau der DNA. Erkläre, was das Modell gut veranschaulicht und was es nicht darstellen kann. ⊞

Replikation der DNA

Bevor sich eine Zelle teilt, wird die DNA verdoppelt. So kann bei der Zellteilung jede Tochterzelle die gesamte Erbinformation erhalten. Aus einem Ein-Chromatid-Chromosom wird dabei ein Zwei-Chromatid-Chromosom mit zwei identischen DNA-Fäden. Die identische Verdopplung der DNA in einer Zelle bezeichnet man als **Replikation** der DNA. Die Replikation läuft während der Interphase ab, in der die nötigen Vorbereitungen für die anstehende Zellteilung getroffen werden.

Zunächst entwindet sich der DNA-Faden des Ein-Chromatid-Chromosoms. Der DNA-Strang öffnet sich an den Basenpaaren wie ein Reißverschluss. Der Doppelstrang trennt sich in zwei Einzelstränge. Diese Einzelstränge werden dann zu Doppelsträngen ergänzt. Es lagern sich dazu der Basenpaarung entsprechend freie Nukleotide aus dem Zellplasma an die Einzelstränge.

Das Enzym **DNA-Polymerase** läuft an beiden geöffneten Einzelsträngen entlang und verkettet die einzelnen Nukleotide untereinander. So entstehen zwei neue, zusammenhängende DNA-Doppelstränge. Diese bestehen je zur Hälfte aus dem alten DNA-Strang und dem neu gebildeten Strang. Durch die komplementäre Basenpaarung besitzen beide Stränge die gleiche Reihenfolge der Basen wie der ursprüngliche Strang. Sie enthalten die identischen Erbinformationen, die bei Zellteilungen an die Tochterzellen weitergegeben werden. ■

F Beschreibe den Ablauf der Replikation mithilfe von Bild 5.

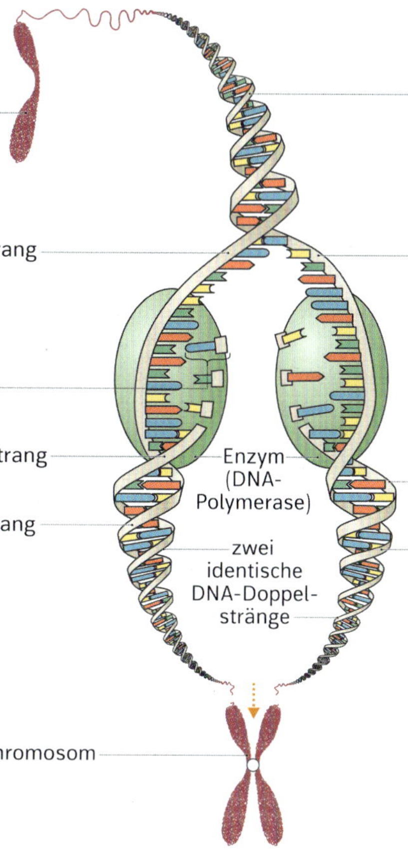

5 DNA-Replikation

Material mit Aufgaben

M3 Replikation der DNA

Das Bild zeigt einen Ausschnitt eines DNA-Einzelstranges.

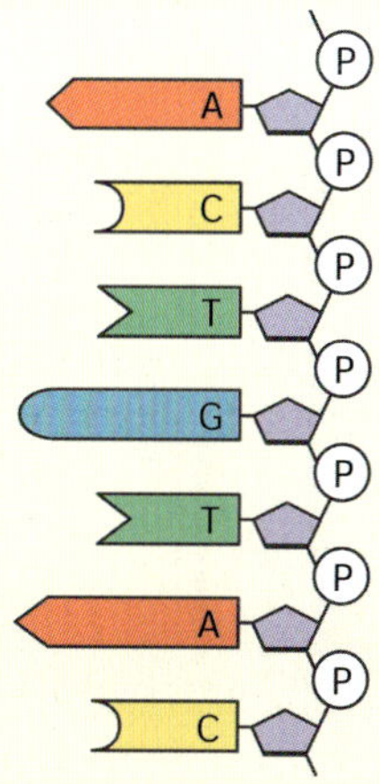

1. Übertrage die Zeichnung in dein Heft und ergänze den Einzelstrang zu einem DNA-Doppelstrang.
2. Markiere in deiner Zeichnung ein Nukleotid. Beschreibe die Zusammensetzung. ⊞
3. Erkläre die Bedeutung der DNA-Replikation im Zellzyklus.

1 Rot und weiß blühende Erbsen

Vom Gen zum Merkmal

Rote und weiße Blütenfarbe

Erbsenpflanzen können weiße oder rote Blüten ausbilden. Durch diese unterschiedlichen Merkmale unterscheiden sie sich in ihrem **Phänotyp**. Die genetische Information für die Ausbildung des Merkmals Blütenfarbe ist in ihrer Erbinformation als **Genotyp** festgelegt.

In den Zellen der Blütenblätter einer rot blühenden Erbse wird der rote Blütenfarbstoff aus einem Ausgangsstoff aufgebaut. Dieser Aufbau erfolgt im Zellplasma durch besondere Proteine, die Stoffe aufbauen, umbauen oder abbauen können. Diese Stoffe heißen **Enzyme**. Der rote Blütenfarbstoff wird in die Vakuolen der Zellen eingelagert.

Die weiß blühende Erbsenpflanze besitzt kein Enzym zur Bildung des roten Blütenfarbstoffes. In den Vakuolen der Zellen ist der weiße Ausgangsstoff eingelagert. Ohne Enzym wird er nicht in einen roten Farbstoff umgewandelt.

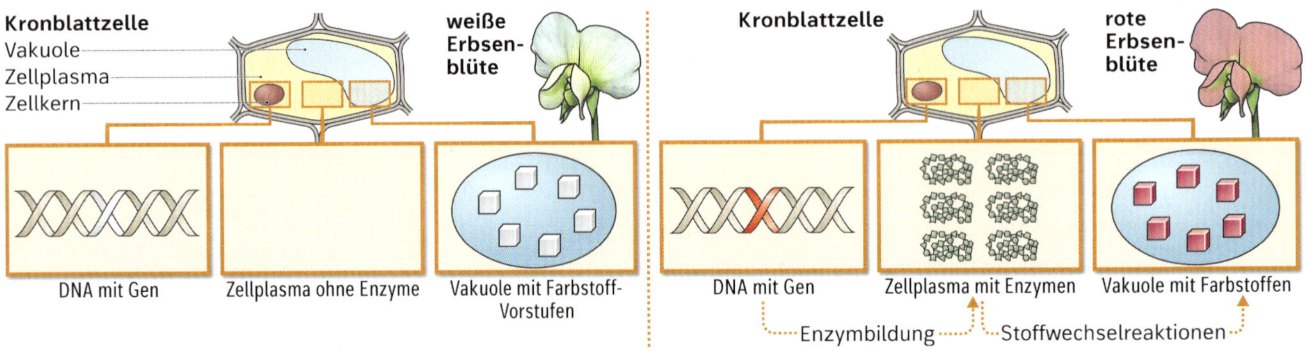

2 Bildung des Blütenfarbstoffs bei der Erbsenpflanze

Bildung von Enzymen

In der Erbsubstanz sind die Informationen zur Bildung des Enzyms gespeichert, das den roten Farbstoff aufbaut. Die Blütenfarbe hängt von der Erbinformation eines DNA-Abschnitts in einem bestimmten Chromosom ab. Er enthält die „Bauanleitung" für das Enzym, das den roten Blütenfarbstoff aufbaut. Ein solcher Abschnitt auf der DNA wird als **Gen** bezeichnet. Die rot blühende Erbsenpflanze besitzt das Gen und damit das Enzym für die Merkmalsausbildung „rote Blüte". Weiß blühende Erbsenpflanzen besitzen das Gen und so auch das Enzym zur Herstellung des roten Blütenfarbstoffes nicht. Sie können den roten Blütenfarbstoff nicht herstellen. Enzyme sind also für die Ausbildung eines Merkmals verantwortlich. Sie sind die „Umsetzer" von der genetischen Information der DNA zum Merkmal.

Genwirkketten

Für die Ausbildung eines erblichen Merkmals sind häufig mehrere Enzyme und dementsprechend mehrere Gene beteiligt. Auch an der Herstellung des roten Blütenfarbstoffs der Gauklerblume sind mehrere Enzyme beteiligt. Über Zwischenprodukte wird aus einem Ausgangsstoff letztlich der rote Blütenfarbstoff. Das letzte Enzym in diesem Herstellungsprozess ist dafür verantwortlich, ob die Blüte der Gauklerblume am Ende gelb oder rot ist. Sind mehrere Gene bei der Bildung eines Merkmals beteiligt, spricht man von einer **Genwirkkette**.

A Beschreibe den Weg von der DNA zum Merkmal.

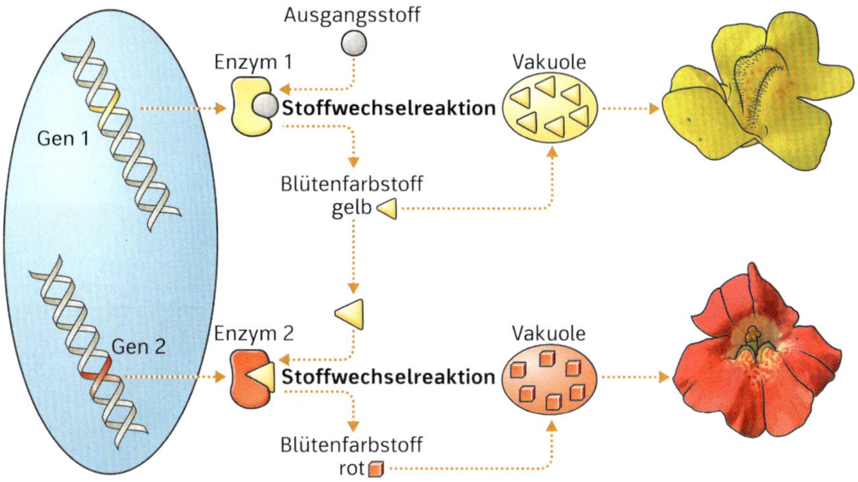

3 Genwirkkette zur Bildung der Blütenfarbe bei der Gauklerblume

Material mit Aufgaben

M1 Augenfarbe bei Fruchtfliegen

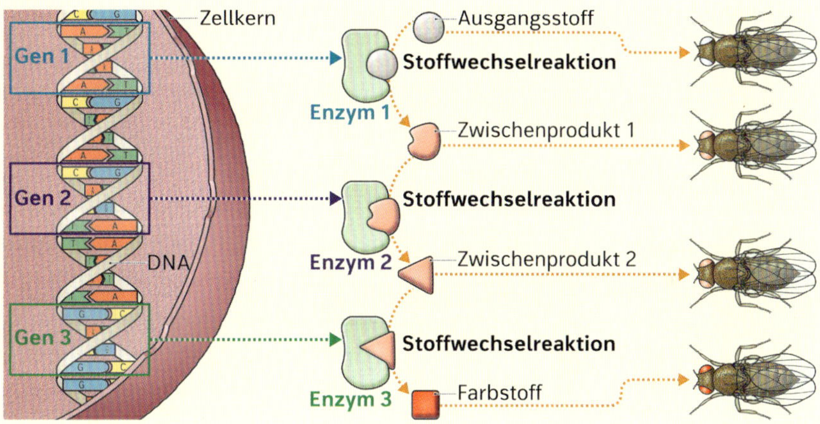

Fruchtfliegen besitzen rote Augen. Sie haben in den Augen den Farbstoff Ommochrom.

1. Beschreibe die dargestellte Genwirkkette und die Entstehung des roten Augenfarbstoffs.
2. Erkläre, was passiert, wenn Gen 1 seine Funktion verlieren würde.
3. Erstelle eine vereinfachte Genwirkkette für die Merkmalsausbildung der Augenfarbe bei Fruchtfliegen.
4. Stelle Vermutungen an, warum die Enzyme im Bild unterschiedlich gebaut sind. Begründe.
5. Beurteile die Aussage: „Enzyme sind das Bindeglied zwischen Genotyp und Phänotyp."

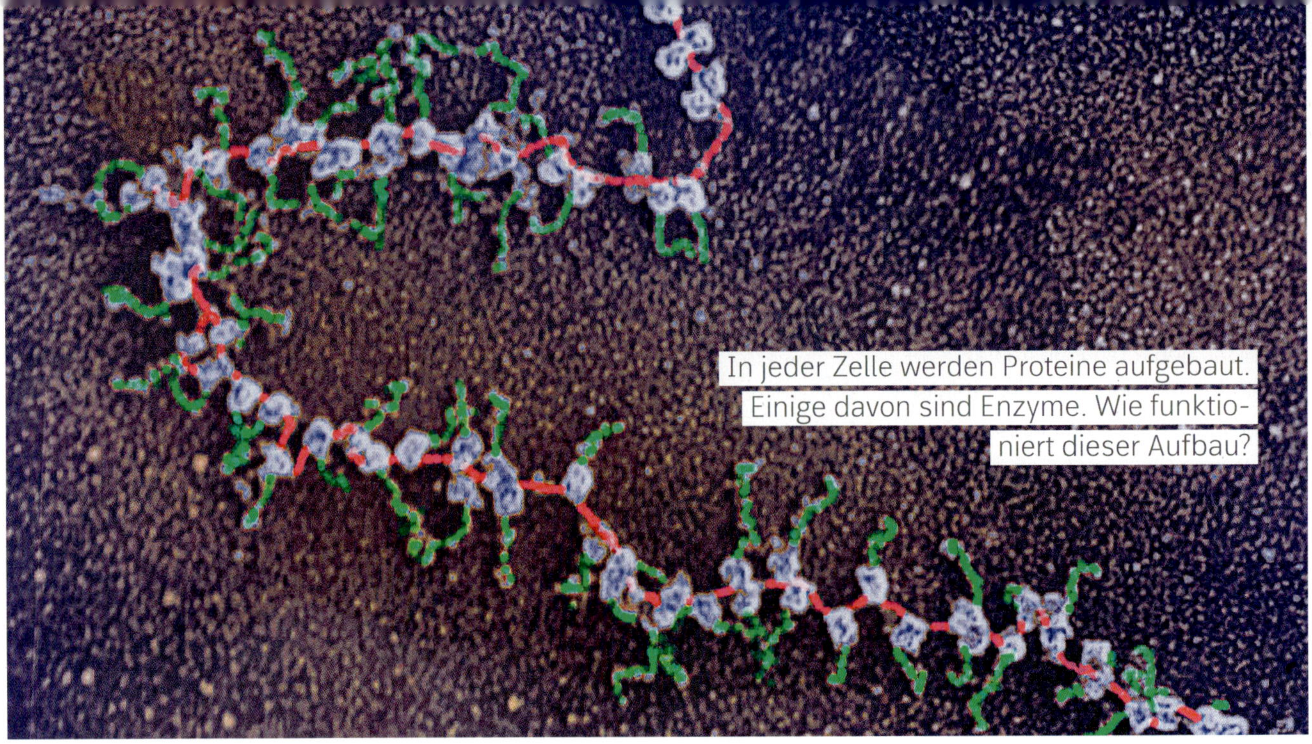

1 Mikroskopische Aufnahme von mRNA (rot) mit Ribosomen (blau) und Aminosäureketten (grün)

Die Proteinbiosynthese

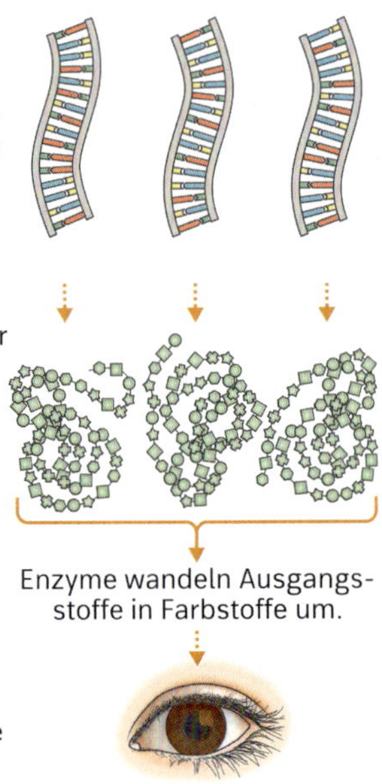

2 Vom Gen zum Merkmal

Bedeutung der Proteine

Jedes Lebewesen hat in den Zellen eine Vielzahl unterschiedlicher Proteine. Die Proteine bestehen aus Ketten von kleinen Bausteinen, den **Aminosäuren**. Davon gibt es 20 verschiedene. Die Aminosäuren können in Proteinen in unterschiedlicher Anzahl und Reihenfolge zusammengesetzt sein. So entstehen unterschiedliche Proteine. Jedes Protein erfüllt eine bestimmte Aufgabe im Körper eines Lebewesens. Sie wirken als Enzyme bei der Verdauung, sind Baustoffe oder bilden Farbstoffe wie die Augen- oder Haarfarbe.

Genetischer Code

Mithilfe von Buchstaben können Informationen als Wörter vermittelt werden. Die Reihenfolge der Buchstaben ergibt einen Code, der Informationen enthält. Die Erbinformation besteht ebenfalls aus „Zeichen". Dies sind die vier Basen der DNA: Adenin, Thymin, Guanin und Cytosin. Die Abfolge der Basen bestimmt die genetische Information. Man spricht vom **genetischen Code**.

Die Erbinformation der DNA enthält aber nicht die direkte Anweisung, wie ein Protein aufgebaut ist. Ein Gen enthält aber in verschlüsselter Form eine Art „Bauanleitung", wie ein Protein hergestellt werden soll. Bei der Bildung von Proteinen wird die Basenabfolge der DNA in eine Abfolge der Aminosäuren für ein Protein übersetzt. Dies bezeichnet man als **Proteinbiosynthese**.

Mithilfe der Proteine werden über Stoffwechselvorgänge dann Merkmale ausgebildet. Jedes Lebewesen benutzt den gleichen genetischen Code.

Kombinationsmöglichkeiten

Wenn eine Base der DNA für eine Aminosäure codieren würde, könnten nur vier verschiedene Aminosäuren gebildet werden. Für die Herstellung der Proteine stehen insgesamt 20 verschiedene Aminosäuren zur Verfügung. Es ist jedoch so, dass eine bestimmte Abfolge von drei aufeinanderfolgenden Basen eine Aminosäure bestimmt. Man spricht vom **Basentriplett**. Dadurch gibt es $4^3 = 64$ Möglichkeiten, die 20 Aminosäuren zu codieren. Ein Basentriplett wird bei jedem Lebewesen in dieselbe Aminosäure übersetzt.

Transkription im Zellkern

Im ersten Schritt der Proteinbiosynthese wird das Gen, das für die Herstellung eines Proteins verantwortlich ist, abgelesen. Dazu öffnet sich der doppelsträngige DNA-Strang im Zellkern. An einen der beiden DNA-Stränge lagern sich komplementär freie Nukleotide an. Diese unterscheiden sich jedoch etwas von den Nukleotiden der DNA: Sie enthalten statt der Base Thymin die Base Uracil und den Zucker Ribose statt Desoxyribose. Die angelagerten Nukleotide werden mithilfe eines Enzyms zu einem Nukleotidstrang verbunden. Es entsteht Ribonukleinsäure, kurz **RNA**, die im Gegensatz zur DNA nur aus einem Strang besteht. Die in der DNA gespeicherte Information wird in eine RNA-Kopie umgeschrieben. Diesen Vorgang nennt man **Transkription**. Die RNA ist Träger der Botschaft der DNA und wird Boten-RNA oder **mRNA** genannt. Sie verlässt durch die Kernporen den Zellkern und gelangt anschließend in das Zellplasma. ▶

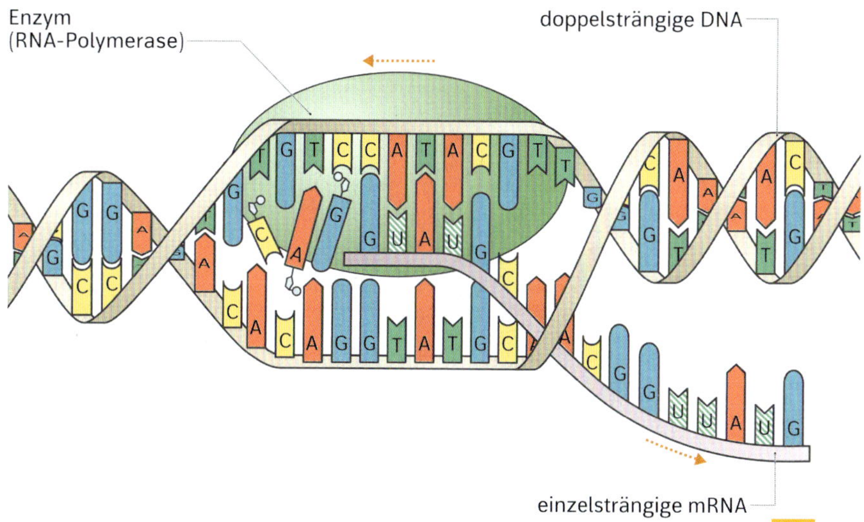

3 Transkription

Material mit Aufgaben

M1 Transkription und Replikation im Vergleich

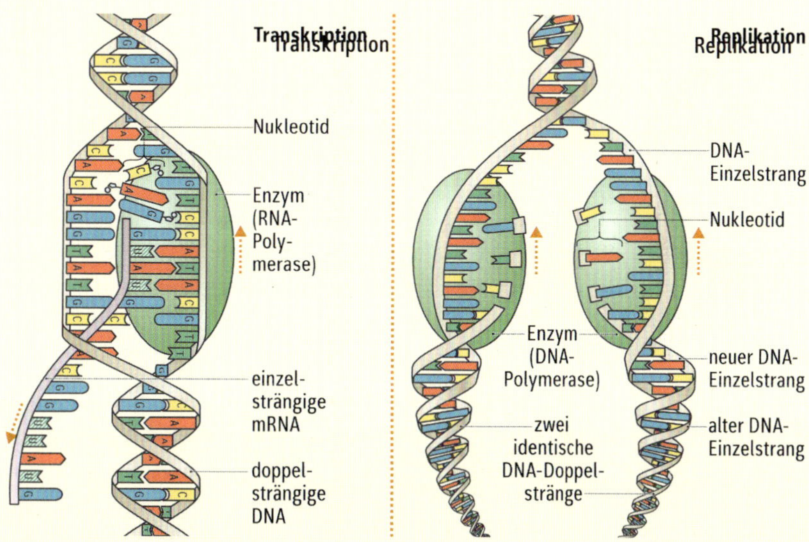

1. Vergleiche DNA und RNA mithilfe einer Tabelle.
2. Beschreibe den Vorgang der Transkription.
3. Erkläre die Bedeutung der beiden unterschiedlichen Vorgänge.

	DNA	RNA
Basen	...	...
Zucker	...	...
Struktur	...	...

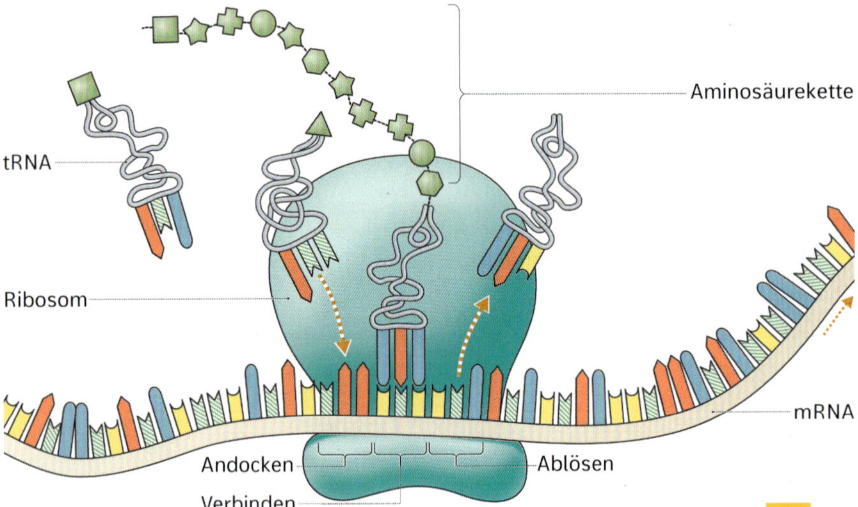

4 Translation

Translation im Zellplasma

Die mRNA gelangt zu besonderen Zellorganellen, den **Ribosomen** im Zellplasma. An ihnen findet die Bildung der Aminosäureketten statt. Dabei dient die mRNA als Bauanleitung zur Herstellung des Proteins. An den Ribosomen wird die Information, die in der Basenreihenfolge der Nukleotide enthalten ist, in die Abfolge von Aminosäuren übersetzt. Die erforderlichen Aminosäuren gelangen durch Transportmoleküle zu den Ribosomen. Diese Moleküle bezeichnet man als Transport-RNA, kurz **tRNA**.

Die tRNA besitzt ein Basentriplett. Damit erkennt sie das komplementäre Triplett auf der mRNA. Die verschiedenen tRNAs transportieren unterschiedliche Aminosäuren. Beim Andocken der tRNA am Ribosom werden die verschiedenen Aminosäuren miteinander verknüpft. Bei diesem Vorgang wird die Information der mRNA übersetzt. Man nennt das **Translation**. Wenn die mRNA durch das Ribosom gleitet, bindet an das Triplett der mRNA eine tRNA mit dem komplementären Triplett. Die Aminosäuren lösen sich daraufhin von der tRNA und verbinden sich zu einer langen Kette.

Fertigstellung der Proteine

Jedes Protein startet mit der Aminosäure Methionin. Werden bestimmte Basentripletts abgelesen, stoppt der Aufbau der Aminosäurekette. Die Aminosäurekette löst sich dann vom Ribosom. Die gebildete Aminosäurekette nimmt anschließend eine bestimmte räumliche Struktur ein. Es ist ein funktionsfähiges Protein entstanden. Die Proteinbiosynthese ist abgeschlossen. ■

Material mit Aufgaben

M2 Codesonne

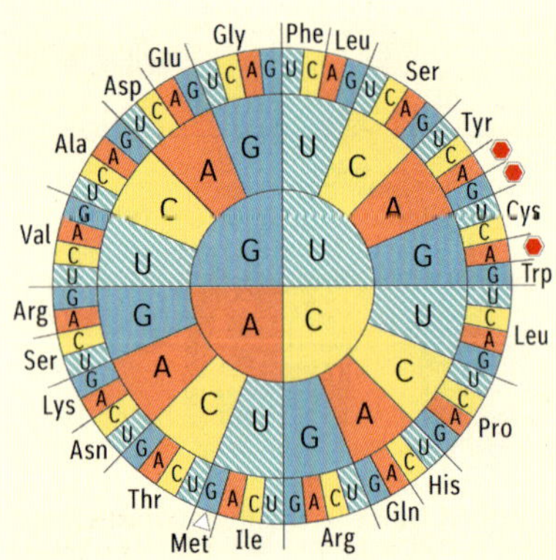

Aminosäuren

Ala = Alanln	Leu = Leucln
Arg = Arginin	Lys = Lysin
Asn = Asparagin	Met = Methionin
Asp = Asparaginsäure	Phe = Phenylalanin
Cys = Cystein	Pro = Prolin
Gln = Glutamin	Ser = Serin
Glu = Glutaminsäure	Thr = Threonin
Gly = Glycin	Trp = Tryptophan
His = Histidin	Tyr = Tyrosin
Ile = Isoleucin	Val = Valin

Mithilfe der Codesonne kann man bestimmen, welches Basentriplett der mRNA in eine bestimmte Aminosäure übersetzt wird. Sie wird von innen nach außen gelesen.

1. Nenne das Basentriplett für Methionin.
2. Nenne alle möglichen Basentripletts für Serin.
3. Berechne die Anzahl der Kombinationsmöglichkeiten, wenn nur 2 Basen für eine Aminosäure codieren würden.
4. Übersetze die mRNA-Sequenz AUG-GUA-CCC-UUA-UGC-UGA in eine entsprechende DNA- und eine Aminosäuresequenz.
5. Erläutere die Bedeutung der Start- und Stoppsymbole.

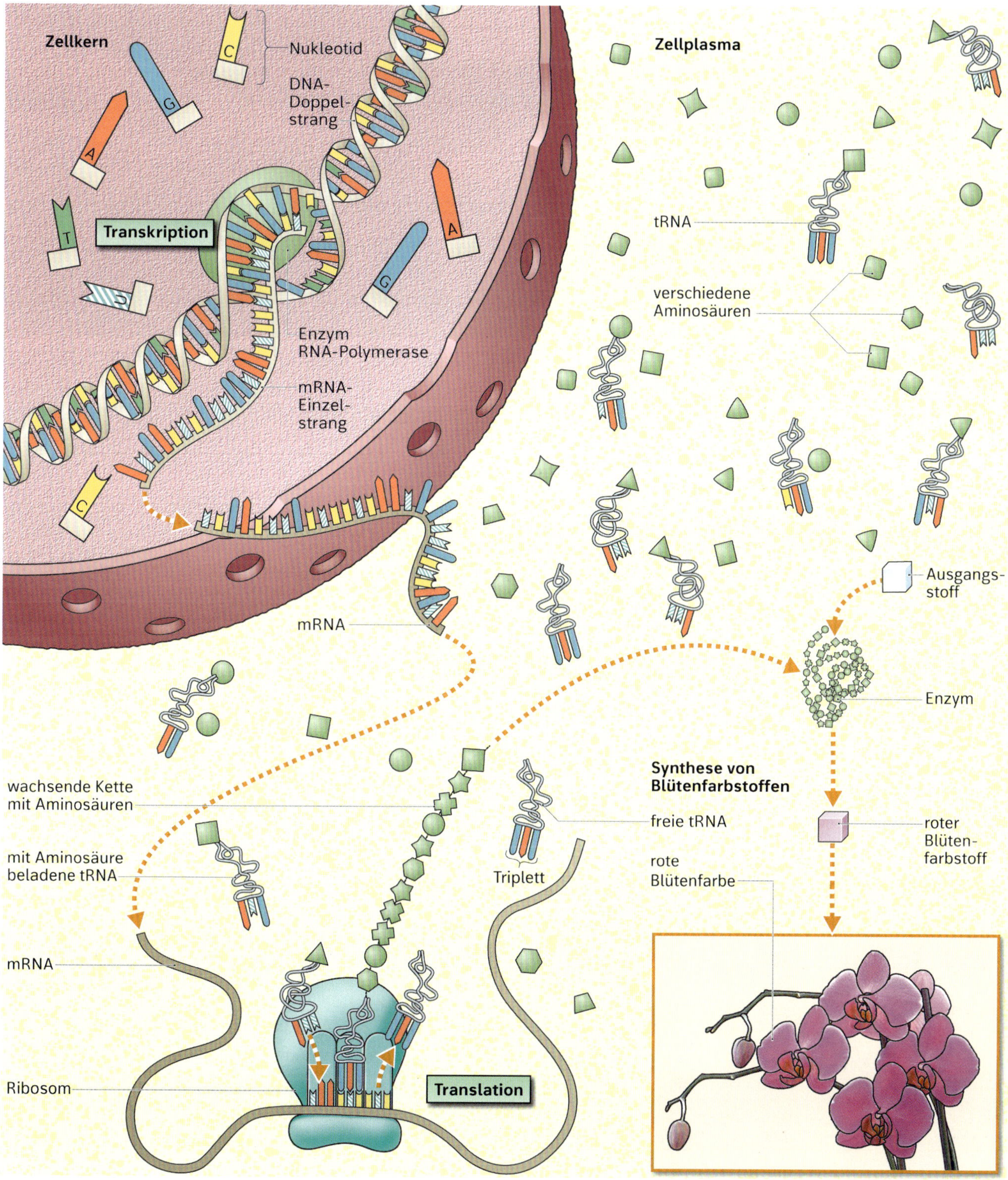
Zellkern
Nukleotid
DNA-Doppelstrang
Transkription
Enzym RNA-Polymerase
mRNA-Einzelstrang
mRNA
Zellplasma
tRNA
verschiedene Aminosäuren
Ausgangsstoff
Enzym
Synthese von Blütenfarbstoffen
wachsende Kette mit Aminosäuren
mit Aminosäure beladene tRNA
mRNA
Ribosom
Triplett
freie tRNA
Translation
roter Blütenfarbstoff
rote Blütenfarbe

1 Künstliche Fremdbestäubung bei Pflanzen

Grundlagen der Vererbung

Beobachtungen Gregor Mendels

Gregor Mendel untersuchte im 19. Jahrhundert als erster, wie es zur Ähnlichkeit und zu Unterschieden zwischen Eltern und ihren Nachkommen kommt. Er führte seine Versuche an Gartenerbsen durch. Die verschiedenen Erbsenpflanzen unterscheiden sich in mehreren Merkmalen. So gibt es etwa Erbsenpflanzen mit weißen und solche mit roten Blüten. Es treten bei keinem Merkmal Mischformen wie rosa Blüten auf.

Die Blüten der Erbsenpflanzen sind zwittrig, sie enthalten männliche und weibliche Geschlechtsorgane. Gelangt Pollen von Staubblättern auf den Fruchtknoten derselben Blüte, erfolgt eine **Selbstbestäubung**. Mendel sorgte wiederholt für Selbstbestäubung mit Erbsenpflanzen mit einer bestimmten Merkmalsform wie zum Beispiel weiße Blüten. So sortierte er die unerwünschten Merkmalsformen heraus und erhielt dadurch Erbsenpflanzen, die für das untersuchte Merkmal **reinerbig** waren. So ist eine weiß blühende Erbsenpflanze reinerbig, wenn aus ihren Samen ausschließlich weiß blühende Pflanzen heranwachsen.

Blütenfarbe	Blütenstellung	Samenfarbe	Samenform	Hülsenform	Hülsenfarbe	Stiellänge
purpurfarben	mittig	grün	rund	einfach gewölbt	grün	langstielig
weiß	am Ende	gelb	runzelig	eingeschnürt	gelb	kurzstielig

2 Von Mendel untersuchte Merkmalsformen

Mendels Kreuzungsexperimente

Werden Geschlechtszellen unterschiedlicher Phänotypen vereinigt, spricht man von **Kreuzung**. Mendel kreuzte reinerbige rotblühende Erbsenpflanzen mit reinerbig weißblühenden Erbsenpflanzen. Sie bildeten die **Elterngeneration**. Mendel öffnete die Blüten und entfernte die Staubblätter von den weißblühenden Erbsen, damit sie sich nicht selbst bestäuben. Mithilfe eines Pinsels bestäubte er die Narben dieser Blüten mit Pollen von rotblühenden Erbsen. Nach dieser **Fremdbestäubung** entwickelten sich Samen. Diese säte er aus. Mendel beobachtete, wie sich die Pflanzen der **1. Tochtergeneration** entwickelten. Zu seiner Überraschung hatten alle Pflanzen rote Blüten. Auch bei der umgekehrten Kreuzung von rotblühenden Pflanzen mit Pollen weißblühender Erbsen hatten alle Pflanzen der 1. Tochtergeneration rote Blüten. Mendel leitete ab, dass jede Pflanze zwei **Erbfaktoren** in sich trägt, auch wenn sich nur ein Erbfaktor ausprägt.

Gen und Allel

Heute bezeichnet man die Erbfaktoren als **Gene**. Die Blüten verschiedener Erbsensorten unterscheiden sich in ihrer Farbe. Das Gen ist bei ihnen unterschiedlich ausgeprägt. Die beiden möglichen Ausprägungen des Gens bezeichnet man als **Allele**. Für jedes Merkmal besitzt ein Lebewesen zwei Allele, je eines von jedem Elternteil. Ist ein Lebewesen **reinerbig**, hat es zwei gleiche Allele. Die Allele befinden sich am gleichen Ort auf zwei homologen Chromosomen.

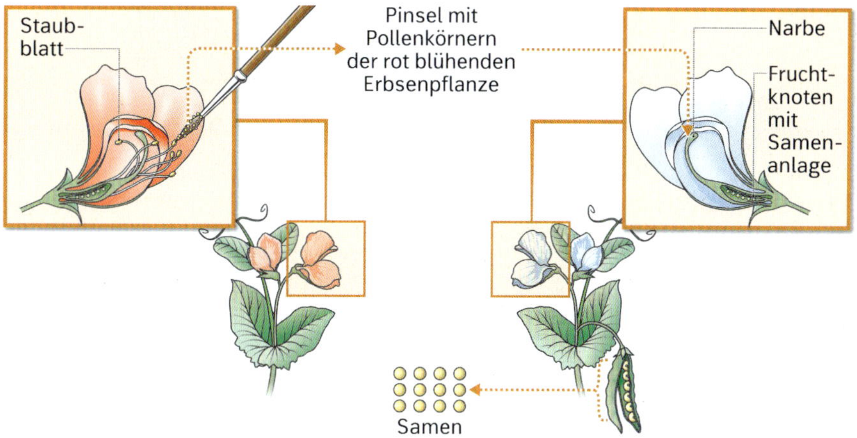

3 Fremdbestäubung bei der Erbse

Die Geschlechtszellen reinerbiger, rotblühender Erbsen haben nur das Allel zur Ausbildung der roten Blütenfarbe. Reinerbig weißblühende Erbsen haben das Allel zur Ausbildung weißer Blüten. Die durch Befruchtung entstandene befruchtete Eizelle erhält ein Allel für „rot“ und ein Allel für „weiß“. Die Pflanzen haben aber rote Blüten. Mendel erklärte sich das damit, dass die Anlage für die rote Blütenfarbe die Anlage für die weiße Blütenfarbe überdeckt. Heute sagt man, das rote Allel ist **dominant**. Im **Genotyp** wird das dominante Allel mit Großbuchstaben dargestellt. Die verdeckte Anlage wird mit Kleinbuchstaben dargestellt. Man nennt sie **rezessiv**. Die reinerbig rotblühenden Erbsen haben den Genotyp AA, die reinerbig weißblühenden Erbsen den Genotyp aa. Die nach der Kreuzung entstandene 1. Tochtergeneration zeigt im **Phänotyp** rote Blüten, hat jedoch den Genotyp Aa. Diese Pflanzen sind **mischerbig**.

A Erkläre die Begriffe Gen, Allel, reinerbig und mischerbig.

Material mit Aufgaben

M1 Vererbungstheorien

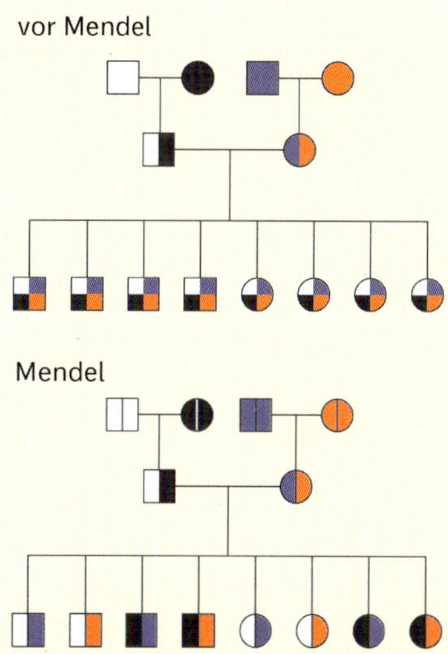

1. Vergleiche die beiden Vererbungstheorien und beschreibe ihre Unterschiede.
2. Erkläre das Schema für Mendels Vererbungslehre. Nutze die Begriffe Elterngeneration, Tochtergeneration, Folgegeneration, reinerbig und mischerbig.

1 Wunderblumen

Regeln der Vererbung

Kreuzung reinerbiger Wunderblumen

Die Wunderblume kann verschiedene Blütenfarben haben. Wenn rotblühende Wunderblumen miteinander bestäubt werden, haben die Pflanzen der folgenden Generationen auch alle rote Blüten. Sie sind in Bezug auf das Merkmal Blütenfarbe **reinerbig**. Dasselbe gilt auch für weißblühende Wunderblumen, deren Nachkommen immer weiß blühen.

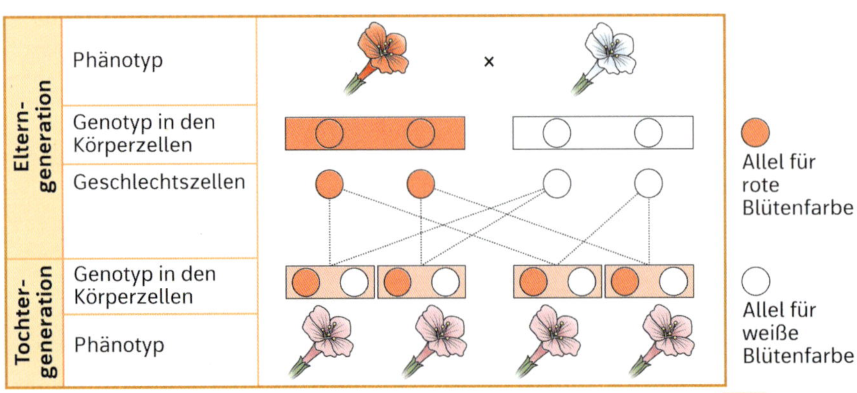

2 Erbschema bei reinerbigen Wunderblumen (intermediär)

A+F

Bei Vererbungsversuchen mit reinerbigen Wunderblumen wurde Folgendes beobachtet: Es wurden die Narben weißblühender Wunderblumen mit Pollen rotblühender Pflanzen bestäubt. Anschließend wurden die aus den bestäubten Blüten entstandenen Samen ausgesät. Alle daraus gewachsenen Pflanzen der folgenden Generation hatten rosa Blüten. Dieser Fall tritt auch ein, wenn Narben rotblühender Wunderblumen mit Pollen weißer Blüten bestäubt werden. Die rosablühenden Pflanzen sind für das Merkmal Blütenfarbe **mischerbig**, weil sie ein Allel für rote Blütenfarbe und ein Allel für weiße Blütenfarbe haben. Die rosa Blütenfarbe ist eine Mischung aus rot und weiß der Elternpflanzen. Man bezeichnet diesen Erbgang daher als zwischenelterlichen oder **intermediären** Erbgang.

Kreuzung reinerbiger Erbsen

Bei seinen Kreuzungsversuchen verwendete Mendel Gartenerbsen. Er kreuzte reinerbige weißblühende Erbsen mit reinerbigen rotblühenden Erbsen. Es bildeten sich jedoch keine rosablühenden Erbsenpflanzen in der ersten Tochtergeneration, wie etwa bei den Wunderblumen. Die Pflanzen in der ersten Tochtergeneration blühten alle rot. Bei der Erbse überdeckt das Allel für die rote Blütenfarbe das Allel für die weiße Blütenfarbe. Das Allel für rot ist in diesem Fall **dominant**. Das Allel für weiß wird überdeckt, es ist **rezessiv**. Egal, ob man die Blütenfarbe der Pflanzen der ersten Tochtergeneration bei der Wunderblume oder der Erbse betrachtet, es gilt: Die Nachkommen reinerbiger Eltern sind mischerbig. Sie sind im untersuchten Merkmal untereinander gleich, also **uniform**. Diese von Mendel entdeckte Gesetzmäßigkeit wird 1. Mendelsche Regel oder **Uniformitätsregel** genannt:

Uniformitätsregel: Kreuzt man zwei Lebewesen einer Art miteinander, die sich in einem Merkmal unterscheiden, für das sie reinerbig sind, so gleichen sich die Nachkommen in der Tochtergeneration in diesem Merkmal. Sie sind alle uniform.

A Erläutere die Bedeutung der Begriffe Genotyp, Phänotyp, dominant, rezessiv, intermediär und uniform.

B Erkläre, warum man bei der Vererbung der Blütenfarbe der Wunderblume von einem intermediären Erbgang spricht.

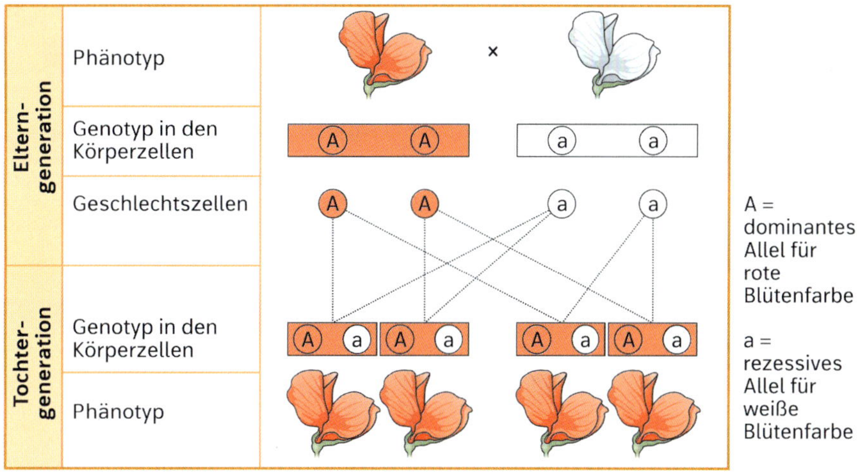

3 Erbschema bei reinerbigen Erbsen (dominant-rezessiv)

A+F

Material mit Aufgaben

M1 Intermediär oder dominant-rezessiv

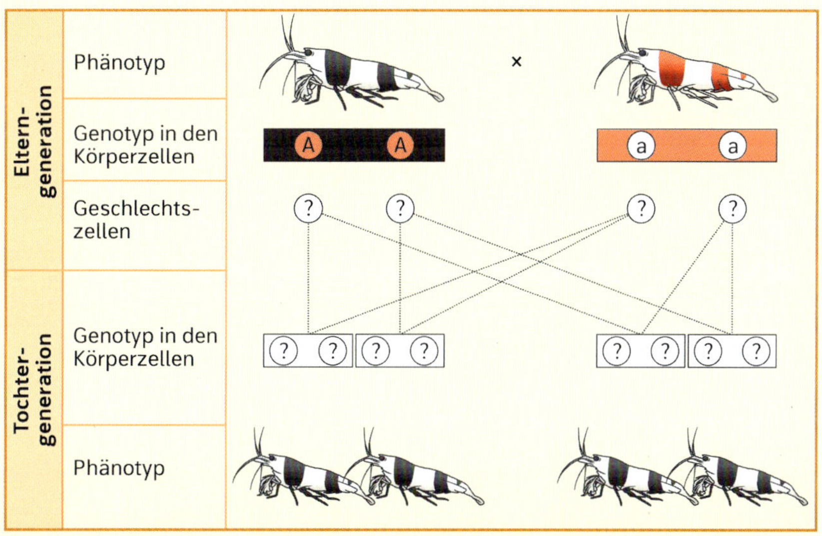

1. Übertrage das Erbschema in dein Heft. Ergänze die fehlenden Angaben.
2. Entscheide, ob der dargestellte Erbgang intermediär oder dominant-rezessiv ist. Begründe deine Entscheidung.
3. Erkläre am Beispiel der Tigergarnelen die Uniformitätsregel.
4. Erstelle ein Erbschema mit zwei mischerbigen Tigergarnelen (Aa), die sich fortpflanzen. Nenne die Phänotypen und Genotypen der Tochtergeneration.

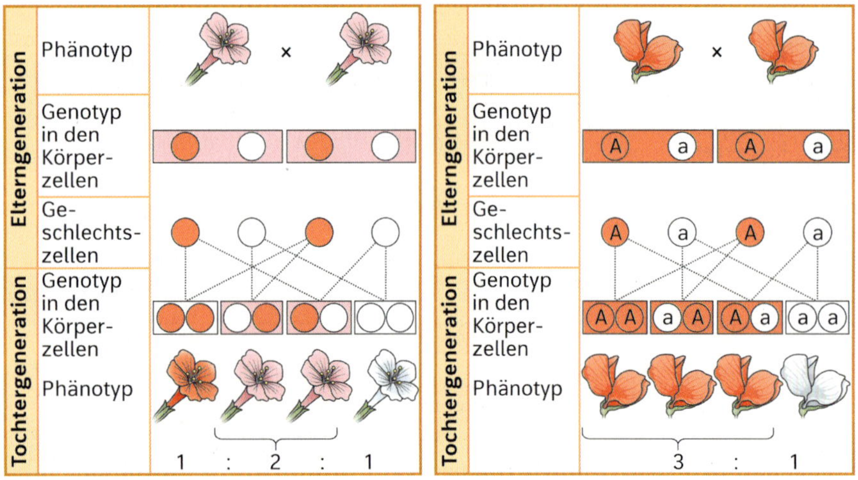

A = dominantes Allel für rote Blütenfarbe a = rezessives Allel für weiße Blütenfarbe

4 Erbschemen zur Spaltungsregel

A+F

Kreuzung mischerbiger Wunderblumen

Was passiert, wenn man zwei mischerbige Pflanzen, wie sie nach der Kreuzung reinerbiger Eltern entstehen, miteinander kreuzt? Bei den Nachkommen der mischerbigen, rosafarbenen Wunderblumen tauchen in dieser Tochtergeneration auch die Blütenfarben der Elterngeneration wieder auf. Sie blühen im Verhältnis zu einem Viertel rot, zur Hälfte rosa und zu einem Viertel weiß. Beim intermediären Erbgang tritt also eine Aufspaltung des Phänotyps und des Genotyps im Verhältnis **1:2:1** auf.

Kreuzung mischerbiger Erbsen

Bei der Kreuzung mischerbiger Erbsenpflanzen, wie sie aus der Kreuzung reinerbiger Eltern entstehen, tritt ein anderes Zahlenverhältnis des Phänotyps auf. Aus rotblühenden Erbsen gehen in dieser Tochtergeneration rot- und weißblühende Erbsen hervor. Im Phänotyp findet eine Aufspaltung im Verhältnis **3:1** statt. Dabei kommt die ursprüngliche Farbe weiß in reinerbig rezessiver Form wieder vor. Rotblühende Pflanzen können reinerbig oder mischerbig sein. Das Verhältnis der Genotypen ist in der Tochtergeneration beim dominant-rezessiven und auch intermediären Erbgang **1:2:1**. Mendel leitete daraus die 2. Mendelsche Regel, die **Spaltungsregel**, ab:

Spaltungsregel: Kreuzt man Lebewesen einer Art miteinander, die sich in einem Merkmal unterscheiden, so unterscheiden sich die Nachkommen in der Tochtergeneration in diesem Merkmal in einem bestimmten Verhältnis.

Material mit Aufgaben

M2 Erbgänge

1. Nenne das Merkmal, das in dem dargestellten Erbschema untersucht wird.
2. Vervollständige das Erbschema in deinem Heft. Kennzeichne den Phänotyp mit einer Farbe und den Genotyp mit Buchstaben.
3. Gib die Zahlenverhältnisse des Genotyps und des Phänotyps der 2. Tochtergeneration an.
4. Beschreibe das Erbschema. Nutze dafür die Begriffe reinerbig und mischerbig.
5. Erstelle ein Erbschema mit einer reinerbig rezessiven Henne (aa) und einem mischerbigen Hahn (Aa). Gib die Phänotypen und die Genotypen der Tochtergeneration an.

Vererbung zweier Merkmale

Wird die Vererbung eines einzigen Merkmals betrachtet, spricht man von einem **monohybriden** Erbgang. Mendel untersuchte aber auch einen Erbgang, bei dem er zwei Merkmale gleichzeitig betrachtete, einen **dihybriden** Erbgang. Dazu verwendete er Erbsenpflanzen, die sich in der Samenfarbe und Samenform unterschieden. Der eine Elternteil hatte gelb-runde Samen, der andere grün-runzelige Samen. Die Samen der 1. Tochtergeneration waren alle gleich: gelb-rund. Sie bestätigten die Uniformitätsregel. Mendel schlussfolgerte, dass gelb und rund gegenüber grün und runzelig dominant sein müssen. Die Spaltungsregel wurde bestätigt.

Mendel kreuzte daraufhin die Pflanzen der 1. Tochtergeneration. Bei der so entstandenen 2. Tochtergeneration waren von 556 Samen 315 gelb-rund, 101 gelb-runzelig, 108 grün-rund und 32 grün-runzelig. Das ist etwa einem Verhältnis von **9:3:3:1**. Das Erbschema der 2. Tochtergeneration lässt sich als **Kombinationsquadrat** darstellen. Neben den Phänotypen der Eltern traten zwei Phänotypen auf, die es vorher nicht gab: gelb-runzelige und grün-runde Samen. Die Merkmale wurden unabhängig voneinander vererbt und neu kombiniert. Mendel leitete daraus die 3. Mendelsche Regel, die **Unabhängigkeitsregel**, ab:

Unabhängigkeitsregel: Kreuzt man Lebewesen einer Art miteinander, die sich in zwei Merkmalen unterscheiden, so werden die Merkmale unabhängig voneinander vererbt. Es treten neue Merkmalskombinationen auf.

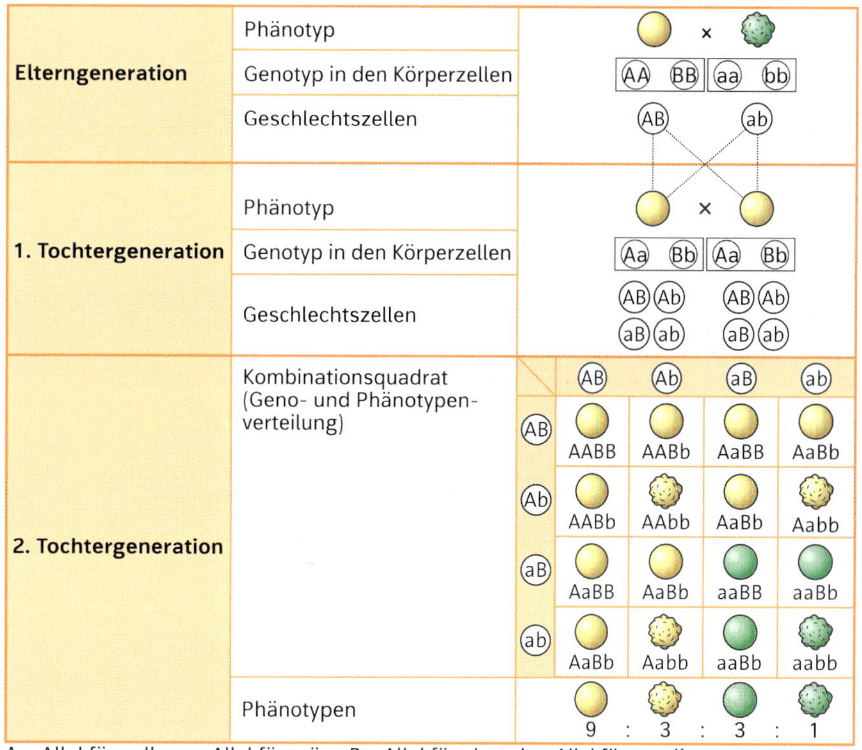

A = Allel für gelb a = Allel für grün B = Allel für glatt b = Allel für runzlig

5 Erbschema eines dihybriden Erbgangs

A+F

Material mit Aufgaben

M3 Zucht von Kaninchen

1. Nenne die Merkmale, die bei dem Erbgang betrachtet werden.
2. Nenne die Genotypen der 1. Tochtergeneration und erstelle ein Kombinationsquadrat für die 2. Tochtergeneration. Ermittle das Verhältnis der Phänotypen.
3. Erkläre an diesem Beispiel, warum die Unabhängigkeitsregel auch als Neukombinationsregel bezeichnet wird.
4. Erläutere, bei welchen Kaninchen man eindeutig auf den Genotyp schließen kann.

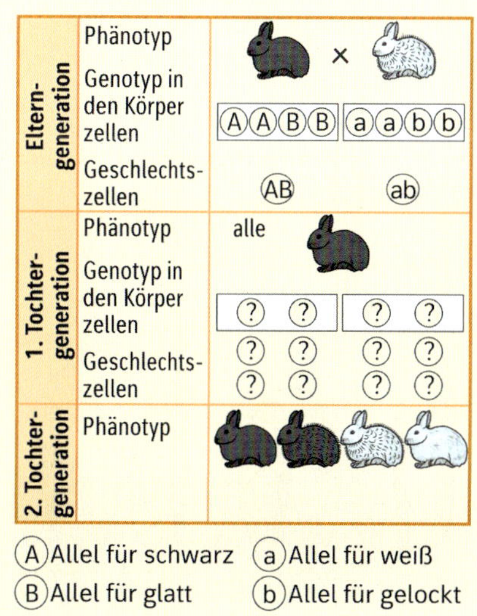

Chromosomentheorie der Vererbung

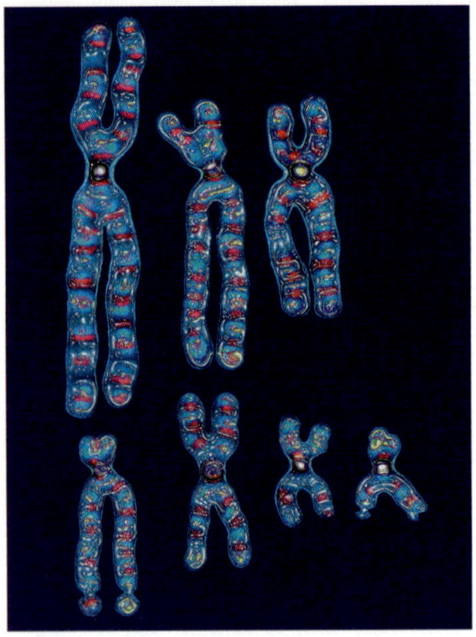

1 Chromosomen mit markierten Genorten

Ergebnisse Mendels		Ergebnisse aus der Zellbiologie
Erbfaktoren werden an die Nachkommen weitergegeben.	Erbfaktor  Allel	Chromosomen mit den Allelen werden an die Nachkommen weitergegeben.
In Körperzellen liegen Erbfaktoren für ein Merkmal paarweise vor.	Aa Bb 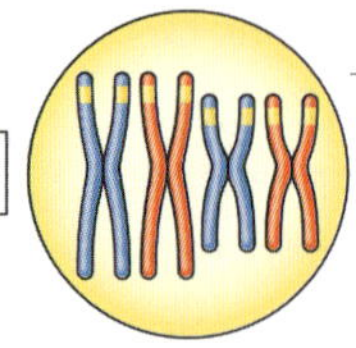	In Körperzellen liegen Chromosomen als homologe Paare vor. Körperzellen sind diploid.
In Geschlechtszellen liegen die Erbfaktoren für ein Merkmal nur einfach vor.	AB 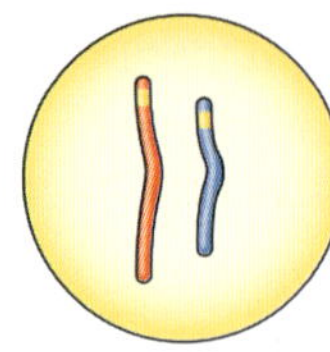	In Geschlechtszellen liegen die Chromosomen einzeln vor. Sie sind haploid.

2 Vergleich der Ergebnisse Mendels und der modernen Zellforschung

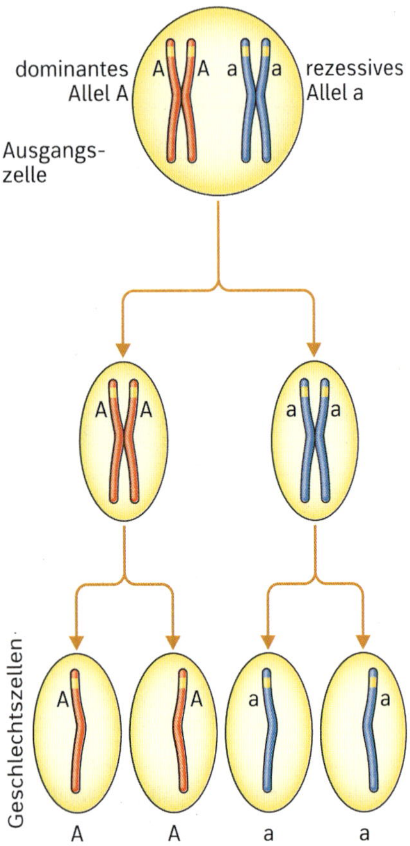

3 Weitergabe der Allele bei der Meiose

Mendel und die Zellforschung

Aus seinen Kreuzungsversuchen folgerte Mendel die Existenz von **Erbfaktoren**. Diese sind für die Ausbildung von Merkmalen verantwortlich. Mendel vermutete, dass diese Erbfaktoren bei der Vererbung weitergegeben werden. Jedoch wusste er nicht, in welcher Form diese Erbfaktoren vorliegen. Mendel stellte die Vermutung auf, dass mit den Geschlechtszellen eine reduzierte Zahl an Erbfaktoren an die Nachkommen weitergegeben wird, sodass sie nach der Befruchtung wieder doppelt vorliegen. Dabei stammt ein Erbfaktor vom Vater und einer von der Mutter. Nach dem Tod Mendels entdeckten Zellbiologen, dass sich die genetische Information im Zellkern befindet. Sie wiesen auch nach, dass bei der Geschlechtszellenbildung, der Meiose, die Chromosomenzahl reduziert wird. In Geschlechtszellen liegt deshalb ein einfacher, vollständiger Chromosomensatz vor.

Chromosomentheorie

Die Zellforschung konnte die Versuchsergebnisse Mendels erklären und somit bestätigen. Die Übereinstimmungen der Beobachtungen Mendels und der Erkenntnisse der Zellbiologie führten zur Formulierung der Chromosomentheorie der Vererbung. Sie besagt, dass die Chromosomen die Transportform der Erbinformationen sind.

Heute weiß man, dass auf jedem Chromosom zahlreiche Gene liegen. Dabei sind die Gene in einer bestimmten Reihenfolge auf den Chromosomen angeordnet. Bei einem homologen Chromosomenpaar befinden sich die Allele eines Gens jeweils am gleichen Genort. Verschiedene Genorte können mithilfe von Farbstoffen eingefärbt und so sichtbar gemacht werden.

A Vergleiche die Ergebnisse der modernen Zellforschung mit den Ergebnissen Mendels.

Material mit Aufgaben

M1 Vererbung bei Rindern

1. Erkläre an dem dargestellten Beispiel die Chromosomentheorie der Vererbung.
2. Erkläre, was man unter dem Begriff Genort versteht.
3. Erläutere die Bedeutung der Meiose bei der Vererbung von Genen.
4. Erläutere mögliche Auswirkungen von Crossing-over auf die Neukombination der Gene.
5. Erstelle ein ähnliches Kreuzungsschema für einen monohybriden Erbgang zweier reinerbiger Kaninchen bis zur 1. Tochtergeneration. Notiere die Genotypen und Phänotypen.

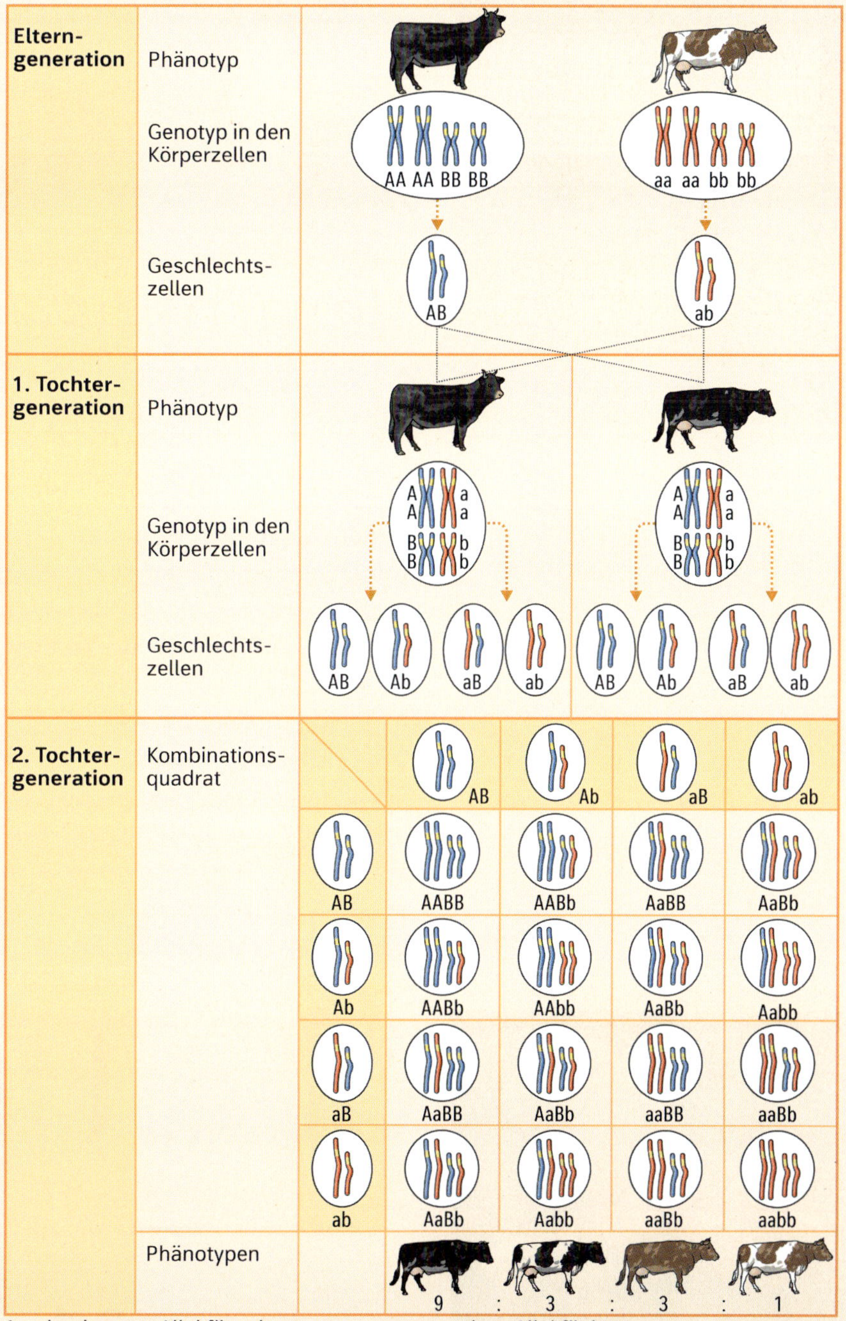

A = dominantes Allel für schwarz
B = dominantes Allel für einfarbig
a = rezessives Allel für braun
b = rezessives Allel für gescheckt

1 Eltern mit Sohn und Tochter

Vererbung des Geschlechts

Bedeutung der Gonosomen

Der menschliche Chromosomensatz besteht aus 22 homologen Chromosomenpaaren, den **Autosomen**. Daneben hat der Mensch zwei Geschlechtschromosomen, die **Gonosomen**.

Das Geschlecht kann mithilfe der Gonosomen bestimmt werden, die sich neben den Autosomen in jeder Körperzelle befinden. Das X-Chromosom ist sehr groß. Das Y-Chromosom ist kleiner und hat eine geringere DNA- Menge.

Die Gene für die Ausbildung der Geschlechtsmerkmale liegen auf den Autosomen. Sie werden von bestimmten Genen der Gonosomen beeinflusst, sodass sich der Embryo zu einem Geschlecht entwickelt. Das Y-Chromosom ist für die Ausbildung des männlichen Geschlechts verantwortlich. Das X-Chromosom besitzt auch viele Gene, die für geschlechtsunabhängige Merkmale von Mann und Frau wichtig sind.

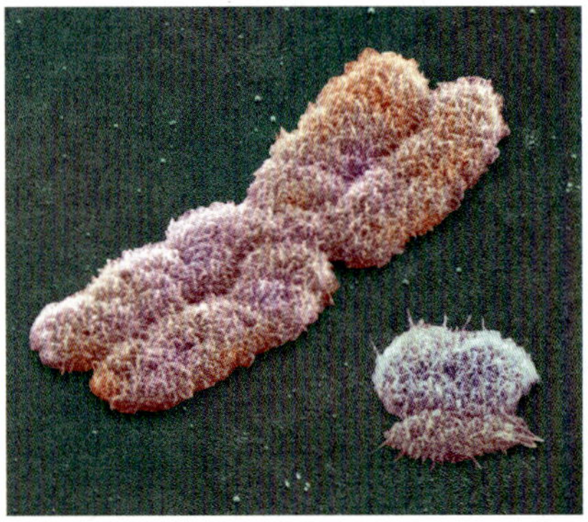

2 X-Chromosom und Y-Chromosom

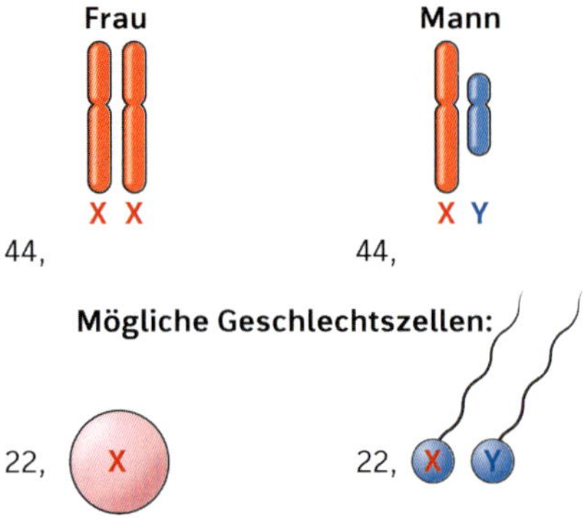

3 mögliche Keimzellen von Mann und Frau

Verteilung der Gonosomen

Bei der Meiose werden die Geschlechtszellen gebildet. Dabei wird der diploide Chromosomensatz zu einem haploiden Chromosomensatz reduziert. Von jedem Autosomenpaar gelangt jeweils ein Chromosom und zusätzlich ein Gonosom in die Geschlechtszelle. Die Eizelle erhält immer ein X-Chromosom. Spermienzellen können ein X- oder ein Y-Chromosom enthalten.

Der Zufall entscheidet

Welches Geschlecht ein Embryo erhält, hängt allein vom Zufall ab.
Wird eine Eizelle von einer Spermienzelle mit einem X-Chromosom befruchtet, entsteht eine Zygote mit 22 Autosomen und zwei X-Chromosomen. Der Embryo ist weiblich.
Ein männlicher Embryo entsteht, wenn eine Spermienzelle mit einem Y-Chromosom die Eizelle befruchtet. Die nach der Befruchtung entstandene Zygote besitzt dann 22 Autosomen und ein X-Chromosom und ein Y-Chromosom.
Die Spermienzelle, die die Eizelle als erstes erreicht und befruchtet, bestimmt also das Geschlecht des Kindes.
Durch das winzige Y-Chromosom sind Spermienzellen, die ein Y-Chromosom tragen, etwas schneller also solche, die ein großes X-Chromosom tragen. Dafür sind Spermienzellen mit einem X-Chromosom etwas langlebiger.

4 Karyogramme: **A** einer Frau, **B** eines Mannes

Material mit Aufgaben

M1 Vererbung des Geschlechts

1. Ordne den Zygoten die passenden Karyotypen 46, XX oder 46, XY zu.
2. Beschreibe die Vererbung des Geschlechts.
3. Begründe mithilfe des Schemas, dass die Vererbung des Geschlechts im Verhältnis 1:1 erfolgt. ⊞
4. Erkläre, wann es sich entscheidet, ob eine 22+X oder eine 22+Y-Spermienzelle gebildet wird.

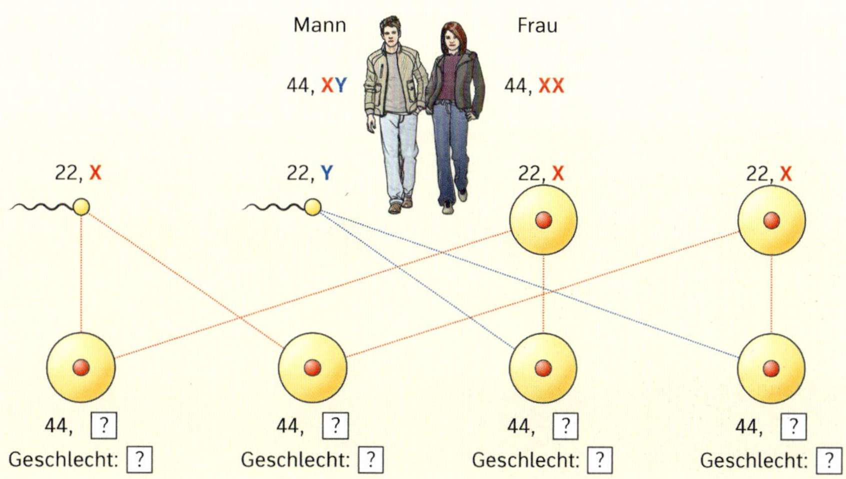

1 Verschiedene Personen biegen den Daumen zurück.

Untersuchung der Vererbung beim Menschen

Familienforschung

Möchten Wissenschaftler die Vererbung bei Pflanzen und Tieren erforschen, dann können Kreuzungsexperimente durchgeführt werden. Dies ist aus ethischen Gründen beim Menschen nicht möglich.

Merkmale des Menschen, aber auch Erbkrankheiten wie Albinismus, werden nach bestimmten Gesetzmäßigkeiten vererbt und bleiben das ganze Leben in dieser Ausprägung erhalten. Es können daher bestimmte Methoden herangezogen werden, damit zum Beispiel die Gültigkeit der Mendelschen Regeln beim Menschen bestätigt wird.

Möchte man erforschen, ob Merkmale des Menschen **dominant** oder **rezessiv** vererbt werden, ist man auf lebende Mitglieder einer Familie und auf Information zur Familiengeschichte angewiesen. Die Methode zur Untersuchung der Vererbung beim Menschen bezeichnet man daher als **Familienforschung**. Dabei werden **Stammbäume** erstellt, damit man Gesetzmäßigkeiten der Vererbung von Merkmalen darstellen und untersuchen kann.

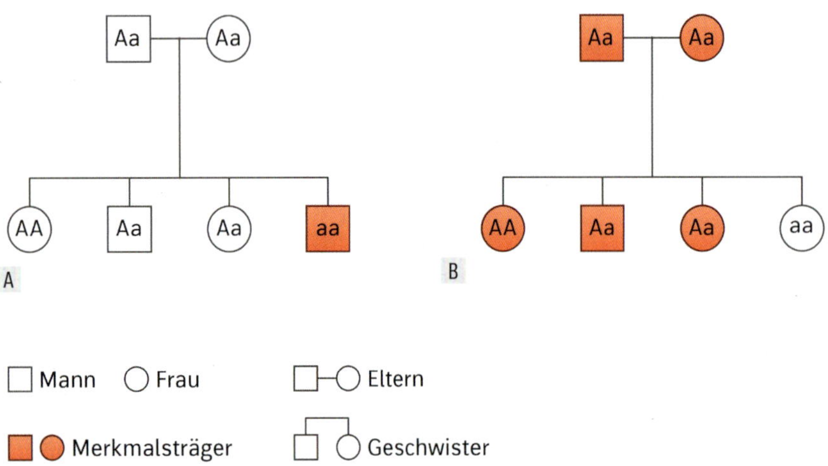

2 Erbgänge: **A** autosomal-rezessiv, **B** autosomal-dominant

Rezessiver Erbgang

Bei einer Stammbaumanalyse können Aussagen über den Erbgang eines betrachteten Merkmals getroffen werden. Nur wenige Menschen können das letzte Glied ihres Daumens zurückbiegen. Wir bezeichnen dieses Merkmal als „zurückbiegbares Daumenendglied". Das Allel für dieses Merkmal wird rezessiv vererbt. Daher sind alle Menschen, die dieses Merkmal haben, in Bezug darauf reinerbig. Die Merkmalsträger besitzen also den Genotyp aa. Sind beide Elternteile Merkmalsträger und reinerbig mit dem rezessiven Allel veranlagt, ist auch jedes Kind Merkmalsträger mit dem Genotyp aa.
Sind die Eltern Nichtmerkmalsträger, können sie reinerbig oder mischerbig sein. Sind sie mischerbig, können sie das rezessive Allel an die Kinder weitergeben. Sind beide Eltern mischerbig veranlagt, treten Nichtmerkmalsträger und Merkmalsträger im Verhältnis 3:1 auf. Die 2. Mendelsche Regel trifft zu.

Dominanter Erbgang

Bei einer dominanten Vererbung können Merkmalsträger reinerbig oder mischerbig sein. Sind beide Elternteile mischerbig für ein dominantes Merkmal, tritt es bei den Kindern im Verhältnis 3:1 auf.

Stammbäume

Skizziert man die Familienverhältnisse und markiert die Merkmalsausprägung, erhält man einen **Stammbaum**. Mit ihm kann man herausfinden, ob ein Merkmal dominant oder rezessiv vererbt wird. Man kann sogar bestimmen, mit welcher Wahrscheinlichkeit ein Merkmal auftritt.

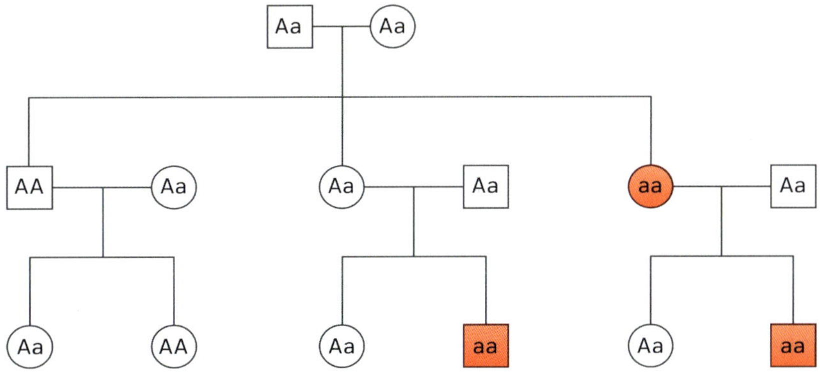

3 Stammbaum „zurückbiegbares Daumenglied"

Material mit Aufgaben

M1 Zungenrollen

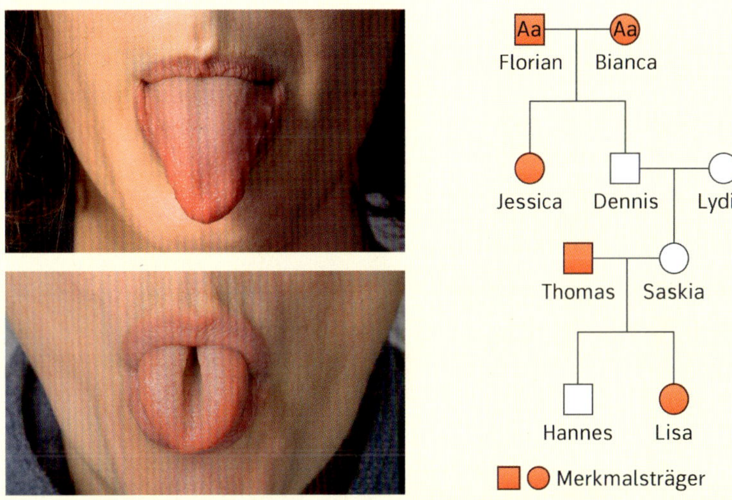

Nicht jeder Mensch kann seine Zunge rollen. Der abgebildete Stammbaum betrachtet das Merkmal „Zungenroller".

1. Ordne dem Stammbaum die Begriffe autosomal-dominant oder autosomal-rezessiv zu. Begründe.
2. Bestimme alle möglichen Genotypen der Personen im Stammbaum. Nutze A und a.
3. Begründe die Gültigkeit der 2. Mendelschen Regel.
4. Erstelle einen Stammbaum für 4 Kinder, die die Merkmalsträgerin Lisa mit dem Nichtmerkmalsträger Tim hat.

Stammbäume lesen und auswerten F

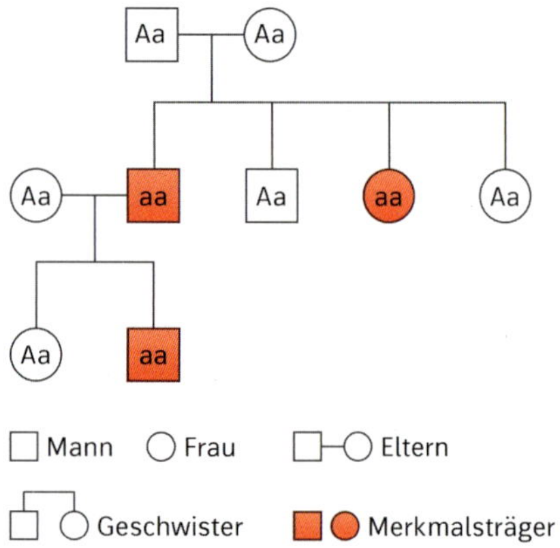

1 Stammbaum der Stoffwechselerkrankung PKU

Funktion von Stammbäumen

Der Stammbaum der eigenen Familie ist für viele von großem Interesse. Mithilfe eines Stammbaums können die verwandtschaftlichen Verhältnisse grafisch dargestellt werden. Auch zur Untersuchung von Gesetzmäßigkeiten der Vererbung werden häufig Stammbäume erstellt und ausgewertet. So kann auch ermittelt werden, wie bestimmte Erbkrankheiten vererbt werden. Erbkrankheiten werden häufig durch defekte Allele verursacht. Es lässt sich mit Stammbäumen auch annäherungsweise die Wahrscheinlichkeit bestimmen, mit der Nachkommen von einer Erbkrankheit betroffen sein werden. Die Mitglieder der verschiedenen Generationen einer Familie stellt man durch Symbole und Verbindungslinien dar. Es werden das Geschlecht und der jeweilige Phänotyp berücksichtigt.

Autosomale Erbgänge

Liegt das zu untersuchende Gen auf einem Autosom, spricht man von einem autosomalen Erbgang. Möchte man herausfinden, wie ein Merkmal bei einem autosomalen Erbgang vererbt wird, muss man herausfinden, ob das Merkmal dominant oder rezessiv weitergegeben wird. Die Mendelschen Regeln müssen beachtet werden. Um herauszufinden, ob eine Krankheit dominant oder rezessiv vererbt wird, überprüft man folgende Kriterien:

1 Tritt das Merkmal bei Frauen und Männern etwa gleich häufig auf, liegt das betroffene Allel wahrscheinlich auf einem Autosom. Es handelt sich um einen **autosomalen Erbgang**.

2 Wenn die Krankheit gehäuft und meist in jeder Generation auftritt, handelt es sich wahrscheinlich um einen **dominanten Erbgang**.

3 Tritt die Krankheit selten auf, spricht das für einen **rezessiven Erbgang**.

4 Sind beide Eltern krank, bekommen aber ein gesundes Kind, spricht das für einen **dominanten Erbgang**. Bei einem rezessiven Erbgang hätten die Eltern reinerbig nur defekte Allele. Kein Kind könnte dann gesund sein.

5 Sind beide Eltern gesund, haben aber ein krankes Kind, muss der Erbgang **rezessiv** sein. Die Eltern sind mischerbig und haben beide das defekte Allel. Die Eltern sind gesund, geben aber das defekte Allel an das Kind weiter. Man bezeichnet die Eltern dann als **Konduktoren**.

Material mit Aufgaben

M1 Autosomal und Gonosomal

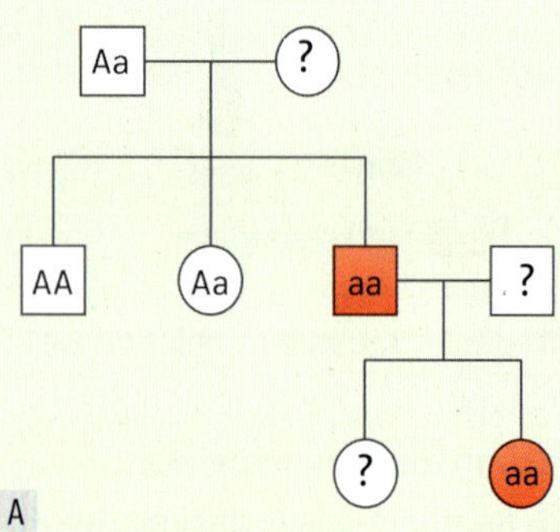

A

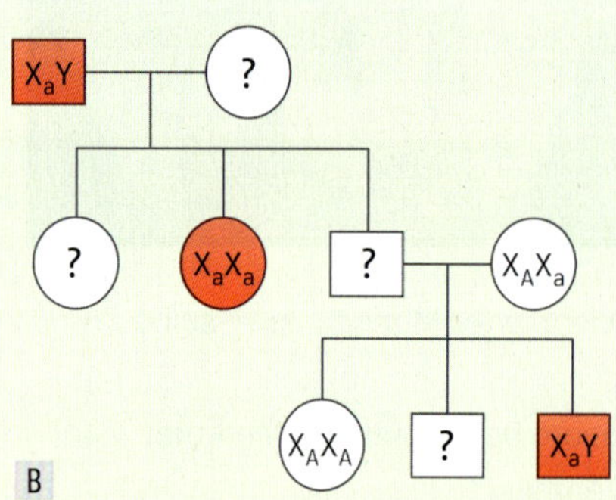

B

1. Ordne den beiden Schemata die Begriffe gonosomal-rezessiver Erbgang und autosomal-rezessiver Erbgang zu. Begründe.

2. Übertrage die beiden Stammbäume in dein Heft. Ergänze die fehlenden Genotypen.

Gonosomale Erbgänge

Liegt das zu untersuchende Gen auf einem Gonosom, spricht man von einem gonosomalen Erbgang. Meist liegt das defekte Allel auf dem X-Chromosom, da das Y-Chromosom nur wenige Gene trägt. Bei den Genotypen gonosomaler Erbgänge werden die Chromosomen X und Y geschrieben. Eine Frau hat zwei x- Chromosomen, ein Mann hat ein X-Chromosom und ein Y-Chromosom. Die Allele werden bei dem X-Chromsom klein hinter das X geschrieben. Die Genotypen werden also mit X_A, X_a oder Y dargestellt. Um zu überprüfen, ob es sich um einen gonosomalen Erbgang handelt, können diese Hinweise helfen:

1 Wenn eine Krankheit gehäuft bei Männern auftritt, deutet dies auf einen rezessiven Erbgang hin. Das defekte Allel liegt dann auf dem X-Chromosom. Männer haben dann den Genotyp X_aY. Frauen sind in diesem Fall nur krank, wenn beide Allele defekt sind. Die Frauen mit dem Genotyp X_AX_a können Konduktorinnen sein, weil sie das defekte Allel X_a an die Kinder weitergeben können.

2 Wenn eine Krankheit gehäuft bei Frauen auftritt, deutet dies daraufhin, dass die Krankheit dominant vererbt wird. Das defekte Allel liegt wahrscheinlich auch auf dem X-Chromosom. Es sind allerdings zwei Genotypen möglich, die im Phänotyp das Krankheitsbild zeigen: X_AX_A und X_AX_a. Wenn Männer das defekte Allel auf dem X-Chromosom besitzen, sind sie ebenfalls von der Krankheit betroffen.

Material mit Aufgaben

M2 Stammbäume

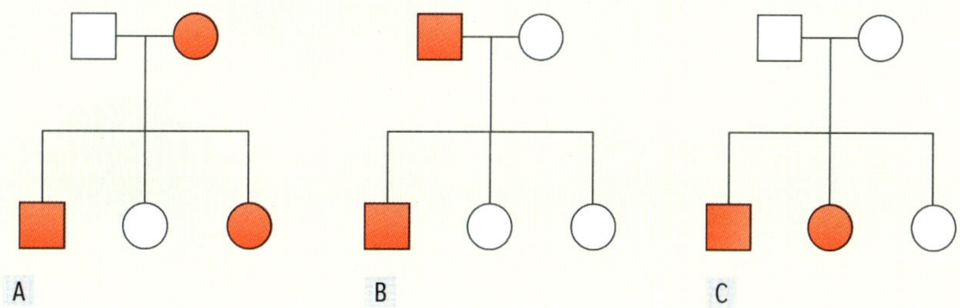

1: Das Merkmal besitzen nur Männer. Die Merkmalsträger haben meist einen Vater, der auch das Merkmal trägt. Alle Söhne eines Merkmalsträger sind Merkmalsträger.

2: Beide Geschlechter haben das Merkmal. Merkmalsträger haben häufig Eltern ohne das Merkmal. Jedoch sind die Eltern von Merkmalsträgern Konduktoren.

3: Beide Geschlechter sind betroffen. Das Merkmal kann von beiden Geschlechtern übertragen werden. Mindestens ein Elternteil der Person mit dem Merkmal ist Merkmalsträger.

1. Ordne die Aussagen den jeweiligen Stammbäumen zu. Begründe deine Zuordnungen.
2. Beschreibe, wie das Merkmal jeweils vererbt wird.

M3 Angewachsene Ohrläppchen

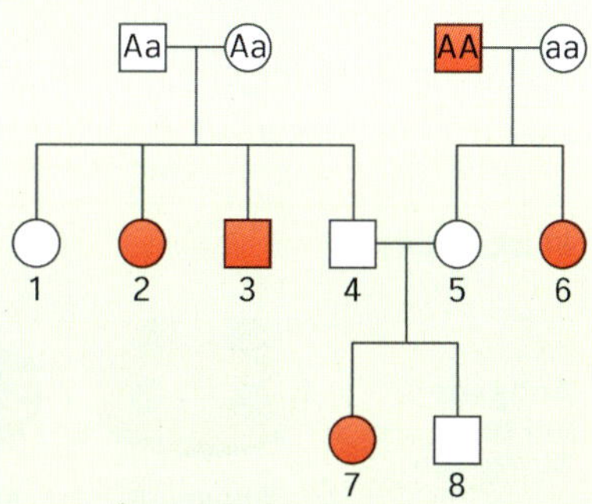

■ angewachsene Ohrläppchen
□ freie Ohrläppchen

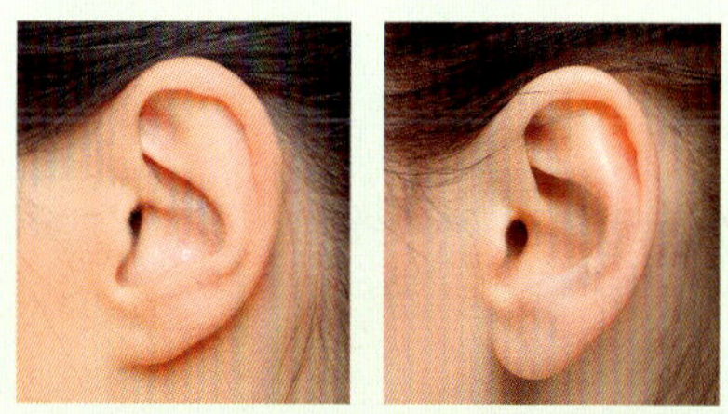

1. Begründe, ob es sich um einen autosomal-dominanten oder einen autosomal-rezessiven Erbgang handelt.
2. Gib für die Personen 5-12 die möglichen Genotypen an.

Warum ist es manchmal wichtig, das Blut von Mutter und Kind zu untersuchen?

1 Bluttest

Vererbung der Blutgruppen

Blutgruppen und Antigene

Die roten Blutzellen der Blutgruppen tragen auf ihrer Oberfläche verschiedene Antigene. Durch diese Merkmale ergibt sich das AB0-System: Bei Blutgruppe A tragen die roten Blutzellen das Antigen A, bei Blutgruppe B das Antigen B. Bei Blutgruppe AB besitzen die roten Blutzellen beide Antigene. Trägt eine Blutzelle keine der beiden Antigene, liegt Blutgruppe 0 vor. Die Informationen zur Ausbildung der Antigene sind in den Genen der Chromosomen verschlüsselt.

Die Blutgruppe eines Menschen bleibt das ganze Leben gleich, weil sie nicht durch Umwelteinflüsse veränderbar ist. Die Blutgruppenmerkmale werden wie auch andere Merkmale nach den Mendelschen Regeln vererbt. Es handelt sich um einen dominant-rezessiven Erbgang. Es sind vier verschiedene Phänotypen möglich: A, B, AB und 0. Für die Bildung des Antigens A ist das entsprechende Allel A zuständig, für das Antigen B das entsprechende Allel B.

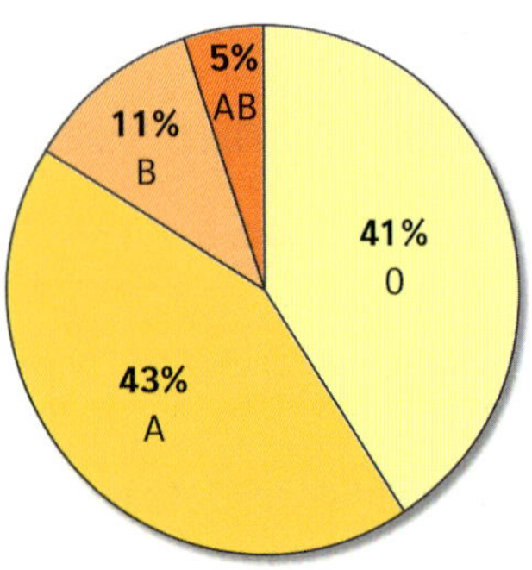

2 Verteilung der Blutgruppen in Deutschland

Blutgruppe	A	B	AB	0
Antigene auf roten Blutzellen	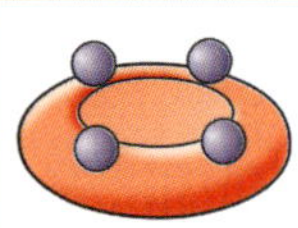 Antigen A	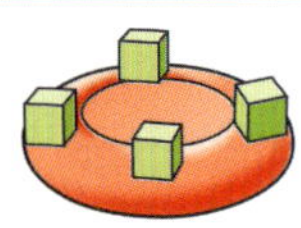 Antigen B	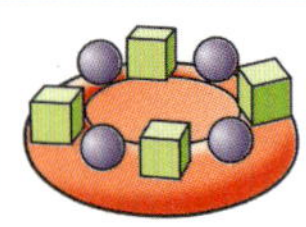 Antigen A und Antigen B	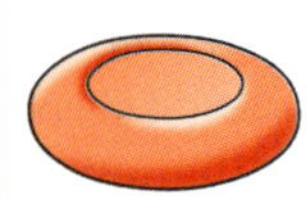 keine Antigene
mögliche Genotypen	AA A0	BB B0	AB	00

3 Blutgruppenmerkmale

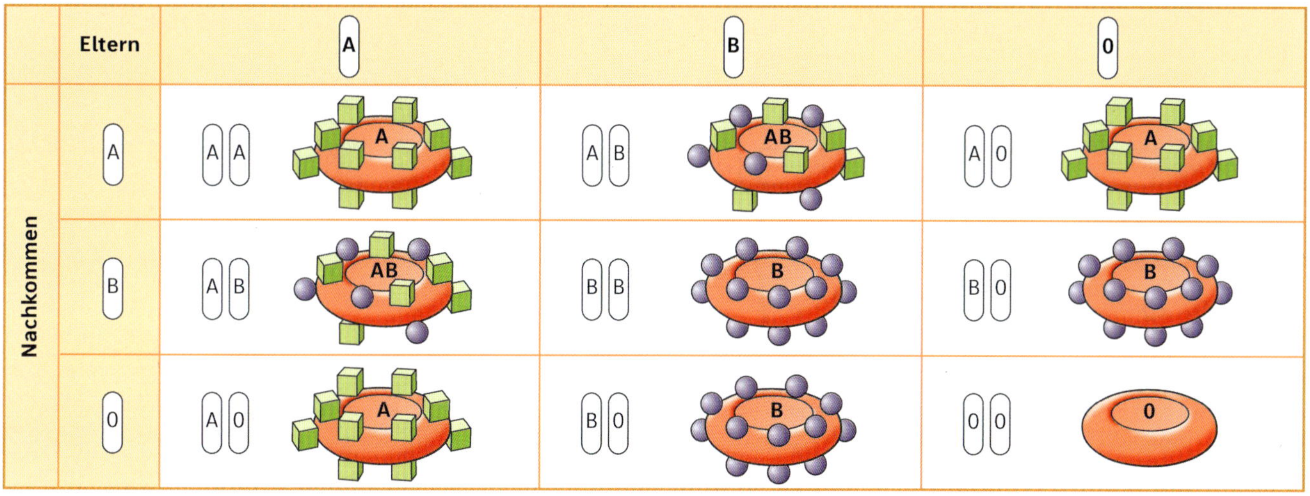

4 Vererbung der Blutgruppen

Vererbung der Blutgruppen

Bei der Befruchtung der Eizelle erfolgt die Kombination der Allele nach dem Zufallsprinzip. Je nach Kombination wird eine der vier Blutgruppen ausgebildet. Dabei sind die Allele A und B dominant gegenüber dem Allel 0. Menschen mit der Blutgruppe A können daher reinerbig den Genotyp AA oder mischerbig den Genotyp A0 besitzen. Bei der Blutgruppe B verhält es sich wie bei der Blutgruppe A. Hier können die Allele auch reinerbig BB oder mischerbig B0 ausgebildet sein. Die Blutgruppe 0 tritt nur dann auf, wenn das Allel 0 reinerbig als 00 vorliegt.

Kodominanz bei Blutgruppe AB

Menschen mit der Blutgruppe AB haben den Genotyp AB. Es liegt immer eine Mischerbigkeit vor. Anders als beim intermediären Erbgang vermischen sich die Merkmale nicht. Die Allele A und B wirken gleichermaßen dominant. Im Phänotyp sind die Merkmale der Blutgruppen A und B dann gleich stark ausgeprägt. Ein Erbgang, der zu einem solchen Ergebnis führt, bezeichnet man als **kodominant**. ▶

Material mit Aufgaben

M1 Vererbung der Blutgruppen

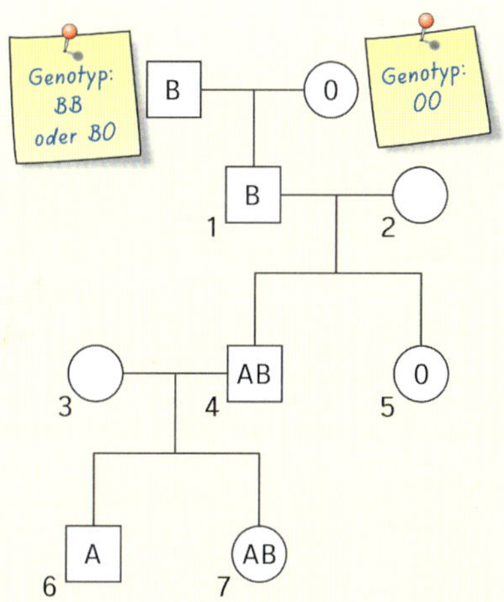

1. Nenne die im Stammbaum fehlenden Blutgruppen und ergänze den Stammbaum.
2. Nenne zu den Phänotypen alle möglichen Genotypen. ⊞
3. Erkläre an einem Beispiel, dass es sich um einen kodominanten Erbgang handelt. ⊞
4. Vergleiche den kodominanten und intermediären Erbgang. ⊞
5. Auf einer Säuglingsstation wurden aus Versehen 3 Neugeborene mit den Blutgruppen 0, A und AB vertauscht. Die betroffenen Elternpaare haben die Blutgruppen A/B, AB/0 und B/B.
Nenne alle möglichen Genotypen der Eltern und der Kinder. Ordne den Kindern die passenden Eltern zu.

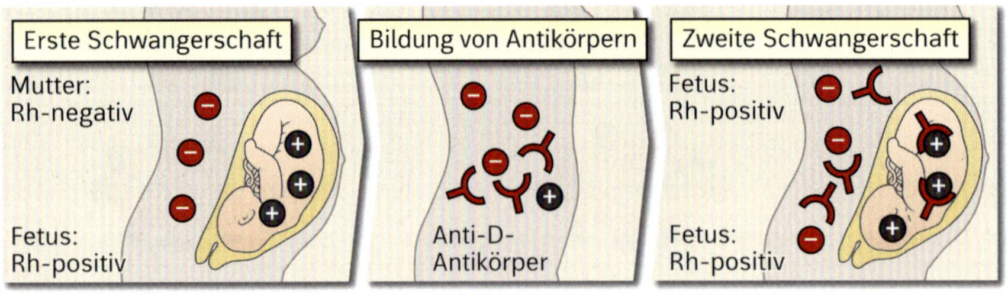

5 Entstehung einer Rhesusunverträglichkeit durch Schwangerschaft

Phänotyp	Vater ARh$^+$	Mutter BRh$^+$
Genotyp in Körperzellen	AO Dd	BB Dd
Geschlechtszellen	AD OD Ad Od	BD Bd
	BD	Bd
AD	AB DD AB Rh$^+$	AB Dd AB Rh$^+$
OD	BO DD B Rh$^+$	BO Dd B Rh$^+$
Ad	AB Dd AB Rh$^+$	AB dd AB rh$^-$
Od	BO Dd B Rh$^+$	BO dd B rh$^-$

6 Vererbung des Rhesusfaktors

Rhesus-System

Neben dem AB0-Blutgruppensystem gibt es beim Menschen ein weiteres erbliches Blutgruppensystem. Es besteht aus verschiedenen Proteinen, die sich zusammen mit den Antigenen des AB0-Systems auf der Oberfläche der roten Blutzellen befinden. Man bezeichnet diese Proteine als **Rhesusfaktor**.

Die meisten Menschen in Europa sind im Phänotyp rhesuspositiv, kurz Rh+. Das Allel wird dominant vererbt und mit einem D abgekürzt.

Bei rhesuspositiven Personen Rh+ kann der Genotyp also reinerbig DD oder mischerbig Dd sein.

Rhesusnegative Menschen, Rh-, haben keine Rhesus-Antigene D auf der Oberfläche ihrer roten Blutzellen. Sie haben in jedem Fall den rezessiv vererbten Genotyp dd.

Rhesusunverträglichkeit

Im Unterschied zum AB0-System befinden sich im Blut nicht von vornherein Antikörper gegen das Antigen D.

Tritt ein rhesusnegativer Mensch (dd) in Kontakt mit rhesuspositivem Blut, bilden sich Antikörper gegen das Antigen D. Man bezeichnet das als **Rhesusunverträglichkeit**. Die gebildeten Anti-D-Antikörper binden an die Antigene der Oberfläche und lassen die roten Blutzellen verklumpen. Diese Reaktion kann lebensbedrohlich sein.

Bekommt eine rhesusnegative Frau (dd) ein Kind mit einem reinerbig rhesuspositiven Mann (DD), kann das Kind mischerbig rhesuspositiv (Dd) sein. Beim Geburtsvorgang gelangt Blut des Kindes in die Blutbahn der Mutter, sodass der Körper der Mutter Antikörper gegen das fremde Antigen D bildet. Bei einer möglichen zweiten Schwangerschaft gelangen dann die gebildeten Anti-D-Antikörper über Blutgefäße in den wachsenden Embryo und lassen die roten Blutzellen des Embryos verklumpen. Dies kann tödlich für den Embryo sein. Daher werden den betroffenen Frauen nach der ersten Geburt Stoffe verabreicht, die die roten Blutzellen des Kindes aus der Blutbahn entfernen, sodass Anti-D-Antikörper vorliegen oder gebildet werden. ■

Material mit Aufgaben

M2 Vererbung des Rhesusfaktors

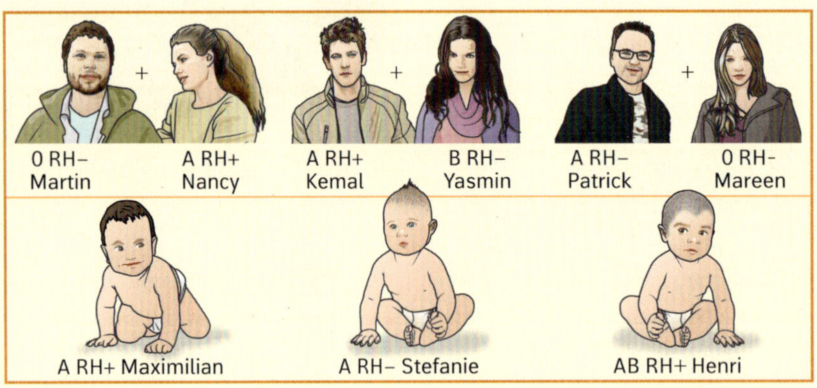

1. Bestimme alle möglichen Genotypen der Personen.

2. Ordne die Kinder den passenden Elternpaaren zu. Begründe deine Entscheidung.

Eine Internetrecherche durchführen

Informationen beschaffen

Bevor du einen Steckbrief erstellst oder einen Vortrag hältst, suchst du nach passenden Informationen zu deinem Thema. Diese kannst du in Fachbüchern und im Internet finden. So gehst du bei einer Recherche im Internet vor:

1. Auftrag: Zu Beginn jeder Recherche steht eine Aufgabe oder eine Fragestellung. Dabei solltest du berücksichtigen, wozu du die Informationen benötigst, zum Beispiel für einen Vortrag oder einen Steckbrief. Ein möglicher Auftrag wäre: Informiere dich im Internet zur Entdeckung des Rhesusfaktors.

2. Informationen suchen: Informationen findest du nicht nur in Fachbüchern, sondern heutzutage vor allem im Internet. Am einfachsten benutzt du zunächst eine Suchmaschine. Beachte, dass du bei deiner Recherche eindeutige Begriffe verwendest. Oft liefern Suchmaschinen eine sehr große Menge an Suchtreffern. Dann kannst du deine Suchanfrage eingrenzen. Schreibe zum Beispiel: Karl Landsteiner + Alexander Solomon Wiener + Rhesusfaktor

3. Suchergebnisse bewerten: Auf guten Internetseiten steht im Impressum, wer die Seite erstellt hat und wer für die Inhalte verantwortlich ist. Der Urheber wird auf vertrauenswürdigen Seiten genannt. Nicht jeder Urheber präsentiert auf seinen Internetseiten wahre Fakten oder ist vertrauenswürdig. Internetseiten von Zeitungen, Fachzeitschriften oder auch Universitäten kannst du in der Regel vertrauen.

4. Informationen verwenden: Lies deine gefundenen Informationen gründlich durch. Übertrage nur die wichtigsten Ergebnisse in dein eigenes Dokument. Formuliere daraus deinen eigenen Text oder deine Stichworte. Halte immer die Quelle fest, woher die Information stammt. Das betrifft auch Bilder und Fotos. Wenn du ein Plakat oder eine digitale Präsentation gestaltest, füge bei Bildern aus dem Internet eine Quellenangabe hinzu.

1 Suchmaschine

Material mit Aufgaben

M1 Vaterschaftstest mithilfe von Blutgruppen

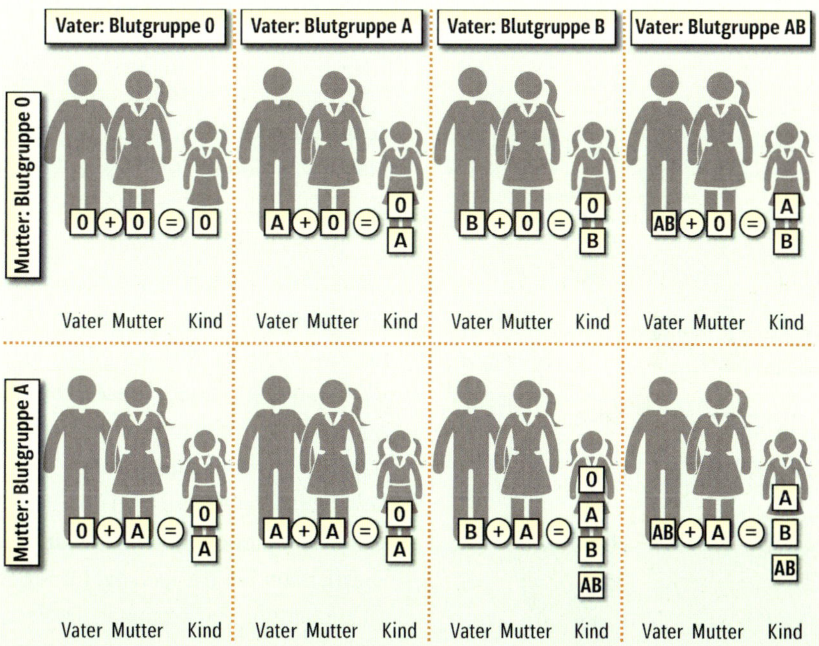

1. Recherchiere Informationen zum Vaterschaftstest mithilfe von Blutgruppen. Beschreibe die Durchführung des Tests, wann er eingesetzt wird und wie aussagekräftig er ist.

2. Ramona hat die Blutgruppe B und ihre Mutter Heike die Blutgruppe 0. Es gibt zwei mögliche Väter: Peter mit Blutgruppe A, Frank mit Blutgruppe AB. Ermittle den Vater.

1 Rauchschwalbe und Albino-Rauchschwalbe

Genmutationen

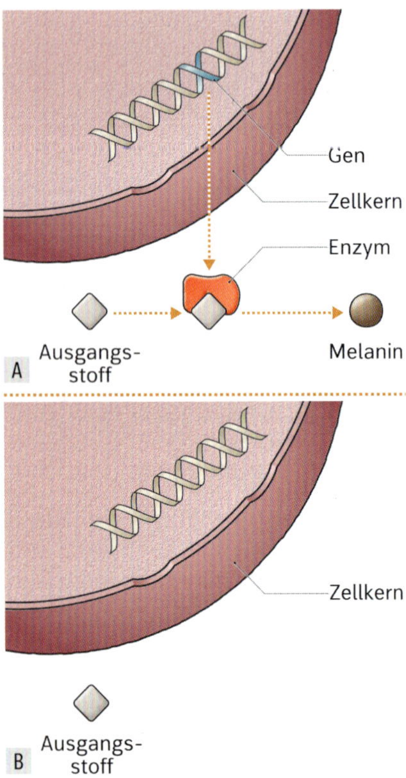

2 Genwirkketten: **A** Gesund, **B** Albinismus

Albinismus

Manchmal haben Lebewesen im Vergleich zu ihren dunkleren Artgenossen ein weißes Fell oder Gefieder sowie eine rosafarbene Haut und rote Augen. Diese **Albinos** können den Farbstoff Melanin nicht bilden, der vor gefährlicher UV-Strahlung schützt. Diese Erbkrankheit tritt auch beim Menschen auf. Man bezeichnet sie als **Albinismus**. Sie entsteht durch Veränderungen der Erbsubstanz. Man spricht von einer **Mutation**. Die meisten Gene tragen die Information zur Bildung von Proteinen. Durch die Mutation kann ein Gen defekt werden. Dadurch kann die Bildung des Proteins fehlerhaft sein. Das Protein kann dann gar nicht mehr gebildet werden oder unbrauchbar sein. Beim Albinismus ist ein wichtiges Enzym, das aus Vorstufen den Farbstoff Melanin bildet, durch eine Mutation funktionsunfähig.

Mutationen

Wenn bei jeder Zellteilung die Erbinformation kopiert und identisch verdoppelt wird, können auch Fehler auftreten. Solche Mutationen kommen ständig bei Lebewesen vor, können aber meist repariert werden. Manchmal beginnen Körperzellen nach Mutationen sich ungehemmt zu vermehren und können so auch Tumore bilden. Ein Beispiel ist Hautkrebs. Wenn Mutationen in Körperzellen auftreten, werden die veränderten Erbinformationen nicht vererbt. Treten jedoch Mutationen in Geschlechtszellen auf, werden sie auch an die Nachkommen weitervererbt, was zu bleibenden Veränderungen führen kann.
Mutationen entstehen zufällig. Häufig treten Mutationen auf der Ebene der Gene wie beim Albinismus auf. Ist nur ein Gen von einer Mutation betroffen, handelt es sich um eine **Genmutation**.

Formen von Genmutationen

Bei Genmutationen können Nukleotide der DNA fehlen, mehrfach vorhanden sein oder gegen ein anderes Nukleotid ausgetauscht sein. Somit ändern sich auch die Basenabfolgen eines Gens. Diese **Punktmutationen** können dazu führen, dass sich Basentripletts verändern und für eine andere Aminosäure codieren. Geht ein Nukleotid verloren oder kommt ein neues hinzu, verschiebt sich das Leseraster. Ab der Stelle, wo die Mutation auftritt, werden alle folgenden Basentripletts geändert. Diese Formen der Genmutationen fasst man unter **Leserastermutationen** zusammen. Das codierte Protein kann dadurch eine ganz andere Struktur erhalten.

Ursache von Genmutationen

Mutationen können durch Umwelteinflüsse verursacht werden. Zu diesen **Mutagenen** zählen physikalische Einflüsse wie UV-Strahlung und radioaktive Strahlung, aber auch chemische Mutagene. Die meisten Mutationen können nachteilig sein oder sich kaum auswirken. Manchmal sind Mutationen aber auch vorteilhaft, wenn der Träger der Mutation durch einen veränderten Phänotyp bessere Überlebenschancen als ein Artgenosse mit unverändertem Phänotyp hat. Solche Mutationen sind Grundlagen für die Vielfalt der Lebewesen und spielen daher eine große Rolle für die Evolution.

A Erkläre den Begriff Genmutation.

B Beschreibe die Auswirkungen einer Mutation auf die Bildung des Melanins mithilfe von Bild 2.

Material mit Aufgaben

M1 Arbeiten mit der Code-Sonne

Aminosäuren

Ala = Alanin	Leu = Leucin
Arg = Arginin	Lys = Lysin
Asn = Asparagin	Met = Methionin
Asp = Asparaginsäure	Phe = Phenylalanin
Cys = Cystein	Pro = Prolin
Gln = Glutamin	Ser = Serin
Glu = Glutaminsäure	Thr = Threonin
Gly = Glycin	Trp = Tryptophan
His = Histidin	Tyr = Tyrosin
Ile = Isoleucin	Val = Valin

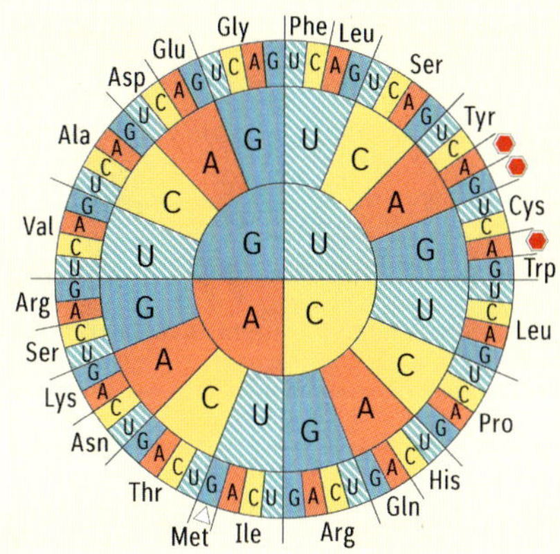

mRNA:

normal: **AUG UUU CAG GGC UAA**

Mutation 1: AUG UUU CAG GGU UAA

Mutation 2: AUG UUU UAG GGC UAA

Mutation 3: AUG UUU CAG AGC UAA

A

1. Übertrage die Basenabfolgen in dein Heft. Übersetze die vier abgebildeten Basensequenzen in Bild A in eine Aminosäurekette.
2. Beschreibe die Auswirkungen der abgebildeten Mutationen.
3. Erläutere, warum man bei Mutation 1 von einer „stillen Mutation“ spricht.
4. Erläutere, warum man bei Mutation 2 von einer „Unsinn-Mutation“ spricht.

M2 Formen von Genmutationen

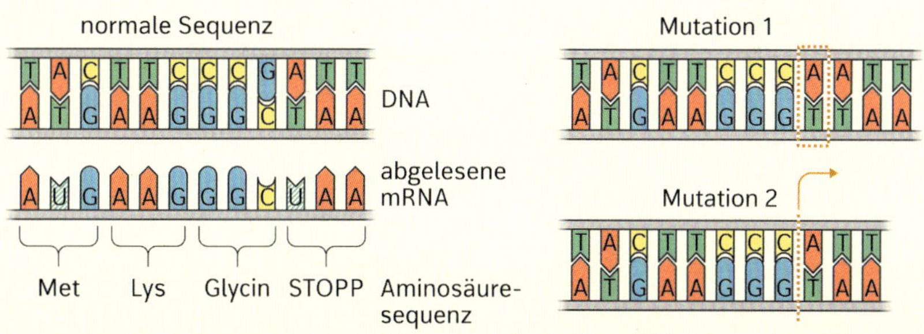

1. Beschreibe die Mutationen.
2. Ordne den Mutationen die Begriffe Punktmutation oder Leserastermutation zu. Begründe.
3. Übersetze die Basenabfolgen der Mutationen in eine mRNA und eine Aminosäurekette.
4. Wähle eine der Aufgaben aus:
   a Erläutere die Folgen der Genmutationen für die Bildung der Proteine.
   b Erläutere, warum Leserastermutationen größere Auswirkungen haben als Punktmutationen.

1 Mädchen mit Down-Syndrom und Jugendliche

Chromosomen- und Genommutationen

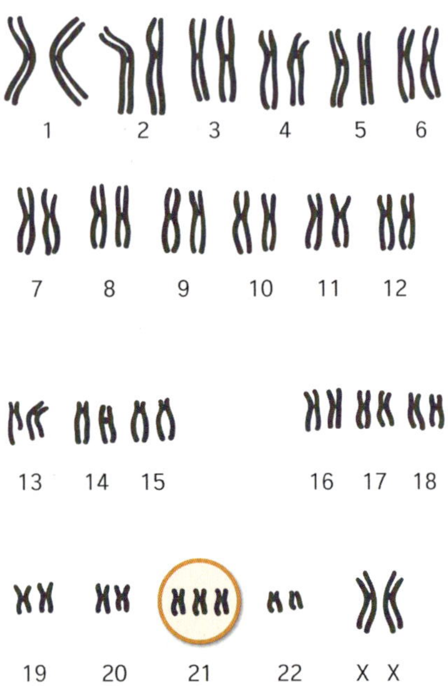

2 Karyogramm mit Trisomie 21

Genom

Jede Körperzelle eines Lebewesens enthält die gleichen Erbinformationen. Die Körperzellen sind untereinander erbgleich, weil die Erbinformationen bereits im Zellkern der befruchteten Eizelle, der Zygote, enthalten waren. Die Gesamtheit aller Erbinformationen, also den gesamten Chromosomensatz, eines Lebewesens bezeichnet man als **Genom**.

Genommutation

Bei **Genommutationen** ist die Anzahl der Chromosomen in den Körperzellen verändert. Das ganze Genom ist betroffen. Dabei kann ein einzelnes Chromosom eines homologen Chromosomenpaares vollständig fehlen oder auch ein Chromosom zusätzlich vorhanden sein.

Eine der häufigsten Genommutationen bei Neugeborenen ist die **Trisomie 21**. Bei ihnen liegt das Chromosom 21 nicht doppelt, sondern dreifach vor. Betroffene haben das **Down-Syndrom**. Sie haben meist eine rundliche Kopfform und geringe Körpergröße. Auffällig ist die schmale Lidfalte an den Augen. Die Kinder haben geringere geistige Fähigkeiten. Jedoch können sie in speziellen pädagogischen Einrichtungen gefördert werden und so auch am gesellschaftlichen Leben teilnehmen.
Mit steigendem Alter der werdenden Mutter erhöht sich die Wahrscheinlichkeit, ein Kind mit Down-Syndrom zu bekommen. Eine Diagnose kann bereits während der Schwangerschaft erfolgen.

Chromosomenmutation

Es gibt auch Mutationen, bei denen Abschnitte von Chromosomen fehlen oder zusätzlich am gleichen oder an einem anderen Chromosom vorhanden sind. Solche Mutation bezeichnet man als **Chromosomenmutationen**.

Beim seltenen **Katzenschrei-Syndrom** ist das Chromosom 5 verändert. Es fehlen hier mehrere Gene. Dies ist deutlich im Karyogramm zu erkennen. Betroffene Säuglinge „schreien" wie junge Katzen. Sie zeigen Wachstumsstörungen und haben eine geringere geistige Entwicklung.

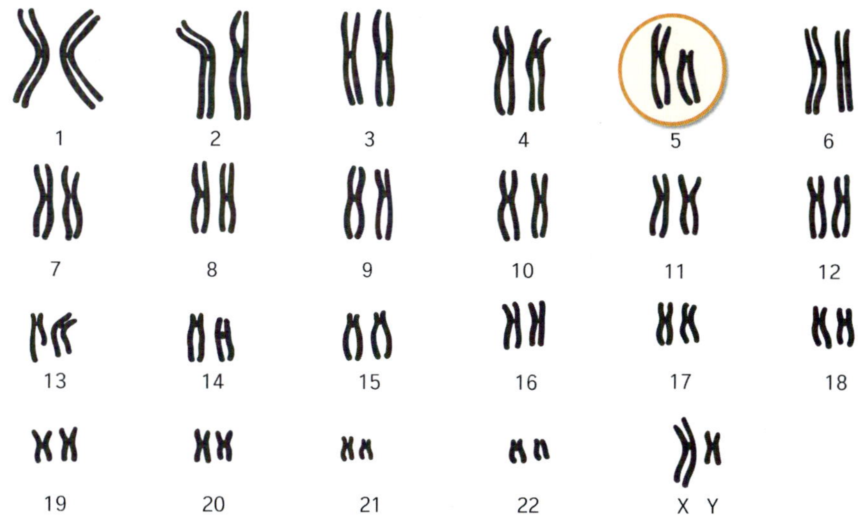

3 Karyogramm eines Betroffenen mit Katzenschrei-Syndroms

Material mit Aufgaben

M1 Mutationen

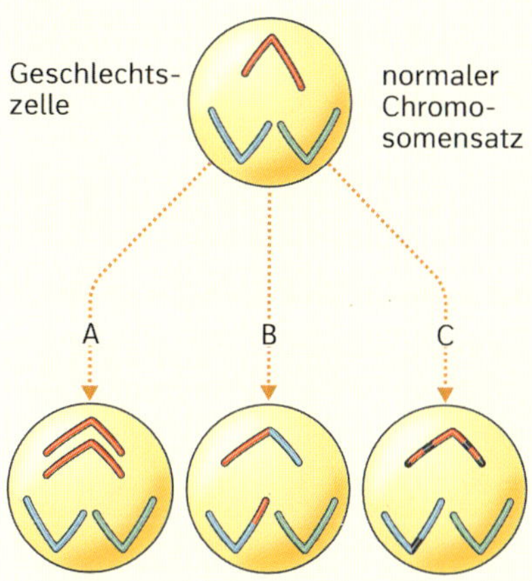

1. Benenne die dargestellten Mutationsformen. Begründe.
2. Beschreibe verschiedene Formen der Chromosomenmutation und erläutere ihre jeweiligen Auswirkungen.
3. Erkläre, welche Form der Mutation Auslöser des Katzenschrei-Syndroms ist.

M2 Trisomie 21

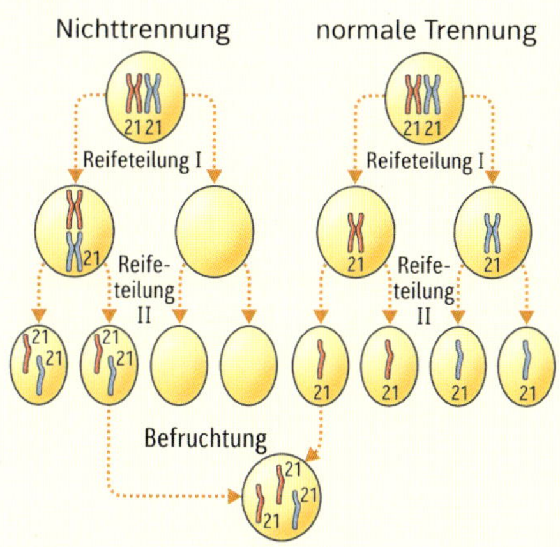

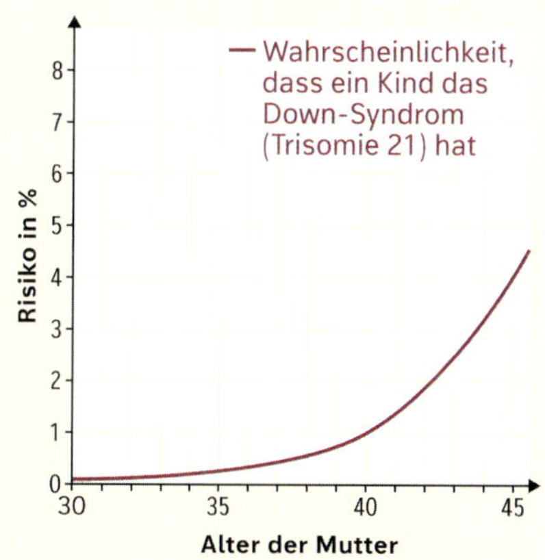

1. Beschreibe mithilfe des Bildes, wie Trisomie 21 entsteht.
2. Erkläre, warum es sich um eine Genommutation handelt.
3. Erkläre, in welcher Phase der Meiose der Verteilungsfehler passiert.
4. Entwickle ein vergleichbares Schema, bei der die Schwesterchromatiden in der 2. Reifeteilung nicht getrennt werden. Beschreibe die Folgen.
5. Das Alter werdender Mütter steigt in den letzten Jahren an. Erläutere mögliche Probleme mithilfe des Diagramms.

Expertenwissen

Gonosomale Genommutationen

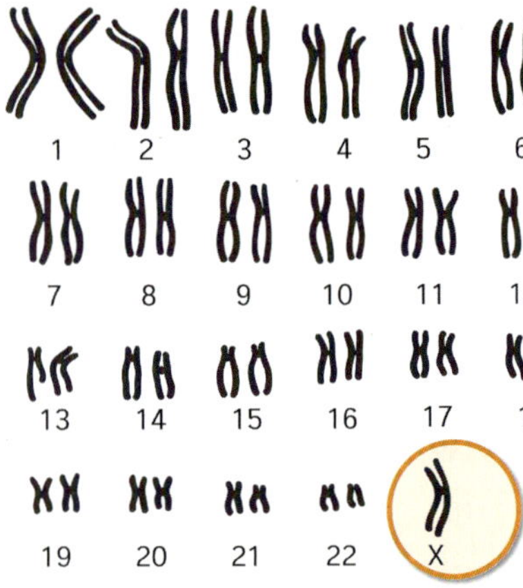

1 Karyogramm (Turner-Syndrom)

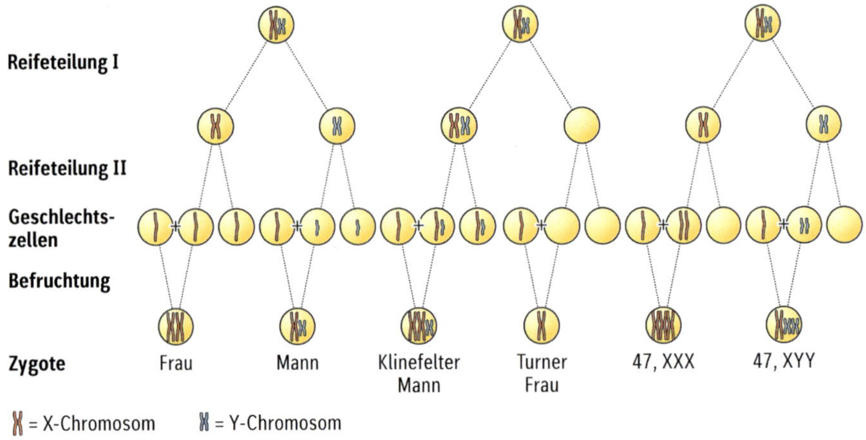

2 Entstehung gonosomaler Genommutationen

Turner-Syndrom

Manchmal werden die **Gonosomen** bei der Meiose falsch verteilt. Es kann ein Überschuss oder der Verlust eines Gonosoms auftreten. Meist beeinflussen diese Genommutationen die geistigen Entwicklungen der Betroffenen kaum. Dies ist zum Beispiel bei Frauen mit einem fehlenden X-Chromosom der Fall. Sie haben den Karyotyp 45, X. Man spricht vom **Turner-Syndrom**. Betroffene Frauen haben lediglich eine etwas geringere Körpergröße. Ihre Lebenserwartung ist nicht herabgesetzt. Bei ihnen setzt die Pubertät verspätet ein und die Menstruation bleibt aus. Ihre sekundären Geschlechtsmerkmale sind nur wenig ausgeprägt. Durch die Einnahme weiblicher Geschlechtshormone kann dies jedoch beeinflusst werden. Betroffene können jedoch in ihren Eierstöcken keine Follikel bilden. Sie sind unfruchtbar.

Klinefelter-Syndrom

Bei einigen Männern kann der Chromosomensatz ein zusätzliches X-Chromosom aufweisen. Betroffene haben dann den Karyotyp 47, XXY. Sie haben das **Klinefelter-Syndrom**. Klinefelter-Männer können in ihren Hoden keine Spermienzellen bilden. Durch den Mangel an Testosteron bekommen sie erst spät den Stimmbruch, haben einen geringen Bartwuchs und haben lange Arme und Beine.

Material mit Aufgaben

M1 Fehlverteilungen der Gonosomen

Mutter / Vater	XX (Eizelle), X, X (Polkörper)	X (Eizelle), X, X, X (Polkörper)	XX (Eizelle), X, X (Polkörper)
X	X Frau mit Turner-Syndrom	XX normale Frau	XXX unterschiedliche Symptome
Y	Y tot	XY normaler Mann	XXY Mann mit Klinefelter-Syndrom
YY	YY tot	XYY unterschiedliche Symptome	XXYY unterschiedliche Symptome

1. **II** Erläutere an einem Beispiel, wie es zu einer Fehlverteilung kommen kann.
2. **III** Stelle Vermutungen an, warum eine Zygote mit dem Karyotyp 45, Y nicht überlebensfähig ist.

Formen von Chromosomenmutationen

Expertenwissen

Chromosomenmutationen

Bei Chromosomenmutationen wird die Struktur eines Chromosoms verändert. Es handelt sich dabei um größere Veränderungen, durch die sich die Abfolge der Gene auf dem Chromosom verändern. Chromosomenmutationen sind eher selten. Es gibt mehrere Formen von Chromosomenmutation:

- **Deletion**: Ein Teilstück eines Chromosoms geht verloren.
- **Duplikation**: Ein Teilstück eines Chromosoms ist doppelt vorhanden.
- **Inversion**: Innerhalb eines Chromosoms können sich Teilabschnitte verkehrt herum einbauen.
- **Insertion**: Ein Chromosom eines homologen Chromosomenpaares hat ein zusätzliches Teilstück.
- **Translokation**: Ein Chromosom kann ein Teilstück verlieren. Dieses wird an ein anderes Chromosom angelagert.

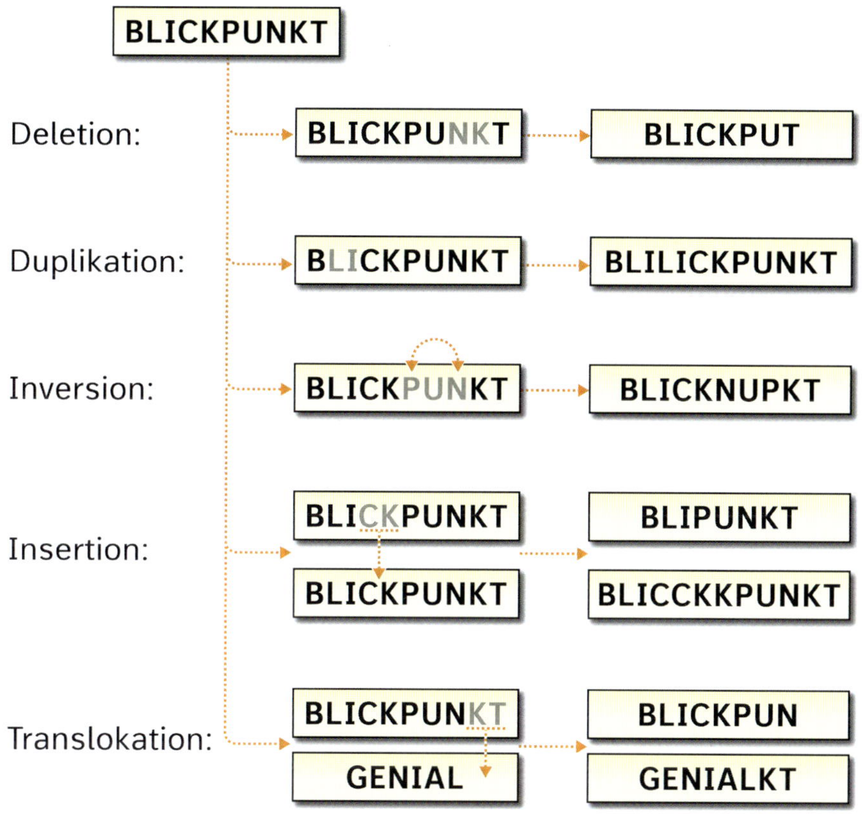

1 Modell zur Darstellung verschiedener Chromosomenmutationen

Material mit Aufgaben

M1 Chromosomenmutation

1. Benenne die dargestellten Chromosomenmutationen.
2. Beschreibe drei Chromosomenmutationen genauer.
3. Erkläre, warum Chromosomenmutationen die Erbinformation verändern.
4. Erläutere den Unterschied von Chromosomen- und Genommutationen.
5. Stelle Vermutungen an, warum Deletionen schlimmere Auswirkungen haben als Inversionen.

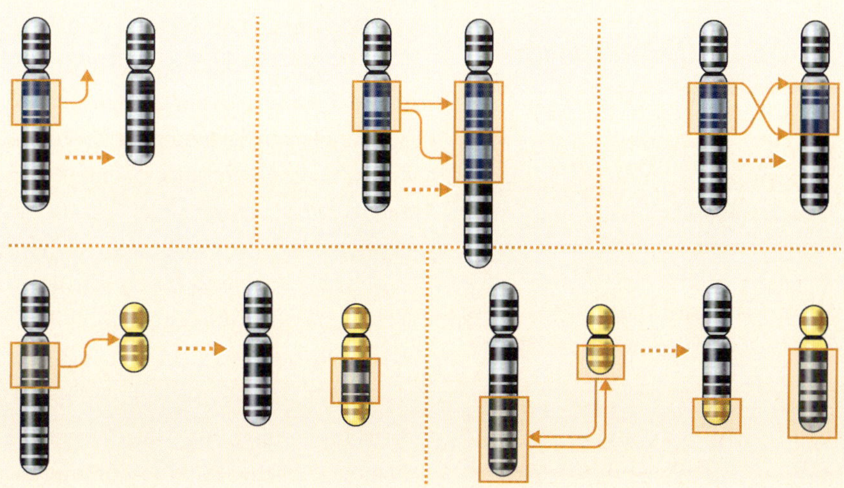

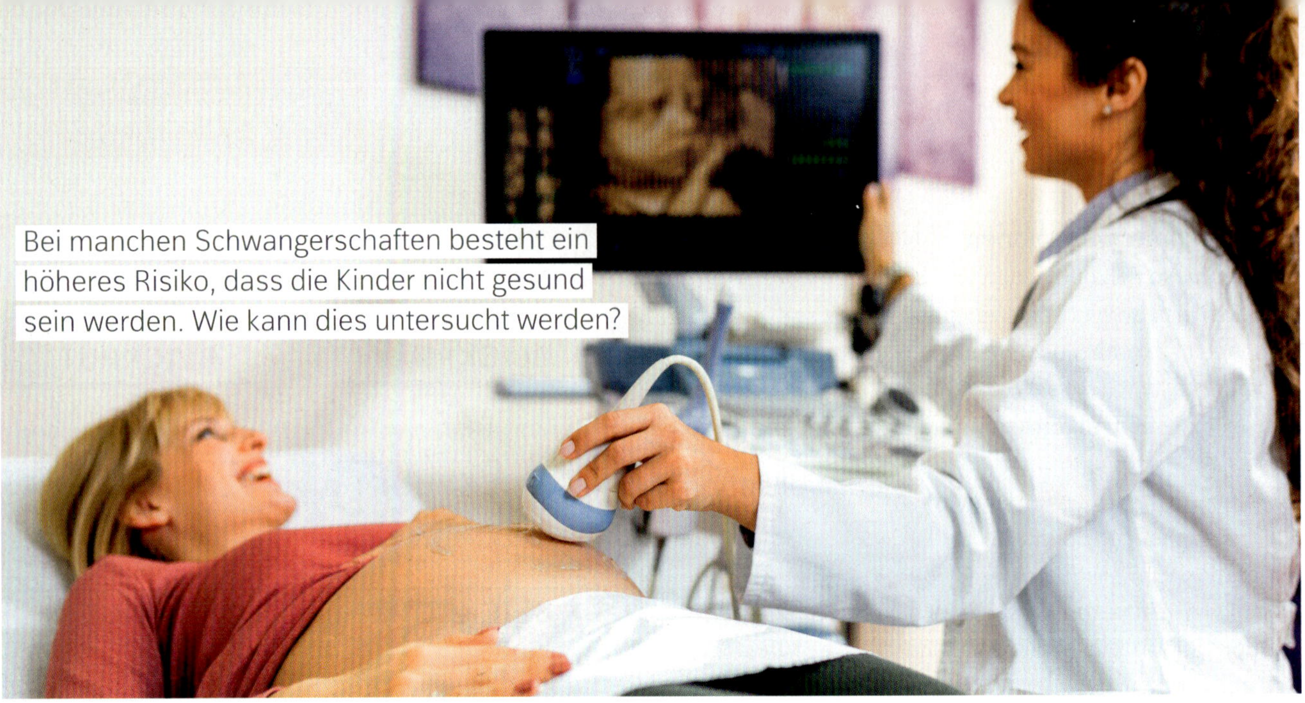

1 Ultraschalluntersuchung einer Schwangeren

Genetische Beratung - pränatale Diagnostik

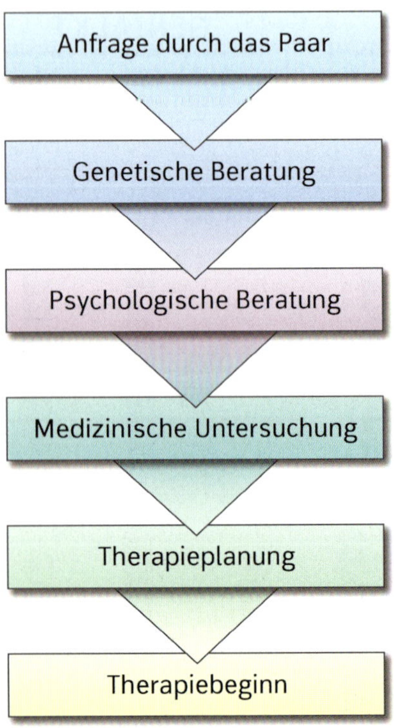

2 Ablauf einer genetischen Beratung

Genetische Beratung

In Deutschland werden jedes Jahr etwa 50000 Kinder mit körperlichen oder geistigen Behinderungen geboren. Oft sind diese genetisch bedingt. Trotz dieser geringen Zahl stellen sich viele Paare während der Schwangerschaft die Frage: „Wird unser Kind gesund sein?“

Viele Paare lassen sich deshalb medizinisch beraten. Die Beratung ist Teil der Schwangerschaftsvorsorge und wird von Krankenkassen erstattet. Wenn in den Familiengeschichten eines Paares mit Kinderwunsch Erbkrankheiten bekannt sind, kann eine **genetische Beratung** in Anspruch genommen werden.

Auch viele ältere Paare nehmen die genetische Beratung in Anspruch, da mit fortschreitendem Alter der Mutter die Wahrscheinlichkeit von Genommutationen bei ihren Kindern steigt.

Das Risiko, ein Kind mit geistigen oder körperlichen Beeinträchtigungen zu bekommen, ist nicht bei allen Eltern gleich groß. Sind beispielsweise beide Partner entfernt miteinander verwandt, ist die Wahrscheinlichkeit für Erbkrankheiten größer. Es können auch zum Beispiel beide heterozygote Träger eines rezessiven Allels sein. Wird dieses rezessive Allel weitergeben, können die Anlagen bei den Nachkommen reinerbig ausgeprägt sein. Verursacht eine solche Anlage eine Erbkrankheit, ist das Kind zwangsläufig davon betroffen.

Mithilfe von **Familienstammbäumen** kann das Vererbungsrisiko ermittelt werden. Bei Bedarf kann der Arzt auch eine Untersuchung der Chromosomen oder der DNA der Partner in einem Labor veranlassen.

Pränatale Diagnostik

Ist bereits eine Schwangerschaft eingetreten, kann das Kind in der Gebärmutter untersucht werden. Man spricht von **pränataler Diagnostik**. So werden bei einer **Ultraschalluntersuchung** die Lage des Kopfes, das Wachstum oder die Herztöne des Kindes untersucht. Ab der 10. Schwangerschaftswoche können Fehlbildungen an Skelett und Organen beim wachsenden Embryo festgestellt werden. Für die Erkennung von Stoffwechselkrankheiten und Chromosomenveränderungen benötigt man Zellen des Kindes. Diese finden sich auch im Fruchtwasser der Fruchtblase. Zwischen der 14. und 16. Schwangerschaftswoche kann Fruchtwasser entnommen werden. Die Zellen des Embryos werden aufbereitet und mikroskopisch sowie biochemisch auf Veränderungen untersucht. Besteht ein Risiko für Erbkrankheiten, kann die Untersuchung der DNA des Kindes veranlasst werden. Bei der **Fruchtwasseruntersuchung** besteht ein geringes Risiko für eine Fehlgeburt.

Schwierige Entscheidung

Werdende Eltern können durch die Ergebnisse pränataler Diagnostik vor eine schwerwiegende Entscheidung gestellt werden, sollte eine Erbkrankheit vorliegen. Auch Untersuchungen am Embryo vor dem Einsetzen in die Gebärmutter bei einer künstlichen Befruchtung können solche Diagnosen nach sich ziehen. Diese **Präimplantationsdiagnostik**, kurz PID, ist sehr umstritten.

A Beschreibe den Ablauf einer Fruchtwasseruntersuchung.

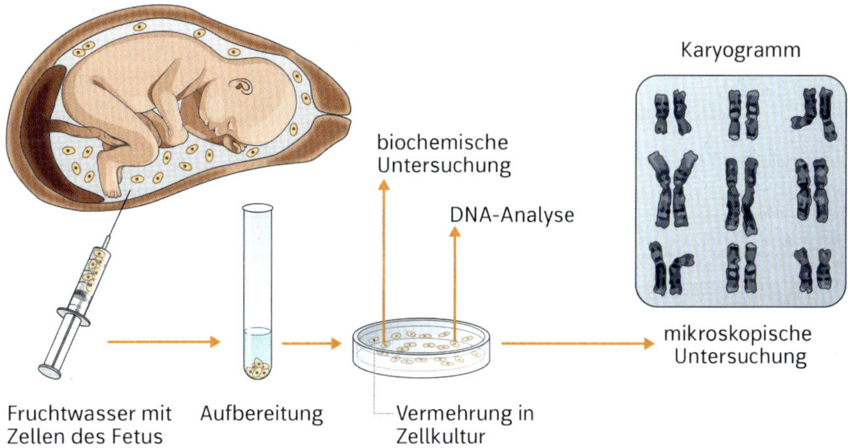

3 Fruchtwasseruntersuchung

Material mit Aufgaben

M1 Trisomie 21

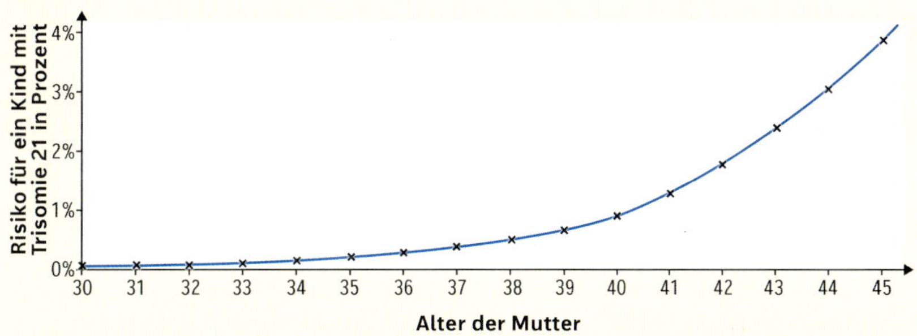

1. Beschreibe den Kurvenverlauf im Diagramm.
2. Erkläre, wie durch Fruchtwasseruntersuchung Trisomie 21 festgestellt werden kann.
3. Erläutere Gründe, warum Paare eine genetische Beratungsstelle aufsuchen.
4. Arbeitet in Gruppen. Stellt Vor- und Nachteile der genetischen Beratung gegenüber. Diskutiert in der Klasse zum Thema „Genetische Beratung“.

Eine genetische Beratung wird Paaren empfohlen, wenn...

- ... die schwangere Frau älter als 35 Jahre ist,
- ... einer der Partner oder nähere Verwandte von einer Erbkrankheit betroffen sind,
- ... das Paar bereits ein Kind mit einer Erbkrankheit hat,
- ... die Partner miteinander verwandt sind (z.B. Cousins),
- ... die Frau bereits Fehlgeburten hatte.

1 Bonsai

Modifikationen – Einfluss der Umwelt

Größe von Pflanzen und Blättern

Bonsais sind Bäume, die unter anderem durch ständiges Zurückschneiden klein gehalten werden. Bleibt dies aus, wächst der Bonsai und bekommt große Blätter. Bei näherer Betrachtung wird man feststellen, dass ein Buchenbaum unterschiedlich große Blätter hat. Dabei sind sehr große und sehr kleine Blätter selten. Mittelgroße Blätter kommen am häufigsten vor. Da die verschiedenen Blätter alle am selben Baum vorkommen, müssen Umweltfaktoren eine Rolle bei der Ausbildung der Blattlängen spielen. Schon an einem Zweig können die Blätter verschieden groß sein, weil sie unterschiedlich gut mit Mineralstoffen und Wasser versorgt werden. An den Rändern der Blattkrone sind die Blätter

A

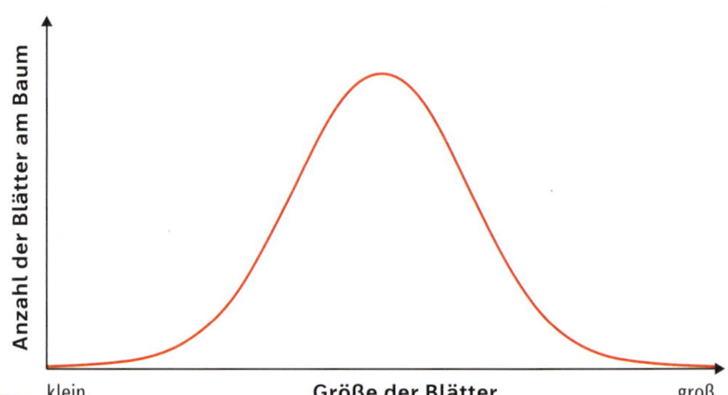

B

2 Modifikation bei Buchenblättern eines Baumes: **A** Verschiedene Blattgrößen, **B** Variationskurve der Blätter an einem Baum

kürzer als im Inneren der Baumkrone. Diese Größenunterschiede werden auch durch unterschiedliche Lichteinflüsse verursacht. Die aufgrund von Umwelteinflüssen stärker ausgeprägten Merkmale von Pflanzen und Tieren im Phänotyp nennt man **Modifikationen**.

Fließende Modifikation

Modifikationen werden nicht vererbt. Es wird aber ein gewisser Normbereich vererbt, innerhalb dessen sich die Blattgröße unterscheiden kann. Diesen erblich bedingten Bereich bezeichnet man als **Reaktionsnorm**. Ein Blatt einer Rotbuche wird zum Beispiel nie länger als 14 Zentimeter. Die Rotbuche besitzt für das erbliche Merkmal der Blattlänge bestimmte Grenzwerte, zwischen denen die Buche auf Umwelteinflüsse mit verschiedenen Blattlängen reagieren kann. Da sich die Blattlängen durch Umwelteinflüsse stufenweise verändern, spricht man von **fließender Modifikation**.

Umschlagende Modifikation

Das Russenkaninchen ist eine Zuchtform des Hauskaninchens. Werden die Nachkommen eines Wurfs bei unterschiedlichen Bedingungen gehalten, entwickeln sie eine unterschiedliche Fellfärbung. Wenn Russenkaninchen dauerhaft über 30°C gehalten werden, ist meist ihr ganzes Fell weiß gefärbt. Wird ein Russenkaninchen dauerhaft bei Raumtemperatur gehalten, sind die Pfoten, die Ohren, der Schwanz und die Schnauze dunkel verfärbt. Da sich entweder das eine oder das andere Merkmal ausbildet, spricht man in diesem Fall von **umschlagender Modifikation**.

Material mit Aufgaben

M1 Löwenzahn

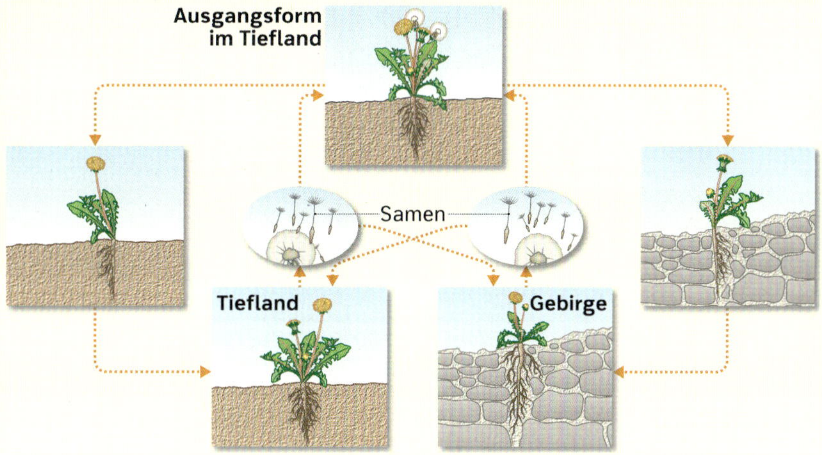

In einem Experiment wurde eine Löwenzahnpflanze geteilt und die eine Hälfte im Tiefland, die andere im Gebirge ausgepflanzt.

1. Beschreibe die Modifikationen beim Löwenzahn.
2. Begründe, warum die Löwenzahnpflanzen Beispiele für Modifikationen sind.
3. Erkläre, warum die Änderungen nicht auf einem unterschiedlichen Genotyp beruhen.
4. Stelle Vermutungen über die unterschiedlichen Umweltfaktoren an, die die unterschiedlichen Modifikationen des Löwenzahns hervorrufen.
5. Erläutere den Unterschied von Modifikation und Mutation.

3 Russenkaninchen: **A** schwarz-weißes Fell, **B** weißes Fell

1 Kinder mit Kälbern verschiedener Rinderrassen

Tier- und Pflanzenzucht

Auslesezüchtung

Der Mensch begann vor vielen Tausend Jahren, Wildtiere für seinen Nahrungserwerb zu halten und zu vermehren. Dabei wählte er gezielt die Tiere für die Fortpflanzung aus, die für ihn nützliche Eigenschaften hatten. Er verfolgte also ein **Zuchtziel**. Voraussetzung dafür ist die genetische Vielfalt, die **Variabilität**.

2 Auslesezüchtung beim Kohl

Durch diese **Auslesezüchtung** konnte der Mensch über einen langen Zeitraum, über mehrere Generationen, seinem Zuchtziel in kleinen Schritten näherkommen. So entstanden mit der Zeit aus dem Wildrind unsere heutigen Hausrinderrassen mit unterschiedlichen Merkmalen. Manche Rinderrasen geben mehr Milch als andere, setzen mehr Fleisch an, pflanzen sich schneller fort oder sind weniger anfällig gegenüber Krankheiten. Letzteres ist wichtig, damit viele Tiere auf kleinem Raum gehalten werden können.
Auch bei Pflanzen konnte er durch Auslesezüchtung Zuchtziele wie schnelleres Wachstum, Unempfindlichkeit gegenüber Wetter, Krankheiten und Schädlingen oder hohen Ertrag erreichen. Durch diese Zucht entstanden verschiedene Sorten von Pflanzen.

Kombinationszüchtung

Bei einer anderen Züchtungsform kreuzt man verschiedene Tierrassen oder Pflanzensorten, damit man gezielt Merkmale einer Rasse mit Merkmalen einer anderen Rasse kombiniert. So wurden Rinderrassen, die schnell wuchsen mit Rassen gekreuzt, die viel Milch gaben. Heute gibt es daher Hochleistungsrinder, die schnell wachsen und viel Milch geben. Weil die Merkmale beider Rassen kombiniert worden sind, spricht man von **Kombinationszüchtung**. Dabei nutzt man Erkenntnisse von Gregor Mendel. Ab der zweiten Tochtergeneration können die Allele nach der Unabhängigkeitsregel neu kombiniert werden. Es treten neue Phänotypen auf.

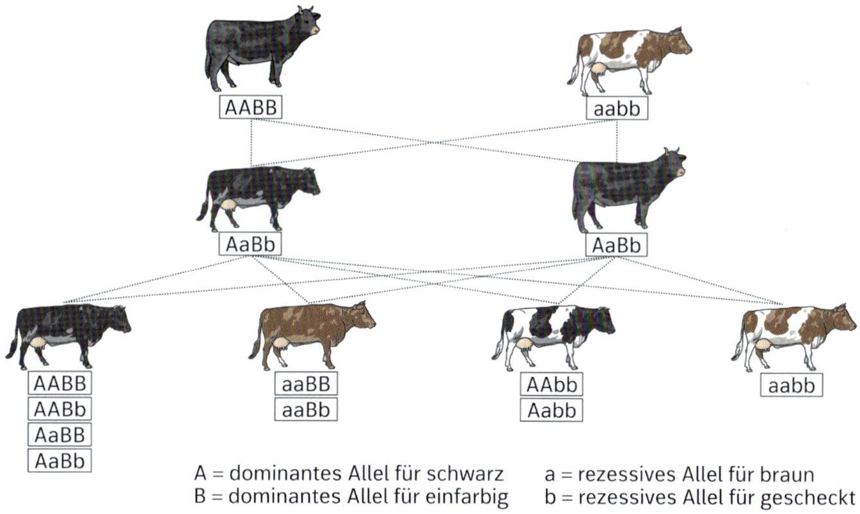

3 Kombinationszüchtung bei Rindern

Polyploidie

Das Wild-Einkorn wurde wahrscheinlich als erstes Getreide vom Menschen angebaut. Es bildete nur wenige Körner. Um den Ernteertrag zu steigern, vermehrte der Mensch nur die Pflanzen mit etwas mehr Körnern. Durch **Auslese** entstand das Kultur-Einkorn. Deutlich größere Erträge brachte erst die Kreuzung einer anderen Wildgrasart mit dem Kultur-Einkorn. Es entstand der Emmer, der einen vierfachen Chromosomensatz hat. Er ist ertragreicher als das Wild-Einkorn. Lebewesen mit einem vervielfachten Chromosomensatz bezeichnet man als **polyploid**. Durch Kombinationszüchtung mit einer weiteren Wildgrasart entstand aus dem Emmer der Dinkel. Er ist sehr ertragreich und bildet größere Körner als ältere Weizensorten. Dinkel und Weizen besitzt einen sechsfachen Chromosomensatz.

Material mit Aufgaben

M1 Züchtung des Saatweizens

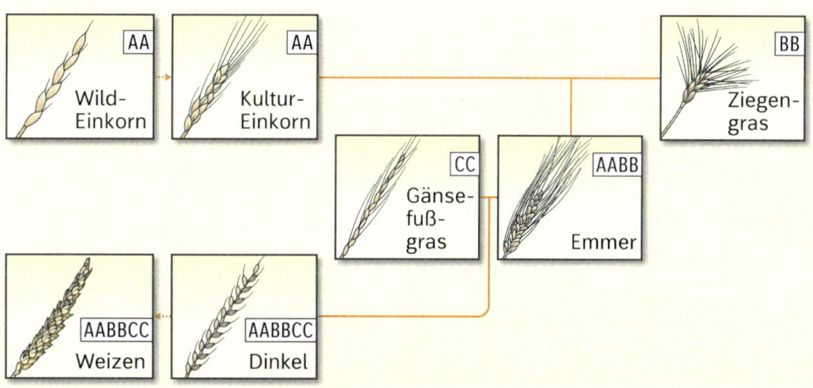

1. Beschreibe den Weg der Züchtung zum modernen Weizen.
2. Nenne die dargestellten polyploiden Getreidesorten. Vergleiche sie miteinander.
3. Beschreibe die Zuchtziele bei der Getreidezüchtung.
4. Wähle eine der Aufgaben aus:
   a Erläutere den Unterschied zwischen Auslese- und Kombinationszüchtung.
   b Erläutere, warum die genetische Vielfalt eine Voraussetzung für die Auslesezüchtung ist.

1 Rinder auf einer Weide

Stammzellen und Klonen

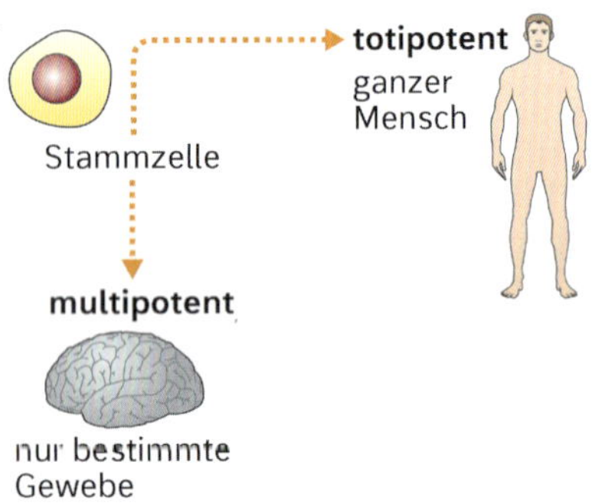

2 Stammzellen

Stammzellen

Zellen, die Gewebe oder ganze Organismen aufbauen, werden **Stammzellen** genannt. Bei der Zellteilung entstehen durch Ablesen verschiedener Bereiche auf der DNA oft zwei unterschiedliche Tochterzellen. Dies bezeichnet man als **Differenzierung**.

Aus der befruchteten Eizelle entwickelt sich der ganze Mensch mit allen seinen verschiedenen Zelltypen. Die Eizelle ist **totipotent**. Im Körper sterben ständig Zellen ab, die ersetzt werden müssen. Es gibt in jedem Gewebe bestimmte Stammzellen, die diese jeweilige Funktion übernehmen und sich teilen können. Sie sind **multipotent**.

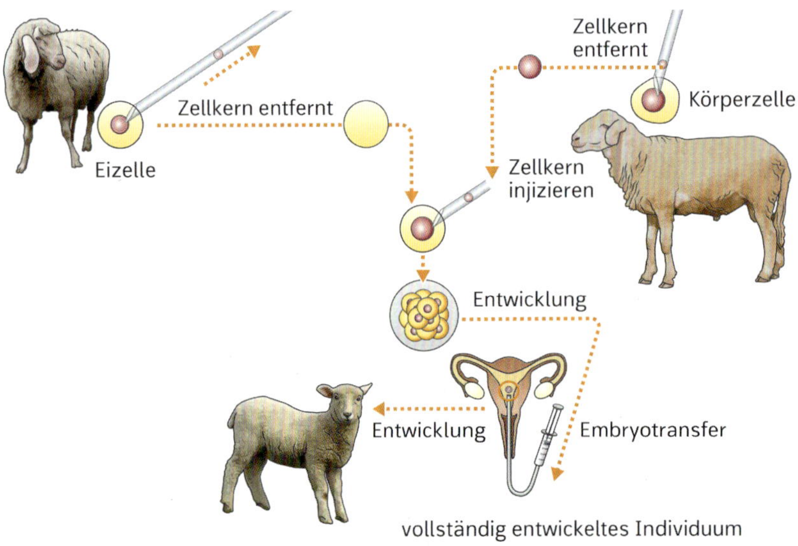

3 Reproduktives Klonen

Klone

Wenn Lebewesen genetisch identisch sind, werden sie als **Klone** bezeichnet. So sind zum Beispiel eineiige Zwillinge natürlich entstandene Klone. Eineiige Zwillinge kommen beim Menschen jedoch sehr selten vor. Insbesondere bei Pflanzen können durch ungeschlechtliche Vermehrung Klone in großer Anzahl entstehen. Heute können auch mithilfe biotechnologischer Verfahren Klone künstlich erzeugt werden. Auch in der Tierzucht werden aus bereits erwachsenen Nutztieren Klone künstlich erzeugt. Eine häufig angewendete Methode dafür ist der **Kerntransfer**.

Reproduktives Klonen

Beim **Kerntransfer** wird ein Zellkern in eine fremde Eizelle übertragen. Zunächst wird aus den Eierstöcken eines Spendertieres eine Eizelle entnommen und der dort vorhandene Zellkern entfernt. Danach wird ein Zellkern aus den Körperzellen eines anderen Spendertieres in die leere Eizelle übertragen. Die entstandene Zelle mit dem fremden Zellkern des Körperzellenspenders kann sich durch Zellteilungen zu einem Embryo entwickeln. Dieser ist dann mit dem Spendertier des Zellkerns genetisch identisch. Der Embryo wird dann in die Gebärmutter eines geschlechtsreifen Tieres eingesetzt. Man spricht von **Embryotransfer**. Aus dem Embryo entwickelt sich danach ein vollständig entwickeltes Individuum, das identisch mit dem Körperzellenspender ist. So wurde 1996 das weltberühmte Klonschaf Dolly erzeugt. Es war das erste Säugetier, das mithilfe einer Körperzelle geklont wurde. Diese Form des Klonens bezeichnet man als **reproduktives Klonen**.

Therapeutisches Klonen

Vielleicht ist es in Zukunft möglich, mithilfe von embryonalen, menschlichen Stammzellen abgestorbene Körperzellen zu ersetzen und somit auch Krankheiten zu heilen. Aus eigenen Körperzellen könnten verschiedene Gewebe gezüchtet werden. Die Zellen werden vom Immunsystem nicht abgestoßen und könnten abgestorbene Zellen im Körper ersetzen. Bei Mäusen ist es bereits gelungen aus Stammzellen Herzmuskelzellen zu züchten.

Material mit Aufgaben

M1 Therapeutisches Klonen

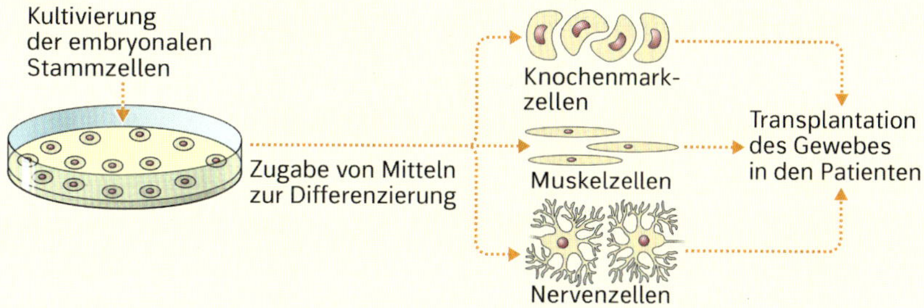

1. Beschreibe das Verfahren des therapeutischen Klonens.
2. Beschreibe den Unterschied zwischen reproduktivem und therapeutischem Klonen.
3. Erkläre, warum Stammzellen therapeutisches Klonen ermöglichen.
4. Erläutere Vorteile, die das therapeutische Klonen gegenüber Transplantationen hat.

M2 Klonen – Pro und Kontra

Person 1:
Das reproduktive Klonen kann Paaren helfen, die keine Kinder bekommen können. Es ist ja bereits erlaubt, befruchtete Eizellen mit Embryonentransfer in eine Gebärmutter zu übertragen. Klonen ist nur ein weiterer Schritt.

Person 2:
Es ist nicht verantwortungsvoll, Lebewesen so unnatürlich im Labor zu produzieren. Es besteht die Gefahr, dass so erschaffene Lebewesen nicht als gleichwertig angesehen werden. Wer bestimmt, ob das, was machbar ist, auch richtig ist?

Person 3:
Geklonte Lebewesen leiden unter unnatürlichen Erkrankungen. Sie sind anfälliger gegenüber Infektionskrankheiten und altern deutlich schneller als ihre Artgenossen.

Person 4:
Die Erkenntnisse aus dem Klonen können helfen, Krankheiten besser zu verstehen und zu heilen. Auch könnten einzelne Organe für eine Organspende produziert werden.

1. Der Schutz von Embryonen hat eine gesellschaftliche Debatte ausgelöst. Ordne die Aussagen der Personen in Befürworter und Gegner des Klonens.
2. Recherchiere weitere Pro- und Kontra-Argumente zum Schutz von Embryonen. Nimm begründet Stellung, ob du für oder gegen den Schutz von Embryonen bist.

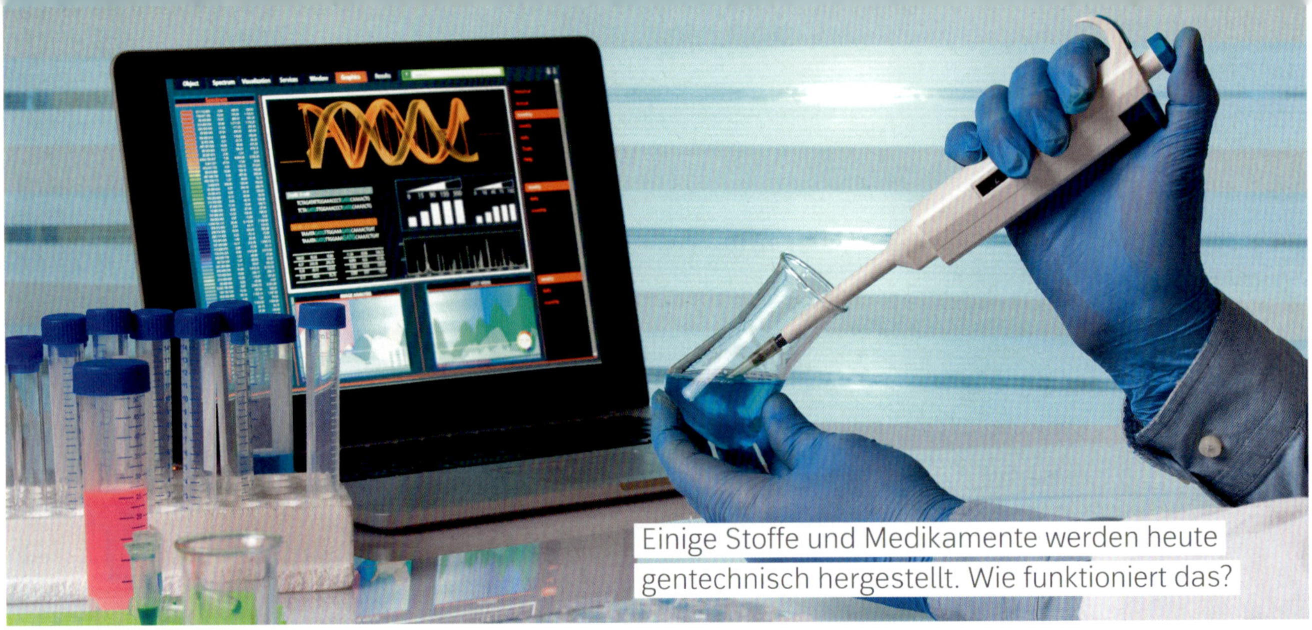

1 Arbeit im gentechnischen Labor

Gentechnik

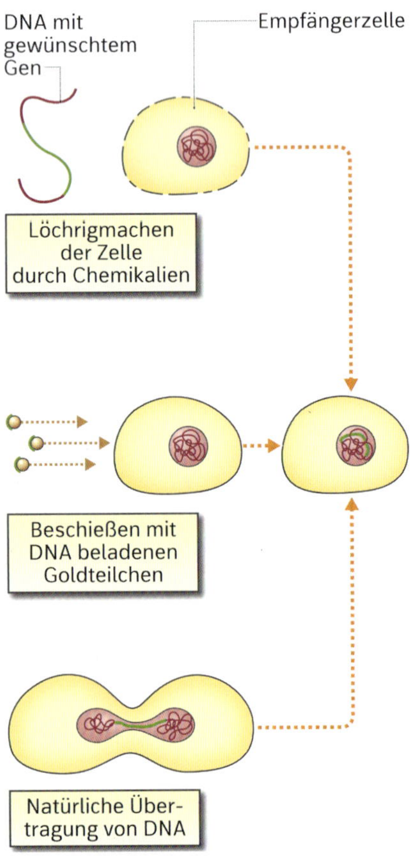

2 Gentransfer

Universeller Code

Der Mensch kann die Erbinformation eines Lebewesens gezielt verändern. Da alle Lebewesen den gleichen genetischen Code haben, können Abschnitte der DNA von einem Lebewesen auf ein anderes Lebewesen übertragen werden. Die Abfolge der Basen A, T, G und C auf der DNA hat in einem Bakterium die gleiche Bedeutung wie bei einem Menschen. Der genetische Code ist **universell**.

Gentransfer

Werden Gene eines Lebewesens in die Erbsubstanz eines anderen Lebewesens übertragen, bezeichnet man dies als **Gentransfer**. Bei der Proteinbiosynthese kann dann das fremde Gen abgelesen werden. Die veränderte Zelle kann nun ein fremdes Protein bilden. Diese gezielten Eingriffe des Menschen in die DNA eines Lebewesens sind Verfahren der **Gentechnik**. Die entstehenden Lebewesen bezeichnet man als **transgen**.

Künstliches Insulin

Diabetikern vom Typ I fehlt das Hormon Insulin, das die Aufnahme von Glukose in die Körperzellen regelt. Sie fühlen sich oft schlapp und verlieren Gewicht. Die Diabetiker müssen sich täglich künstlich hergestelltes Insulin spritzen. Früher wurde Insulin aus der Bauchspeicheldrüse von Schweinen gewonnen. Heute kann Insulin gentechnisch hergestellt werden. Mithilfe des Gentransfers können Bakterien so verändert werden, dass sie bei der Proteinbiosynthese menschliches Insulin herstellen.

Herstellung von Insulin

Für die gentechnische Herstellung von Insulin wird zunächst DNA aus menschlichen Spenderzellen gewonnen und der DNA-Abschnitt isoliert, der das Gen zur Insulinbildung trägt. Mithilfe eines Enzyms wird der gewünschte Abschnitt ausgeschnitten. Das Enzym wirkt wie eine molekulare Schere und wird als **Schneide-Enzym** bezeichnet.

Gleichzeitig wird aus Bakterien DNA isoliert. Bakterien enthalten oft zusätzlich zur normalen Zell-DNA kleinere DNA-Ringe im Zellplasma, die **Plasmide**. Sie können aus der Bakterienzelle entfernt und verändert werden. Das Plasmid wird mithilfe des gleichen Schneide-Enzyms an einer Basenabfolge aufgeschnitten. In das geöffnete Plasmid wird das menschliche Gen eingesetzt, das die Information zur Bildung von Insulin trägt. Mithilfe eines **Binde-Enzyms** werden die Enden des Plasmids und der eingeschleusten menschlichen DNA verbunden. Da sich Plasmide leicht aus Bakterien gewinnen lassen und einfach mit Fremdgenen auszustatten sind, eignen sie sich gut zum Gentransport. Plasmide sind **Gen-Taxis**. Die neu kombinierten Plasmide sorgen dann in den Bakterien für die Bildung von Insulin. Die Bakterien werden vermehrt, sodass große Mengen menschliches Insulin hergestellt werden kann. Das Insulin wird aus den Bakterien isoliert und gereinigt. Es kann dann als Medikament für Diabetes-Erkrankte eingesetzt werden. ▶

Material mit Aufgaben

F

M1 Medikamente herstellen

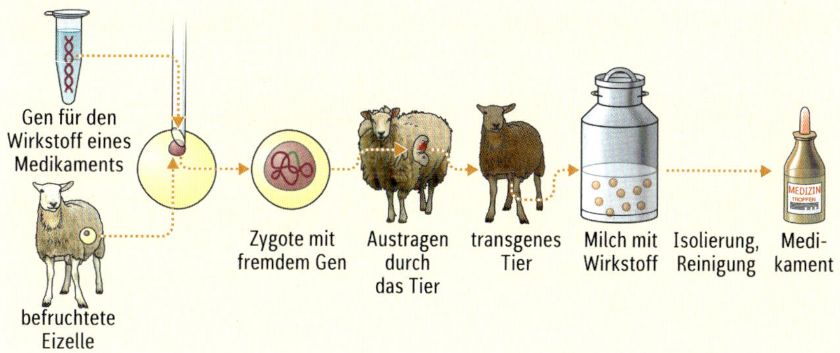

1. Beschreibe die im Bild dargestellte Medikamentenherstellung. Nutze die Begriffe Gentransfer, Enzyme, transgen und Gen-Taxi.
2. Erkläre, warum man das Tier, das sich aus der Zygote entwickelt, als transgen bezeichnet.
3. Erläutere die Bedeutung von Enzymen bei gentechnischen Verfahren.
4. Erkläre, warum fremde Gene eines anderen Lebewesens in die Erbsubstanz tierischer Zellen eingefügt werden kann.

A Beschreibe die gentechnische Herstellung von Insulin in eigenen Worten. Nutze dafür auch Bilder.

B Begründe, warum Bakterien für die Gentechnik geeignet sind.

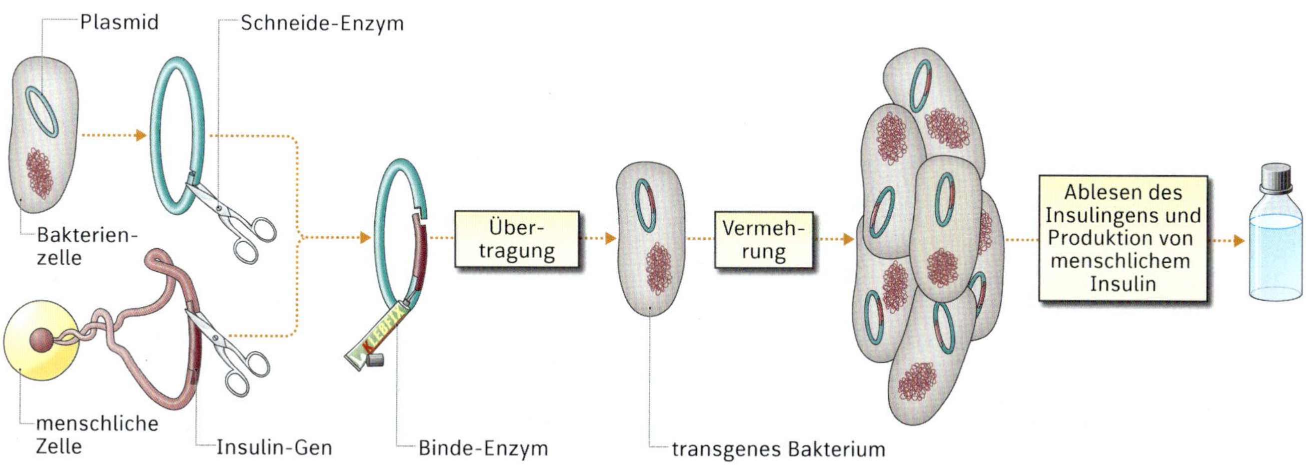

3 Gentechnische Herstellung von Insulin

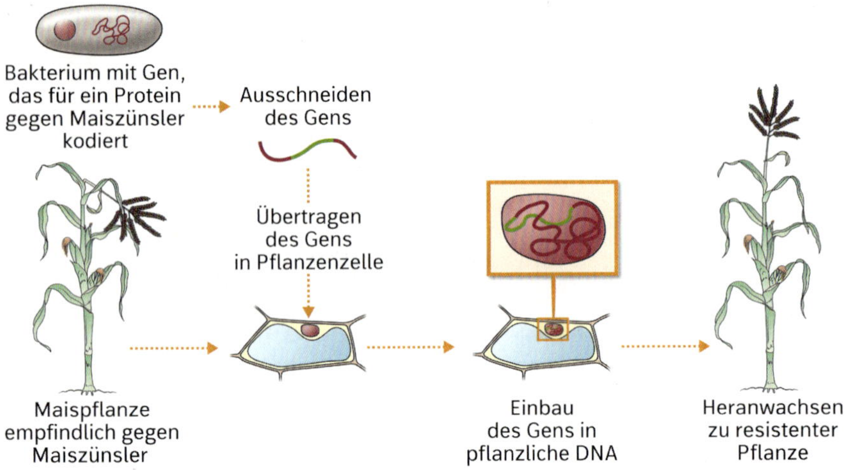

4 Entwicklung von transgenem Mais

F

Transgener Mais

Mais ist weltweit eine der am häufigsten angebauten Nutzpflanzen. Einer seiner Hauptschädlinge ist der Maiszünsler. Das Weibchen dieses Schmetterlings legt die Eier an die Maispflanze. Die schlüpfenden Larven fressen Teile des Stängels und schädigt so die Pflanze. Das führt zu großen Ernteverlusten.
In einige Sorten von Mais wurde daher ein Gen aus einem Bakterium übertragen, welches ein für Insekten giftiges Protein kodiert. Wenn Schmetterlingslarven Teile dieser transgenen Maispflanze fressen, sterben sie. Das verantwortliche Protein ist für die Pflanze und für den Menschen ungefährlich.

Material mit Aufgaben

M2 Transgene Lachse

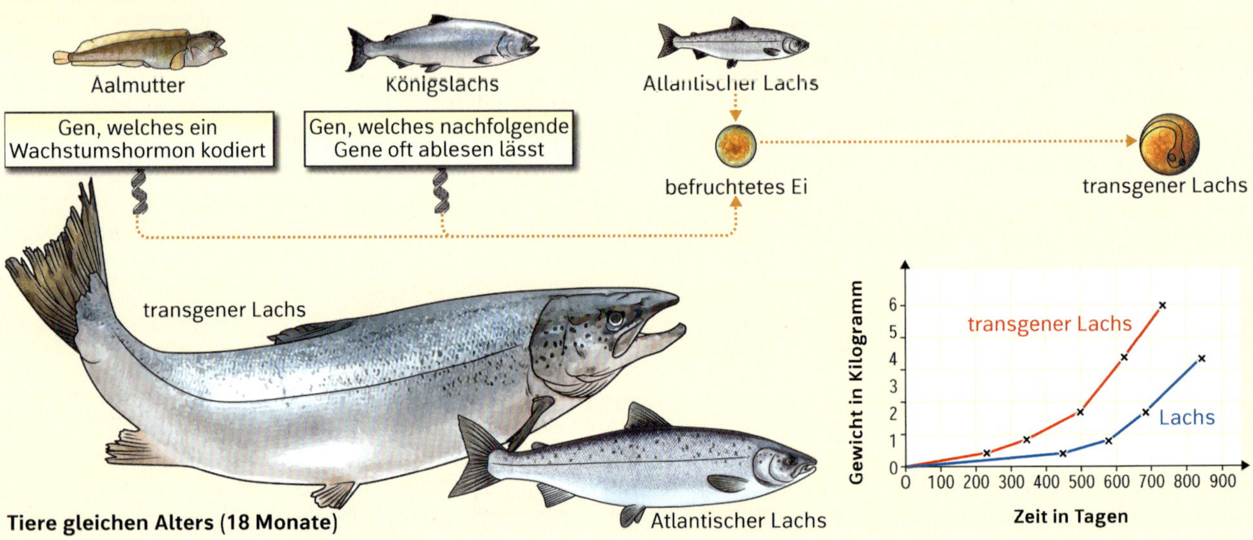

1. Beschreibe die Entstehung transgener Lachse.
2. Erkläre das Wort transgen am Beispiel der Lachse.
3. Beschreibe mithilfe der Bilder die Ziele, die bei der gentechnischen Veränderung der Lachse verfolgt wurden.
4. Beschreibe Unterschiede zur klassischen Tierzucht.
5. Bewerte die Zucht von transgenen Tieren wie dem Lachs.

Rote und grüne Gentechnik

Der Einsatz von Gentechnik wird in der Öffentlichkeit diskutiert. Die Herstellung von Medikamenten mithilfe gentechnischer Verfahren bezeichnet man als **rote Gentechnik**. Sie wird meist akzeptiert und ist kaum umstritten. Anders ist es beim Einsatz gentechnischer Verfahren bei der Pflanzenzüchtung. Befürworter dieser **grünen Gentechnik** halten den Anbau von gentechnisch veränderten Nutzpflanzen für entscheidend, um die Ernährung der ständig wachsenden Weltbevölkerung sicherzustellen. Mit dem Anbau transgener Nutzpflanzen sollen Erträge gesteigert und Ernteausfälle verhindert werden. Kritiker befürchten nicht kontrollierbare ökologische Folgen. Der Anbau gentechnisch veränderter Pflanzen für die Nutzung als Lebensmittel ist in Deutschland verboten. Einige gentechnisch veränderte Pflanzen dürfen aber importiert und dann als Lebensmittel oder Tierfutter verkauft werden. Diese Lebensmittel müssen gekennzeichnet werden. Fleisch und andere Produkte von Tieren, die mit gentechnisch veränderten Pflanzen gefüttert wurden, müssen jedoch nicht gekennzeichnet werden. Bei Produkten mit dem „Ohne GenTechnik"-Siegel ist Gentechnik auch im Futter ausgeschlossen.

5 „Ohne GenTechnik"-Siegel

Material mit Aufgaben

M3 Einsatz grüner Gentechnik

Franzi (Befürworterin):

Durch transgene Pflanzen lösen wir das Welternährungsproblem. Durch den Einbau bestimmter Gene können Nutzpflanzen gegenüber Schädlingen resistent gemacht werden. Außerdem können Pflanzen so verändert werden, dass sie auch bei schlechten Bedingungen wie Hitze und Trockenheit wachsen. Das ist insbesondere in Zeiten des Klimawandels wichtig, damit die Ernährung sichergestellt ist. Auch können Pflanzen gezüchtet werden, die mehr und besser angereichert sind mit Nährstoffen, Vitaminen und Mineralstoffen. Insbesondere für Entwicklungsländer würde dies die Ernährungssituation verbessern. Ich bin dafür, dass daher mehr Geld in die Erforschung und Entwicklung transgener Nutzpflanzen gesteckt wird.

Anton (Gegner):

Ertragssteigerung durch Gentechnik ist ein vertretbares Ziel, jedoch werden ökologische Probleme nicht bedacht. Gentechnisch veränderte Pflanzen können sich ausbreiten und dabei unkontrolliert Fremdgene auf nah verwandte Wildpflanzen übertragen. Es können sich Merkmale verbreiten, die das Gleichgewicht im Ökosystem stören und so die Artenvielfalt gefährden. Die Gefahr besteht, dass Fremdgene auch auf Bakterien übertragen werden, die dann auch Krankheiten auf den Menschen übertragen oder Resistenzen gegen Antibiotika entwickeln. Auch besteht die Gefahr, dass die Pflanzen und Lebensmittel neue Allergien auslösen. Da die gesundheitlichen Risiken nicht abzuschätzen sind, bin ich ein klarer Gegner der grünen Gentechnik.

1. Nenne Argumente für und gegen die grüne Gentechnik. Erstelle eine Tabelle.
2. Begründe, warum gentechnisch veränderte Lebensmittel gekennzeichnet sein müssen.
3. Diskutiert in Kleingruppen den Einsatz der grünen Gentechnik. Entwickelt dazu einen Flyer.

Zusammenfassung Genetik

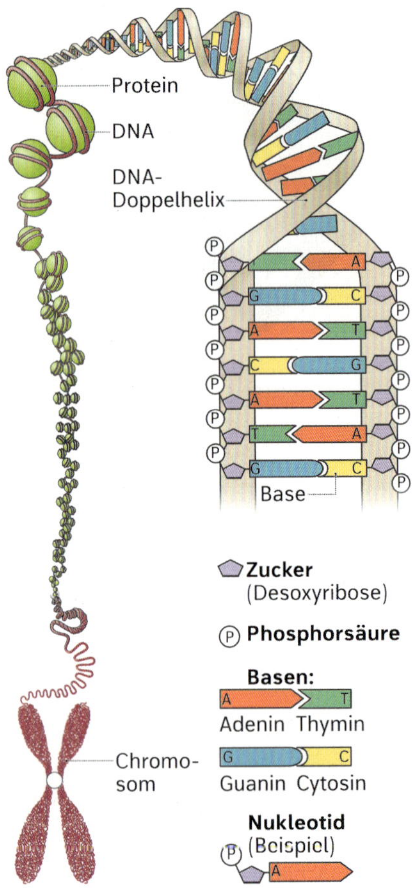

Bedeutung des Zellkerns

Die Zellen eines Körpers enthalten in ihrem Zellkern die Erbsubstanz, die das Wachstum und die Entwicklung eines Lebewesens steuert. Die Träger der Erbinformationen sind die Chromosomen, die sich im Zellkern befinden. Ihre kompakte Struktur ermöglicht es, die Erbsubstanz während der Mitose und Meiose zu verteilen. Der Mensch besitzt 46 Chromosomen. Es gibt 44 Autosomen und zwei Geschlechtschromosomen, die Gonosomen. Das X- und das Y-Chromosom unterscheiden sich durch Größe, Form und Anzahl der Gene. Chromosomen bestehen aus Chromatinfäden, die aus Proteinen und DNA bestehen. Die DNA bildet eine DNA-Doppelhelix aus zwei komplementären Einzelsträngen. Die Basen Adenin und Thymin sowie Guanin und Cytosin stehen sich gegenüber. Vor der Zellteilung erfolgt die identische Verdopplung der DNA, die DNA-Replikation.

Mitose und Zellteilung

Am Beginn der Zellteilung findet die Kernteilung, die Mitose, statt. Dabei werden die Zwei-Chromatid-Chromosomen voneinander getrennt. Die Ein-Chromatid-Chromosomen werden dann auf die beiden Tochterzellen verteilt. Erst dann teilt sich die Ausgangszelle. Die beiden Tochterzellen enthalten so die gleiche genetische Information wie die Ausgangszelle.

Meiose und Befruchtung

Bei der Bildung der Geschlechtszellen findet eine Kernteilung, die Meiose, statt. Dabei trennen sich erst die homologen Chromosomen, danach die Ein-Chromatid-Chromosomen. So hat eine Geschlechtszelle nur einen halben, haploiden Chromosomensatz. Die Verteilung der Chromosomen erfolgt nach dem Zufallsprinzip. Bei der Befruchtung von Eizelle und Spermienzelle entsteht ein doppelter, diploider Chromosomensatz.

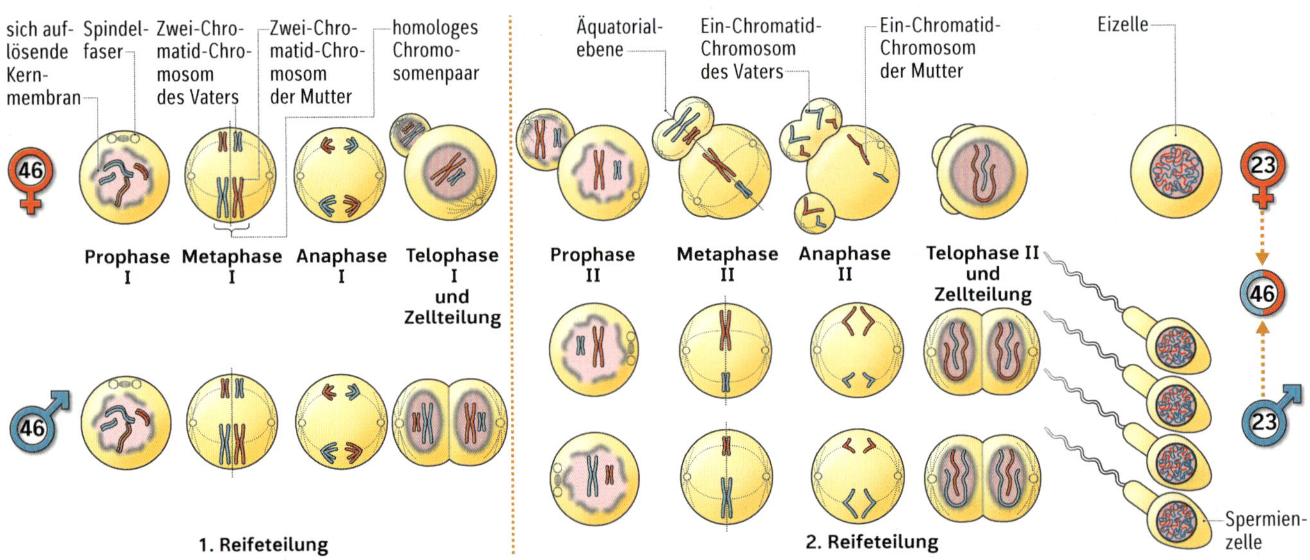

Zusammenfassung

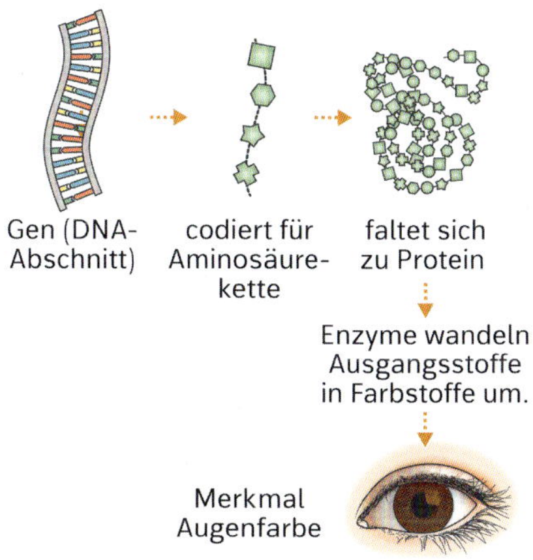

Vom Gen zum Merkmal

Die „Bauanleitung“ für die Proteine ist in der Basenabfolge der DNA festgelegt. Abschnitte auf der DNA, die die Bauanleitung für ein Protein enthalten, nennt man Gene. Die Bildung eines Proteins bezeichnet man als Proteinbiosynthese. Sie läuft in zwei Schritten ab: Bei der Transkription wird ein Abschnitt der DNA im Zellkern abgelesen und in eine mRNA übersetzt. Die mRNA gelangt in das Zellplasma. Dort wird die Basenabfolge der mRNA bei der Translation in eine Aminosäureabfolge eines Proteins übersetzt. Die erforderlichen Aminosäuren werden durch Transport-RNA bereitgestellt.

Regeln der Vererbung

Gregor Mendel entdeckte drei Erbregeln: Die Uniformitätsregel, die Spaltungsregel und die Unabhängigkeitsregel. In den Körperzellen gibt es zu jedem Gen zwei Allele. Diese können gleich oder unterschiedlich sein. Sie werden bei der Meiose zufällig auf die Geschlechtszellen verteilt und bei der Befruchtung neu kombiniert. Die Phänotypen der Tochtergeneration werden dadurch bestimmt, ob das Merkmal dominant-rezessiv, intermediär oder kodominant vererbt wird. Mithilfe eines Kreuzungsschemas kann die Vererbung nachvollzogen werden. Der Phänotyp hängt nicht allein vom Genotyp ab, sondern der Umwelt ab. Man spricht von Modifikation.

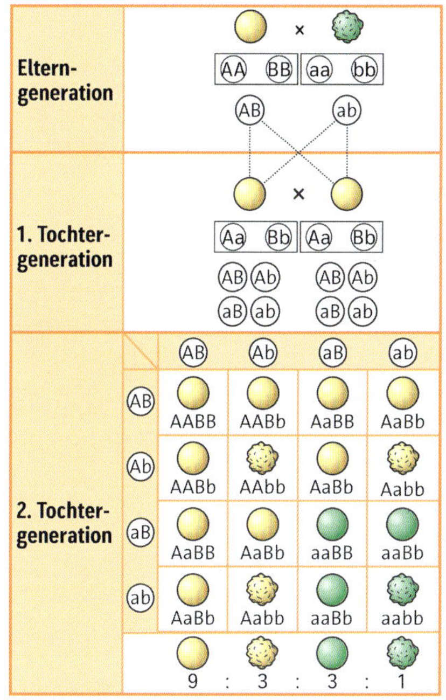

A = Allel für gelb a = Allel für grün
B = Allel für glatt b = Allel für runzlig

Mutationen

Mutation sind ungerichtete Veränderungen der Erbsubstanz. Sie sind häufig Ursache von Erbkrankheiten, die von Eltern auch an ihre Kinder weitergegeben werden können. Nicht nur einzelne Gene, sondern ganze Chromosomensätze können durch Mutationen verändert sein.

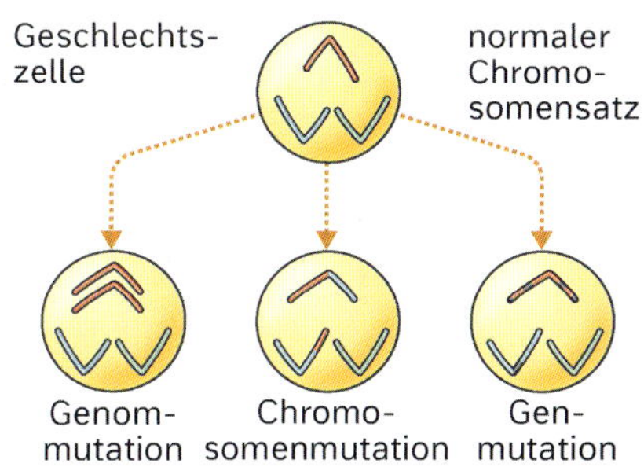

Gentechnik

Mithilfe gentechnischer Verfahren können Gene eines Lebewesens auf ein anderes Lebewesen übertragen. Gentechnisch veränderte Lebewesen werden zum Beispiel in der Landwirtschaft genutzt, auch bestimmte Stoffe lassen sich mit Gentechnik herstellen. Die Chancen und Risiken der Gentechnik müssen kritisch geprüft werden.

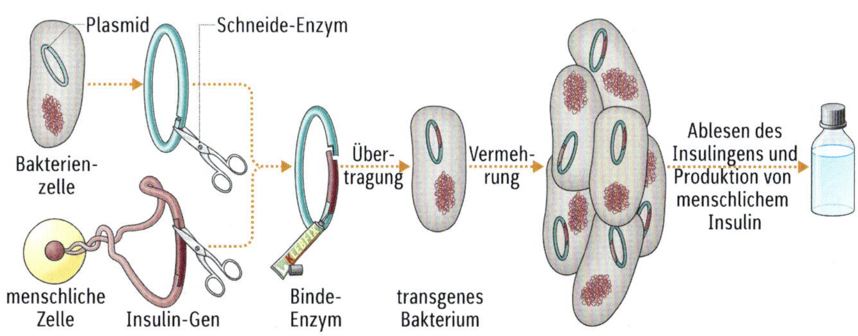

1 Bau der Chromosomen

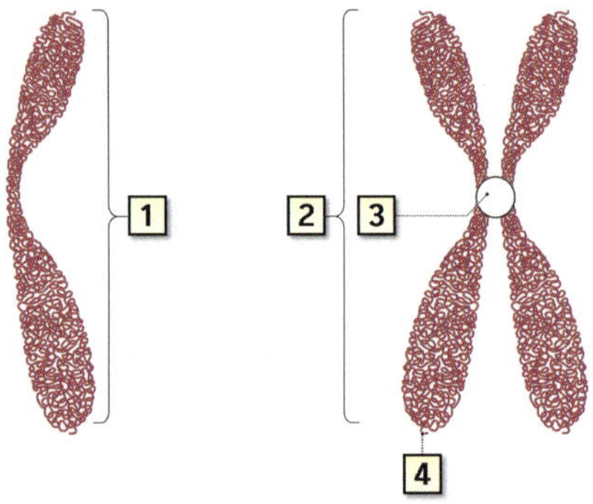

A Benenne die mit Ziffern gekennzeichneten Strukturen.

B Erkläre die Bedeutung folgender Begriffe: haploid, diploid, Chromatin, homologe Chromosomen, Ein-Chromatid-Chromosom, Zwei-Chromatid-Chromosom, Autosomen und Gonosomen.

C Erkläre, wann sich Chromatin zu Chromosomen verdichtet.

3 Meiose und Mitose im Vergleich

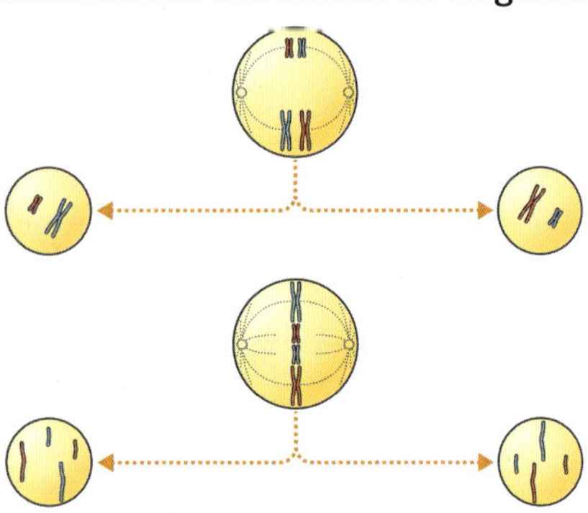

A Gib für jede Zelle an, ob sie haploid oder diploid ist. Begründe.

B Begründe, welches der Bilder eine Phase der Mitose und welches eine Phase der Meiose zeigt.

C Erläutere die Bedeutung der 1. Reifeteilung.

D Erkläre Unterschiede zwischen der Meiose bei Mann und Frau.

2 Mitose

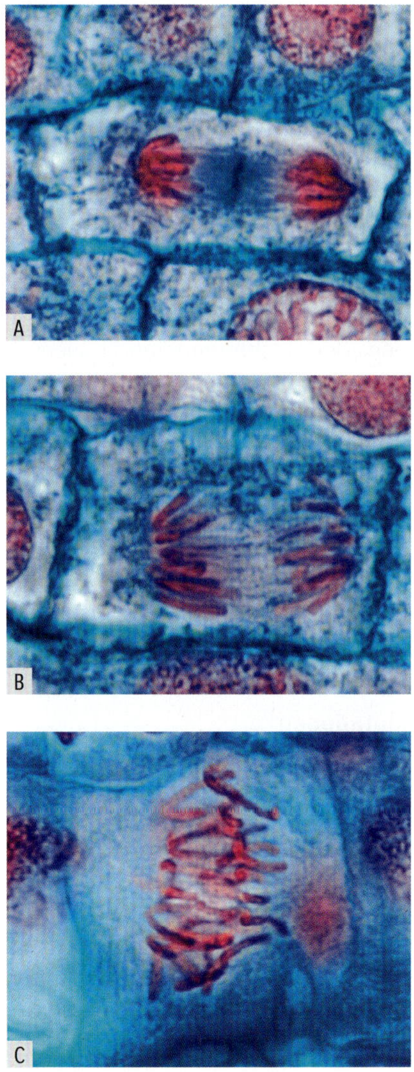

A Benenne die in den Bildern dargestellten Phasen der Mitose.

B Bringe die drei Phasen der Mitose in die richtige Reihenfolge.

C Beschreibe die Vorgänge bei den dargestellten Phasen genauer.

D Erkläre die Bedeutung der Mitose.

E Zeichne ein vereinfachtes Schema für den Zellzyklus. Erläutere die Bedeutung der Interphase.

4 Proteinbiosynthese

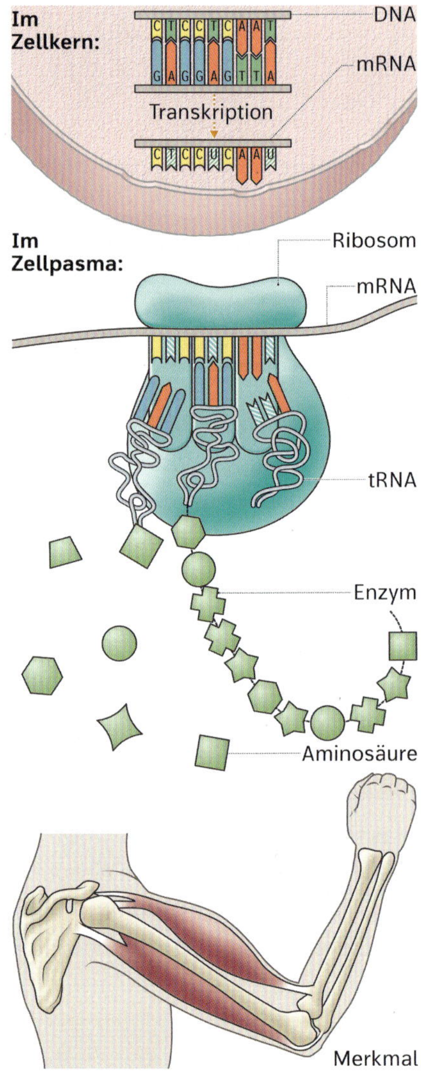

A Nenne die beiden Hauptschritte der Proteinbiosynthese.

B Beschreibe die beiden Schritte der Proteinbiosynthese.

C Vergleiche den Bau der mRNA und den Bau der DNA.

D Erkläre die Bedeutung der tRNA für die Proteinbiosynthese.

E Erläutere, warum ein defektes Gen Auswirkungen auf den Phänotyp haben kann.

5 Vererbung

A Erkläre die Bedeutung folgender Begriffe: Allel, Genotyp, Phänotyp, reinerbig und mischerbig.

B Ordne den Bildern die Begriffe intermediär, dominant-rezessiv und kondominant zu. Begründe.

6 Mendelsche Regeln

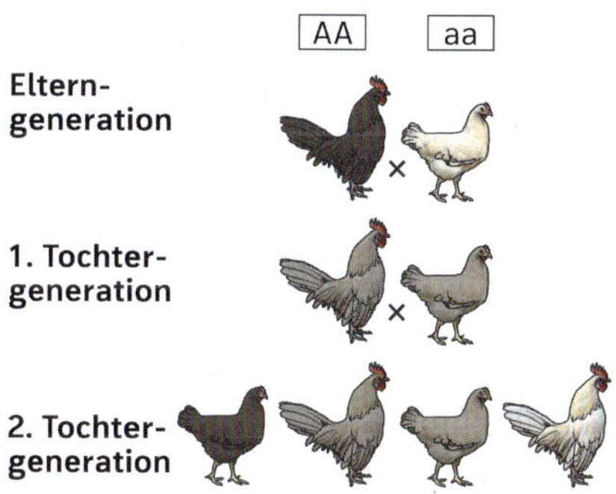

A Erkläre, ob der dargestellte Erbgang intermediär oder dominant rezessiv ist.

B Bestimme die Genotypen der ersten und zweiten Tochtergeneration.

C Erkläre, ob die 1. und 2. Mendelsche Regel auch für intermediäre Erbgänge Gültigkeit besitzt.

8 Neukombination

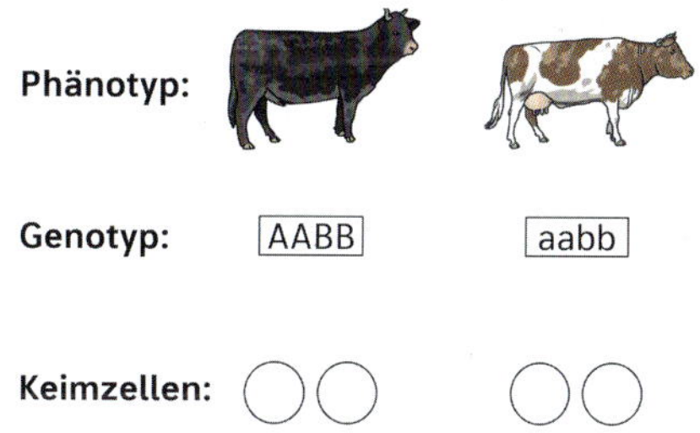

A/a: Allel für Farbe
B/b: Allel für Scheckung

A Erläutere, welches Allel dominant und rezessiv vererbt wird.

B Ermittle mit Kombinationsquadraten die Genotypen der ersten und zweiten Tochtergeneration.

C Beschreibe, welche neuen Phänotypen entstehen und erläutere, warum die 3. Mendelsche Regel auch Neukombinationsregel heißt.

7 Haaransatz beim Menschen

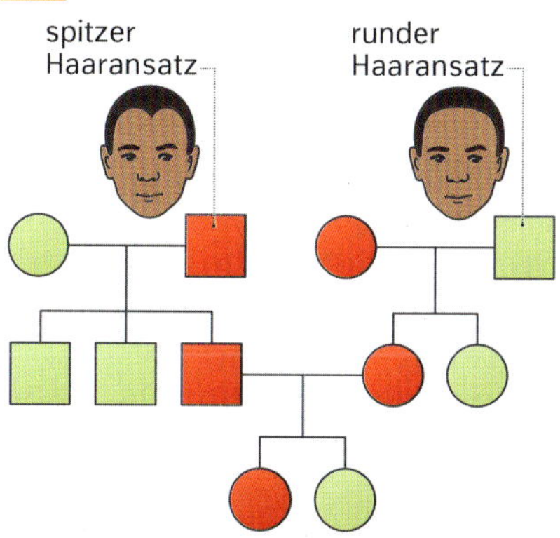

A Begründe, ob das Merkmal autosomal-dominant oder autosomal-rezessiv vererbt wird.

B Bestimme für jede dargestellte Person die möglichen Genotypen.

C Begründe, ob eine gonosomal-dominante Vererbung ausgeschlossen werden kann.

9 Mutationen

- Veränderung der Chromosomenzahl
- Strukturveränderung eines Chromosoms
- Chromosomenmutation
- Veränderung einzelner Gene
- Genommutation
- Genmutation

A Ordne die drei Textfelder den Mutationsformen zu.

B Beschreibe kurz die drei Mutationsformen.

C Recherchiere im Internet nach möglichen Mutagenen und welche Folgen sie für die DNA haben.

10 Genommutationen

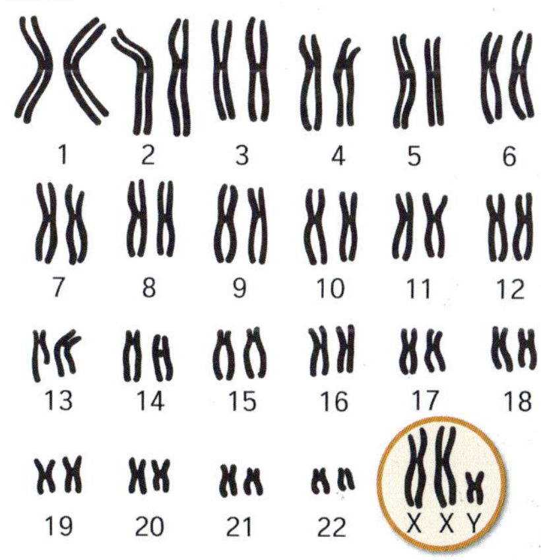

A Beschreibe, was in einem Karyogramm dargestellt wird.

B Begründe, ob das Karyogramm einen Mann oder eine Frau zeigt.

C Erläutere, um welche Mutationsform es sich beim Klinefelter-Syndrom handelt.

Evolution

3

Was sind Fossilien und wie entstehen sie?
Wie entstand die Vielfalt von Pflanzen und Tieren?
Wie hat sich der Mensch entwickelt?

In Museen werden oft versteinerte Skelette von ausgestorbenen Dinosauriern aufgebaut. Man bezeichnet diese Skelette als Fossilien. Auf zugehörigen Anschauungstafeln werden Merkmale der Dinosaurier oder auch von anderen Tier- und Pflanzengruppen beschrieben. Oft wird die Abstammung der gezeigten Lebewesen in Stammbäumen dargestellt. Anschaulich wird gezeigt, wie das Leben und die Vielfalt auf unserer Erde entstanden.

1 Dinosaurierfossil im Museum

Fossilien

Ausgestorbene Lebewesen

In der Vergangenheit haben viele andere Lebewesen auf der Erde gelebt als heute. Zu den bekanntesten dieser Lebewesen zählen die Dinosaurier. Obwohl sie seit vielen Millionen Jahren ausgestorben sind, haben sie dennoch Überreste wie Skelettteile hinterlassen. Solche Überreste nennt man **Fossilien**.

Fossil: lateinisch: „fossilis" bedeutet „ausgegraben"

2 Ausgrabung eines Fossils

Erforschung von Fossilien

Fossilien sind Überreste von Lebewesen, die bei Ausgrabungen in bestimmten Schichten des Bodens gefunden werden. Die Wissenschaft, die sich mit der Suche von Fossilien und der Erforschung von Tieren und Pflanzen der Vergangenheit beschäftigt, bezeichnet man als **Paläontologie**.

Durch die Untersuchung von Fossilien kann man viel erfahren. So kann beispielsweise das Gebiss von gefundenen Tieren Aufschluss über die Ernährungsweise geben. Beine oder Flossen lassen Rückschlüsse auf die Fortbewegung zu. Durch Vergleiche mit heute lebenden Lebewesen ist es möglich, das Aussehen ausgestorbener Tiere und Pflanzen zu rekonstruieren. Genauere Untersuchungen der Ausgrabungsorte erlauben zudem Rückschlüsse auf das Klima, den Lebensraum und die Lebensgemeinschaft der jeweiligen Zeit.

3 Entstehung eines versteinerten Fossils

Entstehung von Fossilien

Ist ein Lebewesen gestorben, wird es gefressen. Die Überreste werden von Bakterien und Pilzen zersetzt, bis nichts mehr übrigbleibt. Wird ein Lebewesen aber schnell von Schlamm und Sand bedeckt und so luftdicht abgeschlossen, kann es nicht zersetzt werden. Im Laufe der Zeit lagern sich weitere Schichten auf den Überresten ab. Diese Schichten üben durch ihre große Masse einen hohen Druck auf die Überreste aus. Dies verändert die Überreste und die Schichten, in denen sie liegen. So werden Knochen in Stein umgewandelt. Man spricht von **Versteinerung**. Manchmal bleiben auch **Abdrücke** von Blättern, Federn oder Fußspuren in Stein erhalten. Auch werden kleine Tiere von flüssigem Harz der Nadelbäume umschlossen. Das Harz erhärtet zu gelblichem Bernstein. Solche Fossilien heißen **Einschlüsse**. Werden Lebewesen von Sand oder Eis eingeschlossen und so ausgetrocknet, spricht man von **Mumien**. Teile der organischen Stoffe bleiben erhalten. ▶

Material mit Aufgaben

M1 Fossilien

1. Ordne den Bildern A-D die Begriffe Versteinerung, Einschluss, Abdruck oder Mumie zu.
2. Beschreibe die Faktoren, die bei der Entstehung der jeweiligen Fossilien eine Rolle spielen. +
3. Erstelle ein Fließschema zur Entstehung eines versteinerten Fossils.
4. Stelle Vermutungen an, wovon Abdrücke als Fossilien entstehen können.

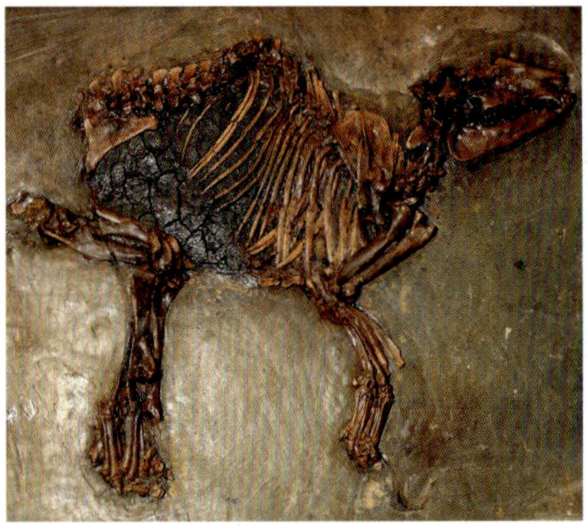

4 Fossil des Urpferdes Hyracotherium

Bedeutung von Fossilien

Oft lassen sich unterschiedlich alte Fossilien miteinander vergleichen. Manche Fossilien weisen nämlich viele gemeinsame Merkmale auf und unterscheiden sich nur in wenigen Merkmalen. Das kann ein Hinweis darauf sein, dass die gefundenen Lebewesen miteinander verwandt sind. Manchmal kann so in einer Tier- oder Pflanzengruppe gut dokumentiert werden, wie sich Merkmale verändern. Die Merkmale wandeln sich ab. Es ergeben sich aus diesen Untersuchungen **Abwandlungsreihen**.

Die genauen Verwandtschaftsverhältnisse der gefundenen Lebewesen lassen sich dadurch aber nicht klären. Die Entwicklung von Merkmalen im Laufe der Zeit bezeichnet man als **Evolution**.

Entwicklung der Pferde

Das Urpferd Hyracotherium war etwa so groß wie ein Schäferhund. Es lebte vor 55 Millionen Jahren. Seine Nahrung bestand aus weichen Blättern, die es mit seinen flachen Zähnen zermahlte. An den Vorderbeinen hatte es 4 Zehen und an den Hinterbeinen 3 Zehen mit Hufen. Damit war es gut an ein Leben in feuchtwarmen Wäldern angepasst.

Vor etwa 20 Millionen Jahren gab es immer weniger Wald und immer mehr trockene Steppen. Die Verwandten der Pferde wurden nun immer größer. Schließlich hatten sie an jedem Bein nur noch eine Zehe mit einem großen Huf. Ihre immer längere Schnauze enthielt große, hohe Zähne, mit denen sie hartes Gras zermahlen konnten.

Material mit Aufgaben

M2 Entwicklung der Pferde

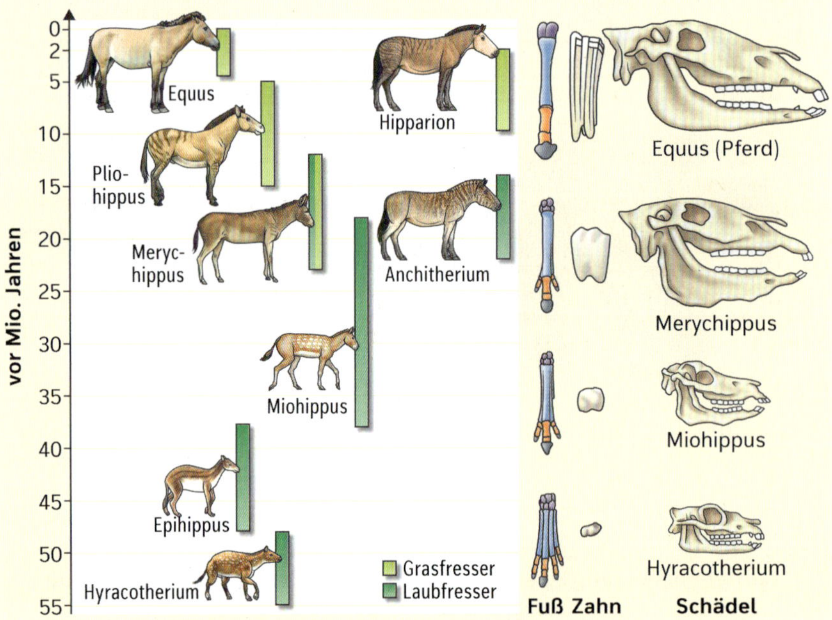

1. Beschreibe, welche Merkmale sich bei den Verwandten der Pferde im Laufe der Zeit veränderten.
2. Erläutere, warum Abwandlungsreihen ein Beleg für die Evolution darstellen.
3. Stelle Vermutungen an, welche Vorteile die Hufentwicklung für den Lebensraum Grassteppen hat.
4. Recherchiere im Internet nach Vorfahren der heutigen Elefanten und aus welchem Zeitraum es jeweils Fossilfunde gibt. Stelle die Ergebnisse ähnlich der Entwicklung der Pferde grafisch dar.

Altersbestimmung von Fossilien

Relative Altersbestimmung

Um ein Fossil richtig einordnen zu können, muss sein Alter ermittelt werden. Oft gibt die **Gesteinsschicht**, in der das Fossil gefunden wurde, einen ersten Hinweis. Tiefer liegende Schichten und die darin enthaltenen Fossilien sind meist älter als weiter oben liegende. Manche Lebewesen gab es nur zeitweise in großer Anzahl auf der Erde. Ihre Fossilien liegen nur in ganz bestimmten Gesteinsschichten. Man bezeichnet sie als **Leitfossilien**. Findet man sie an verschiedenen Orten, kann man davon ausgehen, dass die gefundenen Schichten etwa gleich alt sind. So kann man ein gefundenes Fossil nur **relativ** zuordnen und feststellen, ob ein Fossil jünger oder älter ist als andere Fossilien.

Absolute Altersbestimmung

Das genaue Alter von Fossilien oder Gesteinsschichten kann nur chemisch-physikalisch bestimmt werden. Lebewesen nehmen Kohlenstoff auf. Ein geringer Teil des Kohlenstoffs ist radioaktiv und zerfällt selbstständig. Der Anteil des radioaktiven Kohlenstoffs in lebenden Organismen ist etwa gleich hoch. Stirbt ein Lebewesen, wird kein radioaktiver Kohlenstoff aufgenommen. Der vorhandene radioaktive Kohlenstoff zerfällt im abgestorbenen Lebewesen. Alle 5700 Jahren verschwindet die Hälfte des Kohlenstoffs. Diese Zeit nennt man **Halbwertszeit**. Misst man den verbliebenen radioaktiven Kohlenstoff, kann man das Alter **absolut** bestimmen. Man nennt das **Radiokarbondatierung**.

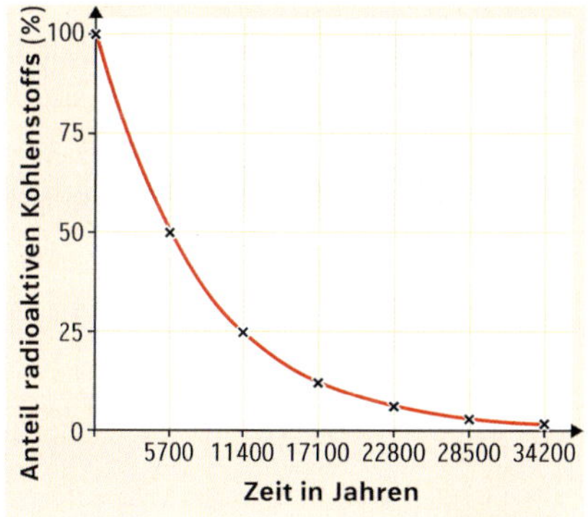

1 Zerfall radioaktiven Kohlenstoffs F

Material mit Aufgaben

M1 Leitfossilien

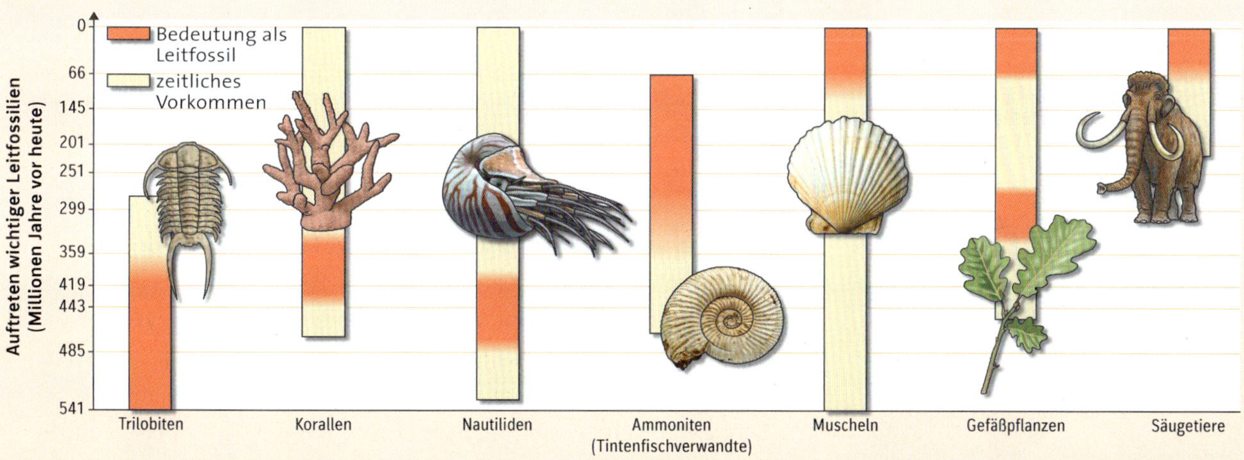

F

1. **I**II Erkläre, warum ein Fossil, das zusammen mit Ammoniten gefunden wurde, nicht älter als 480 Millionen Jahre alt sein kann.
2. **II**I Erkläre, warum die Altersbestimmung mithilfe von Leitfossilien ungenau ist und nur zur relativen Altersbestimmung geeignet ist.
3. **III** Beurteile welche Bedeutung es hat, dass Ammoniten in vielen Gebieten der Erde vorkommen.

1 Das australische Schnabeltier

Übergangsformen

2 Fossil eines Archaeopteryx

Das Schnabeltier

Im 18. Jahrhundert kamen erste europäische Siedler in das entlegene Australien. Als sie ein Präparat des Schnabeltiers in die Heimat schickten, dachte man dort, es sei aus mehreren Tieren zusammengesetzt worden. Das Fell des heute noch vorkommenden Schnabeltiers ist ein eindeutiges Merkmal von Säugetieren. Es hat jedoch eine Kloake wie Reptilien und Vögel. Seine Jungtiere schlüpfen aus Eiern mit einer ledrigen Schale, wie es für Reptilien typisch ist. Das Ausbrüten übernimmt aber nicht wie bei Reptilien die Sonne. Das Weibchen des Schnabeltiers brütet seine Eier aus, ähnlich wie dies Vögel tun. Nach dem Schlüpfen werden die Jungtiere vom Weibchen mit Milch gesäugt, wie es nur für Säugetiere typisch ist. Wie ein Mosaik ist das Schnabeltier aus Merkmalen verschiedener Tiergruppen zusammengesetzt. Man nennt solche Lebewesen deshalb **Mosaikform**.

Übergangsform

Manchmal findet man fossile Mosaikformen, die Merkmale zweier ähnlicher Tiergruppen haben. Sie sind von großer Bedeutung, weil sie den Übergang von einer Tiergruppe zu einer anderen Tiergruppe zeigen. Solche Fossilien zeigen die Weiterentwicklung von Lebewesen und sind ein Beleg für die **Evolution**.

Ein bekanntes Beispiel für eine solche **Übergangsform** wurde vor 150 Jahren im bayerischen Solnhofen entdeckt. Es trägt Merkmale von den Reptilien und von den Vögeln. Das Tier bekam den Namen **Archaeopteryx**, was übersetzt soviel wie „alte Feder“ bedeutet. Er hat sich aus kleinen schlanken Raubsauriern entwickelt und ist vermutlich ein Vorfahr unserer heutigen Vögel.

Eine noch heute lebende Übergangsform der Pflanzen zwischen der älteren Gruppe der Nadelbäume und der jüngeren Gruppe der Laubbäume ist der Ginkgobaum.

A Fertige eine Tabelle nach folgendem Muster an.
Trage in der ersten Spalte weitere Merkmale des Schnabeltiers ein.
Kreuze in der Tabelle an, welche Tiergruppe dieses Merkmal besitzt.

	Säugetiermerkmal	Reptilienmerkmal
Kloake	nein	ja
...	...	...

3 Fossil eines Ginkgo-Blattes

4 Ginkgo-Baum

Material mit Aufgaben

M1 Archaeopteryx

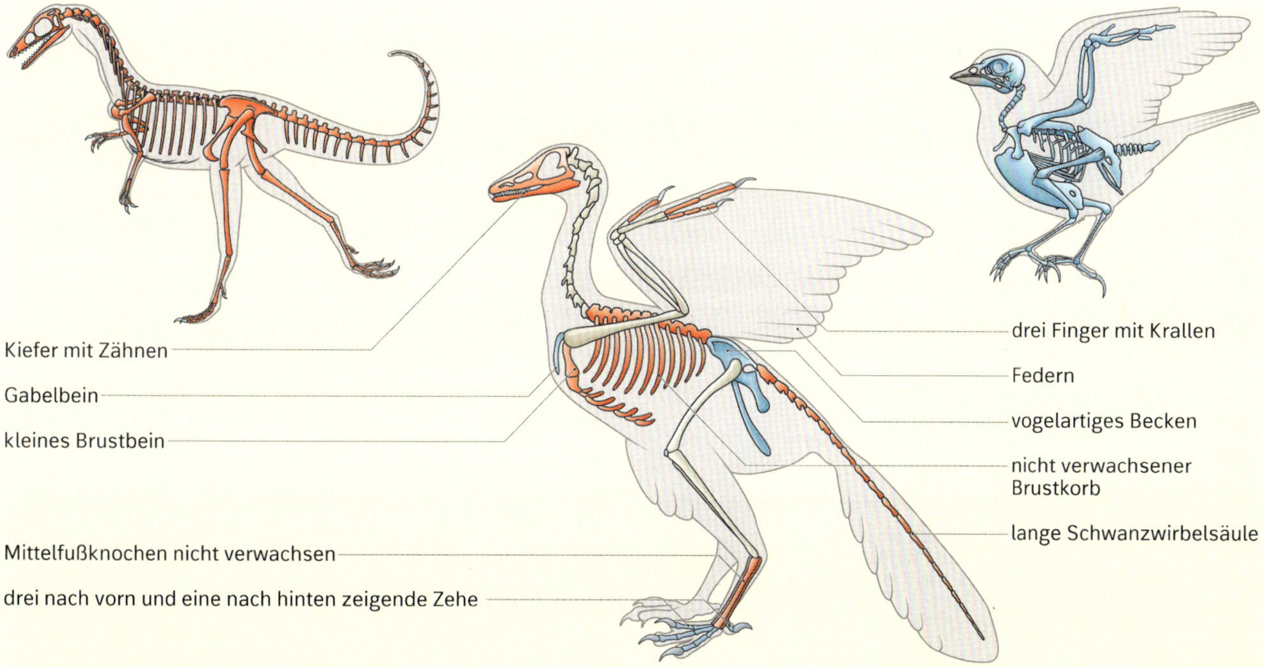

1. Vergleiche in einer Tabelle die Skelette von Taube, Raubsaurier und Archaeopteryx.

2. Erkläre, ob Archaeopteryx eine Übergangsform ist.

3. Stelle Vermutungen an, welche Bedeutung Übergangsformen für Evolutionsbiologen haben.

Sehr ähnliche Verwandte des Nautilus lebten schon vor Millionen Jahren auf der Erde. Andere Tiergruppen haben sich stark verändert. Wie entwickelte sich das Leben auf der Erde?

1 Nautilus - ein Kopffüßer

Entwicklung des Lebens

Lebende Fossilien

Manche noch heute lebenden Tier- und Pflanzenarten sehen Lebewesen, die man als Fossilien kennt, sehr ähnlich. Der Nautilus ist wie Kraken ein Kopffüßer tropischer Meere. Nahe verwandte Arten lebten schon vor 60 Millionen Jahren. Sie haben sich im Laufe der Zeit kaum verändert. Man bezeichnet den Nautilus als **lebendes Fossil**. Weitere lebende Fossilien sind das Schnabeltier, der Quastenflosser, einige Haiarten und der Ginkgobaum.

Material mit Aufgaben

M1 Entstehung der Bausteine des Lebens

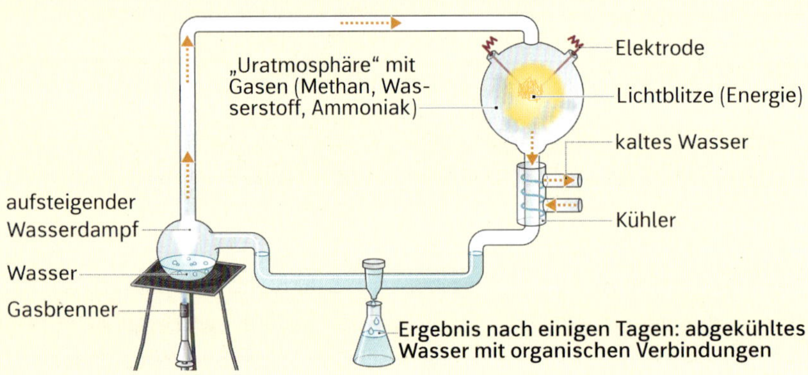

Die Forscher Miller und Clayton stellten 1953 in einem Experiment die Uratmosphäre nach.

1. Beschreibe den Versuch.
2. Ordne den Teilen des Versuchsaufbau die entsprechenden Teile der Wirklichkeit zu.
3. Erläutere die Bedeutung des Experiments.

2 Silur (vor 443 - 419 Mio. Jahren)

Erdzeitalter

Je nach vorherrschendem Klima und Ablagerungen bestimmter Gesteinsschichten wird die Erdgeschichte in **Erdzeitalter** eingeteilt. Große Naturkatastrophen veränderten die weltweite Tier- und Pflanzenwelt und markieren oft das Ende eines Erdzeitalters.

Erdurzeit

Vor etwa 4,6 Milliarden Jahren entstand aus einer Ansammlung von Staub und verschiedenen Elementen die Erde. Sie kühlte sich ab und es bildete sich eine feste Gesteinskruste. Durch chemische Reaktionen entstand gasförmiger Wasserdampf, aus dem sich die ersten Meere bildeten. Gase wie Methan, Wasserstoff, Kohlenstoffmonooxid und Ammoniak umhüllten die Erde. Blitze und Meteoriten schlugen auf die junge Erde ein. Durch chemische Reaktionen entstanden kohlenstoffhaltige, organische Verbindungen, die Bausteine des Lebens. Erste einzellige Lebewesen gab es vor etwa 3,9 Milliarden Jahren.

Erdaltertum

Im **Kambrium** vor 541 Millionen Jahren entwickelten sich erste Algen im Meer. Der Sauerstoff aus ihrer Fotosynthese war Grundlage für das weitere Leben. Es entstanden alle heutigen Tierstämme wie Quallen, Würmer, Schnecken, Gliederfüßer und Vorfahren der Wirbeltiere. Im darauffolgenden **Ordovizium** gab es erste Fische und Seesterne. Im flachen Wasser von Flüssen und Seen wuchsen erste moosartige Pflanzen.

Im **Silur** besiedelten Pflanzen mit einfachen Wurzeln, Leitgefäßen und Stützgeweben das Land. Skorpione kamen als erste Tiere an Land. Im Meer entwickelten sich bei Fischen erste Kiefer.

Das **Devon** wird auch als „Zeitalter der Fische" bezeichnet. Zu ihnen gehörten die ersten Haie mit Zähnen und riesige Panzerfische. Quastenflosser besaßen durch Knochen gestützte Flossen, Lungenfische konnten Sauerstoff aus der Luft aufnehmen. Diese Entwicklungen ermöglichten Fischen wie Tiktaalik und ersten Amphibien ein Leben an Land.

Im **Karbon** gab es große Wälder aus Schachtelhalmen und Farnen. Durch den hohen Sauerstoffgehalt gab es riesige Fluginsekten. Erste Reptilien besiedelten auch trockene Lebensräume.

Im trockenen **Perm** gab es viele Reptilien und Vorfahren der Säugetiere. Nadelbäume wurden die dominierenden Pflanzen. Am Ende des Perms starben 70 Prozent aller Arten aus. ▶

Material mit Aufgaben

M2 Entwicklung der Kiefer

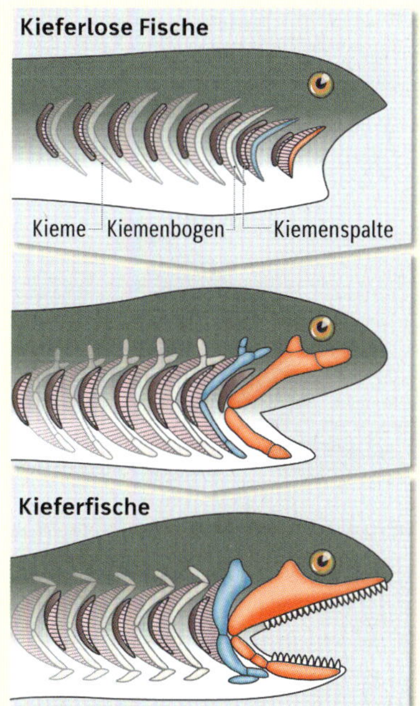

1. Beschreibe die Entwicklung der Kiefer der Fische. ⊞
2. Beschreibe, welche Möglichkeiten der Ernährung sich aus dieser Entwicklung ergaben. ⊞
3. Stelle Vermutungen an, wie sich die kieferlosen Fische ernährten konnten.
4. Erläutere an diesem Beispiel den Begriff Evolution.

3 Jura (vor 201 - 145 Mio. Jahren)

Material mit Aufgaben

M3 Artenzahl im Lauf der Erdgeschichte

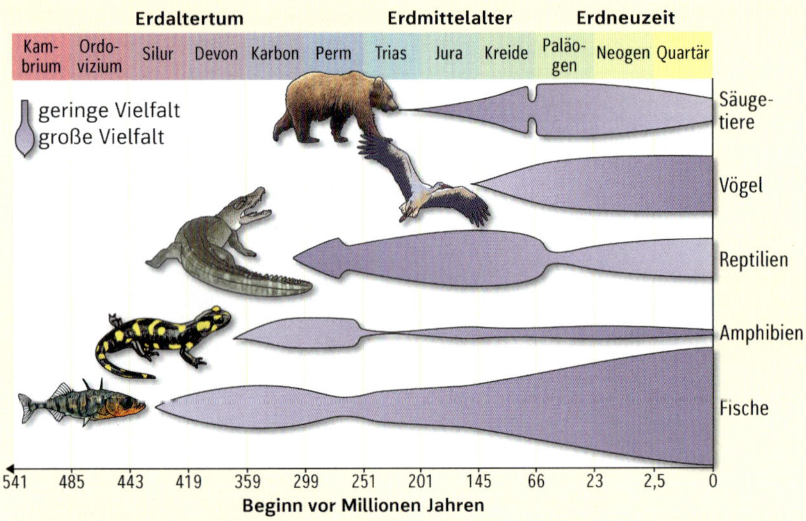

1. Beschreibe die Grafik.
2. Erläutere mithilfe der Grafik, wie die Erde in Zeitabschnitte gegliedert werden kann.
3. Stelle Vermutungen an, warum sich die Vielfalt der einzelnen Wirbeltiergruppen im Laufe der Zeit ändert.

Erdmittelalter

Nach dem Massensterben am Ende des Perms begann das Erdmittelalter mit der **Trias**. Aus einfachen Reptilien entwickelten sich die ersten Dinosaurier, Flugsaurier und Meerechsen. Eine kleine Gruppe von Reptilien entwickelte Fell und verschiedene Zahntypen: die Vorfahren der Säugetiere.

Im **Jura** erobern Reptilien fast alle Lebensräume mit teils riesigen Arten. Eine Gruppe der Dinosaurier besaß Federn, leistungsfähige Lungen und Flügel. Sie waren die Vorläufer der Vögel. Es entstanden auch die ersten Blütenpflanzen. Auch in der **Kreide** dominierten die Reptilien. Es gab viele Säugetierarten, die aber im Schatten der Dinosaurier lebten. Erste Blütenpflanzen wuchsen als Bäume und auch als Gras. Am Ende der Kreide löschte wahrscheinlich ein Meteoriteneinschlag alle größeren Lebewesen und so auch die Saurier aus.

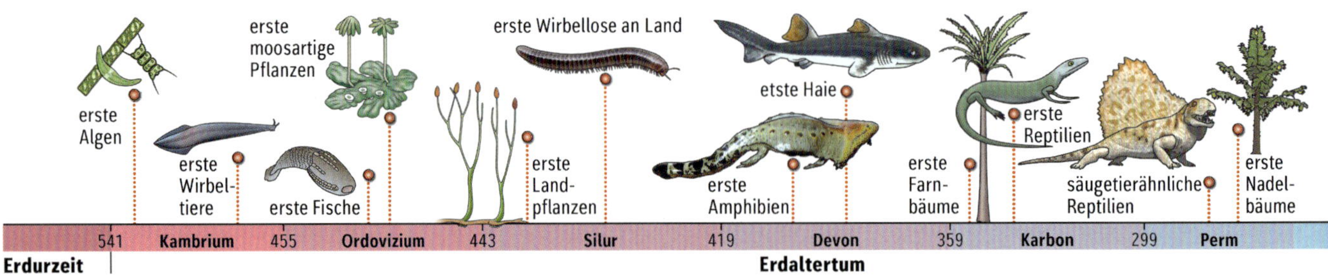

4 Die Entwicklung des Lebens

5 Neogen (vor 23 - 2,5 Mio. Jahren)

Erdneuzeit

Im **Paläogen** entwickelten sich zunächst große, flugunfähige Raubvögel. Schon kurz danach eroberten Säugetiere alle Lebensräume der Erde. Erste Verwandte der Pferde lebten in dichten Wäldern. Die Vorfahren der heutigen Wale entwickelten sich aus behaarten Säugetieren.

Im anschließenden **Neogen** lebten riesige Säugetiere wie Wale, Nashörner, Elefanten und Faultiere. In Afrika entwickelten sich die ersten Vorfahren der Menschen. Die Blütenpflanzen verbreiteten sich weiter und wurden zur artenreichsten Pflanzengruppe.

Das **Quartär** ist geprägt von einem Wechsel zwischen Warm- und Eiszeiten. Die Tier- und Pflanzenwelt ähnelt stark der heutigen. Es gab mehrere Verwandte von Menschen, die sich über die Welt verbreiteten. Letztlich überlebte davon nur der heutige Mensch.

Material mit Aufgaben

M4 Erdgeschichte im Zeitraffer

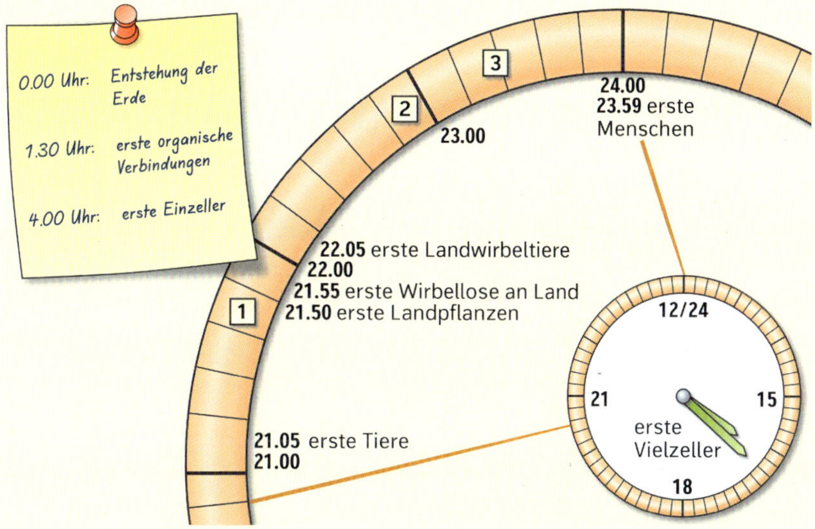

1. Beschreibe, wie die Erdgeschichte modellhaft in der Abbildung dargestellt ist.
2. Ordne den Ziffern folgende Ereignisse zu: erste Säugetiere, erste Fische, erste Blütenpflanzen.
3. Erläutere die Abbildung.

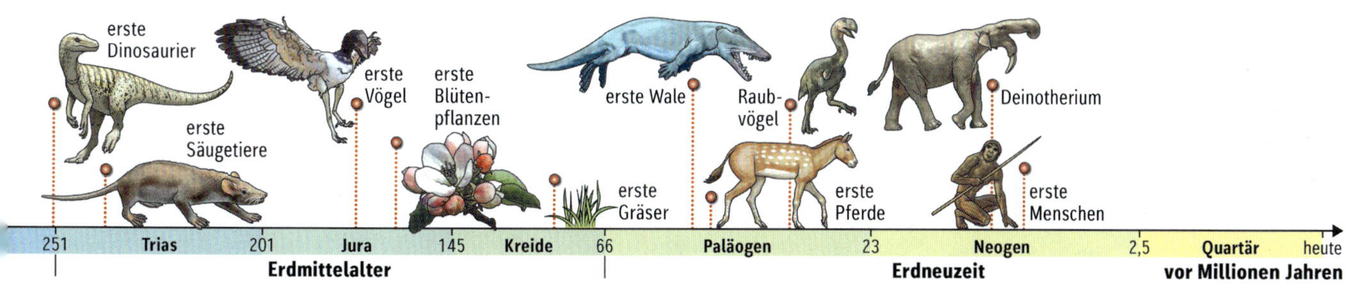

Erdzeitalter (Auszug)

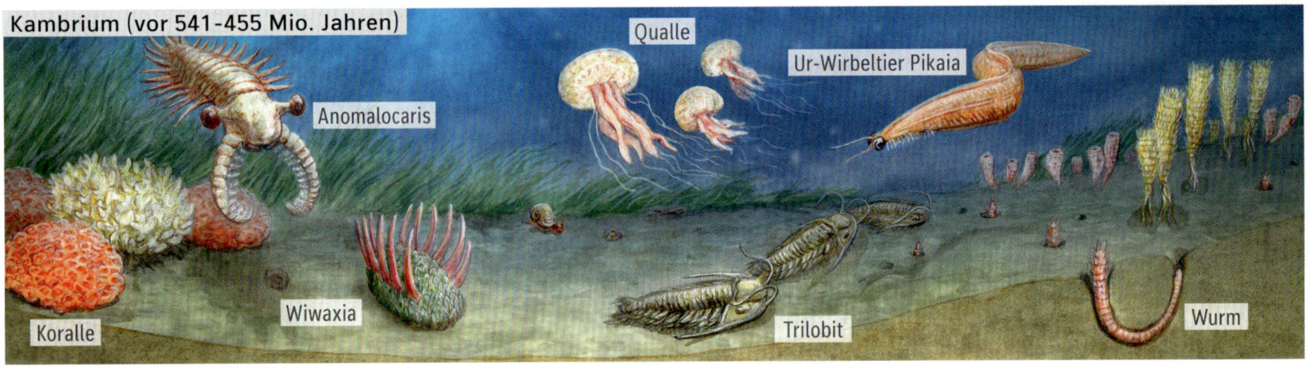

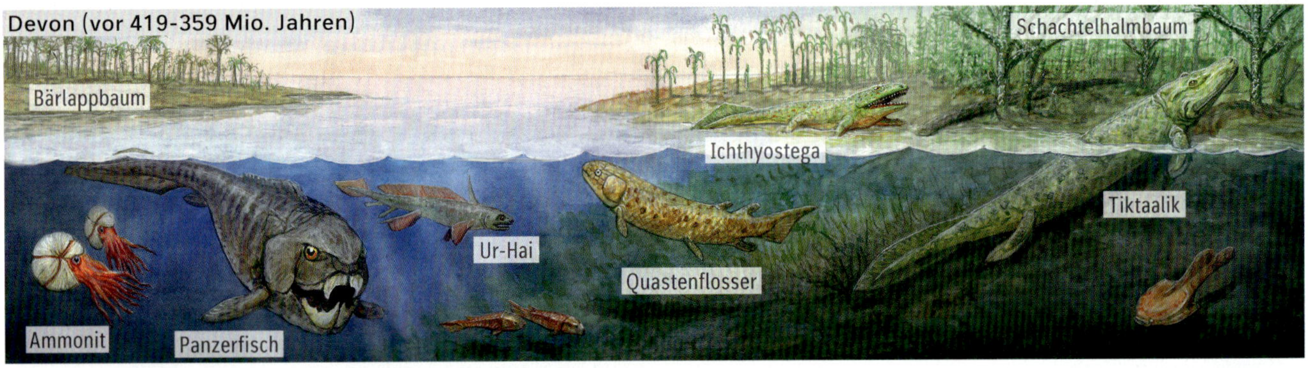

Auf einen Blick

Trias (vor 251-201 Mio. Jahren)

Kreide (vor 145-66 Mio. Jahren)

Paläogen (vor 66-23 Mio. Jahren)

Quartär (vor 2,5 Jahren - heute)

1 Schlammspringer

Landgang

Neue Lebensbedingungen

Durch vulkanische Aktivität erhob sich felsiges Land aus dem Meer. An einigen Küsten und entlang von Flüssen gab es sandige und schlammige Bereiche. Von dort aus besiedelten im Laufe der Zeit einige meeresbewohnenden Lebewesen das Land. Zunächst waren das Pflanzen, später wirbellose Tiere und Wirbeltiere. Das Leben an Land stellte alle Lebewesen, die diesen Schritt taten, vor völlig neue Lebensbedingungen.

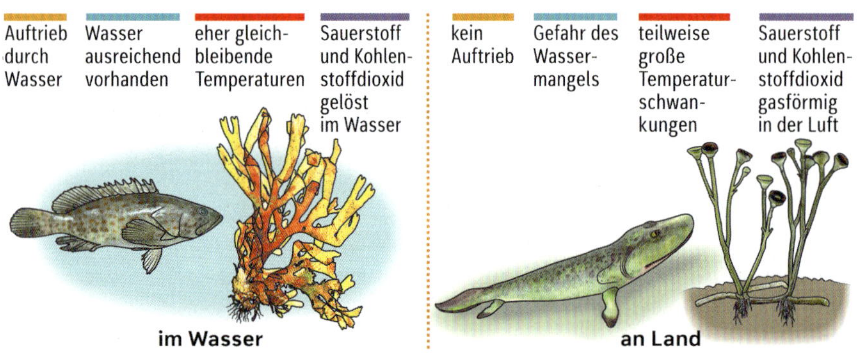

2 Lebensbedingungen im Wasser und an Land

Erste Pflanzen an Land

Die ersten Lebewesen an Land waren vor ungefähr 480 Millionen Jahren Pflanzen. Weiche Meerespflanzen schwebten im Wasser oder waren nur mit kleinen Wurzeln im Boden verankert. Mit ihrer gesamten Oberfläche nahmen sie Kohlenstoffdioxid und Mineralstoffe aus dem Wasser auf und gaben Sauerstoff ab. Für ein Leben an Land entwickelte sich **Festigungsgewebe**, um in Richtung Licht wachsen zu können. Größere **Wurzeln** verankern sie im Boden und nehmen Wasser und Mineralstoffe aus dem Boden auf. Diese werden in der Pflanze durch **Leitgefäße** verteilt. Um Wasserverlust zu verhindern und gleichzeitig vor schädlicher Sonnenstrahlung geschützt zu sein, befindet sich auf den Blättern eine **Wachsschicht**. Kohlenstoffdioxid wird über **Spaltöffnungen** aus der Luft aufgenommen und Sauerstoff abgegeben.

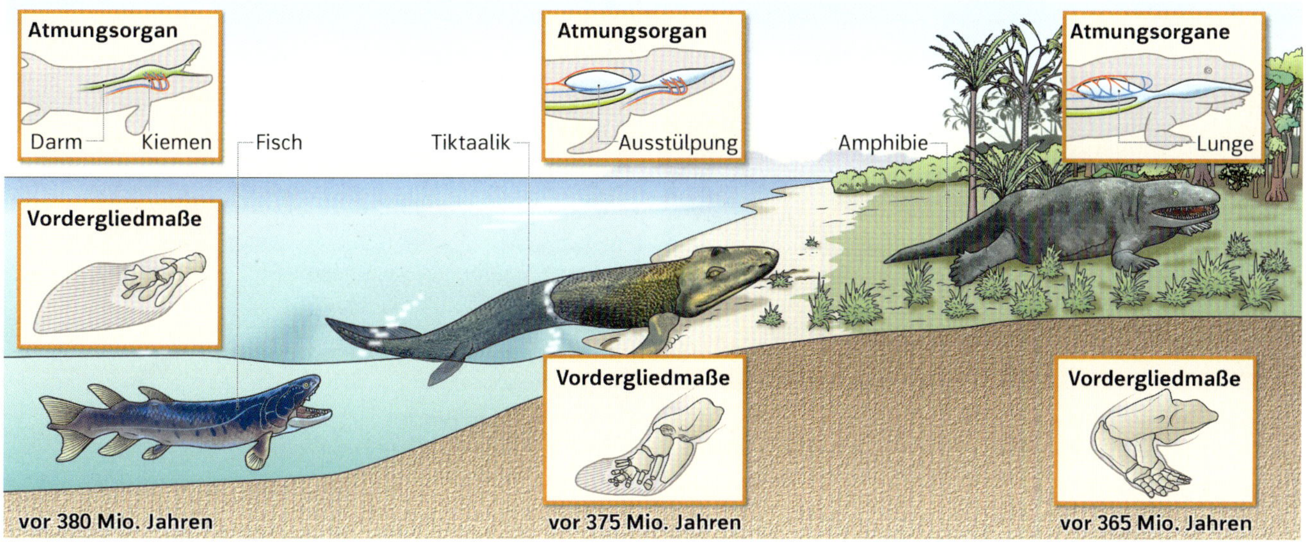

3 Landgang der Wirbeltiere

Erste Tiere an Land

Da an Land das Gewicht des eigenen Körpers nicht durch Wasser getragen wird, brauchten Lebewesen an Land eine stabile, formgebende Außenhülle. Deshalb waren es Vertreter von wirbellosen Tieren mit einem festen Außenpanzer, die vor 480 Millionen Jahren erste Schritte an Land unternahmen. **Tiktaalik** war eines der ersten Wirbeltiere, die sich kurze Zeit an Land aufhalten konnte. Zur Fortbewegung an Land waren neben einem **stabilen Skelett** auch **kräftige Muskeln** nötig.

Größere Meereslebewesen nehmen den im Wasser gelösten Sauerstoff über ihre Kiemen auf. Diese verkleben jedoch an der Luft und können den gasförmigen Sauerstoff aus der Luft nicht aufnehmen. Dafür haben die ersten Landlebewesen eine Ausstülpung des vorderen Darms entwickelt. Diese ist mit einer Schleimhaut ausgekleidet, über die gasförmiger Sauerstoff aus der Luft aufgenommen werden kann. Man bezeichnet sie heute als **Lunge**. ▶

Material mit Aufgaben

M1 Erste Landpflanzen

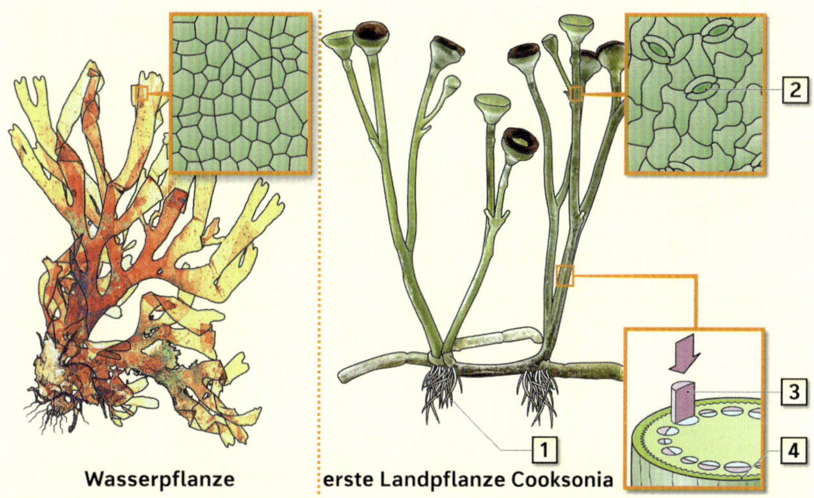

1. Benenne die mit Ziffern gekennzeichneten Angepasstheiten und beschreibe ihre Aufgaben.
2. Vergleiche den Bau der dargestellten Pflanzen. ⊞
3. Erkläre, warum die Angepasstheiten von Cooksonia ein Leben an Land ermöglichen. ⊞
4. Erläutere, warum eine Wasserpflanze wie die dargestellte Alge nicht an Land leben kann.
5. Stelle Vermutungen an, warum der Landgang der Pflanzen eine Voraussetzung für den Landgang der Tiere war.

4 Feuersalamander am Ufer

5 Zauneidechse auf Felsen

Material mit Aufgaben

M2 Atmung an Land

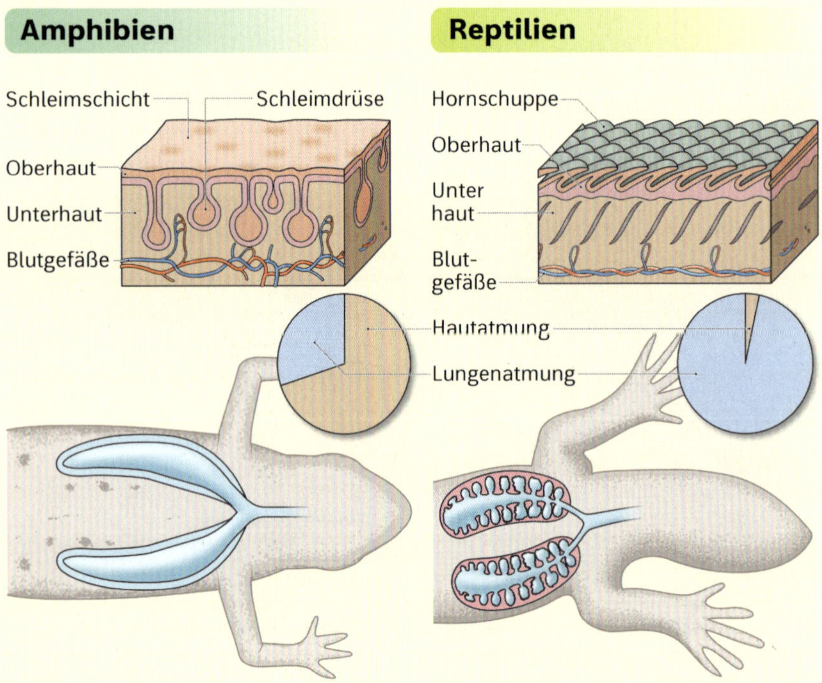

1. Vergleiche die Lungen von Amphibien und von Reptilien.
2. Erkläre, warum die Haut der Amphibien viele Schleimdrüsen besitzt.
3. Erkläre, welche Vor- und Nachteile die Reptilienhaut hat.
4. Vergleiche die Anteile der Lungen- und der Hautatmung bei Amphibien und bei Reptilien.
5. Erläutere am Bau der Lungen von Reptilien das biologische Prinzip der Oberflächenvergrößerung.

Von feuchten in trockene Gebiete

Wie auch ihre heute lebenden Verwandten waren die ersten Amphibien sehr abhängig von Wasser in der Umgebung. Deshalb lebten sie immer in der Nähe von Gewässern und konnten sich auch nicht weit von diesen entfernen.

Ein Grund hierfür ist die Atmung. Sauerstoff kann nämlich nur über eine feuchte Schleimhaut vom Körper aufgenommen werden. Diese befindet sich beispielsweise in der Lunge. Amphibien besitzen aber nur einfache Lungen. Um ihren Sauerstoffbedarf zu decken, nehmen sie diesen auch über die Hautoberfläche auf. Dazu muss diese immer feucht gehalten werden, was Amphibien an feuchte Lebensräume bindet.

Auch ihre weichen, gallertartigen Eier vertrocknen ohne Wasser schnell.

Reptilien besitzen im Gegensatz zu Amphibien eine trockene, schuppige Haut. Über sie geht kein Wasser verloren. Um ihren Sauerstoffbedarf zu decken, haben Reptilien eine stark verzweigte Lunge. Ihre Eier haben eine harte, ledrige Schale. Sie schützt den Embryo vor Austrocknung. Durch diese Angepasstheiten konnten Reptilien auch trockene Lebensräume besiedeln.

Vom Land zurück ins Wasser

1 Atemlöcher eines Wals

2 Geburt eines Wals

Evolution der Wale

Vor etwa 50 Millionen Jahren begann eine Gruppe hundegroßer Huftiere, auch Fische zu jagen. Dazu gingen sie immer häufiger ins Wasser. Im Laufe der Evolution zeigten sie immer mehr Angepasstheiten an ein Leben im Wasser, bis aus dieser Gruppe die heutigen Wale und Delfine wurden.

Ihr Körper wurde lang und stromlinienförmig. Ihr Fell bildete sich fast vollständig zurück, was das Schwimmen im Wasser erleichtert. Auch die Hinterbeine der Wale bildeten sich zurück. So konnte die Wirbelsäule beweglicher werden. An ihrem Ende entwickelte sich eine große Schwanzflosse, mit deren Schlägen sich Wale und Delfine fortbewegen. Aus den Vorderbeinen wurden paddelförmige Flossen. Die Nasenöffnung ist bei heutigen Walen auf der Oberseite des Kopfes. Sie nehmen wie alle Säugetiere den Sauerstoff aus der Luft auf. Anders als andere Säugetiere kommen Wale mit dem Schwanz voraus auf die Welt, da sie sonst bei längeren Geburten im Wasser ertrinken würden.

A Nimm Stellung zur alten Bezeichnung „Walfisch" für Wale.

Material mit Aufgaben

M1 Evolution der Wale

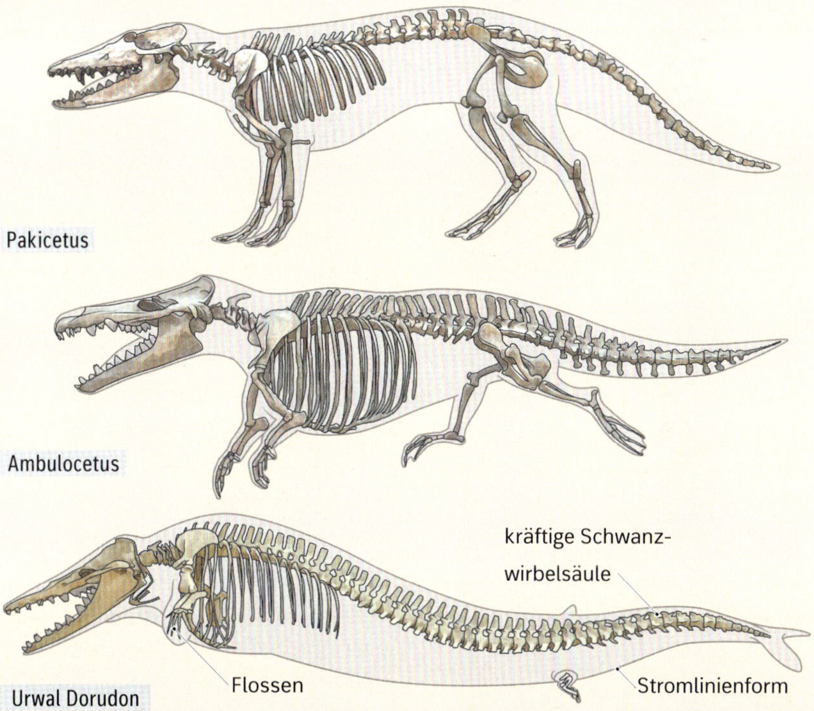

1. Beschreibe die Skelette der drei abgebildeten, ausgestorbenen Vorfahren der Wale.
2. Erkläre, warum man Ambulocetus als Übergangsform bezeichnet.
3. Stelle von jedem der drei Vorfahren Vermutungen über seine jeweilige Lebensweise an.
4. Erläutere Angepasstheiten von Dorudon an ein Leben im Wasser.

1 Riesenschildkröte mit aufgewölbtem Panzer

Lebewesen verändern sich

Konstanz der Lebewesen

Bis vor etwa 250 Jahren erklärte man sich die Vielfalt der Pflanzen und Tiere mit der Schöpfungsvorstellung der Bibel. Danach schuf Gott die Welt zusammen mit allen Lebewesen innerhalb einer Woche. Die Lebewesen waren laut dieser Vorstellung unveränderbar. Man spricht von **Konstanz der Lebewesen**.

Veränderung durch Züchtung

Der englische Naturforscher Charles Darwin beobachtete vor über 200 Jahren bei der Zucht von Tauben, dass die Nachkommen ihren Eltern ähnelten, sich aber auch immer etwas von ihnen unterschieden. So gab es Nachkommen mit einer etwas anderen Gefiederfarbe, längeren Schwanzfedern oder kürzeren Beinen. Diese Unterschiede von Merkmalen bezeichnet man als **Variabilität**. Diese Variabilität machte man sich schon länger bei der Züchtung von Haustieren zunutze. Züchter verpaaren gezielt die Tiere mit erwünschten Merkmalen. Will ein Züchter zum Beispiel Tauben mit langen Schwanzfedern haben, verpaart er immer die Nachkommen eines Elternpaares mit den längsten Schwanzfedern. Er wählt also gezielt Tiere aus, die ihre Merkmale an ihre Nachkommen weitergeben sollen. Dies bezeichnet man als **Selektion**. Durch diese gezielte **Zuchtwahl** der Tiere werden die Merkmale mit jeder weiteren Generation verändert.

2 Verschiedene Tauben

A Beschreibe den Begriff Variabilität in eigenen Worten.

B Beschreibe den Begriff Selektion in eigenen Worten.

3 Verbreitung der verschiedenen Panzerformen der Riesenschildkröten und Vegetation auf Galápagos

Wandel der Lebewesen

Vor knapp 200 Jahren kam Darwin auf die mitten im pazifischen Ozean liegende Inselgruppe Galápagos. Besonders interessierte er sich für Riesenschildkröten mit ihren verschiedenen Panzerformen. Wie entstanden die unterschiedlichen Panzerformen der Riesenschildkröten auf Galápagos? Darwin beobachtete einen Zusammenhang zwischen den Merkmalen der Riesenschildkröten und ihrer Ernährung. Diese besteht vor allem aus Kakteen. Auf Inseln mit kleinen Kakteen leben Riesenschildkröten mit rundem Panzer. Auf Inseln, auf denen hohe, baumartige Kakteen wachsen, haben die Riesenschildkröten einen aufgewölbten Panzer. Sie können leichter zu den hohen Kakteen gelangen, um diese zu fressen. Durch Beobachtungen schlussfolgerte Darwin, dass sich Lebewesen im Laufe der Zeit an ihre Umweltbedingen angepasst haben. Lebewesen können sich also in ihren Merkmalen verändern. Die Ansicht zur Konstanz von Lebewesen war nach Darwin widerlegt.

Material mit Aufgaben

M1 Darwinfinken auf Galápagos

Auf Galápagos leben 13 verschiedene Darwinfinken. Sie stammen wahrscheinlich von einem Vorfahren vom südamerikanischen Kontinent ab. Ihre Schnabelformen unterscheiden sich.

1. Vergleiche die Größe und Form der Schnäbel der Darwinfinken.
2. Beschreibe die Ernährungsweisen der Darwinfinken.
3. Erkläre am Beispiel eines Darwinfinken, wie er Schnabel an die Ernährungsweise angepasst ist.
4. Vergleiche die Beobachtungen der Darwinfinken mit den Beobachtungen, die Darwin bei den Riesenschildkröten gemacht hat.

1 Grünspecht und Grauspecht

Entstehung neuer Arten

Was ist eine Art?

Der Grünspecht ist eine Vogelart, die in weiten Teilen Europas vorkommt. Alle Grünspechte können sich untereinander fortpflanzen und ihre Nachkommen sind ebenso fruchtbar. Das kennzeichnet den Grünspecht als eine **Art**.

Ein Teil der Grünspechte lebt auch auf den britischen Inseln, wo sie von den Grünspechten auf dem Festland getrennt eine eigene **Population** bilden.

2 Männliche Kampfläufer mit unterschiedlicher Gefiederfarbe

Vielfalt in Populationen

Die Tiere einer Population sind nicht genau gleich, sondern unterscheiden sich in bestimmten Merkmalen wie Größe, Gefiederfarbe und Verhalten voneinander. Man nennt das **Variabilität**.

Diese Verschiedenheit in Populationen kommt durch zufällige **Neuverteilung** der Erbinformationen beider Elternteile bei der Befruchtung zustande. Wie beim Mischen eines Kartenspiels werden die genetischen Informationen und damit auch die Anlagen zur Ausprägung von Merkmalen von Mutter und Vater bei jeder Befruchtung neu verteilt.

Daneben kommt es auch zu zufälligen und ziellosen Veränderungen der Erbinformation, sogenannten **Mutationen**. Dadurch können, anders als bei der Neukombination, neue Merkmale entstehen. Sind die Merkmale eines Lebewesens für sein Überleben in der jeweiligen Umwelt von Vorteil, spricht man von **Angepasstheit**. Diese gibt es auch an seine Nachkommen weiter.

Mutationen sind eine wichtige Grundlage für die Entstehung neuer Arten.

3 Entwicklung von Grünspecht und Grauspecht

Isolation

Grün- und Grauspecht hatten einen gemeinsamen Vorfahren, der vor der letzten Eiszeit in Mitteleuropa lebte. Während der Eiszeit breiteten sich von Norden her riesige Eisflächen über Mitteleuropa aus, die den gemeinsamen Vorfahren von Grün- und Grauspecht Richtung Süden drängten. Durch das Meer im Süden begrenzt teilte sich die Population in eine westliche und eine östliche Teilpopulation. Aufgrund verschiedener Umweltbedingungen und Mutationen veränderten sich beide Teilpopulationen getrennt voneinander. Es entstanden zwei neue Arten: Im Westen der Grünspecht und im Osten der Grauspecht. Als sich am Ende der Eiszeit das Eis zurückzog, besiedelten beide Arten wieder Mitteleuropa. Ihre Unterschiede sind aber so groß, dass sie gemeinsam keine fortpflanzungsfähigen Nachkommen haben. Werden Populationen von Eis, Gebirgen, Flüssen oder Meeren getrennt, spricht man von **Isolation**.

Material mit Aufgaben

M1 Schimpanse und Bobobo

1. Beschreibe, was auf den beiden Bildern zu sehen ist.
2. Erkläre, warum Schimpanse und Bonobo ein Beispiel für Isolation sind.
3. Schimpanse und Bonobo sind eigene Arten. Begründe, ob sie sich fortpflanzen können.
4. Stelle Vermutungen an, was passiert, wenn der Kongo deutlich weniger Wasser führen würde.

4 Natürliche Selektion bei Schneehasen im Gebirge

5 Natürliche Selektion bei Feldhasen auf einem Acker

Material mit Aufgaben

M2 Natürliche Selektion in der Natur

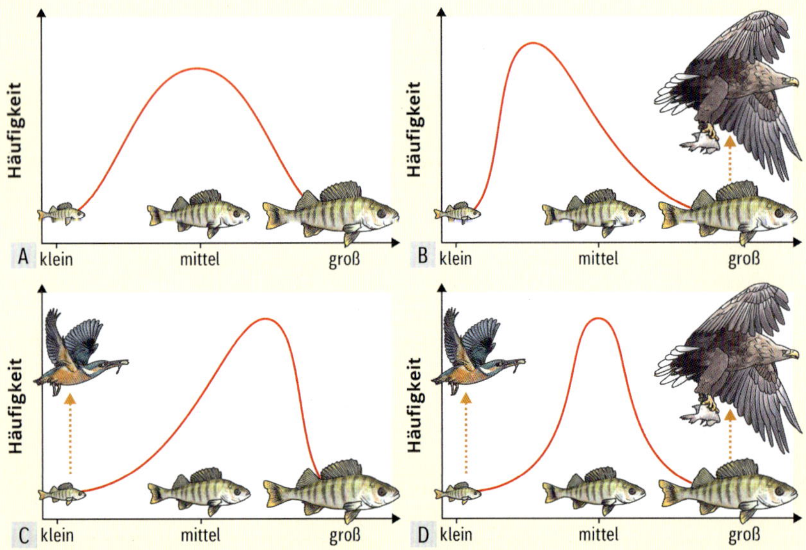

1. Beschreibe die Häufigkeit der Fische im Diagramm A.
2. Beschreibe mit den Diagrammen B-D, wie sich das Vorkommen von Fischfressern auf die Fischart auswirkt.
3. Erkläre an diesem Beispiel die Begriffe Variabilität und Selektion.
4. Stelle Vermutungen an, wie das Diagramm aussehen würde, wenn als einzige Fischfresser nur Graureiher vorkommen, die vor allem mittelgroße Fische jagen.

Natürliche Selektion

Schneehasen leben in Gebirgen Europas und Asiens. Im Winter haben Schneehasen ein weißes Fell und sind dann in ihrem schneebedeckten Lebensraum von Raubtieren wie Greifvögeln schwer zu entdecken. Schneehasen, die ein braunes Fell haben, werden leichter von Raubtieren entdeckt als ihre weißen Artgenossen. Die Wahrscheinlichkeit, dass ein Schneehase mit einem braunen Fell deshalb nicht lange überlebt, ist hoch. Durch das kürzere Leben hat er auch weniger Gelegenheiten, sich fortzupflanzen. Das ungünstige Merkmal des Schneehasen „braunes Fell" verschwindet mit der Zeit wieder.

Anders sieht es beim Feldhasen aus. Er ist mit seinem braunen Fell gut an Feld und Wiesen angepasst, da er durch seine Fellfarbe nur schwer von Raubtieren zu entdecken ist. Bei diesem Lebensraum ist eine weiße Fellfärbung von Nachteil für das Überleben. Ob ein Merkmal für ein Lebewesen von Vorteil ist, wird somit durch die Umwelt bestimmt.

1 Männlicher Pfau bei der Balz und weiblicher Pfau

2 Kämpfende männliche Rothirsche

Geschlechtsmerkmale

Bei einigen Tierarten unterscheiden sich die Männchen und die Weibchen deutlich voneinander. Oft sind die männlichen Tiere auffälliger: Der männliche Löwe hat eine Mähne, der männliche Hirsch hat ein Geweih, das männliche Wildschwein, der Keiler, hat große Eckzähne und bei vielen Vögeln wie Enten, Fasanen und Pfauen sind die Männchen auffälliger gefärbt als die Weibchen.

Werben um Weibchen

Weibliche Pfauen haben ein braunes, kurzes Gefieder. So können sie sich gut im Regenwald verstecken. Männliche Pfauen haben ein auffälliges, buntes Gefieder. So sind die männlichen Pfauen nicht nur leichter für Feinde, wie dem Leoparden, zu entdecken, mit ihren langen Schwanzfedern können sie auch nur schlecht davonlaufen und wegfliegen. Das auffällige Gefieder des männlichen Pfaus spielt eine wichtige Rolle bei der Fortpflanzung: Sieht der männliche Pfau ein Weibchen, stellt er die Schwanzfedern zu einem **Rad** auf. Er **balzt**.

Die Weibchen entscheiden, mit welchen Pfau sie sich paaren und mit welchem nicht. Untersuchungen haben gezeigt, dass sich die Weibchen eher mit Pfauen paaren, die ein größeres und bunteres Rad haben als andere. Ein besonders großes Rad ist für einen männlichen Pfau ein Nachteil. Ein Pfau, der trotz dieser Last am Leben ist, beweist, dass er eine hohe **Fitness** hat.

Kampf um Weibchen

Die Weibchen der Rothirsche leben in Herden zusammen. Zur Paarungszeit stößt zu jeder Herde ein männlicher Hirsch, der sich mit allen geschlechtsreifen Weibchen der Herde paart. Dieser **Platzhirsch** verteidigt seine Position in Kämpfen gegen andere Hirsche. Meist gewinnt bei solchen Kämpfen der größere Hirsch mit dem größeren Geweih. So vermehren sich nur die Hirsche mit der größten **Fitness**.

A Erläutere, warum ohne Variabilität keine sexuelle Selektion möglich ist.

Material mit Aufgaben

M1 Sexuelle Selektion

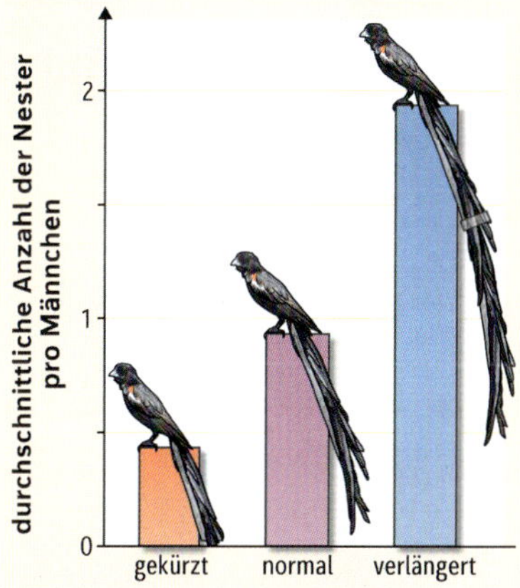

Die Männchen der afrikanischen Wida-Vögel haben lange Schwanzfedern. Bei einem Experiment wurden einer Gruppe von Männchen die Schwanzfedern gekürzt und einer Gruppe verlängert.

1. II Formuliere eine Frage, die das Experiment beantwortet.
2. III Erkläre die Ergebnisse des Experiments.

1 Giraffen unter einer Akazie

Theorien der Evolution

Lamarcks Überlegungen

Der französische Biologe Jean-Baptiste de Lamarck ging davon aus, dass sich Giraffen aus Vorfahren mit kurzen Hälsen und kurzen Beinen entwickelt haben. Die Tiere wollten an die Blätter weiter oben in den Bäumen gelangen. Sie entwickelten ein **Bedürfnis** nach einem langen Hals und langen Beinen. Die Vorfahren der Giraffen streckten sich beim Fressen nach oben, um an die Blätter der Bäume zu gelangen. Durch diese **Beanspruchung** von Hals und Beinen wurden diese länger, meinte Lamarck. Die Tiere passten sich also aktiv an ihre Umwelt an. Die **erworbenen Merkmale** hätten die Giraffen dann an ihre Nachkommen weitervererbt. So wären über viele Generationen die Hälse und Beine immer länger geworden. Lamarcks Theorie gilt heute als widerlegt.

2 Entwicklung der Giraffen nach Lamarck

3 Entwicklung der Giraffen nach Darwin

Darwins Theorie

Durch die **Variabilität** der Arten gab es unter den Vorfahren der Giraffen Tiere mit etwas längeren Beinen und längeren Hälsen als andere. Diese erreichten beim Fressen auch höher wachsende Blätter von Bäumen, an die nur wenige ihrer Artgenossen gelangten. Durch diesen angeborenen Vorteil konnten sie bei Nahrungsknappheit besser überleben und vermehrten sich. Dies nennt man **natürliche Selektion**. Die Tiere mit längeren Beinen und längeren Hälsen gaben diese Merkmale an ihre Nachkommen weiter. Unter denen hatten die Tiere mit noch etwas längeren Beinen und längeren Hälsen wieder bessere Chancen, zu überleben und sich zu vermehren, als Tiere mit kürzeren Beinen und Hälsen. Der Tod der schlecht angepassten Tiere gefährdet das Überleben der Art nicht, da die Lebewesen einer Art mehr Nachkommen hervorbringen, als für das Überleben ihrer Art notwendig wäre. Die Merkmale langer Hals und lange Beine setzten sich bei den Giraffen im Laufe vieler Generationen durch.

A Vergleiche die Theorie von Lamarck und Darwin.

Material mit Aufgaben

M1 Synthetische Evolutionstheorie

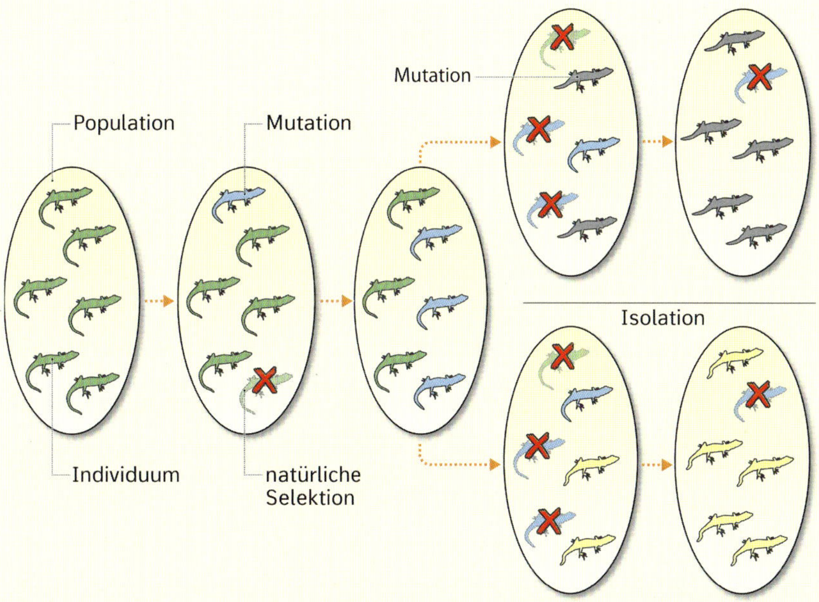

Bei der synthetischen Evolutionstheorie spielt der Populationsbegriff eine große Rolle. Innerhalb einer Population pflanzen sich Individuen einer Art untereinander fort. Bei der Fortpflanzung werden die Erbanlagen durchmischt und durch Mutationen verändert.

1. Beschreibe die Entstehung von Arten mithilfe des Bildes.
2. Erkläre die Bedeutung der Evolutionsfaktoren Mutation, Selektion und Isolation bei der dargestellten Evolutionstheorie.
3. Beschreibe Ähnlichkeiten der Theorie von Darwin mit der synthetischen Evolutionstheorie.

1 Seelöwe und Möwe

Verwandtschaft

Homologie

Die Vordergliedmaßen von Wirbeltieren unterscheiden sich auf den ersten Blick stark voneinander. Dies hängt mit ihrer unterschiedlichen Funktion zusammen: Der Mensch hat Hände zum Greifen, Pferde haben lange Beine mit einem Huf zum Rennen und Seelöwen haben Flossen zum Schwimmen. Trotzdem sind alle Vordergliedmaßen aus denselben Knochen aufgebaut und haben immer dieselbe Anordnung. Sie haben denselben **Grundbauplan**. Durch Fossilien kann die Abwandlung der Vordergliedmaßen der Wirbeltiere bis zu einem **gemeinsamen Vorfahren** zurückverfolgt werden. Man bezeichnet solche Merkmale als **homologe Organe**. Man spricht von **Homologie**.

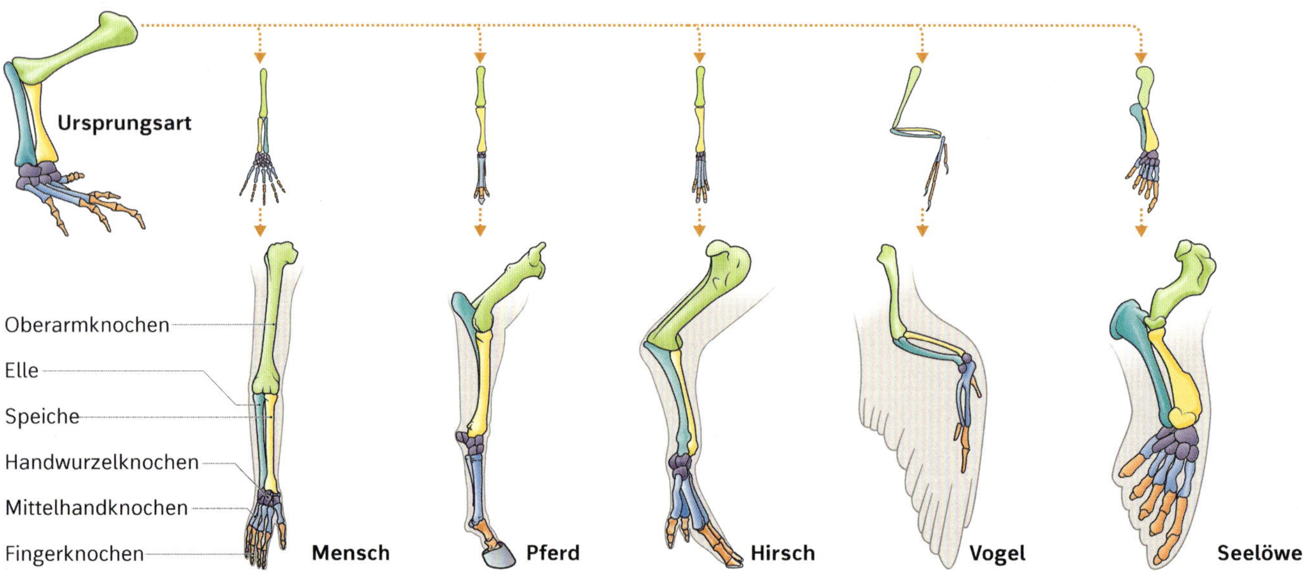

2 Entwicklung der Vordergliedmaßen einiger Wirbeltiere

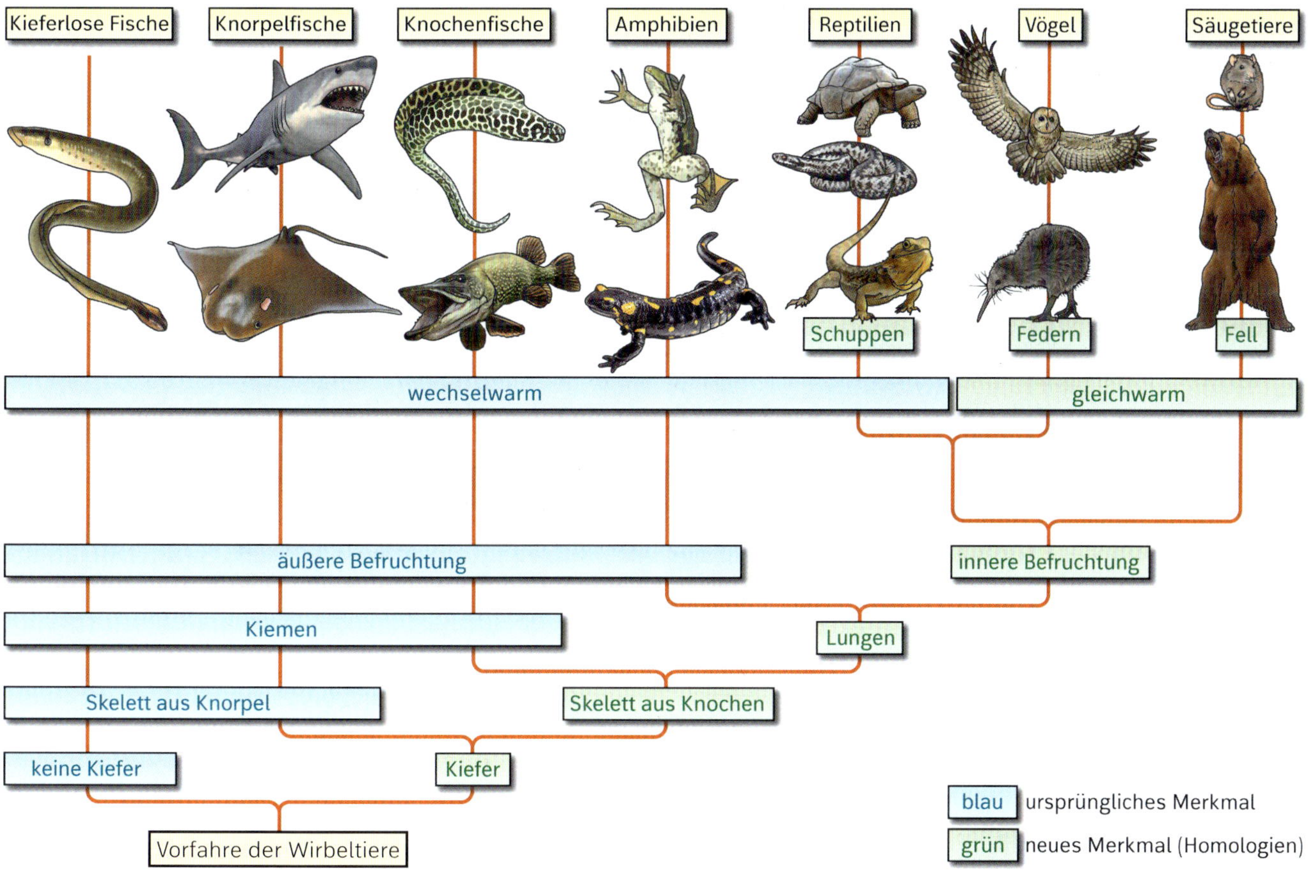

3 Stammbaum der Wirbeltiere

Stammbäume

Durch Untersuchung mehrerer homologer Merkmale lässt sich die Verwandtschaft von Lebewesen feststellen. Je mehr Gemeinsamkeiten zwei Lebewesen haben, desto näher sind sie miteinander verwandt.

Entsteht im Laufe der Evolution ein neues Merkmal, kennzeichnet dieses Merkmal auch eine neue Gruppe von Lebewesen. So entwickeln sich immer neue Gruppen von Lebewesen aus anderen Gruppen. Durch Fossilien kann oft gezeigt werden, wann ein neues Merkmal das erste Mal auftrat. Die verschiedenen Verwandtschaftsverhältnisse können als **Stammbaum** dargestellt werden. ▶

A Nenne die Wirbeltierklassen in der Reihenfolge ihrer Entstehung.

Material mit Aufgaben

M1 Stammbäume und Verwandtschaft

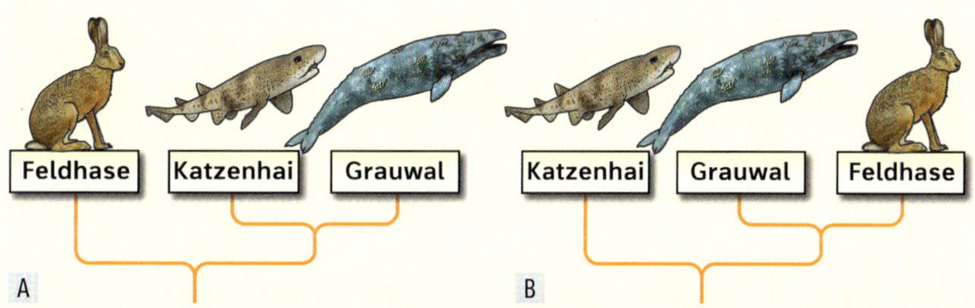

	Gliedmaßen	Körperbedeckung	Atmungsorgan	Fortpflanzung	Körpertemperatur
Grauwal	Flossen	Haut	Lunge	lebende Junge	gleichwarm
Katzenhai	Flossen	Schuppen	Kiemen	eierlegend	wechselwarm
Feldhase	Beine	Haut mit Fell	Lunge	lebende Junge	gleichwarm

1. Beschreibe die Verwandtschaft in den beiden Stammbäumen.
2. Begründe, welcher Stammbaum der wahrscheinliche ist. ⊞
3. Erläutere mithilfe der Tabelle, welche Merkmale als Homologien für Grauwal und Feldhase bezeichnet werden können.

4 Analogie: **A** Maulwurf; **B** Maulwurfsgrille

Material mit Aufgaben

M2 Stacheln und Dornen

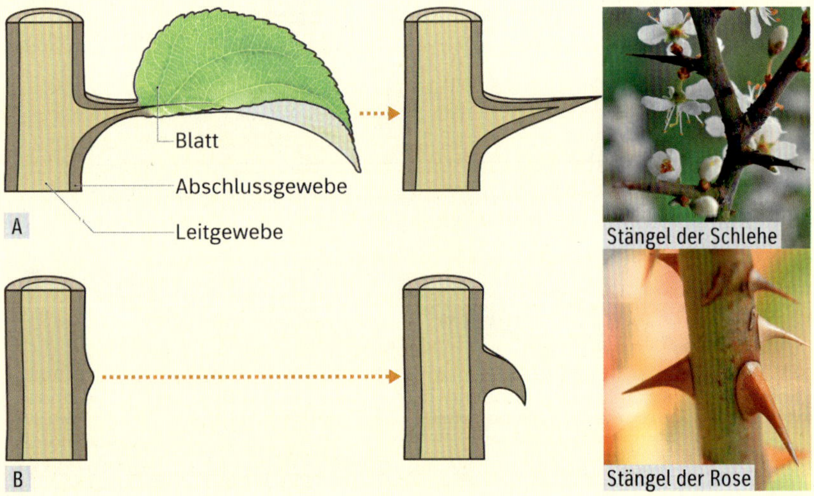

Stachel:
Auswuchs des Abschlussgewebes.

Dorn:
Umgewandeltes Blatt.

1. Beschreibe den Unterschied zwischen den spitzen Fortsätzen bei Schlehen und bei Rosen.
2. Ordne mit den Textboxen Rose und Schlehe die Begriffe Dorn und Stachel zu. Begründe.
3. Nimm Stellung zu dem Sprichwort „Keine Rose ohne Dornen".
4. Erläutere, ob es sich bei Stacheln und Dornen um eine Homologie oder um eine Analogie handelt.

Analogie

Der Maulwurf hat kurze, breite Vordergliedmaßen, mit denen er sich durch die Erde gräbt. Auch die Maulwurfsgrille lebt in der Erde und gräbt wie der Maulwurf Gänge. Ähnlich wie der Maulwurf hat sie kurze, breite Vordergliedmaßen.

Die Grabbeine beider Tierarten ähneln sich zwar, sind aber ganz unterschiedlich aufgebaut. Während die Gliedmaßen des Maulwurfs wie bei allen Säugetieren aus innenliegenden Knochen aufgebaut sind, werden die Gliedmaßen der Maulwurfsgrille durch ein festes Außenskelett gebildet. Sie haben einen unterschiedlichen Grundbauplan. Die Ähnlichkeit der Gliedmaßen beruht auf einer ähnlichen Funktion, nicht auf einen gemeinsamen Bauplan. Es handelt sich um **analoge Organe**. Man spricht von **Analogie**.

Durch eine ähnliche Lebensweise können sich nicht nur einzelne Körperteile, sondern auch das Aussehen und Verhalten von Lebewesen ähneln, die nicht miteinander verwandt sind. Man spricht von evolutionärer **Konvergenz**.

Material mit Aufgaben

M3 Vordergliedmaßen von Wirbeltieren und Wirbellosen

1. ||| Beschreibe bei den abgebildeten Wirbeltieren den Bau der Vordergliedmaßen.
2. ||| Beschreibe an einem Beispiel, wie Wirbeltiere an ihre Fortbewegung angepasst sind. ⊞
3. ||| Erkläre, warum es sich bei den Vordergliedmaßen der Wirbeltiere um Homologien handelt. ⊞
4. ||| Beschreibe bei den abgebildeten Wirbellosen den Bau der Vordergliedmaßen. ⊞
5. ||| Beschreibe an einem Beispiel, wie Wirbellose an ihre Fortbewegung angepasst sind. ⊞
6. ||| Erkläre, warum es sich bei den Vordergliedmaßen der Wirbellosen um Homologien handelt. ⊞
7. ||| Erläutere an einem Beispiel den Begriff der Analogie.

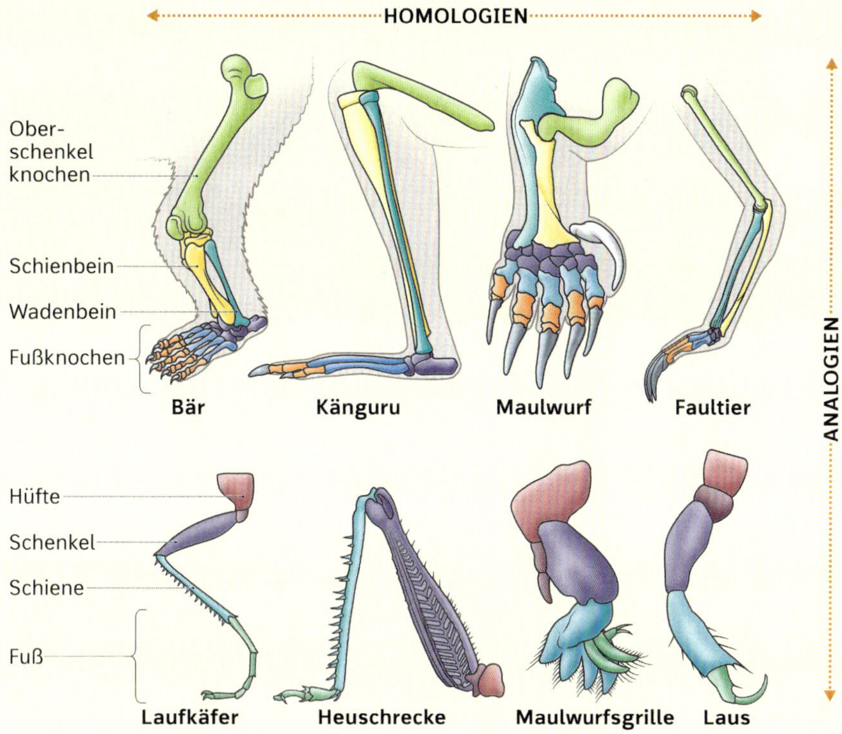

M4 Flug von Wirbeltieren

1. ||| Beschreibe, aus welchen Knochen die Flügel der drei Tiere aufgebaut sind.
2. ||| Erkläre, ob es sich bei den Flügelskeletten um Homologien oder um Analogien handelt. ⊞
3. ||| Beschreibe, woraus die Flugfläche der abgebildeten Tiere bestehen. ⊞
4. ||| Erkläre, ob es sich bei den Flugflächen um Homologien oder um Analogien handelt.

1 Schimpanse angelt Termiten aus einem Termitenbau

Der Mensch - ein Primat

Abstammung der Menschen

Menschen und Menschenaffen sind nah miteinander verwandt, weil sie eine gemeinsame Abstammung haben. Durch Untersuchungen der Erbsubstanz heute lebender Primaten und Fossilien konnte ein Stammbaum entwickelt werden. Demnach werden die Primaten nach ihren Merkmalen in Feucht- und Trockennasenprimaten unterteilt. Zu letzteren gehören die **Menschenaffen** und auch der Mensch. Dass der Mensch vom Affen abstammt, ist falsch: Mensch und andere Menschenaffen sind sehr enge Verwandte. Sie gingen aus einem gemeinsamen Vorfahren hervor, der vor rund sieben Millionen Jahren lebte.

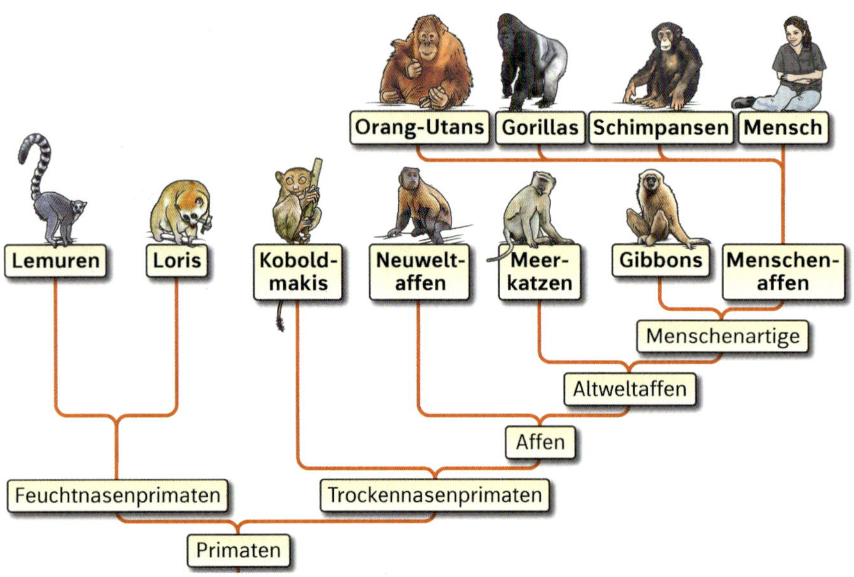

2 Stammbaum der Primaten

Erste Primaten

Die ersten Primaten waren kleine, auf Bäumen lebende Säugetiere. Mit ihren Händen konnten sie sich an Ästen festhalten und dank ihrer beweglichen Schultergelenke von Ast zu Ast hangeln. Durch ihre nach vorn gerichteten Augen konnten sie sich in den Bäumen gut orientieren. Ihre Hände setzten sie als Werkzeuge ein und bearbeiteten damit ihre Nahrung. Im Vergleich zu anderen Tieren hatten sie ein großes Gehirn.

Mensch und Schimpanse

Mensch und Schimpanse stimmen in etwa 98 Prozent ihrer DNA überein. In ihren Körpermerkmalen unterscheiden sie sich aber deutlich.
Die Wirbelsäule des Schimpansen ist nahezu gerade, beim Menschen ist sie doppelt-S-förmig. Durch diese Form kann sie Stöße gut abfedern.
Auch das Fußgewölbe des Menschen erfüllt diese Funktion. Schimpansen treten dagegen mit der gesamten Fußfläche auf, können dafür aber mit den Zehen geschickter greifen.
Das Becken des Menschen ist anders als beim Schimpansen schüsselförmig. So trägt es die inneren Organe. Wirbelsäulen-, Becken- und Fußform des Menschen ermöglichen den aufrechten Gang. Durch den aufrechten Gang sind die Hände für den Gebrauch von Werkzeugen frei. Der Mensch kann seinen Daumen den anderen Fingern gegenüberstellen. Mit seinem Präzisionsgriff kann er auch sehr kleine Gegenstände greifen. Schimpansen haben sehr kleine Daumen. Daher fällt ihnen das Greifen kleiner Gegenstände schwerer.

Entwicklung des Gehirns

Der Mensch hat ein etwa dreimal so großes Gehirn wie ein Schimpanse. Der Mensch kann komplizierte Zusammenhänge erfassen, Werkzeuge herstellen und seine Zukunft planen. Der Einsatz von Sprache und das Leben in Gemeinschaft machen ihn sehr anpassungsfähig. Durch diese **Anpassungsfähigkeit** konnte der Mensch viele verschiedene Lebensräume, von Steppen bis zum Regenwald, besiedeln.

Material mit Aufgaben

F

M1 Mensch und Menschenaffen

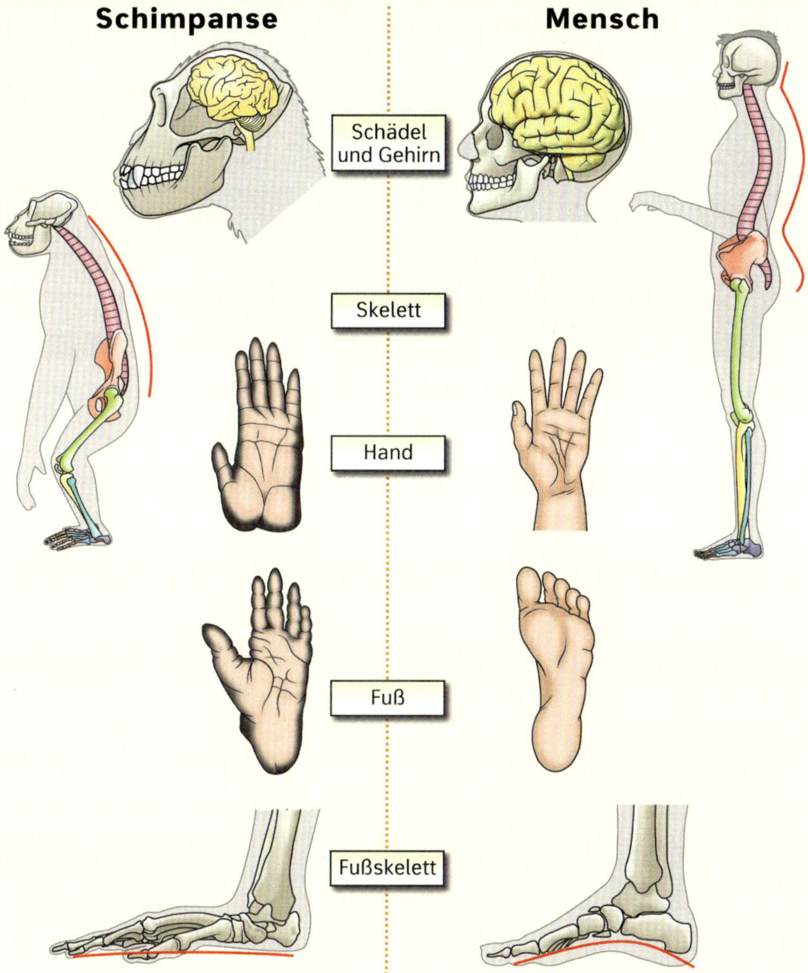

1. Vergleiche die Merkmale von Mensch und Schimpanse. Liste dabei alle Unterschiede auf.
2. Beschreibe Merkmale, die den aufrechten Gang des Menschen ermöglichen.
3. Erkläre, ob der Schimpanse wie ein Mensch einen Kugelschreiber halten und benutzen könnte. ⊞
4. Erkläre, welche Merkmale einen dauerhaften, aufrechten Gang ermöglichen. ⊞
5. Wähle eine der Aufgaben aus:
   a Erläutere die unterschiedliche Haltung des Oberkörpers. ⊞
   b Erläutere die Auswirkungen des aufrechten Gangs auf die Funktionsmöglichkeiten der menschlichen Hand.

1 Gruppe von Menschen

Die Evolution des Menschen

2 3,7 Millionen Jahre alte Fußspuren belegen den aufrechten Gang

Australopithecus

Die ersten bisher gefundenen Menschenarten lebten vermutlich vor etwa 4 bis 2 Millionen Jahren in Afrika. Man fasst diese Vorfahren des Menschen als Gruppe der Australopithecus zusammen. Im Jahr 1974 entdeckten Forscher ein besonders gut erhaltenes weibliches Skelett dieser Art. Sie gaben ihm den Namen „Lucy". Lucy ist etwa 3,2 Millionen Jahre alt und gut einen Meter groß. Ihr Gehirn war etwa ein Drittel so groß wie das des modernen Menschen.

Der aufrechte Gang

Fossile Fußspuren und der Körperbau der gefundenen Skelette zeigen, dass Australopithecus aufrecht gehen konnte. Bis heute ist nicht geklärt, wie und warum der aufrechte Gang entstanden ist. Es gibt mehrere Theorien:

- **Savannen-Theorie**: Die ersten Menschenarten lebten in den Savannen Afrikas. Sie waren aber relativ klein. Durch das Aufrichten im hohen Gras konnten sie sich besser im Gelände orientieren und herannahende Feinde schneller sehen, um sich zu verteidigen oder zu flüchten. Auch mögliche Nahrungsquellen konnten so von weitem gesehen werden.
- **Kühlungshypothese**: In der Hitze der Savannen Afrikas ist es wichtig, dass der Körper und besonders das Gehirn nicht überhitzen. Der aufrechte Gang verringert die Körperoberfläche, die der Sonne ausgesetzt ist und vergrößert den Abstand zum wärmespeichernden Boden. Zudem kann Wind den Körper so besser kühlen.

- **Wat-Theorie**: Nach dieser Theorie lebten die ersten Menschen in der Nähe von Gewässern. Um an das reichhaltige Nahrungsangebot der Uferzonen zu gelangen, durchwateten die Menschen das Wasser auf zwei Beinen. So ragt der Körper aus dem Wasser heraus und erleichtert die Fortbewegung.

Wie auch immer der aufrechte Gang entstanden ist, er hat viele Vorteile. Die Hände sind frei, um Nahrung oder Werkzeuge zu beschaffen, zu bearbeiten und zu transportieren. Gleichzeitig erlaubt der aufrechte Gang eine ausdauernde Fortbewegung sowie eine bessere Übersicht im Gelände.

Homo habilis

Parallel zur Gruppe der Australopithecinen entwickelten sich die ersten Menschen der Gattung **Homo** vor etwa 2,1 Millionen Jahren. Homo habilis, der „geschickte Mensch", konnte sich gut an das zunehmend trockener werdende Klima anpassen. Wälder gingen zurück und es entstanden große Savannen. Das Sammeln von Wurzeln und Früchten wurde aufwändiger, sodass eine flexiblere Nahrungsbeschaffung erforderlich wurde. Fossilien aus dieser Zeit zeigen, dass Homo habilis seine Hände zunehmend zur Herstellung von fortschrittlicheren Steinwerkzeugen für die Jagd auf Tiere benutzte.

Material mit Aufgaben

M1 Der aufrechte Gang

1. Ordne den drei Abbildungen zum aufrechten Gang je eine Theorie zu. Begründe.
2. Beschreibe, welche Vorteile sich bei jeder Theorie aus dem aufrechten Gang ergaben.
3. Recherchiere im Internet nach weiteren Theorien zum aufrechten Gang und stelle sie vor.

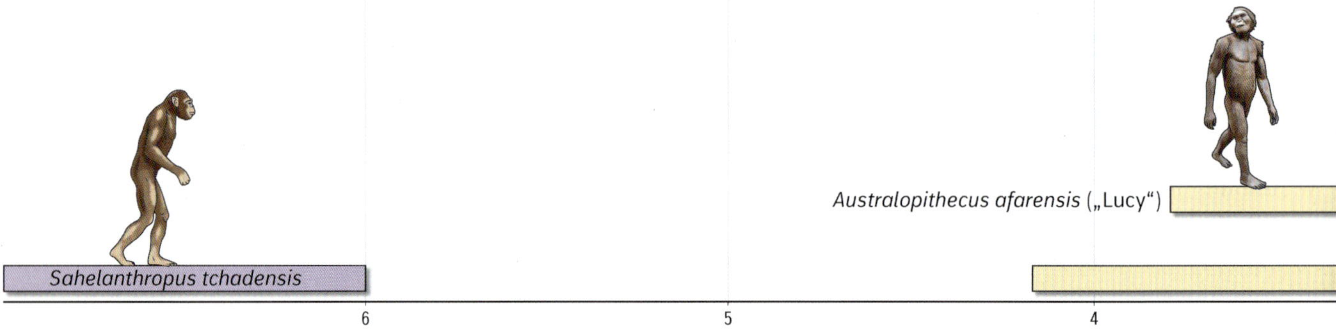

3 Zeitliches Vorkommen einzelner Menschenarten

Material mit Aufgaben

M2 Gehirn- und Werkzeugentwicklung

	Homo habilis	Homo erectus	Neandertaler	Homo sapiens
Vorkommen	vor 2,5 bis 1,5 Mio. Jahren	vor 2 Mio. bis 500000 Jahren	vor 130000 bis 35000 Jahren	seit 40000 Jahren
Schädel	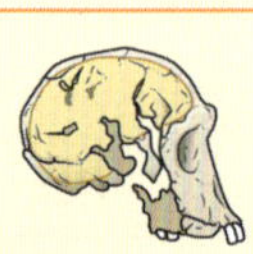	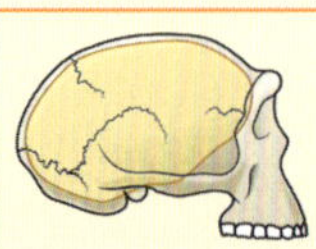	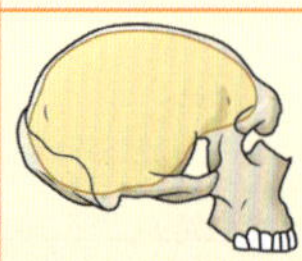	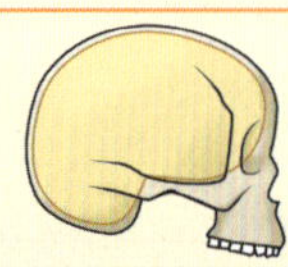
Gehirnvolumen	700 cm^3	1000 cm^3	1400 – 1600 cm^3	1500 cm^3
Werkzeuge	 Geröllgeräte, einfache Feuersteinwerkzeuge	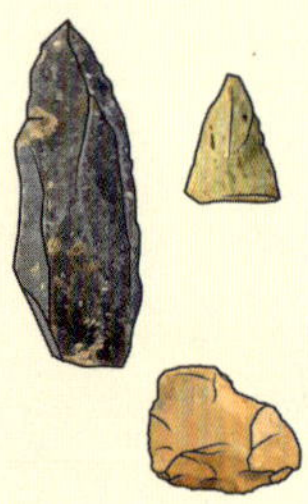 Schlagwerkzeuge, Schaber, Spitzen	 Faustkeile, Spitzen, Schaber, Messer	 Werkzeuge aus Stein, Knochen, Horn und Metall

1. **II** Vergleiche die Entwicklung der Gehirnvolumen der dargestellten Menschenarten.
2. **II** Vergleiche die Werkzeuge der einzelnen Menschenarten miteinander. ⊞
3. **III** Erkläre den Zusammenhang zwischen der Entwicklung der Gehirnvolumen und der Entwicklung der Werkzeuge. Stelle Vermutungen an, wie der aufrechte Gang diese Entwicklungen begünstigte.

Homo erectus

Der erste dauerhaft aufrecht gehende Mensch, Homo erectus, lebte vor etwa 2 Millionen Jahren. Er wohnte als Gruppe in Höhlen oder Hütten. Er nutzte das Feuer als Wärmequelle und zur Abwehr von Raubtieren. Homo erectus kochte seine Nahrung und machte sie so leichter verdaulich. Die in der Nahrung enthaltene Energie wurde so leichter verfügbar, wodurch sich sein Gehirn weiter vergrößern konnte. Homo erectus jagte mit Pfeilspitzen und scharfkantigen Faustkeilen in Gruppen. Er nutzte Tierhäute und Felle als Kleidung und zum Hüttenbau. So konnte er sich auch in das kältere Europa und Asien verbreiten.

Neandertaler

In Europa entwickelte sich vor etwa 200.000 Jahren vermutlich aus dem Homo erectus der Neandertaler. Er war eine robuste Menschenart, die an das kalte Klima im Norden angepasst war. Der massive Schädel des Neandertalers beinhaltete ein recht großes Gehirn. Er war in der Lage, Verletzungen zu behandeln. Er fertigte Werkzeuge, Jagdwaffen und Kleidung und beerdigte seine Toten.

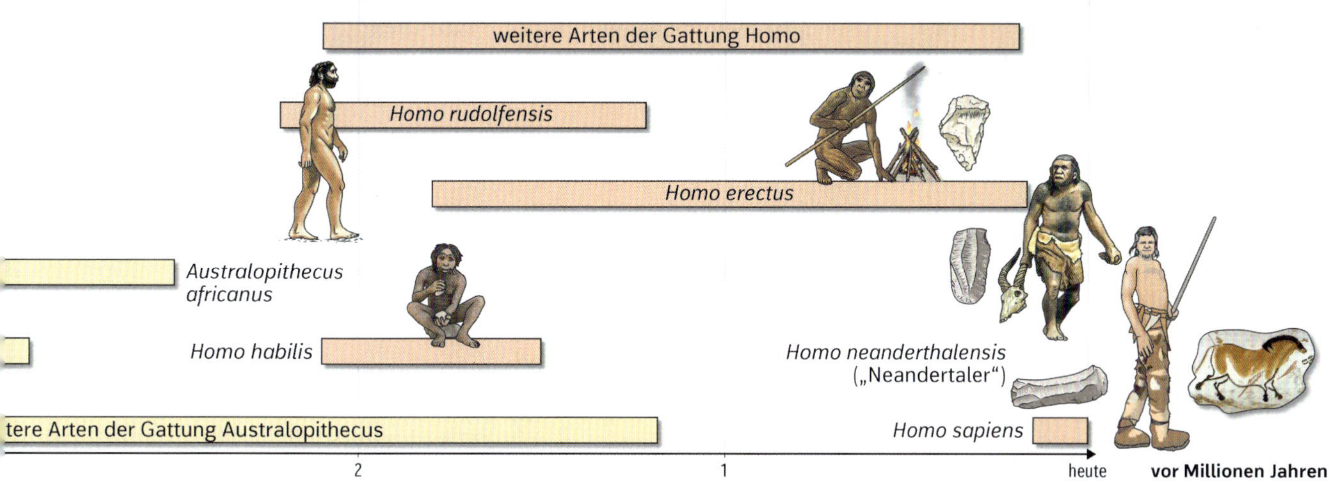

F

Homo sapiens

In Afrika ging wahrscheinlich aus dem Homo erectus der moderne Mensch, Homo sapiens, hervor. 300 000 Jahre alte Schädelknochen aus dem nördlichen Afrika sind die ältesten bislang gefundenen Fossilien des modernen Menschen. Er ist vermutlich an mehreren Stellen Afrikas entstanden und hat sich in mehreren Auswanderungswellen über die Welt verbreitet. Laut dieser **Out-of-africa-Theorie** gelangte der moderne Mensch vor etwa 40.000 Jahren nach Europa und verdrängte den dort heimischen Neandertaler. Von diesem sind keine Fossilien mehr gefunden worden, die jünger als 30.000 Jahre sind. Die einzig verbliebene Menschenart Homo sapiens betrieb Ackerbau und Viehzucht. Zudem schuf er hochspezialisierte Werkzeuge. Er ist die erste Menschenart, die sich nicht mehr ausschließlich an die Natur anpassen musste, sondern seine Umwelt nach seinen Bedürfnissen veränderte.

A Fasse die Entwicklung des modernen Menschen in eigenen Worten zusammen.

Material mit Aufgaben

M3 Wanderbewegungen des Homo sapiens

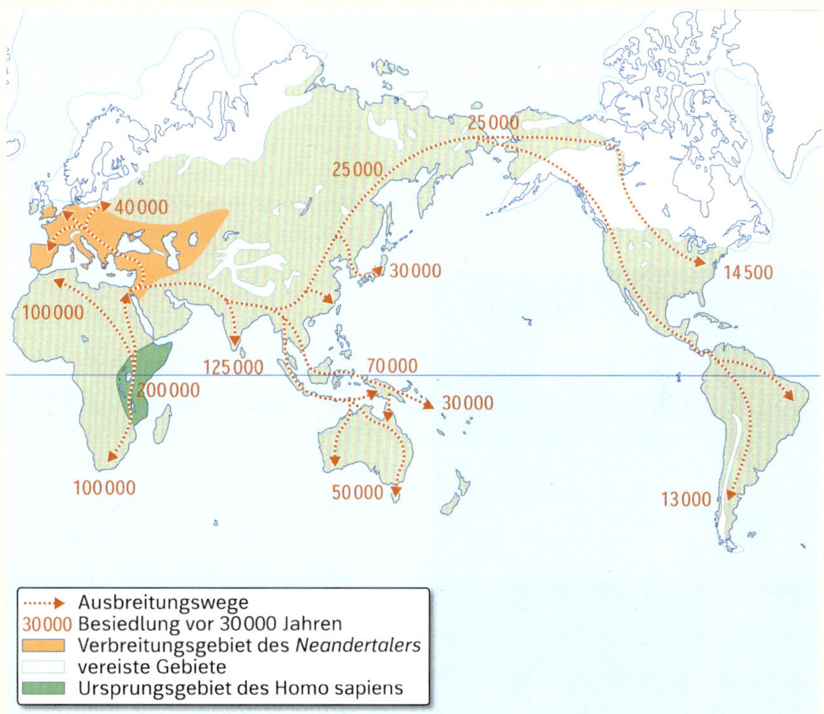

1. Beschreibe die Wanderbewegungen des Homo sapiens.
2. Erstelle ein Flussdiagramm aus den besiedelten Kontinenten.
3. Erkläre, warum man beim Homo sapiens von der „Out-of-africa-Theorie“ spricht.
4. Stelle Vermutungen an, wie die Besiedelung von Inseln erfolgt ist.

Die Entwicklung zum modernen Menschen lässt sich nicht allein mit der biologischen Evolution erklären. Welche Faktoren spielten ebenfalls eine Rolle?

1 Höhlenmalerei

Kulturelle Evolution

2 30.000 Jahre alte Figur

Kultur

Ursprünglich wurde die Entwicklung des Menschen nur durch seine natürlichen Lebensbedingungen beeinflusst. Mit zunehmenden geistigen Fähigkeiten begann der Mensch, seine Umwelt an seine Bedürfnisse anzupassen. Alles, was der Mensch gestaltet, erschafft oder verändert, bezeichnet man als **Kultur**. Dazu gehören unter anderem auch alle technischen, wissenschaftlichen und künstlerischen Errungenschaften, aber auch die Religion. Belege für kulturelle Entwicklungsschritte des Menschen werden immer wieder gefunden. Zu diesen **Kulturfossilien** zählen Überreste von Siedlungen, Werkzeugen und Waffen, Kleidungsstücke, Schmuck aber auch künstlerische Darstellungen. Dass die Menschen schon sehr früh ein Bewusstsein und religiöse Vorstellungen vom Leben nach dem Tod hatten, zeigen Grabbeigaben, die es bereits seit der Altsteinzeit gibt.

Weiterentwicklungen

Anders als bei der biologischen Evolution sind kulturelle Fortschritte meist nicht zufällig, sondern das Ergebnis zielgerichteten Denkens und Handelns. Eine Idee, wie zum Beispiel ein neues Werkzeug, wird entwickelt und erprobt. Erweist es sich als nützlich, wird es von immer mehr Menschen hergestellt und benutzt. Ist es unbrauchbar, verschwindet es wieder.

Als die Menschen sesshaft wurden, gründeten sie feste Siedlungen. Durch regional unterschiedliche Umweltbedingungen entwickelten sich große kulturelle Unterschiede. So entwickelten sich in den verschiedenen Regionen der Erde zum Beispiel unterschiedliche landwirtschaftliche Bewirtungstechniken.

A Erkläre, was man unter dem Begriff Kultur versteht.

B Erläutere die Bedeutung von Kulturfossilien.

Wortsprache

Seine geistigen Fähigkeiten und sein Bewusstsein ermöglichten dem Menschen eine immer komplexere Kommunikation. So wurde es durch Sprache möglich, Beutetiere, Gegenstände und Werkzeuge, aber auch Tätigkeiten zu benennen. Man konnte sich auch über Gedanken, Gefühle und Wünsche zu verständigen. Es wurde so auch möglich, sich über Vergangenes auszutauschen. So konnten beispielsweise Werkzeuge auch über mehrere Generationen hinweg weiterentwickelt werden. Die Fähigkeit zum Sprechen entwickelte sich vermutlich vor etwa 100.000 Jahren.

Schrift

Durch Sprache können Informationen nur von einem Menschen zum anderen weitergegeben werden. Die Entwicklung von Schrift ermöglichte erstmals das Speichern von Informationen. Waren die ersten Schriftzeichen vor über 6.000 Jahren noch Kerben und Symbole, entwickelten sich bald komplexe Schriften wie die Keilschrift und Bildschriften.

Kunst

Bereits vor über 70.000 Jahren begannen Menschen, nicht nur praktische Werkzeuge zu fertigen, sondern schufen auch Dinge ohne Nutzen für ein Überleben. Sie schnitzten Figuren aus Holz, Stein, Knochen oder Elfenbein und fertigten etwa einfache Musikinstrumente wie Flöten. Einige Höhlenmalereien sind über 40.000 Jahre alt. Sie zeigen Szenen aus dem Leben wie Nahrungsbeschaffung der Menschen, aber wahrscheinlich auch religiöse Rituale. ▶

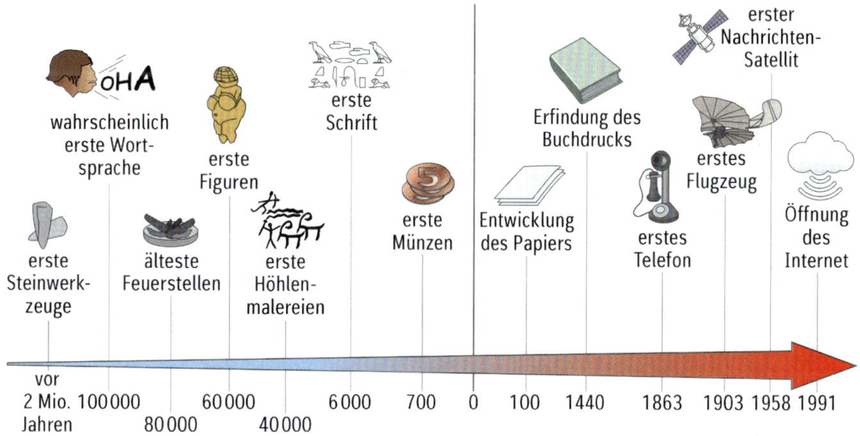

3 Meilensteine der kulturellen Evolution

Material mit Aufgaben

M1 Kulturelle Evolution

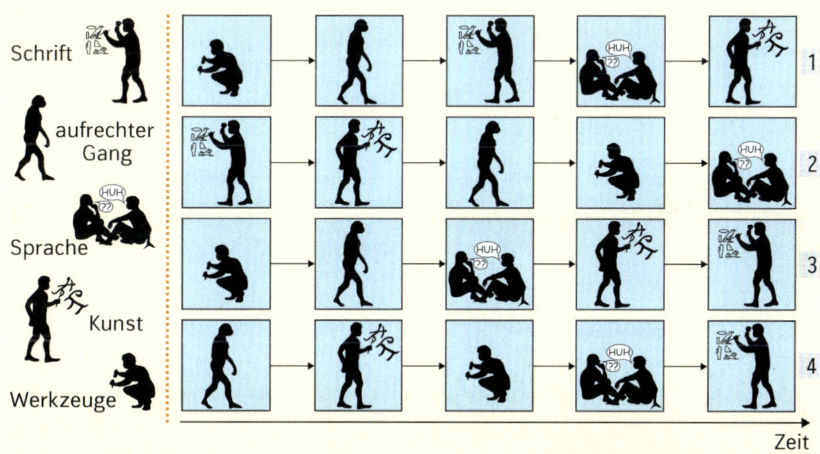

1. Wähle aus den Möglichkeiten der zeitlichen Entwicklung die wahrscheinlichste aus. Begründe.
2. Erkläre, wie sich die Entwicklung von Werkzeugen und die kulturelle Evolution gegenseitig beeinflussen.
3. Erläutere, welche Vorteile Sprache für die kulturelle Evolution des Menschen hatte.
4. Erläutere, welche Vorteile Schrift für die kulturelle Entwicklung des Menschen hatte.

Material mit Aufgaben

M2 Vom Sammeln und Jagen zum Anpflanzen und Züchten

1. Vergleiche die Tätigkeiten in den Bildern.
2. Erläutere, welche Vorteile der Lebenswandel für die Menschen hatte.
3. Erläutere, welche Werkzeuge für die gezeigten Entwicklungen notwendig waren.
4. Nimm Stellung zur Aussage: „Der Mensch formt seine Umwelt!“

Ackerbau und Handel

Die Lebensweise als Jäger und Sammler war für die Menschen sehr aufwändig. Ihre Beutetiere zogen in Herden durch das Land und viele Pflanzen, von denen sie sich ernähren konnten, waren nur an bestimmten Stellen und zu bestimmten Zeiten verfügbar. Um die Versorgung mit Nahrungsmitteln dauerhaft zu sichern, entwickelten die Menschen Ackerbau und Viehzucht. Da Tiere und Felder aber ständig versorgt werden mussten, wurden die Menschen sesshaft und bauten sich feste Behausungen. Durch unterschiedliche klimatische Bedingungen und eine ungleiche Verteilung von Rohstoffen begannen die Menschen mit ihren Waren zu handeln und ihre Erzeugnisse austauschen.

Industrialisierung

Erst mit dem Beginn des 19. Jahrhundert wurde aus einer Agrargesellschaft zunehmend eine Industriegesellschaft. Inzwischen lebten auf der Erde etwa eine Milliarde Menschen, die zunehmend nach Sicherheit und Wohlstand strebten. Die **Industrialisierung** ging mit rasanten kulturellen Fortschritten einher. Die Erfindung der Dampfmaschine ermöglichte es, Energie mechanisch zu erzeugen, was wiederum viele Arbeitsprozesse erleichterte. Die Erfindung der Glühbirne ermöglichte es, auch nachts zu arbeiten. Fabriken und Fließbänder waren der Grundstein zur Massenproduktion vieler moderner Waren. Der Verbrennungsmotor und die Gewinnung von Benzin aus Erdöl revolutionierten den Verkehr und Transporte über die gesamte Welt.

Globalisierung

Die gemeinschaftliche Arbeit und der Austausch von technischen und kulturellen Fortschritten begünstigten die Entwicklung des modernen Menschen. Dies trifft auch heute noch zu. Mittlerweile leben über 8 Milliarden Menschen auf der Welt. Der Bedarf an Rohstoffen ist deshalb immer weiter gestiegen. Die Produktion von Nahrungsmitteln verbraucht riesige Flächen von Acker- und Weideland für Vieh sowie die verarbeitenden Firmen.

Neben dem weltweiten Nahrungsmittelhandel werden vor allem auch Rohstoffe für moderne Produkte wie Smartphones und Automobiltechnik aus allen Teilen der Welt in die Industrieländer transportiert.

Zivilisationskrankheiten

Durch immer bessere Kenntnisse über Krankheiten können heute viele Infektionskrankheiten gut behandelt werden. In den Industriegesellschaften begünstigen Umweltverschmutzungen, Lärm und Stress allerdings die Entstehung von Krankheiten, die es zuvor eher seltener gab. So leiden immer mehr Menschen an Herz-Kreislauferkrankungen und Bluthochdruck. Übermäßiger Zuckerkonsum kann Diabetes verursachen, Bewegungsmangel zieht oft Übergewicht nach sich. Durch falsche und einseitige Belastungen der Wirbelsäule kommt es zu Haltungsschäden. Rauchen und belastete Luft begünstigen Erkrankungen der Atemwege. Alle die mit der heutigen Lebensweise zusammenhängenden Krankheiten werden **Zivilisationskrankheiten** genannt.

Material mit Aufgaben

M3 Entwicklung der Weltbevölkerung

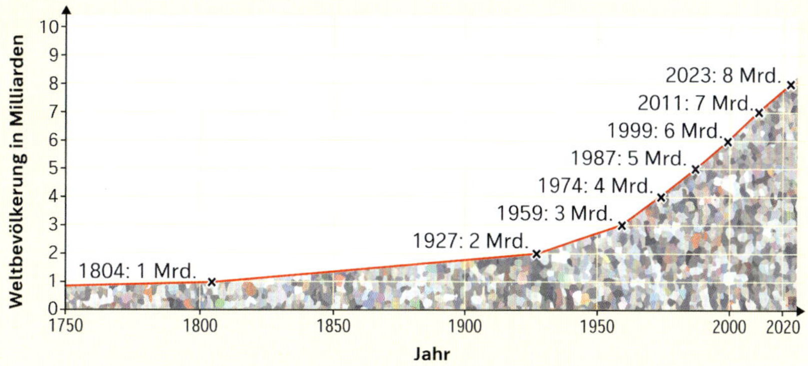

1. Beschreibe die Entwicklung der Weltbevölkerung.
2. Erkläre, warum die Bevölkerungszahl bis 1900 etwa gleich blieb.
3. Erkläre den rasanten Anstieg der Bevölkerungszahl ab 1900.
4. Stelle Vermutungen über die zukünftige Entwicklung der Bevölkerungszahl an.

M4 Zivilisationserkrankungen

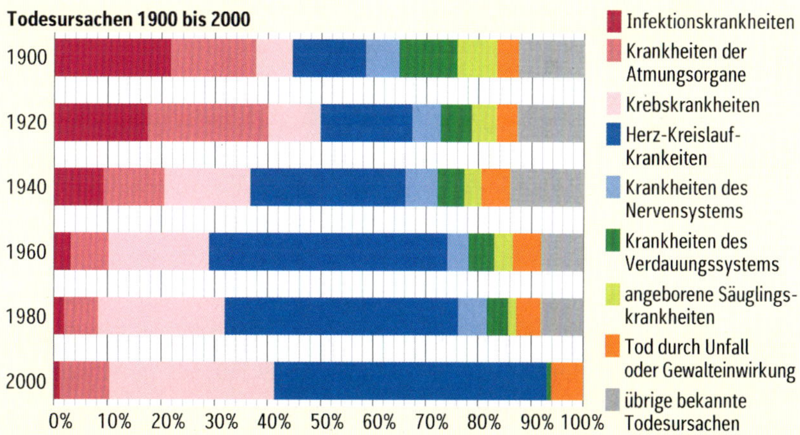

1. Beschreibe die Entwicklung der einzelnen Krankheiten.
2. Erkläre, warum manche Krankheiten als Todesursache in den Hintergrund getreten sind und andere in den Vordergrund.
3. Stelle Vermutungen an, welche Folgen die Globalisierung auf die Verbreitung von Infektionskrankheiten haben kann.

Zusammenfassung Evolution

Fossilien

Alle Lebewesen haben sich im Laufe der Evolution verändert und entwickelt. Dies lässt sich durch Überreste von Lebewesen vergangener Zeit, sogenannte Fossilien, nachvollziehen. Übergangsformen wie der Urvogel Archaeopteryx haben Merkmale verschiedener Tiergruppen. Sie belegen so die Evolution.

Nach einer Altersbestimmung von Fossilien können anhand von Merkmalen Abwandlungsreihen erstellt werden, die die Veränderung von Merkmalen zeigen. Einige noch heute lebende Arten haben sich über Millionen Jahre kaum verändert. Es sind wie der Ginkgo oder der Quastenflosser lebende Fossilien.

Evolutionstheorien und Evolutionsfaktoren

Lange Zeit ging man von einer Unveränderlichkeit, einer Konstanz der Arten aus. Lamarck stellte dies in Frage und stellte seine Theorie zur Vererbung erworbener Eigenschaften vor. Erst Darwin bemerkte, dass sich Lebewesen in der Ausprägung ihrer Merkmale unterscheiden. Man spricht von Variabilität. Durch Mutationen können Lebewesen für ihr Überleben vorteilhafte Merkmale haben. Durch ein längeres Leben haben sie öfter die Möglichkeit, dieses Merkmal an ihre Nachkommen weiterzugeben. Ob ein Merkmal von Vorteil ist, entscheidet durch natürliche Selektion die Umwelt des Lebewesens. Werden einige Individuen einer Population beispielsweise durch die Entstehung eines Gebirges oder eines Flusses voneinander getrennt, spricht man von Isolation. Dadurch können neue Arten entstehen, die keine fortpflanzungsfähigen Nachkommen mehr hervorbringen können. So sind Mutation, natürliche Selektion und Isolation die Triebkräfte der Evolution.

Entwicklung des Lebens

Die Geschichte der Erde wird in vier Erdzeitalter eingeteilt.

Die Zeit vor 4,6 Milliarden Jahren bis 3,9 Milliarden Jahren bildet die Erdurzeit. In dieser Periode bildeten sich die feste Erdkruste, die Uratmosphäre und erste chemische Bausteine des Lebens.

Zu Beginn des Erdaltertums entwickelte sich das Leben im Meer. Es entstanden alle heutigen Tierstämme. Ein wichtiger Evolutionsschritt war die Entwicklung von Kiefern bei Fischen. Aus grünen Algen entstanden vor etwa 480 Millionen Jahren erste Landpflanzen. Vor etwa 375 Millionen Jahren gab es erste Fische, die zeitweise an Land leben konnten. Aus ihnen entwickelten sich die Amphibien und später die Echsen. Die Abhängigkeit vom Wasser wurde immer weiter reduziert.

Im Erdmittelalter sind aus einfachen Echsen die Vorfahren der Säugetiere und der Saurier hervorgegangen. Aus den Dinosauriern entwickelten sich die ersten Vögel. Auch die ersten Blütenpflanzen mit Insektenbestäubung gab es in dieser Periode.

In der Erdneuzeit eroberten die Säugetiere alle Lebensräume. Der Mensch wurde zur dominierenden Art auf dem Planeten.

Verwandtschaft

Die Vordergliedmaßen von Wirbeltieren sehen sehr verschieden aus. Je nach Lebensweise haben sie unterschiedliche Funktionen. Sie haben aber alle einen gemeinsamen Grundbauplan. Sie können bis zu einem gemeinsamen Vorfahren zurückverfolgt werden. Solche Organe werden als homologe Organe bezeichnet. Man kann Homologien nutzen, um daraus Stammbäume zu erstellen. Diese zeigen die Verwandtschaft von Lebewesen zueinander an.
Bei manchen nicht näher miteinander verwandten Arten gleichen sich bestimmte Merkmale, weil sie eine ähnliche Lebensweise haben. Sind diese Merkmale aber nicht auf einen gemeinsamen Grundbauplan zurückzuführen, spricht man von Analogien. So finden sich zu einer Vielzahl von Wirbeltiergliedmaßen auch Wirbellosengliedmaßen mit ähnlicher Gestalt und Funktion.

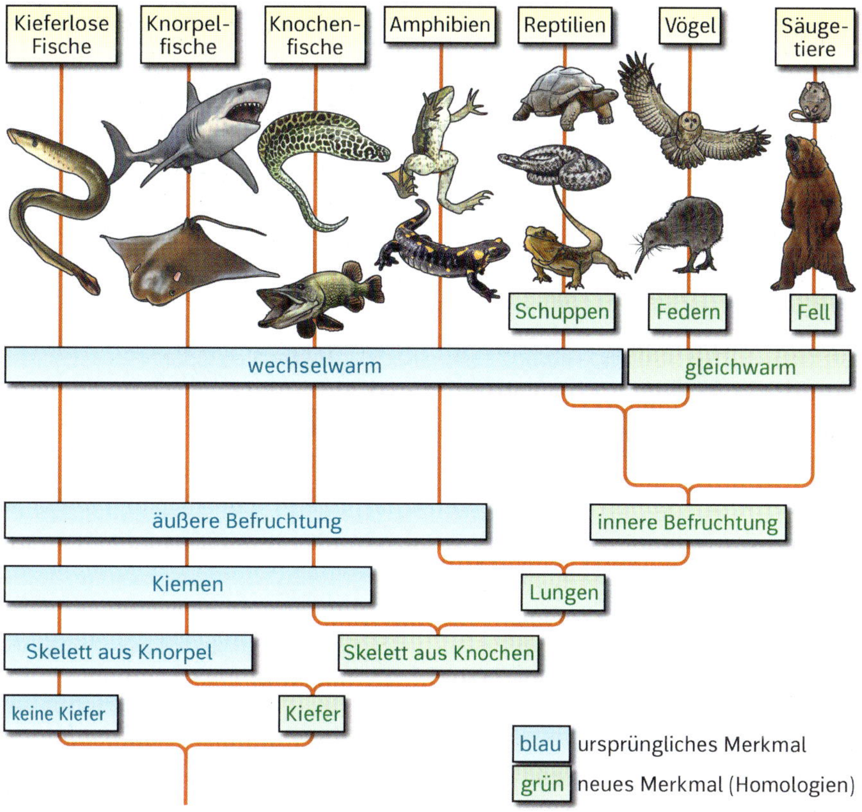

Entwicklung des Menschen

Menschen und Menschenaffen haben einen gemeinsamen Vorfahren. Vor etwa 4 Millionen Jahren entwickelte sich bei Vorfahren des Menschen der aufrechte Gang. Mit den nun freien Händen konnte er viele Tätigkeiten ausführen. Dazu zählte auch die Herstellung von Werkzeugen. So konnte er sich auch neue Nahrungsquellen erschließen, was das Gehirn wachsen ließ. Homo sapiens verbreitete sich aus Afrika über die gesamte Welt. Gekennzeichnet sich seine Entwicklung durch die kulturelle Evolution mit Wortsprache, Schrift und Kunst.

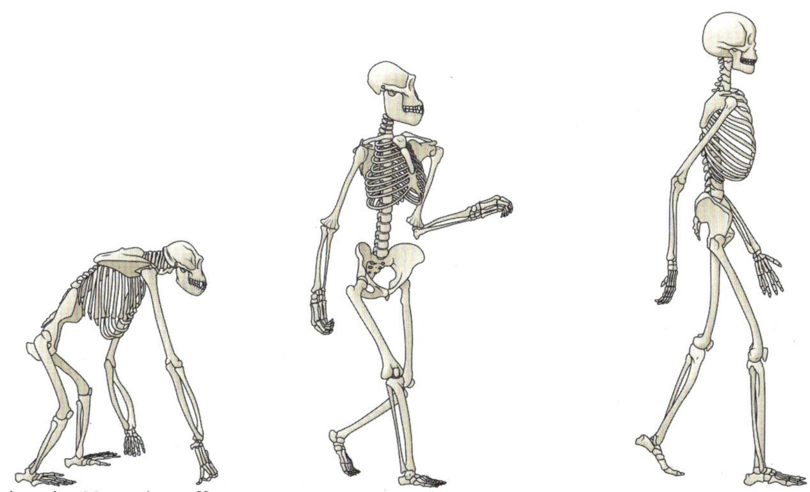

1 Fossilien

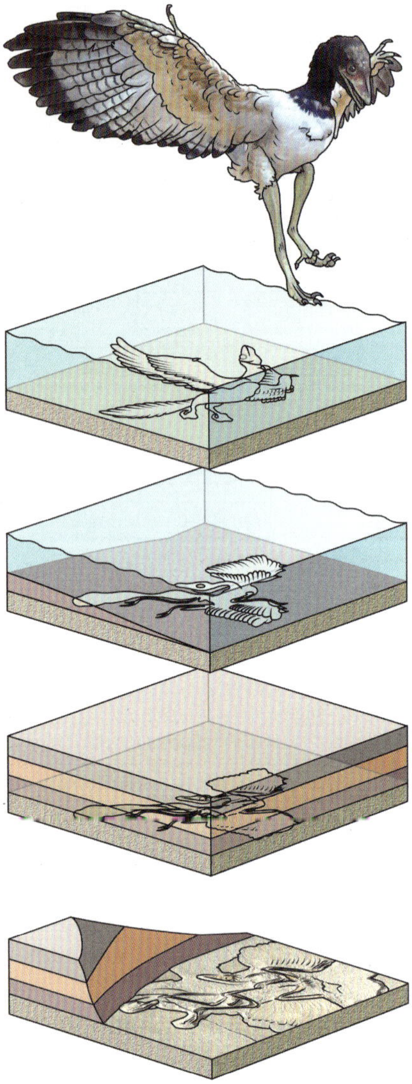

A ||| Nenne verschiedene Formen von Fossilien.

B ||| Beschreibe die Entstehung eines versteinerten Fossils.

C ||| Beschreibe die Bedeutungen von Druck und hohen Temperaturen bei der Entstehung eines versteinerten Fossils.

2 Landgang

A ||| Vergleiche Gliedmaßen und Körperbau der drei Wirbeltiere.

B ||| Beschreibe mit dem Bild die Entwicklung der Vordergliedmaßen.

C ||| Erkläre, warum man Tiktaalik als Übergangsform bezeichnet.

D ||| Erläutere, warum Übergangsformen Belege für die Evolution sind.

3 Verwandtschaft

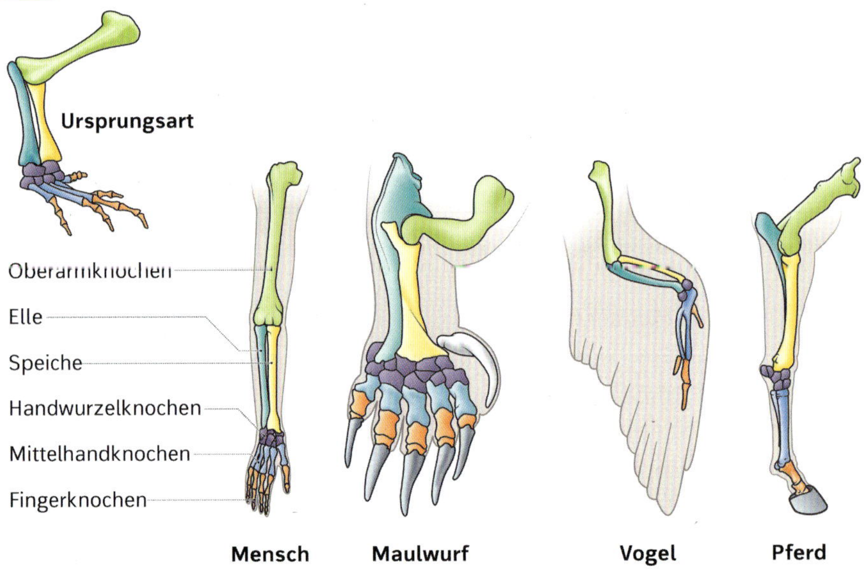

A ||| Beschreibe den Aufbau der dargestellten Vordergliedmaßen.

B ||| Beschreibe die Funktion der dargestellten Vordergliedmaßen.

C ||| Erkläre, warum man die dargestellten Vordergliedmaßen als Homologien bezeichnet.

D ||| Erläutere, warum homologe Organe als Beleg für eine Abstammungsreihe gelten können.

E ||| Erkläre, warum die Vordergliedmaßen von Maulwurf und Maulwurfsgrille Analogien zueinander sind.

4 Evolutionsfaktoren

A Nenne drei Evolutionsfaktoren.

B Erkläre, was man unter einer Population versteht.

C Beschreibe mithilfe der Abbildung, wie zwei Arten entstehen können.

D Beschreibe Möglichkeiten, wie Teilpopulationen voneinander isoliert werden können.

E Erläutere, warum ohne Mutationen die Evolutionsfaktoren Isolation und Selektion nicht zur Artbildung beitragen würden.

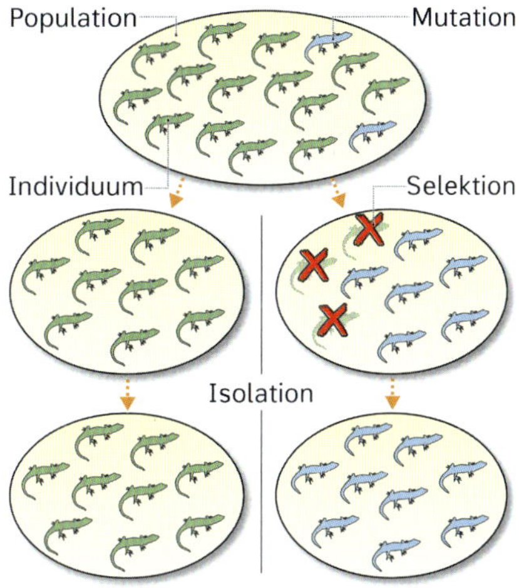

5 Theorien der Evolution

A Ordne die beiden Bilder den Theorien von Lamarck oder Darwin zu. Begründe deine Zuordnung.

B Erkläre, warum Variabilität eine Grundvoraussetzung für Evolution ist.

6 Stammbaum der Wirbeltiere

	Fische	Amphibien	Reptilien	Vögel	Säugetiere
Lungen	nein	ja	ja	ja	ja
innere Befruchtung	nein	nein	ja	ja	ja
gleichwarm	nein	nein	nein	ja	ja
Eier mit harter Schale	nein	nein	ja	ja	nein
Hornschuppen	nein	nein	ja	ja	nein
Säugen der Jungtiere	nein	nein	nein	nein	ja

A Erkläre, worauf die Erstellung von Stammbäumen beruht.

B Erstelle mit der Merkmalstabelle einen Stammbaum der Wirbeltiere.

7 Entwicklung des Menschen

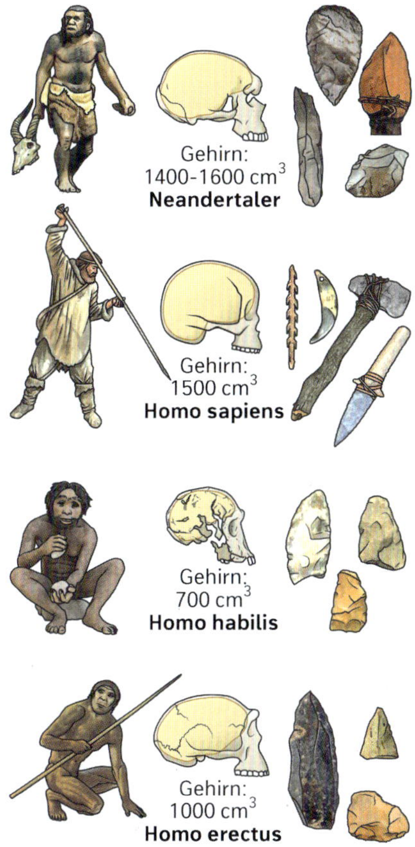

A Ordne die dargestellten Menschenvorfahren in die richtige Reihenfolge ihrer Entwicklung.

B Beschreibe die Entwicklung des Gehirns.

C Beschreibe den Zusammenhang zwischen der Größe des Gehirns und der Werkzeugherstellung.

D Erkläre die Bedeutung des aufrechten Gangs für die Entwicklung des Menschen.

E Erläutere, warum man im Zusammenhang mit dem Homo sapiens von der „Out-of-africa-Theorie" spricht.

Aufbau der Materie

4

Wie sind Atome aufgebaut?
Was ist das Periodensystem der Elemente?
Welche Elemente gibt es?

Es gibt viele verschiedene Elemente. Schon seit sehr langer Zeit haben sich Wissenschaftler und Wissenschaftlerinnen Gedanken darüber gemacht, wie man sie am Besten ordnen kann.

1 Kunstarbeiten an einer Kupferschale

Kupferherstellung

Nutzung von Kupfer

Kupfer ist ein relativ weiches und verformbares Metall, das sich gut verarbeiten und formen lässt. Außerdem ist es sehr widerstandsfähig. Aus diesem Grund wurde es schon früher als Werkstoff für beispielsweise Werkzeuge oder auch in der Kunst verwendet. Auch heute ist Kupfer als sehr guter elektrischer Leiter ein weltweit gefragter Werkstoff.

Kupferherstellung

Kupfer kommt nur sehr selten als Reinstoff in der Natur vor. Will man Kupfer verwenden, muss man es erst aus Kupferverbindungen herstellen. Eine natürlich vorkommende Kupferverbindung ist der grüne Malachit. Aus dem beim Bergbau gewonnenen Stoffgemisch aus Malachit und anderen Gesteinen wird durch verschiedene Trennverfahren der reine

2 Kupfer aus Malachit: **A** Malachit, **B** verbrannter Malachit, **C** Kupfer

Malachit gewonnen. Ein Reinstoff ist ein Stoff mit gleichen Eigenschaften. Ein Stoffgemisch hingegen setzt sich aus verschiedenen Stoffen mit unterschiedlichen Eigenschaften zusammen.

Kupferoxid

Erhitzt man den grünen Malachit, dann entsteht ein neuer Stoff mit neuen Eigenschaften, schwarzes Kupferoxid. Ein Vorgang, bei dem ein neuer Stoff entsteht, wird als **chemische Reaktion** bezeichnet. Kupferoxid ist eine chemische Verbindung der Elemente Kupfer und Sauerstoff. Sowohl Elemente als auch Verbindungen sind Reinstoffe. Elemente bestehen aus einer Atomsorte und lassen sich nicht weiter zerlegen. Verbindungen bestehen aus verschiedenen Atomsorten und lassen sich weiter zerlegen. Um aus Kupferoxid Kupfer zu gewinnen, ist eine weitere chemische Reaktion notwendig. Dabei reagiert Kupferoxid mit Kohlenstoff zu Kupfer und Kohlenstoffdioxid. Dies lässt sich mit Hilfe einer Wortgleichung darstellen: Kupferoxid + Kohlenstoff → Kupfer + Kohlenstoffdioxid.

Chemische Reaktion

Chemische Reaktionen sind auch umkehrbar und es erfolgt ein Energieumsatz. Der Energieumsatz kann auf zwei Weisen erfolgen: bei exothermen Reaktionen wird Energie insgesamt an die Umgebung abgegeben, zum Beispiel die Reaktion von Kupferoxid mit Kohlenstoff. Bei endothermen Reaktionen muss ständig Energie zugeführt werden. Zum Beispiel bei der Reaktion von Malachit zu Kupferoxid.

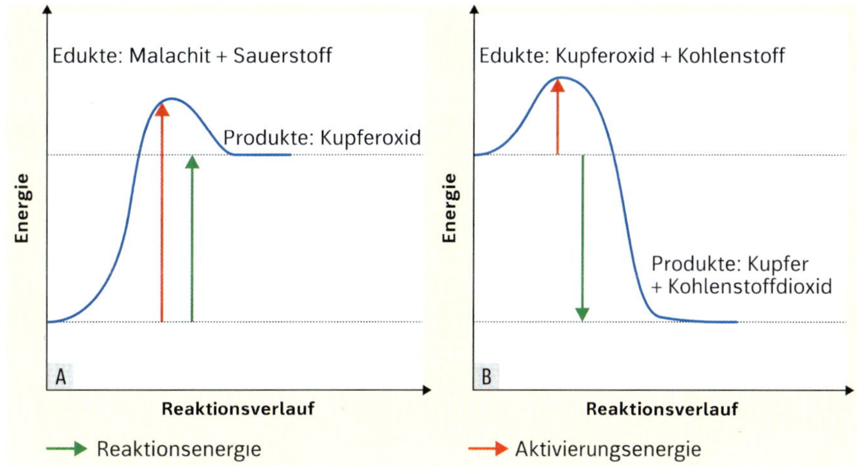

3 Energiediagramme der Reaktionen zur Kupferherstellung: **A** endotherm, **B** exotherm

Material mit Aufgaben

M1 Gewinnung von Eisen

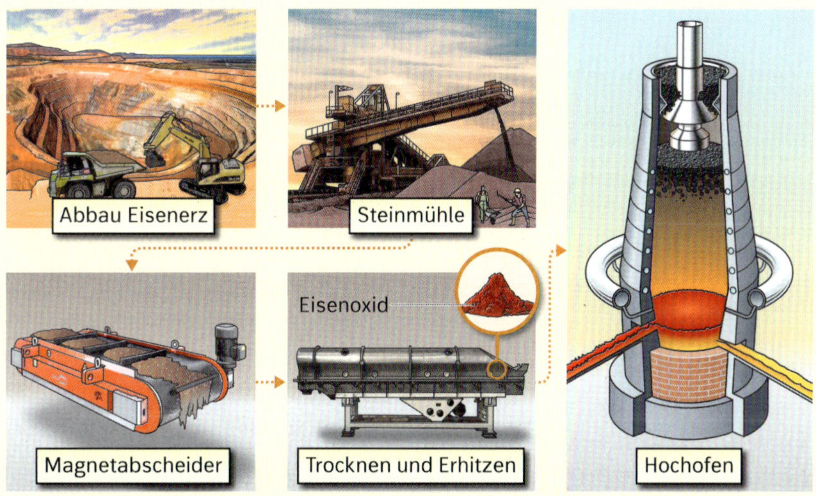

1. Beschreibe die Verarbeitung des Eisenerzes.
2. Erkläre, welche Stoffeigenschaften bei der Trennung der verschiedenen Gesteinsarten genutzt werden.
3. Wähle eine der Aufgaben aus: Aus dem Eisenoxid wird durch Reaktion mit Kohlenstoff Eisen gewonnen
   - a Stelle die Wortgleichung für diese chemische Reaktion auf.
   - b Stelle eine begründete Vermutung an, ob es sich um eine exotherme oder eine endotherme Reaktion handelt.

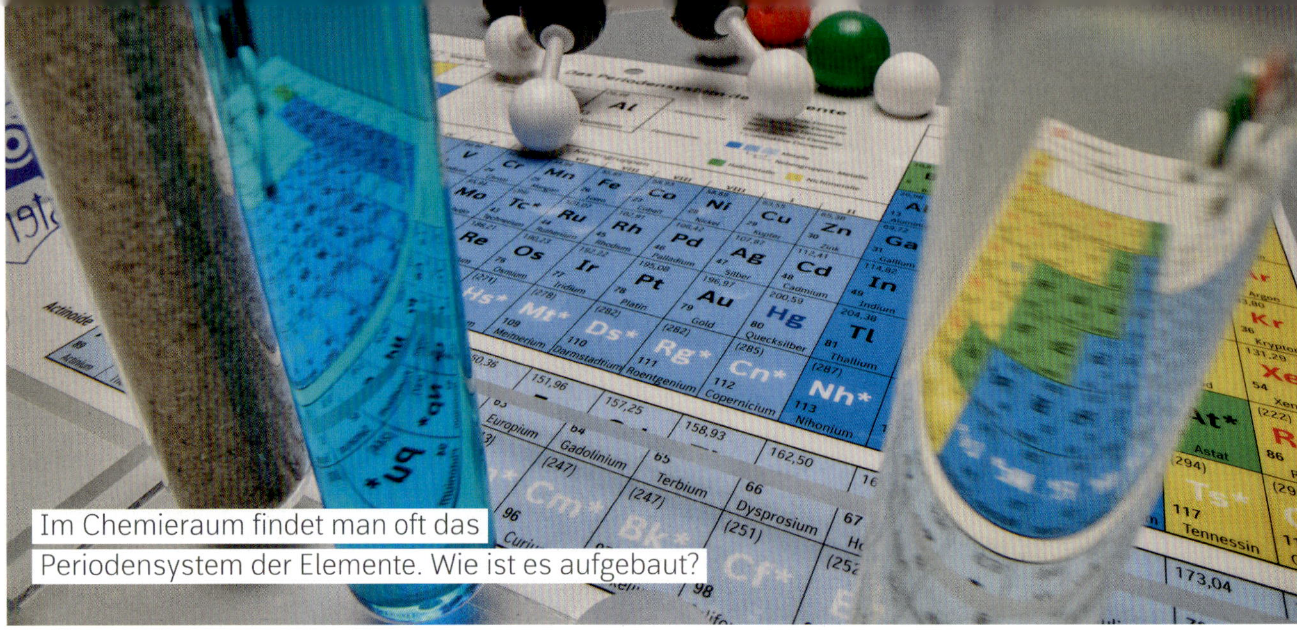

1 Periodensystem

Das Periodensystem der Elemente

Elemente ordnen

Im Jahre 1869 veröffentlichte der russische Chemiker Mendelejew seinen Bericht „Über die Beziehungen der Eigenschaften zu den Atomgewichten der Elemente." Unter diesem etwas umständlichen Namen verbarg sich der Entwurf eines Ordnungssystems der Elemente in der Chemie. Es waren bis zum Jahr 1869 bereits 63 chemische Elemente entdeckt. Mendelejew notierte Elemente auf Kärtchen und sortierte sie nach ihrer Atommasse. Elemente mit ähnlichen chemischen Eigenschaften legte er in Gruppen untereinander. Durch die Berücksichtigung der beiden Ordnungskategorien „ähnliche chemische Eigenschaften" und „Atommasse" entwickelte Mendelejew eine Tabelle, die ein erstes Ordnungssystem der Elemente darstellte. Schon vorher hatte der deutsche Chemiker Lothar Meyer auf andere Weise ein Ordnungssystem. Er veröffentlichte es aber erst einige Zeit später als Mendelejew.

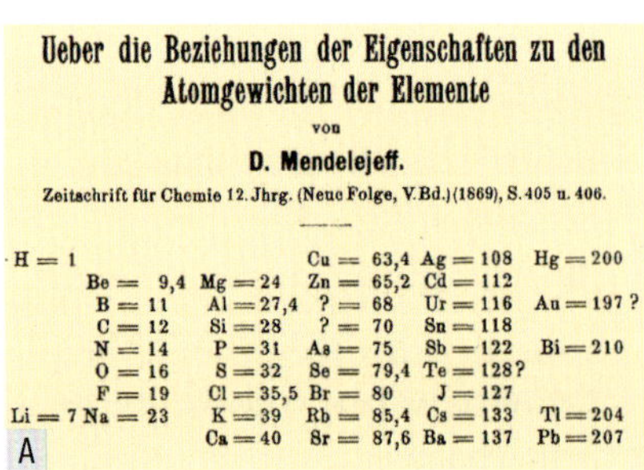
Ueber die Beziehungen der Eigenschaften zu den Atomgewichten der Elemente

von

D. Mendelejeff.

Zeitschrift für Chemie 12. Jhrg. (Neue Folge, V. Bd.) (1869), S. 405 u. 406.

H = 1			Cu = 63,4	Ag = 108	Hg = 200
	Be = 9,4	Mg = 24	Zn = 65,2	Cd = 112	
	B = 11	Al = 27,4	? = 68	Ur = 116	Au = 197 ?
	C = 12	Si = 28	? = 70	Sn = 118	
	N = 14	P = 31	As = 75	Sb = 122	Bi = 210
	O = 16	S = 32	Se = 79,4	Te = 128?	
	F = 19	Cl = 35,5	Br = 80	J = 127	
Li = 7	Na = 23	K = 39	Rb = 85,4	Cs = 133	Tl = 204
		Ca = 40	Sr = 87,6	Ba = 137	Pb = 207

A

B

2 **A** Ausschnitt aus Mendelejews erstem Periodensystem, **B** Dmitri Iwanowitsch Mendelejew

Elementfamilien

Elemente werden aufgrund ähnlicher chemischer Eigenschaften zu Elementfamilien zusammengefasst. Diese bringen Ordnung in die Vielfalt der Elemente. Damit ein zusammenhängendes Ordnungssystem entsteht, müssen die Elementfamilien geordnet werden. Dies erfolgt nach der **Atommasse**

Atomare Masseneinheit

Wasserstoff ist das Element mit den leichtesten Atomen. Alle anderen Elemente besitzen Atome mit einer höheren Masse. Ein Kohlenstoffatom hat eine 12 mal so hohe Masse wie das Wasserstoffatom. Für die Masse von Atomen wurde eine Masseneinheit festgelegt, mit der gut gerechnet werden kann. Die Masseneinheit lautet **unit** und hat die Einheit **u**.

1 u =
0,000 000 000 000 000 000 000 001 660 54 g

Das Wasserstoffatom wiegt 1u. Das Kohlenstoffatom wiegt 12 u.

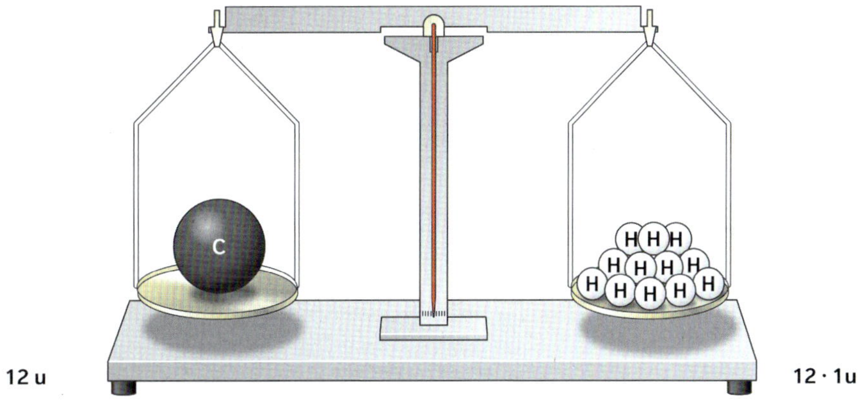

3 Atomare Massen von Kohlenstoff und Wasserstoff

A Erkläre, warum es praktischer ist, die Atommasse in der Einheit unit und nicht in Gramm anzugeben.

Material mit Aufgaben

M1 Elemente ordnen

Magnesium

Atommasse: 24 u
Siedetemperatur: 1110 °C
Reaktivität: weniger reaktiv
Dichte: 174 $\frac{g}{cm^3}$
Metall

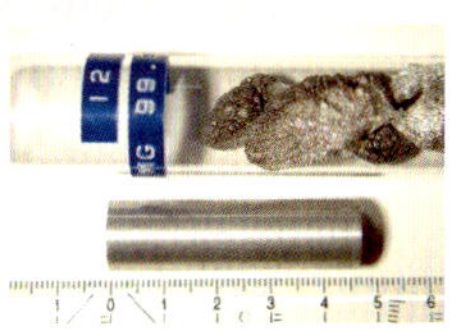

Xenon

Atommasse: 131 u
Siedetemperatur: –108 °C
Reaktivität: reagiert nicht
Dichte: 0,00537 $\frac{g}{cm^3}$
Nichtmetall

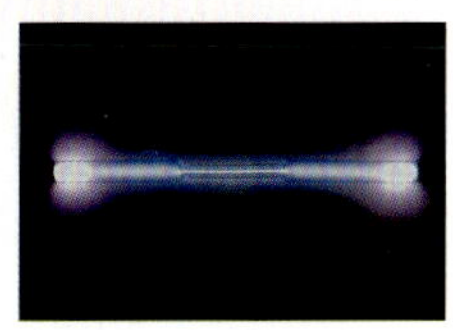

Fluor

Atommasse: 19 u
Siedetemperatur: –188 °C
Reaktivität: sehr reaktiv
Dichte: 0,00155 $\frac{g}{cm^3}$
Nichtmetall

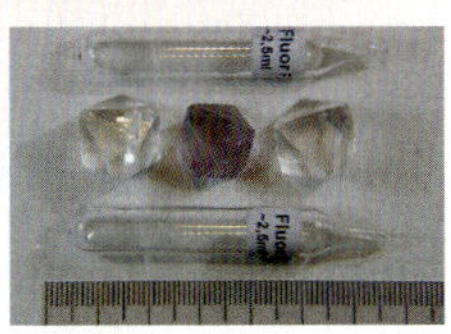

Lithium

Atommasse: 7 u
Siedetemperatur: 1342 °C
Reaktivität: reaktiv
Dichte: 0,53 $\frac{g}{cm^3}$
Metall

1. Ordne die Elemente nach selbstgewählten Ordnungskriterien.

2. Erkläre, warum die Farbe des Elements kein sinnvolles Ordnungskriterium ist.

3. Erkläre, warum der Aggregatzustand des Elements kein sinnvolles Ordnungskriterium ist.

Periode	Hauptgruppen I	Hauptgruppen II	Nebengruppen VIII			Nebengruppen I	Nebengruppen II	Hauptgruppen III	Hauptgruppen IV	Hauptgruppen V	Hauptgruppen VI	Hauptgruppen VII	Hauptgruppen VIII
1	1 1,01 **H** Wasserstoff												2 4,00 **He** Helium
2	3 6,94 **Li** Lithium	4 9,01 **Be** Beryllium						5 10,81 **B** Bor	6 12,01 **C** Kohlenstoff	7 14,01 **N** Stickstoff	8 16,00 **O** Sauerstoff	9 19,00,08 **F** Fluor	10 20,18 **Ne** Neon
3	11 22,99 **Na** Natrium	12 24,31 **Mg** Magnesium						13 26,98 **Al** Aluminium	14 28,09 **Si** Silicium	15 30,97 **P** Phosphor	16 32,07 **S** Schwefel	17 35,45 **Cl** Chlor	18 39,95 **Ar** Argon
4	19 39,10 **K** Kalium	20 40,08 **Ca** Calcium	26 55,85 **Fe** Eisen	27 58,93 **Co** Cobalt	28 58,69 **Ni** Nickel	29 63,55 **Cu** Kupfer	30 65,39 **Zn** Zinn	31 69,72 **Ga** Gallium	32 72,61 **Ge** Germanium	33 74,92 **As** Arsen	34 78,96 **Se** Selen	35 79,90 **Br** Brom	36 83,80 **Kr** Krypton
5	37 85,47 **Rb** Rubidium	38 87,62 **Sr** Strontium	44 101,1 **Ru** Ruthenium	45 102,9 **Rh** Rhodium	46 106,4 **Pd** Palladium	47 107,9 **Ag** Silber	48 112,4 **Cd** Cadmium	49 114,8 **In** Inium	50 118,7 **Sn** Zinn	51 121,8 **Sb** Antimon	52 127,6 **Te** Tellur	53 126,9 **I** Iod	54 131,3 **Xe** Xenon

Ordnungszahl
Atommasse

Metalle
Halbmetalle
Nichtmetalle

4 Aufbau des Periodensystems (Auszug)

Aufbau des Periodensystems

Heute sind bislang 118 chemische Elemente bekannt. Jedes Element wird mit einer **Ordnungszahl** nummeriert. Innerhalb der Zeilen des Periodensystems nimmt die Atommasse von Element zu Element zu. Die Zeilen bezeichnet man auch als **Perioden**. In den Spalten des Periodensystems stehen die Elemente mit ähnlichen chemischen Eigenschaften untereinander. Man bezeichnet die Spalten als Gruppen. Die Gruppen entsprechen den Elementfamilien. Die **Hauptgruppen** werden mit den römischen Zahlen I bis VIII nummeriert. Zwischen der zweiten und dritten Hauptgruppe stehen die Nebengruppenelemente. Beim Blick auf das Periodensystem erkennt man, dass die Metalle auf der linken Seite stehen und auf der rechten Seite die Nichtmetalle. Dazwischen befinden sich die Halbmetalle. Sie zeigen sowohl Eigenschaften der Metalle als auch der Nichtmetalle.

Das Element Wasserstoff ist jedoch eine Ausnahme. Es steht als Nichtmetall in der ersten Hauptgruppe der Metalle. Mit einem Sternchen werden im Periodensystem Elemente markiert, die radioaktiv sind.

Material mit Aufgaben

M2 Ordnung im Periodensystem

Periode	I	II	III	IV	V	VI	VII	VIII
1	1 1,01 **H** Wasserstoff							2 4,00 **He** Helium
2	3 6,94 **Li** Lithium	4 9,01 **Be** Beryllium	5 10,81 **B** Bor	6 12,01 **C** Kohlenstoff	7 14,01 **N** Stickstoff	8 16,00 **O** Sauerstoff	9 19,00,08 **F** Fluor	10 20,18 **Ne** Neon
3	11 22,99 **Na** Natrium	12 24,31 **Mg** Magnesium	13 26,98 **Al** Aluminium	14 28,09 **Si** Silicium	15 30,97 **P** Phosphor	16 32,07 **S** Schwefel	17 35,45 **Cl** Chlor	18 39,95 **Ar** Argon
4	19 39,10 **K** Kalium	20 40,08 **Ca** Calcium	31 69,72 **Ga** Gallium	32 72,61 **Ge** Germanium	33 74,92 **As** Arsen	34 78,96 **Se** Selen	35 79,90 **Br** Brom	36 83,80 **Kr** Krypton

(Hauptgruppen III–VIII)

1. Beschreibe den Aufbau des Periodensystems.
2. Erkläre die Bedeutung der Spalten im Periodensystem.
3. Nenne aus dem Periodensystem die Ordnungszahl und Atommasse von Sauerstoff.
4. Erläutere die Begriffe Ordnungszahl und Periode.
5. Ordne die Namen folgender Elementfamilien den Hauptgruppen zu: Stickstoff-Gruppe, Kohlenstoff-Gruppe, Bor-Gruppe.

Elementname und Symbol

Einige Elemente sind schon seit der Antike bekannt. Aus diesem Grund sind ihre Namen aus dem lateinischen oder griechischen Alphabet abgeleitet. Wenn Forscherinnen und Forscher heute ein Element neu entdecken, dürfen sie einen Namensvorschlag machen, der sich an bestimmten Regeln orientiert. Elemente werden nach einem Ort oder einer Region, nach einer chemischen Eigenschaft, nach einem Mineral oder nach Wissenschaftlerinnen und Wissenschaftler benannt.

Wird ein Element entdeckt, erhält es neben dem **Elementnamen** auch ein **Elementsymbol**. Die Elementsymbole bestehen aus dem Großbuchstaben des Elementnamens. Manchmal ist noch ein Kleinbuchstabe nachgeordnet. ■

Element	Symbol	Namensherkunft
		Ort/Region
Polonium	Po	Polen
		Wissenschaftler
Bohrium	Bh	Niels Bohr
		Mineral
Lithium	Li	gr. *líthos:* Stein
Barium	Ba	gr. *barýs:* schwer
		Eigenschaft
Chlor	Cl	gr. *chlōrós:* hellgrün
Brom	Br	gr. *brômos:* Gestank
		Altertum
Kohlenstoff	C	*Carboneum*, lat. *carbō:* Holzkohle
Stickstoff	N	*Nitrogenium*, gr. *nitron:* Laugensalz; *genos:* Herkunft
Sauerstoff	O	Oxigenium, gr. *oxys:* scharf, spitz; *genos:* Herkunft
Schwefel	S	lat. *sulfur*

5 Elementnamen, Elementsymbole und ihre Herkunft

B Beschreibe Regeln zur Benennung neu entdeckter Elemente.

C Recherchiere drei weitere Elemente und ihre Namensherkunft und ergänze die Tabelle in Bild 5.

Material mit Aufgaben

M3 Elemente im Periodensystem

Ordnungszahl	Symbol	Elementname	Atommasse (u)	Hauptgruppe	Periode	Elementart
?	?	Kohlenstoff	?	?	?	?
3	?	?	?	?	?	?
?	O	?	?	?	?	?
10	?	?	?	?	?	?
?	?	Aluminium	?	?	?	?
?	?	?	?	III	?	Halbmetall

1. Ordne den folgenden Symbolen Elementnamen zu: Hg, Cr, Ti.
2. Übertrage die Tabelle in dein Heft. Ergänze die Lücken. ⊞
3. Wähle eine der Aufgaben aus:
   a Ergänze in der Tabelle drei Zeilen. Erstelle Aufgaben und tausche sie mit einem Nachbarn.
   b Finde Beispiele im Periodensystem, wo die Atome nicht nach ihrer Masse angeordnet sind. Stelle Vermutungen an warum.

1 Feuerwerk am Nachthimmel

Alkalimetalle

Eigenschaften von Natrium

Ein frisch geschnittenes Stück **Natrium** glänzt silbern. Natrium besitzt eine gute Wärmeleitfähigkeit und leitet den elektrischen Strom. Es zeigt typische Eigenschaften der Metalle. Jedoch ist Natrium sehr weich und besitzt für Metalle eine geringe Schmelztemperatur von 98 °C. Neben Natrium zählen Lithium, Kalium, Rubidium, Caesium und Francium zur Elementfamilie der **Alkalimetalle**. Sie stehen in der ersten Hauptgruppe des Periodensystems.

2 **A** Lithium, **B** Kalium, **C** Natrium

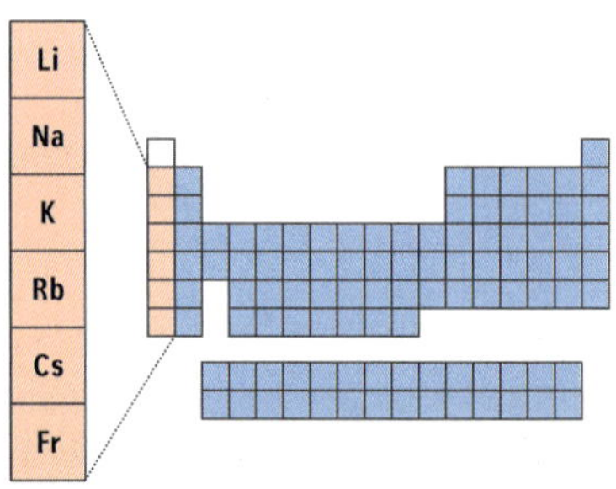

3 Alkalimetalle im Periodensystem

Reaktion mit Sauerstoff

Nach dem Anschneiden des Natriums ist die Schnittfläche nur kurz silbrig glänzend. Anschließend bildet sich auch an der Schnittfläche eine dunkle, schwarze Schicht. Natrium reagiert wie Lithium und Kalium sehr schnell mit Sauerstoff. An der Oberfläche des Metalls bilden sich Oxide. Bei der chemischen Reaktion von Natrium mit Sauerstoff entsteht Natriumoxid.

Natrium + Sauerstoff → Natriumoxid

Natrium reagiert bei Sauerstoffkontakt langsam zu Natriumoxid.

Lagerung von Alkalimetallen

Alkalimetalle können nicht einfach im Schrank gelagert werden, da sie sehr reaktionsfreudig sind. Lithium, Natrium und Kalium werden in Gefäßen mit Paraffinöl gelagert. Sonst würden sie sofort mit dem Sauerstoff in der Luft reagieren.

4 Lithium reagiert mit Sauerstoff

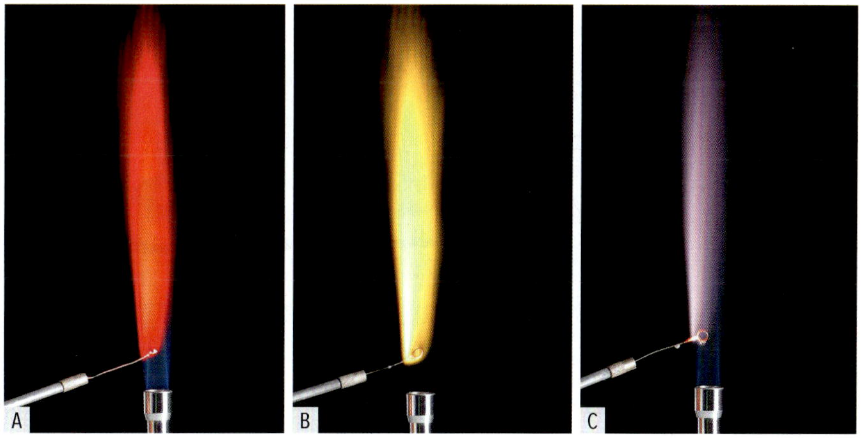

5 Flammenfärbung von **A** Lithium, **B** Natrium, und **C** Kalium

Vorkommen und Verwendung

Alkalimetalle sind sehr reaktionsfreudig. Aus diesem Grund findet man sie in der Natur nicht als Elemente. Sie kommen nur als Verbindungen vor. So kommen Natriumverbindungen zum Beispiel im Steinsalz vor, das in unterschiedlichen Salzlagerstätten vorliegt. Steinsalz enthält Natriumchlorid. Auch Lithiumverbindungen und Kaliumverbindungen findet man in Salzlagerstätten.

Nachweis der Alkalimetalle

Hält man ein Stück Natrium in die Flamme eines Gasbrenners, färbt sich die Flamme leuchtend gelb. Die Energie der Flamme wird von den Natriumatomen aufgenommen und als Licht wieder abgegeben. Wird ein Stück Lithium in die Flamme gehalten, verfärbt sie sich leuchtend rot. Kalium und Kaliumverbindungen erzeugen violettes Licht. Anhand der Flammenfärbung können die Elemente in den Verbindungen nachgewiesen werden. Alkalimetalle werden aufgrund der Flammenfärbung in Feuerwerkskörpern eingesetzt. ▶

Material mit Aufgaben

M1 Reaktionen von Natrium

Natrium frisch angeschnitten

Natrium nach einiger Zeit an der Luft

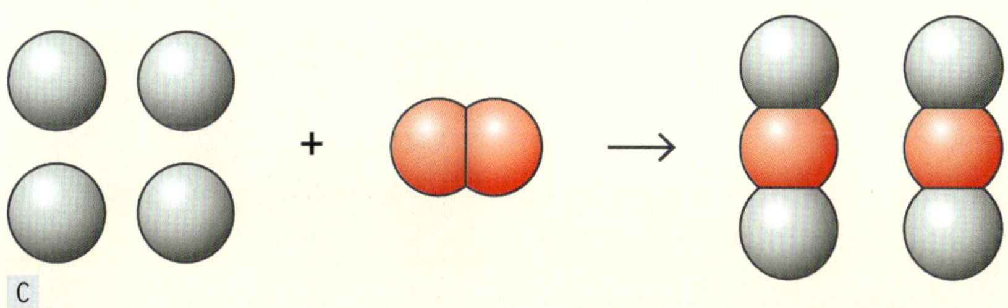

1. Vergleiche die Bilder A und B.
2. Erkläre die Veränderungen von Bild A zu Bild B. ⊞
3. Erkläre, warum Natrium in Glasgefäßen mit Paraffinöl gelagert wird. ⊞
4. Erstelle mithilfe von Bild C die Reaktionsgleichung für die Reaktion von Natrium mit Sauerstoff. ⊞
Tipp: Auf S. 380 findest du Regeln zum Aufstellen von Reaktionsgleichungen.

Element	Lithium, Li	Natrium, Na	Kalium, K	Rubidium, Rb	Caesium, Cs	Francium, Fr
				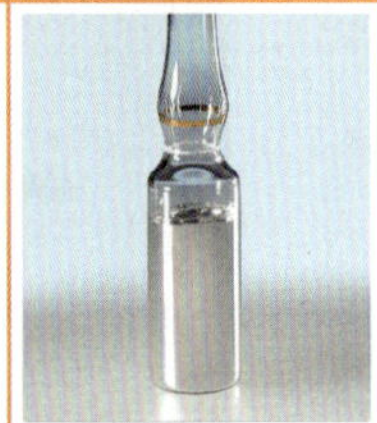		 Aussehen unbekannt
Flammenfärbung	karminrot	gelb	blassviolett	rotviolett	blauviolett	-
Schmelztemperatur	181 °C	98 °C	63 °C	39 °C	28 °C	25 °C
Härte						unbekannt
Reaktion mit Wasser						

6 Eigenschaften der Alkalimetalle

Reaktion mit Wasser

Alkalimetalle haben eine geringe Dichte. Natrium hat zum Beispiel eine Dichte von 0,9 g/cm^3. Gibt man ein Stück Natrium in Wasser zusammen mit dem Indikator Phenolphthalein, entsteht an der Kontaktfläche zwischen Natrium und Wasser ein Gas. Das Gas trägt das Natriumstück wie ein Boot über die Wasseroberfläche. Das entstehende Gas kann mit der Knallgasprobe nachgewiesen werden. Es handelt sich um Wasserstoff. Bei der chemischen Reaktion von Natrium und Wasser wird so viel Energie frei, dass das Natriumstück zu einer kleinen Kugel zusammenschmilzt. Im Wasser entstehen durch das Phenolphtalein rot-violett gefärbte Schlieren.

Phenolphtalein ist ein Indikator. In sauren und neutralen Lösungen ist er farblos, in alkalischen Lösungen rot-violett

Entflammt man Natrium, brennt es mit gelb-oranger Flamme. Die entstehende Reaktionswärme entzündet den gebildeten Wasserstoff, weil die Reaktionswärme nicht ins Wasser abgeleitet werden kann.

Bei der chemischen Reaktion von Natrium mit Wasser entsteht eine alkalische Lösung. Das Natrium reagiert mit dem Wasser zu Natriumhydroxid und Wasserstoff. Eine alkalische Lösung ist demnach die Lösung eines Hydroxids in Wasser.

Natrium + Wasser → Natriumhydroxid + Wasserstoff

$2\ Na + 2\ H_2O \rightarrow 2\ NaOH + H_2$

7 Reaktion von Natrium mit Wasser

8 Entflammen von Natrium mit Wasser

Die entstehende alkalische Lösung wird auch als Lauge bezeichnet.
Aufgrund dieser chemischen Reaktion wurde diese Elementfamilie als Alkalimetalle bezeichnet. Auch Lithium und Kalium reagieren auf ähnliche Weise. So entsteht zum Beispiel bei der Reaktion von Lithium mit Wasser das Gas Wasserstoff und Lithiumlauge.

Reaktivität der Alkalimetalle

Die Reaktivität der Alkalimetalle nimmt von Lithium zu Francium hin sehr stark zu. Aus diesem Grund müssen Rubidium, Caesium und Francium auch in luftleeren, **evakuierten** Gefäßen aufbewahrt werden. Schon bei einer geringen Konzentration von Sauerstoff oder Wasser reagieren Rubidium, Caesium und Francium spontan und stark exotherm. Aus diesem Grund ist das Experimentieren mit diesen Elementen in der Schule verboten. ■

A Beschreibe mithilfe von Bild 6 die verschiedenen Eigenschaften der Alkalimetalle Lithium, Natrium, Kalium, Rubidium und Caesium.

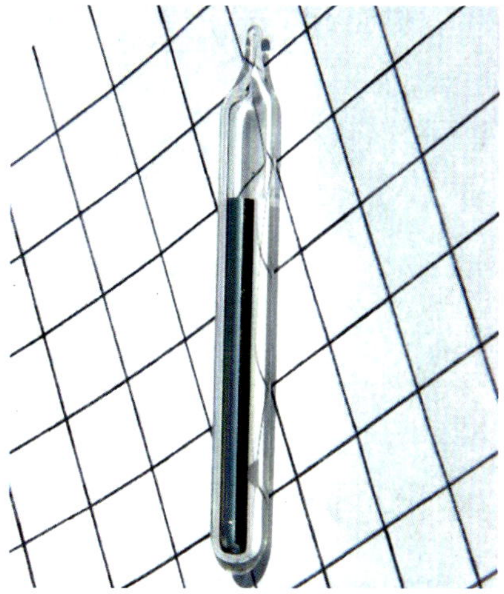

9 Rubidium im evakuierten Gefäß

Material mit Aufgaben

M2 Lithium reagiert mit Wasser

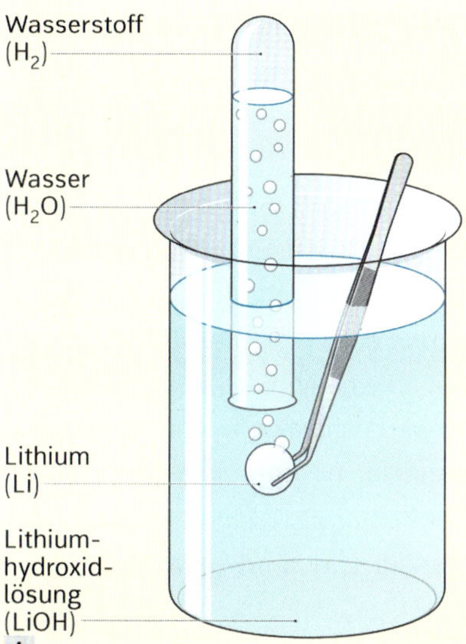

A

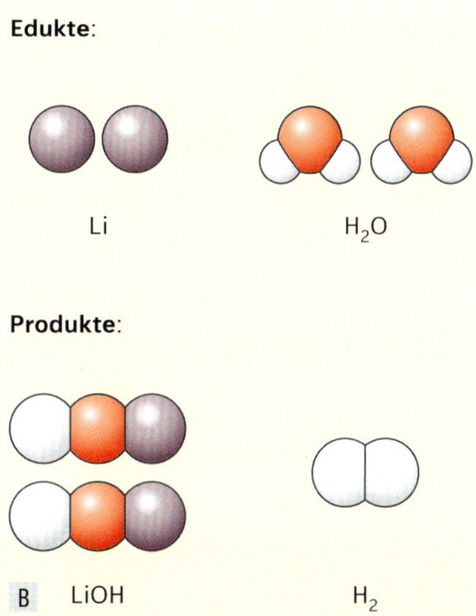

B

1. Beschreibe den Versuchsaufbau in Bild A.
2. Erstelle die Wortgleichung für die abgebildete Reaktion.
3. Beschreibe, wie du das entstehende Gas bestimmen und nachweisen kannst. ⊞
4. Erstelle die Reaktionsgleichung für diese chemische Reaktion mithilfe von Bild B. ⊞
5. Erläutere, wie sich der pH-Wert der Lösung im Becherglas im Laufe der Zeit verändert.

M3 Energiediagramme

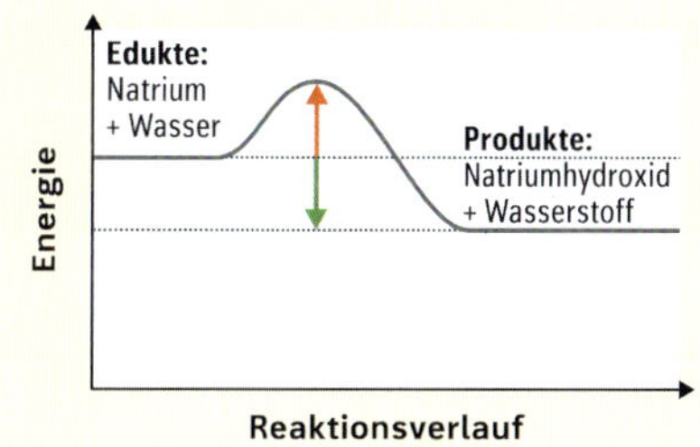

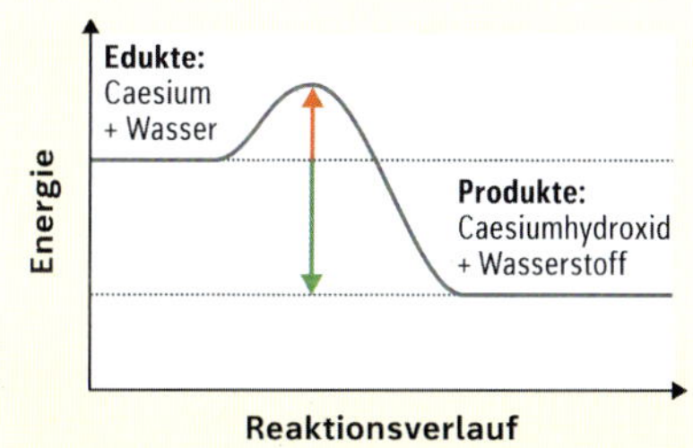

1. Beschreibe den Verlauf des Energiediagramms von Natrium.
2. Vergleiche die Diagramme. ⊞
3. Stelle eine begründete Vermutung an, was passiert, wenn das evakuierte Gefäß mit Caesium zerbricht.

1 Gebirge aus Kalkstein (Dolomiten)

Erdalkalimetalle

Der Name **Erdalkalimetall** deutet daraufhin, dass viele Verbindungen dieser Elemente am Aufbau der Erdkruste beteiligt sind.

Calcium

Calcium ist das dritthäufigste Element auf der Erde. Es ist in Kalk enthalten. Auch das Gestein Marmor ist eine Calciumverbindung. Calcium ist in Verbindungen wie Calciumcarbonat auch Bestandteil unserer Knochen. Elementares Calcium ist ein silber-glänzendes Leichtmetall. Neben Calcium zählen die Elemente Beryllium, Magnesium, Strontium, Barium und Radium zur Elementfamilie der **Erdalkalimetalle**.

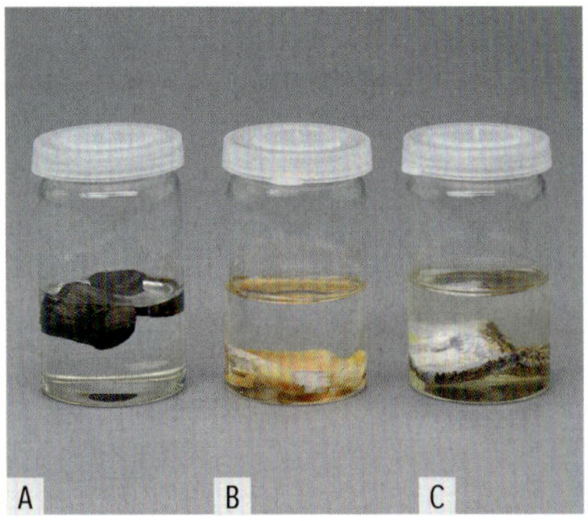

2 **A** Beryllium, **B** Magnesium, **C** Calcium

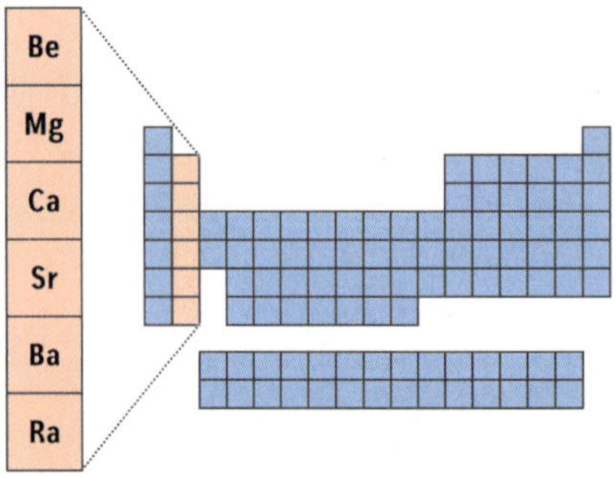

3 Erdalkalimetalle im Periodensystem

Eigenschaften der Erdalkalimetalle

Die Erdalkalimetalle bilden die zweite Hauptgruppe des Periodensystems. Sie leiten sowohl den elektrischen Strom als auch Wärme gut. Es handelt sich bei den Elementen um typische Metalle. Radium, Strontium und Barium lassen sich noch leicht mit einem Messer schneiden. Calcium und Magnesium haben eine größere Härte. Magnesium ist wie Calcium ein Leichtmetall und wird daher oft in Flugzeugen oder Autoteilen als Bestandteil von Legierungen verwendet. Das spart Gewicht.

Frisch geschnittenes Calcium und Magnesium haben kurz einen metallischen Glanz. Mit der Zeit werden sie jedoch mattgrau. Sie reagieren mit dem Sauerstoff der Luft und der Luftfeuchtigkeit. Magnesium reagiert mit dem Sauerstoff der Luft zu Magnesiumoxid.

Magnesium + Sauerstoff → Magnesiumoxid

Reaktion mit Wasser

Calcium reagiert mit warmem Wasser. Dabei bildet sich ein Gas. Da die Knallgasprobe positiv verläuft, muss es sich um Wasserstoff handeln. Ist Phenolphtalein als Indikator im Wasser vorhanden, färbt sich dieser rot. Es entsteht eine alkalische Lösung, die man als Kalkwasser bezeichnet.

Calcium + Wasser → Calciumhydroxid-Lösung (Kalkwasser) + Wasserstoff

Die Reaktionsprodukte eines Alkalimetalls mit Wasser und eines Erdalkalimetalls mit Wasser sind ähnlich.

Reaktivität der Erdalkalimetalle

Erdalkalimetalle benötigen bei Reaktionen meist eine deutlich größere Aktivierungsenergie als Alkalimetalle. So reagieren sie nur sehr langsam, wenn sie mit Wasser in Berührung kommen. Für die Reaktion mit Sauerstoff müssen sie sogar erhitzt werden. Strontium und Barium sind so reaktionsfreudig, dass sie in Paraffinöl gelagert werden.

Nachweis der Erdalkalimetalle

Wie auch die Alkalimetalle verbrennen einige Erdalkalimetalle mit einer bestimmten Flammenfärbung. Magnesium brennt mit einer sehr hellen weißen Flamme. Calcium verfärbt die Flamme ziegelrot, Strontium rot und Barium gelb-grün. Daher werden Erdalkalimetalle in Feuerwerkskörpern eingesetzt.

A Beschreibe die Eigenschaften und das Reaktionsverhalten der Erdalkalimetalle.

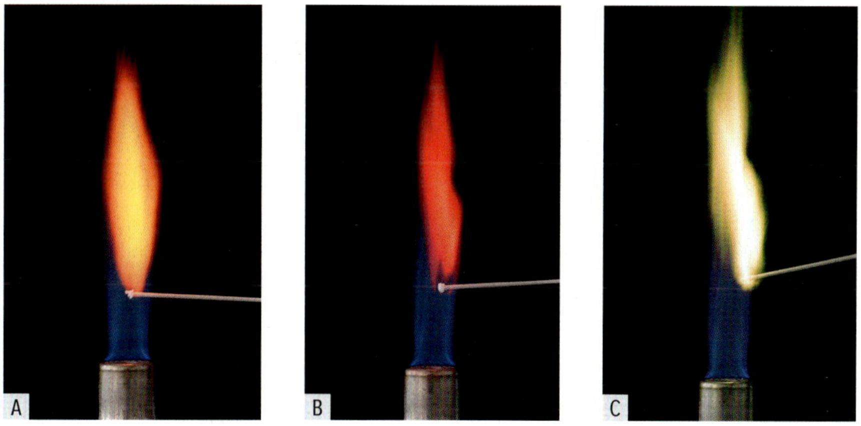

4 Flammenfärbung der Erdalkalimetalle: **A** Calcium, **B** Strontium, **C** Barium

Material mit Aufgaben

P1 Flammenfärbung

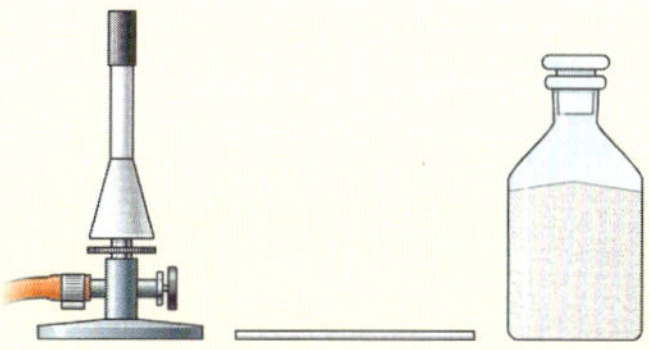

Material: Magnesiastäbchen, Gasbrenner, Erdalkali- und Alkalimetallverbindungen

Durchführung: Glühe das Magnesiastäbchen über der Flamme des Gasbrenners aus. Tauche es anschließend in die Stoffprobe und nimm eine kleine Menge des Stoffes auf. Halte das Stäbchen dann in die Flamme.

1. Notiere die Flammenfarben und die zugehörigen Elemente.
2. Fülle eine Probe ab und tausche sie mit jemandem. Ermittle, welches Element in der Probe vorhanden ist.

M2 Knochen ausglühen

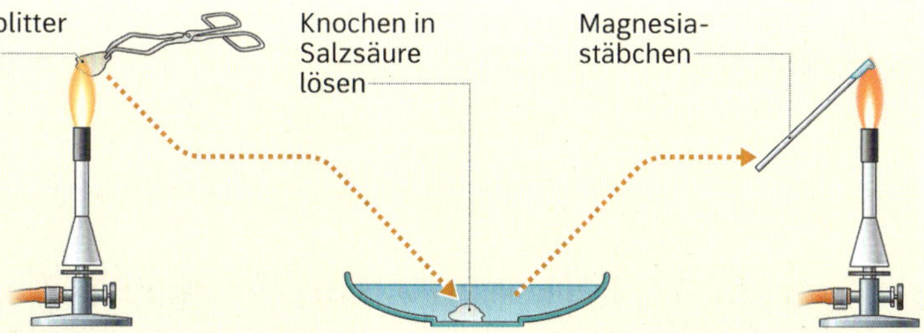

1. Beschreibe die Versuchsdurchführung und Versuchsbeobachtungen.
2. Erkläre, welches Element und deren Verbindungen im Versuch nachgewiesen worden sind.

1 Schwimmbad

Halogene

Eigenschaften der Halogene

Bei Raumtemperatur ist **Chlor** ein gelbgrünes Gas. Chlor ist ein Nichtmetall und sehr reaktionsfreudig. Es regiert mit vielen anderen Stoffen. Chlor ist für den Menschen giftig. Schon geringe Mengen in der Atemluft sind tödlich. Chlor findet man in der 7. Hauptgruppe des Periodensystems. Es gehört zur Elementfamilie der **Halogene**. Neben Chlor haben **Fluor**, **Brom** und **Iod** ähnliche chemische Eigenschaften. Auch diese Halogene sind Nichtmetalle. Sie sind sehr reaktionsfreudig und ihre Dämpfe giftig. Fluor ist bei Raumtemperatur gasförmig, Brom flüssig. Es bildet aber schnell giftige Bromdämpfe. Iod ist bei Raumtemperatur ein schwarzer Feststoff, der bei leichtem Erwärmen schnell gasförmig wird und Ioddämpfe bildet.

Das Halogen **Astat** ist ebenfalls ein Feststoff. Jedoch ist Astat als einziges Halogen ein Halbmetall.

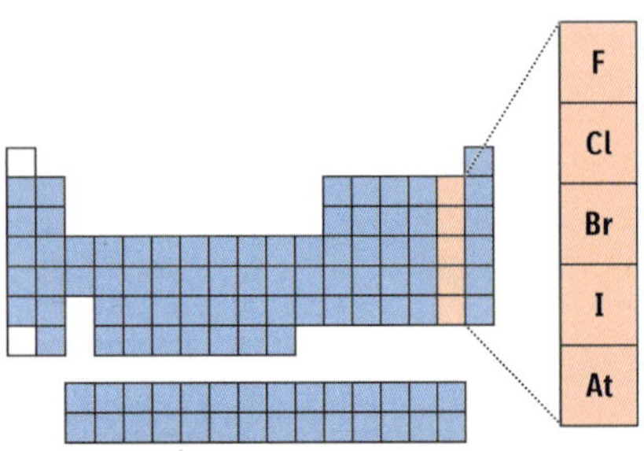

2 Halogene im Periodensystem

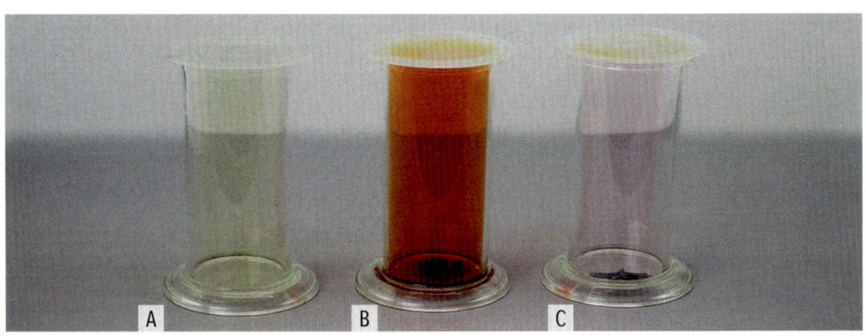

3 Halogene: **A** Chlor, **B** Brom, **C** Iod

Vorkommen von Halogenen

In der Natur kommt Chlor nur in Verbindungen vor. Die bekannteste und häufigste Verbindung ist **Natriumchlorid**, das man auch als Kochsalz bezeichnet. Natriumchlorid findet man gelöst in Meerwasser oder als Salzgestein in unterirdischen Lagerstätten. Auch die Halogene Fluor, Brom und Iod kommen in der Natur als Verbindungen vor. Iodsalze und Bromsalze sind oft im Grundwasser und Meerwasser gelöst.

Verwendung von Halogenen

In Schwimmbädern wird Chlor zur Desinfektion des Wassers eingesetzt, weil Chlor eine Vielzahl von Bakterien abtötet. Es darf jedoch nur wenig Chlor eingesetzt werden, weil es die Schleimhäute des Menschen reizt. Die Industrie benötigt Chlor in größeren Mengen für die Herstellung andere Stoffe wie PVC oder Salzsäure.

Verbindungen mit Iod werden in Wundschutzsalben eingesetzt. Bromverbindungen wurden früher in der Entwicklung von Schwarz-Weiß-Fotografien genutzt. Verbindungen mit Astat werden in der Medizin zur Behandlung von bösartigen Tumoren verwendet.

Halogene auf Teilchenebene

Fluor, Chlor, Brom und Iod liegen im gasförmigen Zustand als Moleküle vor, die je aus zwei Atomen bestehen. Ein Chlor-Molekül besteht also aus zwei Chlor-Atomen. In der Formelsprache schreibt man das Chlor-Molekül daher als Cl_2. Für Fluor-, Brom- und Iodmoleküle verwendet man dementsprechend F_2, Br_2 und I_2.

Element	Fluor, F	Chlor, Cl	Brom, Br	Iod, I	Astat, At

Farbe	gelbgrün	gelb	rotbraun	blauschwarz	metallisch
Schmelztemperatur	-220 °C	-101 °C	-7 °C	114 °C	302 °C
Siedetemperatur	-188 °C	-34 °C	59 °C	185 °C	336 °C
Reaktionsfähigkeit					

4 Eigenschaften der Halogene

F

A Beschreibe die Eigenschaften der Halogene.

B Beschreibe die Verwendungsmöglichkeiten der Halogene.

Material mit Aufgaben

M1 Chlor als Bleichmittel

Eine Blütenpflanze wurde in ein Glasgefäß mit Chlorgas gegeben.

1. Beschreibe die Versuchsbeobachtungen.
2. Erkläre, warum Chlor früher häufig in Wasch- und Reinigungsmitteln verwendet worden ist.

M2 Iod verdampfen

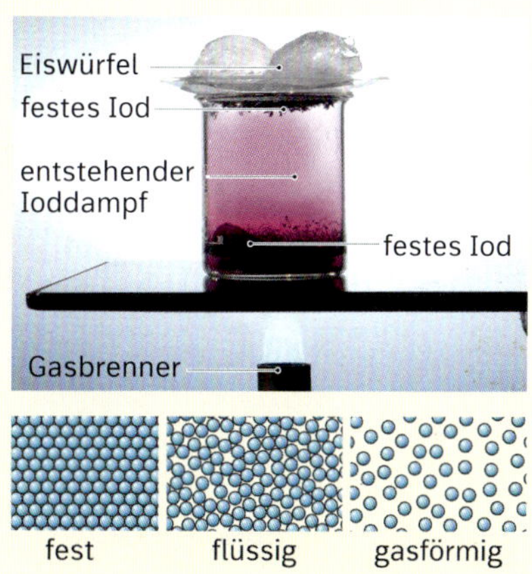

1. Beschreibe die Versuchsbeobachtungen.
2. Erkläre die Besonderheiten des Iods im Vergleich zu Brom. Nimm das Teilchenmodell zu Hilfe.

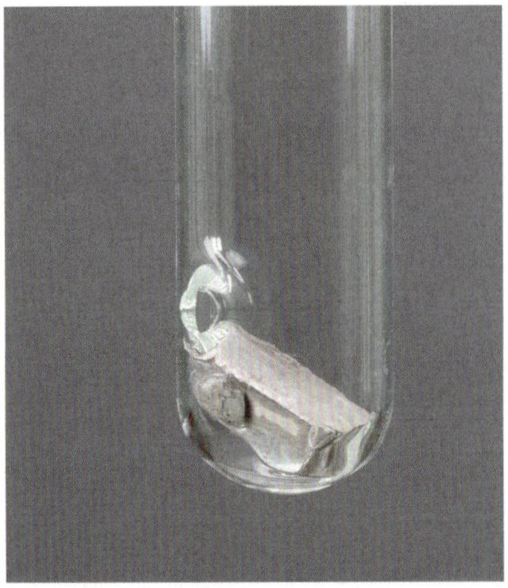

5 Natrium reagiert mit Chlorgas zu Natriumchlorid

Reaktionsverhalten der Halogene

Beim dargestellten Versuch in Bild 5, wurden in ein Reagenzglas ein Loch gebohrt. Anschließend wurde Natrium ins Reagenzglas gegeben und solange erhitzt, bis es schmilzt. Stellt man das Reagenzglas mit dem geschmolzenen Natrium in einem Erlenmeyerkolben mit Chlorgas, kann eine heftige chemische Reaktion beobachtet werden. Bei der Reaktion von Natrium mit Chlor wird Wärme frei. Es ist auch ein helles Leuchten zu beobachten. Bei der Reaktion entsteht ein weißer, spröder Feststoff, der sich am Rand des Gefäßes niederschlägt. Dieser Feststoff löst sich gut in Wasser. Das Reaktionsprodukt ist völlig ungiftig und wenig reaktiv. Bei dem Reaktionsprodukt handelt es sich um Natriumchlorid, das im Alltag auch als Kochsalz bekannt ist.

Natrium + Chlor → Natriumchlorid

$2\ Na + Cl_2 \rightarrow 2\ NaCl$

Halogene sind Salzbildner

Auch die anderen Halogene reagieren mit Metallen zu ähnlichen Verbindungen. Die entstehenden Stoffe sind Salze. Zum Beispiel reagieren Brom und Iod mit Natrium. Bei der chemischen Reaktion entstehen die Salze Natriumbromid und Natriumiodid. Der Familienname Halogen stammt aus dem Griechischen und bedeutet **Salzbildner**. Innerhalb der Elementfamilie nimmt die Reaktivität von oben nach unten ab. ■

Material mit Aufgaben

M3 Magnesium und Brom

Ein frisches Stück Magnesium wurde mit Schleifpapier gereinigt und in einen Zylinder mit Brom gegeben.

1. Beschreibe die Beobachtungen.
2. Erstelle die Wortgleichung. ⊞
3. Erkläre, ob es sich um eine exotherme oder endotherme Reaktion handelt. ⊞

P4 Nachweis von Halogenteilchen

Material: Kaliumchlorid-Lösung, Kaliumbromid-Lösung, Kaliumiodid-Lösung, Kaliumsulfat-Lösung, Wasser, Silbernitratlösung, Reagenzgläser, Reagenzglasständer

Durchführung: Fülle in vier Reagenzgläser jeweils wenige Milliliter der vier Lösungen und in ein weiteres Wasser. Gib in jedes Reagenzglas wenige Tropfen Silbernitratlösung.

1. Beschreibe die Beobachtungen.
2. Werte die Beobachtungen aus. Erläutere die Nutzung der Silbernitrat-Lösung.
3. Wähle eine der Aufgaben aus:
   a Erläutere die Funktion des Wassers und der Kaliumsulfatlösung in dem Versuch.
   b Formuliere eine Wortgleichung für die Reaktion von Silbernitrat mit Kaliumchlorid.

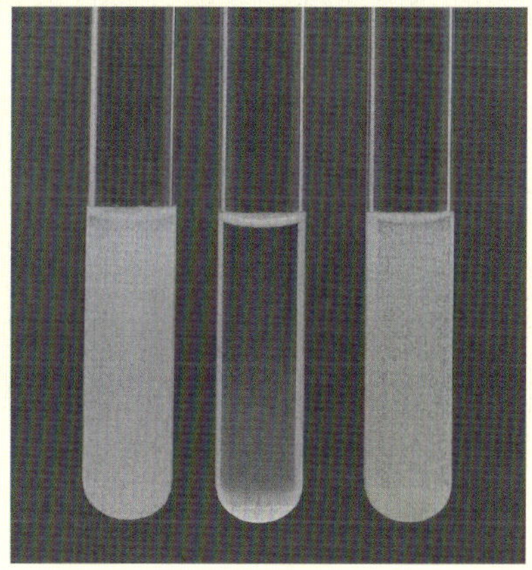

M5 Salzsäure herstellen

Wenn man eine Flasche konzentrierte Salzsäure öffnet, muss man sehr vorsichtig sein. Ein farbloses, giftiges Gas steigt auf und reizt die Augen stark. Salzsäure besteht aus Chlor und Wasserstoff. Das Salzsäuregas ist Chlorwasserstoff. Es löst sich in Wasser und bildet dann verdünnte Salzsäure.
Mit dem im Bild dargestellten Versuch kann Salzsäure im Labor unter einem Abzug aus Natriumchlorid und konzentrierter Schwefelsäure hergestellt werden.

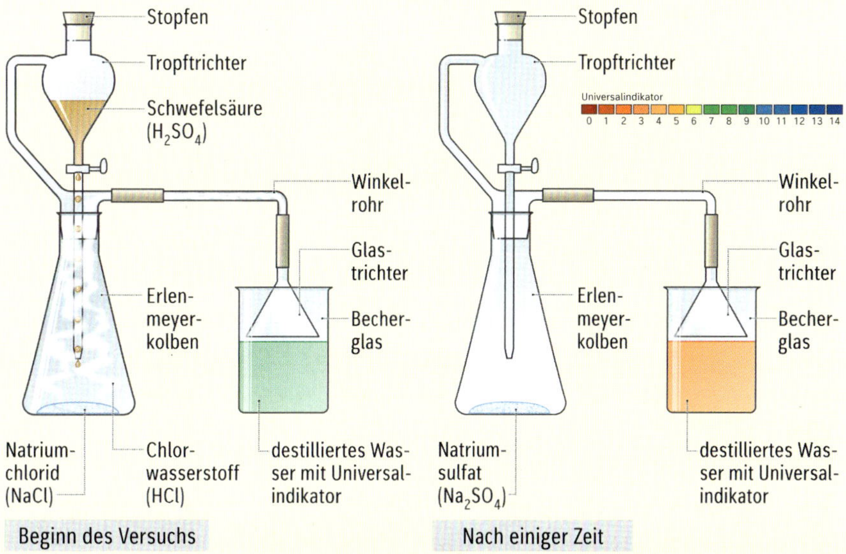

Hinweis: Mit Universalindikatoren können auch saure Lösungen nachgewiesen werden. Die Stärke einer sauren Lösung kann in Zahlenwerten als pH-Wert angegeben werden. Je saurer eine Lösung ist, desto kleiner ist ihr pH-Wert. Destilliertes Wasser hat den pH-Wert 7 und ist neutral.

1. Beschreibe den Versuchsaufbau und die Versuchsbeobachtungen.
2. Erstelle für die Entstehung von Chlorwasserstoff die Wortgleichung. +
3. Erkläre, warum der Versuch unter einem Abzug durchgeführt werden muss. +
4. Formuliere die vollständige Reaktionsgleichung für die Bildung von Chlorwasserstoff.
   Hinweis: Nutze folgende Bausteine für die Reaktionsgleichung: Na_2SO_4, 2 HCl, H_2SO_4, 2 NaCl.

1 Luftballons hängen am Pullover.

Teilchen sind geladen

Modelle

Das **Teilchenmodell** geht davon aus, dass alle Stoffe aus kleinsten Teilchen bestehen, die sich unabhängig voneinander bewegen können. Mithilfe des Teilchenmodells können die verschiedenen Aggregatzustände eines Stoffes als verschiedene Anordnungen der kleinsten Teilchen dargestellt werden. Chemische Reaktionen lassen sich nicht mit dem Teilchenmodell erklären. Hier hilft das **Atommodell** nach Dalton. Dieses Modell geht davon aus, dass jedes Element aus spezifischen kleinsten unteilbaren Teilchen, den **Atomen,** besteht. Die Atome werden als Kugeln dargestellt. Nach diesem Modell sind die Atome komplett mit Masse ausgefüllt. Bei chemischen Reaktionen werden die Atome umgeordnet, wodurch neue Stoffe entstehen.

Reibungselektrizität

Durch das Reiben des Luftballons am Pullover wird der Pullover negativ und der Luftballon positiv geladen. Man spricht auch von **Reibungselektrizität**. Entgegengesetzte Ladungen ziehen sich an. Daher wird der Luftballon vom Pullover angezogen. Gleichnamige Ladungen hingegen stoßen sich ab.

Material mit Aufgaben

M1 Reaktionsgleichung im Modell

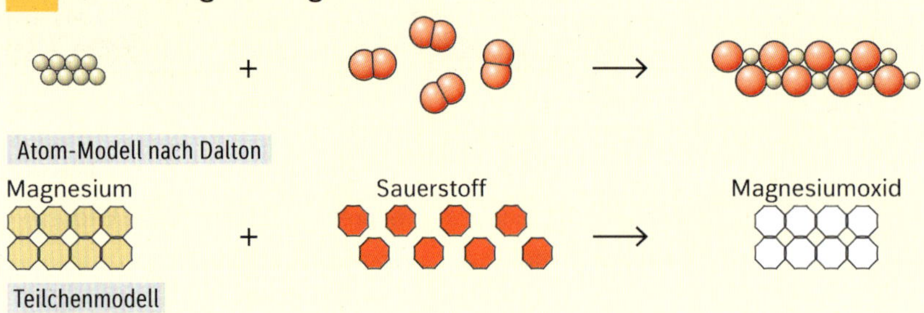

1. Vergleiche die Darstellung der chemischen Reaktion im Teilchenmodell und im Atommodell nach Dalton.
2. Erkläre, warum chemische Reaktionen im Atommodell nach Dalton besser dargestellt werden können.

Rosinenkuchenmodell

Mithilfe des Atommodells nach Dalton kann die Reibungselektrizität nicht erklärt werden. Der englische Physiker Joseph John Thomson entwickelte einen weiteren Vorschlag zum Aufbau eines Atoms. Nach diesem Modell enthält ein Atom negativ geladene, kleinere Teilchen. Diese **Elektronen** liegen in einer positiv geladenen Grundmasse. Die Verteilung der Elektronen erinnert an die Verteilung von Rosinen in einem Kuchen. Daher spricht man vom **Rosinenkuchenmodell**. Die Elektronen können in diesem Modell von einem Atom auf ein anderes Atom übertragen werden.

Elektronen

Alle Stoffe und Materialien sind aus Atomen aufgebaut. Die elektrische Ladung des Ballons muss daher aus den Atomen stammen. Beim Reiben des Ballons am Pullover werden negativ geladene Elektronen aus den Atomen des Ballons auf die Atome des Pullovers übertragen. Dadurch entsteht ein Elektronenüberschuss im Pullover. Er ist daher elektrisch negativ geladen. Da der Ballon Elektronen abgibt, herrscht dort ein Elektronenmangel. Er ist elektrisch positiv geladen. Da sich entgegengesetzte Ladungen anziehen, bleibt der Ballon am Pullover hängen.

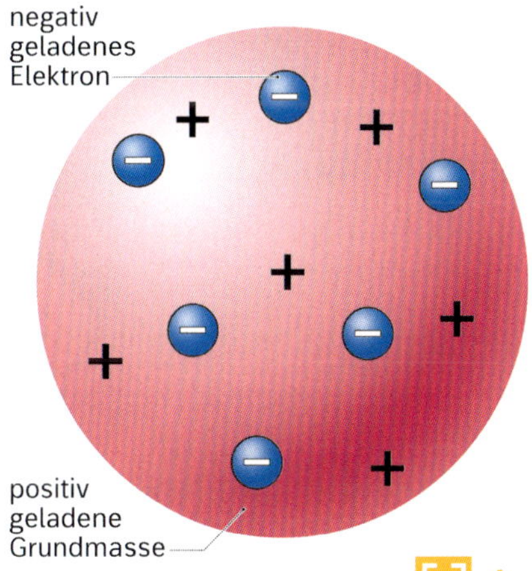

3 Atom im Rosinenkuchenmodell

A

Material mit Aufgaben

M2 Reibungselektrizität

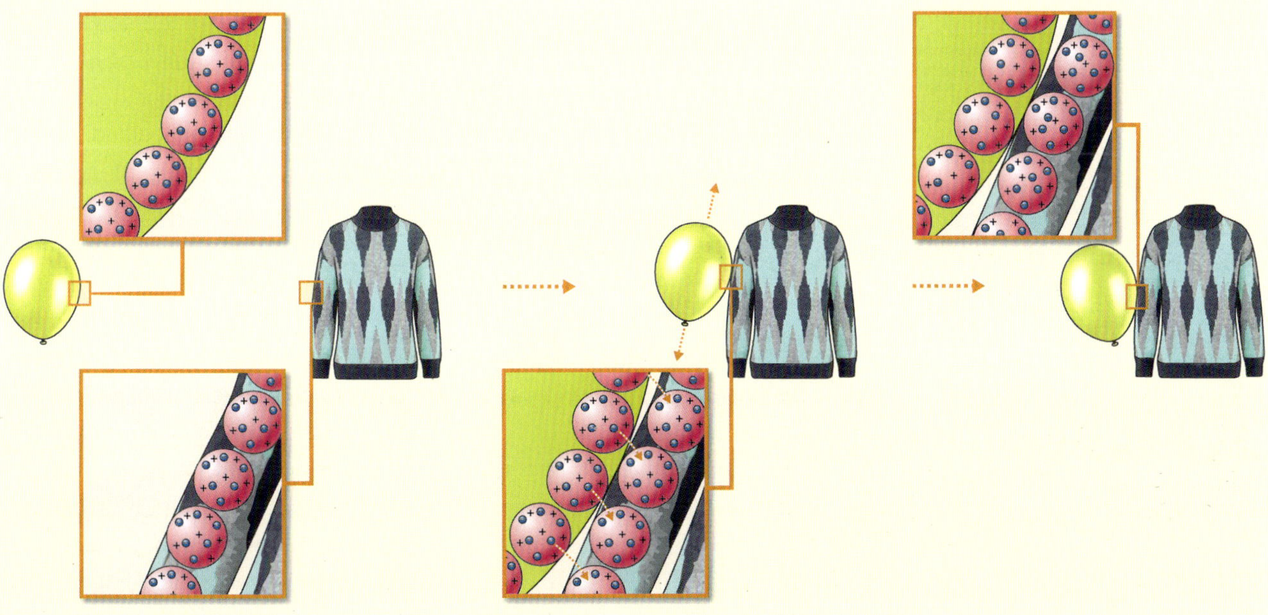

1. Beschreibe die Beobachtungen in der Abbildung.

2. Wähle eine der Aufgaben aus:
   a Erkläre, warum der Luftballon am Pullover haften bleibt.
   b Erkläre die Beobachtungen mithilfe des Rosinenkuchenmodells.

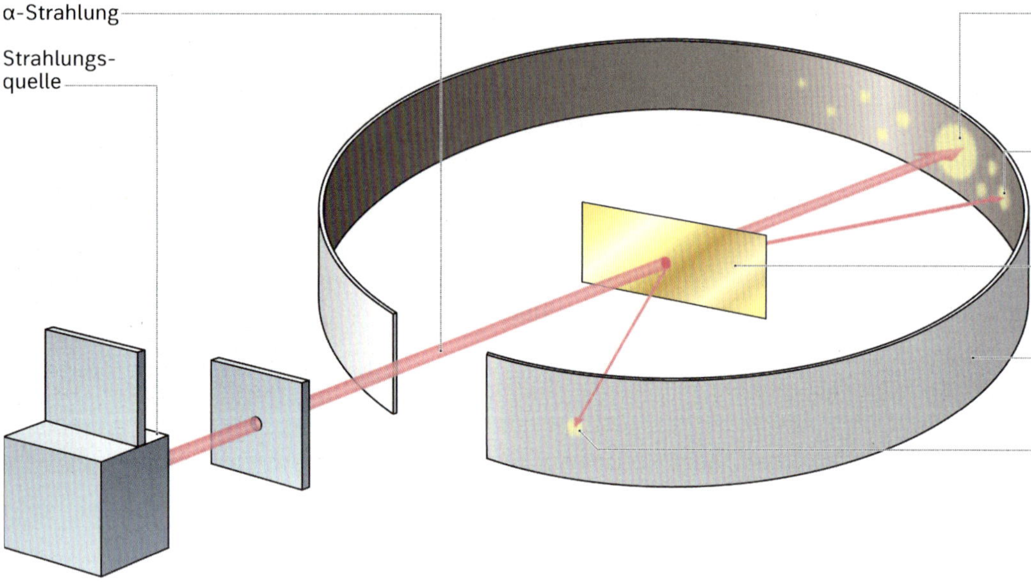

4 Streuversuch von Rutherford

A

Material mit Aufgaben

M3 Streuversuch

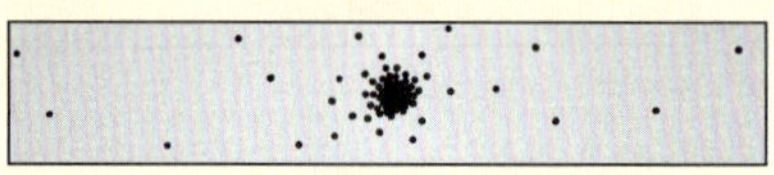
A

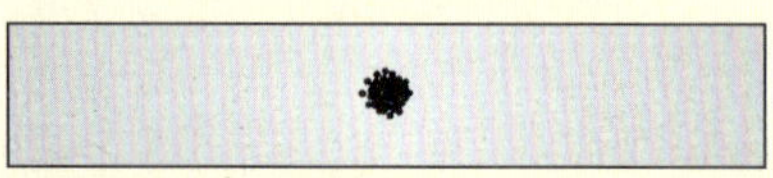
B

C

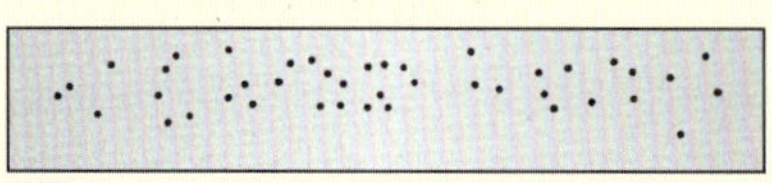
D

Die Abbildungen A bis D zeigen vier denkbare Verteilungen der Lichtblitze auf einem ausgerollten Zinksulfidschirm.

1. Beschreibe die unterschiedlichen Verteilungen der Lichtblitze in den Bildern A bis D.
2. Begründe, welches Ergebnis die Beobachtungen Rutherfords am besten darstellt
3. Erkläre mithilfe des Kern-Hülle-Modells die Beobachtungen von Rutherford.

Streuversuch von Rutherford

Bereits im 19. Jahrhundert wurde die radioaktive Strahlung entdeckt. Ein Teil der radioaktiven Strahlung besteht aus positiv geladenen Alpha-Teilchen, kurz α-Teilchen. Der neuseeländische Physiker Ernest Rutherford nutzte die α-Teilchen zur Erforschung des Aufbaus der Atome. Dazu bestrahlte Rutherford eine dünne Goldfolie mit α-Teilchen. Die Goldfolie bestand aus etwa 1000 Atomschichten. Um die Goldfolie herum befand sich ein kreisförmiger Schirm aus Zinksulfid. Wenn die α-Teilchen auf den Schirm auftrafen, lösten sie einen Lichtblitz aus. Bei diesem Versuch durchquerten die meisten α-Teilchen die Goldfolie geradlinig. Nur wenige α-Teilchen wurden in ihrer Flugbahn abgelenkt. Sehr wenige α-Teilchen prallten von der Goldfolie ab und wurden in die Nähe der Strahlungsquelle zurückgeworfen.

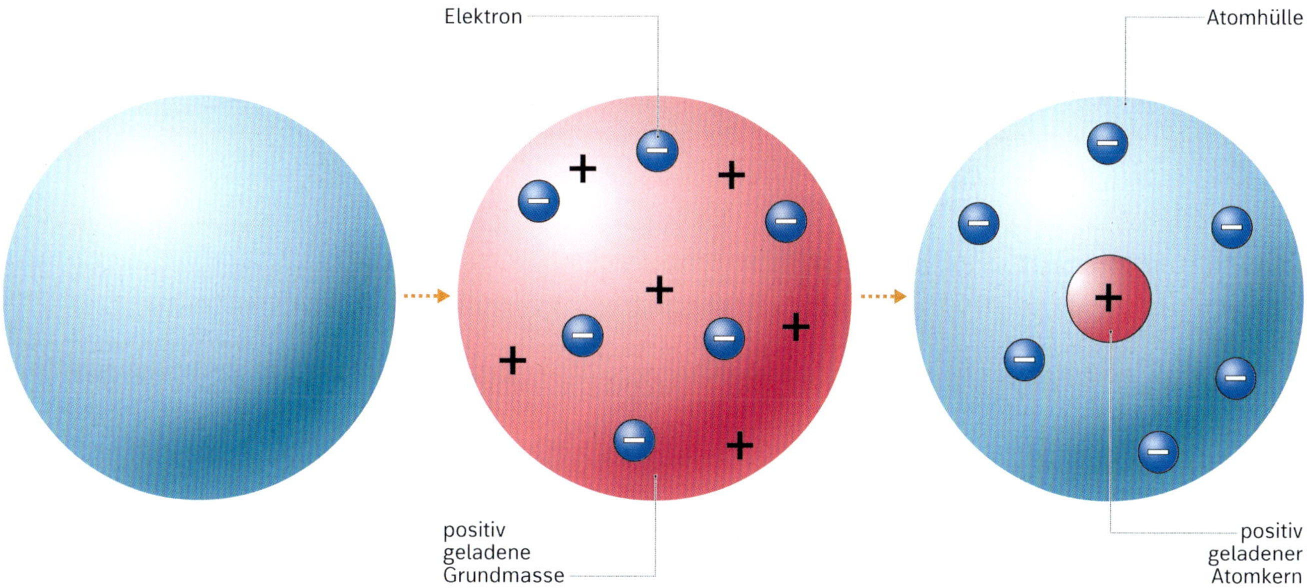

5 Vom Dalton-Modell zum Kern-Hülle-Modell

Kern-Hülle-Modell

Zu Rutherfords Zeit war das Rosinenkuchenmodell die gängige Vorstellung. Aus den Beobachtungen seines Streuversuchs stellte Rutherford eine neue Vorstellung zum Aufbau eines Atoms auf: Ein positiv geladenes α-Teilchen wird von seiner Flugbahn abgelenkt, wenn es nah am Atomkern eines Goldatoms vorbeifliegt. Der Großteil der Masse eines Atoms ist demnach im Atomkern konzentriert. Dieser ist positiv geladen. Die α-Teilchen werden abgelenkt, da gleiche Ladungen sich abstoßen. Trifft ein α-Teilchen direkt auf den Atomkern, wird es zurückgeworfen. Da die meisten α-Teilchen jedoch ungehindert die Folie durchdringen, muss sich um den Atomkern eines Goldatoms eine große, fast leere Atomhülle befinden. In dieser liegen die fast massenlosen Elektronen. Diese Vorstellung bezeichnet man als **Kern-Hülle-Modell**.

A Beschreibe den Streuversuch von Rutherford mit Hilfe von Bild 4.

B Beschreibe die Entwicklung der verschiedenen Atommodelle in Bild 5. Nenne Eigenschaften der einzelnen Modelle.

Material mit Aufgaben

M4 Flugbahn von α-Teilchen im Kern-Hülle-Modell

1. Beschreibe die unterschiedlichen Flugbahnen der α-Teilchen im Versuch.
2. Beschreibe das Kern-Hülle-Modell.
3. Erkläre die unterschiedlichen Flugbahnen der α-Teilchen.
4. Begründe, weshalb der dargestellte Versuch von Rutherford das Rosinenkuchen-Modell widerlegt.

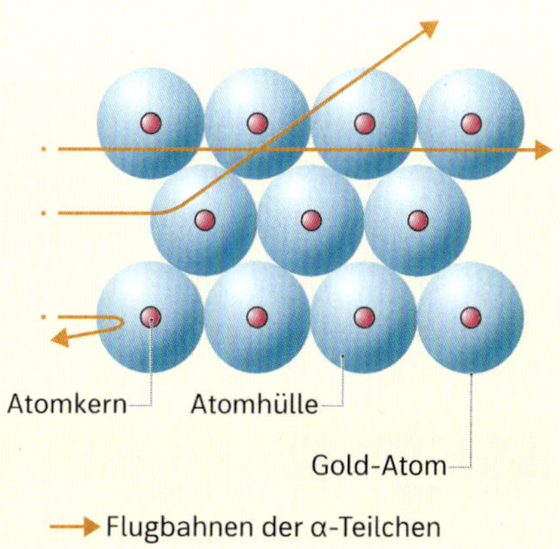

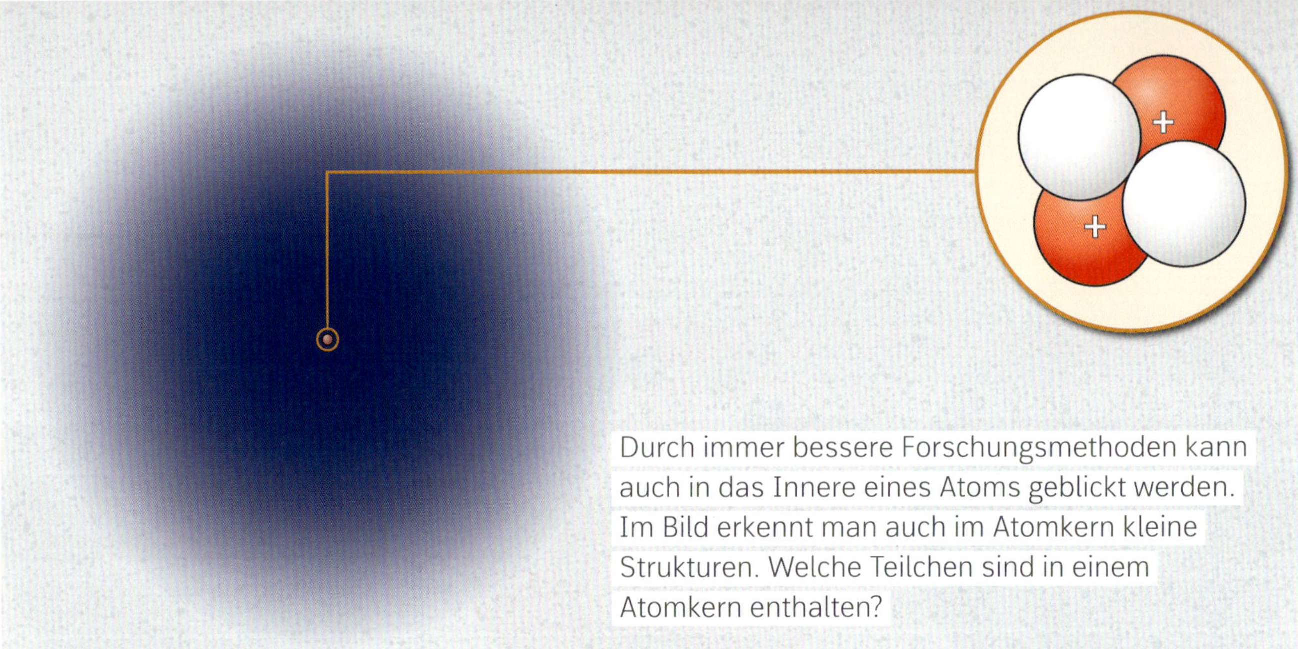

1 Schematische Darstellung eines Atoms

Bau des Atomkerns

Kernteilchen

Die Entdeckungen von Rutherford ermöglichten es Wissenschaftlern, weitere Details über den Bau der Atome herauszufinden. Die Elektronen befinden sich in der Atomhülle des Atoms. Im Zentrum eines Atoms befindet sich der Atomkern. Untersucht man den Atomkern genauer, erkennt man, dass auch der Kern aus kleinen Teilchen besteht: den **Protonen** und den **Neutronen**. Beide bezeichnet man als Kernteilchen, die **Nukleonen**.

	Ladung	Masse	Symbol
Proton	positiv	~ 1 u	p^+
Neutron	neutral	~ 1 u	n
Elektron	negativ	~ 0,00055 u	e^-

2 Eigenschaften von Teilchen

Protonen

Das Wasserstoff-Atom ist am einfachsten aufgebaut. Sein Atomkern besteht in der Regel aus einem Proton. Die elektrische Ladung des Protons ist genau so groß wie die Ladung eines Elektrons, aber positiv statt negativ. Der Atomkern eines Atoms ist positiv geladen. Das Symbol für Protonen ist $\mathbf{p^+}$. Das gesamte Wasserstoff-Atom besteht aus einem Proton im Kern und einem negativ geladenen Elektron in der Hülle. Es ist deshalb nach außen hin elektrisch neutral. Die Masse des Protons beträgt ungefähr eine atomare Masseneinheit 1 u. Das ist nahezu die gesamte Masse des Wasserstoff-Atoms. Die Masse des Elektrons in der Hülle ist so gering, dass man sie vernachlässigen kann. Der Kern des Helium-Atoms enthält zwei Protonen, der Kern des Lithium-Atoms drei Protonen. Von Element zu Element unterscheidet sich die Anzahl der Protonen im Kern.

Neutronen

Die Masse eines Helium-Atoms beträgt 4u. Das Helium-Atom hat jedoch nur zwei Protonen mit einer Masse von jeweils 1u und sein Kern ist zweifach positiv geladen. Neben den Protonen müssen daher noch weitere Bausteine im Atomkern vorhanden sein, die jedoch elektrisch neutral sind. Diese Bausteine bezeichnet man als **Neutronen**. Das Symbol für Neutronen ist **n**. Auch die Masse eines Neutrons beträgt 1u. Somit besitzt das Helium-Atom 2 Protonen und 2 Neutronen, die zusammen die Masse von 4u ergeben. Die Neutronen sind für die Stabilität des Atomkerns wichtig.

Modell des Atomkerns

Die Protonen sind Bausteine aller Atome. Die Anzahl der Protonen im Atomkern legt fest, um welches Element es sich handelt. Die Anzahl der Protonen entspricht der **Kernladungszahl** und ist identisch mit der **Ordnungszahl** im Periodensystem. So hat Sauerstoff die Ordnungszahl 8 und acht Protonen im Atomkern.

Massenzahl

Die Summe der Nukleonen in einem Atom nennt man **Massenzahl** oder Nukleonenzahl. Der Atomkern von Beryllium besteht aus vier Protonen und fünf Neutronen. Beryllium hat die Massenzahl 9. Die Atommasse beträgt etwa 9u. ▶

A Nenne die Masse und die Ladung von Neutronen und Protonen.

B Begründe, dass Atome insgesamt elektrisch neutral sind, obwohl sie geladene Teilchen enthalten.

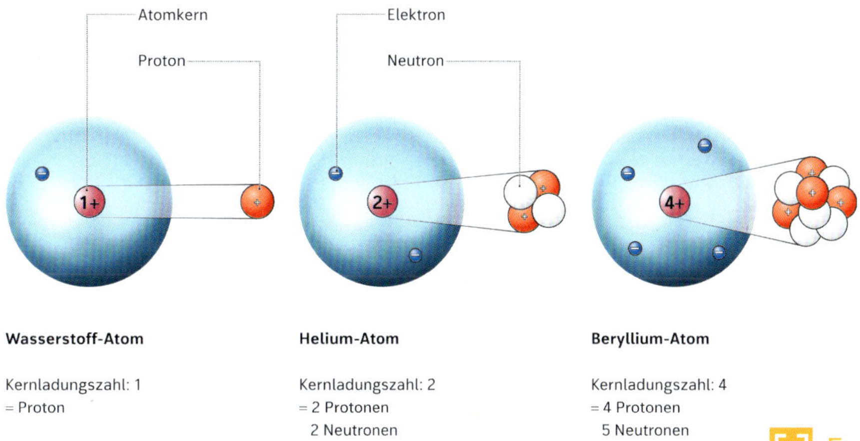

3 Atommodelle

Material mit Aufgaben

M1 Aufbau von Atomkernen

	Lithium	Bor
Neutronen	?	6
Protonen	3	?
Ordnungszahl	?	5
Massenzahl	7	?
Atommasse	ca. 7u	?

A

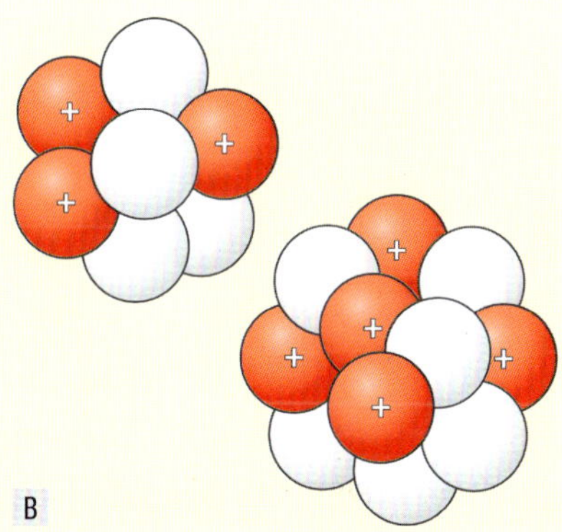

B

1. Übertrage die Tabelle in dein Heft und ergänze sie.
2. In Bild B sind zwei Modelle von Atomkernen abgebildet. Ordne die Modelle Lithium oder Bor zu.
3. Fertige für die Elemente Helium, Natrium, Calcium, Aluminium und Schwefel eine Tabelle wie in A an. Nutze das PSE im Anhang des Buches. Hinweis: Im PSE ist die Atommasse oftmals nicht ganzzahlig. Gib gerundete Werte in deiner Tabelle an.
4. Vergleiche die Atommassen von Cobalt und Nickel. Erkläre, warum Cobalt die größere Atommasse hat.
5. Wähle eine der Aufgaben aus:
   - a Entwickle Merksätze, wie man Protonen-, Elektronen- und Neutronenzahl aus dem PSE ermittelt.
   - b Stelle Vermutungen an, warum die Massenzahl der Elemente nicht immer eine ganze Zahl ist, obwohl Protonen und Neutronen eine Masse von etwa 1u haben.

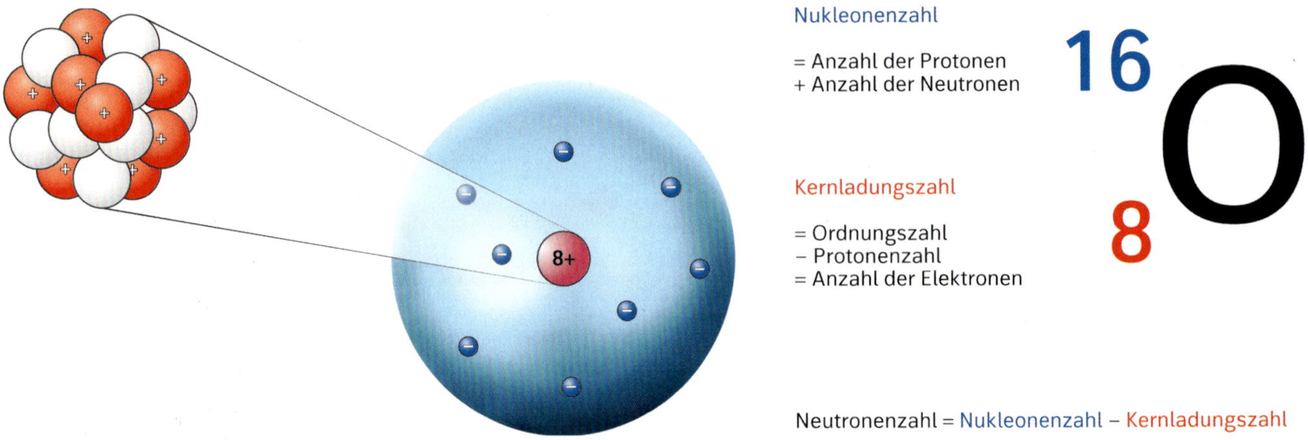

4 Sauerstoffatom im Kern-Hülle-Modell mit Symbolschreibweise

Symbolschreibweise

Das Sauerstoff-Atom hat insgesamt 16 Nukleonen: acht Protonen und acht Neutronen. Diese Informationen kann man dem Periodensystem entnehmen. Die Massenzahl entspricht in etwa der Atommasse, die im Periodensystem für jedes Element angegeben ist. Die Protonenzahl entspricht der Ordnungszahl des Elements. Bei einem ungeladenen Atom entspricht die Elektronenzahl immer der Anzahl der Protonen.

Der Aufbau eines Atoms kann abgekürzt in einer Symbolschreibweise dargestellt werden. Beim Sauerstoff-Atom wird zunächst das Atomsymbol O notiert. Links oben notiert man zunächst die Massenzahl, die der Anzahl der Nukleonen entspricht. Bei der Massenzahl wird die Anzahl der Protonen und Neutronen addiert. Die Anzahl der Protonen, die Kernladungszahl, wird unten links an das Atomsymbol geschrieben.

Material mit Aufgaben

M2 Symbolschreibweise

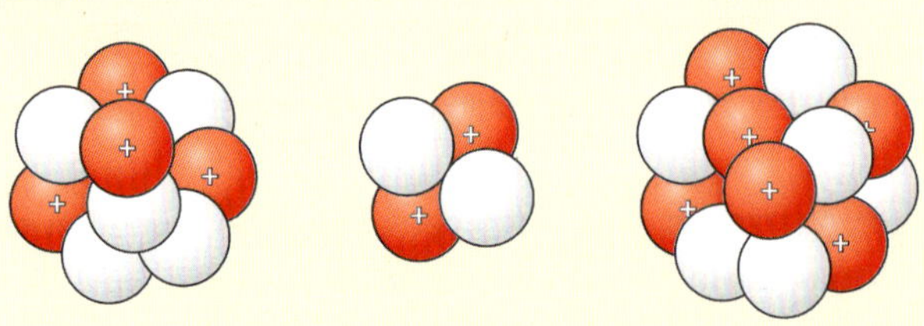

$^{4}_{2}He$ $^{9}_{4}Be$ $^{12}_{6}C$

A

$^{11}_{5}B$ $^{12}_{6}C$ $^{27}_{13}Al$ $^{197}_{79}Au$

B

$^{24}_{12}?$ $^{39}_{19}?$ $^{80}_{35}?$ $^{119}_{50}?$

C

1. Ordne den Atomkernen im Bild A die richtigen Symbole zu.
2. Erkläre anhand der Symbolschreibweisen an zwei Beispielen den Aufbau der Atomkerne.
3. Nenne die Anzahl der Protonen, Elektronen und Neutronen für die Elemente in Bild B.
4. Finde mithilfe des PSE die passenden Elemente in Bild C heraus.

Isotope

Protonen und Neutronen haben jeweils die Atommasse von 1u. Oft sind die Massenzahlen der Elemente im Periodensystem nicht ganzzahlig. Bei dem Element Bor wurde eine Massenzahl von 10,81u ermittelt. Das Element Bor besitzt immer 5 Protonen. Die Dezimalzahl in der Massenzahl von Bor lässt sich also nur dadurch erklären, dass es Bor-Atome mit unterschiedlichen Anzahlen an Neutronen geben muss. Atome eines Elements, die sich in der Anzahl der Neutronen unterscheiden, bezeichnet man als **Isotope**. Es gibt neben Bor viele Elemente, bei denen unterschiedliche Isotope vorkommen. Dazu zählen zum Beispiel Wasserstoff, Kohlenstoff und Chlor.

Chemisch betrachtet handelt es sich bei den Bor-Isotopen auch um Bor-Atome, denn das Element wird durch die Anzahl der Protonen bestimmt. Experimentell konnte ermittelt werden, dass 19% aller Bor-Atome neben den fünf Protonen auch fünf Neutronen im Kern besitzen, 81% der Bor-Atome besitzen neben den fünf Protonen sechs Neutronen. Die Angabe der Massenzahl im Periodensystem entspricht dem Durchschnitt der Atommassen, wobei die Häufigkeit mitbetrachtet wird. Man spricht dann von **mittlerer Atommasse**.

$m_{Bor\text{-}Atom} = 11u \cdot 0,81 + 10u \cdot 0,19 = 10,81u$

C Vom Chlor kommen die Isotope $^{35}_{7}Cl$ zu 75,77% und $^{37}_{17}Cl$ zu knapp 24,23% vor. Berechne die mittlere Atommasse in u.

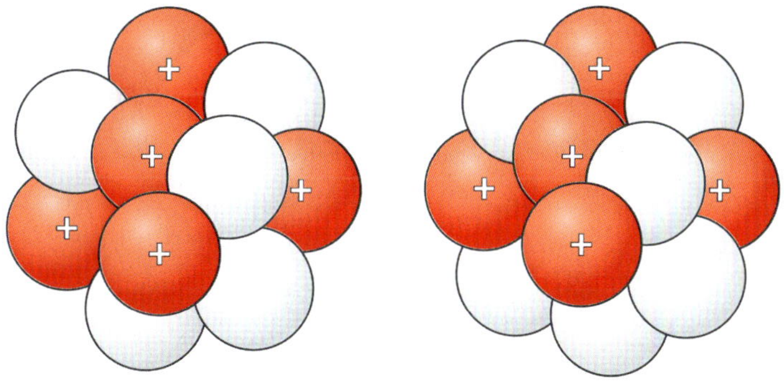

$^{10}_{5}B$ $^{11}_{5}B$

10,81
B
5 Bor

5 Isotope von Bor (Auswahl)

Material mit Aufgaben

M3 Isotope des Wasserstoffs

Protium Deuterium Tritium

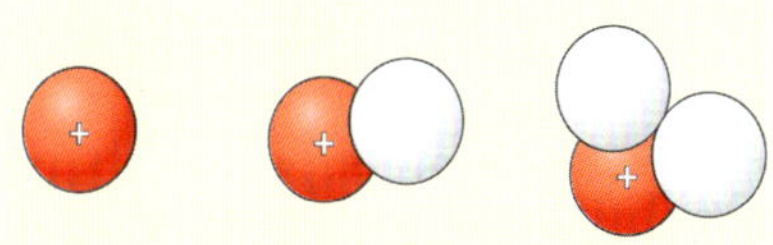

$^{1}_{1}H$ $^{2}_{1}H$ $^{3}_{1}H$

1. Beschreibe die drei Isotope des Wasserstoffs.
2. Erkläre die hochgestellte und tiefgestellte Zahl vor dem Atomsymbol.
3. Begründe, dass man Deuterium als schweren Wasserstoff und Tritium als überschweren Wasserstoff bezeichnet.

M4 Isotope von Kohlenstoff

$$^{12}_{6}C \qquad ^{13}_{6}C \qquad ^{14}_{6}C$$

1. Beschreibe die Unterschiede der Kohlenstoff-Isotope.
2. Zeichne zu den Isotopen die passenden Atomkerne mit Protonen und Neutronen.
3. Die Isotope kommen in den folgenden Prozentsätzen vor: 99% $^{12}_{6}C$, 1% $^{13}_{6}C$. Der Anteil der $^{14}_{6}C$-Isotope ist vernachlässigbar. Berechne die durchschnittliche Atommasse.
4. Bestimme die Elemente mithilfe des PSE: $^{41}_{19}?$, $^{46}_{22}?$, $^{29}_{14}?$. Erkläre, wie es zu den Unterschieden zwischen der Massenzahl und der mittleren Atommasse kommt.

1 Atom im Schalenmodell

Schalenmodell

Schale (n)	Anzahl der Elektronen
K (n=1)	2 (2x1²)
L (n=2)	8 (2x2²)
M (n=3)	18 (2x3²)
N (n=4)	32 (2x4²)
O (n=5)	50 (2x5²)

2 Besetzung der Elektronenschalen

Elektronenschalen

Der Streuversuch von Rutherford zeigte, dass Atome aus einem Atomkern und einer Atomhülle bestehen. Dieses Kern-Hülle-Modell sagt jedoch nichts darüber aus, wie die Elektronen in der Atomhülle verteilt sind. Im Jahr 1913 beschrieb der dänische Physiker Niels Bohr, dass die Elektronen nicht beliebig in der Atomhülle verteilt sind, sondern sich in bestimmten Räumen bewegen. Diese Räume sind wie Zwiebelschalen um den Atomkern angeordnet. Diese Vorstellung nennt man **Schalenmodell**.

In den Elektronenschalen bewegen sich die Elektronen mit hoher Geschwindigkeit um den Atomkern. Die Schalen (n) werden von innen nach außen mit Großbuchstaben gekennzeichnet: K, L, M, N und so weiter. In jeder Schale hat nur eine begrenzte Elektronenanzahl Platz. Die Elektronenanzahl der jeweiligen Schale berechnet sich nach der Formel: $2n^2$. n entspricht der Ziffer der Schale.

Besetzung der Elektronenschalen

Die Protonenzahl eines Atoms bestimmt auch die Elektronenzahl. Das Wasserstoff-Atom hat 1 Proton im Kern und 1 Elektron in der Hülle. Das Elektron befindet sich daher auf der innersten Schale, der K-Schale. Das Helium-Atom hat 2 Elektronen, die sich auf der K-Schale befinden. Das Element Lithium besitzt 3 Elektronen und zählt zu den Alkalimetallen. Es ist ein sehr reaktionsfreudiges Element. Experimente mit Lithium ergaben, dass man ein Elektron leicht abspalten kann. Die Anziehungskraft zum Kern kann man aufgrund der größeren Entfernung des Elektrons leicht überwinden. Daraus ergab sich die Aufteilung der Elektronen. In der K-Schale des Lithium-Atoms befinden sich 2 Elektronen. Sie ist voll besetzt. In der L-Schale befindet sich 1 Elektron.

Bei den folgenden Atomen kommt jeweils ein neues Elektron in der L-Schale hinzu. Bei 8 Elektronen ist die L-Scha-

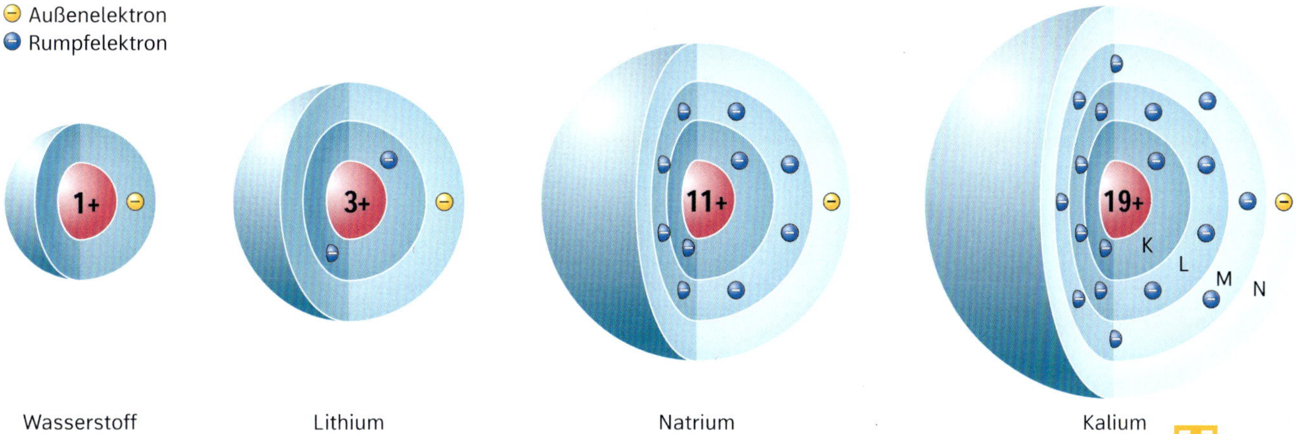

3 Elemente im Schalenmodell

A+F

le voll besetzt. Dies ist bei dem Element Neon der Fall. Ab dem Natrium-Atom wird dann die M-Schale befüllt. Natrium hat 11 Elektronen, davon 2 in der K-Schale, 8 in der L-Schale und ein Elektron in der äußeren M-Schale. Man bezeichnet die Elektronen in der äußersten Schale als **Außenelektronen**.

Hauptgruppenelemente

Die Verteilung der Elektronen in der Atomhülle erfolgt im ersten Schritt in der Besetzung der äußeren Schale, die mit Ausnahme der 1. Schale mit 8 Elektronen voll besetzt ist. Man spricht von der **Oktettregel**. Diese Elemente bilden die Hauptgruppenelemente.

Nebengruppenelemente

Da die M-Schale insgesamt 18 Elektronen aufnehmen kann, werden die verbleibenden 10 Elektronen der Elemente in innere Nebenbereiche aufgefüllt. Diese Elemente, deren Elektronen die inneren Bereiche befüllen, bilden die Nebengruppenelemente wie zum Beispiel Eisen oder Blei.

Material mit Aufgaben

M1 Elektronen und Schalen

	Atom 1	Atom 2	Atom 3	Atom 4
K-Schale	2	1	2	2
L-Schale	8	-	8	1
M-Schale	1	-	8	-
N-Schale	-	-	1	-

In der Tabelle ist die Anzahl der Elektronen in den jeweiligen Schalen bei verschiedenen Atomen dargestellt. Es handelt sich um die Atome aus Bild 4.

1. Ordne den Atomen in der Tabelle die passenden Elemente aus Bild 4 zu.
2. Begründe, warum man aus der gesamten Elektronenzahl eines Atoms auf die Ordnungszahl des Atoms schließen kann.
3. Betrachte das Element in Bild B. Erstelle eine ähnliche Tabelle wie in A.

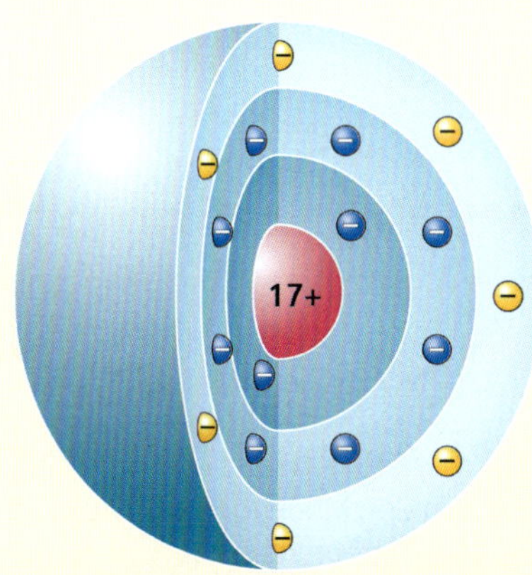

B

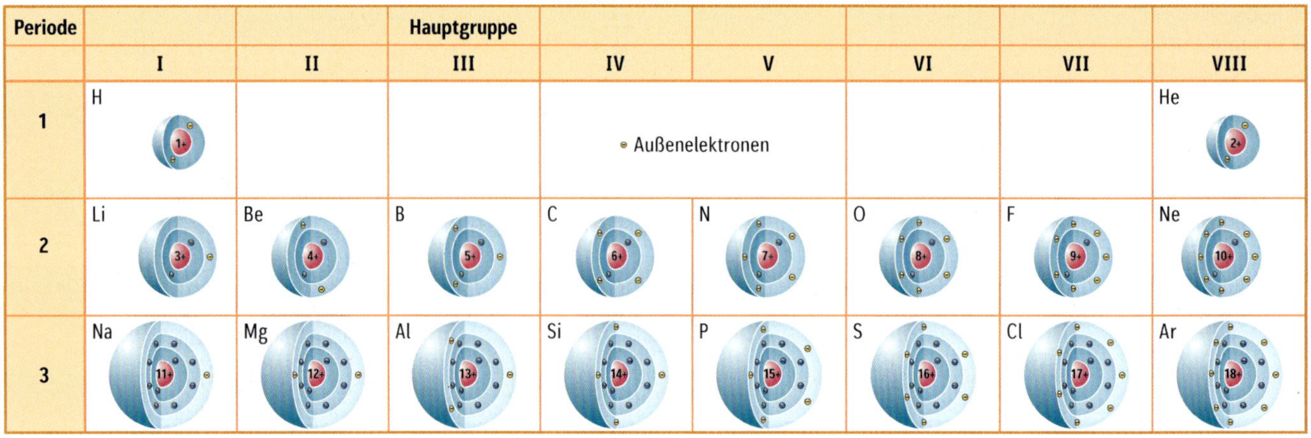

4 Schalenmodelle der ersten drei Perioden

Elementfamilien

Die Alkalimetalle stehen ab der 2. Periode in der ersten Hauptgruppe des Periodensystems. Die Atome der Alkalimetalle haben je 1 Außenelektron in der äußersten Schale. Von Lithium bis Francium kommt immer eine neue Schale pro Periode hinzu. Die Erdalkalimetalle bilden die 2. Hauptgruppe und haben je 2 Außenelektronen in der äußersten Schale. Halogene bilden die 7. Hauptgruppe. Ihre Atome haben je 7 Elektronen in der äußersten Schale. Die chemischen Eigenschaften der Elemente innerhalb einer Elementfamilie werden daher durch die Zahl der Außenelektronen beeinflusst.

Material mit Aufgaben

M2 Elemente bestimmen

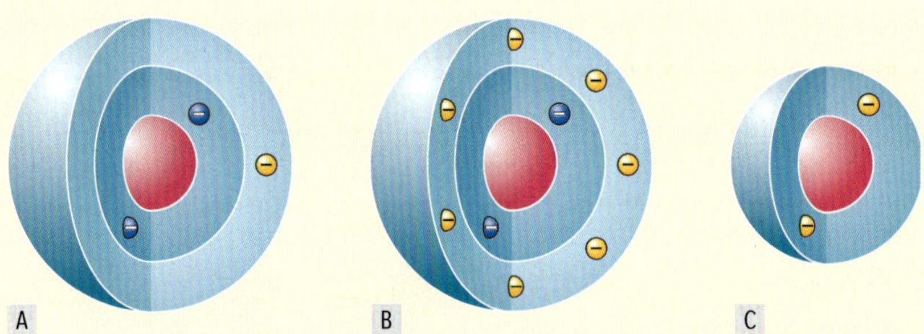

1. Erkläre, warum einige Elektronen in den Modelldarstellung gelb gefärbt sind.
2. Bestimme mithilfe des PSE die abgebildeten Atome A-C.
3. Ordne die abgebildeten Atome in Gruppen und Perioden des PSE ein. Begründe deine Zuordnungen mithilfe der Elektronenkonfiguration.

Edelgaskonfiguration

Die Edelgase wie Helium, Neon oder Argon bilden die 8. Hauptgruppe des Periodensystems. Die Atome dieser Elemente besitzen jeweils maximal mit Elektronen gefüllte äußere Schalen. Beim Helium-Atom ist die K-Schale mit zwei Elektronen voll besetzt. Die anderen Edelgase wie Neon und Argon haben 8 Außenelektronen in der äußeren Schale. Man spricht vom **Elektronenoktett**. Eine voll besetzte Außenschale ist eine besonders stabile Elektronenkonfiguration. Daher sind die Edelgase sehr reaktionsträge. Sie reagieren in der Regel nicht mit anderen Stoffen und gehen keine Verbindungen ein.

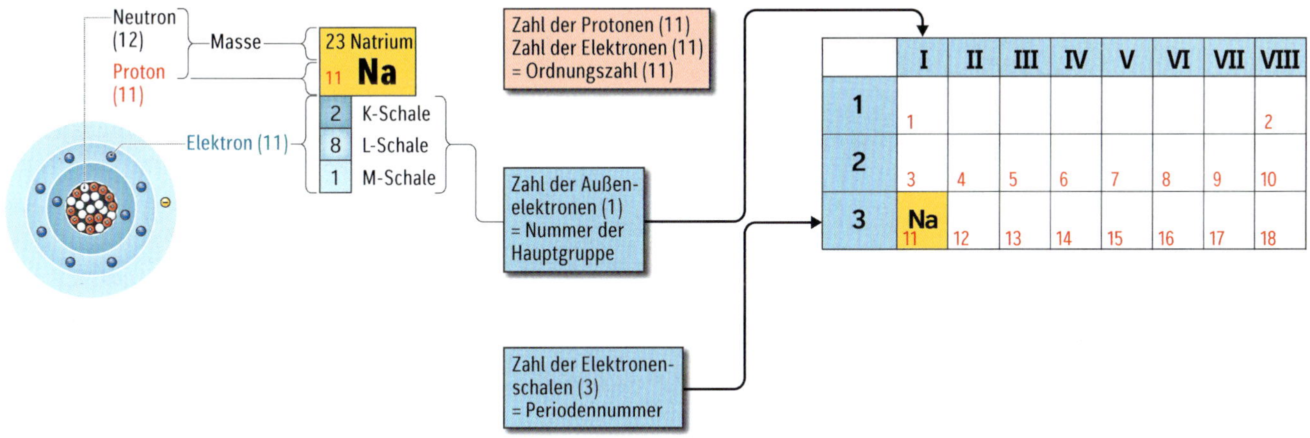

5 Einordnung ins PSE

Stellung der Elemente im PSE

Die Forscher Mendelejew und Meyer hatten 1869 die Elemente nach Atommasse und chemischer Verwandtschaft geordnet. Niels Bohr konnte nachweisen, dass die Anordnung der Elemente im PSE vom schalenartigen Aufbau ihrer Atome abhängt. Die Anzahl der Elektronen in der Atomhülle entspricht der Anzahl der Protonen im Kern. Die Massenzahl aus Neutronen und Protonen ist nicht entscheidend für die Stellung im PSE, sondern nur die Protonenzahl eines Elements. Die Protonenzahl wird demnach auch Ordnungszahl genannt. Die Elemente im PSE sind nach zunehmender Protonenzahl geordnet.

Hauptgruppen im PSE

Alle Elemente, deren Atome gleich viele Außenelektronen besitzen, stehen in Gruppen im PSE untereinander. Sie bilden die **Hauptgruppen**, die mit römischen Ziffern nummeriert sind. Diese geben jeweils die Anzahl der Außenelektronen an. Die Anzahl der Außenelektronen ist die Ursache für die chemische Verwandtschaft innerhalb einer Elementfamilie, wie zum Beispiel der Halogene. An der Stellung eines Elements im PSE kann man den Aufbau der Atomhülle des Elements ablesen. Wasserstoff ist kein Alkalimetall. Dennoch wird es der 1. Hauptgruppe zugeordnet, weil es nur ein Außenelektron besitzt.

Perioden im PSE

Atome mit der gleichen Anzahl an Elektronenschalen stehen in einer Reihe im PSE nebeneinander. Eine Reihe bezeichnet man als **Periode**. Die Periodennummer im PSE gibt die Anzahl der Schalen an. Innerhalb einer Periode folgen stets vergleichbare Elemente aufeinander: Auf ein Alkalimetall folgt ein Erdalkalimetall, auf ein Halogen folgt ein Edelgas. ■

A Erkläre, warum es erst ab der 2. Periode acht Hauptgruppen-Elemente pro Periode gibt.

B Nimm Stellung zur Aussage: „Allein die Massenzahl bestimmt die Einordnung in das PSE."

Ionisierung

1 Lithium in Wasser

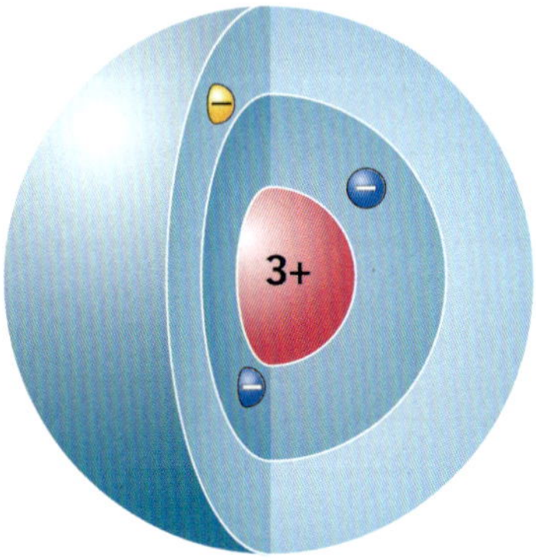

Lithium-Atom:
3 Protonen
3 Elektronen

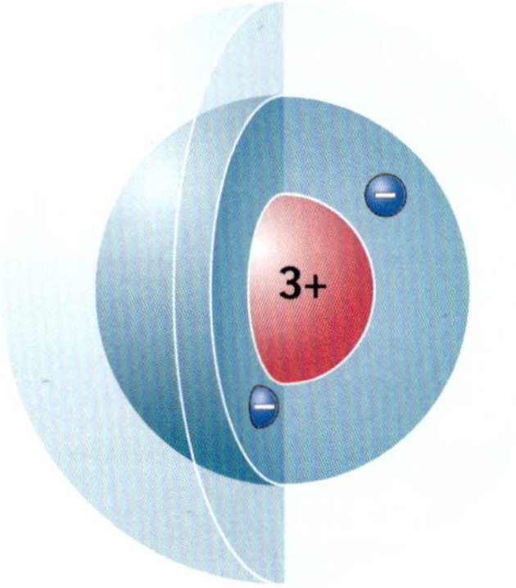

Lithium-Ion (Li^+):
3 Protonen
2 Elektronen

2 Ionisierung des Lithium-Atoms

Alkalimetalle

Lithium ist ein reaktionsfreudiges Alkalimetall. Es reagiert zum Beispiel sehr stark mit Wasser. Lithium reagiert auch schnell mit dem Sauerstoff der Luft und es entsteht Lithiumoxid. Auch die anderen Alkalimetalle wie Natrium oder Kalium zeigen ein ähnliches Reaktionsverhalten. Weshalb besitzen Elemente einer Elementfamilie ähnliche chemische Eigenschaften?

Entstehung von Ionen

Das Lithium-Atom hat die Ordnungszahl 3 und besitzt daher 3 Protonen im Atomkern und 3 Elektronen in seiner Atomhülle. Die positiven Ladungen der Protonen und die negativen Ladungen der Elektronen heben sich gegenseitig auf. Das Lithium-Atom wirkt daher nach außen elektrisch neutral. Wird dem Lithium-Atom Energie zugeführt, wird ein Elektron abgespalten. Der Kern hat beim Lithium-Atom nun 3 Protonen, die Hülle nur noch 2 Elektronen. Die positive Ladung überwiegt. Das Lithium-Atom ist nun einfach positiv geladen. Elektrisch geladene Teilchen bezeichnet man als **Ionen**. Aus dem Lithium-Atom wurde ein Lithium-Ion, kurz Li^+. Es wurde **ionisiert**. Aus allen Atomen der verschiedenen Elemente lassen sich Elektronen entfernen. Damit ein Elektron aus der Atomhülle entfernt wird, muss die Anziehungskraft zwischen den Protonen und Elektronen überwunden werden.

Ionisierungsenergie

Erst ab einer bestimmten Energiemenge kann die Anziehungskraft zwischen den Protonen und Elektronen überwunden werden und ein Elektron entfernt werden. Da bei diesem Vorgang Ionen entstehen, bezeichnet man diese Energie als **Ionisierungsenergie**. Sie hängt davon ab, wie weit ein Elektron vom Kern entfernt ist. Je näher sich ein Elektron am Kern befindet, desto größer ist die benötigte Ionisierungsenergie. Daher nimmt die Ionisierungsenergie zum Abspalten des Außenelektrons von Lithium über Natrium zu Kalium ab.

Ionisierung und Energie

Das Phosphor-Atom hat 15 Protonen im Kern und 15 Elektronen in der Hülle. Um das erste Elektron der äußeren Schale aus dem Phosphor-Atom abzuspalten, wird nur wenig Energie benötigt. Das entstandene Phosphor-Ion hat nun 15 Protonen im Kern und 14 Elektronen in den Schalen. Die positive Ladung überwiegt. Die Anziehungskraft des Kerns auf die Elektronen nimmt zu. Zum Abspalten weiterer Elektronen wird daher immer mehr Ionisierungsenergie notwendig. Je mehr Elektronen aus der Hülle entfernt werden, desto stärker wirkt die Anziehungskraft des Kerns auf die verbleibenden Elektronen. Bei den ersten 5 Elektronen ist jeweils nur wenig Energie nötig, um sie aus der Hülle zu entfernen. Es handelt sich beim Phosphor-Atom um die Elektronen der äußeren Schale. Danach folgen 8 Elektronen in der mittleren Schale, für die jeweils eine mittlere Energie von Nöten ist, um die Elektronen abzuspalten. Für die beiden letzten Elektronen 14 und 15 der inneren Schale ist jedoch viel Energie nötig, um sie zu entfernen. Das liegt daran, dass sich diese Elektronen in Kernnähe befinden.

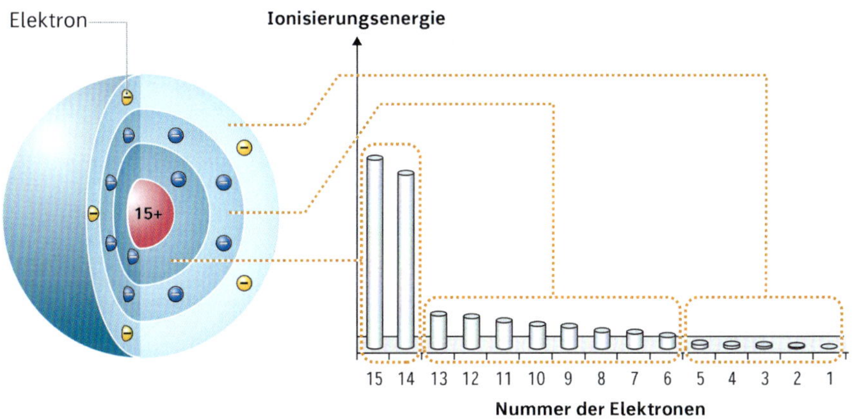

3 Ionisierungsenergien (Phosphor)

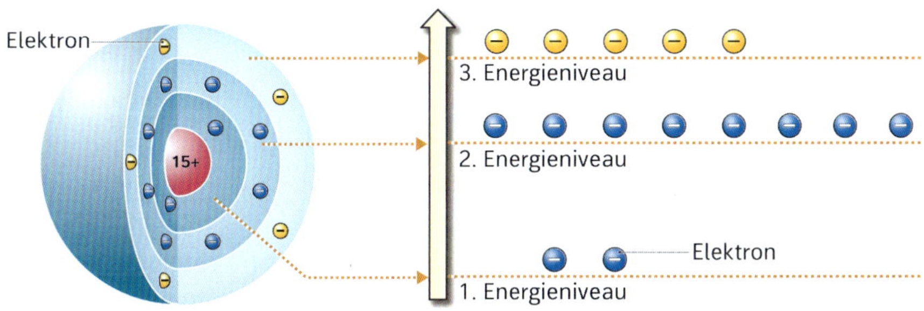

4 Energieniveaumodell (Phosphor)

Energieniveaumodell

Je näher sich die Elektronen am Kern befinden, desto höher ist die Anziehungskraft des Kerns auf die Elektronen. Die Elektronen müssen viel Energie in Bewegungsenergie umwandeln, damit sie nicht in den Kern gezogen werden und sich bewegen können. Die Elektronen selbst sind dadurch energiearm. Die innersten beiden Elektronen sind daher auf einem niedrigen **Energieniveau**. Um sie aufgrund ihrer Nähe zum Kern zu entfernen, muss die meiste Ionisierungsenergie aufgebracht werden. Je weiter die Elektronen vom Kern entfernt sind, desto höher ist ihr Energieniveau. Elektronen können daher verschiedenen Energieniveaus zugeordnet werden. Haben die Elektronen einen ähnlichen Abstand zum Kern, werden sie einem bestimmten Energieniveau zugeordnet. Die notwendigen Ionisierungsenergien nehmen dann vom 1. Energieniveau zu den nachfolgenden Energieniveaus sprunghaft ab.

Material mit Aufgaben

M1 Ionisierungsenergien

Das Diagramm zeigt die Ionisierungsenergien für die Elektronen eines bestimmten Atoms.

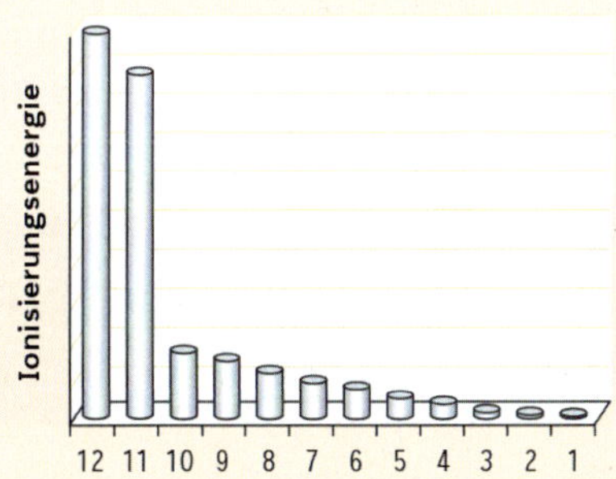

1. **III** Beschreibe das Diagramm.
2. **III** Bestimme mithilfe des Diagramms das zugehörige Element. Nimm das PSE zu Hilfe.
3. **III** Erkläre mithilfe des Schalenmodells, warum die benötigte Ionisierungsenergie von Elektron zu Elektron sinkt und nach einer bestimmten Anzahl an Elektronen sprunghaft abnimmt.
4. **III** Stelle das Atom des gesuchten Elements im Energieniveaumodell wie in Bild 4 dar.

Entwicklung der Atommodelle

Kugelmodell

John Dalton
1803

Atome sind unteilbare mit Masse gefüllte Kugeln.

Mit diesem Modell lassen sich Reaktionsgleichungen darstellen.

Rosinenkuchenmodell

Joseph John Thomson
1904

Atome bestehen aus einer positiv geladenen Grundmasse. In dieser Grundmasse befinden sich negativ geladene Elektronen.

Mit diesem Modell kann man Elektronenübertragungen erklären.

Schon seit sehr langer Zeit machen sich Menschen Gedanken über den Aufbau von Elementen. John Dalton begründete mit seiner Kugelvorstellung von Atomen die moderne Atomtheorie. Der Aufbau von Atomen wurde im Laufe der Jahre immer genauer erforscht und Daltons Vorstellung wurde immer wieder von neuen, genaueren Modellen abgelöst.

Kern-Hülle-Modell

Ernest Rutherford
1911

Atome bestehen aus einem massereichen positiv geladenen Atomkern. Um den Atomkern bedindet sich eine fast leere Atomhülle mit den Elektronen.

Mit diesem Modell lässt sich erklären, dass Atome einen positiv geladenen Atomkern haben.

Schalenmodell

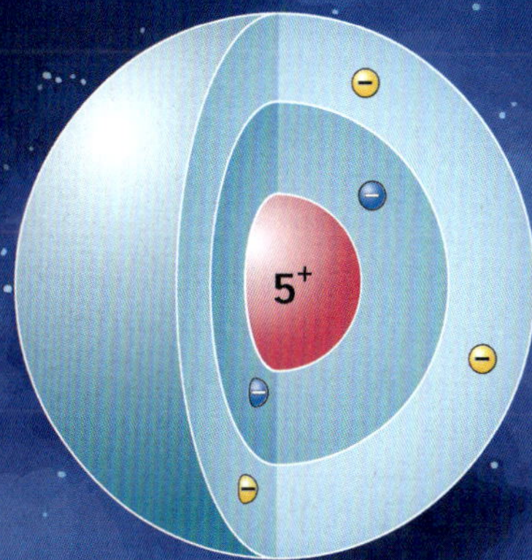

Niels Bohr
1913

Atome bestehen aus einem massereichen positiv geladenen Atomkern. Um den Atomkern liegen die Elektronen in verschiedenen Schalen.

Mit diesem Modell kann man beispielsweise die Edelgaskonfiguration erklären.

1. Beschreibe die verschiedenen Atommodelle.
2. Vergleiche die verschiedenen Atommodelle miteinander.
3. Begründe, welches Atommodell sich zur Beschreibung folgender Vorgänge eignet: Ionisierung, Reibungselektrizität, einfache Reaktionsgleichungen.
4. Stelle das Stickstoff-Atom in den vier dargestellten Modellen dar.

1 Steigende Luftballons

Projekt

Edelgase

Entdeckung der Edelgase

Im Jahre 1868 wurde das Gas Helium bei der Untersuchung des Sonnenlichts entdeckt. Der englische Forscher Sir William Ramsay untersuchte 1894 chemische Reaktionen mit Stickstoff. Bei der Untersuchung des Stickstoffs aus der Luft fiel ihm auf, dass der aus der Luft isolierte Stickstoff schwerer war, als er berechnet hatte. Er schloss daraus, dass in der Luft ein noch schwereres, reaktionsträges Gas vorhanden sein muss. Er nannte dieses Gas **Argon**. Im Anschluss konnten weitere Gase mit ähnlichen Eigenschaften nachgewiesen werden: **Neon**, **Krypton**, **Xenon**. 1910 wurde noch das Gas **Radon** entdeckt, das radioaktiv ist. Alle diese genannten Elemente bezeichnet man als **Edelgase**. Die Edelgase bilden die achte Hauptgruppe des Periodensystems.

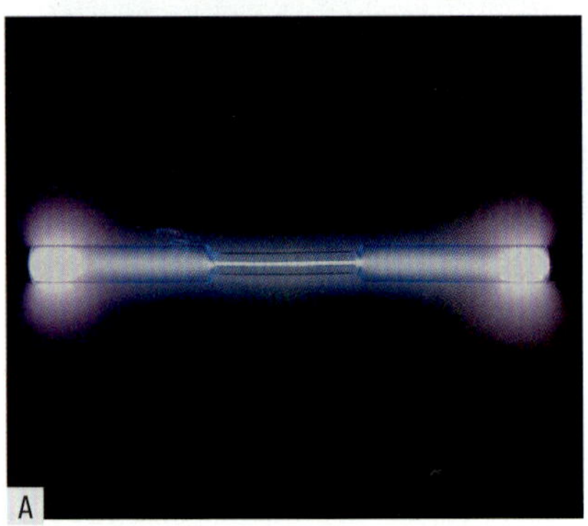

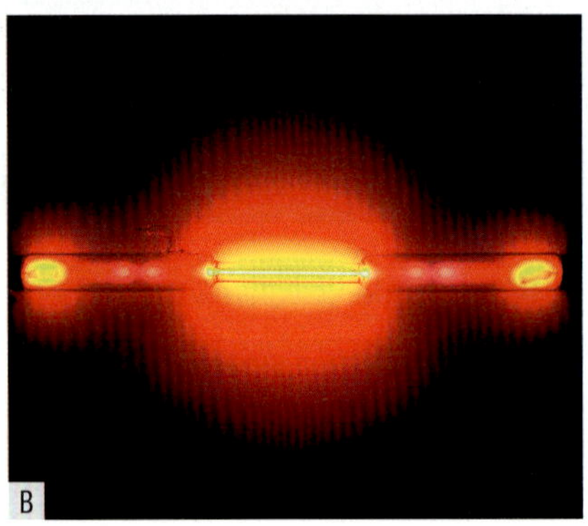

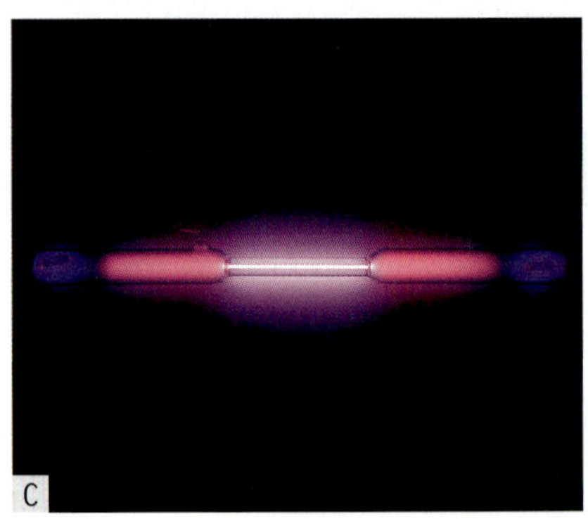

2 Leuchtstoffröhren mit Edelgasen: **A** Xenon, **B** Neon, **C** Argon

Eigenschaften der Edelgase

Bei Raumtemperatur sind alle Edelgase gasförmig. Die Edelgase sind farb- und geruchlos, ungiftig und nicht brennbar. Edelgase werden erst bei sehr niedrigen Temperaturen flüssig. Die Siedetemperatur von Helium liegt zum Beispiel bei -267 °C.

„Edel“ nennt man diese Gase, weil sie besonders reaktionsträge sind. Sie gehen, bis auf ganz wenige Ausnahmen, keine Verbindungen mit anderen Elementen ein. Die kleinsten Teile aller Edelgase sind einzelne Atome.

Verwendung der Edelgase

Helium wird aufgrund seiner geringen Dichte gerne in Ballons verwendet. Argon hat dagegen eine große Dichte. Es wird beim Schweißen von Werkstücken genutzt, da es sich aufgrund seiner Dichte auf das Werkstück legt und die umgebende Luft verdrängt. Einige Edelgase werden in Leuchtstoffröhren eingesetzt. An den Enden der Leuchtstoffröhren sind Elektroden angebracht, die unter Spannung die Gase zum Leuchten bringen. Helium leuchtet zum Beispiel gelb, Argon dagegen violett.

Edelgaskonfiguration

Das Helium-Atom hat zwei Elektronen in der K-Schale. Die Atome der anderen Edelgase haben jeweils 8 Elektronen in der äußeren Schale. Bei Edelgasen stellen die Anzahl und Anordnung der Elektronen einen sehr stabilen Zustand dar. Man spricht deswegen auch von der **Edelgaskonfiguration**. Edelgase sind sehr reaktionsträge und gehen in der Regel keine Verbindungen ein.

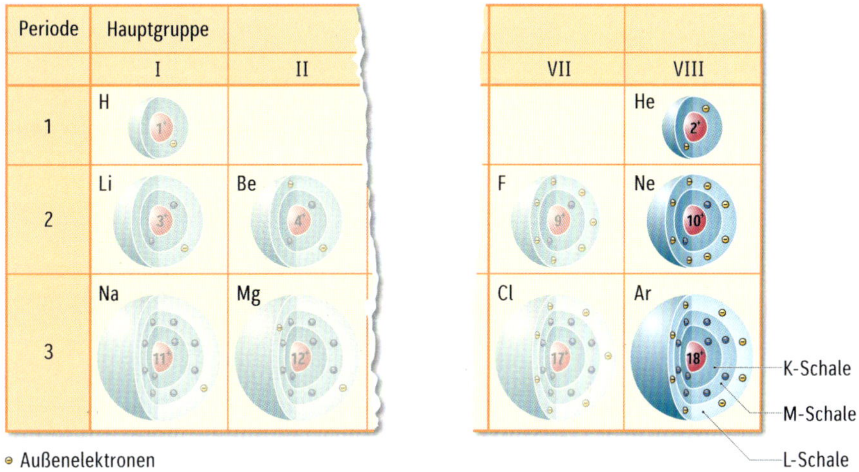

Außenelektronen

3 Edelgaskonfiguration

F

Material mit Aufgaben

M1 Dichten von Gasen

	Wasserstoff	Sauerstoff	Stickstoff	Argon	Helium	Neon
Dichte bei 20 °C	0,09 g/l	1,33 g/l	1,17 g/l	1,78 g/l	0,18 g/l	0,90 g/l
Atommasse	1,008 u	15,999 u	14,007 u	39,948 u	4,003 u	20,179 u

Die Dichte von Gasen wird in g/l angegeben. Das Stoffgemisch Luft hat bei 20 °C eine Dichte von 1,2 g/l.

1. Vergleiche die Dichten der Gase in der Tabelle. Beschreibe einen Zusammenhang der Dichte der dargestellten Gase und ihrer Atommasse.
2. Erkläre, warum Heliumballons steigen und Sauerstoffballons zu Boden sinken.
3. Begründe, in welchen Ballons mit den Fragezeichen sich Neon oder Argon befindet.
4. Früher wurde bei Zeppelinen Wasserstoff im Ballon eingesetzt, heute nur noch Helium. Begründe.

Was bedeuten die kleinen Zahlen neben den Elementsymbolen?

1 Verhältnisformeln

Verhältnisformeln aufstellen

Material mit Aufgaben

M1 Oktettregel

1. ▮▯▯ Bestimme die Verhältnisformel von Aluminiumchlorid.
2. ▮▮▯ Erkläre die Oktettregel. ⊞
3. ▮▮▮ Stelle auf diese Weise die Verhältnisformel von Magnesiumfluorid dar.

Verbindungen in der Chemie

Nicht nur Elemente haben chemische Bezeichnungen, sondern auch chemische Verbindungen. Wasser hat die Formel H_2O. Ein Wasser-Molekül besteht aus zwei Wasserstoff-Atomen und einem Sauerstoff-Atom. Die Formel H_2O besteht aus den **Elementsymbolen** der beteiligten Elemente und kleinen, tiefergestellten Zahlen, den **Indizes**. Aus der **Verhältnisformel** H_2O kann man das Anzahlverhältnis der Atomsorten der Verbindung ableiten. In einem Wasser-Molekül kommen doppelt so viele Wasserstoff-Atome wie Sauerstoff-Atome vor. In einer Stoffmenge Wasser ist also das Verhältnis von Wasserstoff-Atomen zu Sauerstoff-Atomen 2:1. Beschreibt man dieses Verhältnis mit Indexzahlen, erhält man für das Wasser die Formel H_2O_1. Dies kann man kürzen und so darstellen: H_2O.

Die Verhältnisformel beschreibt damit die kleinstmögliche Einheit einer Verbindung. Sie beschreibt die Zusammensetzung einer Verbindung und ist Abkürzung für die entsprechenden Stoffe. Verwendet man solche Formeln, kann man statt „drei-Wasser-Moleküle" in Kurzform 3 H_2O schreiben.

Die Oktettregel

Elemente gehen Verbindungen ein, wenn sie dadurch einen stabileren Zustand erreichen. Dieser ist energiearm. Die Anzahl der möglichen Bindungen eines Atoms hängt von der Anzahl der Elektronen auf der äußeren Schale, den Außenelektronen, ab. Ein Atom kann so viele Bindungen eingehen, bis es 8 Elektronen auf seiner äußeren Schale hat. Man spricht von der **Oktettregel**. Ausnahmen bilden Wasserstoff und das

Edelgas Helium. Sie können nur maximal 2 Elektronen in der äußeren Schale haben. Sobald ein Atom 8 Elektronen auf der äußeren Schale hat, gelangt es in einen energieärmeren Zustand und ist damit besonders stabil.
Diese Elektronenverteilung nennt man **Edelgaskonfiguration**. Alle Edelgase haben eine solche Elektronenverteilung.

Wertigkeit

Die Anzahl der möglichen Bindungen eines Atoms kann auf Grundlage der Außenelektronen abgeleitet werden. Die Anzahl möglicher Bindungen wird als **Wertigkeit** bezeichnet und mit einer römischen Ziffer notiert. Elemente der 1.-3. Hauptgruppe erreichen eine voll besetzte Schale, wenn die Außenelektronen abgegeben werden. So wird eine innere Schale zur vollen Außenschale. Jedes abgegebene Elektron steht für eine Bindung. Dadurch haben Elemente der 1. Hauptgruppe eine mögliche Bindung und die Wertigkeit I. Elemente der 3. Hauptgruppe haben drei mögliche Bindungen und die Wertigkeit III.
Elemente der Hauptgruppen 6. – 7. erreichen eine volle Schale, indem sie Elektronen aufnehmen. Jedes benötigte Elektron steht für eine mögliche Bindung. Elemente der 6. Hauptgruppe haben zwei mögliche Bindungen und die Wertigkeit II. Elemente der 7. Hauptgruppe haben eine mögliche Bindung und die Wertigkeit I. Die Elemente der 5. Hauptgruppe nehmen in der Regel 3 Elektronen auf. Elemente der 4. Hauptgruppe können 4 Elektronen aufnehmen oder abgeben, damit sie eine voll besetzte Außenschale erhalten.

Hauptgruppe	**I**	**II**	**III**	**IV**	**V**	**VI**	**VII**	**VIII**
Anzahl Außenelektronen	1	2	3	4	5	6	7	8
Wertigkeit	I	II	III	IV	III	II	I	-

2 Übersicht über die Wertigkeit der Hauptgruppen ab der 2. Periode.

Vorgehen:	**Beispiel** (Lithiumoxid)
1. Formelsymbole aufschreiben	1. **Li O**
2. Wertigkeiten herleiten und über das Symbol schreiben	2. **I II** **Li O**
3. Wertigkeiten ausgleichen, indem man die Anzahl der Atome so erhöht, bis sie gleich groß sind	3. **2 · I II** **Li_2 O**

3 Verhältnisformeln aufstellen mithilfe der Wertigkeit

Material mit Aufgaben

M2 Verhältnisformeln aufstellen

Element	Wasserstoff	Chlor	Sauerstoff	Aluminium	Kohlenstoff
Symbol	H	Cl	O	Al	C
Wertigkeit	I	I	II	III	IV

1. Erkläre, was der Begriff der Wertigkeit aussagt.
2. Die Verbindung Chlorwasserstoff hat die Formel HCl. Begründe die Verhältnisformel mithilfe der Tabelle.
3. Kohlenstoffdioxid hat die Formel CO_2. Begründe, wie die Formel zustande kommt. ⊞
4. Methan besteht aus einem Kohlenstoff-Atom und Wasserstoff-Atomen. Erstelle mithilfe der Tabelle die Verhältnisformel. ⊞
5. Das Element Eisen kann zwei- oder auch dreiwertig sein. Stelle die Verhältnisformel für Eisen(II)-oxid und Eisen(III)-oxid auf.

Modell für die Wertigkeit

1 Mithilfe von Steckbausteinen lassen sich Verhältnisformeln veranschaulichen

Modelle helfen zu verstehen

Damit der Begriff der Wertigkeit besser verständlich ist, kann man ihn mithilfe eines Modells darstellen. Beim Baustein-Modell werden mithilfe von Steckbausteinen die Anzahl der möglichen Bindungen und somit die Wertigkeit gut dargestellt. Einwertige Atome wie Wasserstoff oder Lithium werden durch Steckbausteine mit einer Verbindungsmöglichkeit dargestellt. Zweiwertige Atome wie Sauerstoff entsprechen Bausteinen mit zwei Verbindungsmöglichkeiten.

Regeln für das Baustein-Modell

1. Ein Molekül besteht immer aus zwei Reihen von Steckbausteinen.
2. Ein Molekül ist erst fertig, wenn beide Reihen gleich lang sind.

Beispiel: Methan darstellen

Frage: Wie lautet die Formel von Methan, das aus einem Kohlenstoff-Atom und Wasserstoff-Atomen besteht?

1. Wertigkeit feststellen: Wasserstoff hat die Wertigkeit I und ist einbindig, Kohlenstoff hat die Wertigkeit IV und ist vierbindig.

2. Steckbausteine wählen: Nun sucht man sich für die Elemente die Steckbausteine mit der entsprechenden Zahl von Noppen in einer Farbe nach Wahl aus.

3. Bindigkeiten ausgleichen: Die Bausteine mit einer Noppe werden auf den größeren Baustein aufgesteckt. In diesem Beispiel passen 4 kleine Bausteine auf einen großen Baustein. Die Verhältnisformel von Methan ist also CH_4.

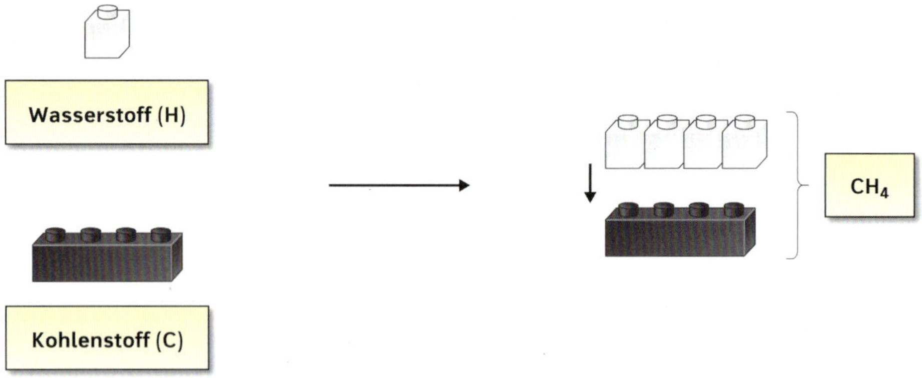

2 Darstellung der Verhältnisformel von Methan mithilfe von Steckbausteinen

Material mit Aufgaben

M1 Baustein-Modelle

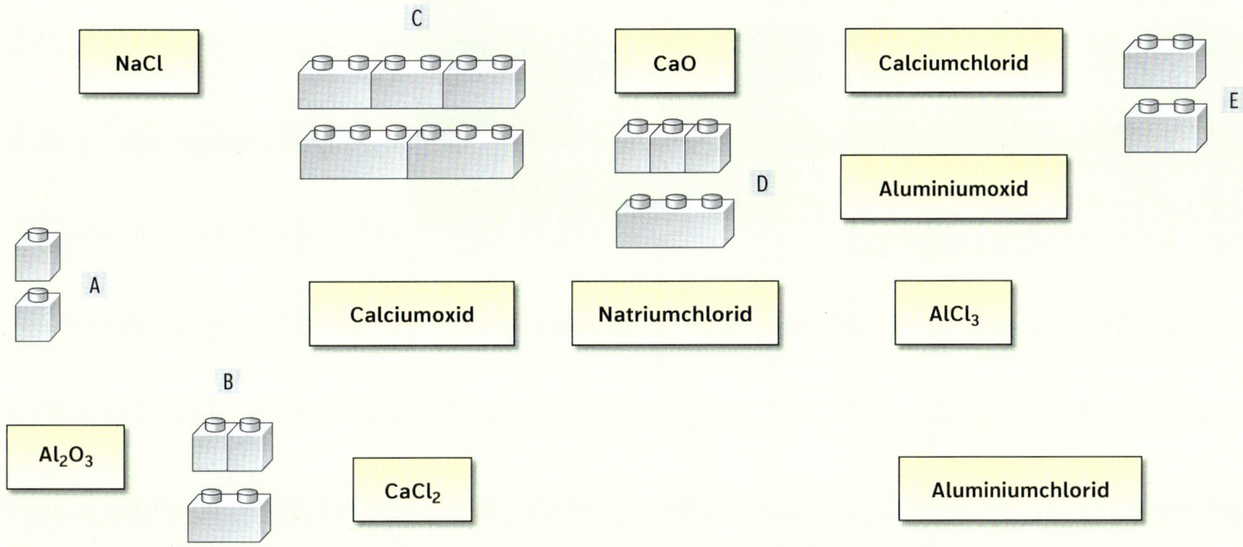

1. Ordne die Namen der Verbindungen und die Verhältnisformeln den passenden Modellen zu.
2. Erkläre den Zusammenhang zwischen dem Baustein-Modell und der Wertigkeit.
3. Stelle die Moleküle CO_2, NH_3 und H_2O im Modell dar.

M2 Reaktion im Modell

1. Beschreibe die dargestellten Modelle A und B für die Bildung der Verhältnisformel.
2. Nenne die Wertigkeit der dargestellten Atome in den Abbildungen A und B.

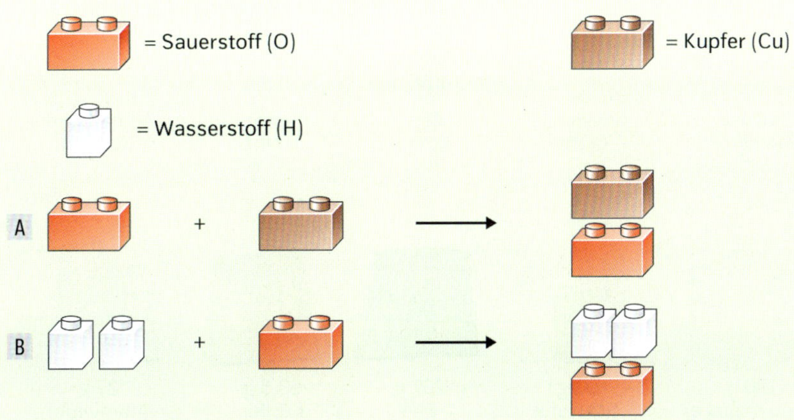

E-Kurs Stoffmenge und molare Masse

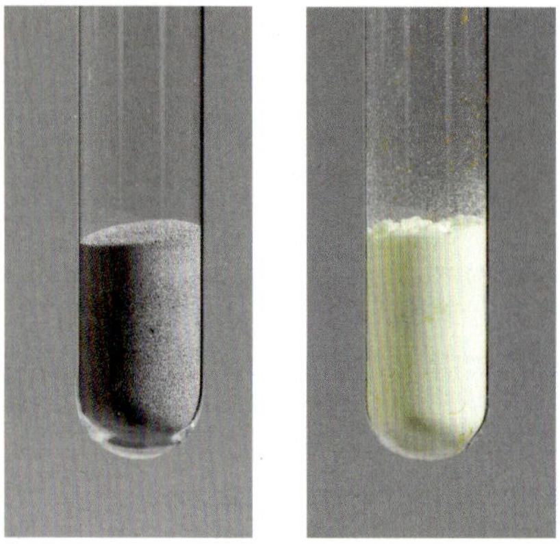

1 Reaktion von Zink mit Schwefel zu Zinksulfid

Reaktionen ohne Reste

Schwefel und Zink reagieren in einer stark exothermen Reaktion mit hellgelber Flamme miteinander zu Zinksulfid.

$Zn + S \rightarrow ZnS$

Ist zu wenig Schwefel vorhanden, ist der Lichteffekt nicht so stark. Liegt zu viel Schwefel vor, entstehen giftige Dämpfe. Für die chemische Reaktion ist es gut, wenn die Edukte möglichst passend abgewogen werden. Dies ist auch wichtig, da Chemikalien teuer sind und nicht verschwendet werden sollten.

Zählen durch Wiegen

Beim Zinksulfid verbinden sich Zink und Schwefel. Auf jedes Schwefel-Atom kommt genau ein Zink-Atom. Die Stoffportionen an Zink und Schwefel müssen demnach gleich viele Atome enthalten. Jedoch ist die Anzahl der Atome in einer geringen Menge Zink oder Schwefel viel zu groß als dass man sie abzählen könnte. Über die Masse der Stoffportion lässt sich die Anzahl der darin enthaltenen Atome oder Moleküle bestimmen. Jedes Atom hat eine bestimmte Atommasse, die im PSE abgelesen werden kann. So wiegt ein Schwefel-Atom m = 32,07 u. Damit man einfacher damit rechnen kann, werden diese Werte gerundet. Eine Stoffportion Schwefel mit der Masse 32 g enthält etwa 602 Trilliarden Schwefel-Atome.

$1\ \text{g} = 6{,}022 \cdot 10^{23}\ \text{u} \approx 602\ \text{Trilliarden u}$

$$N\left(\begin{matrix}\text{Anzahl der}\\ \text{S-Atome}\end{matrix}\right) = \frac{m\ (\text{Schwefel})}{m\ (\text{S-Atom})}$$

$$= \frac{32\ \text{g}}{32\ \text{u}}$$

$$= \frac{32 \cdot 6{,}022 \cdot 10^{23}\ \text{u}}{32\ \text{u}}$$

$$= 6{,}022 \cdot 10^{23} \approx 602\ \text{Trilliarden}$$

Die passende Stoffportion Zink kann ähnlich berechnet werden. Ein Zink-Atom wiegt 65 u. 602 Trilliarden Zink-Atome wiegen aus diesem Grund 65 g. Schwefel und Zink reagieren also im Massenverhältnis 32 (Schwefel) zu 65 (Zink) miteinander. Das bei der chemischen Reaktion aus diesen beiden Stoffportionen entstehende Zinksulfid wiegt demnach 32 g + 65 g = 97g.

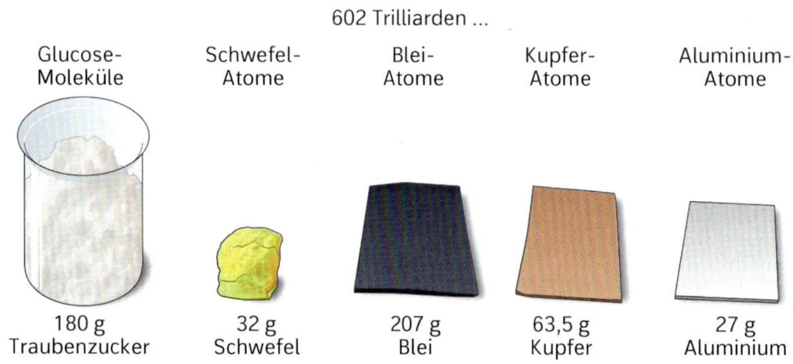

2 Ein Mol entspricht... (Werte gerundet)

Das Mol und die Stoffmenge n

Da in chemischen Reaktionen immer sehr viele Teilchen miteinander reagieren, ist es zu unübersichtlich mit den Anzahlen von Atomen direkt zu rechnen. In der Chemie fasst man daher eine Stückzahl von $6{,}022 \cdot 10^{23}$ zu einem **Mol** zusammen.

Das Mol ist die Einheit einer Größe, die man als Stoffmenge bezeichnet. Sie hat das Größensymbol n.

Molare Masse von Atomen

Ein Mol eines Stoffes hat eine bestimmte Masse. Man spricht von der molaren Masse eines Stoffes. Für die verschiedenen Elemente sind die Werte der molaren Massen im Periodensystem der Elemente angegeben. Der Zahlenwert der molaren Masse stimmt mit dem Zahlenwert der Atommasse überein.
Beispiel: Jedes Schwefel-Atom wiegt 32,07 u. Daher wiegen 602 Trilliarden Schwefel-Atome wiegen 32,07 g. Die molare Masse von Schwefel ist daher 32,07 g/mol.
Um die molare Masse eines Elements zu bestimmen, ersetzt man einfach die atomare Masseneinheit u durch die Masseneinheit g/mol und erhält so die molare Masse.

Die molare Masse M ist die Masse von 1 Mol Teilchen eines Stoffes und daher für jeden Stoff unterschiedlich.

Molare Masse von Verbindungen

Die molare Masse einer Verbindung lässt sich einfach berechnen. Dazu addiert man die molaren Massen der beteiligten Elemente. Es muss die jeweilige Verhältnisformel der Verbindung berücksichtigt werden.

Berechnung der Stoffmengen

Experimentell wurde festgestellt, dass 32,70 g Zink und 16,05 g Schwefel vollständig reagieren. Diese Zahlen lassen sich anhand von Überlegungen überprüfen. Dafür berechnet man, wie groß die Stoffmenge, also die Atomanzahl, ist, die sich in einer Portion eines bestimmten Stoffes befindet:

$$\text{Stoffmenge} = \frac{\text{Gesamtmasse der Portion}}{\text{Masse eines Mols des Stoffes}}$$

$$n = \frac{m}{M}$$

Molare Masse von Aluminiumoxid (Al_2O_3):

$$M(Al_2O_3) = 2 \cdot M(Al) + 3 \cdot M(O)$$
$$= (2 \cdot 27\,g/mol) + (3 \cdot 16\,g/mol)$$
$$= 54\,g/mol + 48\,g/mol$$
$$= 102\,g/mol$$

Die molare Masse von Aluminiumoxid beträgt 102 g/mol

3 Molare Masse von Verbindungen berechnen

Material mit Aufgaben

M1 Verbindungen berechnen

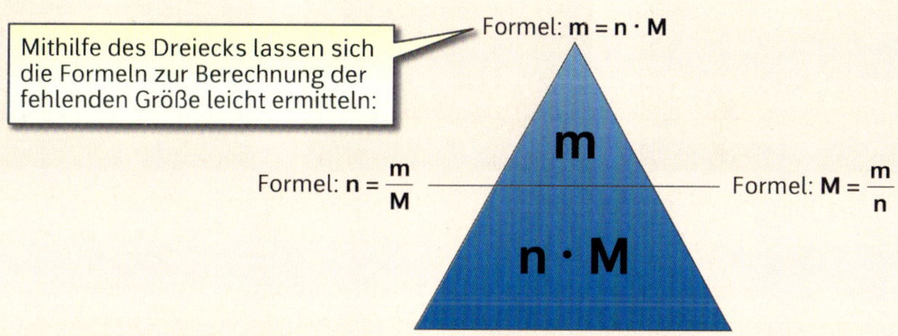

46g Natrium reagieren mit 32,1g Schwefel zu 78,1g Natriumsulfid.
$2\,Na + S \rightarrow Na_2S$

1. Erkläre, warum das Produkt so viel wiegt wie die Edukte zusammen.
2. Berechne die Masse m von 3 mol Natriumsulfid.
3. In einer vollständigen chemischen Reaktion sind 146,1 g NaCl entstanden. Berechne die eingesetzte Stoffmenge der Edukte.
4. 21,62 g Bor reagieren mit 96,21 g Schwefel zu Borsulfid. Erstelle eine vollständige Reaktionsgleichung und ermittle die Stoffmengen aller beteiligten Stoffe.

Zusammenfassung Aufbau der Materie

Alkalimetalle

Zur Elementfamilie der Alkalimetalle gehören Lithium, Natrium, Kalium, Rubidium und Caesium. Die Alkalimetalle bilden die 1. Hauptgruppe des Periodensystems. Sie haben einen metallischen Glanz und sind elektrisch leitfähig. Sie sind sehr weich und sehr reaktionsfreudig. Die Reaktionsfreudigkeit nimmt von Lithium zu Kalium zu. Die Alkalimetalle zeigen eine typische Flammenfärbung.

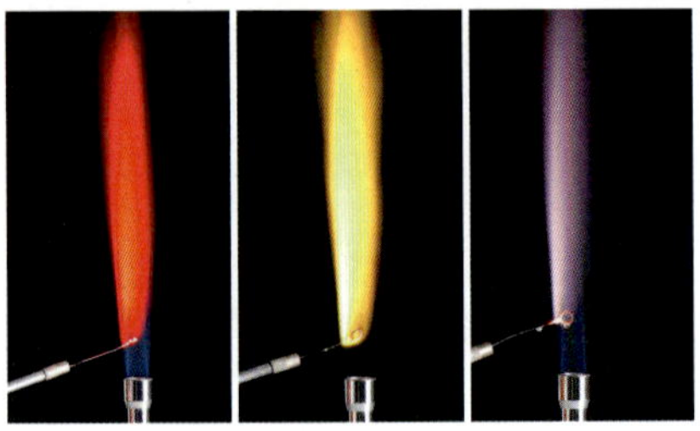

Halogene

Fluor, Chlor, Brom und auch Iod zählen zu den Halogenen. Die Halogene sind reaktionsfreudige Nichtmetalle und bilden die 7. Hauptgruppe des Periodensystems. Halogene bilden zweiatomige Moleküle (z. B. Cl_2). Die Halogene sind giftig.

Erdalkalimetalle

Die Elementfamilie der Erdalkalimetalle bilden die 2. Hauptgruppe des Periodensystems. Zu dieser Elementfamilie gehören Beryllium, Magnesium, Calcium, Strontium und auch Barium. Sie zeigen ähnliche Eigenschaften wie die Alkalimetalle, sind jedoch härter und weniger reaktionsfreudig. Auch die Erdalkalimetalle zeigen typische Flammenfärbungen.

Edelgase

Die Edelgase sind sehr reaktionsträge und kommen atomar als einzelne Atome vor. Zu den Edelgasen gehören Helium, Neon, Argon, Krypton, Xenon und Radon. Diese Elementfamilie bildet die 8. Hauptgruppe des Periodensystems.

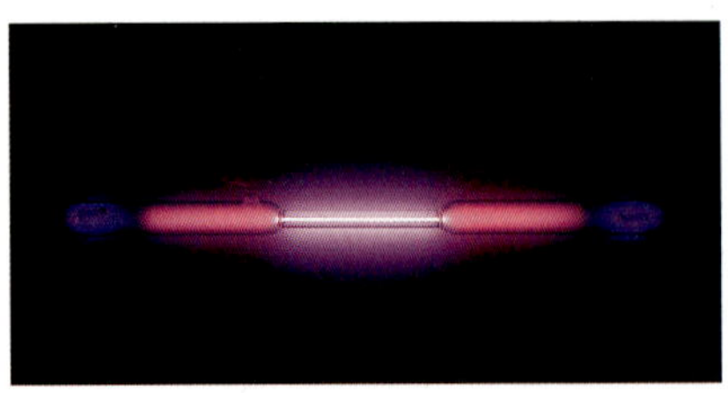

Atommodelle

Alle Elemente sind aus Atomen aufgebaut. Die Vorstellungen zum Bau der Atome haben sich im Laufe der Geschichte immer weiter verändert.

Kugelmodell

Rosinenkuchenmodell

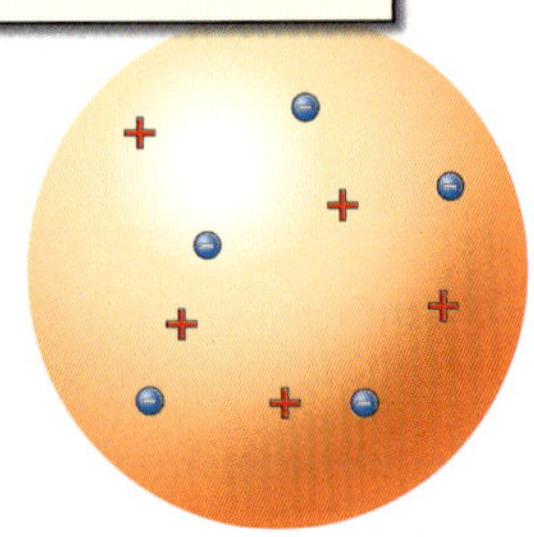

Kern-Hülle-Modell

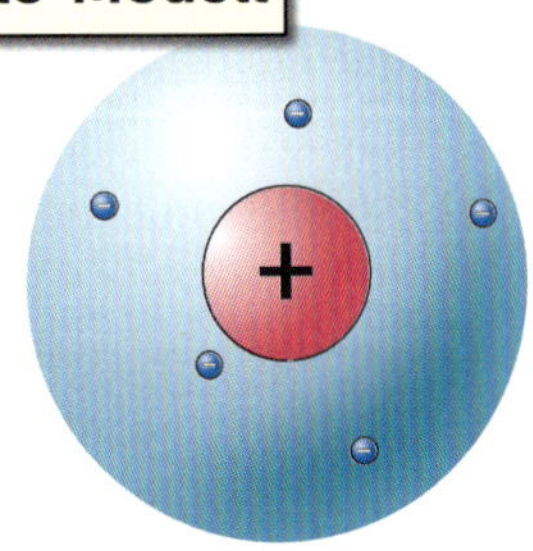

Schalenmodell

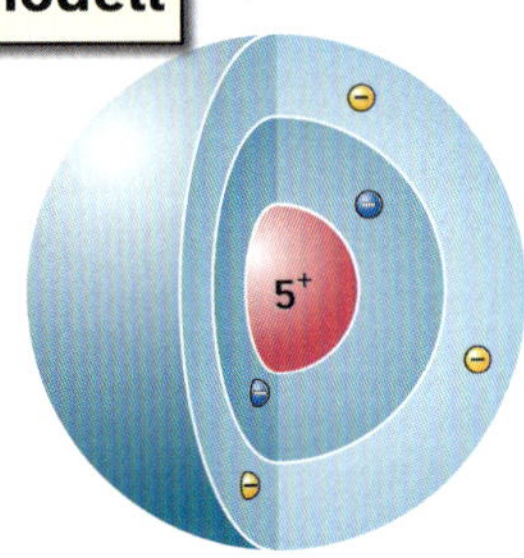

Atomkern und Atomhülle

Der Atomkern ist positiv geladen. Er besteht aus positiv geladenen Protonen und meist Neutronen, die elektrisch neutral sind. Die Anzahl an Protonen im Kern legt fest, um welches Element es sich handelt. Die Atomhülle ist negativ geladen. In schalenförmigen Räumen bewegen sich negativ geladene Elektronen um den Atomkern.

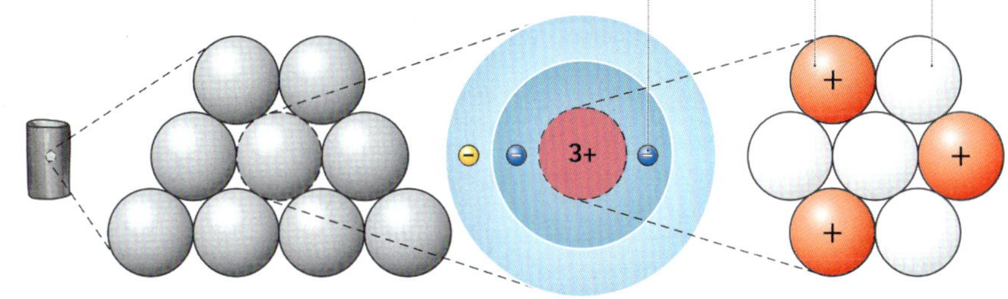

Isotope

Von einigen Elementen gibt es unterschiedliche Atome, die sich in der Zahl der Neutronen unterscheiden. Die Atome haben dann unterschiedliche Atommassen.

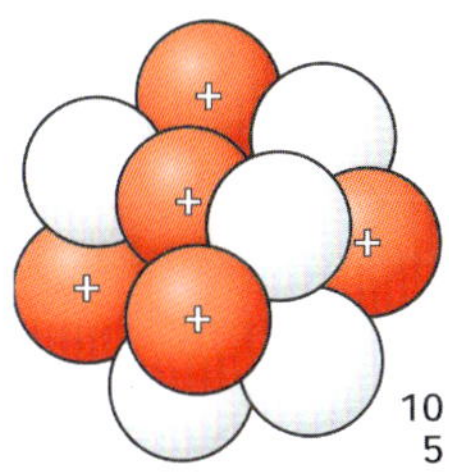

$^{10}_{5}B$

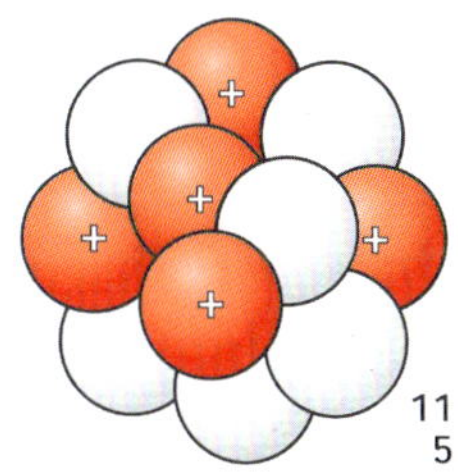

$^{11}_{5}B$

10,81
B
5
Bor

Periodensystem der Elemente

Periode	Hauptgruppen I	Hauptgruppen II	Nebengruppen VIII	Nebengruppen VIII	Nebengruppen VIII	Nebengruppen I	Nebengruppen II	Hauptgruppen III	Hauptgruppen IV	Hauptgruppen V	Hauptgruppen VI	Hauptgruppen VII	Hauptgruppen VIII
1	1 1,01 **H** Wasserstoff												2 4,00 **He** Helium
2	3 6,94 **Li** Lithium	4 9,01 **Be** Beryllium						5 10,81 **B** Bor	6 12,01 **C** Kohlenstoff	7 14,01 **N** Stickstoff	8 16,00 **O** Sauerstoff	9 19,00,08 **F** Fluor	10 20,18 **Ne** Neon
3	11 22,99 **Na** Natrium	12 24,31 **Mg** Magnesium						13 26,98 **Al** Aluminium	14 28,09 **Si** Silicium	15 30,97 **P** Phosphor	16 32,07 **S** Schwefel	17 35,45 **Cl** Chlor	18 39,95 **Ar** Argon
4	19 39,10 **K** Kalium	20 40,08 **Ca** Calcium	26 55,85 **Fe** Eisen	27 58,93 **Co** Cobalt	28 58,69 **Ni** Nickel	29 63,55 **Cu** Kupfer	30 65,39 **Zn** Zinn	31 69,72 **Ga** Gallium	32 72,61 **Ge** Germanium	33 74,92 **As** Arsen	34 78,96 **Se** Selen	35 79,90 **Br** Brom	36 83,80 **Kr** Krypton
5	37 85,47 **Rb** Rubidium	38 87,62 **Sr** Strontium	44 101,1 **Ru** Ruthenium	45 102,9 **Rh** Rhodium	46 106,4 **Pd** Palladium	47 107,9 **Ag** Silber	48 112,4 **Cd** Cadmium	49 114,8 **In** Inium	50 118,7 **Sn** Zinn	51 121,8 **Sb** Antimon	52 127,6 **Te** Tellur	53 126,9 **I** Iod	54 131,3 **Xe** Xenon

Ordnungszahl
Atommasse

Metalle
Halbmetalle
Nichtmetalle

Im Periodensystem sind die bekannten Elemente in Gruppen und Perioden angeordnet. Die senkrechten Spalten bilden Gruppen, in denen sich Elemente mit ähnlichen chemischen Eigenschaften befinden. Die waagerechten Zeilen nennt man Perioden. Im Periodensystem befinden sich die Metalle links und in den Nebengruppen. Eher rechts und oben befinden sich die Nichtmetalle. Zwischen den Metallen und Nichtmetallen finden sich die Halbmetalle.

Im Periodensystem sind die Elemente nach aufsteigender Protonenzahl und nach dem Bau ihrer Atomhülle angeordnet. Die Außenelektronen der jeweils äußeren Schale bestimmen die chemischen Eigenschaften eines Elements.

1 Elemente ordnen

Element	Symbol	Ordnungszahl
Blei	?	?
?	Se	?
?	?	88
?	Al	?
Stickstoff	?	?
?	He	?

A Übertrage die Tabelle in dein Heft und ergänze die fehlenden Angaben mithilfe des Periodensystems.

3 Halogene

Chlor mit Natrium

Iod mit Natrium

A Nenne verschiedene Halogene. Ordne sie einer Hauptgruppe zu.

B In den Bildern ist die Reaktion von Chlor und Iod jeweils mit Natrium dargestellt. Vergleiche die beiden Reaktionen.

C Bei der Reaktion von Natrium mit Chlor entsteht ein weißer Feststoff. Stelle die Wortgleichung auf.

D Begründe, warum man Halogene auch als Salzbildner bezeichnet.

2 Alkalimetalle

Element	Lithium, Li	Natrium, Na	Kalium, K	Rubidium, Rb	Caesium, Cs	Francium, Fr
Flammenfärbung	?	?	?	rotviolett	blauviolett	–
Schmelztemperatur	181 °C	?	63 °C	?	?	25 °C
Härte	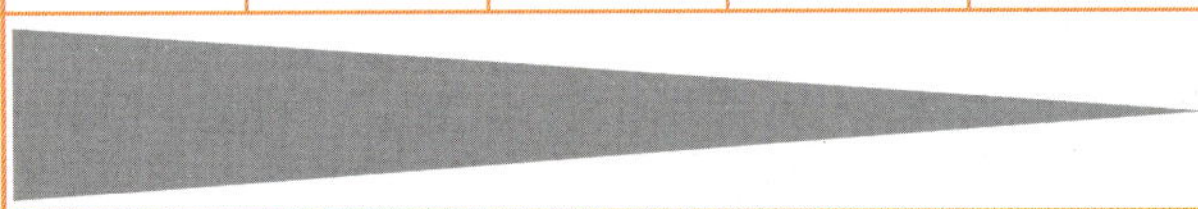					unbekannt

A Übertrage die Tabelle in dein Heft. Ordne den fehlenden Angaben der ersten beiden Zeilen folgende Begriffe und Daten zu: gelb, 98 °C, blassviolett, 28 °C, karminrot, 39 °C.

B Stelle in deiner Tabelle die Reaktionsfreudigkeit der Alkalimetalle ähnlich dar wie die Härte der einzelnen Elemente.

C Beschreibe die Reaktion von Natrium mit Wasser. Stelle die Wortgleichung auf.

D Erkläre, was chemisch passiert, wenn Lithium an der Luft gelagert wird.

E Erkläre, warum Rubidium und Caesium in evakuierten Gefäßen gelagert werden.

4 Rosinenkuchenmodell

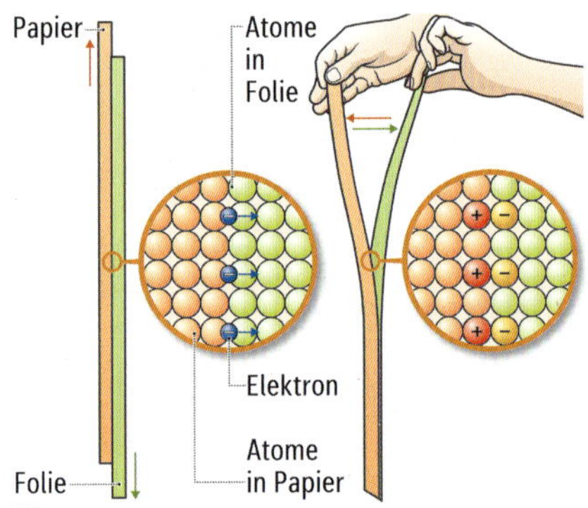

A

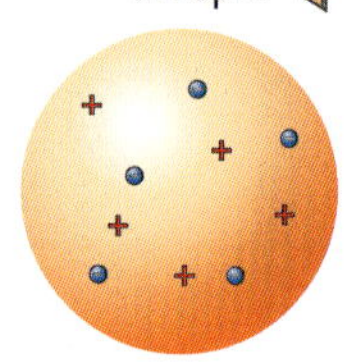
B

A Beschreibe die Versuchsbeobachtungen in Bild A.

B Beschreibe das Rosinenkuchenmodell in Bild B.

C Erkläre die Versuchsbeobachtungen in Bild A mithilfe des Rosinenkuchenmodells.

5 Kern-Hülle-Modell

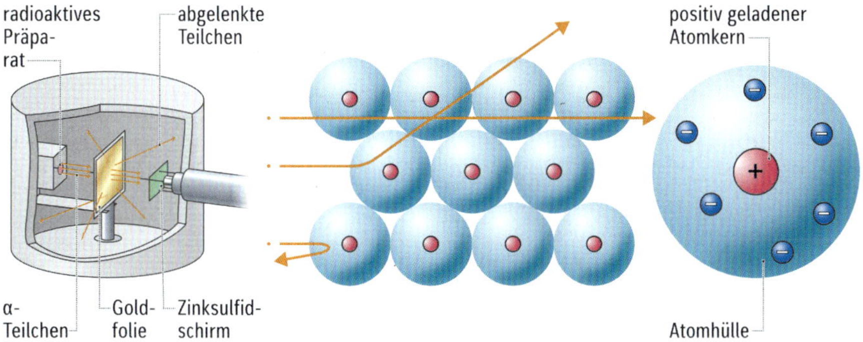

A Beschreibe mithilfe des Bildes den Streuversuch von Rutherford.

B Erkläre, woraus Rutherford schließen konnte, dass Atomkerne positiv geladen sind und sehr schwer sein müssen.

C Vergleiche das Rosinenkuchenmodell mit dem Kern-Hülle-Modell. Was kann jeweils gut und was schlecht mit den beiden Modellen dargestellt werden?

8 Schalenmodell

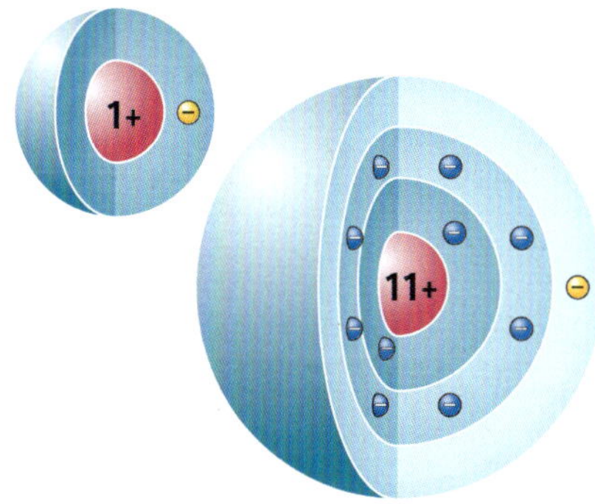

A Beschreibe das Schalenmodell von Atomen.

B Vergleiche die beiden Schalenmodelle miteinander.

C Erkläre, zu welchen Elementen die beiden Atome gehören.

6 Aufbau der Atomkerne

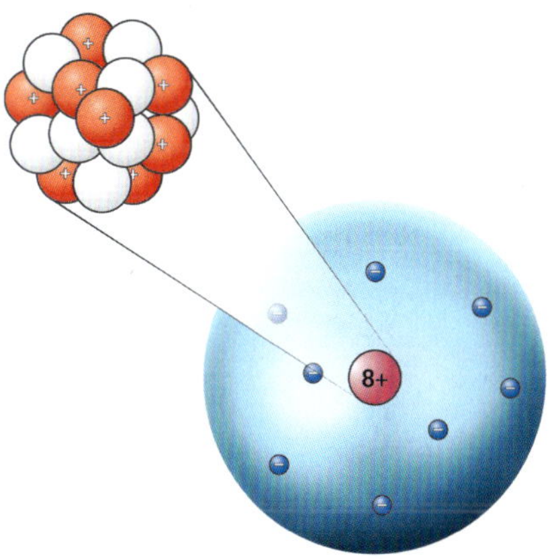

A Bestimme das im Bild dargestellte Element.

B Beschreibe den Aufbau des dargestellten Atomkerns.

C Gib die Atommasse, die Nukleonenzahl, die Protonenzahl und die Anzahl an Elektronen des dargestellten Atomkerns an.

D Stelle den Atomkern in Symbolschreibweise dar.

7 Isotope

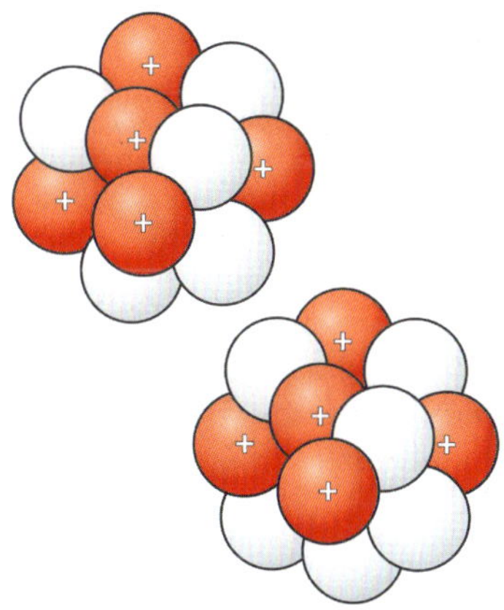

A Bestimme das dargestellte Element mit seinen beiden Isotopen.

B Stelle die gezeigten Atomkerne in Symbolschreibweise dar.

C Das Bor-Atom hat eine mittlere Atommasse von 10,81 u. Erkläre, wie diese nicht ganzzahlige Atommasse zustande kommt.

9 Atombau und Periodensystem

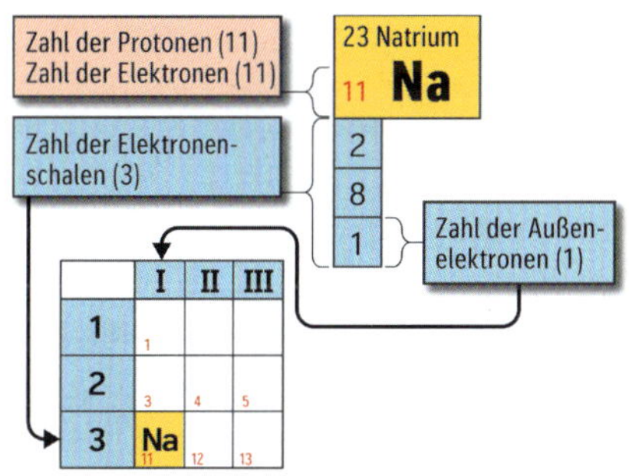

PSE	Atombau
Ordnungszahl	?
?	Anzahl der Außenelektronen
Nummer der Periode	?

A Betrachte die Abbildung und ergänze die Tabelle.

B Erkläre, warum Edelgase sehr reaktionsträge sind.

Was die Welt zusammenhält

5

Wie sind Salze aufgebaut?
Welche Bindungen gibt es?
Wie ordnen sich Moleküle an?

Den Aufbau von verschiedenen Stoffen kann man mithilfe von Modellen verdeutlichen. Dabei stehen die farbigen Kugeln für die Atome verschiedener Elemente. Die Stäbe verdeutlichen ihre Bindungen. Es gibt verschiedene Arten von Bindungen.

1 Natriumchlorid-Kristall (Kochsalz)

Kochsalz im Alltag

Kochsalz ist lebensnotwendig

Zum Würzen von Speisen wird regelmäßig Salz verwendet. Man spricht von **Kochsalz**. Der wissenschaftliche Name von Kochsalz lautet **Natriumchlorid**. Es regelt den Wasserhaushalt des Körpers und ist wichtig für die Erregbarkeit der Nerven und des Gehirns. Der Körper scheidet täglich Kochsalz über die Nieren und die Haut aus. Daher sind der Schweiß und auch die Tränenflüssigkeit salzig. Dem Körper muss über die Nahrung daher Kochsalz zugeführt werden. Zu viel Kochsalz kann zu einem zu hohen Blutdruck führen und ist schädlich für den Körper.

Kochsalz – ein Konservierungsmittel

Um Sauerkraut herzustellen, wird zerkleinerter Weißkohl mit Kochsalz zerstampft. Das macht den Weißkohl haltbar. Nahrungsmittel lassen sich so **konservieren**. Sie verderben, weil Bakterien sie zersetzen. Kochsalz kann Bakterien nicht abtöten, behindern aber ihre Vermehrung. Früher war das Einlegen in Kochsalz vor allem für Fleisch und Fisch die wichtigste Konservierungsmethode. Kochsalz war knapp und somit teuer. Es wurde daher „weißes Gold" genannt.

Eigenschaften von Kochsalz

Kochsalz bildet farblose, würfelförmige Kristalle. Sie erscheinen in zerkleinerter Form weiß. Bei einer Temperatur von 20 °C lösen sich 359 Gramm Kochsalz in einem Liter Wasser. Natriumchlorid ist gut **wasserlöslich**. Es schmilzt erst bei sehr hohen Temperaturen. Natriumchlorid hat eine Schmelztemperatur von 801 °C und eine Siedetemperatur von 1465 °C.

2 Verschiedene Salzkristalle: **A** Gips, **B** Kalk

Es gibt neben Natriumchlorid weitere Salze, die Kristalle in unterschiedlichen Formen und Farben bilden. Sie sind hart und spröde.
Natriumchlorid löst sich gut in Wasser. Andere Salze wie Gips und Kalk lösen sich sehr schlecht in Wasser. Die Löslichkeit von Salzen in Wasser ist also unterschiedlich. Salze leiten als Feststoff den elektrischen Strom nicht. Sind sie aber in Wasser gelöst oder liegen als Schmelze vor, leiten sie den elektrischen Strom gut. Je mehr Salze im Wasser gelöst sind, desto besser ist die Leitfähigkeit.

Entstehung von Salzlagerstätten

In Europa war es vor 250 Millionen Jahren sehr heiß und trocken. Durch Bewegungen und Hebungen von Erdschichten wurden einzelne Küstengebiete vom offenen Meer abgetrennt. Dadurch bildeten sich Seen. Diese Seen waren am Anfang noch mit salzhaltigem Meerwasser gefüllt. Mit der Zeit verdunstete durch die hohen Temperaturen das Wasser und nur das Salz blieb in den Seen zurück. So bildeten sich dicke **Salzschichten** aus Kochsalz und Gestein. Im Laufe der Jahre wurden diese Salzschichten immer weiter von Staub, Sand und Ton überlagert. Über den Salzschichten entstanden dadurch dicke Erdschichten. Durch diese Erdschichten blieb das Salz in den **Salzlagerstätten** geschützt. ▶

A Beschreibe chemische Eigenschaften von Kochsalz.

B Erkläre, warum man Kochsalz früher als weißes Gold bezeichnete.

Material mit Aufgaben

M1 Leitfähigkeit von Salzen

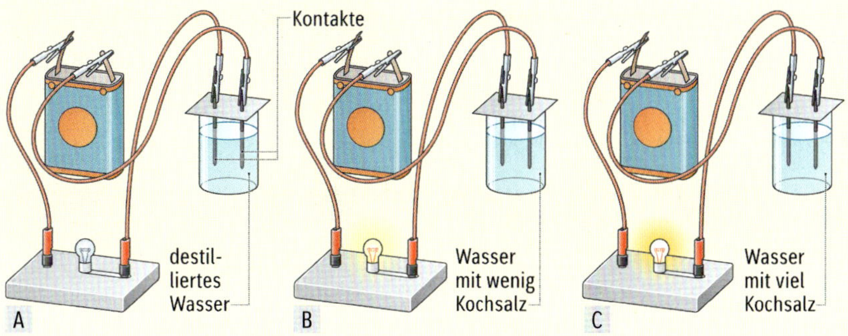

1. Beschreibe den Aufbau und die Beobachtungen des Versuchs.
2. Erkläre die Versuchsbeobachtungen. ⊞
3. Stelle Vermutungen über die Versuchsbeobachtungen an, wenn statt Kochsalz Gips verwendet wird.

M2 Salzlagerstätten

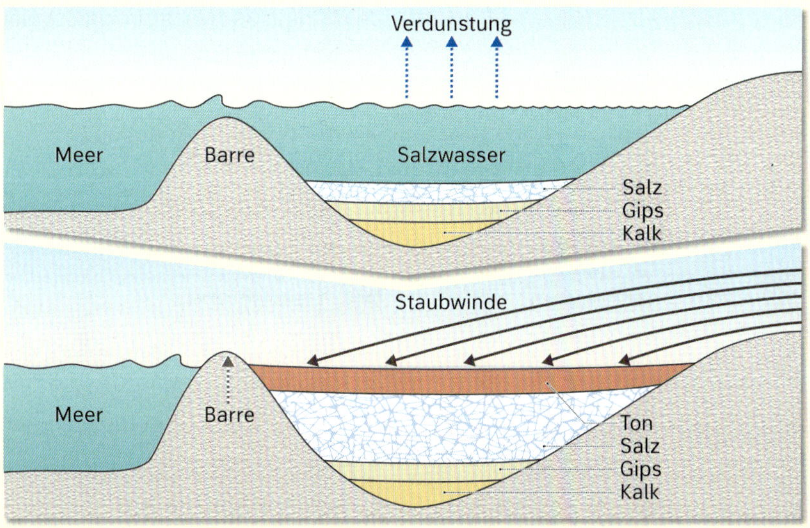

1. Beschreibe mithilfe der Abbildungen die Entstehung von Salzlagerstätten.
2. Erkläre, warum höhere Temperaturen die Ablagerung von Salz beschleunigen. ⊞
3. Erkläre, warum sich Salzlagerstätten meist in tieferen Erdschichten befinden. ⊞
4. Begründe, warum sich Kochsalzschichten über Schichten von Gips ablagern.

3 Chemische Reaktion von Natrium und Chlor zu Natriumchlorid

4 Verschiedene Salze

Natriumchlorid aus dem Labor

Natriumchlorid kann im Labor direkt aus den Elementen Natrium und Chlor hergestellt werden. Leitet man Chlorgas auf stark erhitztes Natrium, findet eine heftige chemische Reaktion statt. Mit grellgelber Flamme reagiert das Natrium mit dem Chlor. Es bleibt ein weißer Belag aus Natriumchlorid zurück.

Natrium + Chlor → Natriumchlorid

$2\ Na + Cl_2 \rightarrow 2\ NaCl$

Verschiedene Salzbildner

Auch andere Metalle reagieren ähnlich heftig mit dem Halogen Chlor. So reagiert Kalium mit Chlorgas zu Kalium**chlorid**. Auch die anderen Halogene wie Fluor, Brom und Iod reagieren mit Metallen zu Salzen. Zum Beispiel reagiert Natrium mit Fluor zu Natrium**fluorid** oder Kalium mit Iod zu Kalium**iodid**.

Zu den Salzen zählen auch Metalloxide wie Magnesiumoxid oder die Metallsulfide wie Eisensulfid. ■

Material mit Aufgaben

M3 Chlorid nachweisen

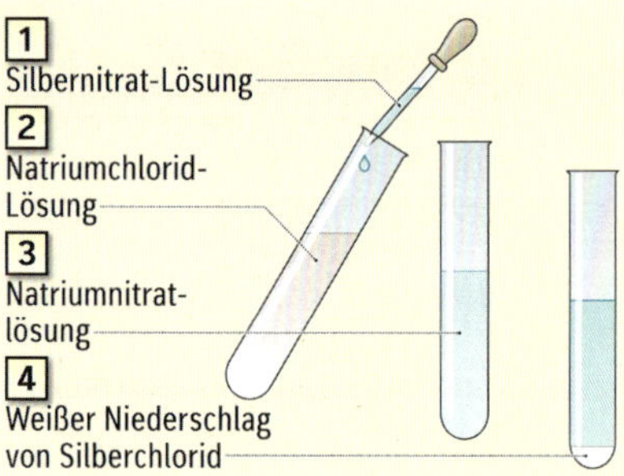

1. Beschreibe den Nachweis von Chloriden. ⊞
2. Begründe, warum es sich um einen Chlorid-Nachweis handelt.

M4 Eisenchlorid

Eisenwolle wird ein wenig erhitzt und in einen Standzylinder gegeben.

1. Beschreibe die chemische Reaktion im Standzylinder.
2. Erstelle die Wortgleichung der chemischen Reaktion.
3. Erkläre, wie man beim entstandenen Reaktionsprodukt nachweisen kann, dass ein Chlorid entstanden ist.

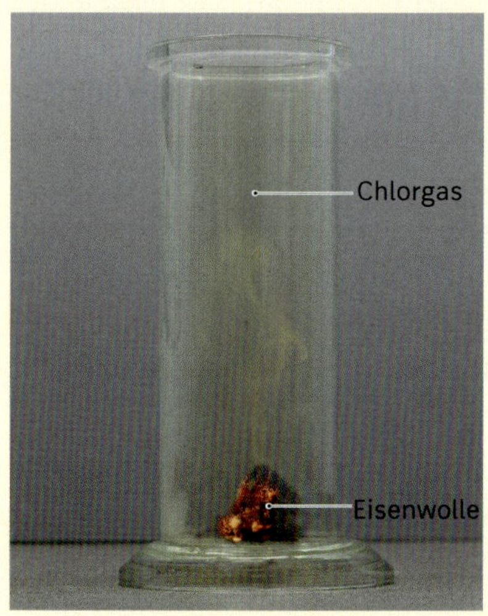

1 Speisesalz (Kochsalz)

2 Gewerbesalz (Streusalz)

3 Industriesalz vor Weiterverarbeitung

Verwendung von Salz

In Deutschland werden jährlich mehrere Millionen Tonnen Kochsalz verwendet. Dabei werden jedoch nur geringe Mengen als reines **Speisesalz** zum Würzen genutzt. Ein größerer Teil wird als **Gewerbesalz** verwendet. So wird Salz bei der Wasseraufbereitung oder als Auftausalz für die Straßen genutzt. Über 80 Prozent des Salzes wird als **Industriesalz** verbraucht. In der chemischen Industrie ist Salz ein preiswerter Rohstoff. Aus Kochsalz wird hauptsächlich Chlor und Natronlauge gewonnen. Diese beiden Stoffe sind die Grundlage zur Herstellung vieler weiterer chemischer Erzeugnisse, wie zum Beispiel Kunststoffe, Seifen, Waschmittel oder Medikamente.

Auch für den menschlichen Körper ist Salz lebensnotwendig. Die offizielle Empfehlung für einen erwachsenen Menschen liegt bei unter 5 Gramm Salz pro Tag. Das entspricht ungefähr der Menge eines Teelöffels Salz.

A Nenne die unterschiedlichen Anwendungsgebiete von Salz im Alltag.

Material mit Aufgaben

M1 Bedarf an Kochsalz

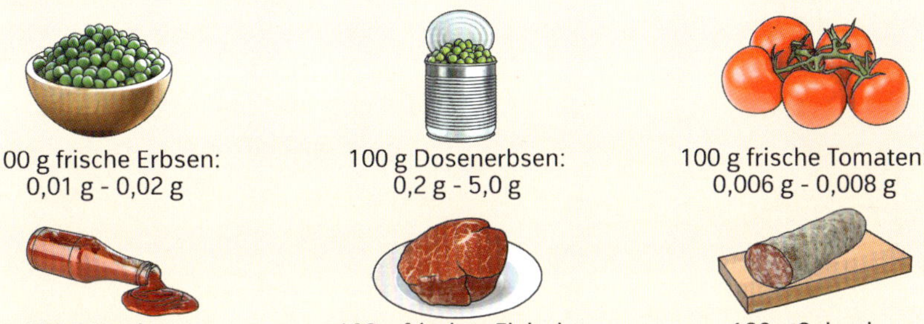

100 g frische Erbsen: 0,01 g - 0,02 g

100 g Dosenerbsen: 0,2 g - 5,0 g

100 g frische Tomaten: 0,006 g - 0,008 g

100 g Ketchup: 2,7 g - 3,0 g

100 g frisches Fleisch: 0,3 g - 0,8 g

100 g Salami: 2,8 g - 5,4 g

A

Lebensmittel (100g)	frisches Fleisch	Käse (Emmentaler)	Brot	Schinken	Frischkäse
Kochsalzgehalt in g	0,3 - 0,8	3,0 - 5,0	1,0 - 2,0	4,0 - 6,0	0,4 - 0,6

B

1. Vergleiche mithilfe von Bild A den Gehalt von Kochsalz bei frischen und verarbeiteten Lebensmitteln.
2. Erläutere, wie es zu den Unterschieden des Kochsalzgehalts bei verarbeiteten und frischen Lebensmitteln kommt.
3. Berechne mithilfe der angegebenen Werte in Tabelle B, mit wie viel Gramm der dort genannten Lebensmittel die empfohlene Tagesdosis an Salz erreicht wird.
4. Nimm Stellung zu dem Satz: „Kochsalz ist in richtiger Menge ein unentbehrliches Lebensmittel“.

Bei der heftigen Reaktion von Natrium und Chlor entsteht Natriumchlorid. Wie bildet sich das Salz?

1 Reaktion von Natrium und Chlor

Ionenbildung

Na^+-Ion: Man spricht N-a-plus-Ion

Cl^--Ion: Man spricht C-l-minus-Ion

Bildung von Natriumchlorid

Natrium ist ein Metall und ist aus Natrium-Atomen aufgebaut. Chlor ist ein Nichtmetall und besteht aus Chlormolekülen. Reagiert geschmolzenes Natrium mit Chlorgas, entstehen weiße Salzkristalle. Es handelt sich um Natriumchlorid. Dies ist ein Beispiel dafür, dass Metalle mit Nichtmetallen zu Salzen reagieren. Aus den beteiligten Atomen entstehen elektrisch geladene Teilchen, die **Ionen**. Die Ionen entstehen während der chemischen Reaktion.

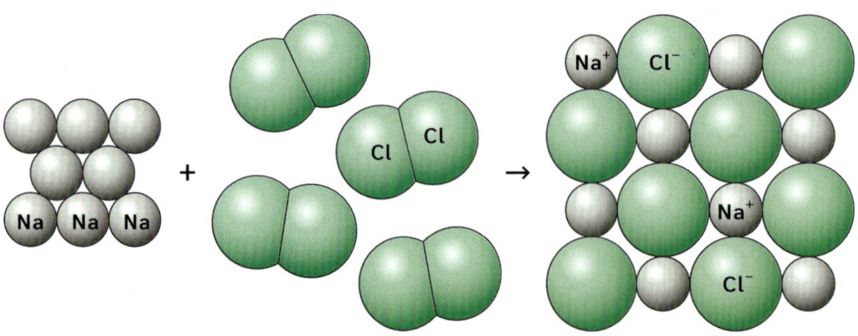

2 Entstehung von Natriumchlorid (Dalton-Modell)

Ionenbildung

Das Natrium-Atom hat 11 Protonen im Atomkern und 11 Elektronen in der Atomhülle. Davon ist 1 Elektron das Außenelektron. Bei der chemischen Reaktion mit Chlor wird dieses Außenelektron an das Chlor abgegeben. Dabei entsteht ein positiv geladenes Natrium-Ion, Na^+. Mit seinen nun 10 Elektronen besitzt es die gleiche Elektronenanzahl wie ein Atom des Edelgases Neon. Das Chlor-Atom ist mit 17 Protonen im Kern und 17 Elektronen in der Hülle elektrisch neutral. Es hat 7 Außenelektronen in der äußeren Schale. Bei der Reaktion mit Natrium wird das abgegebene Außenelektron des Natrium-Atoms auf die Außenschale des Chlor-Atoms übertragen. Das Chlor-Atom hat neben 17 Protonen nun 18 Elektronen. Chlor hat eine negative Ladung mehr und ist zum Chlorid-Ion, Cl^-, geworden. Die Elektronenanzahl der Hülle entspricht nun der Zahl des Edelgases Argon.

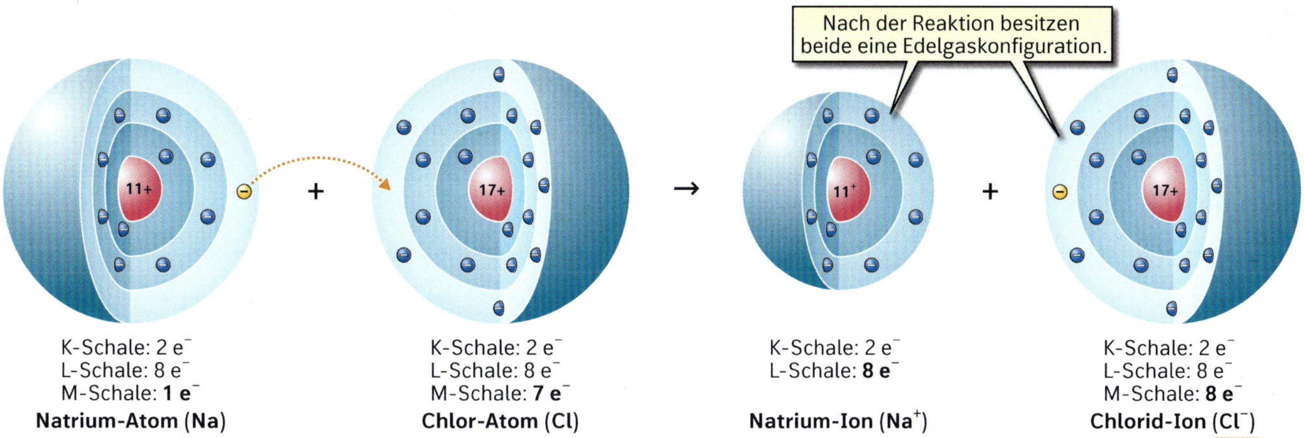

3 Ionenbildung im Schalenmodell

F

Edelgaskonfiguration

Reaktionen wie sie zwischen Natrium und Chlor stattfinden, laufen zwischen vielen Metall-Atomen und Nichtmetall-Atomen ab. Dabei geben die Metall-Atome stets Elektronen ab, während die Nichtmetall-Atome Elektronen aufnehmen. Es werden jeweils so viele Elektronen übertragen, dass beide Partner die Elektronenverteilung des nächststehenden Edelgases bekommen. Daraus ergibt sich die **Ionenladungszahl**. So hat das Natrium-Ion die Ladungszahl +1, das Chlorid-Ion die Ladungszahl -1. Nach der Reaktion haben das Na^+-Ion und das Cl^--Ion acht Elektronen auf ihrer äußeren Schale.

Diesen stabilen Zustand nennt man **Edelgaskonfiguration**. Es werden keine weiteren Elektronen übertragen.

Formeln

Eine Ionenbindung muss gleich viele positive, wie negative Ladungen enthalten. Deshalb hat Natriumchlorid, das sich aus Na^+-Ionen und Cl^--Ionen zusammensetzt, die Formel NaCl.

Material mit Aufgaben

M1 Ionenbildung im Schalenmodell

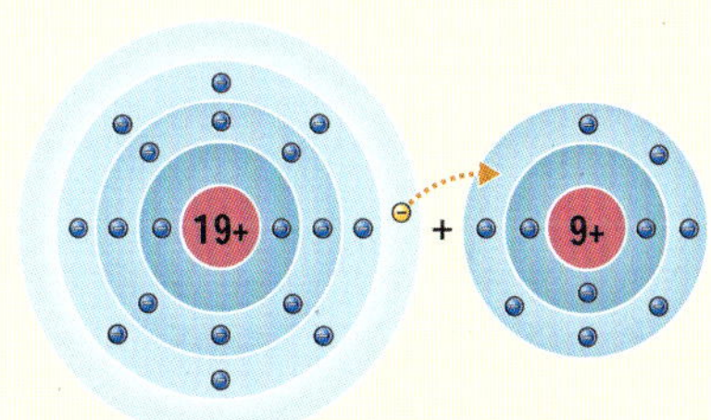

1. Ordne mit dem PSE den Schalenmodellen die Elemente zu.
2. Die in den Schalenmodellen abgebildeten Stoffe reagieren miteinander.
   a Nenne das entstehende Salz.
   b Erstelle die Wortgleichung.
   c Stelle die chemische Reaktion im Schalenmodell ähnlich wie in Bild 3 dar.
3. Erkläre, warum Halogene wie Fluor einfach negativ geladene Ionen bilden.

M2 Formeln

Ionenbildung	Ionenladungszahl	Hauptgruppe	Edelgasschale
$Li \rightarrow Li^+ + 1e^-$	+1	1	He
$Al \rightarrow Al^{3+} + 3e^-$	+3	3	Ne

Die Ladungszahlen ergeben sich aus der Anzahl der aufgenommenen oder abgegebenen Elektronen.

1. Fertige eine ähnliche Tabelle für die Elemente Kalium, Bor und Iod an.

1 Flussspatkristalle

Aufbau von Salzen

Salzkristalle

Unter der Lupe sehen Salzkörnchen aus dem Salzstreuer aus wie kleine Würfel. Mithilfe eines Elektronenmikroskops erkennt man, dass kleinster Salzstaub aus regelmäßig geformten Kristallen besteht. Die Ursache dafür liegt in der regelmäßigen Anordnung der kleinsten Teilchen des Salzes, den **Ionen**.

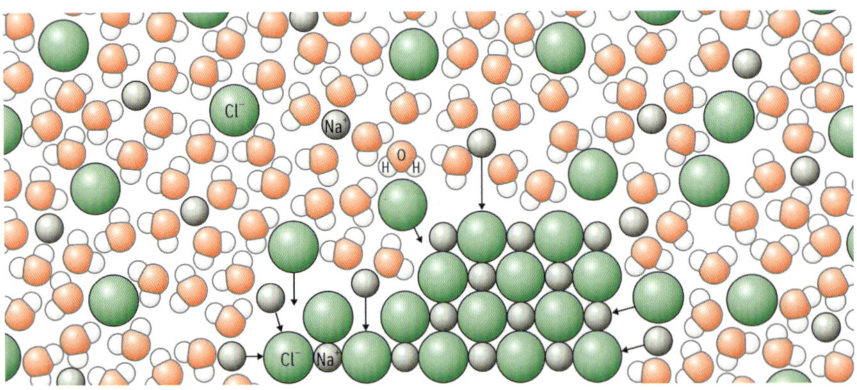

2 Entstehung eines Ionengitters

Ionengitter

Kochsalz lässt sich gut in Wasser lösen. Es hat eine gute Löslichkeit. Beim Verdunsten des Wassers verlassen die Wasser-Moleküle die Lösung. Die in der Lösung vorhandenen Na^+-Ionen und Cl^--Ionen rücken näher zusammen. Es entsteht eine **Ionenbindung**.

Natriumchlorid besteht aus gleich vielen Na^+-Ionen und Cl^--Ionen. Wegen der nach allen Seiten wirkenden, starken elektrischen Anziehungskräften ziehen sich die unterschiedlich geladenen Ionen an. Um ein Cl^--Ion lagern sich mehrere Na^+-Ionen an. Die beiden unterschiedlichen Ionensorten bilden nach und nach ein regelmäßig aufgebautes **Ionengitter**. Ist das Wasser komplett verdunstet, bleiben regelmäßig angeordnete Kristalle aus Natriumchlorid zurück.

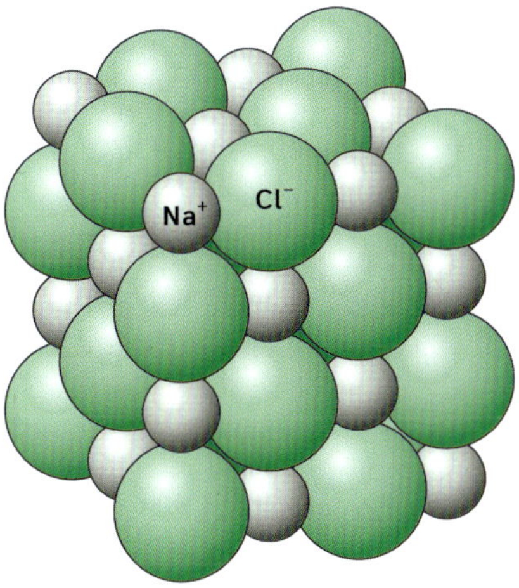

3 Kugelpackungsmodell (NaCl)

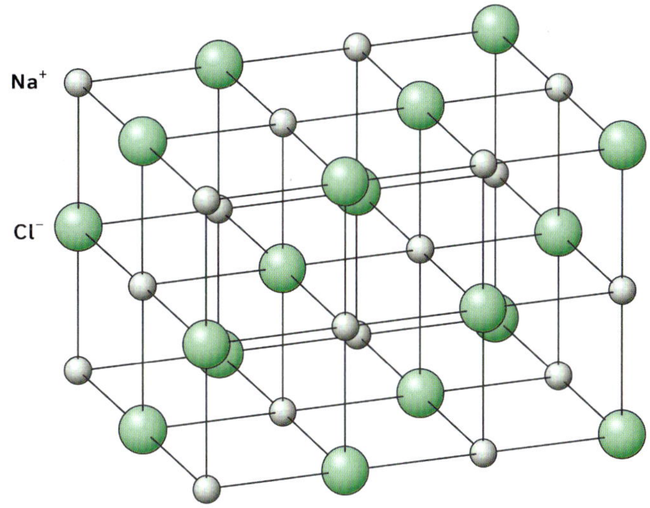

4 Raumgittermodell (NaCl)

Modelle für die Ionengitter

Damit man sich ein Ionengitter besser vorstellen kann, kann das Ionengitter in Modellen dargestellt werden. Bei dem **Kugelpackungsmodell** erkennt man, wie der Raum durch die Ionensorten ausgefüllt wird. Die großen, grünen Kugeln stellen Cl^--Ionen dar, die grauen Na^+-Ionen. In diesem Modell werden die Größenverhältnisse gut dargestellt. Beim **Raumgittermodell** verwendet man ebenfalls Kugeln mit unterschiedlichen Farben für die Ionensorten. Die beiden Kugelsorten werden über Stäbe in den drei Raumrichtungen verbunden. Mithilfe des Raumgittermodells kann die Anordnung der Ionen und die Anzahl der Ionen gut dargestellt werden.

A Beschreibe mithilfe von Abbildung 2 die Bildung eines Natriumchlorid-Kristalls beim Verdunsten.

B Beschreibe den Aufbau von NaCl im Raumgittermodell.

Material mit Aufgaben

M1 Ionengitter

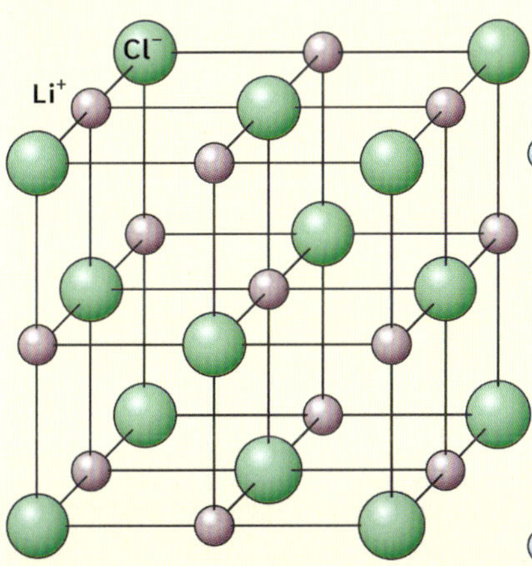

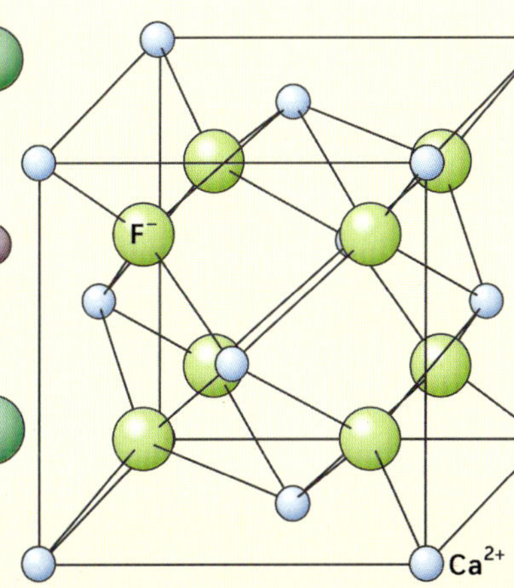

Lithiumchlorid (LiCl) und Flussspat (CaF_2) sind Salze.

1. Nenne die Ionensorten in den beiden Gittern.

2. Beschreibe die Anordnung der Ionensorten im Raumgittermodell von LiCl und CaF_2.

3. Beschreibe, was gut im Raumgittermodell und was gut im Kugelpackungsmodell dargestellt werden kann.

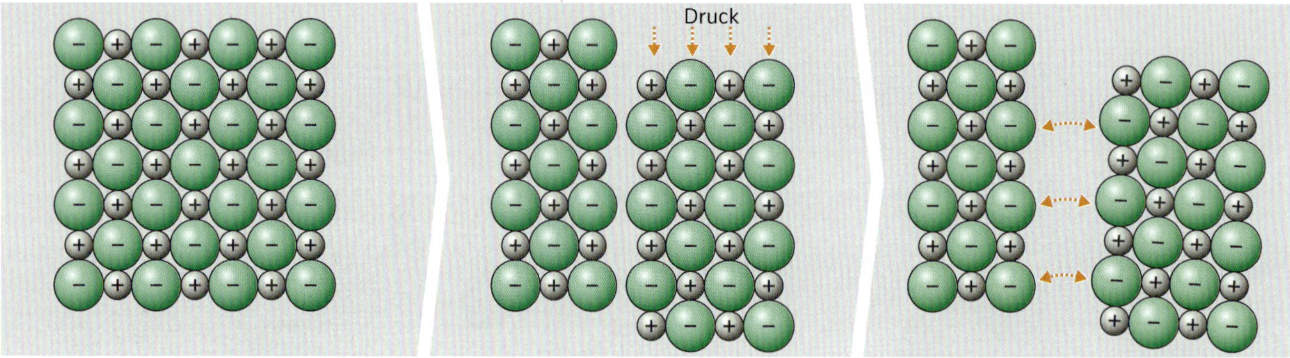

5 Spaltung eines Ionengitters

Eigenschaften der Salze

Alle Stoffe, die in Kristallform aus Ionen aufgebaut sind, zählen zur Stoffgruppe der Salze. Alle Verbindungen der Stoffgruppe besitzen gemeinsame Eigenschaften: sie sind hart und spröde, haben hohe Schmelztemperaturen und hohe Siedetemperaturen. Sie leiten als Feststoffe den elektrischen Strom nicht, Salzschmelzen und Salzlösungen sind hingegen elektrische Leiter. Sie haben alle eine für sie jeweils charakteristische Kristallform.

Härte und Spaltbarkeit

Die geladenen Ionen des Salzes ziehen sich stark xgegenseitig an. Durch die Anziehung und das Ionengitter sind Salzkristalle sehr hart. Schlägt man jedoch mit einem Hammer auf Salzkristalle, zerbrechen sie leicht. Sie lassen sich spalten. Bei einer Einwirkung wie einem Schlag, verschieben sich Ionenschichten im Ionengitter. Dadurch gelangen gleichgeladene Ionen in unmittelbare Nähe. Sie stoßen sich ab. Daher spaltet sich der Salzkristall.

Material mit Aufgaben

P2 Modell des Ionengitters

Material: Styropor®-Kugeln (in zwei Größen), Zahnstocher, Stifte

Durchführung: Beschrifte die großen Kugeln mit Cl^- und die kleinen Kugeln mit Na^+. Baue nun ein Modell eines Ionengitters mithilfe der verschiedenen Kugeln und Zahnstocher. Die kleinen und großen Kugeln müssen sich immer abwechseln. Nimm die Abbildung zu Hilfe.

1. Beschreibe mithilfe des Modells den Aufbau eines Ionengitters.
2. Erkläre, was mit diesem Modell gut veranschaulicht wird.

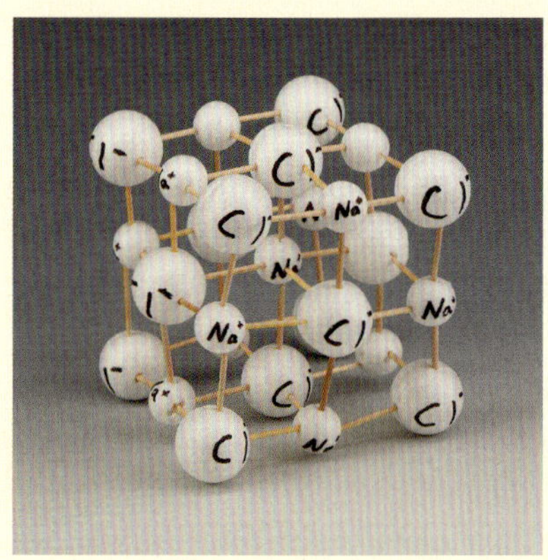

Schmelztemperatur

Salze haben eine hohe Schmelztemperatur. Die Anziehungskräfte zwischen den geladenen Ionen in einem Ionengitter sind sehr stark. Es muss daher sehr viel Energie zugeführt werden, damit die Anziehungskräfte der geladenen Ionen überwunden werden. Wenn die zugeführte Energie groß genug ist, verlassen die Ionen ihre festen Gitterplätze. Erst dann beginnt der feste Salzkristall zu schmelzen. Durch das Schmelzen des Salzkristalls entsteht dann eine **Salzschmelze**.

Das Salz Natriumchlorid schmilzt zum Beispiel bei einer Temperatur von ungefähr 800 °C.

Elektrische Leitfähigkeit

Im festen Natriumchlorid haben die Ionen alle feste Plätze und bewegen sich nicht. Festes Natriumchlorid leitet aus diesem Grund den elektrischen Strom nicht. Salzschmelzen und Salzlösungen sind dagegen keine Feststoffe. Die Ionen in der Lösung oder der Schmelze sind frei beweglich. Aus diesem Grund leiten sie den elektrischen Strom.

Destilliertes Wasser enthält keine Ionen. Es leitet den elektrischen Strom daher nicht. ■

C Erkläre, warum Salzkristalle sehr hart sind.

D Begründe, dass Salzkristalle durch einen Schlag leicht zerspringen können. Nimm Bild 5 zu Hilfe.

E Erkläre, warum Salze eine hohe Schmelztemperatur haben.

F Erkläre, warum destilliertes Wasser keinen elektrischen Strom leitet.

Material mit Aufgaben

M3 Eigenschaften der Salze

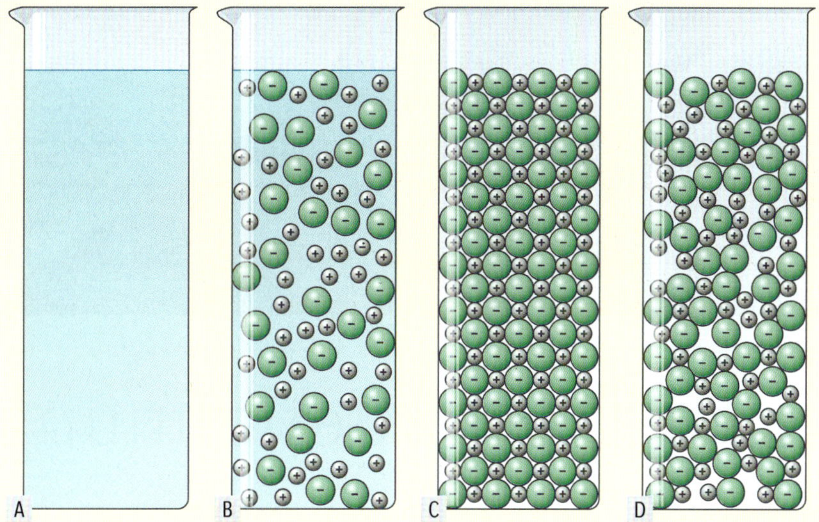

1. Ordne den Gefäßen die Begriffe: Salzschmelze, fester Salzkristall, Salz-Lösung und destilliertes Wasser zu.
2. Ordne den Stoffen A-D die Begriffe „elektrisch leitend" und „elektrisch nichtleitend" zu. Begründe deine Zuordnungen. ⊞
3. Erläutere die Veränderungen der Eigenschaften, wenn bei der Salzlösung das Wasser verdunstet. ⊞

P4 Kristallisation

Material: Lupe, Uhrgläser, Reagenzgläser oder Bechergläser, Spatel, Natriumchlorid, Alaun, Kaliumnitrat, gelbes Blutlaugensalz, destilliertes Wasser

Durchführung: Löse je eine Spatelspitze der Salze aus der Materialliste unter leichtem Erwärmen in 5 ml destilliertem Wasser. Gieße die Salzlösungen in Uhrgläser. Beobachte das Auskristallisieren der Salze. Betrachte die Kristalle mit einer Lupe.

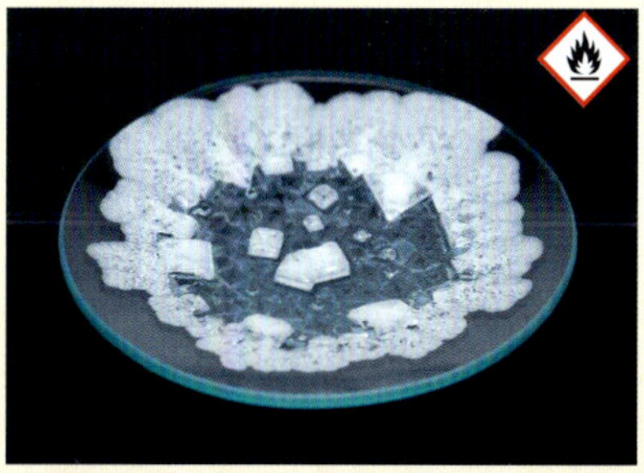

1. Beschreibe die unterschiedlichen Kristallformen der Salze.
2. Begründe, warum aus den unterschiedlichen Salzlösungen für das jeweilige Salz gleiche, regelmäßige Kristalle entstehen. ⊞

1 Mineralwasser

Benennung von Salzen

Kationen

Ionen, die positiv geladen sind, nennt man **Kationen**. Die meisten Kationen entstehen aus Metall-Atomen. Ihnen fehlen Elektronen. Mineralwasser enthält Natrium-Ionen, Na^{+}-Ionen. Sie sind einfach positiv geladen. Es gibt auch Kationen, die zweifach positiv geladen sind, zum Beispiel Magnesium-Ionen, Mg^{2+}-Ionen. Moleküle können auch Kationen bilden. Das Ammonium-Ion bildet sich aus einem Stickstoff-Atom und vier Wasserstoff-Atomen. Es ist einfach positiv geladen und hat die Formel NH_4^{+}. Es zählt zu den **mehratomigen Ionen**.

Mg^{2+}-Ionen: Man spricht M-g-zwei-plus-Ionen

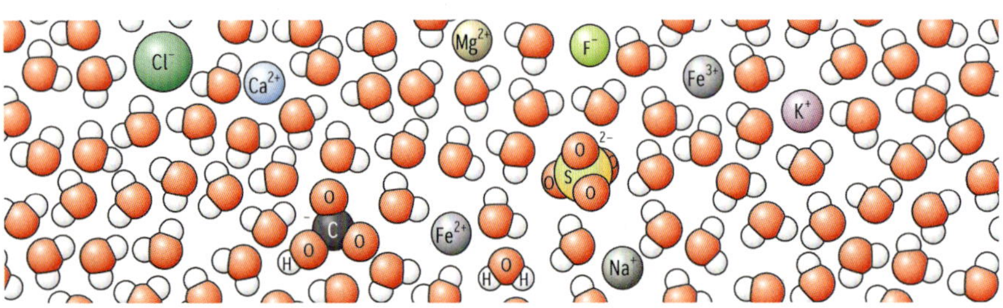

2 Kationen und Anionen im Mineralwasser (Beispiele)

Benennung von Kationen

Bei einem Kation wird hinter den Elementnamen die Endung „-Ion" gesetzt. Einige Elemente bilden unterschiedlich geladene Kationen. So bildet Eisen Fe^{2+}-Ionen oder Fe^{3+}-Ionen aus.
Die Kationen unterscheiden sich in ihrer **Ionenladungszahl**. Die Ladung kann im Stoffnamen durch römische Zahlen angegeben werden. Beispiel: Eisen(II)-Ion (Fe^{2+}).

Anionen

Mineralwasser enthält auch negativ geladene Ionen, die **Anionen**. Einfach negativ geladene, einatomige Anionen sind Chlorid-Ionen Cl^{-} und Fluorid-Ionen F^{-}. Das Nitrid-Ion N^{3-} ist einatomig, ist aber insgesamt dreifach negativ geladen. Es gibt auch mehratomige Anionen. Das Sulfat-Ion bildet sich aus einem Schwefel-Atom und vier Sauerstoff-Atomen. Es ist zweifach negativ geladen und hat die Formel SO_4^{2-}.

Kation	Benennung	Anion	Benennung	Name des Salzes	Verhältnisformel
Na^{+}	Natrium-Ion	Br^{-}	Bromid-Ion	Natriumbromid	NaBr
K^{+}	Kalium-Ion	NO_2^{-}	Nitrit-Ion	Kaliumnitrit	KNO_2
Mg^{2+}	Magnesium-Ion	N^{3-}	Nitrid-Ion	Magnesiumnitrid	Mg_3N_2
Ca^{2+}	Calcium-Ion	I^{-}	Iodid-Ion	Calciumiodid	CaI_2
Fe^{2+}	Eisen(II)-Ion	PO_4^{3-}	Phosphat-Ion	Eisen(II)-phosphat	$Fe_3(PO_4)_2$
Fe^{3+}	Eisen(III)-Ion	NO_3^{-}	Nitrat-Ion	Eisen(III)-nitrat	$Fe(NO_3)_3$

3 Kationen und Anionen bilden Salze

Benennung der Anionen

Die Namen der Anionen leiten sich wie bei den Kationen vom Elementnamen ab. Bei einatomigen Anionen wie dem Chlorid-Ion wird die Endung „-id" an den Elementnamen angehängt. Zum Beispiel: Fluorid-Ion (F^{-}).
Mehratomige Anionen können auch andere Endungen haben, wie „-it" oder „-at". Zum Beispiel: Nitrit-Ion (NO_2^{-}), Sulfat-Ion (SO_4^{2-}).

Regeln zur Benennung von Salzen

Verdampft man Mineralwasser, entstehen aus den Kationen und Anionen Salze. Für die Benennung der entstehenden Salze geht man wie folgt vor: Zuerst wird der Name des Kations aufgeschrieben. Dahinter kommt der Name des Anions ohne das Wort „-Ion". Zum Beispiel entsteht aus Zink-Ionen und Fluorid-Ionen das Salz Zinkfluorid.

A Beschreibe den Unterschied zwischen Kationen und Anionen.

B Erkläre, was man unter der Ionenladungszahl versteht.

Material mit Aufgaben

M1 Kationen und Anionen

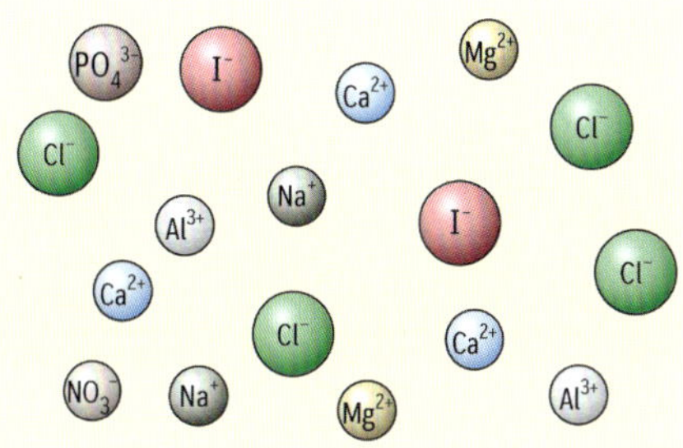

1. Benenne die Kationen und Anionen in der Abbildung.
2. Bestimme aus den abgebildeten Kationen und Anionen mindestens drei Namen verschiedener Salze.

M2 Benennung von Salzen

Kation	Benennung	Anion	Benennung	Name des Salzes
Zn^{2+}	?	F^{-}	Fluorid-Ion	?
Cu^{+}	Kupfer(I)-Ion	?	Chlorid-Ion	Kupfer(I)-chlorid
Cu^{2+}	Kupfer(II)-Ion	?	Sulfat-Ion	Kupfer(II)-sulfat
?	Blei(II)-Ion	CO_3^{2-}	Carbonat-Ion	?
Pb^{4+}	Blei(IV)-Ion	O^{2-}	?	Blei(IV)-oxid
NH_4^{+}	Ammonium-Ion	HCO_3^{-}	Hydrogencarbonat-Ion	?

1. Übertrage die Tabelle in dein Heft und ergänze die fehlenden Angaben.
2. Kupfer(I)-oxid und Kupfer(II)-oxid unterscheiden sich in der Ladung des Kations. Bestimme die Kationen und Anionen in den beiden Salzen.

Methode

Verhältnisformel von Salzen bestimmen

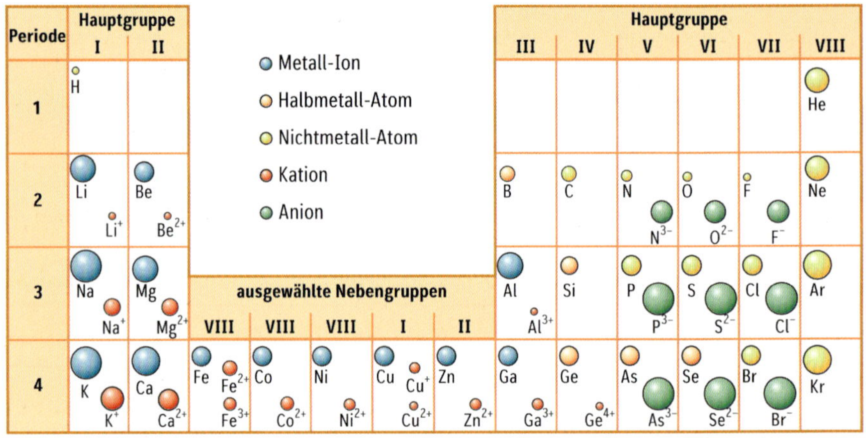

1 Periodensystem der Atome und Ionen der ersten vier Perioden mit ausgewählten Nebengruppen

Ionenladungszahl

In der ersten Hauptgruppe des Periodensystems stehen die Alkalimetalle. Die Ionen der Alkalimetalle wie Lithium oder Natrium sind einfach positiv geladen. Die zweite Hauptgruppe bilden die Erdalkalimetalle wie Magnesium oder Calcium, deren Ionen zweifach positiv geladen sind. Die Ionenladungszahlen der Kationen von Hauptgruppenelementen entsprechen meist der Nummer der jeweiligen Hauptgruppe. Es gibt auch Elemente, die Ionen mit unterschiedlichen Ladungszahlen haben können. Vor allem bei Nebengruppenelementen gibt es Kationen mit verschiedenen Ionenladungszahlen. So gibt es bei Eisen Fe^{2+}- oder Fe^{3+}-Ionen, bei Kupfer Cu^{+}- oder Cu^{2+}-Ionen. Die Halogene Fluor, Chlor oder Brom bilden die siebte Hauptgruppe. Die Ionen der Halogene sind einfach negativ geladen. Die Ionenladungszahlen der Anionen können aus dem Periodensystem abgelesen werden. Anionen der 6. Hauptgruppe tragen die Ladung -2 und Anionen der 5. Hauptgruppe haben die Ladung -3.

Ionenschreibweise

Natriumchlorid ist ein Salz und bildet ein Kristallgitter. Im Natriumchlorid kommt auf ein Na^{+}-Ion ein Cl^{-}-Ion. Natriumchlorid ist elektrisch neutral, weil die Anzahl der positiven Ladungen und negativen Ladungen gleich ist. Man spricht von Elektroneutralität. Man sagt, das Anzahlverhältnis ist gleich und wird als tiefgestellte Zahl geschrieben. In der Ionenschreibweise lautet Natriumchlorid: $(Na^{+})_1(Cl^{-})_1$.

Material mit Aufgaben

M1 Ionenladungszahl bestimmen

1. Bestimme die Ionenladungszahl der vier abgebildeten Elemente. Ordne ihnen auch die Begriffe „Kation“ oder „Anion“ zu.
2. Formuliere eine Merkregel, wie sich die Ionenladungszahlen mit dem PSE ermitteln lassen.

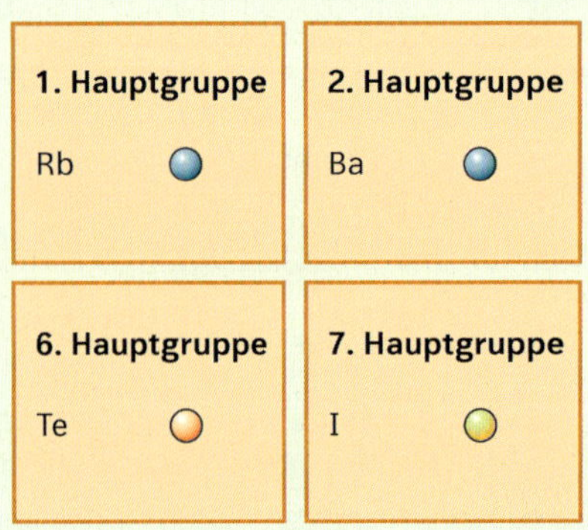

Verhältnisformel

Die Ionenschreibweise zeigt gut, in welchem Anzahlenverhältnis die Ionen vorliegen. Auch die Ladungen der beteiligten Ionen werden mit angegeben. Häufig wird aber eine verkürzte Schreibweise genutzt, die auf die Ladungen verzichtet. Diese Schreibweise nennt man **Verhältnisformel**. Bei der Verhältnisformel wird auch die 1 weggelassen, wenn nur ein Kation oder Anion vorliegt. So wird aus der Ionenschreibweise $(Na^+)_1(Cl^-)_1$ die Verhältnisformel NaCl.

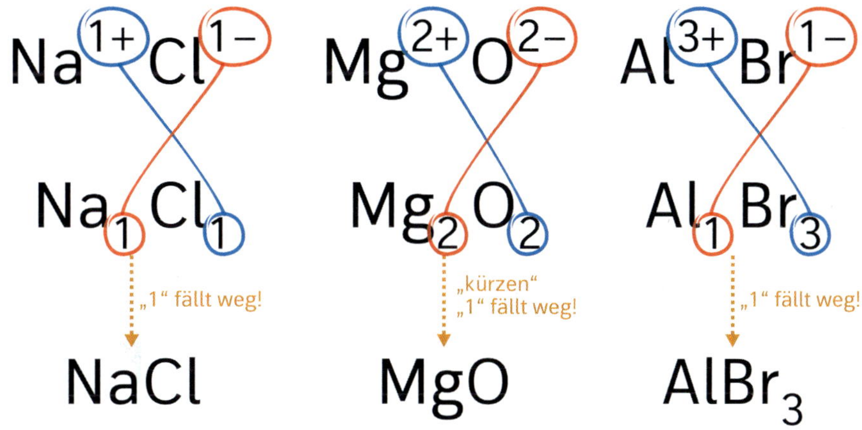

2 Ermitteln der Verhältnisformel mithilfe der Kreuzregel

Erstellen einer Verhältnisformel

Calciumchlorid ist ein Salz, das aus Calcium-Ionen und Chlorid-Ionen besteht. Man ermittelt die Verhältnisformel wie folgt:

- **Ladung des Kations ermitteln** • Calcium steht in der 2. Hauptgruppe des PSE. Calcium-Ionen sind daher Kationen. Mithilfe des PSE kann die Ladung ermittelt werden.
  Beispiel: Calcium, 2. Hauptgruppe, Ladung: +2 → Ca^{2+}
- **Ladung des Anions ermitteln** • Chlor steht in der 7. Hauptgruppe. Chlorid-Ionen sind daher Anionen. Mithilfe des PSE kann daher die Ladung ermittelt werden.
  Beispiel: Chlor, 7. Hauptgruppe, Ladung: -1 → Cl^-
- **Anzahlverhältnisse ermitteln** • Es werden zwei Chlorid-Ionen benötigt, um die zweifach positive Ladung des Calcium-Ions auszugleichen. Das Anzahlverhältnis wird als tiefgestellte Zahl hinter das Ionensymbol geschrieben. $(Ca^{2+})_1(Cl^-)_2$ oder $CaCl_2$ (Verhältnisformel).

Kreuzregel

Sind die Ionenladungszahlen der Kationen und Anionen bekannt, kann die Kreuzregel genutzt werden. In der entstehenden Verbindung wird die Ionenladungszahl des Kations als Anzahl der Anionen notiert und umgekehrt. Danach muss noch überprüft werden, ob möglicherweise gekürzt werden kann. Nach der Kreuzregel erhält Magnesiumoxid die Verhältnisformel Mg_2O_2. Dies kann zu MgO gekürzt werden.

Material mit Aufgaben

M2 Kreuzregel

1. Erstelle mithilfe der Kreuzregel aus den im Bild gegebenen Ionen die Verhältnisformeln der Salze Aluminiumsulfat und Aluminiumphosphat. Denke an das Kürzen.
2. Bilde die Namen von drei weiteren möglichen Salzen mithilfe der Kärtchen. Stelle die drei Salze in der Ionenschreibweise dar. Erstelle die Verhältnisformel

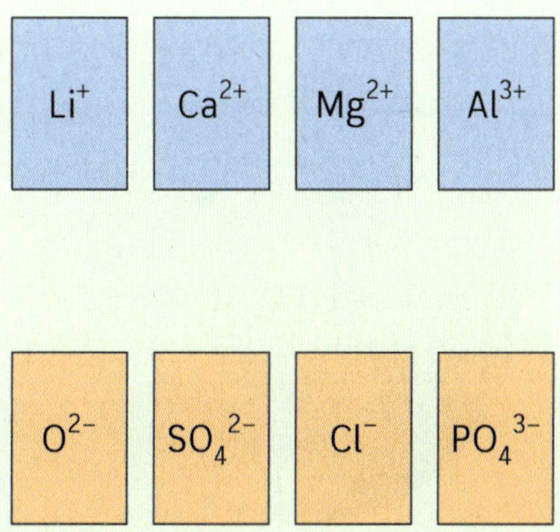

1 Zerdrückte Aluminium-Dose

Metallbindung

Metallbindung

Das Element Aluminium hat die Ordnungszahl 13 im Periodensystem und steht in der 3. Hauptgruppe. Es befindet sich in der zweiten Periode und hat nach dem Schalenmodell drei Außenelektronen in der M-Schale. Ein Stück Aluminium besteht aus dicht gepackten Aluminium-Ionen, Al^{3+}.

Die Aluminium-Ionen entstehen, weil alle Aluminium-Atome ihre drei Außenelektronen abgeben. So erreichen sie die Elektronenhülle von Neon-Atomen. Anders als in Salzen werden die abgegebenen Elektronen nicht von Partner-Atomen aufgenommen. Sie bewegen sich frei zwischen den Aluminium-Ionen und bilden ein **Elektronengas**. Wie bei einem zähen Klebstoff halten die Elektronen mit ihrer negativen Ladung die positiv geladenen Metall-Ionen zusammen. Dadurch wirkt Aluminium nach außen elektrisch neutral. Man spricht von einer **Metallbindung**. Bei Metallen wie Aluminium bilden sich **Metallgitter**.

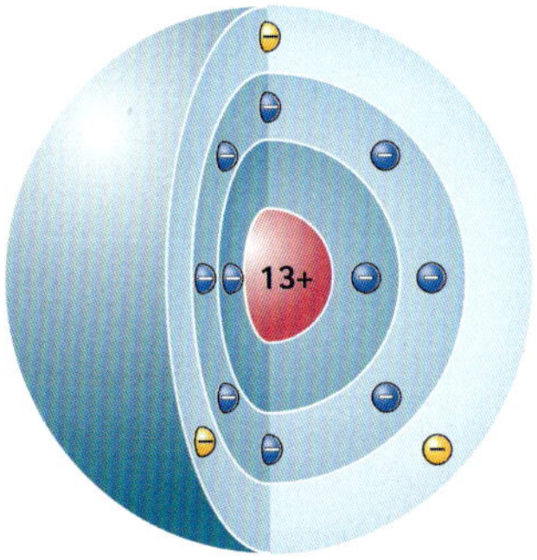

2 Aluminium im Schalenmodell

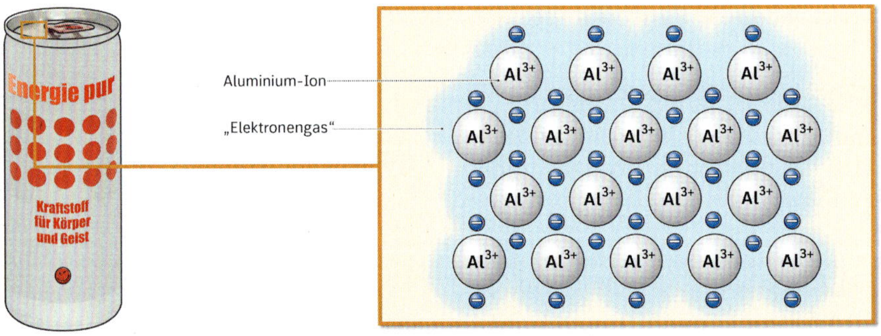

3 Metallbindung im Modell

Eigenschaften der Metalle

Ein Stück Aluminium kann man verbiegen. Metalle sind verformbar. Die Verformbarkeit der Metalle beruht darauf, dass die positiv geladenen Metall-Ionen aneinander vorbeigleiten können. Die Ionenbindungen der Salzkristalle sind dagegen spröde und brechen auseinander, wenn man versucht sie zu verformen. Wird nämlich das Ionengitter um nur eine Gitterschicht verschoben, stehen sich Ionen mit gleicher Ladung gegenüber, die sich gegenseitig abstoßen.

Metalle enthalten im festen Zustand bewegliche Ladungsträger, die freien Elektronen. Beim Anlegen einer elektrischen Spannung an ein Metall wird der elektrische Strom durch das frei bewegliche Elektronengas geleitet. Daher haben Metalle eine gute elektrische Leitfähigkeit.

Metalle haben auch eine gute Wärmeleitfähigkeit. Bei Erwärmung schwingen die Metall-Ionen stärker und stoßen sich gegenseitig an. So kann die Wärme weitergeleitet werden.

A Nenne Eigenschaften von Metallen.

B Erkläre, warum Metalle eine gute Wärmeleitfähigkeit besitzen.

Material mit Aufgaben

M1 Metallgitter und Ionengitter

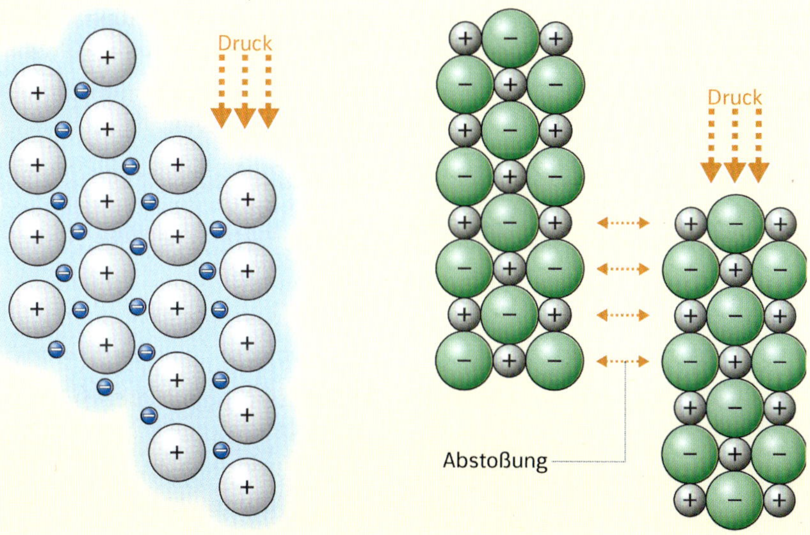

1. **III** Beschreibe den Aufbau eines Metallgitters und eines Ionengitters.
2. **III** Erläutere die Unterschiede der beiden Bindungsarten. ⊞
3. **III** Erkläre, warum sich Metalle gut verformen lassen. ⊞
4. **III** Begründe, dass Salzkristalle spröde und leicht zerbrechlich sind.

M2 Elektrische Leitfähigkeit

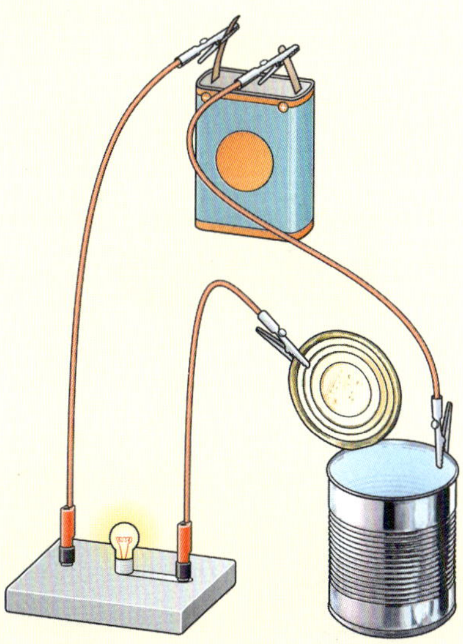

1. **III** Beschreibe den im Bild dargestellten Versuchsaufbau.
2. **III** Erkläre, warum Metalle gute elektrische Leiter sind. ⊞

1 Die Lufthülle der Erde besteht aus Molekülen

Elektronenpaarbindung

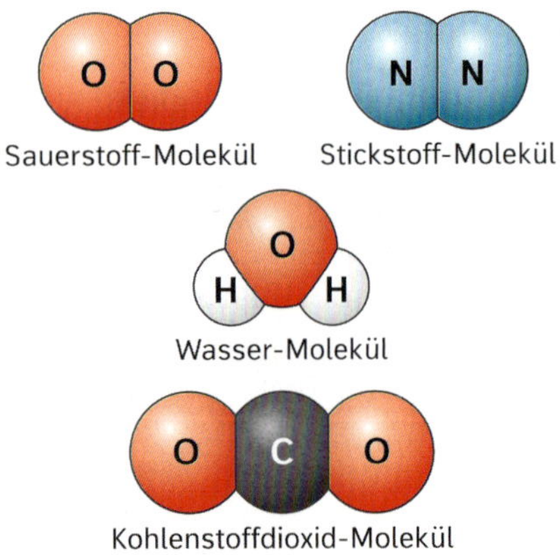

2 Moleküle in der Luft (Auswahl)

Moleküle

Wasser besteht aus H-Atomen und O-Atomen. Verbinden sich mehre Atome miteinander, spricht man von einem **Molekül**. Bei Wasser verbinden sich zwei H-Atome mit einem O-Atom zum Wasser-Molekül, kurz H_2O. Wasser-Moleküle kommen auch in der Luft vor. Wasserstoff, Sauerstoff und Stickstoff liegen in der Luft nicht als Atome, sondern als Moleküle vor. Beim Kohlenstoffdioxid verbindet sich ein C-Atom mit zwei O-Atomen zu CO_2.

Elektronenwolken

Das H-Atom hat ein Elektron, das sich in der K-Schale befindet. Das Elektron befindet sich in einem kugelförmigen Raum, den man als **Elektronenwolke** bezeichnet. Das C-Atom hat 6 Elektronen. Davon liegen zwei auf der K-Schale. Die 4 Außenelektronen auf der L-Schale werden in 4 Elektronenwolken aufgeteilt. Da für chemische Reaktionen nur die Außenelektronen zu beachten sind, werden nur die vier äußeren Elektronenwolken gezeichnet. Beim C-Atom besetzt jedes Außenelektron eine Elektronenwolke, weil die gleichgeladenen Elektronen so den größtmöglichen Abstand zueinander einnehmen. Die inneren Elektronen werden nicht dargestellt. Das O-Atom hat 6 Außenelektronen. Daher werden zwei Elektronenwolken doppelt besetzt. Es werden zunächst vier Elektronenwolken einfach besetzt und dann zwei der Elektronenwolken doppelt besetzt. Elektronenwolken können höchstens zwei Elektronen haben.

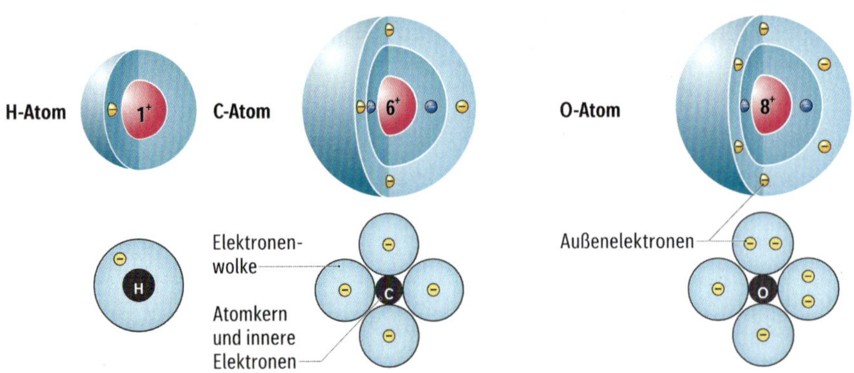

3 Schalenmodelle und Elektronenwolken

Elektronenpaarbindung

Wasserstoff liegt in der Luft als Molekül vor. Zwischen dem Atomkern des einen H-Atoms und dem Elektron des anderen H-Atoms wirken anziehende Kräfte. Die beiden Elektronenwolken der Atome verbinden sich zu einer gemeinsamen Elektronenwolke. In der nun gemeinsamen Elektronenwolke befinden sich zwei Elektronen, ein **Elektronenpaar**. Diese Bindungsart bezeichnet man auch als **Elektronenpaarbindung**, wodurch das Wasserstoff-Molekül in einem stabileren Zustand vorliegt. Beide Reaktionspartner reagieren miteinander, sodass beide eine volle Außenschale und somit einen reaktionsträgen Edelgaszustand erreichen.

Lewis-Schreibweise

Damit man nicht immer Elektronenwolken zeichnen muss, hat man eine verkürzte Schreibweise eingeführt: die **Lewis-Schreibweise**. Sie ist nach dem amerikanischen Chemiker Gilbert Newton Lewis benannt. Zunächst schreibt man das Atomsymbol des entsprechenden Atoms. Dann zeichnet man die Außenelektronen als Punkte an das Elementsymbol.
Befinden sich zwei Außenelektronen in einer Elektronenwolke, werden sie bei dieser Schreibweise mit einem Strich vereinigt. Mithilfe der Lewis-Schreibweise können Moleküle vereinfacht dargestellt werden. Zwei Elektronen in einer gemeinsamen Wolke werden als Strich dargestellt. Die bindenden Elektronenpaare werden auch durch Striche dargestellt. Man spricht von der Strukturformel des Moleküls. ▶

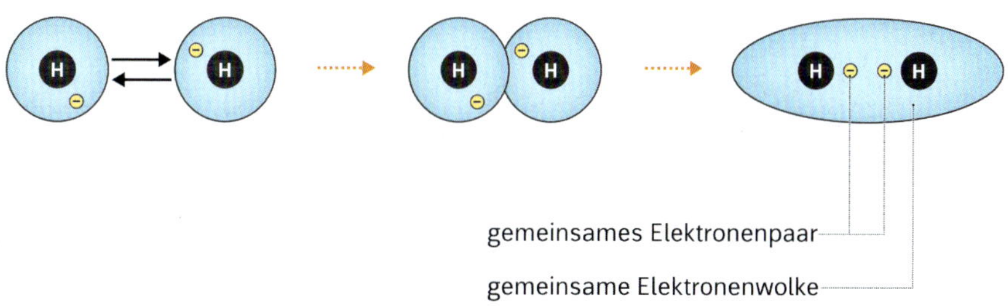

4 Elektronenpaarbindung beim Wasserstoff-Molekül

Material mit Aufgaben

M1 Elektronenwolken

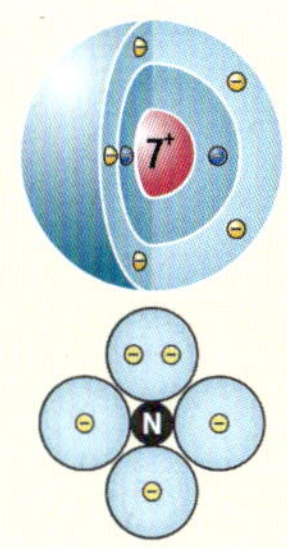

A

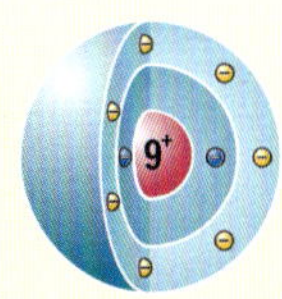

B

1. Beschreibe, wie die Elektronenwolken des Stickstoff-Atoms in Bild A zustande kommen.
2. Gib die Lewis-Schreibweise für das Stickstoff-Atom an.
3. Zeichne die Elektronenwolken für das Fluor-Atom in Bild B.
4. Zeichne die Elektronenwolken für das Edelgases Neon. Nimm das PSE zu Hilfe.

M2 Methan – ein Molekül

Methan hat die Formel CH_4.

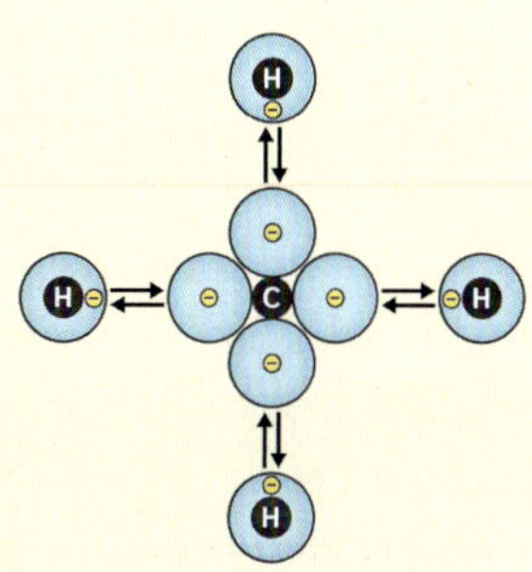

1. Zeichne die Bildung des Methan-Moleküls ab. Ergänze vier gemeinsame Elektronenwolken.
2. Erkläre an diesem Beispiel die Bildung einer Elektronenpaarbindung.

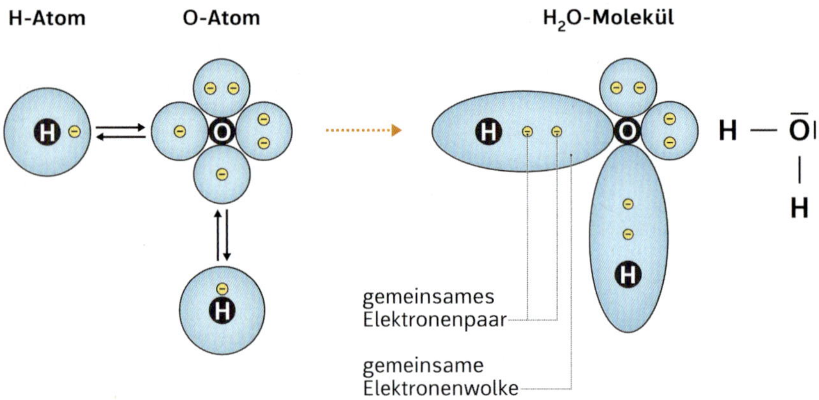

5 Elektronenpaarbindung beim H_2O-Molekül

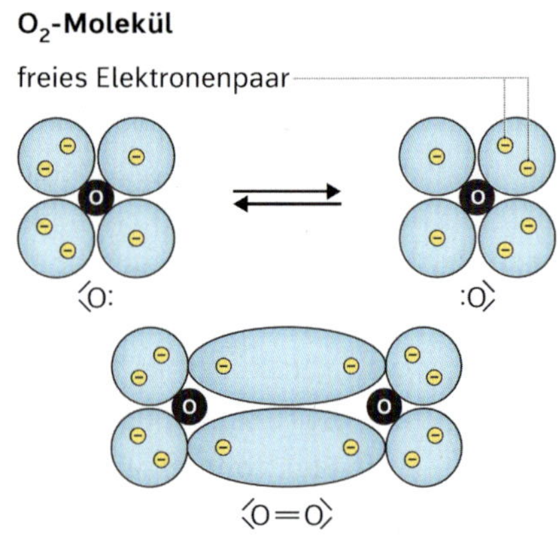

6 Mehrfachbindung beim O_2-Molkül

Bindendes Elektronenpaar

Zwei H-Atome und ein O-Atom bilden ein Wasser-Molekül. Im O-Atom gibt es zwei doppelt besetzte Elektronenwolken und zwei einfach besetzte. Elektronenpaarbindungen können nur zwischen einfach besetzten Elektronenwolken stattfinden. Daher überlappen die beiden einfach besetzten Elektronenwolken des O-Atoms jeweils mit einer Elektronenwolke eines H-Atoms. Es entsteht jeweils eine Elektronenpaarbindung.

Material mit Aufgaben

M3 Bindende Elektronenpaare

1. Ⅲ Ammoniak hat die Formel NH_3. Zeichne mithilfe von Bild A die Elektronpaarbindung mit Elektronenwolken von Ammoniak. ⊞
2. Ⅲ Erkläre am Beispiel des Ammoniaks die Edelgasregel. ⊞
3. Ⅲ In der Luft kommt Stickstoff als N_2-Molekül vor. Zeichne mithilfe von Bild B die Elektronpaarbindung mit Elektronenwolken des Stickstoff-Moleküls.

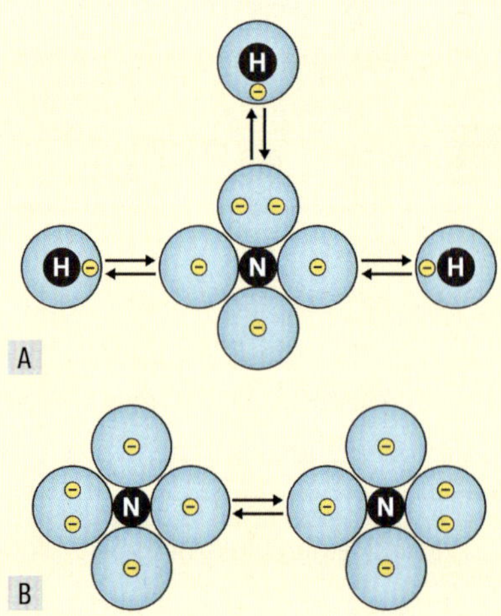

Freies Elektronenpaar

Das O-Atom hat zusätzlich zwei Elektronenwolken, die jeweils mit zwei Elektronen maximal besetzt sind. Eine solche Elektronenwolke kann keine Elektronenpaarbindungen eingehen. Das Elektronenpaar der Wolke bezeichnet man als **freies Elektronenpaar**.

Mehrfachbindungen

Im H_2-Molekül werden die Atome über ein gemeinsames Elektronenpaar verbunden. Man spricht von einer **Einfachbindung**. Beim O_2-Molekül werden zwischen den O-Atomen zwei Elektronenpaarbindungen ausgebildet. Die einfach besetzten Elektronenwolken eines O-Atoms überlappen mit den beiden einfach besetzten Elektronenwolken des anderen O-Atoms. Man spricht von einer **Doppelbindung**. Überlappen im Molekül drei Elektronenwolken eines Atoms mit denen eines anderen Atoms, spricht man von einer **Dreifachbindung**. Doppel- und Dreifachbindungen nennt man auch **Mehrfachbindungen**. Durch Elektronenpaarbindungen wird immer der stabile Edelgaszustand erreicht.

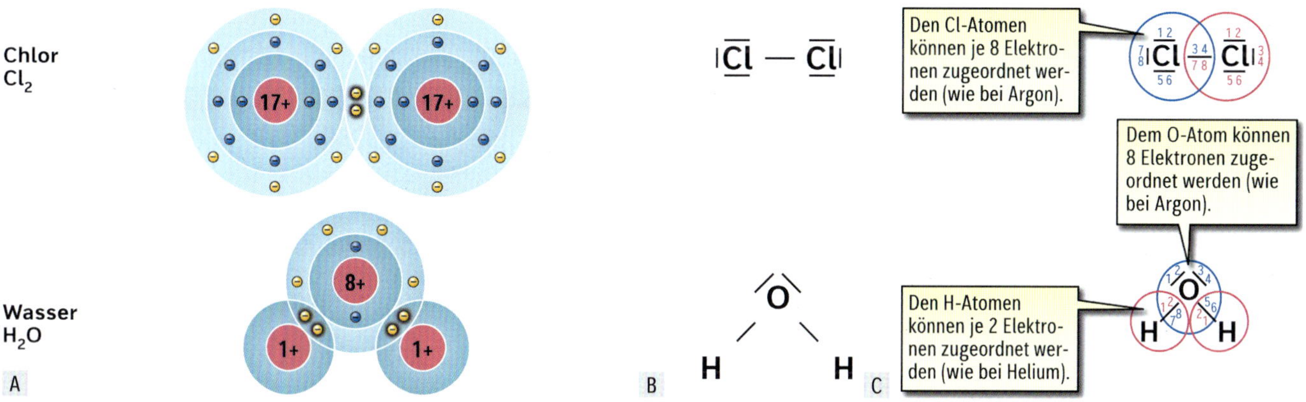

7 Molekülbildung: **A** Schalenmodelle, **B** Strukturformeln, **C** Edelgasregel

Edelgasregel

Das Chlor-Atom hat 7 Außenelektronen. Es bildet mit einem anderen Chlor-Atom ein Chlor-Molekül. Das Chlor-Molekül hat ein gemeinsames Elektronenpaar. Es wird von beiden Chlor-Atomen genutzt. Somit erreicht jedes der beiden Partneratome eine voll besetzte Außenschale mit 8 Elektronen. Dies entspricht der Elektronenhülle des Edelgases Argon. Die Atome haben das Bestreben, eine Elektronenhülle wie ein reaktionsträges, stabiles Edelgas zu besitzen. Auch bei vielen anderen Molekülen gilt diese **Edelgasregel** oder Oktettregel. In einem Molekül werden so viele gemeinsame Elektronenpaare ausgebildet, dass jedes Atom so viele Außenelektronen wie ein Edelgas-Atom besitzt. Wasserstoff im Molekül geht immer eine Einfachbindung ein, sodass es zwei Außenelektronen besitzt, wie das Edelgas Helium. Die meisten Atome streben 8 Außenelektronen an. So bildet das Cl-Atom im Molekül eine Elektronenpaarbindung aus. O-Atome bilden im Molekül zwei, N-Atome drei und C-Atome vier Elektronenpaarbindungen aus. ■

Material mit Aufgaben

M4 Moleküle bilden mit dem PSE

	Hauptgruppen							
Periode	**I**	**II**	**III**	**IV**	**V**	**VI**	**VII**	**VIII**
1.	H ·							He I
2.	Li ·	Be ·	· B ·	· C ·	· N I	· O I	I F I	I Ne I
3.	Na ·	Mg ·	· Al ·	· Si ·	· P I	· S I	I Cl I	I Ar I

1. Beschreibe Gemeinsamkeiten bei der Verteilung der Elektronen in den verschiedenen Hauptgruppen.
2. Schreibe die folgenden Atome in Lewis-Schreibweise: K, Se und Br. Nimm das PSE im Anhang des Buches zu Hilfe. ⊞
3. Zeichne die Strukturformel folgender Moleküle:
   a Br_2, H_2S und HCl
   b PH_3, CCl_4, CO_2
4. Zeichne Strukturformeln von Molekülen, die aus den folgenden Atomsorten bestehen: H und F, H und O, N und H.

M5 Edelgasregel

1. Prüfe die Edelgasregel. Übertrage dafür die Strukturformeln A bis C in dein Heft. Verdeutliche mit Kreisen wie in Bild 7, dass jedem Atom 8 Außenelektronen zugeordnet sind. ⊞

A
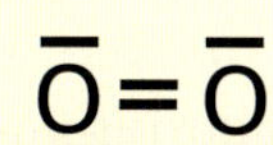

B
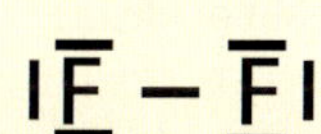

C
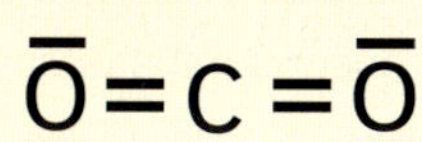

1 Kugel-Stab-Modell von Wasser

Räumlicher Bau von Molekülen

Elektronenpaarabstoßungsmodell

Mit der Strukturformel kann man die räumliche Anordnung der Moleküle nicht gut darstellen. Dafür benötigt man ein Bindungsmodell. Das **Elektronenpaarabstoßungsmodell** beruht auf folgenden Annahmen: Die Außenelektronen in den Molekülen können sich paarweise in Elektronenwolken um den Atomkern aufhalten. Da die Elektronenwolken negativ geladen sind, stoßen sie sich gegenseitig ab. Dadurch nehmen sie den größtmöglichen Abstand zueinander ein.

Kugel-Stab-Modell

Bei einer vereinfachten Darstellung können die Atome als Kugeln unterschiedlicher Größe dargestellt werden. Die Elektronenpaarbindungen werden als Stäbe gezeichnet. Man spricht vom **Kugel-Stab-Modell**. Für Doppelbindungen werden zwei Stäbe, bei Dreifachbindungen drei Stäbe gezeichnet.

Methan-Molekül

Beim Methan-Molekül ist ein Kohlenstoff-Atom von vier Wasserstoff-Atomen umgeben. Die Elektronenwolken richten sich räumlich aus, ihr Abstand zueinander beträgt 109,5 °. Die Elektronenwolken bilden die Form eines Tetraeders.

Material mit Aufgaben

M1 Molekülgeometrien

1. Ordne den zwei dargestellten Kugel-Stab-Modellen die passende Molekülgeometrie zu.
2. Erstelle für jedes der dargestellten Moleküle die Strukturformel.
3. Erkläre an einem Beispiel das Elektronenpaarabstoßungsmodell.

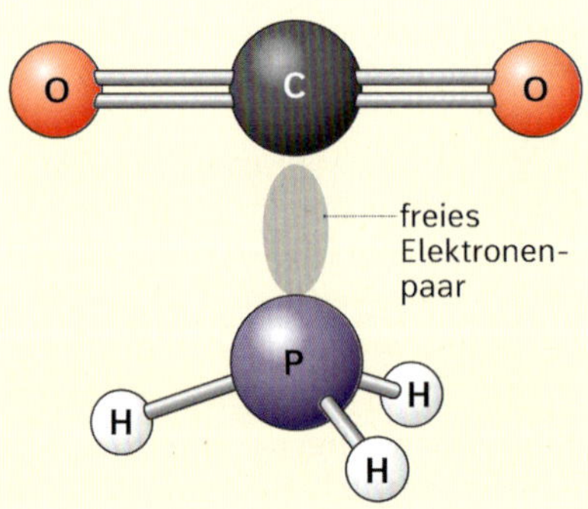

Das Methan-Molekül hat somit eine **tetraedrische Molekülgeometrie**. In den Ecken des Tetraeders sitzen die Wasserstoff-Atome, im Zentrum sitzt das Kohlenstoff-Atom.

Ammoniak-Molekül

Das Ammoniak-Molekül besteht aus einem Stickstoff-Atom und drei Wasserstoff-Atomen. Um das zentrale Stickstoff-Atom ordnen sich die Elektronenwolken an. Zusätzlich besitzt das Stickstoff-Atom ein freies Elektronenpaar. Das freie Elektronenpaar wird vom Stickstoff-Atom stärker angezogen und beansprucht mehr Raum. So werden die bindenden Elektronenpaare näher zusammengedrückt. Der Winkel zwischen den Wasserstoff-Atomen beträgt nur 107°. Das Ammoniak-Molekül zeigt eine **pyramidale Molekülgeometrie**.

Wasser-Molekül

Im Wasser-Molekül ist das Sauerstoff-Atom von zwei bindenden und zwei freien Elektronenpaaren umgeben. Die Elektronenwolken weisen dabei in die Ecken eines Tetraeders. Darum hat das Wasser-Molekül hat eine **gewinkelte Molekülgeometrie**. Wegen der freien Elektronenpaare wird der Winkel zwischen den Wasserstoff-Atomen auf 105° gestaucht.

Blausäure-Molekül

Beim Blausäure-Molekül ist das Kohlenstoff-Atom über eine Einfachbindung mit einem Wasserstoff-Atom und über eine Dreifachbindung mit einem Stickstoff-Atom verbunden. Das Molekül hat eine **lineare Molekülgeometrie**.

Stoff	Methan	Ammoniak	Wasser	Blausäure
Molekülformel	CH_4	NH_3	H_2O	HCN
Strukturformel	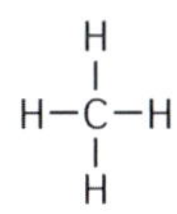	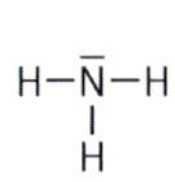	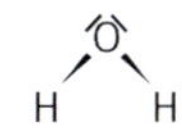	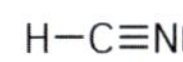
	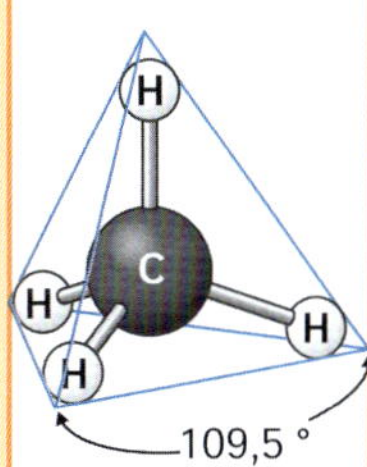	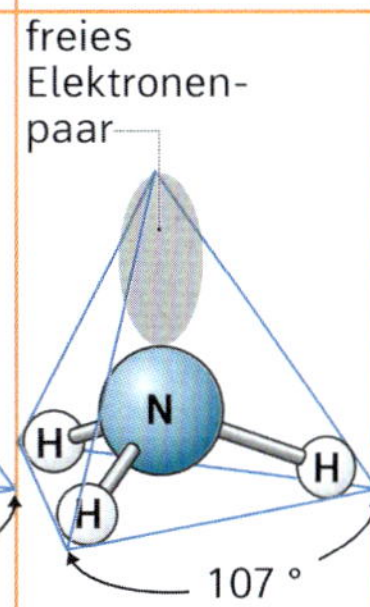	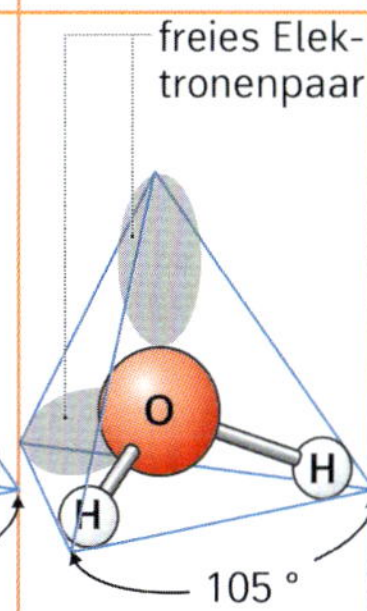	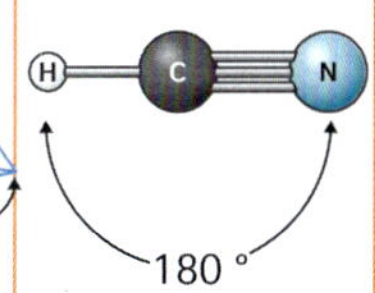
Winkel	109,5 °	107 °	105 °	180 °
Kugel-Stab-Modell	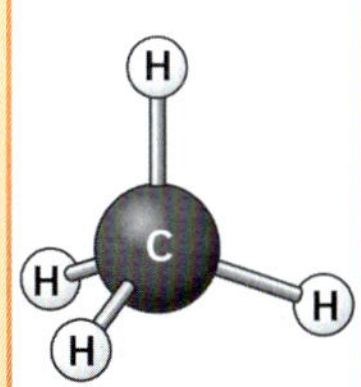	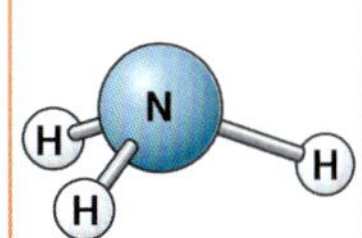	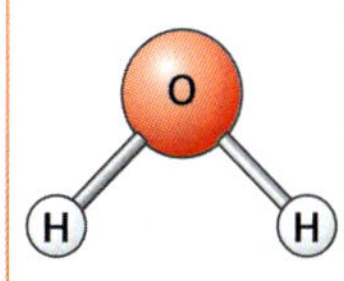	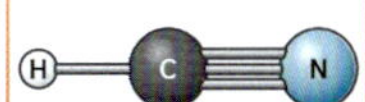
Molekülgeometrie	tetraedisch	pyramidal	gewinkelt	linear

2 Molekülgeometrien

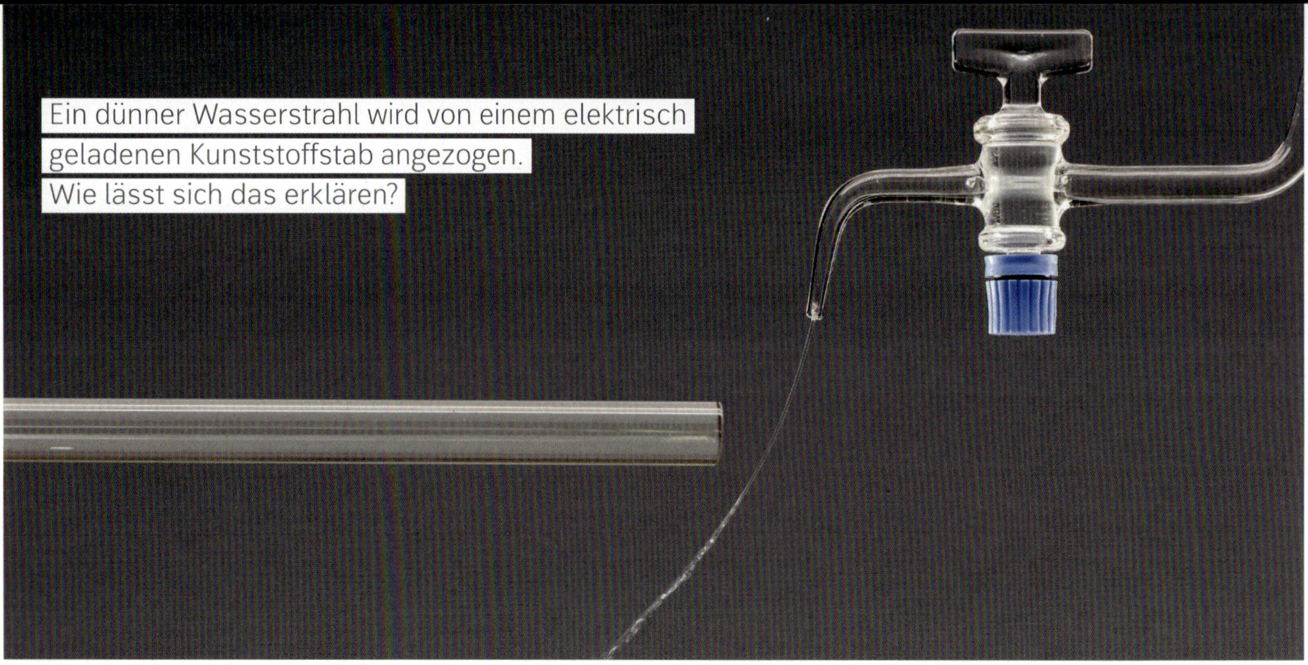

1 Wasser wird angezogen.

Polare und unpolare Bindungen

Polare und unpolare Moleküle

Ein Kunststoffstab kann durch Reibung an der Kleidung aufgeladen werden. Bringt man den aufgeladenen Kunststoffstab in die Nähe des Wasserstrahls, werden die Wasser-Moleküle vom Stab angezogen. Der Wasserstrahl wird in Richtung des Wasserstrahls abgelenkt. Lässt man die ebenfalls klare Flüssigkeit Pentan an dem geladenen Stab vorbeilaufen, erkennt man kaum eine Anziehung des Pentanstrahls. Das lässt vermuten, dass das Wasser-Molekül elektrische Ladungen tragen muss. Nach außen wirkt das Wassermolekül jedoch elektrisch neutral. Es gibt scheinbar Bereiche im Wasser-Molekül, die unterschiedliche Teilladungen tragen. Solche Moleküle wie das Wasser-Molekül bezeichnet man als **polare** Moleküle. Pentan hat keine Teilladungen. Solche Moleküle gehören zu den **unpolaren** Molekülen.

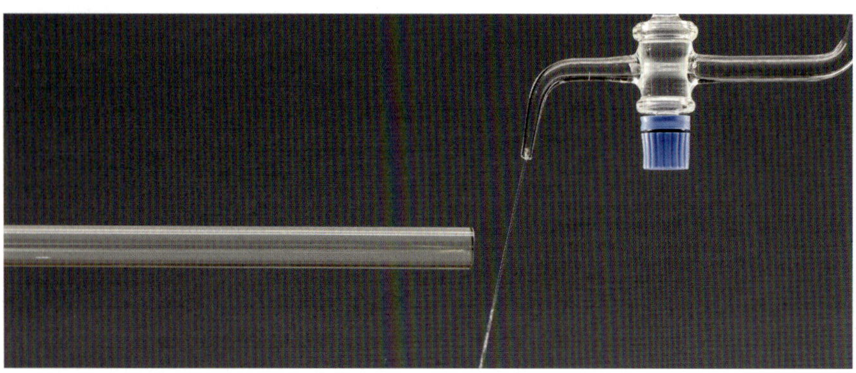

2 Keine Anziehung bei Pentan

Unpolare Bindungen

Im Wasserstoff-Molekül H_2 wird das bindende Elektronenpaar von beiden Atomkernen gleichermaßen angezogen. Es treten keine Teilladungen auf. Das H_2-Molekül ist ein gutes Beispiel für eine **unpolare Elektronenpaarbindung**.

Das Pentan-Molekül ist komplexer aufgebaut und besteht aus Kohlenstoff- und Wasserstoff-Atomen. Die beiden Elektronen des Elektronenpaares zwischen den C-Atomen und den H-Atomen werden von den beteiligten Atomkernen fast gleichermaßen angezogen. Es treten keine Teilladungen auf. Das Pentan-Molekül ist daher unpolar.

Polare Bindungen

Im Wassermolekül H_2O zieht das Sauerstoff-Atom die bindenden Elektronenpaare stärker an als die Wasserstoff-Atome. Die negative Ladung wird in Richtung des O-Atoms verschoben. Am O-Atom überwiegt die negative Ladung. An den beiden H-Atomen überwiegt dadurch die positive Ladung. So entstehen im H_2O-Molekül unterschiedliche Teilladungen in unterschiedlichen Bereichen. Im Wasser-Molekül liegen **polare Elektronenpaarbindungen** vor.

Darstellung der Teilladungen

Die Teilladungen können im Molekül mit dem griechischen Symbol δ (delta) gekennzeichnet werden: δ^+ steht für eine positive Teilladung, δ^- für eine negative Teilladung. Die ungleiche Ladungsverteilung kann in der Strukturformel als Keil dargestellt werden. Die breite Seite des Keils zeigt in Richtung der negativen Teilladung. Wasser-Moleküle haben eine positive (δ^+) und zwei negative Teilladungen (δ^-). Deshalb wird Wasser durch einen geladenen Stab abgelenkt. Das ist bei anderen Stoffen wie dem Chlorwasserstoff (HCl) und anderen Molekülen mit polaren Elektronenpaarbindungen ähnlich. ▶

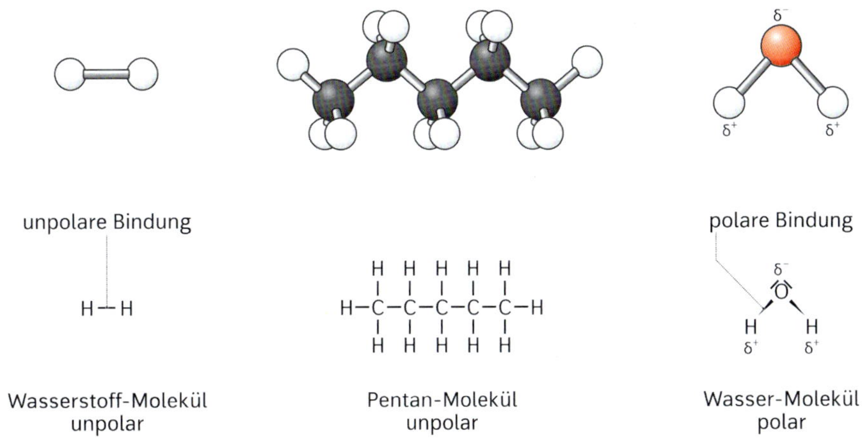

3 Unpolare und Polare Moleküle

Material mit Aufgaben

M1 Ablenkung

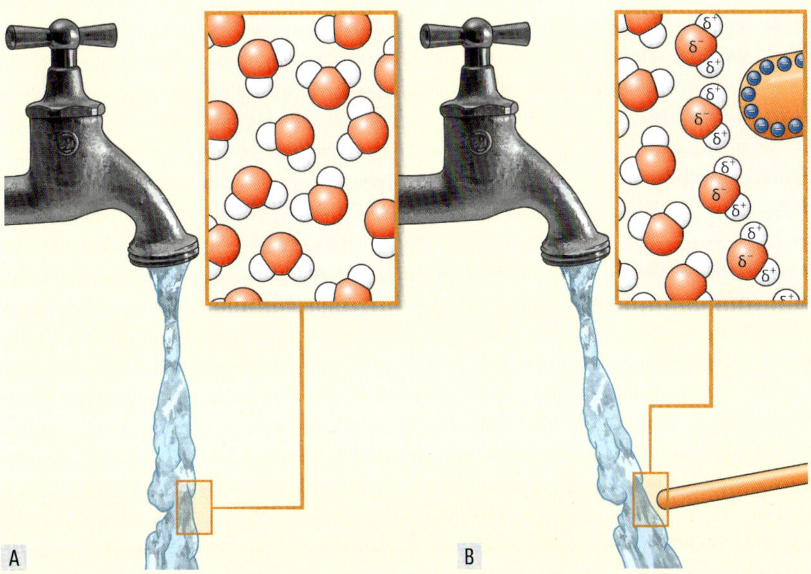

1. Beschreibe die Anordnung der Wassermoleküle in den Bildern A und B.
2. Erkläre, warum der Wasserstrahl durch den geladenen Kunststoffstab angezogen wird. +
3. Erkläre, warum der Wasserstrahl angezogen wird, jedoch ein „Strahl" aus Pentan nicht. +
4. Erkläre, wie sich die Anordnung der Wasser-Moleküle verändern würde, wenn der Wasserstrahl von einem positiv geladenen Stab angezogen wird.

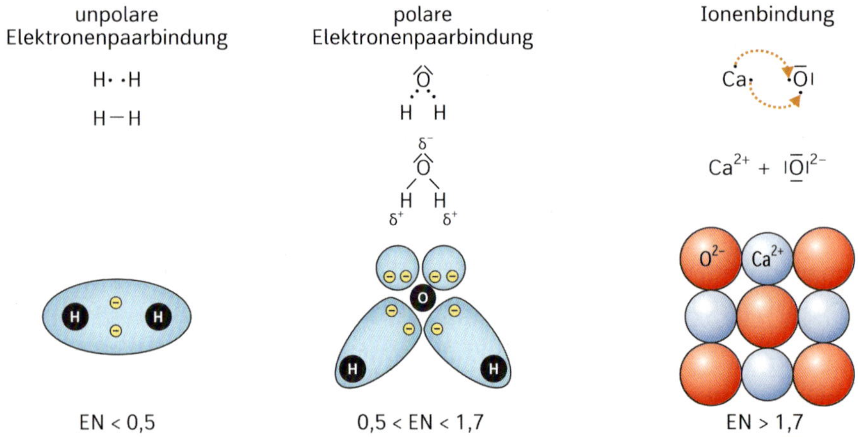

4 Bindungsarten und EN-Differenz (< - kleiner als; > - größer als)

F

Material mit Aufgaben

M2 Bindungsarten und Elektronegativität

Periode	Hauptgruppe							
	I	II	III	IV	V	VI	VII	VIII
1	H 2,2							He –
2	Li 1,0	Be 1,6	B 2,0	C 2,6	N 3,0	O 3,4	F 4,0	Ne –
3	Na 0,9	Mg 1,3	Al 1,6	Si 1,9	P 2,2	S 2,6	Cl 3,2	Ar –
4	K 0,8	Ca 1,0	Ga 1,8	Ge 2,0	As 2,2	Se 2,6	Br 3,0	Kr –

1. Beschreibe die Veränderungen der EN-Werte innerhalb einer Periode und erkläre die Veränderungen.
2. Beschreibe die Veränderungen der EN-Werte innerhalb einer Hauptgruppe und erkläre die Veränderungen.
3. Erkläre mithilfe der Elektronegativität das Zustandekommen von polaren und unpolaren Elektronenpaarbindungen.
4. Stelle die Verbindung HCl übersichtlich wie die Verbindungen in Bild 4 dar. Chlor hat einen EN-Wert von 3,2. Notiere in deinem Bild auch die Teilladungen.

Elektronegativität

Das H_2-Molekül ist unpolar. Im H_2O-Molekül liegen polare Elektronenpaarbindungen vor. Natriumchlorid ist eine Ionenbindung. Es gibt verschiedene Bindungsarten. Der Forscher Linus Pauling hat ein Vergleichsmaß eingeführt, das eine Aussage trifft, wie stark ein Atom bindende Elektronenpaare in einem Molekül anzieht. Dieses Maß für die Anziehungskraft bezeichnet man als **Elektronegativität**, kurz EN. Pauling wählte eine Einteilung der EN-Werte von 0 bis 4. Je stärker ein Atom Elektronenpaare anzieht, desto größer ist sein EN-Wert. Das O-Atom hat einen EN-Wert von 3,4. Das H-Atom hat einen geringeren EN-Wert von 2,2. Das O-Atom hat im H_2O-Molekül eine größere Anziehungskraft auf die bindenden Elektronenpaare als die H-Atome. Liegt die Differenz der EN-Werte der Bindungspartner unter 0,5, liegen unpolare Bindungen vor. Liegen die EN-Werte zwischen 0,5 und 1,7 liegen meist polare Bindungen vor. Bei EN-Werten über 1,7 handelt es sich oft um Ionenbindungen.

Periodensystem

Im Periodensystem sind die EN-Werte der Elemente angegeben. Innerhalb einer Periode von links nach rechts steigen mit steigender Protonenzahl und positiver Ladung auch die EN-Werte an. Die Anziehungskraft auf Elektronen erhöht sich. Die EN-Werte nehmen innerhalb einer Gruppe von oben nach unten ab, weil durch weitere Elektronenschalen und größere Atomradien die Anziehungskraft des Kerns auf die Außenelektronen abnimmt.

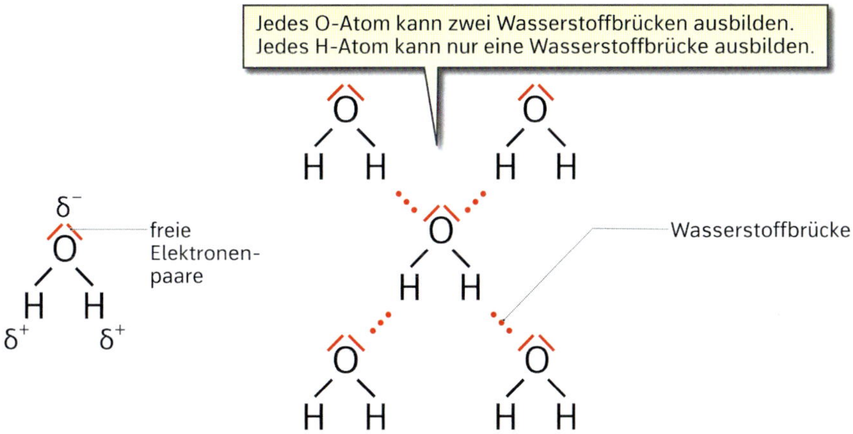

5 Wasserstoffbrücken beim Wasser-Molekül

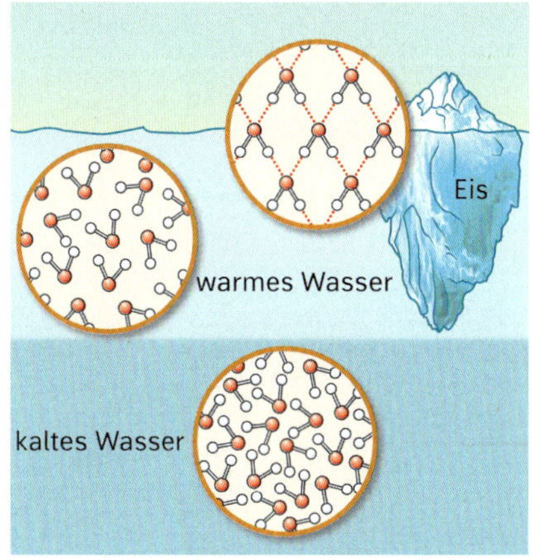

6 Anordnung der Wasser-Moleküle

Elektrischer Dipol

Beim Wassermolekül sind jeweils zwei H-Atome durch Elektronenpaarbindungen mit dem O-Atom verbunden. Das O-Atom zieht jedoch die Bindungselektronen stärker an, weil es eine größere Elektronegativität hat. Am O-Atom entsteht ein Überschuss an negativer Ladung, ein Minuspol. An den Wasserstoff-Atomen bilden sich aufgrund des Mangels an negativer Ladung und des Überschusses an positiver Ladung Pluspole. Solche Moleküle bezeichnet man als **elektrische Dipole**. Ein weiteres bekanntes Dipol-Molekül ist das HCl-Molekül. Das Cl-Atom zieht die Elektronen wegen seiner größeren Elektronegativität stärker an als das H-Atom.

Zwischenmolekulare Kräfte

Zwischen den entgegengesetzt geladenen Polen benachbarter Wasser-Moleküle wirken starke Anziehungskräfte. Diese Anziehungskräfte sind zwischen Dipol-Molekülen besonders groß. Dadurch schließen sich Wasser-Moleküle zu großen Molekül-Verbänden zusammen. Dabei lagern sich an jedes O-Atom eines Wasser-Moleküls die H-Atome anderer Wasser-Moleküle an. Diese **Wasserstoffbrücken** binden H_2O-Moleküle fest aneinander. Die Anziehungskräfte zwischen Dipolen bezeichnet man auch als **Dipol-Dipol-Kräfte**.

Eigenschaften von Wasser

Wasser hat eine Siedetemperatur von 100 °C. Durch die Dipol-Dipol-Kräfte ziehen sich Dipol-Moleküle untereinander stärker an. Sie haben daher höhere Siedetemperaturen als unpolare Moleküle. In der Regel haben die meisten Stoffe im festen Aggregatzustand ihre höchste Dichte. Wasser hat jedoch bei 4 °C seine höchste Dichte. Gefriert Wasser, nimmt seine Dichte sprunghaft ab. Wenn Wasser zu Eis gefriert, ordnen sich die Wasser-Moleküle mithilfe der Wasserstoffbrücken zu einem regelmäßigen Molekül-Gitter. Dieses Gitter nimmt ein größeres Volumen ein als die weniger geordneten Wasser-Moleküle im flüssigen Wasser.

Material mit Aufgaben

M3 Dipol oder nicht?

Methanol

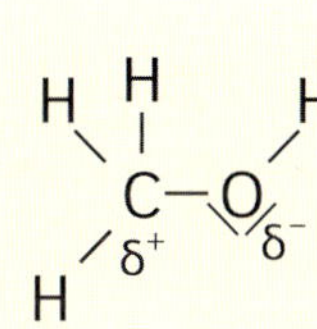

Ethan

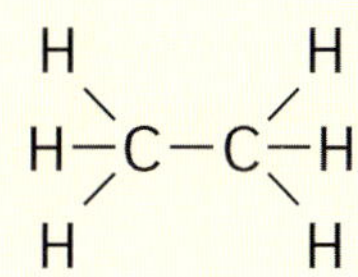

1. Vergleiche die beiden Moleküle miteinander.
2. Erkläre, welches Molekül ein Dipol-Molekül ist.
3. Eines der Moleküle hat eine Siedetemperatur von 65 °C, das andere von -89 °C. Ordne die Siedetemperaturen begründet zu.
4. Erläutere, warum vor allem Dipol-Moleküle hohe Siedetemperaturen haben.

1 Kochsalz löst sich in Wasser

Wasser ist ein Lösemittel

Kochsalz löst sich in Wasser

Kochsalz ist eine Ionenbindung und besteht aus Natrium-Ionen und Chlorid-Ionen. Gelangen Kochsalz-Kristalle in Wasser, lagern sich die polaren Wasser-Moleküle an der Oberfläche des Kristalls an. Die Wasser-Moleküle werden von den Ionen des Salzkristalls angezogen. Die äußeren Ionen des Salzkristalls werden zunächst aus dem Ionengitter rausgezogen. Jedes Ion wird danach von den Wasser-Molekülen umschlossen. Diese Wasserhüllen bezeichnet man auch als **Hydrathüllen**.

Durch die Hydrathüllen werden die Ionen so voneinander abgeschirmt, dass sie sich nicht mehr gegenseitig anziehen. Die Ionen verteilen sich so gleichmäßig in der gesamten Lösung. Mithilfe der Abkürzung „aq“ kann man in der Reaktionsgleichung auf die Hydrathülle hinweisen.

$$NaCl\,(aq) \rightarrow Na^{+}\,(aq) + Cl^{-}\,(aq)$$

2 Salz löst sich nicht in Öl

Die Bildung von Hydrathüllen bezeichnet man auch als **Hydratation**.

Polare Lösungsmittel

Dass sich Kochsalz in Wasser löst, liegt an den Dipol-Eigenschaften der Wasser-Moleküle mit ihren positiven und negativen Teilladungen. Je polarer ein Stoff ist, desto besser löst er sich in Wasser. Wasser ist deshalb ein **polares Lösungsmittel**.

Je höher die Temperatur des Wassers ist, desto beweglicher sind die Wasser-Moleküle. Sie treffen häufiger auf den Salzkristall. Es werden schneller Natrium- und Chlorid-Ionen herausgelöst.

In Speiseöl bleibt das Salz ungelöst. Die Moleküle des Speiseöls tragen keine nach außen wirkenden Ladungen. Es sind keine Dipole. Die Moleküle sind unpolar. Die Ionen des Salzkristalls werden nicht angezogen und können nicht aus dem Kristall herausgelöst werden.

Salzhydrate

Wird weißes Kupfer(II)sulfat ($CuSO_4$) in Wasser gelöst, entsteht die typische blau gefärbte Kupfersulfat-Lösung. Die Kupfer-Ionen (Cu^{2+}) werden von einer Hydrathülle umschlossen und lösen die Färbung der Lösung aus. Verdunstet das Wasser der Lösung, bleibt zunächst blaues Kupfersulfat zurück, das angelagertes Wasser enthält. Auf ein Kupfer-Ion kommen 5 Wasser-Moleküle.
Wird das blaue Kupfersulfat weiter erhitzt, verdunstet auch das angelagerte Wasser und weißes Kupfersulfat bleibt zurück.

3 Kupfer(II)sulfat: A entwässert, B mit Wasser

Material mit Aufgaben

M1 Hydratation

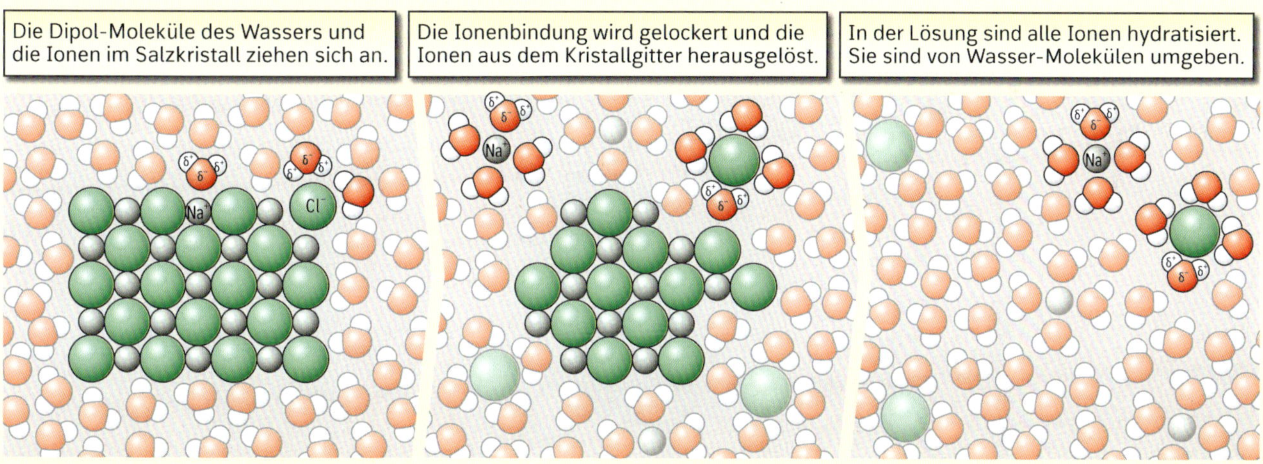

1. Beschreibe den Lösevorgang von Natriumchlorid in Wasser mithilfe des Bildes.
2. Erkläre, warum sich die Ionen aus dem Salzkristall herauslösen.
3. Wähle eine der Aufgaben aus:
   a Begründe, warum sich Natriumchlorid nicht in Speiseöl löst.
   b Erkläre, warum sich die Wasser-Moleküle bei Kationen und Anionen unterschiedlich anlagern.
4. Die Geschwindigkeit des Lösevorgangs ist temperaturabhängig. Begründe.
5. In 100 ml Wasser (20 °C) können sich maximal 35,89 g NaCl lösen. Stelle dazu eine begründete Vermutung an.

Zusammenfassung Was die Welt zusammenhält

Bindungen

Bindungsart	Ionenbindung	Metallbindung	Elektronenpaarbindung	
Beispiel	 Magnesiumoxid MgO	 Aluminium Al	 Sauerstoff O_2	 Wasser H_2O
Kleinste Teilchen	positiv und negativ geladene Ionen; Mg^{2+} und O_2^{-}	positiv geladene Metall-Ionen und frei bewegliche Elektronen	unpolare Moleküle (O_2)	polare Moleküle (H_2O)
Bindung, durch...	Anziehung der entgegengesetzt geladenen Ionen	Anziehung zwischen Metall Ionen und Elektronen	Anziehung zwischen gemeinsamen Elektronenpaaren und Atomkernen	
Bindungsstruktur	Ionengitter 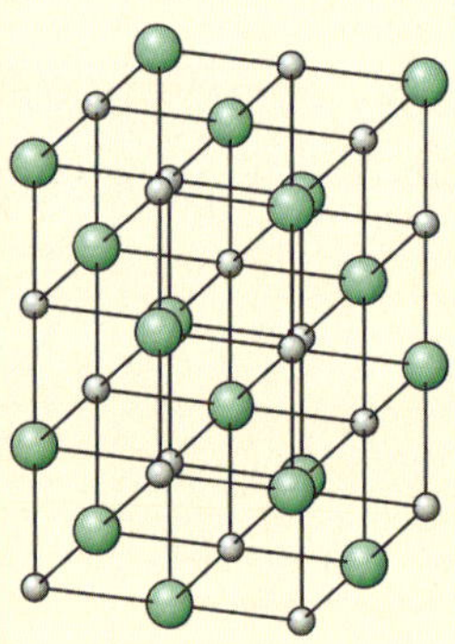	Metallgitter 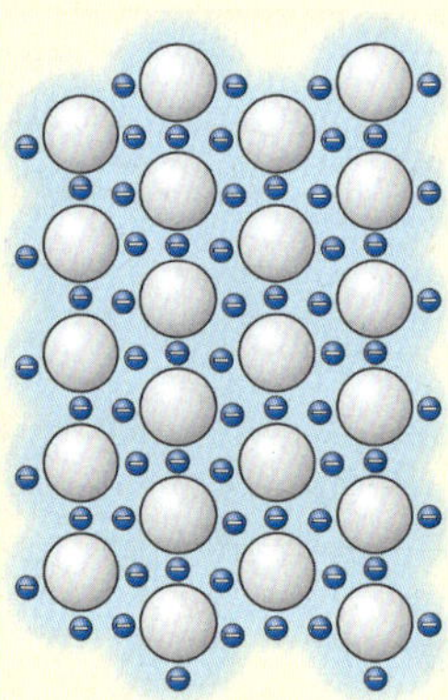	Moleküle 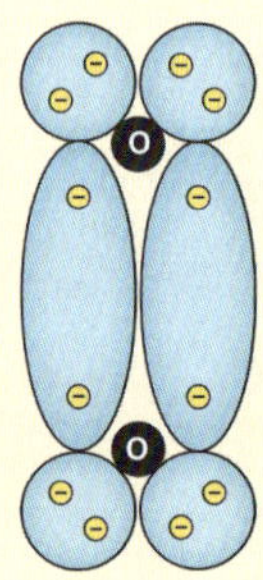 O_2	Moleküle 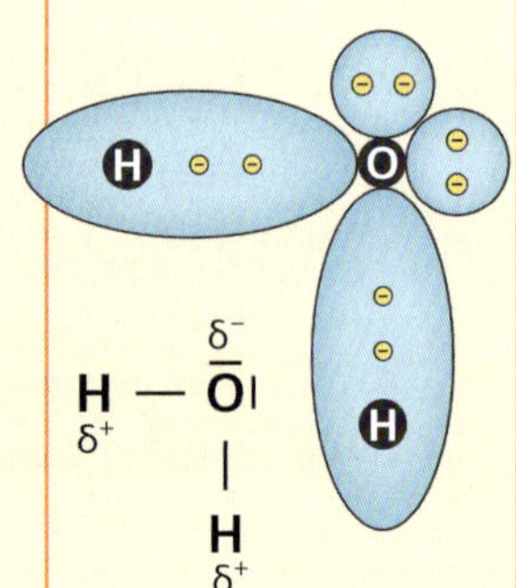
Eigenschaften	• oft gut wasserlöslich • hart und spröde • feste Salzkristalle sind Nichtleiter • Lösungen und Schmelzen sind elektrisch leitend • hohe Schmelz- und Siedetemperaturen	• unlöslich in Wasser • gut verformbar • sehr gute elektrische Leiter • gute Wärmeleiter • hohe Schmelz- und Siedetemperaturen bei fast allen Metallen	• bei Raumtemperaturen oft Gase oder Flüssigkeiten • elektrisch nicht leitend • oft niedrige Schmelz- und Siedetemperaturen	• hohe Siedetemperatur • Ursache der Dichteanomalie von Wasser

1 Ionenbildung

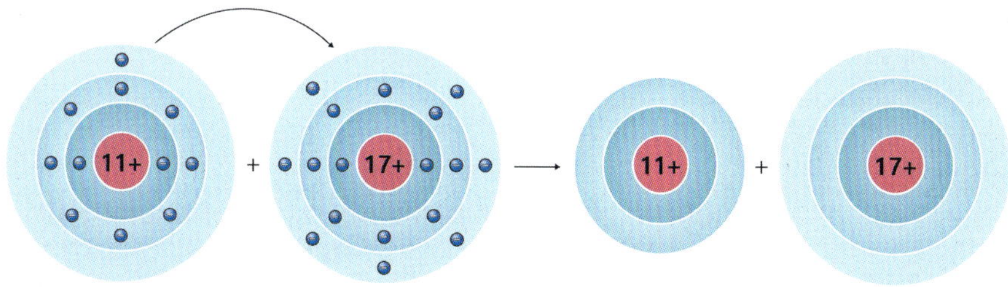

A Im Bild ist die Reaktion eines Metalls und eines Nichtmetalls unvollständig dargestellt. Übertrage die Zeichnung in dein Heft und ergänze die Elektronen in den leeren Schalen. Stelle den Elektronenübergang mit Pfeilen dar.

B Bestimme mithilfe des Periodensystems, welche Elemente hier miteinander reagiert haben.

2 Aus Atomen werden Salze

A Stelle den Vorgang des Comics zeichnerisch mit Elektronenschalen und Atomkern dar.

B Erkläre mithilfe der Elektronenübergang das Entstehen einer Ionenbindung.

C Beschreibe, wie sich aus entsprechenden Atomen die Salze Calciumoxid und Kaliumbromid bilden.

3 Oktettregel

A Überprüfe die Strukturformeln für das Molekül CO_2. Begründe, welche der Strukturformeln für CO_2 zutrifft.

O=C=O C=O=O

O–C–O C≡O

4 Metall- und Ionenbindung

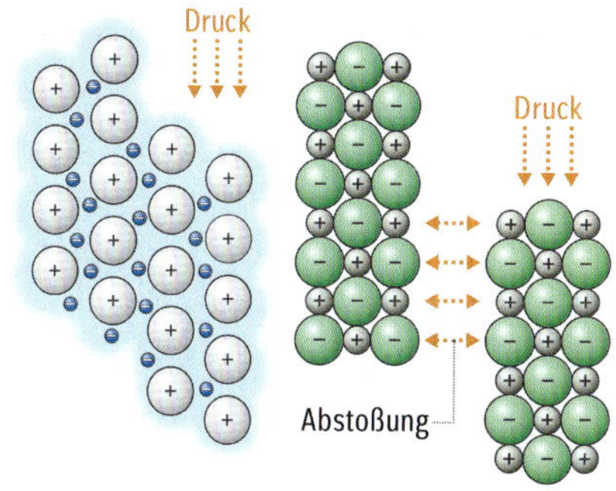

A Beschreibe die Eigenschaften der Metallbindung und der Ionenbindung.

B Erkläre, warum Metalle verformbar sind, Salze dagegen nicht.

C Erkläre, warum Metalle elektrische Leiter sind, Salze jedoch nur in Lösung oder als Schmelze elektrischen Strom leiten.

5 Elektronenpaarbindung

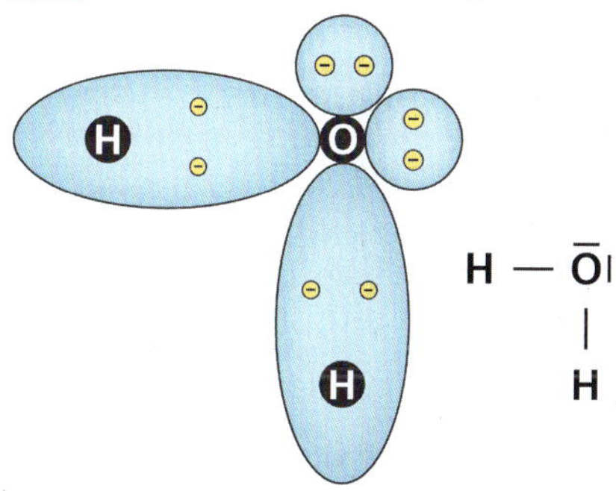

A Beschreibe die Elektronenpaarbindungen des Wassermoleküls mithilfe der Schemazeichnung.

B Erkläre den Unterschied zwischen einem gemeinsamen Elektronenpaar und einem freien Elektronenpaar.

C Erkläre, ob das Wasser-Molekül polar oder unpolar ist.

Was unterscheidet Säuren und Laugen?
Wie funktionieren Batterien?
Was sind Redoxreaktionen?

6

Vom Geben und Nehmen

Batterien und Akkus werden für die unterschiedlichsten Sachen im Alltag genutzt. Zum Beispiel in Fernbedienungen oder Elektroautos. Im Gegensatz zu Batterien, lassen sich Akkus wieder aufladen. Dies ist durch chemische Prozesse möglich.

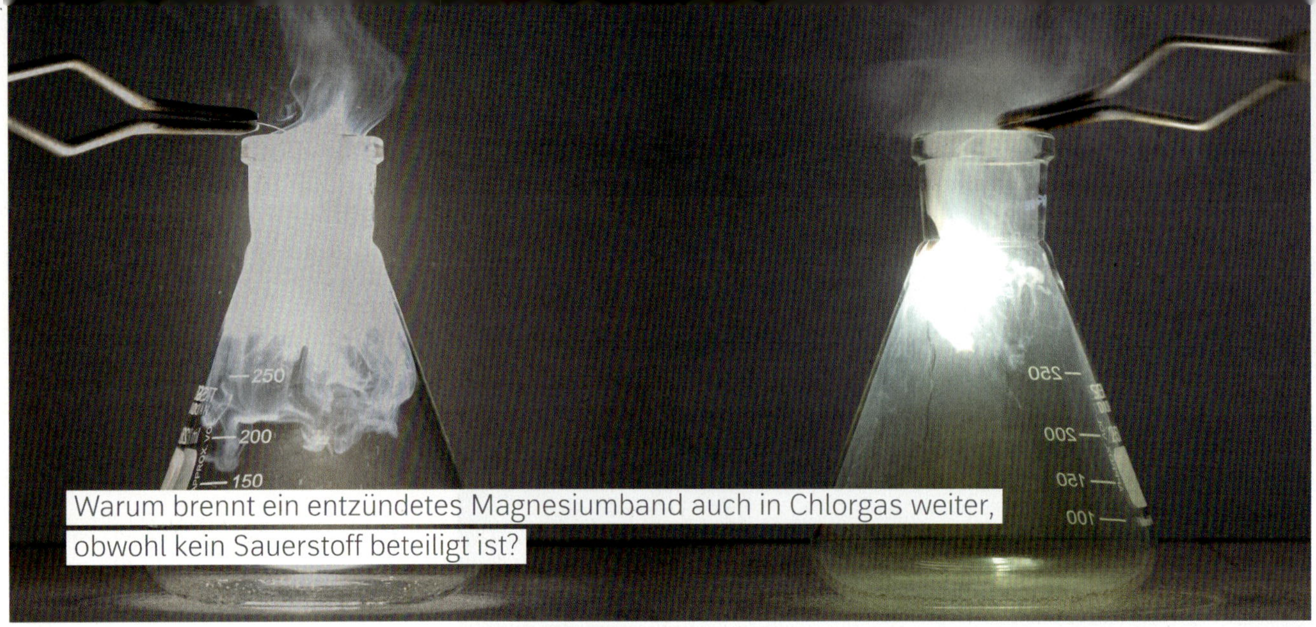

1 Reaktion von Magnesium in Sauerstoff (links) und in Chlorgas (rechts)

Redoxreaktion

Verbrennung von Magnesium

Entzündetes Magnesium verbrennt im reinen Sauerstoff mit heller Flamme. Bei der Reaktion entsteht ein weißes Pulver, Magnesiumoxid. Das Magnesium wird oxidiert. Hält man ein brennendes Stück Magnesium in einen mit Chlor gefüllten Erlenmeyerkolben, brennt das Magnesium ebenfalls mit heller Flamme. Es entsteht auch ein weißer Feststoff, Magnesiumchlorid. Obwohl kein Sauerstoff beteiligt ist, bezeichnet man diese Reaktion auch als **Oxidation**.

Oxidation ist Elektronenabgabe

Bei beiden Reaktionen geben die Magnesium-Atome ihre Außenelektronen ab und erreichen den Edelgaszustand. Es entstehen positive Magnesium-Ionen.

Elektronenabgabe (Oxidation):

$Mg \rightarrow Mg^{2+} + 2e^-$

Auch andere Metalle geben bei der Reaktion mit Sauerstoff oder anderen Reaktionspartnern Elektronen ab. Oxidation ist die Abgabe von Elektronen.

Reduktion ist Elektronenaufnahme

Bei den Reaktionen in Bild 1 werden die vom Magnesium abgegeben Elektronen von den Sauerstoff- oder Chlor-Atomen aufgenommen. Es entstehen negativ geladene Sauerstoff- und Chlorid-Ionen. Die Aufnahme von Elektronen heißt **Reduktion**. Bei der Reduktion von Chlor gilt:

$Cl_2 + 2e^- \rightarrow 2\ Cl^-$

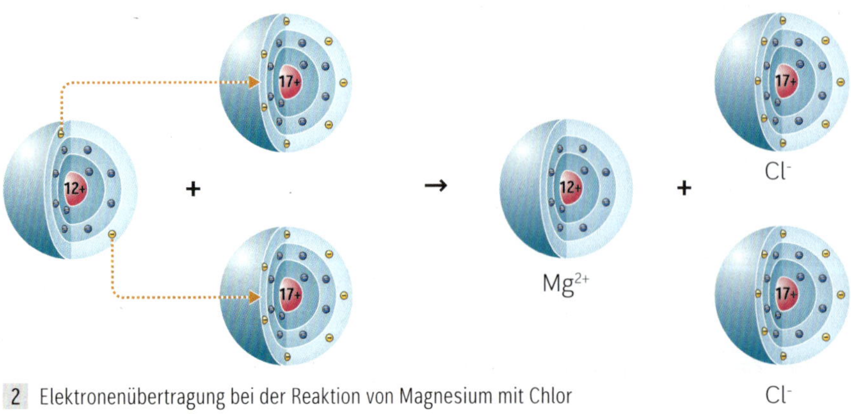

2 Elektronenübertragung bei der Reaktion von Magnesium mit Chlor

Redoxreaktion

Bei der Reaktion von Magnesium mit Sauerstoff oder bei der Reaktion von Magnesium und Chlor wird ein Reaktionspartner oxidiert, der andere Reaktionspartner reduziert. Dabei werden Elektronen übertragen. Man spricht auch von Elektronenübertragungsreaktion. Bei dieser Reaktion laufen Oxidation und Reduktion gleichzeitig ab. Deswegen bezeichnet man diese Reaktion auch als **Redoxreaktion**. Die Reaktionsgleichung für die Redoxreaktion erhält man, indem man die Vorgänge der Oxidation und Reduktion als Teilgleichungen betrachtet. Man muss darauf achten, dass die Anzahl der abgegebenen Elektronen der Anzahl der aufgenommenen Elektronen entspricht.

Oxidation (Elektronenabgabe):
$Mg \rightarrow Mg^{2+} + 2e^-$
Reduktion (Elektronenaufnahme):
$Cl_2 + 2e^- \rightarrow 2\ Cl^-$
Redoxreaktion: $Mg + Cl_2 \rightarrow MgCl_2$

Donator-Akzeptor-Prinzip

Teilchen, die Elektronen abgeben, bezeichnet man als **Elektronendonator** (lat. donare=geben). Nimmt ein Teilchen Elektronen auf, bezeichnet man es als **Elektronenakzeptor** (lat. accipere = empfangen). Bei einer Redoxreaktion werden Elektronen vom Elektronendonator auf den Elektronenakzeptor übertragen. Dabei entspricht die Anzahl der abgegebenen Elektronen immer der Zahl der aufgenommenen Elektronen. Die Übertragung eines Elektrons zwischen verschiedenen Teilchen verläuft nach dem Grundsatz des **Donator-Akzeptor-Prinzips**. ▶

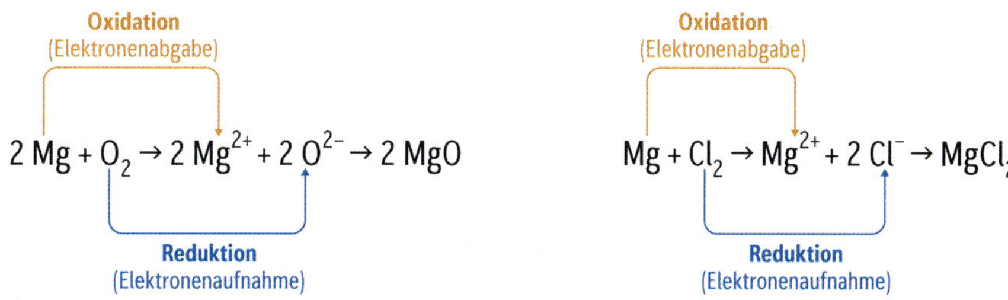

3 Redoxreaktionen

Material mit Aufgaben

M1 Schema einer Redoxreaktion

1. Erkläre mithilfe der Schemazeichnung die Begriffe Oxidation, Reduktion und Redoxreaktion.
2. Beschreibe mithilfe der Schemazeichnung das Donator-Akzeptor-Prinzip. ⊞
3. Begründe, dass folgende Reaktionen Redoxreaktionen sind. Formuliere Teilgleichungen:
   a Natrium reagiert mit Fluor.
   $2\ Na + F_2 \rightarrow 2\ NaF$
   b Lithium reagiert mit Sauerstoff.
   $4\ Li + O_2 \rightarrow 2\ LiO.$

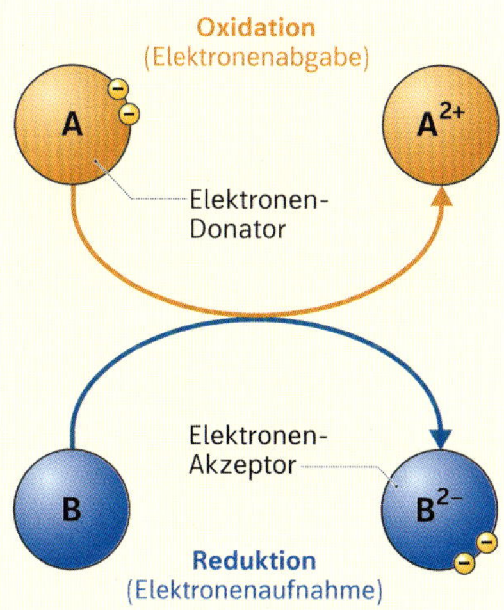

M2 Reaktion von Magnesium und Chlor im Energieniveaumodell

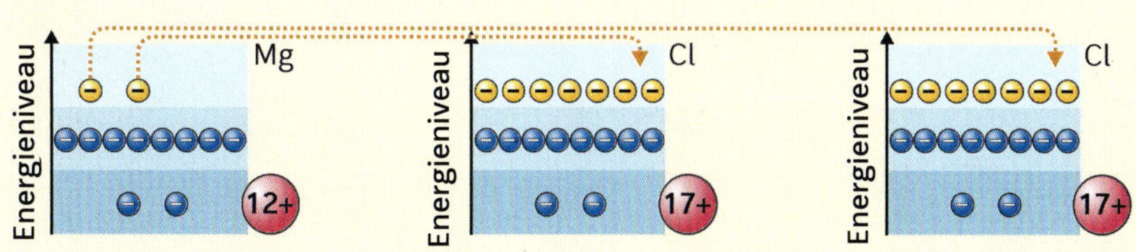

1. Beschreibe die chemische Reaktion von Magnesium mit Chlor im Energieniveaumodell. ⊞
2. Stelle die Reaktion von $2\ Na + F_2 \rightarrow 2NaF$ im Energieniveaumodell dar.

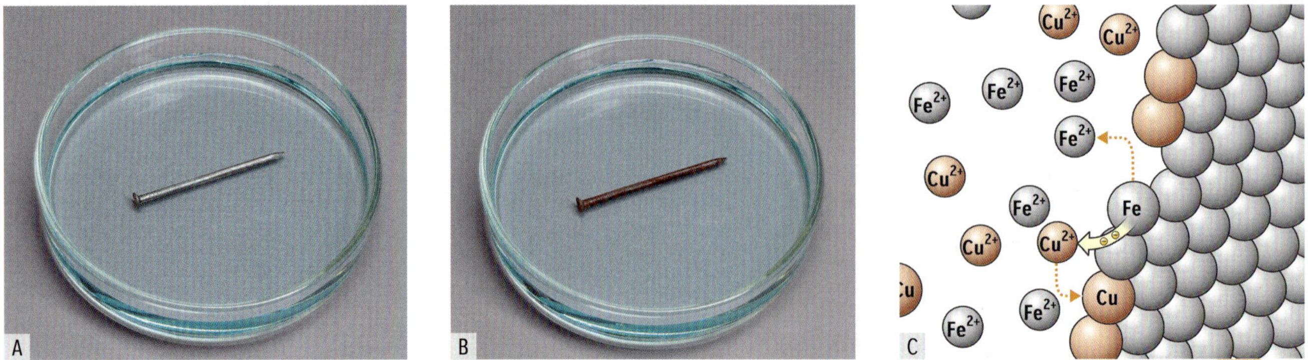

4 Eisennagel in Kupfersulfat-Lösung: **A** Beginn der Reaktion, **B** nach einiger Zeit, **C** im Modell

Redoxreaktion zwischen Metallen

Taucht man einen metallischen Eisennagel in eine Kupfersulfat-Lösung mit gelösten Kupfer-Ionen, überzieht sich der Nagel langsam mit einer metallischen Kupferschicht. Eisen gibt Elektronen ab, weil es unedler als Kupfer ist. Die Eisen-Atome werden zu Eisen-Ionen oxidiert.
Kupfer ist edler als Eisen. Die Kupfer-Ionen in der Kupfersulfat-Lösung nehmen die Elektronen auf. Sie werden zu Kupfer-Atomen reduziert.

Oxidation: $Fe \rightarrow Fe^{2+} + 2e^-$
Reduktion: $Cu^{2+} + 2e^- \rightarrow Cu$
Redoxreaktion: $Fe + Cu^{2+} \rightarrow Fe^{2+} + Cu$

Ein Draht aus Kupfer wird in eine farblose Silbernitrat-Lösung gegeben. Nach einiger Zeit bildet sich auf dem Kupfer ein feinverteilter, silbriger Belag. Die Lösung färbt sich mit der Zeit bläulich. Kupfer ist unedler als Silber. Die Kupferatome geben Elektronen ab und werden zu Kuper-Ionen oxidiert. Die Silber-Ionen in der Lösung nehmen die Elektronen auf und werden zu Silber-Atomen reduziert. Auch hier findet eine Redoxreaktion zwischen Metallen statt.

Oxidation: $Cu \rightarrow Cu^{2+} + 2e^-$
Reduktion: $2\ Ag^+ + 2e^- \rightarrow 2\ Ag$
Redoxreaktion: $Cu + 2\ Ag^+ \rightarrow Cu^{2+} + 2\ Ag$

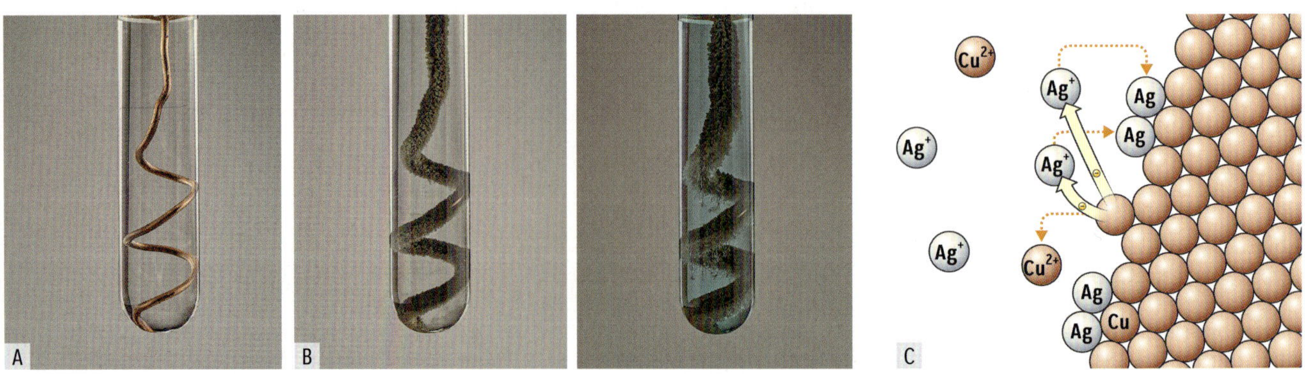

5 Kupferdraht in Silbernitrat-Lösung: **A** Beginn der Reaktion, **B** nach einiger Zeit, **C** im Modell

Redoxreihe

Metalle und ihre Metall-Ionen lassen sich nach ihrem Bestreben, Elektronen aufzunehmen und abzugeben, ordnen. Diese Ordnung lässt sich mithilfe der **Redoxreihe** darstellen. Je weiter links ein Metall in der Redoxreihe steht, desto unedler ist es. Aus der Redoxreihe lässt sich entnehmen, welches Metall ein größeres Bestreben hat, Elektronen abzugeben. Aus der Redoxreihe kann man auch entnehmen, welches Metall-Ion ein größeres Bestreben hat, Elektronen aufzunehmen. Metalle, die weiter links stehen, reagieren mit Metall-Ionen, die weiter rechts von ihnen stehen. ■

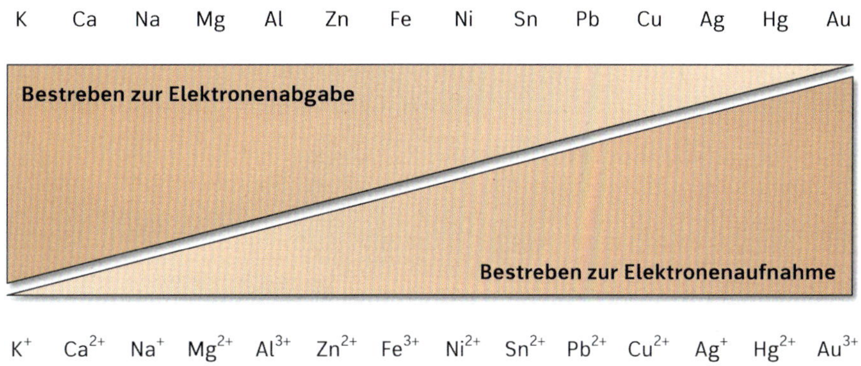

6 Redoxreihe der Metalle (Metalle oben, Metall-Ionen unten)

F

Material mit Aufgaben

M3 Konkurrenz um Elektronen

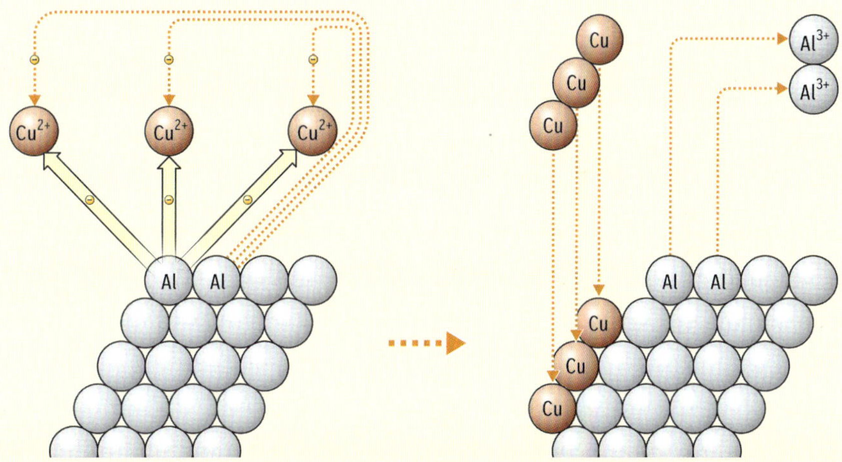

Ein Aluminiumstab wurde in eine Kupferchlorid-Lösung ($CuCl_2$) getaucht.

1. Beschreibe die Versuchsbeobachtungen.
2. Erkläre die Versuchsbeobachtungen mithilfe der Schemazeichnungen.
3. Stelle die Teilgleichungen für die Oxidation und Reduktion auf. Entwickle die Reaktionsgleichung für die Redoxreaktion.
4. Wähle eine der Aufgaben aus:

a Erkläre mithilfe der Redoxreihe, warum der eine Reaktionspartner Elektronen abgibt und der andere aufnimmt.

b Stelle Vermutungen über das Versuchsergebnis an, wenn man einen Kupferstab in eine Lösung mit Aluminiumchlorid gibt.

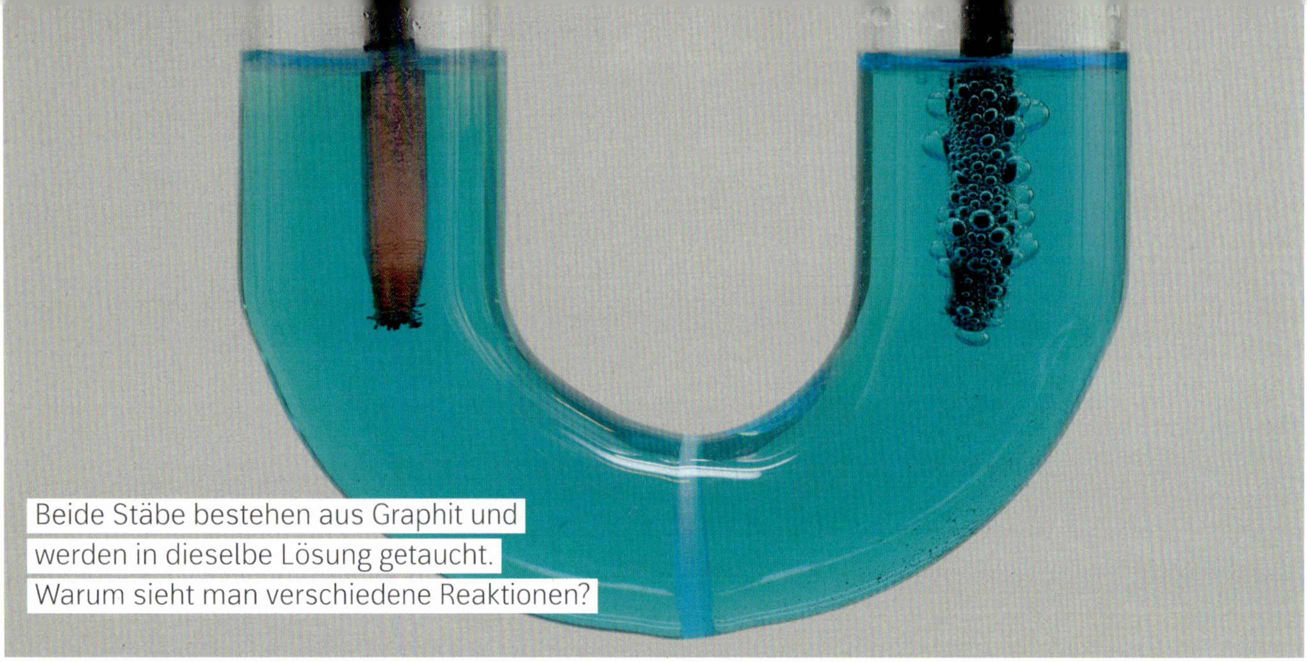

1 Elektrolyse einer Kupferchlorid-Lösung

Elektrolyse

Elektrolyse

Kupferchlorid ist ein Salz und löst sich in Wasser. In eine Kupferchlorid-Lösung werden zwei Graphitstäbe getaucht. Die Graphitstäbe werden mit den Polen einer Gleichspannungsquelle verbunden. Der Minuspol, die **Kathode**, wird mit der Zeit mit Kupfer überzogen. Durch den angeschlossenen elektrischen Strom wird das Kupferchlorid der Lösung in die Elemente Kupfer und Chlor zerlegt. Am Pluspol, der **Anode**, entstehen kleine Gasbläschen. Es handelt sich dabei um Chlorgas. Da diese chemische Reaktion durch den Strom ermöglicht wurde, spricht man von **Elektrolyse**. Die Graphitstäbe nennt man Elektroden.

Gleichspannung: Im Gegensatz zur Wechselspannung bleiben die Pole bei der Gleichspannung konstant. Der elektrische Strom hat immer die gleiche Flussrichtung.

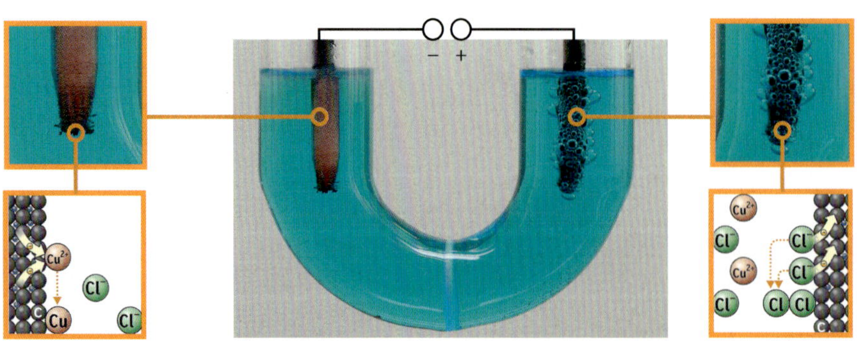

2 Elektrolyse einer Kupferchlorid-Lösung

Vorgänge an den Elektroden

In Salzlösungen sind die elektrisch geladenen Ionen beweglich. Solche leitfähigen Flüssigkeiten bezeichnet man als **Elektrolyte**. Die Kupferchlorid-Lösung enthält Cu^{2+}-Ionen und doppelt so viele Cl^--Ionen. Wird an den Elektroden Gleichspannung angelegt, ist die Elektrode am Pluspol positiv geladen. Es liegt dort ein Mangel an Elektronen vor. Die negativ geladenen Cl^--Ionen im Elektrolyt werden vom Pluspol angezogen. Dort gibt jedes Cl^--Ion ein Elektron ab. Jedes Chlorid-Ion wird oxidiert und wird so zum Chlor-Atom. Am Pluspol entsteht gasförmiges Chlor.

$$2\,Cl^- \rightarrow Cl_2 + 2e^-$$

Der Graphitstab am Minuspol hat einen Überschuss an Elektronen und ist daher negativ geladen. Die positiv geladenen Cu^{2+}-Ionen werden vom ihm angezogen. Dort nimmt jedes Cu^{2+}-Ion zwei Elektronen auf. Die Cu^{2+}-Ionen werden dann zu Kupfer-Atomen reduziert. Daher wird die Elektrode am Minuspol mit Kupfer überzogen.

$Cu^{2+} + 2e^{-} \rightarrow Cu$

Für die Gesamtreaktion der Elektrolyse ergibt sich folgende Reaktionsgleichung:

$CuCl_2 \rightarrow Cu + Cl_2$

Energieumwandlungen

Damit die Elektrolyse abläuft, muss ständig Energie zugeführt werden. Die notwendige Energie für die chemische Reaktion liefert die Spannungsquelle. Die elektrische Energie wird bei der Elektrolyse in chemische Energie umgewandelt, die in den Reaktionsprodukten Kupfer und Chlor gespeichert wird. Die nicht genutzte Energie wird während der Reaktion in Wärme umgewandelt und an die Umgebung abgegeben.

A Beschreibe den Versuchsaufbau der Elektrolyse von Kupferchlorid-Lösung.

Material mit Aufgaben

M1 Elektrolyse von Zinkiodid-Lösung

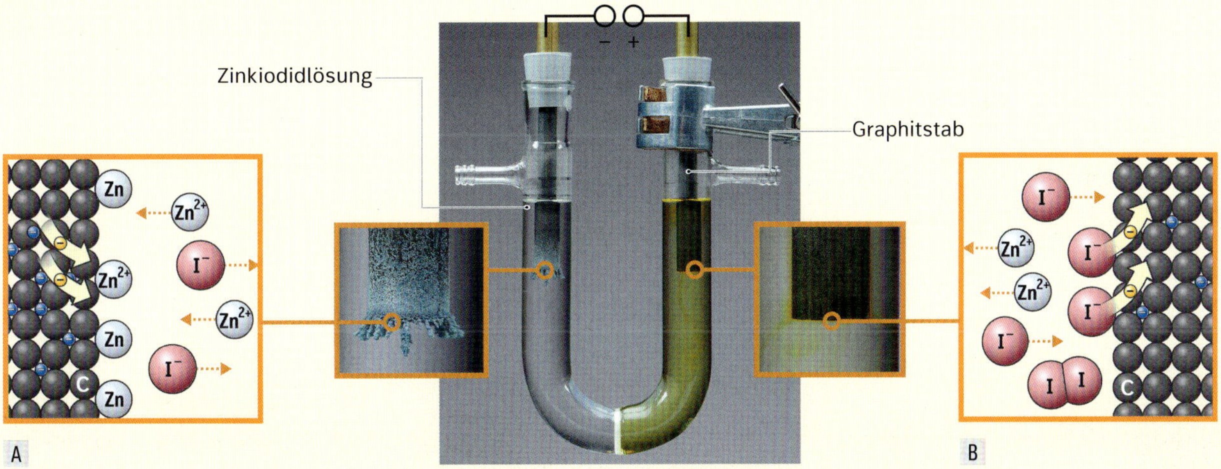

1. Beschreibe den gezeigten Versuchsaufbau.
2. Ordne den beiden Polen die Begriffe Kathode und Anode zu.
3. Ordne den Teilbildern die Begriffe Oxidation und Reduktion zu. Begründe deine Zuordnungen.
4. Wähle eine der Aufgaben aus:
   a Gib die beiden Teilgleichungen für jede Reaktion in A und B an. Erstelle eine Gesamtgleichung für die Elektrolyse.
   b Erkläre, warum man diese Reaktion als Elektrolyse bezeichnet.
5. Bei einer Elektrolyse wird Energie umgewandelt. Erläutere die Energieumwandlungen bei der Elektrolyse einer Zinkiodid-Lösung.

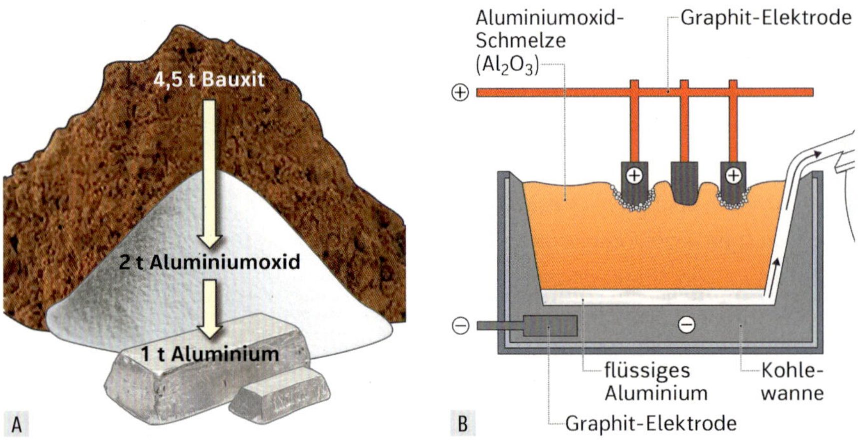

3 Schmelzflusselektrolyse von Aluminium: **A** Vom Bauxit zum Aluminium, **B** Schmelzflusselektrolyse

Gewinnung von Aluminium

Aluminium ist ein vielseitig einsetzbares Metall. Es wird zum Beispiel in Flugzeugen verwendet, weil es sehr leicht ist. Viele Kochtöpfe bestehen aus Aluminium, weil es gut Wärme leitet. Als Aluminiumfolie ist Aluminium ein häufig verwendetes Verpackungsmaterial. Aluminium ist verformbar. Reines Aluminium wird in Aluminiumwerken aus dem Mineral Bauxit gewonnen. Bauxit enthält jedoch Verunreinigungen, die zunächst entfernt werden müssen. Die Verunreinigungen werden abgetrennt, sodass Aluminiumoxid, Al_2O_3, übrigbleibt. Das Aluminiumoxid wird in eine mit Kohle ausgekleidete Stahlwanne gefüllt, die am Minuspol angeschlossen ist. In die Aluminiumoxid-Schmelze tauchen Elektroden aus kohlenstoffhaltigem Graphit. Dem Aluminiumoxid werden Stoffe zugesetzt. Die zugesetzten Stoffe senken den 2000 °C hohen Schmelzpunkt des Oxids auf 950 °C. Durch die Schmelzfluss-Elektrolyse wird das Aluminiumoxid in seine Bestandteile zerlegt. So kann flüssiges Aluminium gewonnen werden, das sich am Boden der Wanne sammelt und abgelassen wird. Für die Herstellung einer Tonne Aluminium sind 14000 kWh elektrische Energie nötig.

Chemische Prozesse

Durch das Schmelzen des Aluminiumoxids können sich die Ionen frei bewegen. Die Aluminium-Ionen, Al^{3+}, nehmen am Minuspol Elektronen auf. Sie werden zu Aluminium-Atomen reduziert. Dadurch sammelt sich flüssiges Aluminium in der Wanne. Die Sauerstoff-Ionen, O^{2-}, geben Elektronen am Pluspol ab und werden zu Sauerstoff-Atomen oxidiert. Diese verbinden sich zu Sauerstoff-Molekülen. Der Sauerstoff reagiert mit dem Kohlenstoff am Pluspol zu Kohlenstoffdioxid.

B Erkläre, warum man mit dem Wertstoff Aluminium sparsam umgehen sollte.

Material mit Aufgaben

M2 Schmelzflusselektrolyse von Natriumchlorid

1. Beschreibe den Aufbau der Anlage zur Herstellung von Chlor und Natrium.
2. Nenne Edukt und Produkte der chemischen Reaktion in der Anlage.
3. Beschreibe die Vorgänge bei der Schmelzflusselektrolyse von NaCl.
4. Erstelle die Teilgleichungen für die Vorgänge an den jeweiligen Elektroden.

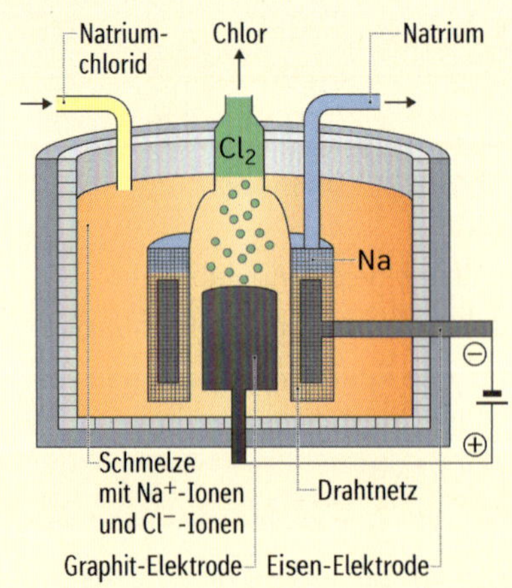

4 Versilberte Gegenstände

5 Verkupferte Gegenstände

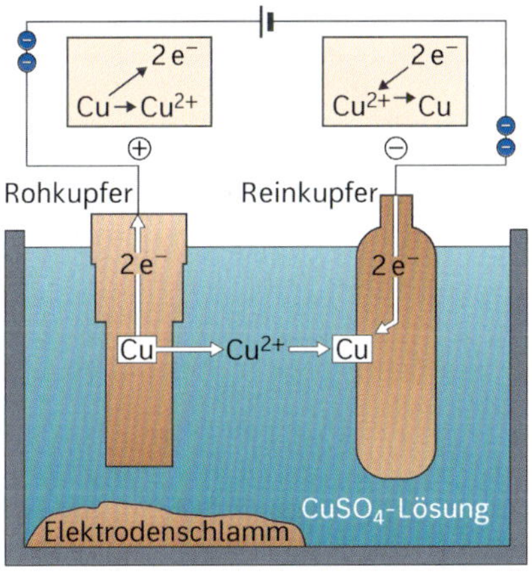

6 Vorgänge bei der Verkupferung

Schutz durch Galvanisieren

Zum Schutz oder zur Verschönerung sind viele Gegenstände mit einer dünnen Metallschicht überzogen. So wird zum Beispiel Modeschmuck versilbert oder Armaturen im Bad glänzen nur deshalb, weil sie mit einer dünnen Schicht des Metalls Chrom überzogen worden sind. Die 1, 2 und 5 Cent-Münzen sind aus Eisen und mit einer rötlich glänzenden Kupferschicht überzogen. Das Verfahren, Gegenstände mithilfe von elektrischem Strom mit einer metallischen Schicht zu überziehen, nennt man **Galvanisation**. Die galvanische Beschichtung dient meist dem Schutz der Gegenstände vor Korrosion oder macht die Oberfläche widerstandsfähiger gegenüber Umwelteinflüssen.

Galvanisationsprozess

Beim Galvanisationsprozess des Verkupferns wird durch die Zufuhr von elektrischem Strom ein Kupferstab zum Pluspol. Der elektrische Strom bewirkt, dass Kupferatome Elektronen abgeben. Sie oxidieren so zu Kupferionen. Diese lösen sich und wandern durch den Elektrolyten zum Minuspol. Am Minuspol nehmen die Kupferionen Elektronen auf und werden zu Kupferatomen reduziert. Als metallische Kupferschicht lagern sie sich am Minuspol ab und beschichten den Gegenstand. Im Verlauf des Galvanisierens löst sich der Kupferstab am Pluspol auf. ■

Material mit Aufgaben

M3 Versilbern

1. Nenne Einsatzmöglichkeiten des Galvanisierens.
2. Beschreibe den dargestellten Aufbau.
3. Bestimme die beiden Pole im Versuchsaufbau. ⊞
4. Erkläre, warum der Gegenstand von elementarem Silber überzogen wird.

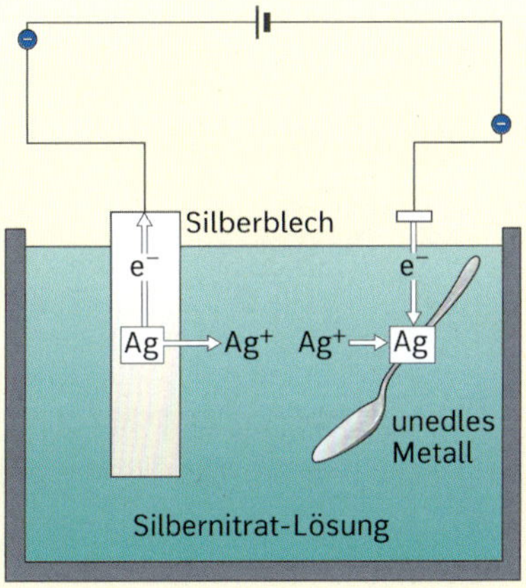

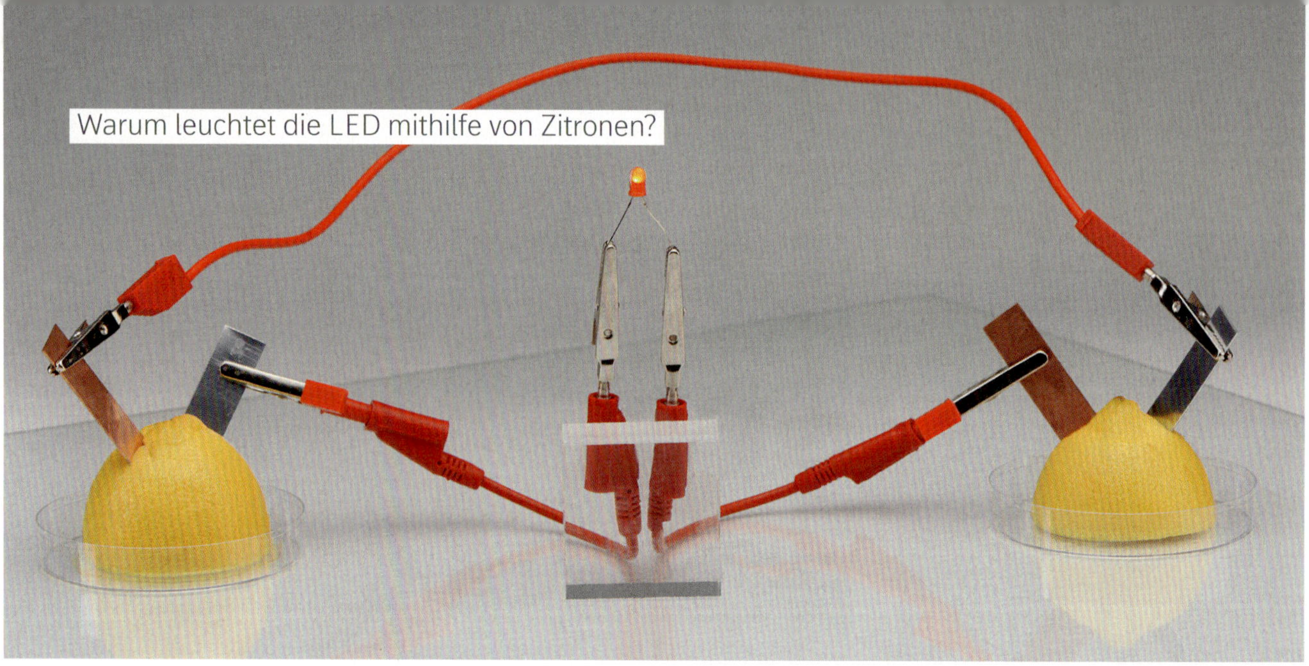

1 Eine Zitronenbatterie

Galvanisches Element

Material mit Aufgaben

M1 Zitronenbatterie

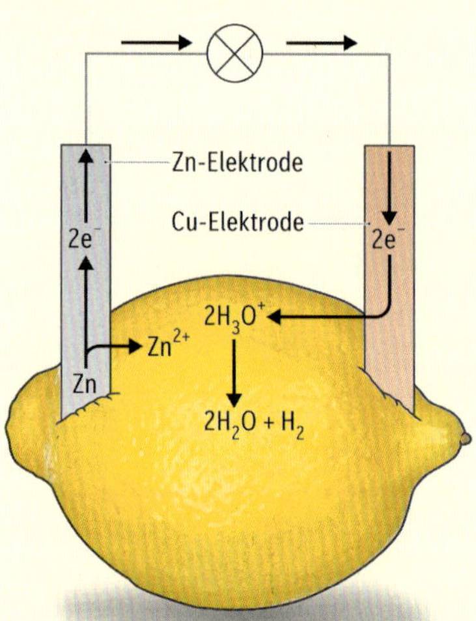

1. Beschreibe die Vorgänge an den Elektroden in der Zitrone.
2. Erkläre, warum es zu einem elektrischen Stromfluss kommt.

Zitronenbatterie

Für eine Zitronenbatterie werden in Zitronen ein Zink- und ein Kupferblech gesteckt. Über Kabel werden die Zitronen mit einer LED verbunden, die zu leuchten beginnt. Der Zitronensaft ist durch die Zitronensäure elektrisch leitfähig. Die beiden Bleche tauchen als **Elektroden** in die Lösung ein. An den Elektroden laufen Reaktionen ab. Zink ist unedler als Kupfer. Daher gibt Zink Elektronen ab und wird oxidiert. Zink-Ionen gehen in Lösung. Die abgegebenen Elektronen gehen über das Kabel zum Kupfer. Zwischen den Elektroden entsteht eine Spannung. An der Kupferelektrode reduzieren die Elektronen die H_3O^+-Ionen zu Wasser und Wasserstoff.

Daniell-Element

Mit einem anderen Versuchsaufbau lassen sich höhere Spannungen erzielen. Beim **Daniell-Element** werden zwei verschiedene Elektroden genutzt. In einer Kupfersulfat-Lösung steckt eine Kupfer-Elektrode, in einer Zinksulfat-Lösung eine Zink-Elektrode. Die beiden Bereiche sind durch eine dünne, löchrige Wand getrennt. Dieses **Diaphragma** trennt den Aufbau in zwei Halbzellen. Werden die Elektroden mit einem elektrischen Leiter verbunden, fließt Strom. Einen solchen Aufbau bezeichnet man als **galvanisches Element**. Dieses besteht aus unterschiedlichen Metallen mit Lösungen ihrer Metallsalze.

Vorgänge an der Zink-Elektrode

Die unedleren Zink-Atome geben leichter Elektronen ab als die edleren Kupfer-Atome. Die Zink-Atome werden zu Zn^{2+}-Ionen oxidiert und gehen in Lösung.

$$Zn \rightarrow Zn^{2+} + 2e^-$$

Die Elektronen bleiben im Metall zurück. Die Zink-Elektrode wird zum Minuspol.

Vorgänge an der Kupfer-Elektrode

Die Elektronen gelangen über Kabel zur Kupferelektrode. Die Kupfer-Ionen der Kupfersulfat-Lösung nehmen je zwei Elektronen auf. Sie werden zu Kupfer-Atomen reduziert und lagern sich an der Kupferelektrode ab. Da an der Elektrode ständig Elektronen abgegeben werden, wird die Kupferelektrode zum Pluspol.

Elektronenübertragung

Bei einem Daniell-Element laufen Oxidation und Reduktion in getrennten Halbzellen ab.

Oxidation am Minuspol:
$Zn \rightarrow Zn^{2+} + 2e^-$

Reduktion am Pluspol:
$Cu^{2+} + 2e^- \rightarrow Cu$

Redox-Reaktion:
$Zn + Cu^{2+} \rightarrow Zn^{2+} + Cu$

Ladungsausgleich

Bei galvanischen Elementen bildet das edlere Metall den Pluspol, das unedlere Metall den Minuspol. Werden die Pole über einen Leiter verbunden, fließen Elektronen vom Minuspol zum Pluspol. An der Zink-Elektrode erhöht sich die Zahl der Zink-Ionen in der Lösung. An der Kupfer-Elektrode werden die Kupfer-Ionen in der Lösung weniger. Daher wandern zum Ladungsausgleich negativ geladene Sulfat-Ionen durch das Diaphragma von der Kupfer-Halbzelle in die Zink-Halbzelle. Durch den Ionenfluss wird der Stromkreis geschlossen. Die chemische Energie in den Edukten wird in elektrische Energie umgewandelt. Dieser Vorgang ist umkehrbar: Wird Spannung angelegt, wandeln sich die Produkte wieder in ihre Edukte zurück.

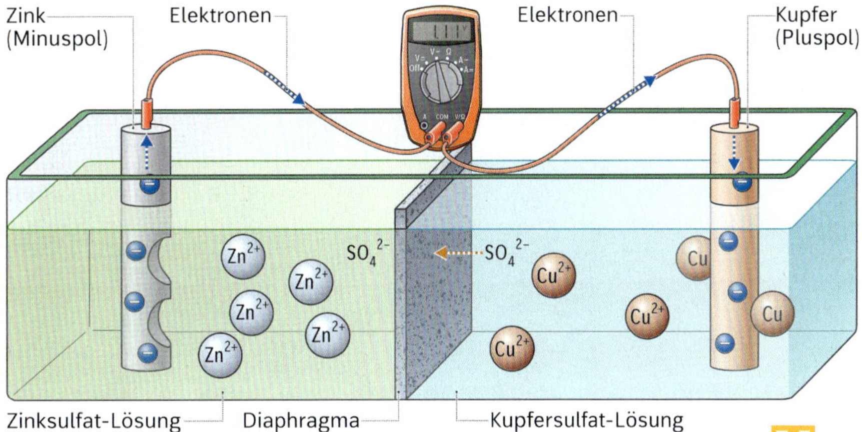

2 Aufbau eines Galvanischen Elements

Material mit Aufgaben

M2 Galvanisches Element

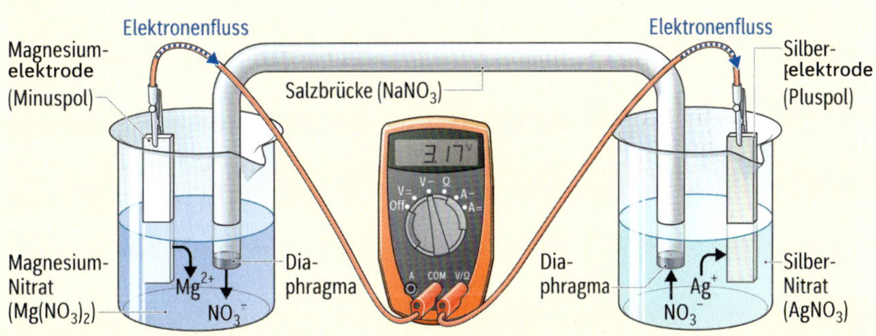

Im Labor werden oft galvanische Elemente mithilfe von „Salzbrücken“ gebaut. Sie dient als ionenleitende Verbindung zweier Elektrolyt-Lösungen.

1. Beschreibe den Versuch.
2. Stelle die Teilgleichungen an den Elektroden und eine Gesamtgleichung auf.
3. Erläutere die Funktion der „Salzbrücke“ im Versuchsaufbau.
4. Stelle mithilfe der Redoxreihe Vermutungen an, warum verschiedene Metalle unterschiedliche Spannungen erzeugen.

1 Batterien

Batterien

Einsatz von Batterien

Batterien werden in elektrische Geräte eingelegt. Es gibt Batterien in unterschiedlichen Größen und mit verschiedenen Spannungen. In Batterien wird elektrische Energie bereitgestellt. Geräte wie Taschenlampen werden häufig mit AA-Batterien betrieben. Das AA kennzeichnet die Größe und Form der Batterie. Kleinere Batterien haben die Bezeichnung AAA.

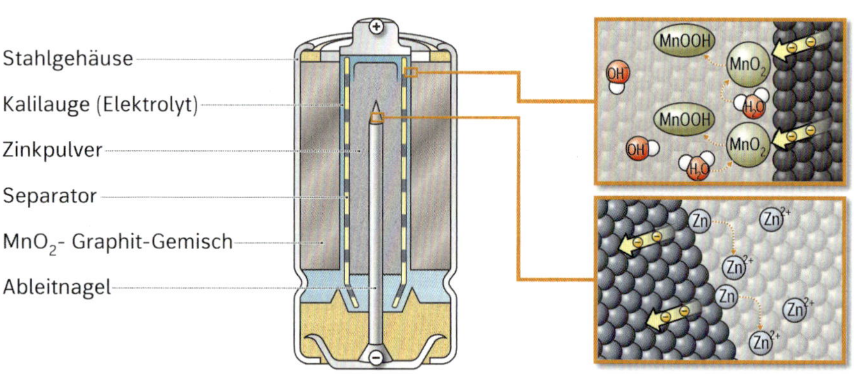

2 Aufbau und Reaktion in einer Alkali-Mangan-Batterie

F

Funktionsweise einer Batterie

Die verschiedenen Batterietypen haben einen ähnlichen Aufbau und ähneln einem **galvanischen Element**. Sie unterscheiden sich in den Stoffen, die als Pluspol, Minuspol und als Elektrolyt verwendet werden. In einer Batterie sind zwei Halbzellen voneinander getrennt. Die Ausgangsstoffe werden mit der Zeit verbraucht. Die chemische Energie der Stoffe wird in elektrische Energie umgewandelt. Ist ein Ausgangsstoff verbraucht, kann die Batterie keine elektrische Energie mehr liefern.

Alkali-Mangan-Batterie

Zu den meistverkauften Batterien zählt die **Alkali-Mangan-Batterie**. Redoxreaktionen im Inneren der Batterie sorgen für eine Spannung von 1,5 V. In einem Stahlgehäuse bildet ein Gemisch aus Mangandioxid, MnO_2, und Graphit den Pluspol. Zinkpulver bildet den Minuspol. Um beide Pole befindet sich Kalilauge

(Kaliumhydroxid-Lösung) als Elektrolyt. Die beiden Pole sind durch ein Kunststofffließ voneinander getrennt. Man spricht von einem **Separator**. Wird die Batterie an ein elektrisches Gerät angeschlossen, geben die Zink-Atome Elektronen ab. Sie werden oxidiert und gelangen als Zn^{2+}-Ionen in den Elektrolyt. Die freiwerdenden Elektronen fließen über den Ableitnagel zur Polkappe, dem Minuspol. Die Elektronen gelangen durch das angeschlossene Gerät zum Pluspol. Die Elektronen werden vom Mangandioxid aufgenommen. Das Mangan im Mangandioxid wird reduziert. Es bildet sich Manganoxidhydroxid.

Oxidation: $Zn \rightarrow Zn^{2+} + 2e^-$
Reduktion: $2\ MnO_2 + 2\ H_2O + 2e^- \rightarrow 2\ MnO(OH) + 2\ OH^-$
Redox-Reaktion: $Zn + 2\ MnO_2 + 2\ H_2O \rightarrow 2\ MnO(OH) + ZnOH_2$

Zink-Silberoxid-Batterie

Häufig werden in Geräten flache Knopfzellen benutzt. Viele dieser Knopfzellen sind **Zink-Silberoxid-Batterien**. Eine Zink-Silberoxid-Batterie besteht aus zwei Halbzellen. In der einen Halbzelle befindet sich Zinkpulver, in der anderen Halbzelle befindet sich Pulver aus Silberoxid. Die Zink-Silberoxid-Batterie ist in ihrem Aufbau ein galvanisches Element. Die beiden Halbzellen sind von einem Diaphragma getrennt.
Das Zinkpulver und das Silberoxid sind mit Kalilauge angefeuchtet, die als Elektrolyt wirkt. Das unedle Zink bildet den Minuspol. Die Zink-Atome werden dort zu Zn^{2+}-Ionen oxidiert. Die frei gewordenen Elektronen gelangen durch den elektrischen Stromkreis zum Pluspol. Dort werden sie von Ag^+-Ionen aufgenommen und zu Silber-Atomen reduziert. ▶

Material mit Aufgaben

M1 Zink-Silberoxid-Batterie

1. Beschreibe den Aufbau der Zink-Silberoxid-Batterie.
2. Erkläre, warum die Zink-Silberoxid-Batterie ein galvanisches Element ist. ⊞
3. Erkläre, wo in der Batterie die Oxidation und wo die Reduktion stattfindet. ⊞
4. Erstelle die Teil- und die Gesamtgleichung der Batterie: $? \rightarrow Zn^{2+} + 2e^-$, $2Ag^+ + Zn \rightarrow ?$
5. Vergleiche das Daniell-Element mit der Zink-Silberoxid-Batterie.

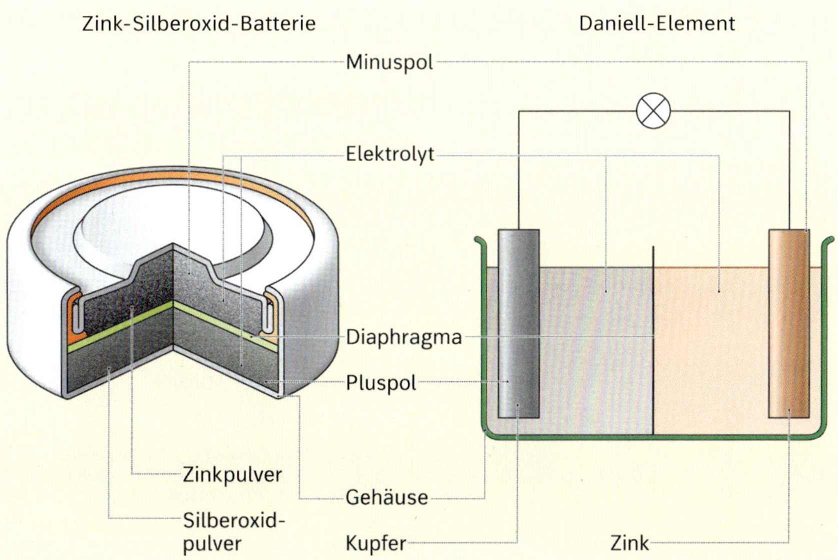

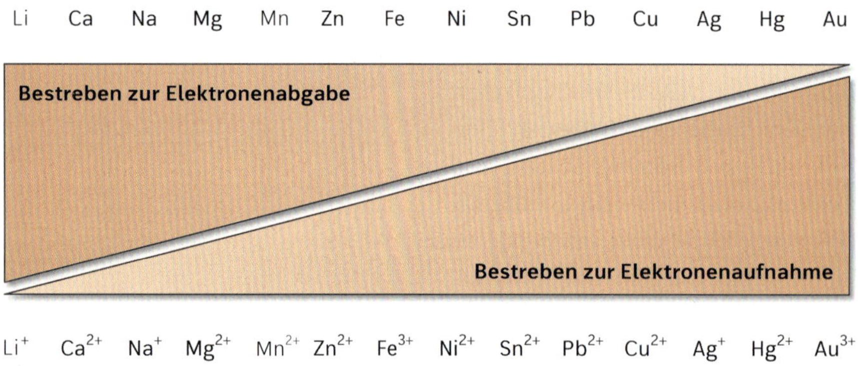

3 Redoxreihe der Metalle (Metalle oben, Metall-Ionen unten)

Spannungen

Je nach Reaktionspartner haben Metalle ein unterschiedliches Bestreben, Elektronen zu übertragen. Je näher zwei Reaktionspartner in der Redoxreihe zusammenstehen, desto geringer ist die Spannung der Batterie. Zum Beispiel ist beim Daniell-Element eine Zinkhalbzelle mit einer Kupferhalbzelle verbunden. Die Zusammensetzung des Elektrolyten spielt dabei keine Rolle.

Material mit Aufgaben

M2 Verschiedene Batterien

Lithiumbatterie

Spannung: 3 V
Minuspol: Lithium
Pluspol: Mangandioxid
Eigenschaften: Hochleistungsbatterie mit dauerhaft konstanter Spannung, lange lagerfähig, teuer
Verwendung: Armbanduhren, Platine im Computer

Zink-Kohle-Batterie

Spannung: 1,5 - 9 V
Minuspol: Zink
Pluspol: Mangandioxid
Eigenschaften: Spannung sinkt beim Entladen relativ schnell, besonders preiswert, wenig auslaufsicher
Verwendung: Taschenlampen, Fernbedienungen

Zink-Silberoxid-Batterie

Spannung: 1,5 V
Minuspol: Zink
Pluspol: Silberoxid
Eigenschaften: Spannung bleibt lange konstant, langlebig, relativ teuer
Verwendung: Herzschrittmacher, Kameras, Armbanduhren

Alkali-Mangan-Batterie

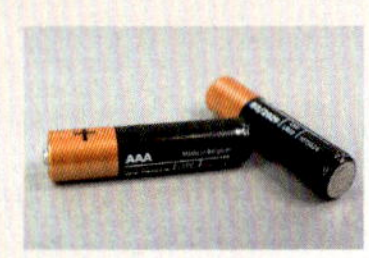

Spannung: 1,5 V
Minuspol: Zink
Pluspol: Mangandioxid und Graphit
Eigenschaften: gute Belastbarkeit, lange Lagerfähigkeit
Verwendung: Uhren, Fernbedienungen, Taschenrechner

1. **I** Beschreibe an zwei Beispielen die unterschiedlichen Einsatzmöglichkeiten der dargestellten Batterien.
2. **III** Erkläre, warum eine Lithiumbatterie eine höhere Spannung erzeugt als eine Alkali-Mangan-Batterie.

4 Sammelbox für Batterien und Akkus

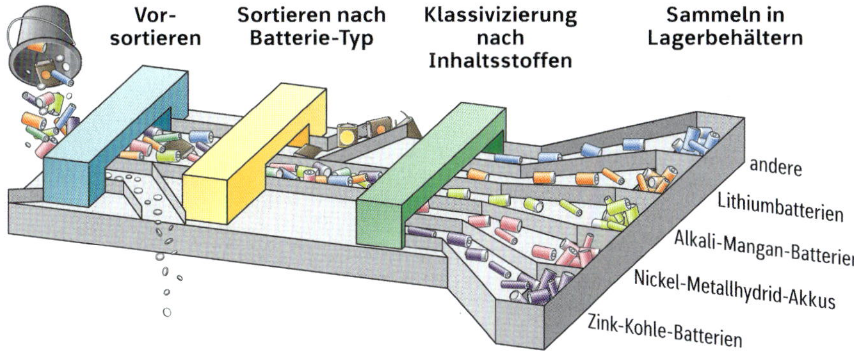

5 Sortieranlage

Wert- und Schadstoffe

Batterien enthalten viele Metalle. Je nach Batterietyp sind Schwermetalle wie Zink verbaut. Gesundheitsschädliche Metalle wie Cadmium oder Quecksilber werden heute nur noch in bestimmten Batterietypen für die Industrie genutzt. Neben Batterien gibt es auch Akkus, die chemische Energie in elektrische Energie umwandeln. Akkus können elektrische Energie wieder in chemische Energie umwandeln und sind daher wiederaufladbar. Jedoch können auch Akkus kaputt gehen. Alte Lithium-Metallhybrid-Akkus oder Lithium-Ionen-Akkus müssen daher auch gesondert gesammelt werden. Verbrauchte Batterien und alte Akkus dürfen daher keinesfalls im normalen Hausmüll entsorgt werden. Sie müssen gesammelt werden, sodass die enthaltenen Wertstoffe recycelt und Schadstoffe entsorgt werden können.

Recycling von Batterien

Hersteller von Batterien sind in Deutschland seit 2009 verpflichtet, verbrauchte Batterien zurückzunehmen und wieder zu verwerten. In vielen Geschäften können Altbatterien und Altakkus kostenlos und ohne vorheriges Sortieren in grüne Sammelboxen gegeben werden. In Sortieranlagen werden die Batterien und Akkus nach Größe und nach Inhaltsstoffen mithilfe von UV- und Röntgensensoren getrennt. Anschließend werden die Batterien und Akkus je nach Typ unterschiedlich aufbereitet, Wertstoffe recycelt und Schadstoffe sachgerecht entsorgt.

Material mit Aufgaben

M3 Batterien recyceln

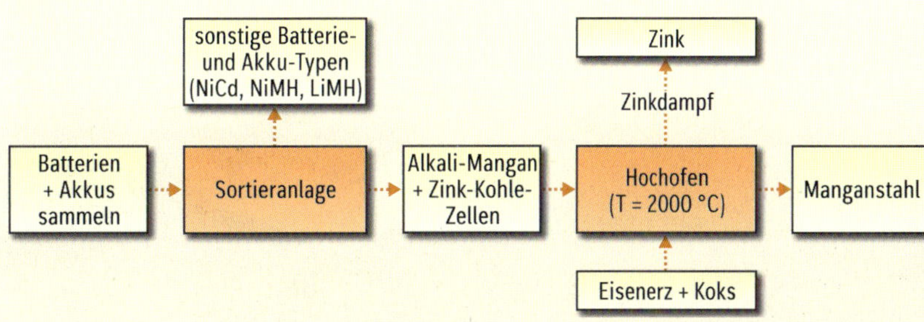

1. Beschreibe mithilfe des Schemas das Verfahrensprinzip zum Recycling von Zink-Kohle- und Alkali-Mangan-Batterien.
2. Nenne die Stoffe, die bei den Verfahren zurückgewonnen werden.
3. Begründe, warum Gesetze zur Rückgabe von Batterien und Akkus erlassen wurden.

1 Fahren eines E-Scooters

Akkumulatoren

Einsatz von Akkus

Einfache Batterien haben den Nachteil, dass sie nicht wieder aufladbar sind. In Akkumulatoren, kurz **Akkus**, ist chemische Energie gespeichert. Sie können die gespeicherte chemische Energie in elektrische Energie umwandeln. Durch Anlegen einer äußeren Spannung sind die chemischen Reaktionen in einem Akku umkehrbar. Akkus sind wieder aufladbar.

2 Lithium-Ionen-Akku in einem Smartphone

Lithium-Ionen-Akkus

In vielen Elektrogeräten oder Elektrofahrzeugen sind ein oder mehrere Lithium-Ionen-Akkus eingebaut. Viele E-Scooter nutzen die leistungsstarken Lithium-Ionen-Akkus.

Ein Lithium-Ionen-Akku ist ein wiederaufladbares galvanisches Element. Der Minuspol wird von Kohlenstoff gebildet, den Pluspol bildet ein Metalloxid, wie Cobaltoxid.

Aufladen von Lithium-Ionen-Akkus

Lithium-Ionen-Akkus enthalten kein metallisches Lithium, sondern **Lithium-Ionen**. Als Elektrolyt wird eine Lösung eingesetzt, die Li^+-Ionen enthält. Der Akku besteht aus zwei Halbzellen. In der einen Halbzelle liegen Kohlenstoffschichten, die aus C-Atomen bestehen. Die andere Halbzelle enthält ein Metalloxid, zum Beispiel Cobaltoxid. Die Kohlenstoffschicht bildet den Minuspol. In dieser Schicht liegen zusätzlich Li^+ -Io-

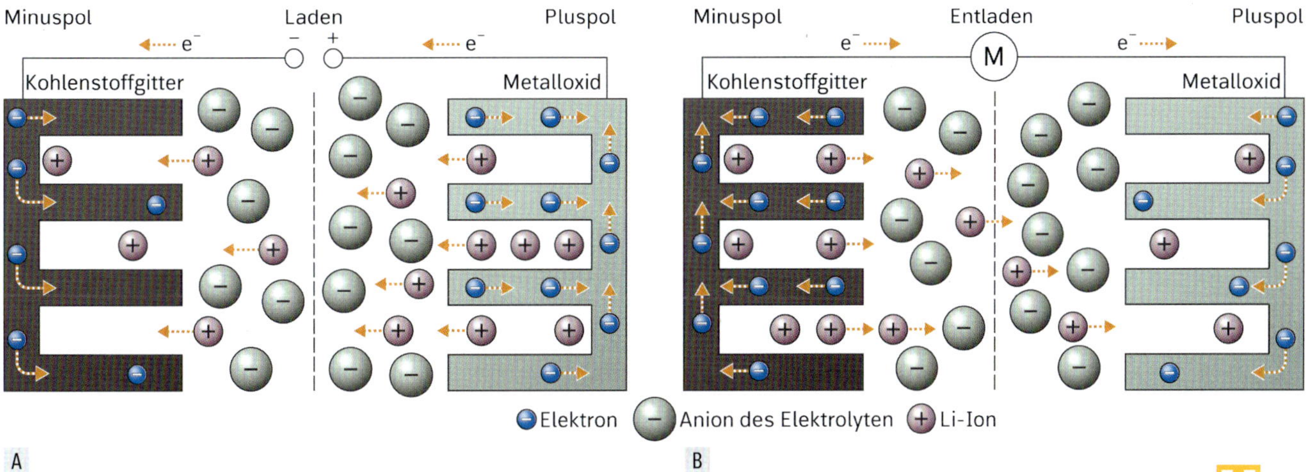

3 Funktionsweise des Lithium-Ionen-Akkus: **A** beim Laden, **B** beim Entladen

nen vor. Für das **Aufladen** eines Akkus wird dieser an eine Spannungsquelle angeschlossen. Die Elektronen bewegen sich durch die angelegte Spannung von der Cobaltoxidschicht zu den Kohlenstoffschichten.
Die Lithium-Ionen bewegen sich aus dem Elektrolyt in die Kohlenstoffschichten und gleichen so die Ladung aus. Die zugeführte elektrische Energie wird dadurch in chemische Energie umgewandelt und gespeichert. Der Akku ist aufgeladen.

Entladen von Lithium-Ionen-Akkus

Beim **Entladen** geben die Kohlenstoffschichten Elektronen ab. Die Elektronen gelangen durch den Stromkreis zum Cobaltoxid, dem Pluspol. Der elektrische Strom fließt. Mit der Zeit entlädt sich der Akku. Die Lithium-Ionen wandern ebenfalls vom Kohlenstoff zur Metallelektrode und lagern sich im Cobaltoxid an. Sie sorgen beim Entladen für den notwendigen Ladungsausgleich. Die Lithium-Ionen sind also nicht direkt bei der Elektronenübertragung beteiligt.

Material mit Aufgaben

F

M1 Autobatterie

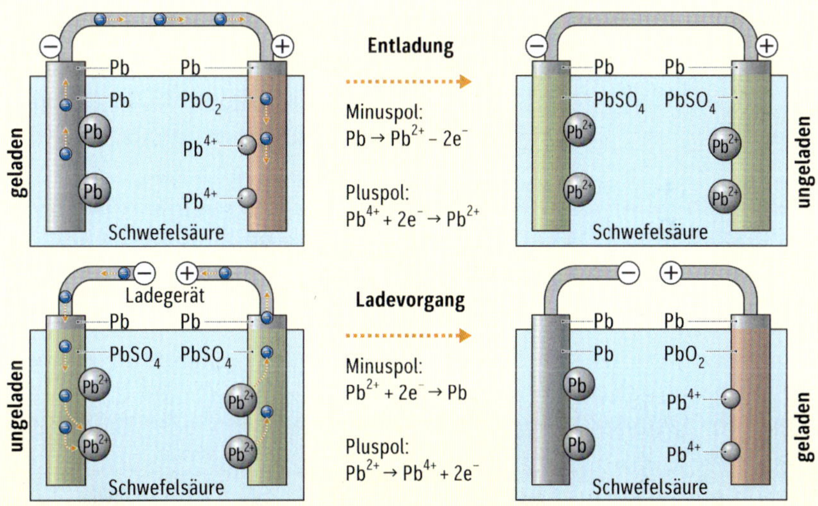

1. Beschreibe den Aufbau der Autobatterie als galvanisches Element.
2. Beschreibe die chemischen Prozesse in der Autobatterie beim Entladen und Aufladen.
3. Erkläre, warum es sich bei der Autobatterie um einen Akkumulator handelt.

1 Reinigung im Bad

Der pH-Wert

Saure Lösungen

Im Haushalt, im Labor und in der Industrie begegnen einem **Säuren**. Beim Reinigen werden oft Essigreiniger verwendet, die Essigsäure enthalten. Kalkreiche Ablagerungen im Waschbecken, der Dusche oder auf Arbeitsflächen lassen sich durch die Essigsäure leichter entfernen. Kaffeemaschinen werden meist mit Reinigungsmitteln gereinigt, die Citronensäure enthalten. Auch viele Früchte enthalten Säuren. Sie geben ihnen den sauren Geschmack. So ist in Zitronen Citronensäure enthalten. Der typisch saure Geschmack von Mineralwasser wird von der Kohlensäure verursacht. Sie entsteht beim Einleiten von Kohlenstoffdioxid in Wasser. Auch Getränke wie Cola enthalten Säuren wie Citronensäure, Kohlensäure oder Phosphorsäure. In allen genannten Beispielen ist eine Säure in Wasser gelöst. Man spricht dann von **sauren Lösungen**.

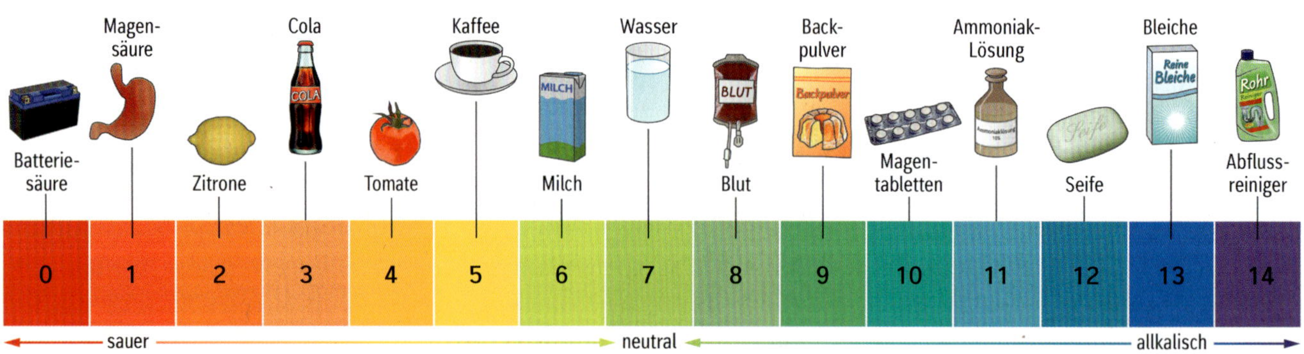

2 pH-Skala des Universalindikators

Alkalische Lösungen

Flüssigkeiten, die leicht seifig schmecken, nennt man **Laugen**. Laugen werden auch als **alkalische Lösungen** bezeichnet. Sie fühlen sich leicht seifig an. Alkalische Lösungen können zum Beispiel fetthaltige Verschmutzungen lösen, indem sie Fett und andere Stoffe zersetzen. Diese Eigenschaften werden bei Seife, Waschpulver, Backofenreiniger oder auch Abflussreiniger genutzt.

pH-Wert

Damit man besser einschätzen kann, wie sauer oder alkalisch eine Flüssigkeit ist, hat man eine Skala entwickelt, die **pH-Skala**. Sie geht von 0 bis 14. Werte unter 7 zeigen eine Säure an. Sehr starke Säuren haben den pH-Wert 0. Werte über 7 zeigen eine alkalische Lösung an. Ein Stoff mit dem pH-Wert von 7 ist weder sauer noch alkalisch. Er ist **neutral**.

Indikatoren

Stoffe, die durch Farbveränderungen saure oder alkalische Lösungen anzeigen, werden **Indikatoren** genannt. Im chemischen Labor sind zum Beispiel Phenolphthalein, Bromthymolblau und Methylorange in Gebrauch. In der Schule wird oft der **Universalindikator** verwendet. Mithilfe des Universalindikators lässt sich mit einer Farbskala feststellen, wie stark sauer oder alkalisch eine Lösung ist. Universalindikatoren gibt es flüssig oder als Papierstreifen.

Umgang mit Säuren und Laugen

Sind saure und alkalische Lösungen stärker konzentriert als in Nahrungsmitteln, können sie den menschlichen Körper schwer schädigen. Selbst ein Hautkontakt kann die Haut auflösen und zu schweren Verätzungen führen. Daher muss man bei der Arbeit sehr sorgsam sein. Säuren und Laugen dürfen niemals in Trinkgefäße abgefüllt werden. Dies könnte zu schlimmen Unfällen führen.

A Beschreibe, wofür Säuren und Laugen verwendet werden.

Material mit Aufgaben

M1 Indikatoren

1. Vergleiche die Indikatoren miteinander.
2. Beschreibe, welcher Indikator sich gut zum Nachweis von Laugen eignet.
3. Vergleiche die abgebildeten Indikatoren mit dem Universalindikator.

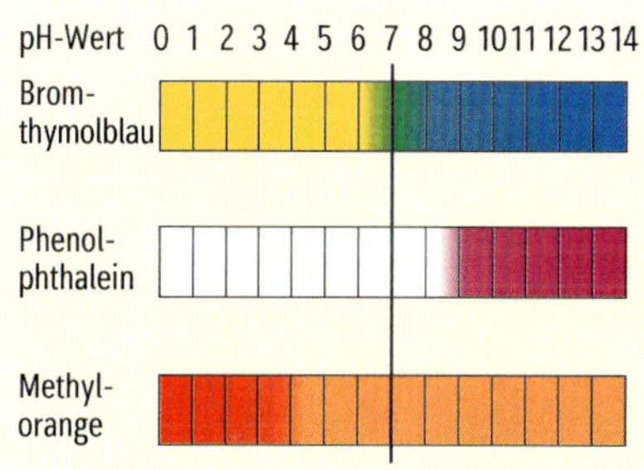

P2 pH-Werte unterscheiden

Material: Schutzbrille, Einmalhandschuhe, Reagenzglasständer, Reagenzgläser, Pipetten, mögliche Stoffe: Salzsäure (1%ig), Schwefelsäure (1%ig), Essig, Kalkwasser, destilliertes Wasser, Salzwasser, Seife, Universalindikator-Lösung

Durchführung: Gib von jeder Flüssigkeit eine kleine Menge in ein Reagenzglas. Füge zu jeder Stoffprobe einige Tropfen Indikator-Lösung hinzu. Schüttele vorsichtig und beobachte.

1. Halte deine Beobachtungen in einer Tabelle fest.
2. Erkläre, worauf man achten muss, wenn man mit Säuren und Laugen experimentiert.

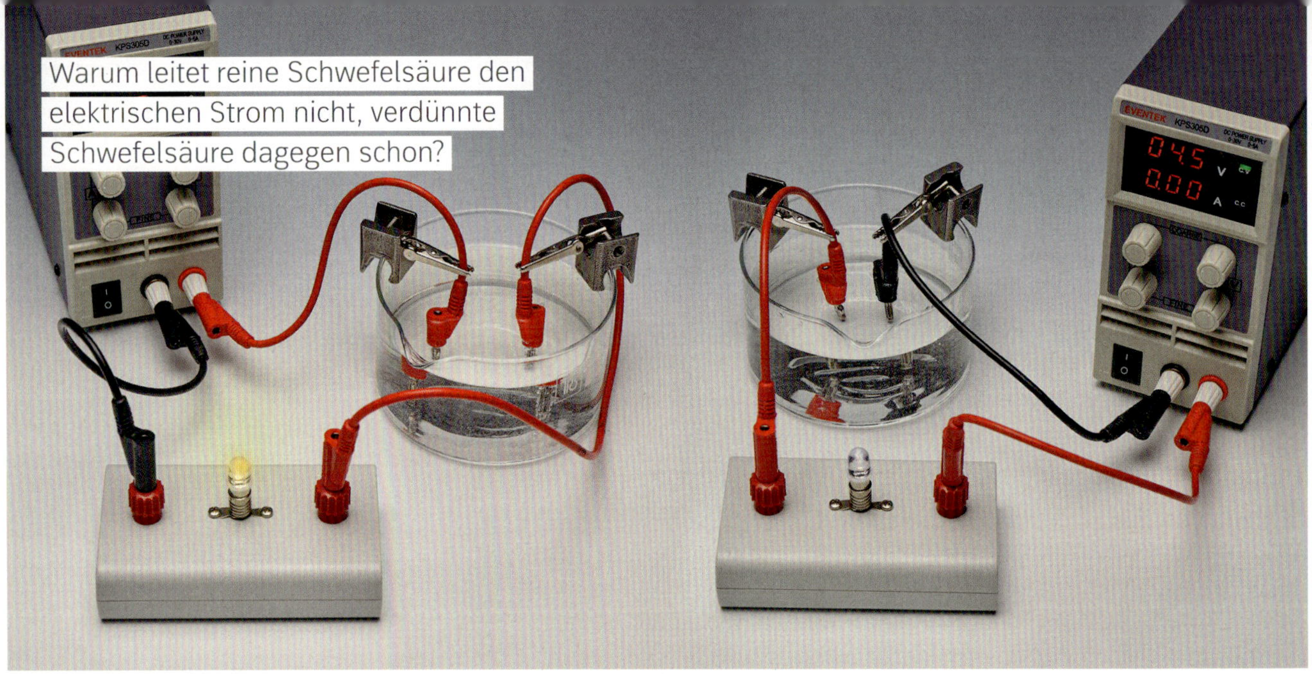

1 Leitfähigkeit von Schwefelsäure

Säure-Base-Reaktion nach Arrhenius

Elektrische Leitfähigkeit

Misst man die elektrische Leitfähigkeit von reinen **Säuren**, wie Schwefelsäure, so stellt man fest, dass diese den elektrischen Strom nicht leiten. Fügt man Wasser hinzu und verdünnt so die Säuren, dann leiten die damit entstandenen sauren Lösungen den elektrischen Strom. Verdünnte Säuren haben eine bessere Leitfähigkeit als reine Säuren.

Nichtmetall	Säure	Salz	Anion
Kohlenstoff (C)	Kohlensäure H_2CO_3	Carbonat	CO_3^{2-}
Schwefel (S)	Schweflige Säure H_2SO_3	Sulfit	SO_3^{2-}
Schwefel (S)	Schwefelsäure H_2SO_4	Sulfat	SO_4^{2-}
Stickstoff (N)	Salpetersäure HNO_3	Nitrat	NO_3^-
Chlor (Cl)	Salzsäure HCl	Chlorid	Cl^-

2 Auswahl: Säuren und ihre Anionen

Dissoziation von Säuren

Der schwedische Forscher Svante Arrhenius ging davon aus, dass alle Säuren in Wasser zerfallen. Er nannte diesen Vorgang **Dissoziation**. Beim Dissoziieren von Säuren entstehen unterschiedlich geladene Ionen, die dann den elektrischen Strom leiten. Arrhenius fand heraus, dass alle Säuren in Wasser in freibewegliche positiv geladenen Wasserstoff-Ionen, **H^+-Ionen** und in negativ geladene Anionen, dem **Säurerest**, zerfallen. Für Salzsäure ergibt sich dabei folgende Gleichung:

$$HCl \rightarrow H^+ + Cl^-$$

Schwefelsäure enthält zwei Wasserstoff-Atome. Damit dissoziiert sie sogar in zwei Wasserstoff-Ionen.

$$H_2SO_4 \rightarrow 2\ H^+ + SO_4^{2-}$$

Nach Arrhenius sind Säuren also Stoffe, die Wasserstoff-Ionen abgeben können. Viele gelöste Wasserstoff-Ionen bewirken einen niedrigen pH-Wert.

Dissoziation von Basen

Im Gegensatz zu Säuren, dissoziiert eine Base nach Arrhenius zu Kationen und Hydroxid-Ionen, **OH^--Ionen**. Für Natronlauge ergibt sich dann folgende Gleichung:

$NaOH \rightarrow Na^+ + OH^-$

Für Magnesiumlauge lautet die Gleichung:

$Mg(OH)_2 \rightarrow Mg^{2+} + 2\ OH^-$

Metall	Base	Kation
Lithium (Li)	Lithiumlauge LiOH	Li^+
Natrium (Na)	Natronlauge NaOH	Na^+
Kalium (K)	Kaliumlauge KOH	K^+
Magnesium (Mg)	Magnesiumlauge $Mg(OH)_2$	Mg^{2+}
Calcium (Ca)	Calciumlauge $Ca(OH)_2$	Ca^{2+}
Zink (Zn)	Zinklauge $Zn(OH)_2$	Zn^{2+}

3 Auswahl: Basen und ihre Kationen

Nach Arrhenius sind **Basen** also Stoffe, die Hydroxid-Ionen abgeben können. Viele gelöste Hydroxid-Ionen bewirken einen hohen pH-Wert.

Lauge: wässrige Lösung, in der mehr OH^--Ionen vorliegen als H^+-Ionen. Daher ist sie alkalisch.

Material mit Aufgaben

M1 Salpetersäure

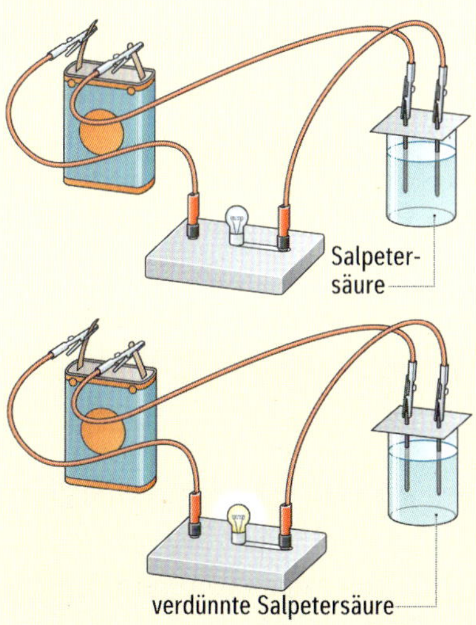

1. Beschreibe die Beobachtungen.
2. Erkläre die Versuchsbeobachtungen.

M2 Dissoziation von HCl

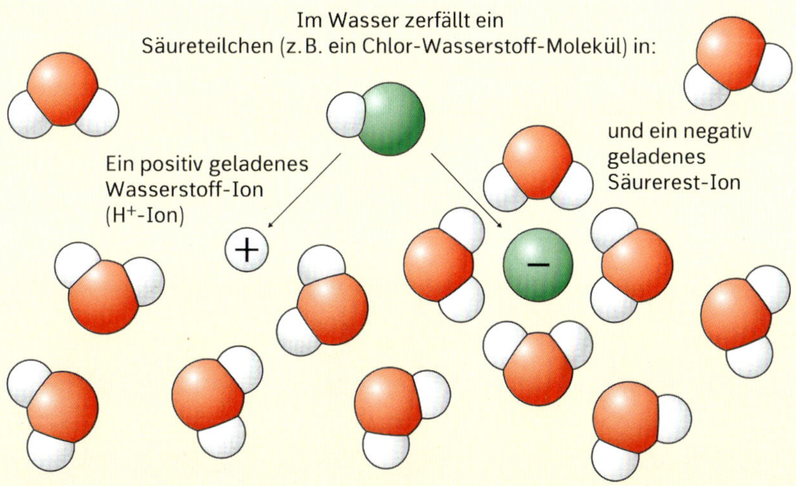

1. Beschreibe die Dissoziation von Chlorwasserstoff.
2. Erkläre, warum Salzsäure einen niedrigen pH-Wert hat.
3. Stelle die Dissoziation von Salpetersäure und Schwefliger Säure als Gleichung dar.

1 Ein Gedankenexperiment

Neutralisation

Reaktion von Säuren und Basen

Eine stark saure Lösung, wie Salzsäure (HCl), hat einen pH-Wert von 1. Gibt man eine Base wie Natriumhydroxid (NaOH) als Lösung hinzu, stellt man fest, dass sich der pH-Wert zunächst langsam und dann sehr schnell erhöht. Nach der Zugabe der gleichen Menge gleich konzentrierter Natriumhydroxid-Lösung (Natronlauge) liegt der pH-Wert bei 7. Die Lösung ist neutral.

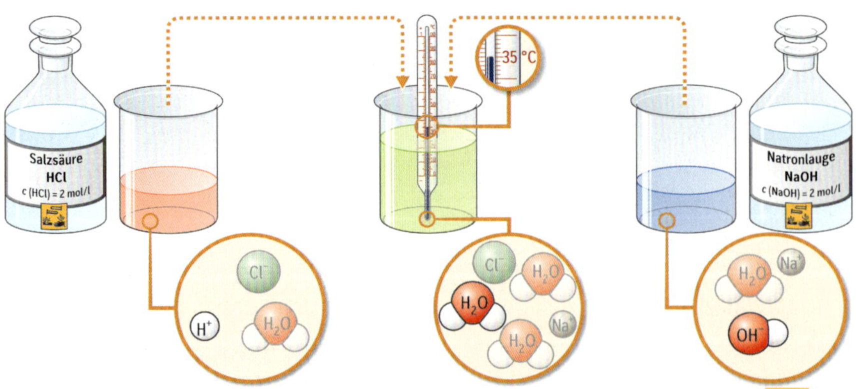

2 Neutralisation von Salzsäure mit Natronlauge (gefärbt mit Universalindikator)

Neutralisationsreaktion

Die beschriebene Reaktion von Salzsäure und Natronlauge bezeichnet man als **Neutralisationsreaktion**. In einer Neutralisationsreaktion reagiert das H^+-Ion der Säure mit dem OH^--Ion der Lauge zu Wasser:

$$H^+ + OH^- \rightarrow H_2O$$

Vor der Reaktion liegen in der wässrigen Lösung der Salzsäure H^+- und Cl^--Ionen vor. Durch die Zugaben von Natronlauge reagieren die gelösten H^+-Ionen mit den gelösten OH^--Ionen zu neutralen Wasser-Molekülen. Die Konzentration an H^+-Ionen nimmt ab und der pH-Wert steigt. Haben alle H^+- und OH^--Ionen reagiert, stellt sich ein pH-Wert von 7 ein. In der Lösung liegen an diesem Punkt noch Na^+- und Cl^--Ionen vor. Es ist eine wässrige Lösung mit Kochsalz. Wenn das Wasser der Lösung verdampft, bildet sich aus den entgegengesetzt geladenen Ionen ein kristalliner Rückstand. Es entsteht Natriumchlorid. Bei weiterer Zugabe von Natronlauge werden mehr OH^--Ionen hinzugefügt und der pH-Wert steigt weiter. Neutralisationsreaktionen sind exotherm. Es wird thermische Energie frei, wodurch sich die Temperatur der Lösung erhöht. Daher darf man Säuren und Laugen nur langsam zur Reaktion bringen.

Säure	+	Lauge	→	Salz	+	Wasser
Salzsäure	+	Natronlauge	→	Natriumchlorid	+	Wasser
HCl	+	$NaOH$	→	$NaCl$	+	H_2O
Schwefelsäure	+	Natronlauge	→	Natriumsulfat	+	Wasser
H_2SO_4	+	$2NaOH$	→	Na_2SO_4	+	$2H_2O$

3 Neutralisationsreaktionen

Neutralisation von Abwässern

In der Industrie entstehen häufig saure oder alkalische Abwässer. Die Abwässer müssen daher neutralisiert werden, bevor sie in die Kanalisation eingeleitet werden. Das ist unbedingt notwendig, damit die Bakterien der biologischen Stufe einer Kläranlage nicht geschädigt werden.

Material mit Aufgaben

M1 Neutralisationsreaktion

Salpetersäure (HNO_3) reagiert mit Kaliumlauge (KOH) gleicher Konzentration in einer Neutralisationsreaktion.

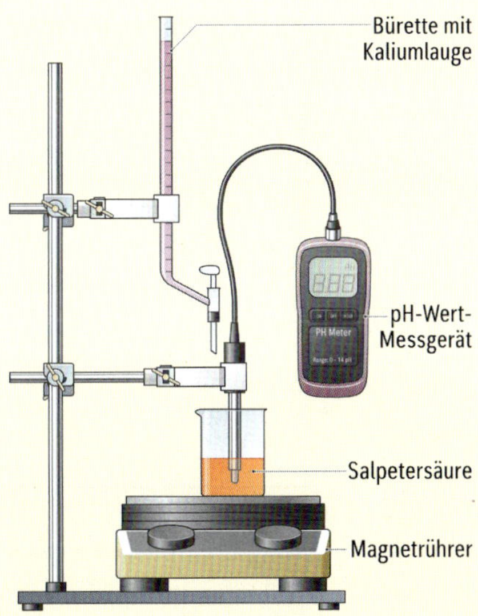

1. Beschreibe den Versuchsaufbau.
2. Formuliere die Wortgleichung. Das entstehende Salz heißt Kaliumnitrat.
3. Formuliere die Reaktionsgleichung für diese Neutralisationsreaktion.
4. Wähle eine der Aufgaben aus: Mithilfe einer Bürette lässt sich durch einen Hahn die Zugabe der Lauge sehr genau dosieren und das verbrauchte Volumen jederzeit ablesen.

a Erläutere, warum der Einsatz einer Bürette bei Neutralisationsreaktionen sinnvoll ist.

b Erläutere die Vorteile der Versuchsdurchführung mit einem derartigen Versuchsaufbau.

M2 Neutralisationsanlage

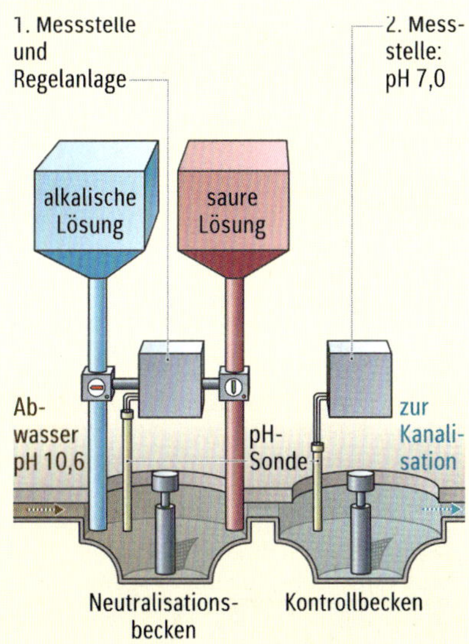

1. Beschreibe den Aufbau einer Neutralisationsanlage.
2. Erläutere die Funktionsweise einer Neutralisationsanlage.

1 Ammoniakgas wird auf Wasser mit Universalindikator geleitet

Protonenübertragung

Ammoniak

Ammoniak ist ein stechend riechendes, farbloses und giftiges Gas. Es wird zur Herstellung von Dünger, Sprengstoffen oder Kunstfasern benötigt und in verdünnter Form als Reinigungsmittel genutzt. Ammoniakgas löst sich sehr gut in Wasser. Misst man den pH-Wert einer Ammoniaklösung, stellt man fest, dass er bei 13 liegt. Es entsteht eine alkalische Lösung. Dies kommt durch die Reaktion von Ammoniak mit Wasser:

$$H_2O + NH_3 \rightarrow NH_4^+ + OH^-$$

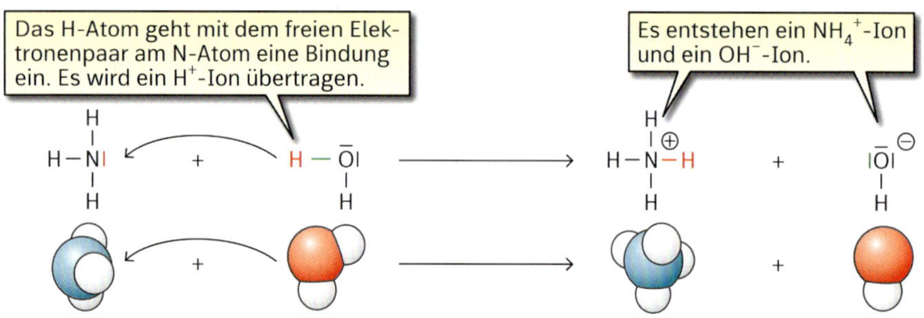

2 Protonenübertragung bei Ammoniak und Wasser

Protonenübertragungsreaktion

Ammoniak (NH_3) ist ein polares Molekül. Am N-Atom trägt das Ammoniak-Molekül NH_3 eine negative Teilladung. Das N-Atom hat zusätzlich noch ein freies Elektronenpaar. Jedes H-Atom im polaren H_2O-Molekül trägt eine positive Teilladung. Das H-Atom im H_2O-Molekül und das N-Atom im NH_3-Molekül ziehen sich aufgrund der gegensätzlichen Ladungen an. Das H-Atom geht mit dem freien Elektronenpaar des Ammoniaks eine Bindung ein. In der Lösung entstehen ein positiv geladenes NH^{4+}-Ion und ein negativ geladenes OH^--Ion.
Das H-Atom hat ein Proton und ein Elektron. Das H^+-Ion besitzt nur ein Proton. Das Proton des H^+-Ion vom Wassermolekül wird auf das Ammoniak-Molekül übertragen. Die Übertragung des H^+-Ions bezeichnet man daher auch als **Protonenübertragung**. Die Reaktion von Ammoniak mit Wasser ist eine Protonenübertragungsreaktion.

3 Chlorwasserstoff wird auf Wasser geleitet.

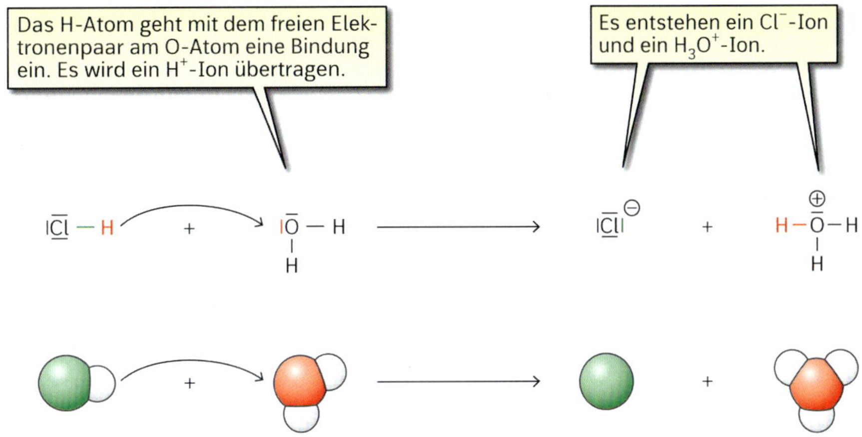

4 Protonenübertragung bei Chlorwasserstoff und Wasser

Salzsäure

Leitet man das Gas Chlorwasserstoff auf mit Universalindikator gefärbtes Wasser, erkennt man einen Farbumschlag. Der Universalindikator färbt sich rötlich. Aus Wasser und Chlorwasserstoff ist in einer chemischen Reaktion eine saure Lösung entstanden. Diese Lösung heißt Salzsäure. Im Gegensatz zum destillierten Wasser zeigt die saure Lösung eine hohe elektrische Leitfähigkeit. Untersucht man diese Reaktion genauer, so stellt man fest, dass HCl nicht einfach in H^+ und Cl^- zerfällt:

$$HCl + H_2O \rightarrow Cl^- + H_3O^+$$

Die entstehenden H_3O^+-Ionen werden Hydronium-Ionen genannt.

Protonenübertragungsreaktion

Salzsäure entsteht durch die Reaktion von Chlorwasserstoffgas mit Wasser. Das HCl-Molekül gibt ein Wasserstoff-Ion, ein H^+-Ion, an ein H_2O-Molekül ab. Das O-Atom im H_2O-Molekül hat ein freies Elektronenpaar. Das H^+-Ion bindet an das freie Elektronenpaar am O-Atom. So entsteht ein positiv geladenes H_3O^+-Ion und ein Cl^--Ion. In sauren Lösungen liegen daher H_3O^+-Ionen vor. Das H-Atom hat ein Proton und ein Elektron. Das H^+-Ion besitzt nur ein Proton. Die Übertragung des H^+-Ions auf das H_2O-Molekül ist eine Protonenübertragung.

Definition von Säuren und Basen

Bei der Bildung von Salzsäure entstehen in der Lösung H_3O^+-Ionen und Cl^--Ionen. Das HCl-Molekül gibt ein H^+-Ion ab. Die Definition einer Säure wurde von dem Dänen Johannes Nikolaus Brönstedt weiterentwickelt: Teilchen, die Protonen abgeben, bezeichnet man demnach auch als **Protonendonatoren** oder auch **Brönstedt-Säuren**. Die Cl^--Ionen in der Lösung bezeichnet man als Säurerest-Ionen.

Im Gegensatz dazu ist eine Base ein Stoff, der Protonen aufnehmen kann. Basen bezeichnet man daher auch als **Protonenakzeptoren** oder **Brönstedt-Basen**. ▶

Material mit Aufgaben

M1 Protonen übertragen

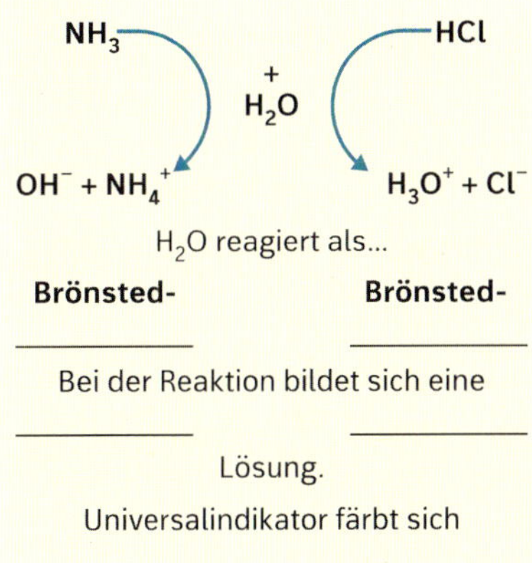

1. Übertrage das Schema in dein Heft und ergänze es.
2. Nenne die Ionen, die bei der Reaktion von Säuren und Basen mit Wasser entstehen.
3. Erkläre mithilfe der Abbildung, was man unter einem Protonendonator und einem Protonenakzeptor versteht. ⊞
4. Erstelle für beide Reaktionen eine Reaktionsgleichung mit Strukturformeln.

5 Natronlauge wird in Salzsäure gegeben

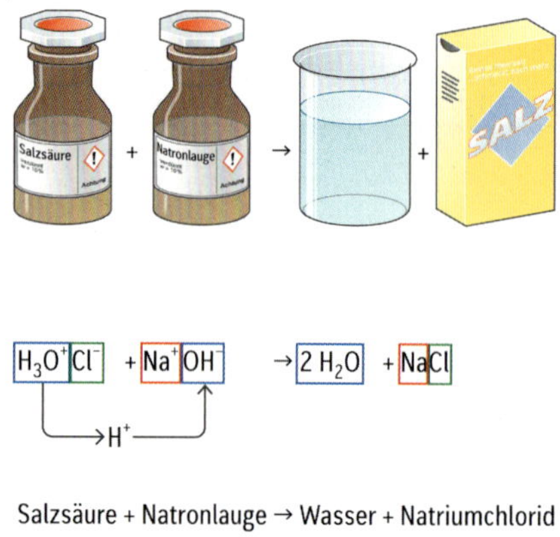

6 Neutralisationsreaktion

Neutralisationsreaktionen

Der Indikator Bromthymolblau färbt eine Salzsäurelösung gelb ein. Die H_3O^+-Ionen in der Salzsäure sorgen für diese Färbung. Wird nun langsam alkalische Natronlauge hinzugetropft, überwiegen an der Eintropfstelle OH^--Ionen. Der Indikator Bromthymolblau färbt sich dann blau. Bei geringer Menge an zugeführter Natronlauge reagieren die H_3O^+-Ionen mit den OH^--Ionen zu H_2O-Molekülen. Es finden Protonenübertragungen statt. Da zunächst noch ein Überschuss an H_3O^+-Ionen in der Lösung vorhanden ist, verfärbt sich die Lösung nach dem Durchmischen wieder gelb. Tropft man nun weitere Natronlauge hinzu, reagieren mit der Zeit immer mehr H_3O^+-Ionen mit den OH^--Ionen.

$$H_3O^+ + OH^- \rightarrow 2\ H_2O$$

Sind alle H_3O^+-Ionen mit den OH^--Ionen zu H_2O-Molekülen reagiert, ist die Lösung **neutral**. Das Bromthymolblau färbt sich grün. Diese Neutralisationsreaktion ist eine **Säure-Base-Reaktion**. Hierbei gibt das H_3O^+-Ion ein Proton an das OH^--Ion ab und Wasser wird gebildet. Die Reaktionsgleichung für diese Neutralisationsreaktion lautet:

$$H_3O^+ + Cl^- + Na^+ + OH^- \rightarrow$$
$$2\ H_2O + Na^+ + Cl^-$$

Fügt man der Lösung weiter Natronlauge hinzu, kommt es irgendwann zum Überschuss an OH^--Ionen. Die Lösung wird alkalisch.

Material mit Aufgaben

F

M2 Neutralisationsreaktion

1. Erkläre die Färbung der beiden äußeren Bechergläser A und C.
2. Erkläre, warum sich das Becherglas B grün färbt.
3. Erkläre, was passiert, wenn noch mehr Natronlauge ins mittlere Becherglas gegeben wird.
4. Erkläre, warum diese Neutralisationsreaktion eine Protonenübertragungsreaktion ist.

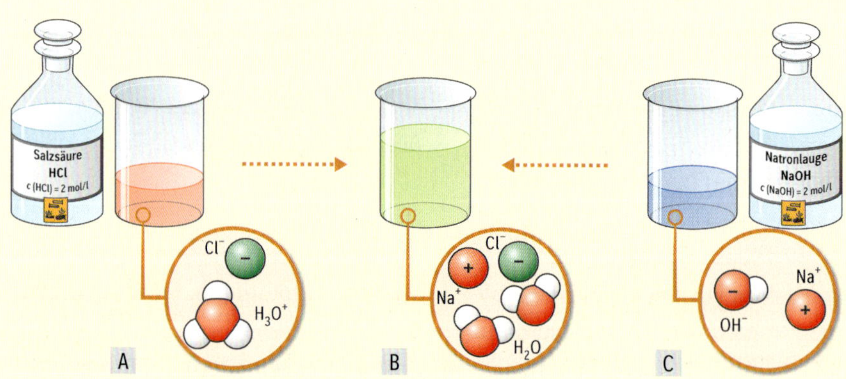

Donator-Akzeptor-Konzept

Jede Reaktion zwischen einer Säure und Base ist damit eine Protonenübertragungsreaktion. Die Säure gibt ein Proton an eine Base ab. Eine Säure kann also nur als Säure wirken, wenn eine Base vorhanden ist, die das Proton aufnimmt, und umgekehrt. Wasser kann sowohl als Säure als auch als Base wirken. Säure-Base-Reaktionen folgen somit dem **Donator-Akzeptor-Konzept**. Darin ähneln sie Redoxreaktionen. Bei Säure-Base-Reaktionen werden Protonen übertragen. In Redoxreaktionen werden Elektronen übertragen.

Sauerstoffübertragung:

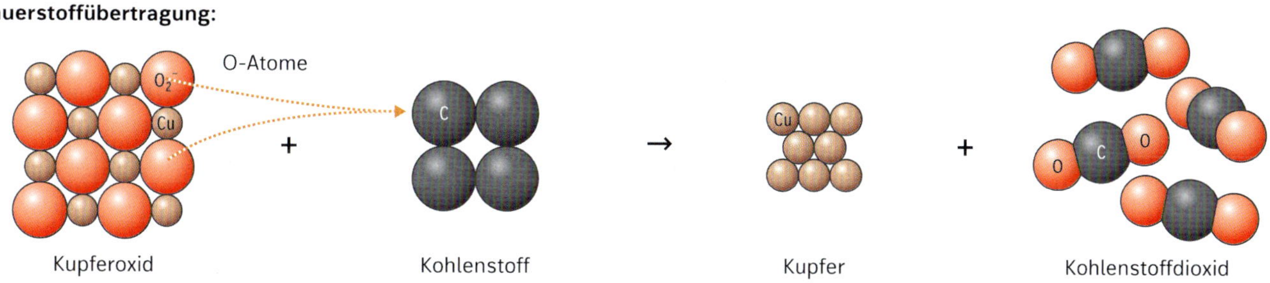

Hier werden Sauerstoff-Atome übertragen. In diesem Beispiel ist Kupferoxid der Sauerstoffdonator, Kohlenstoff der Sauerstoffakzeptor.

Elektronenübertragung:

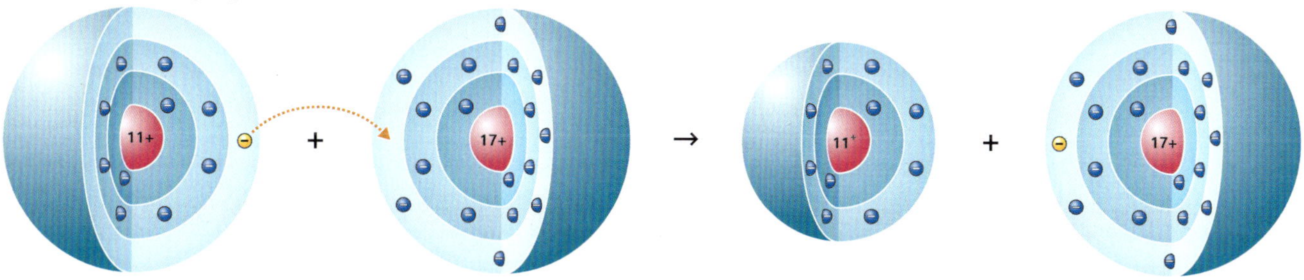

Hier werden Elektronen übertragen. Das Natrium-Atom ist der Elektronendonator und das Chlor-Atom der Elektronenakzeptor. In diesem Beispiel entstehen aus Atomen Ionen. Redoxreaktionen sind Elektronenübertragungsreaktionen.

Protonenübertragung:

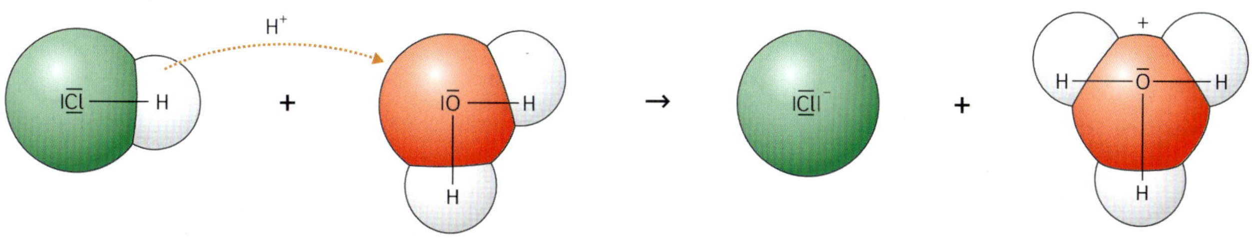

Hier werden Protonen übertragen. Das HCl-Molekül gibt ein Proton ab und ist ein Protonendonator. Das H_2O-Molekül ist der Protonenakzeptor. In diesem Beispiel entstehen ein Cl^--Ion und ein H_3O^+-Ion. Säure-Base-Reaktionen sind Protonenübertragungsreaktionen.

Stoffmengenkonzentration

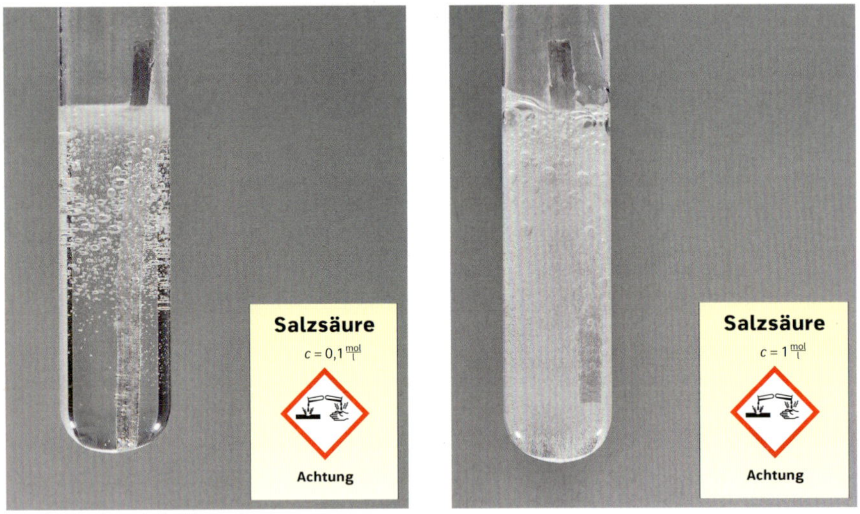

1 Salzsäure mit unterschiedlichen Stoffmengenkonzentration reagieren unterschiedlich stark.

Stoffmenge

Werden im Labor saure Lösungen angesetzt, findet man oft Angaben wie 1 molar oder 0,1 molar. 1 molare Salzsäure reagiert zum Beispiel mit Magnesium deutlich heftiger als 0,1 molare Salzsäure. In beiden Lösungen scheinen daher unterschiedlich viele H_3O^+-Ionen vorhanden zu sein. Die Anzahl an Teilchen wird **Stoffmenge** genannt. Sie hat die Einheit mol und das Formelzeichen **n**. Dabei ist es egal, ob es sich um Atome oder Moleküle handelt. Ein Mol wurde dabei unabhängig vom Stoff auf die Anzahl von 602 Trilliarden oder $6 \cdot 10^{23}$ Teilchen festgelegt. In einer Salzsäure mit der Angabe 1 mol/l sind daher $6 \cdot 10^{23}$ HCl-Moleküle gelöst. Im Wasser sind daraus dann $6 \cdot 10^{23}$ H_3O^+-Ionen entstanden. Bei Salzsäure mit der Angabe 0,1 mol/l sind zehnmal weniger HCl-Moleküle vorhanden. Es sind nur $6 \cdot 10^{22}$ H_3O^+-Ionen in Lösung gegangen.

Molare Masse

$6 \cdot 10^{23}$ Teilchen eines Stoffes, also ein Mol, hat eine bestimmte Masse. Man spricht von der **molaren Masse** eines Stoffes. Sie ist für jeden Stoff unterschiedlich. Für die verschiedenen Elemente sind die Werte der molaren Massen im Periodensystem der Elemente angegeben. Der Zahlenwert der molaren Masse stimmt mit dem Zahlenwert der Atommasse überein.

Zum Beispiel wiegt jedes Chlor-Atom 35,45 u. Daher wiegt 1 Mol Chlor, also $6 \cdot 10^{23}$ Chlor-Atome, 35,45 g. Die molare Masse von Chlor ist 35,45 g/mol.

Um die molare Masse eines Elements zu bestimmen, ersetzt man einfach die atomare Masseneinheit u durch die Masseneinheit g/mol und erhält so die molare Masse. Die molare Masse eines Moleküls lässt sich einfach berechnen. Dazu addiert man die molaren Massen aller beteiligten Elemente. Es muss die jeweilige Verhältnisformel der Verbindung berücksichtigt werden.

Maßlösung	Molare Massen	Herstellung	enthaltene Ionen
Salzsäure (HCl) c = 1 mol/l	H = 1,01 g Cl = 35,45 g HCl = 1,01 g + 35,45 g = 36,46 g	36,46 g HCl in 1 l Lösung	1 mol H_3O^+- Ionen 1 mol Cl^-- Ionen
Schwefelsäure (H_2SO_4) c = 1 mol/l	H = 1,01 g S = 32,07 g O = 16,00 g H_2SO_4 = (2 · 1,01 g) + 32,07 g + (4 · 16,00 g) = 98,09 g	98,09 g H_2SO_4 in 1 l Lösung	1 mol H_3O^+- Ionen 1 mol SO_4^{2-}- Ionen
Natronlauge (NaOH) c = 1 mol/l	Na = 22,99 g O = 16,00 g H = 1,01 g NaOH = 22,99 g + 16,00 g + 1,01 g = 40 g	40 g NaOH in 1 l Lösung	1 mol Na^+- Ionen 1 mol OH^-- Ionen
Kalilauge (KOH) c = 1 mol/l	K = 39,10 g O = 16,00 g H = 1,01 g KOH = 39,10 g + 16,00 g + 1,01 g = 56,11 g	56,11 g KOH in 1 l Lösung	1 mol K^+- Ionen 1 mol OH^-- Ionen

2 Lösungen herstellen

Stoffmengenkonzentration

Die Konzentration einer Lösung hängt von der gelösten Stoffmenge ab. Diese wird in mol pro Liter (mol/l) angegeben. Für Natronlauge mit der Konzentration c = 1 mol/l benötigt man 1 mol reines, festes Natriumhydroxid. Da Natriumhydroxid eine molare Masse von 40 g/mol hat, benötigt man 40 g reines Natriumhydroxid. Dieses wiegt man ab und gibt es in einen Messkolben. Nun wird der Messkolben mit destilliertem Wasser genau auf einen Liter aufgefüllt. Die entstehende Lösung enthält dann 1 mol Na^+-Ionen und 1 mol OH^--Ionen. Die Stoffmengenkonzentration kann mit folgender Formel berechnet werden:

$$c\,(\text{gelöster Stoff}) = \frac{n\,(\text{gelöster Stoff})}{V\,(\text{Volumen Lösung})}$$

Lösung neutralisieren

Im Labor ist es immer wieder nötig, die Konzentration von Säuren und Laugen zu bestimmen. Eine Methode hierfür ist die **Neutralisation**. Möchte man zum Beispiel die unbekannte Konzentration eine sauren Lösung bestimmen, gibt man zur Säure eine Lauge mit bekannter Konzentration.

Es wird so viel zur Lauge hinzugegeben, bis der zugefügte Indikator einen neutralen pH-Wert anzeigt. Am Verbrauch der Lauge lässt sich dann die Konzentration der Säure näherungsweise ableiten. Bei der Neutralisation gilt folgende Beziehung:

Konz. Säure · Volumen Säure = Konz. Lauge · Volumen Lauge

$$c\,(\text{Säure}) \cdot V\,(\text{Säure}) = c\,(\text{Lauge}) \cdot V\,(\text{Lauge})$$

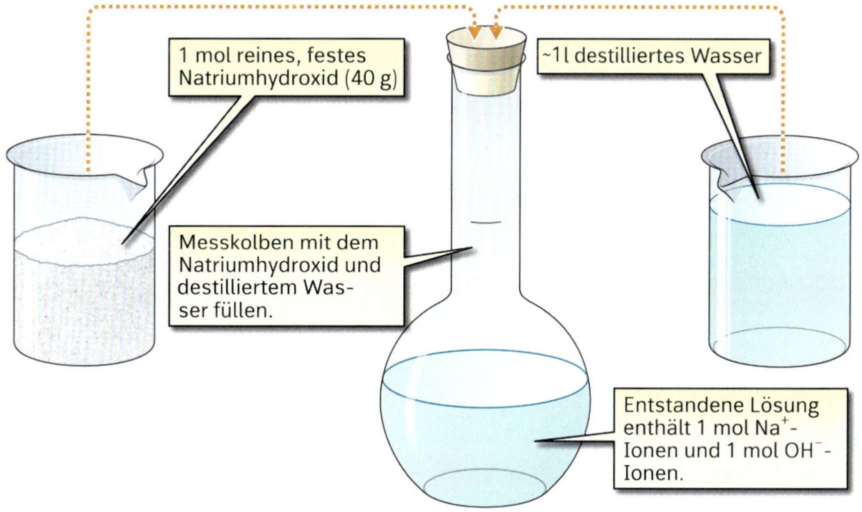

3 Herstellung von 1 Liter NaOH-Lösung mit c = 1 mol/l

Beispiel: Die Konzentration einer Essigsäure-Lösung ist unbekannt. Bei Neutralisation von 50 ml der Lösung wurden 40 ml Natronlauge (c = 1 mol/l) genutzt. Mit diesen Angaben lässt sich die Stoffmengenkonzentration berechnen:

$$c\,(\text{Essigsäure}) \cdot 50\,\text{ml} = 1\,\text{mol/l} \cdot 40\,\text{ml}$$

$$c\,(\text{Essigsäure}) = \frac{1\,\text{mol/l} \cdot 40\,\text{ml}}{50\,\text{ml}} = 0{,}8\,\text{mol/l}$$

Material mit Aufgaben

M1 Kupfersulfat-Lösung

1. Beschreibe, wie man eine Kupfersulfat-Lösung mit c = 1 mol/l ansetzt.
2. Bestimme die Masse an Kupfersulfat, die für die Lösungen eingesetzt werden muss.

pH-Wert

$c\,(H_3O^+)$			$c\,OH^-$	pH
10^{-0}	1	0,00000000000001	10^{-14}	0
10^{-1}	0,1	0,0000000000001	10^{-13}	1
10^{-2}	0,01	0,000000000001	10^{-12}	2
10^{-3}	0,001	0,00000000001	10^{-11}	3
10^{-4}	0,0001	0,0000000001	10^{-10}	4
10^{-5}	0,00001	0,000000001	10^{-9}	5
10^{-6}	0,000001	0,00000001	10^{-8}	6
10^{-7}	0,0000001	0,0000001	10^{-7}	7
10^{-8}	0,00000001	0,000001	10^{-6}	8
10^{-9}	0,000000001	0,00001	10^{-5}	9
10^{-10}	0,0000000001	0,0001	10^{-4}	10
10^{-11}	0,00000000001	0,001	10^{-3}	11
10^{-12}	0,000000000001	0,01	10^{-2}	12
10^{-13}	0,0000000000001	0,1	10^{-1}	13
10^{-14}	0,00000000000001	0	10^{-0}	14

1 Konzentration an H_3O^+-Ionen und pH-Wert

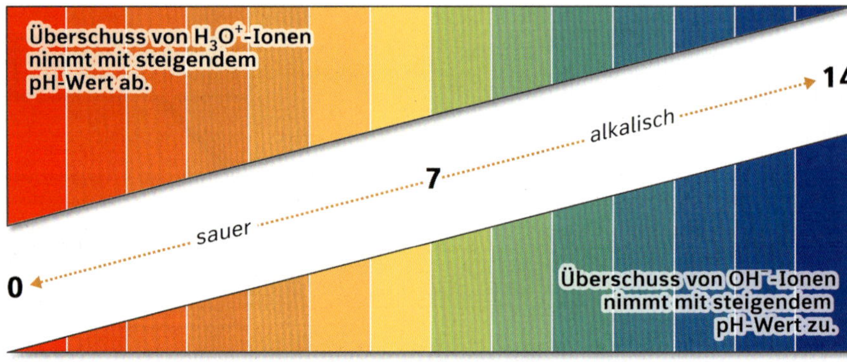

2 pH-Werte

pH-Wert und H_3O^+-Ionen

Der Saft einer Zitrone schmeckt saurer als zum Beispiel Speiseessig. Zitronensaft hat einen niedrigeren pH-Wert. Das liegt daran, dass im Zitronensaft die Konzentration an H_3O^+-Ionen höher ist. Je kleiner der pH-Wert, desto größer ist also die Konzentration an H_3O^+-Ionen.

Verdünnungsreihe und pH-Wert

Mithilfe einer Verdünnungsreihe kann die Beziehung zwischen dem pH-Wert und der H_3O^+ - Konzentration ermittelt werden. Eine Lösung mit pH-Wert = 1 hat eine Stoffmengenkonzentration von

$c\,(H_3O^+) = 0{,}1$ mol/l (10^{-1} mol/l).

Wird diese Lösung auf das 10-fache Volumen mit Wasser verdünnt, ist die Stoffmengenkonzentration an H_3O^+-Ionen zehnfach kleiner. Die Lösung mit

$c\,(H_3O^+) = 0{,}01$ mol/l (10^{-2} mol/l)

hat den pH-Wert = 2. Der Betrag der Hochzahl in der Konzentrationsangabe an H_3O^+-Ionen entspricht dem pH-Wert einer Lösung. Wird die Konzentration an H_3O^+-Ionen in einer Lösung um das Zehnfache verringert oder erhöht, sinkt oder steigt der pH-Wert um eine Einheit.

pH-Wert und OH- Ionen

In sauren Lösungen ist der pH-Wert kleiner als 7, in alkalischen Lösungen größer als 7. Eine Lösung mit pH = 7 ist neutral. In einer sauren Lösung sind H_3O^+-Ionen in einer hohen Konzentration vorhanden. Es liegen aber auch OH^--Ionen vor, jedoch mit einer geringeren Konzentration. Die Konzentrationen der beiden Ionensorten hängen voneinander ab. Die Konzentration der OH^--Ionen einer Lösung kann daher aus dem pH-Wert abgeleitet werden.

Material mit Aufgaben

M1 pH-Wert

1. **II** Erkläre mithilfe der Abbildung, wann eine Lösung neutral ist.
2. **III** Eine alkalische Lösung mit pH=10 hat eine Konzentration c (H_3O^+) von 10^{-10} mol/l. Erkläre den Zusammenhang zwischen c (H_3O^+) und pH-Wert.

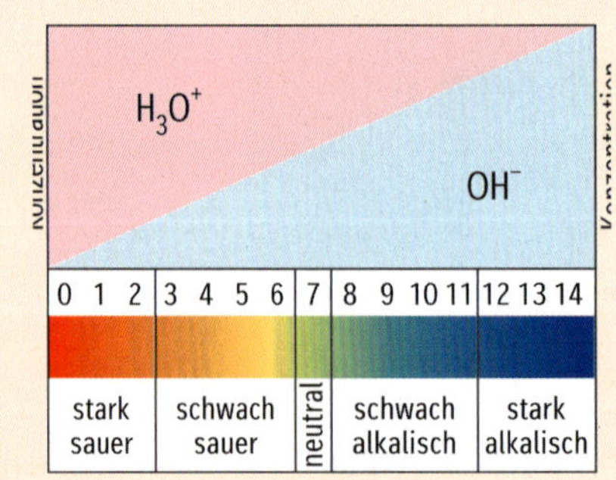

Äquivalenzpunkt

Speiseessig enthält Essigsäure. In Wasser bildet Essigsäure H_3O^+-Ionen und negativ geladene Acetat-Ionen:

$$CH_3COOH\,(aq) + H_2O \rightarrow H_3O^+ + CH_3COO^-$$

Bei der Neutralisation von Essigsäure mit Natronlauge reagieren ein H_3O^+-Ion und ein OH^--Ion zu zwei H_2O-Molekülen. Die Neutralisation ist vollständig, wenn der Lösung genauso viele OH^--Ionen zugeführt werden wie an H_3O^+-Ionen enthalten sind. Die Stoffmenge n (OH^-) aus der Natronlauge muss genauso groß sein wie die Stoffmenge n (H_3O^+) aus der Essigsäure. Man spricht vom einem **Äquivalenzpunkt** oder Neutralpunkt.

Maßlösung einsetzen

Die Konzentration an H_3O^+-Ionen im Speiseessig kann unbekannt sein. Füllt man ein bestimmtes Volumen Speiseessig ab, liegt eine bestimmte Stoffmenge n (H_3O^+) vor. Man benötigt einen Indikator wie Phenolphthalein, um den Äquivalenzpunkt zu bestimmen. In einer sauren Lösung ist dieser Indikator farblos.

Schrittweise wird nun Natronlauge zum Speiseessig zugegeben, um den Äquivalenzpunkt zu bestimmen. Jedoch muss die Konzentration der zugegebenen Menge an Natronlauge genau bekannt sein. Dazu nutzt man Natronlauge exakt bekannter Konzentration. Diese Maßlösung hat meist eine Konzentration von 0,1 mol/l oder 1 mol/l. In eine Bürette wird die Natronlauge gefüllt und das Volumen der Maßlösung genau abgelesen.

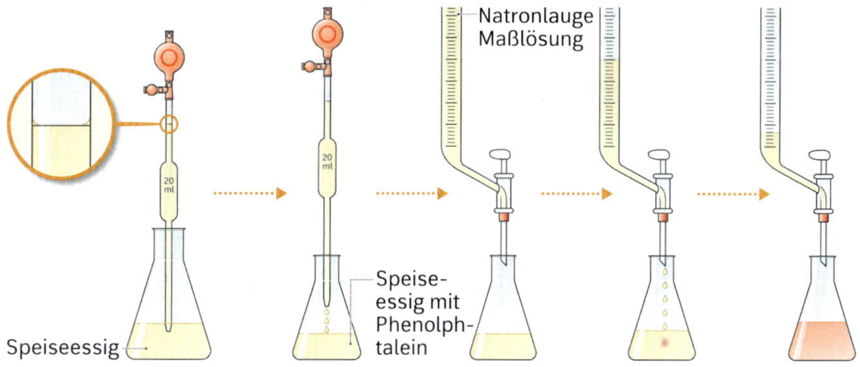

1 Arbeitsschritte beim Titrieren

F

Ablauf einer Titration

Unten an der Bürette befindet sich ein Hahn, mit dem man die Natronlauge Tropfen für Tropfen der Essigsäurelösung mit Phenolphthalein in einem Erlenmeyerkolben zugeben kann. Nach jeder schrittweisen Zugabe wird der Erlenmeyerkolben geschwenkt. Die Stoffe vermischen sich und die Neutralisationsreaktion läuft ab. Kurz vorm Äquivalenzpunkt färbt sich die Lösung an der Eintropfstelle pink. Beim Schwenken entfärbt sich die Lösung wieder. Genau am Äquivalenzpunkt färbt sich die Lösung nach Zugabe eines Tropfens Natronlauge dauerhaft pink. Nun wird wieder das Volumen der Natronlauge abgelesen.

Aus der Differenz von Anfangsvolumen und Endvolumen kann das zugeführte Volumen der Natronlauge bestimmt werden. Dieses schrittweise Vorgehen zum Bestimmen des Äquivalenzpunktes nennt man auch **Titration**. Nun kann die Stoffmengenkonzentration der zu untersuchenden Lösung bestimmt werden:

$$c\,(H_3O^+) = c\,(OH^-) \cdot \frac{V\,(\text{Maßlösung})}{V\,(\text{saure Lösung})}$$

Material mit Aufgaben

M1 Titration

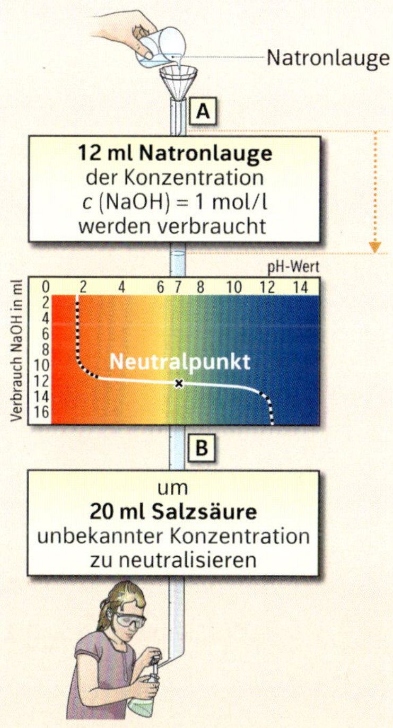

1. Beschreibe das Diagramm.
2. Erkläre, was man unter dem Äquivalenzpunkt versteht.
3. Ermittle die Stoffmengenkonzentration der untersuchten Salzsäure im Bild.

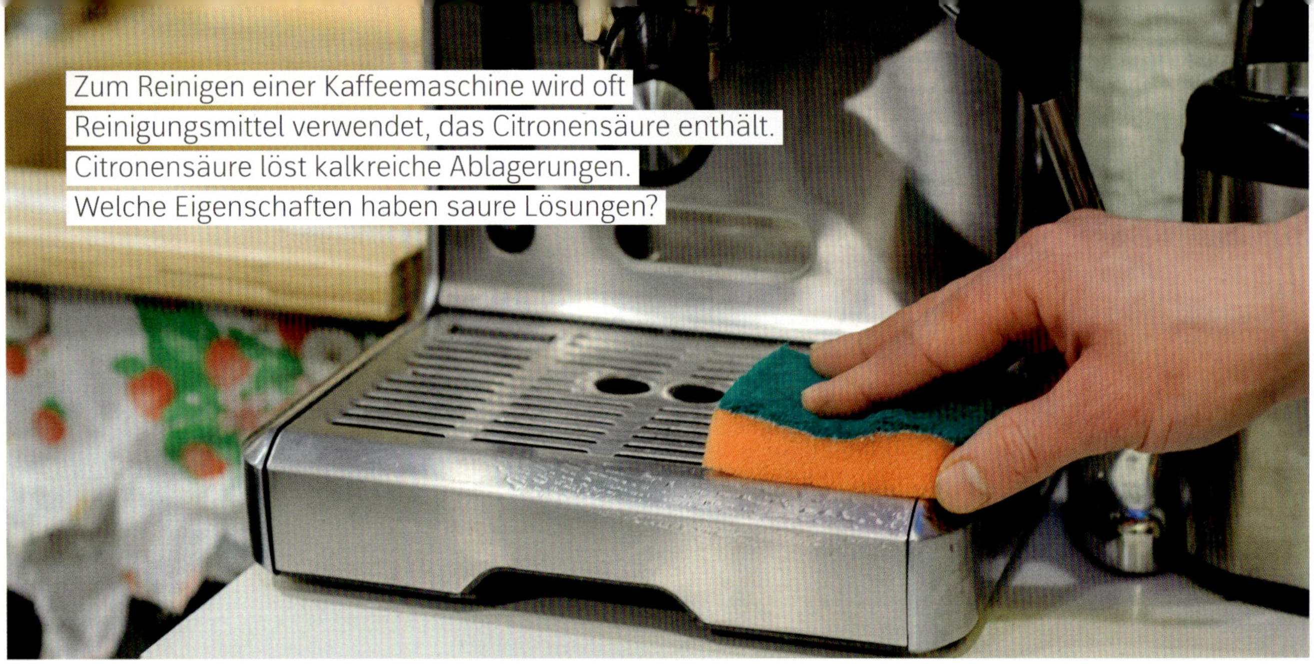

1 Reinigung von einer Kaffeemaschine

Projekt

Eigenschaften saurer Lösungen

Saure Lösungen nachweisen

Saure Lösungen reizen die Schleimhäute. In höheren Konzentrationen greifen sie die Haut an und können schwere Verätzungen hervorrufen. Saure Lösungen wirken **ätzend**. Daher dürfen sie im Labor nicht auf den Geschmack überprüft werden. Zum gefahrlosen Erkennen verwendet man **Indikatoren**.

Oft nutzt man eine Universalindikator-Lösung. Sie ist in Wasser grün gefärbt. In sauren Lösungen verfärbt sie sich rot. Die Indikatoren wechseln bei Säurezugabe ihre Farbe, weil die Moleküle des Farbstoffs mit den Ionen der sauren Lösung reagieren. Es handelt sich um **Hydronium-Ionen** (**H_3O^+-Ionen**).

Material mit Aufgaben

M1 Starke und schwache Säuren

1. Beschreibe, wie sich Lösungen einer starken Säure von einer schwachen Säure mit gleicher Konzentration unterscheiden.
2. Erkläre, warum die Ätzwirkung einer starken Säure stärker ist als die Ätzwirkung einer schwachen Säure.

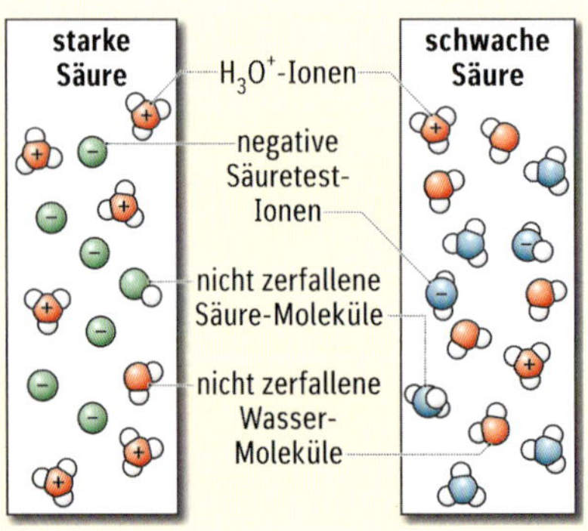

Starke und schwache Säuren

Bei starken Säuren zerfallen in wässriger Lösung fast alle Säure-Moleküle. In der Lösung liegen dann positiv geladene H_3O^+-Ionen und negativ geladene Säurerest-Ionen vor. Je mehr H_3O^+ -Ionen vorliegen, desto stärker ist die Ätzwirkung. Die H_3O^+ -Ionen reagieren mit der Haut und können sie zerstören. Bei einer schwachen Säure zerfallen nur wenige Säure-Moleküle. Es sind weniger frei bewegliche H_3O^+ - Ionen vorhanden.

Elektrische Leitfähigkeit

Destilliertes Wasser leitet den elektrischen Strom nicht. Fügt man jedoch dem Wasser wenige Tropfen Säure hinzu, leitet die entstandene saure Lösung den Strom. Dies liegt daran, dass in sauren Lösungen bewegliche positive und negativ geladene Ionen vorliegen.

Reaktion mit unedlen Metallen

Gibt man ein Stück Magnesium in Essigessenz, bilden sich an der Oberfläche des Metalls Gasbläschen. Es entsteht das Gas Wasserstoff. Mit der Zeit löst sich das Metall auf. Die Hydronium-Ionen der Essigessenz reagieren mit den Magnesium-Atomen. Dabei nehmen zwei H_3O^+-Ionen je ein Elektron von einem Magnesium-Atom auf. Es bilden sich dadurch zwei H_2O-Moleküle und ein H_2-Molekül. In der Lösung bleiben dann Mg^{2+}-Ionen zurück. Es findet also eine **Elektronenübertragung** statt.

Reaktion mit Kalk

Gibt man saure Lösungen auf Kalk oder auf kalkhaltiges Gestein wie Kalkstein, bilden sich kleine Gasbläschen. Die saure Lösung reagiert mit dem Kalk. Das entstehende farb- und geruchlose Gas trübt Kalkwasser. Es handelt sich um Kohlenstoffdioxid.

Kalk ist das Salz Calciumcarbonat. Es besteht aus Ca^{2+} -Ionen und CO_3^{2-} -Ionen. Die H_3O^+ -Ionen der sauren Lösung reagieren mit den CO_3^{2-} -Ionen des Kalks. Zum Entfernen von kalkreichen Ablagerungen werden deswegen Kalkentferner verwendet, die Säuren wie Essigsäure oder Citronensäure enthalten.

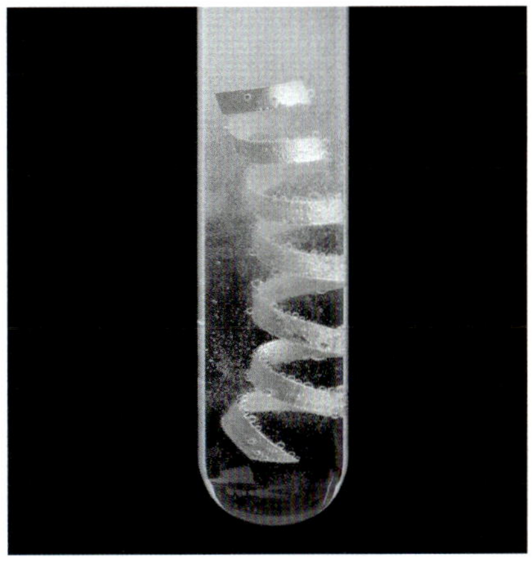

2 Magnesium reagiert mit Salzsäure

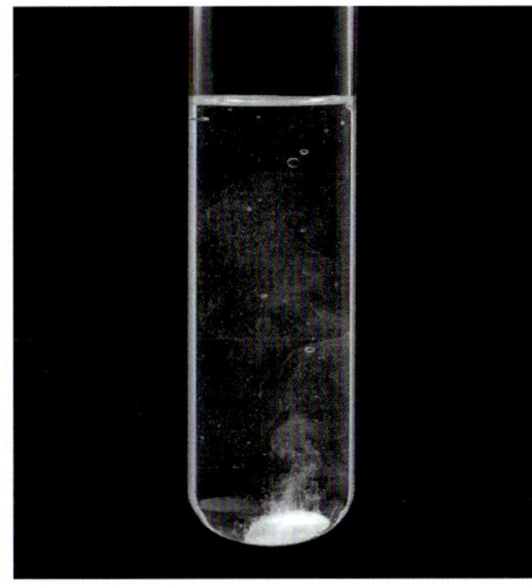

3 Kalk reagiert mit sauren Lösungen

Material mit Aufgaben

M2 Entstehung von Säuren

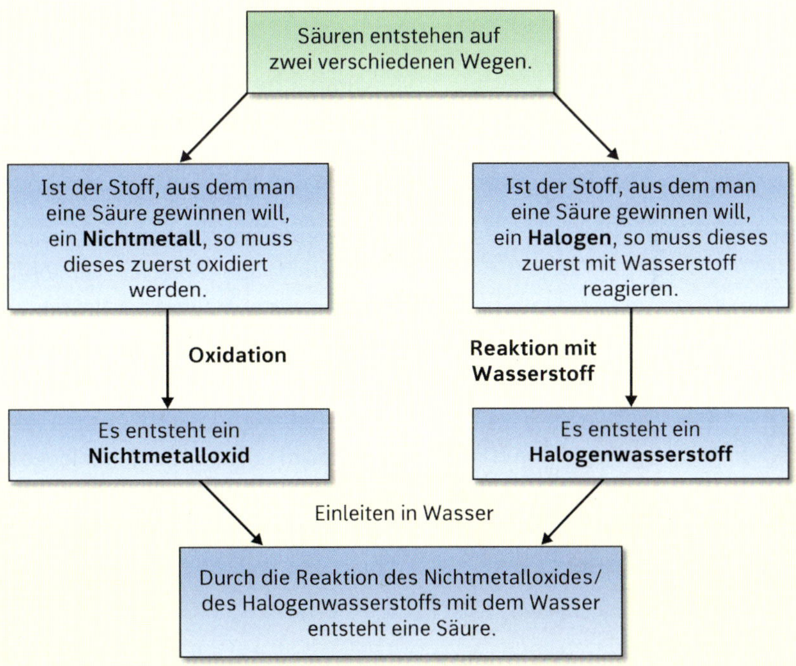

Salzsäure (HCl) und Schwefelsäure (H_2SO_4) sind zwei bekannte Säuren, die aber auf unterschiedliche Weise entstehen.

1. Beschreibe mithilfe der Abbildung die beiden grundsätzlichen Wege, wie Säuren entstehen.

1 Abflussreiniger

Projekt

Eigenschaften alkalischer Lösungen

s: fest (von *solid*)
aq: in Wasser gelöst (von *aqua*)
l: flüssig (von *liquid*)
g: gasförmig

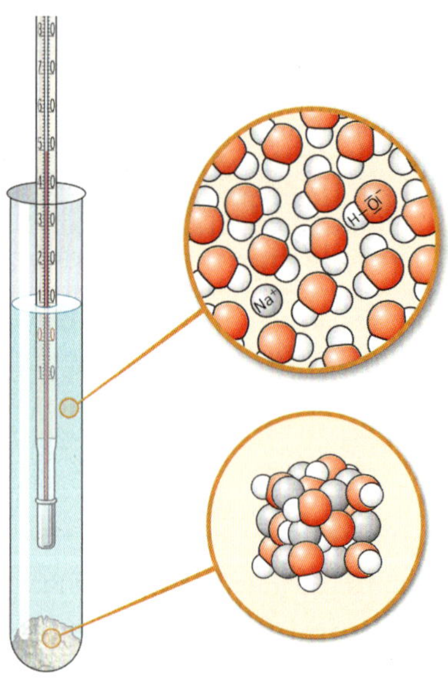

2 Natriumhydroxid in Wasser gelöst

Alkalische Lösungen

Natronlauge ist eine alkalische Lösung. Alkalische Lösungen können wie saure Lösungen ätzend sein. So kann Natronlauge zum Beispiel organische Eiweißstoffe und Fette zersetzen. Verstopft ein Abfluss mit eiweißhaltigen Haaren, kann mithilfe von Natronlauge der Abfluss wieder frei werden. Da die Haut auch Eiweißstoffe und Fette enthält, sollte man beim Umgang mit Natronlauge vorsichtig sein. Bekommt man Natronlauge auf die Hand, muss man sie sofort abwaschen. Alkalische Lösungen dürfen nicht auf den Geschmack überprüft werden. Beim Umgang mit Laugen sind Handschuhe und eine Schutzbrille Pflicht. Zum Erkennen von alkalischen Lösungen verwendet man Indikatoren. Der Universalindikator färbt sich bei starken alkalischen Lösungen blau. Der pH-Wert liegt zwischen 7 und 14.

Laugen und Hydroxide

Wenn man eine Lauge erhitzt, verdampft das Wasser. Es bleiben feste, weiße Stoffe zurück. Man bezeichnet sie als **Hydroxide**. Sie bestehen aus positiv geladenen Metall-Ionen und negativ geladenen Hydroxid-Ionen, OH^- - Ionen. In festem Natriumhydroxid sind die Ionen im Gitter gebunden. Wird es in Wasser gelöst, entsteht Natronlauge.

$$Na + OH^- (s) \rightarrow Na^+ (aq) + OH^- (aq)$$

Laugen sind alkalische Lösungen, die Hydroxid-Ionen enthalten. Diese sind für die Zersetzung von Eiweißstoffen und Fetten verantwortlich. Nur geschmolzenes oder in Wasser gelöstes Natriumhydroxid leitet elektrischen Strom. Dies liegt daran, dass festes Natriumhydroxid aus Ionen besteht, die sich in Lösung oder als Schmelze frei bewegen können.

Bildung von Laugen

Das Alkalimetall Lithium reagiert mit Wasser zu Lithiumlauge. Der Universalindikator verfärbt sich dadurch blau. Bei dieser exothermen Reaktion entsteht auch Wasserstoff. Dieses Gas kann mit der Knallgasprobe nachgewiesen werden.

Lithium + Wasser → Lithiumlauge + Wasserstoff

$2\,Li + 2\,H_2O \rightarrow 2\,LiOH + H_2$

Auch andere Alkalimetalle wie Natrium und Kalium reagieren mit Wasser zu Laugen.
Die Erdalkalimetalle wie Calcium und Magnesium reagieren mit Wasser ebenfalls zu Laugen und Wasserstoff. Jedoch ist die chemische Reaktion weniger heftig als bei Alkalimetallen.

Calcium + Wasser → Calciumlauge + Wasserstoff

$Ca + 2\,H_2O \rightarrow Ca(OH)_2 + H_2$

Stoffe, die in Wasser alkalische Lösungen bilden, nennt man auch **Basen**.

Aluminium

Viele Abflussreiniger enthalten Aluminium und Hydroxide. Das Aluminium reagiert mit alkalischen Lösungen unter Freisetzung von Wasserstoff, das mit dem Luftsauerstoff ein explosives Gasgemisch bildet. Deswegen muss man bei der Benutzung solcher Abflussreiniger auf eine gute Belüftung achten und die Warnhinweise beachten.

Material mit Aufgaben

M1 Bildung von Laugen aus Hydroxiden

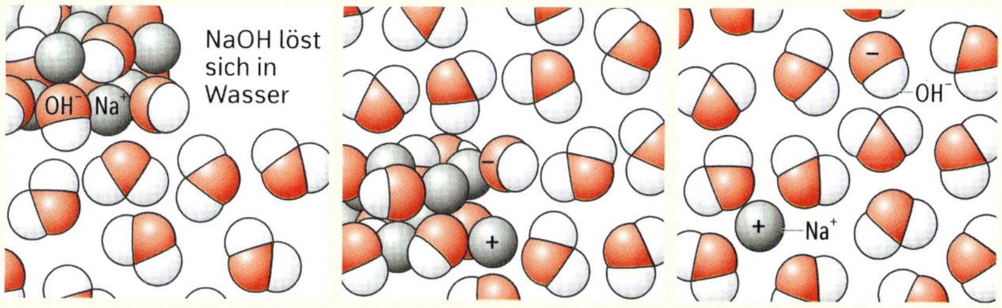

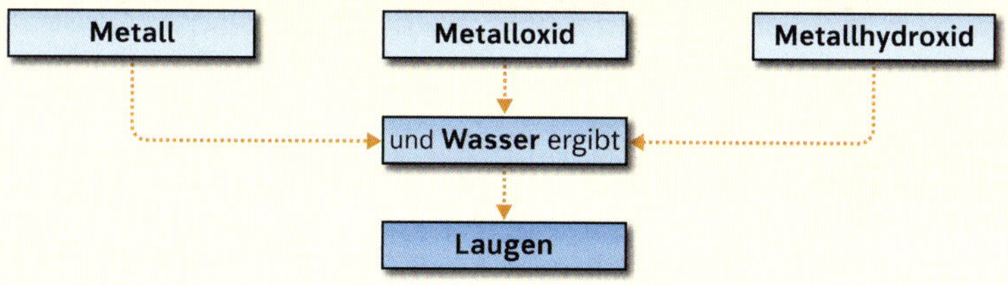

1. Beschreibe die Entstehung von Natronlauge aus Natriumhydroxid.
2. Erstelle die Gleichung für die Entstehung von Natronlauge.
3. Erkläre, warum Natronlauge den Strom leitet, festes Natriumhydroxid jedoch nicht.
4. Stelle Vermutungen an, wovon der pH-Wert einer alkalischen Lösung abhängt.

M2 Zusammensetzung von Abflussreiniger

Natrium- oder Kaliumhydroxid: organische Stoffe werden zersetzt → Wasserlöslichkeit der Zersetzungsprodukte wird erhöht.

Aluminium: bildet mit der Lauge Wasserstoffgas → Lockerung der Verstopfung

Natriumcarbonat: zersetzt organische Stoffe → siehe oben

Kalium- oder Natriumnitrat: → binden überschüssigen Wasserstoff unter Bildung von Ammoniak

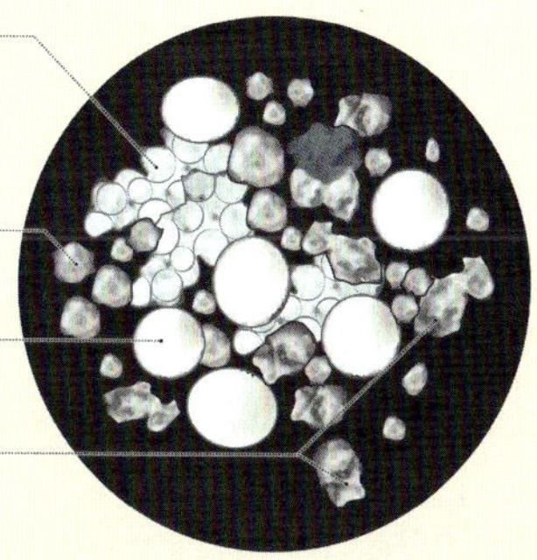

1. Beschreibe die im Bild dargestellte Zusammensetzung eines Abflussreinigers.
2. Beschreibe die „Aufgaben" der einzelnen Bestandteile des dargestellten Abflussreinigers.
3. Erkläre, warum man beim Umgang mit den Reinigern die Warnhinweise beachten und für gute Belüftung sorgen muss.

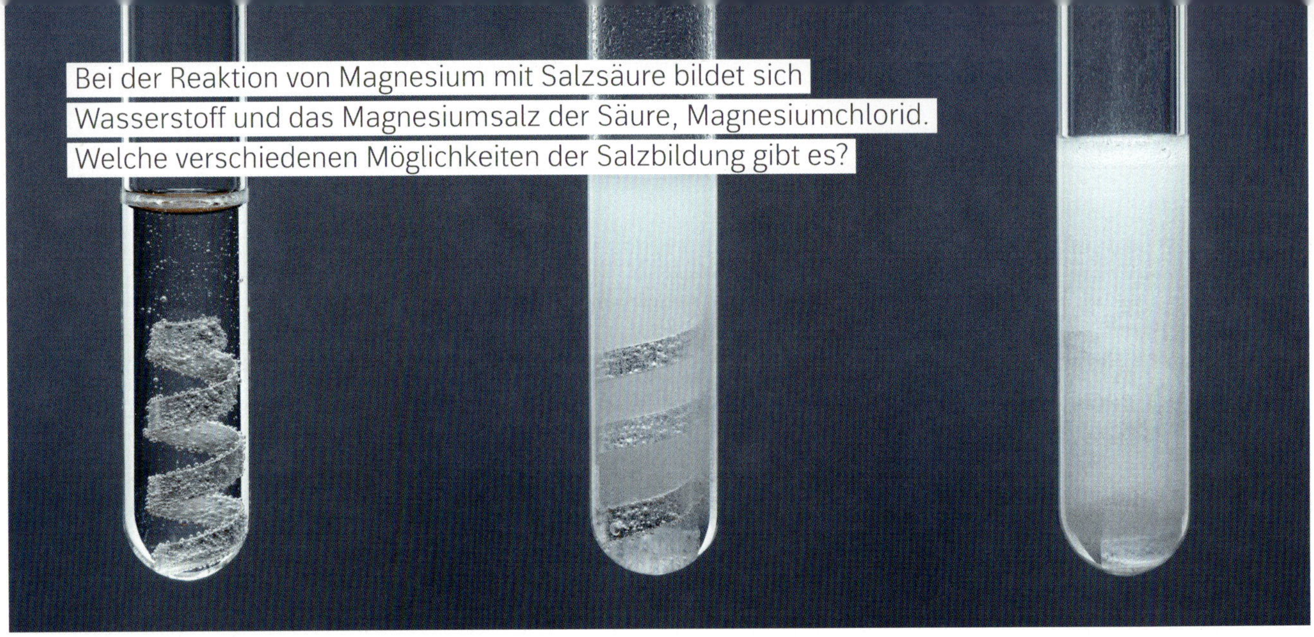

1 Magnesium reagiert mit Salzsäure

Projekt

Bildung von Salzen

Möglichkeiten der Salzbildung

Salze sind feste, kristalline Stoffe, die aus Ionen bestehen. Viele Salze lösen sich in Wasser, wobei sie in frei bewegliche Ionen zerfallen. Es gibt verschiedene Möglichkeiten, Salze herzustellen. Salze bilden sich, wenn ein unedles Metall, ein Metalloxid oder ein Metallhydroxid mit einer sauren Lösung reagiert. Es bildet sich auch ein Salz, wenn ein Metall mit einem Nichtmetall reagiert. Es gibt dementsprechend verschiedene **Salzbildungsreaktionen**.

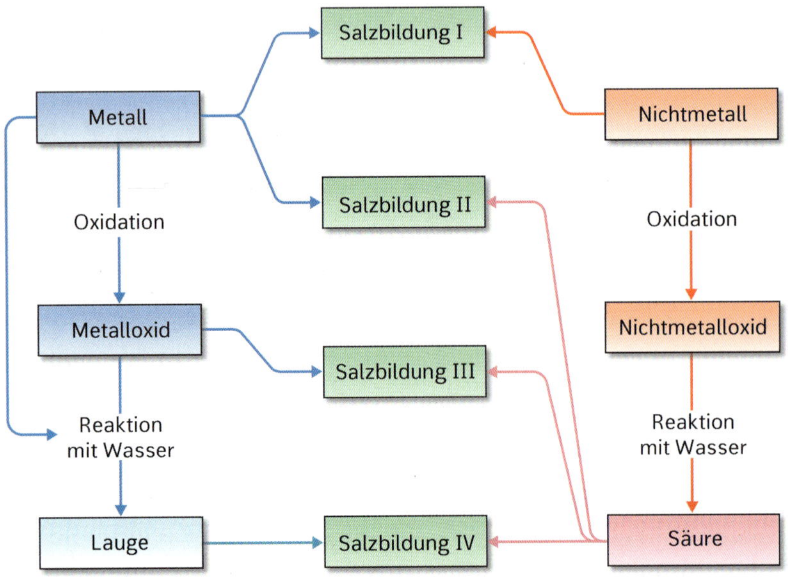

2 Salzbildungsreaktionen (Schema)

Säure + Lauge

Bei allen Neutralisationsreaktionen entstehen Salze und Wasser. Wird zum Beispiel Schwefelsäure mit Bariumlauge neutralisiert, fällt weißes Bariumsulfat aus.

Schwefelsäure + Bariumlauge → Bariumsulfat + Wasser

$H_2SO_4 + Ba(OH)_2 \rightarrow BaSO_4 + 2\ H_2O$

Metall + Säure

Reagiert ein unedles Metall mit einer sauren Lösung, entsteht ein Salz. Es wird bei der Reaktion das Gas Wasserstoff frei. Reagiert zum Beispiel Zink mit

3 Salzbildungsreaktionen: **A** Metall und Säure, **B** Metalloxid und Säure, **C** Metall und Nichtmetall

Schwefelsäure, entsteht das Salz Zinksulfat und Wasserstoff.

Magnesium + Schwefelsäure → Magnesiumsulfat + Wasserstoff

$Mg + H_2SO_4 \rightarrow MgSO_4 + H_2$

Metalloxid + Säure

Reagiert ein Metalloxid mit einer sauren Lösung, entstehen Salz und Wasser. So entstehen bei der Reaktion von Kupferoxid und Salzsäure das Salz Kupferchlorid und Wasser.

Kupferoxid + Salzsäure → Kupferchlorid + Wasser

$CuO + 2\ HCl \rightarrow CuCl_2 + H_2O$

Metall + Nichtmetall

Metalle und Nichtmetalle reagieren miteinander zu Salzen. So reagiert Natrium mit Chlor zu Natriumchlorid.

Natrium + Chlor → Natriumchlorid

$2\ Na + Cl_2 \rightarrow 2\ NaCl$

Material mit Aufgaben

M1 Salzbildungsreaktionen

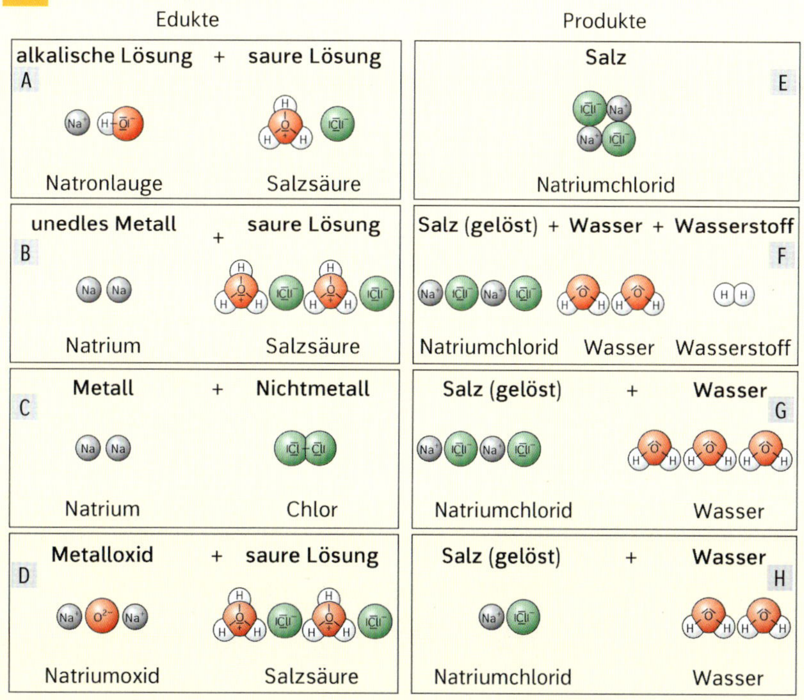

1. **III** Ordne die Kärtchen A-D den passenden Kärtchen E-H zu.
2. **III** Beschreibe die vier Salzbildungsreaktionen.
3. **III** Stelle die Reaktionsgleichung für die Reaktion von Lithiumlauge mit Salzsäure auf. ⊞
4. **III** Lithiumoxid wird in Schwefelsäure gelöst. Gib das gebildete Salz und die Reaktionsgleichung an.

Zusammenfassung Vom Geben und Nehmen

Redoxreaktionen

Geben Atome eines Stoffs Elektronen ab, spricht man von Oxidation. Die Atome sind dann Elektronendonatoren. Nimmt ein Atom eines Stoffs Elektronen auf, spricht man von Reduktion. Diese Atome nennt man auch Elektronenakzeptoren. Aus der Redoxreihe der Metalle lässt sich erkennen, welches Metall eine große Tendenz zur Elektronenabgabe zeigt.

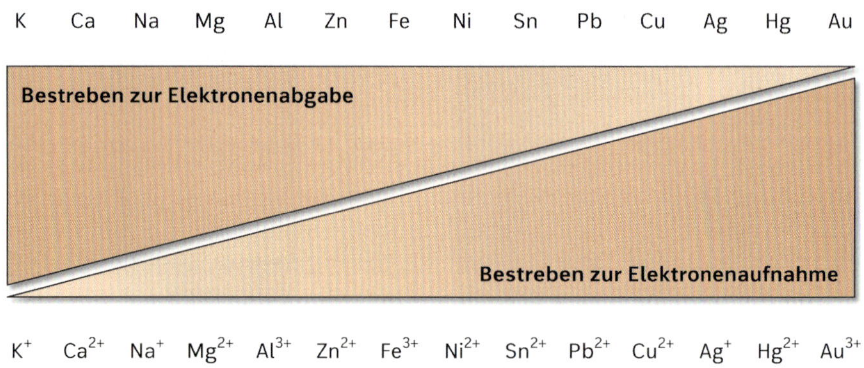

Redoxgleichungen

Redoxreaktionen sind Elektronenübertragungsreaktionen. Bei Redoxgleichungen werden zunächst die Teilgleichungen für die Oxidation und die Reduktion angegeben. Im Anschluss werden die beiden Teilgleichungen addiert. Die Anzahl der abgegebenen Elektronen entspricht immer der Anzahl der aufgenommenen Elektronen.

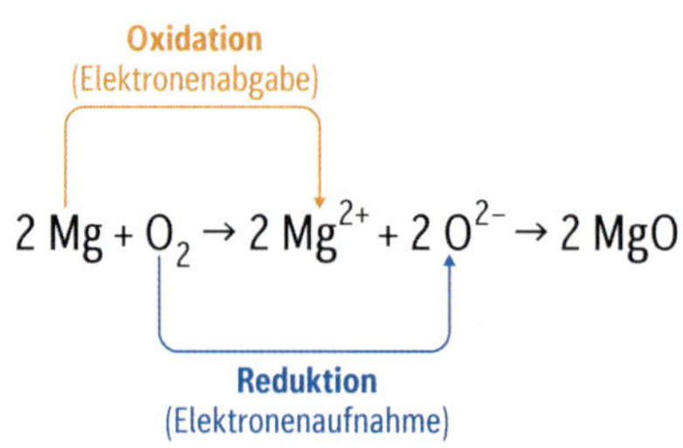

Galvanisches Element

Das Daniell-Element besteht aus einer Kupfer- und einer Zinkhalbzelle. Zwischen ihnen liegt ein Diaphragma. In beiden Halbzellen läuft eine Redoxreaktion ab. Die Elektronen gehen vom Minuspol zum Pluspol. Das Daniell-Element ist ein galvanisches Element. Chemische Energie wird in elektrische Energie umgewandelt.

Elektrolyse

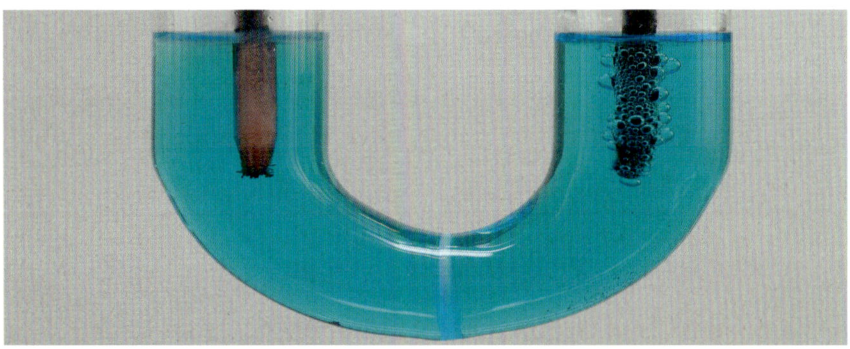

Bei der Elektrolyse wird durch elektrischen Strom eine Elektronenübertragung erzwungen. Bei einem Elektrolyseapparat tauchen zwei Elektroden in einen Elektrolyten. Es wird elektrische Spannung angelegt. Am Pluspol geben Anionen Elektronen ab, am Minuspol nehmen Kationen Elektronen auf. Bei einer Elektrolyse wird elektrische Energie in chemische Energie umgewandelt.

Batterien und Akkumulatoren

Batterien sind galvanische Zellen, die oft aus einem Metall (Minuspol), Metalloxid (Pluspol) und einem Elektrolyten bestehen. Durch Redoxreaktionen zwischen den beiden Polen entsteht eine Spannung.

Akkus sind aufladbare Batterien. Die chemischen Vorgänge, die beim Entladen ablaufen, werden durch Zufuhr elektrischer Energie wieder umgekehrt.

Zusammenfassung

Saure Lösungen

Saure Lösungen schmecken sauer. Sie reagieren mit Kalk und unedlen Metallen. Saure Lösungen leiten den elektrischen Strom und haben pH-Werte kleiner als 7. Wird das Gas Chlorwasserstoff in Wasser gelöst, entsteht Salzsäure:

$HCl \rightarrow H^{+} (aq) + Cl^{-} (aq)$

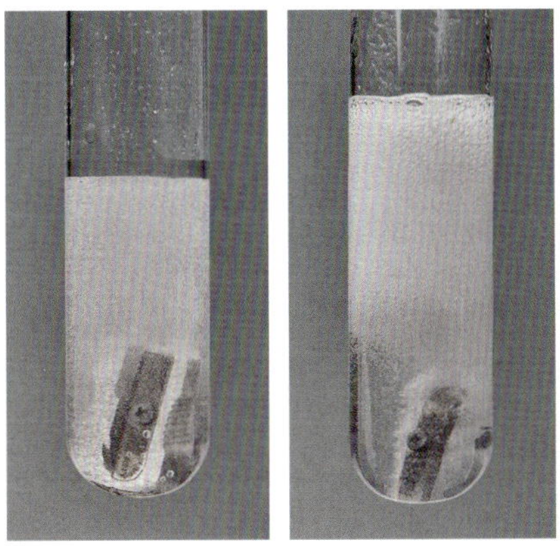

Alkalische Lösungen

Laugen sind alkalische Lösungen und fühlen sich seifig an. Sie leiten den elektrischen Strom und haben pH-Werte größer als 7. Wird Natriumhydroxid in Wasser gelöst, entsteht Natronlauge:

$NaOH \rightarrow Na^{+} (aq) + OH^{-} (aq)$

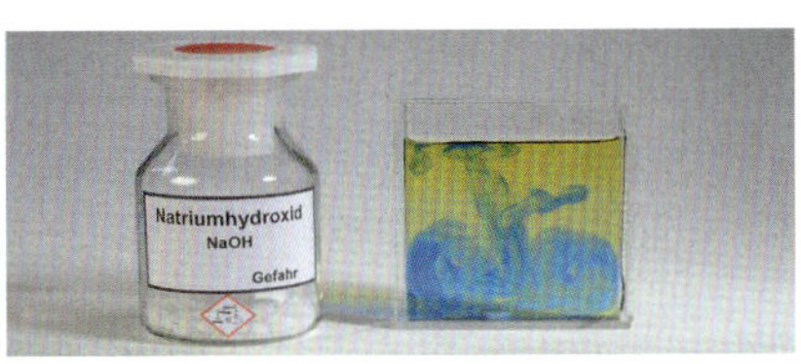

Neutralisation

Bei einer Neutralisationsreaktion verbinden sich H^{+} - Ionen mit OH^{-}-Ionen zu H_2O-Molekülen. Wenn gleich viele H^{+}-Ionen und OH^{-} -Ionen reagieren, ist die Lösung neutral. Neben Wasser-Molekülen entstehen bei Neutralisationen Salze.

Säure + Lauge → Salz + Wasser

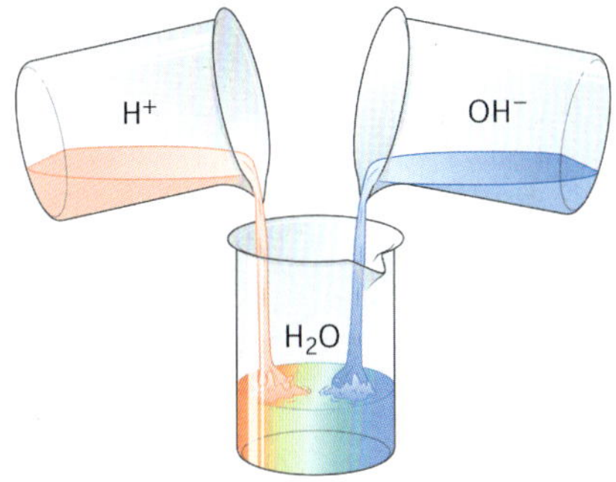

Protonen werden übertragen

Nach dem dänischen Wissenschaftler Brönstedt sind Säure-Base-Reaktionen Protonenübertragungsreaktionen. Eine Brönstedt-Säure ist ein Teilchen, das ein Proton abgibt. Es ist somit ein Protonendonator. Saure Lösungen entstehen durch Protonenübertragungsreaktionen. In wässriger Lösung liegen dann Hydronium-Ionen, H_3O^{+} (aq), vor. Dagegen ist eine Brönstedt-Base ein Protonenakzeptor. Die Base nimmt ein Proton auf. Bei alkalischen Lösungen wie Natronlauge liegen OH^{-}-Ionen (aq) vor.

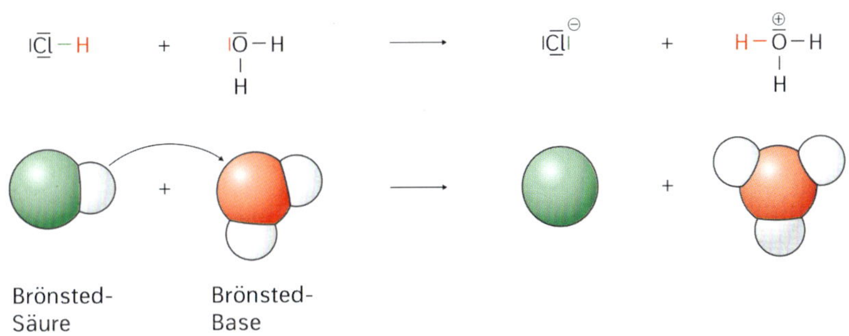

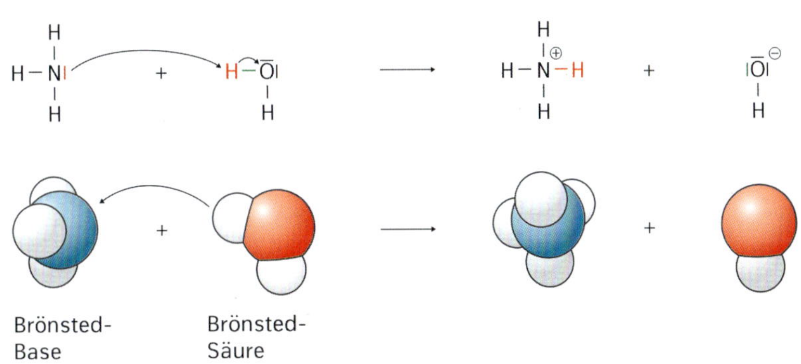

Vom Geben und Nehmen

1 Redoxreaktionen I

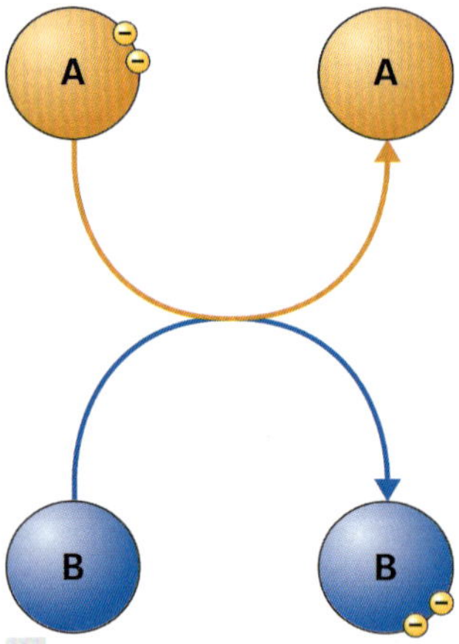

A

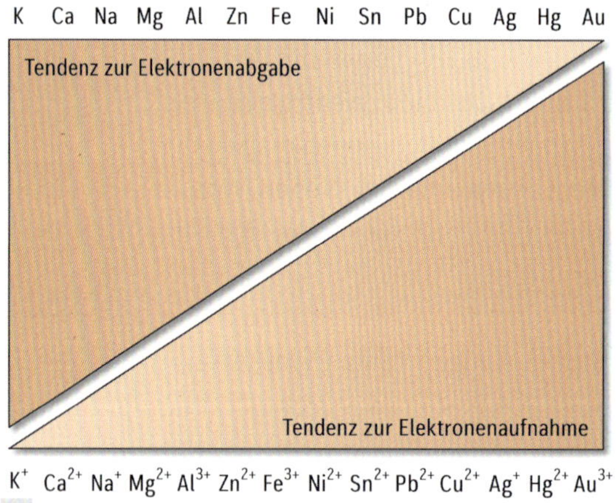

B

A ▮▮▮ Betrachte das Schema in Bild A. Erkläre mithilfe der Schemazeichnung die Begriffe Reduktion, Oxidation, Redoxreaktion, Elektronenakzeptor und Elektronendonator.

B ▮▮▮ Erkläre, was mit der Redoxreihe bei der Elektronenübertragung veranschaulicht wird.

C ▮▮▮ Wähle mithilfe der Redoxreihe aus dem Bild B geeignete Metall-Ionen und Metall-Atome aus. Zeichne dann ein Schema wie in Bild A mit deinen ausgewählten Ionen und Atomen.

3 Elektrolyse

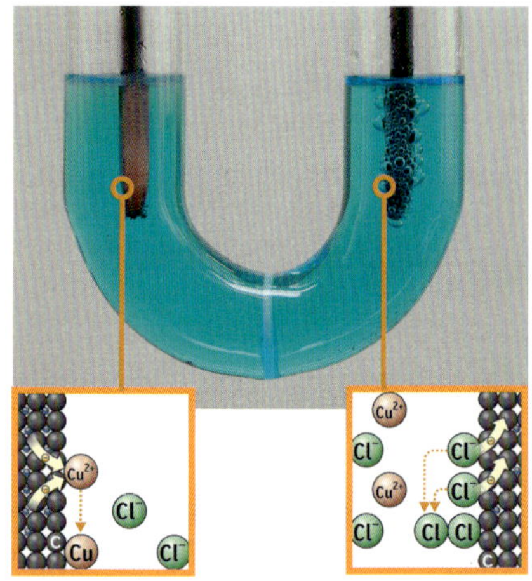

A ▮▮▮ Beschreibe den Versuchsaufbau.

B ▮▮▮ Erkläre, warum die Kupfer-Ionen zur Kathode und die Chlorid-Ionen zur Anode wandern.

C ▮▮▮ Begründe, warum es sich um eine chemische Reaktion handelt.

D ▮▮▮ Erkläre, warum die Elektrolyse eine Elektronenübertragung ist.

2 Redoxreaktionen II

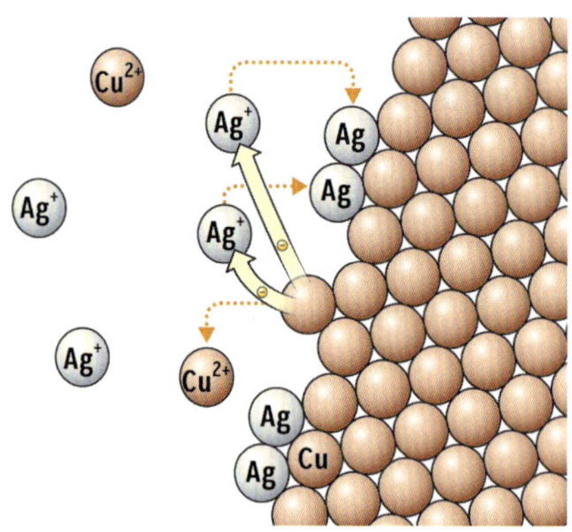

A ▮▮▮ Beschreibe die dargestellte Reaktion von Kupfer in Silbernitratlösung.

B ▮▮▮ Erkläre mithilfe der Teilchendarstellung das Donator-Akzeptor-Prinzip.

C ▮▮▮ Stelle die Teilgleichungen für die Oxidation und die Reduktion auf. Erstelle anschließend die Gesamtgleichung für die abgebildete Redoxreaktion.

4 Galvanisches Element

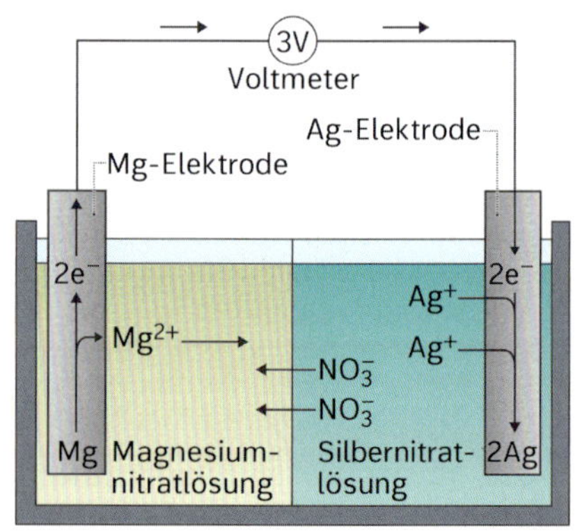

A ▮▮▮ Beschreibe den Versuchsaufbau.

B ▮▮▮ Ordne den Elektroden die Begriffe Oxidation und Reduktion zu.

C ▮▮▮ Stelle die Teilgleichung für die Vorgänge an den Elektroden und die Gesamtgleichung auf.

5 Saure und alkalische Lösungen

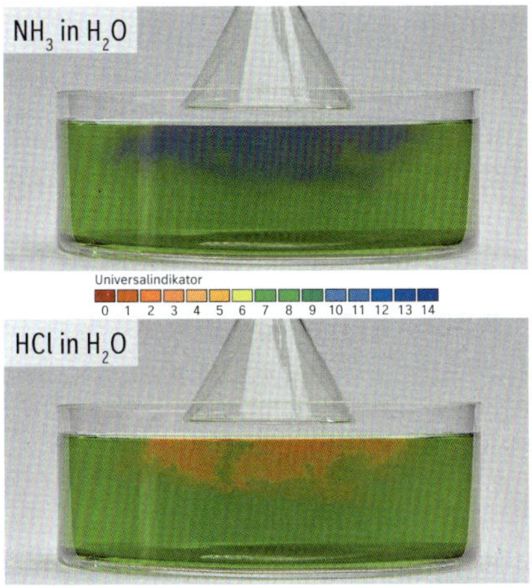

A Vergleiche die beiden Lösungen.
B Ordne den beiden Lösungen die Begriffe „saure Lösung“ oder „alkalische Lösung“ zu. Begründe.
C Erkläre, warum beide Lösungen den elektrischen Strom leiten.
D Erkläre, wovon der pH-Wert einer Lösung abhängt.

6 Neutralisation

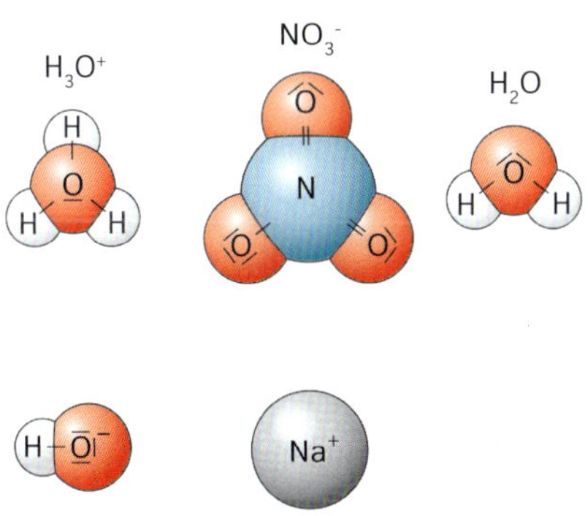

A Salpetersäure (HNO_3) wird mit Natronlauge neutralisiert. Stelle mithilfe der dargestellten Teilchen die Reaktionsgleichung auf.
B Erkläre, wann die Lösung neutral ist.

7 Protonen werden übertragen

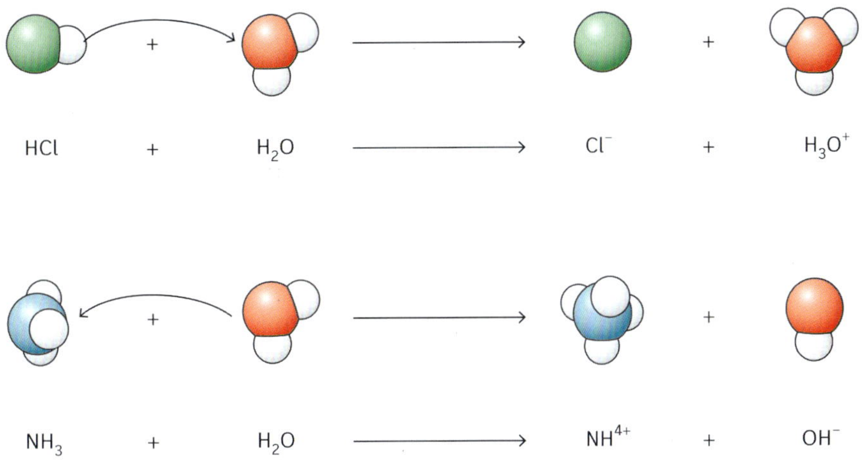

A Bei welcher Reaktion entsteht eine saure, bei welcher Reaktion eine alkalische Lösung? Beschreibe die beiden dargestellten Reaktionen.
B Erkläre, warum man in beiden Fällen von einer Protonenübertragungsreaktion spricht.
C Stelle beide Reaktionen mithilfe von Strukturformeln dar.
D Erkläre, warum Wasser sowohl als Protonendonator als auch als Protonenakzeptor wirken kann.
E Erläutere an den beiden Beispielen das Donator-Akzeptor-Prinzip.

8 Salzbildung

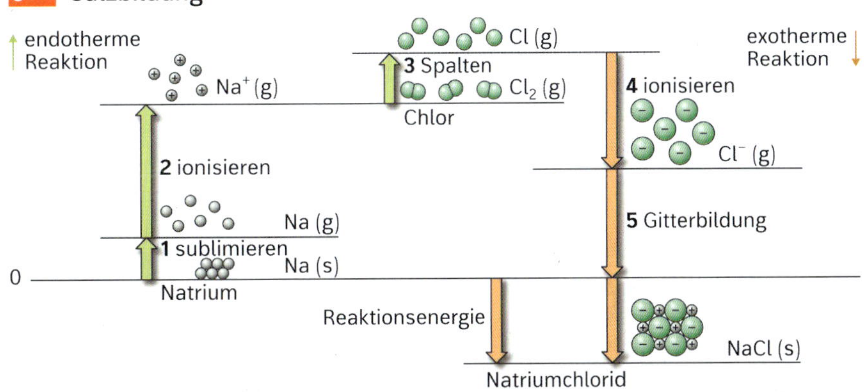

Reagieren Natrium und Chlor, entsteht Natriumchlorid. Diese Reaktion läuft in Teilschritten ab. In den ersten Schritten wird Energie benötigt. Diese Schritte sind endotherm. Bei den letzten Schritten wird Energie frei. Sie sind exotherm.

A Beschreibe die Bildung von NaCl in den Schritten 1-5.
B Erkläre, warum die Gesamtreaktion dieser Salzbildung exotherm ist.

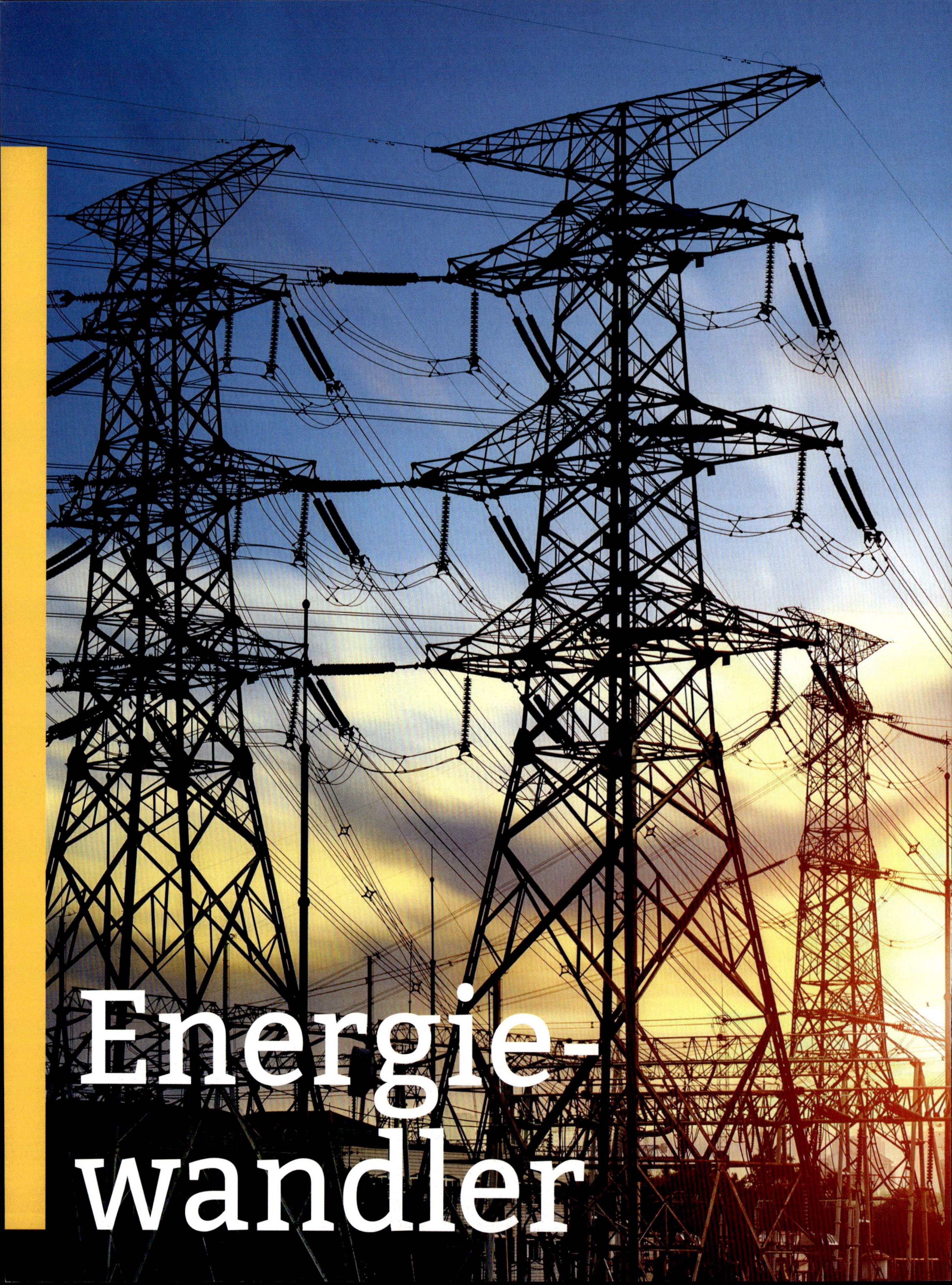

Energie-wandler

7

Was ist Elektromagnetismus?
Wie funktionieren Dioden?
Wie wird elektrischer Strom transportiert?

Elektrischer Strom wird durch Kraftwerke zur Verfügung gestellt. Mithilfe von Hochspannungsleitungen und über Umspannwerke wird er zu den Haushalten transportiert. Dort kann man den elektrischen Strom dann für die verschiedensten Vorgänge nutzen.

Wie kann man den Stromfluss in einem Stromkreis beschreiben?

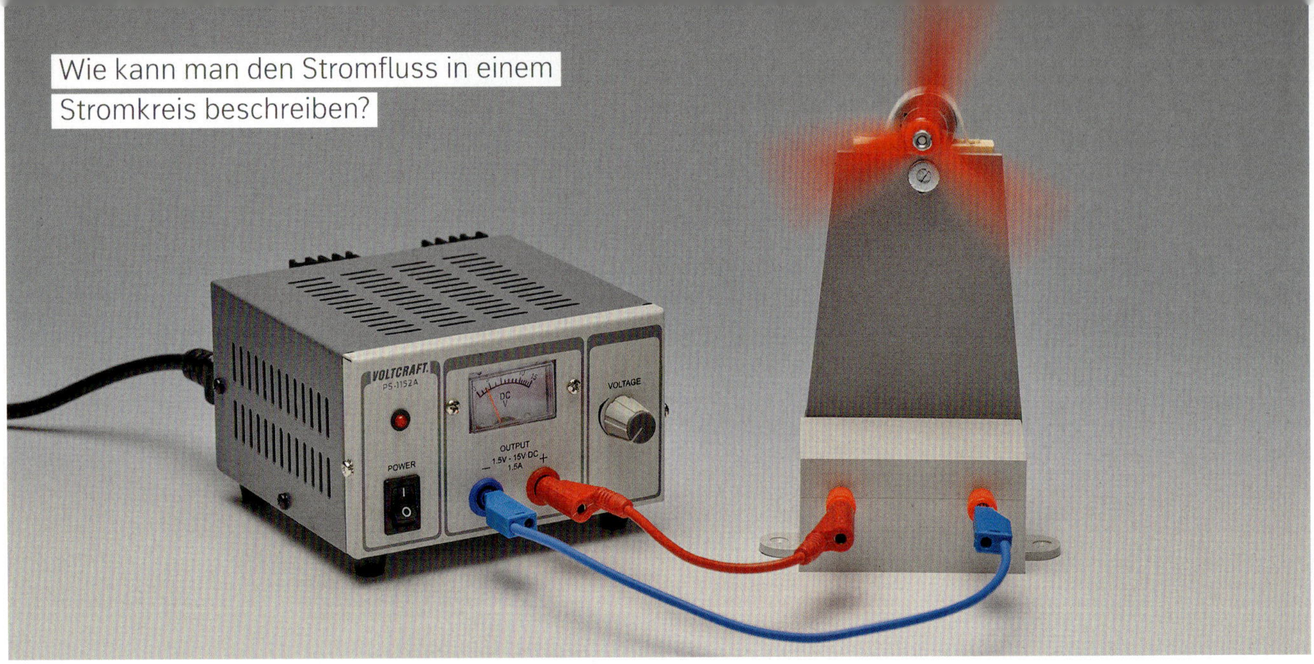

1 Stromkreis mit Elektromotor

Elektrischer Strom

Elektromotor

Ein **Elektromotor** ist ein elektrisches Bauteil, das in vielen Alltagsgeräten verbaut ist. Er befindet sich in Waschmaschinen, Spülmaschinen, Bohrmaschinen oder auch Akkuschraubern. Am Elektromotor lassen sich mehrere Wirkungen des elektrischen Stroms beobachten. Die magnetische Wirkung führt zu der Drehbewegung und die Wärmewirkung wird deutlich, wenn der Motor warmläuft.

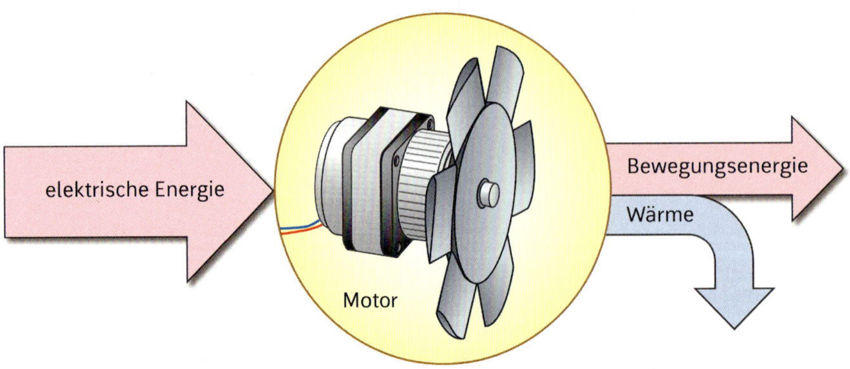

2 Energieflussdiagramm

Elektronen- und Energiestrom

Der Elektromotor funktioniert mit elektrischem Strom. Die **Elektronen** fließen im Betrieb von der Spannungsquelle durch die Kabel zum Motor und zurück. Die Elektronen können je nach Spannung unterschiedlich große Mengen an **elektrischer Energie** besitzen. Durch den Elektronenstrom wird die Energie von der Spannungsquelle zum Motor transportiert. Im Motor wird elektrische Energie in andere Energieformen umgewandelt. Diese **Energieumwandlungen** können in Form eines Energieflussdiagramms dargestellt werden. In diesem wird der Energiefluss mit Pfeilen dargestellt. Die Breite eines Pfeils steht für die Menge der Energie, die in dem Vorgang zur Verfügung steht. Wird eine Energieform in verschiedene Energieformen umgewandelt, muss die Gesamtbreite des Pfeils, der in den Wandler hineinführt, genauso breit sein wie die Breite aller Pfeile, die hinausgehen.

Größen des elektrischen Stroms

Für die Beschreibung des elektrischen Stroms in Stromkreisen werden verschiedene Größen zu Hilfe genommen.

- **Spannung** • Ein Elektromotor funktioniert nicht mit jeder Spannungsquelle. Es ist eine bestimme Spannung nötigt, damit er optimal funktioniert. Ist die Spannung zu klein, funktioniert er gar nicht oder zu langsam. Ist die Spannung zu groß, kann er beschädigt werden. Die elektrische Spannung ist ein Maß für die Energie, die jedes einzelne Elektron besitzt.
- **Stromstärke** • Die Stromstärke gibt an, wie viele Elektronen in einer gewissen Zeit fließen. Je größer der Elektronenstrom ist, desto mehr Energie wird transportiert. Die Stromstärke bestimmt maßgeblich, wie schnell sich der Motor dreht.
- **Widerstand** • Trägt man die Stromstärke in Abhängigkeit von der Spannung grafisch auf, so erhält man die Kennlinie des Motors. Die Steigung des Graphen ist vom Widerstand des Motors abhängig. Je größer der Widerstand ist, desto flacher verläuft die Kennlinie.

Multimeter

Die Funktion von elektrischen Geräten ist sowohl von der Stromstärke als auch von der Spannung abhängig. Beide Größen bestimmen, wie viel Energie pro Zeit zur Verfügung steht. Sie können mithilfe eines Multimeters bestimmt werden. Zur Messung der Stromstärke wird das Messgerät in Reihe geschaltet, zur Messung der Spannung parallel zum Bauteil.

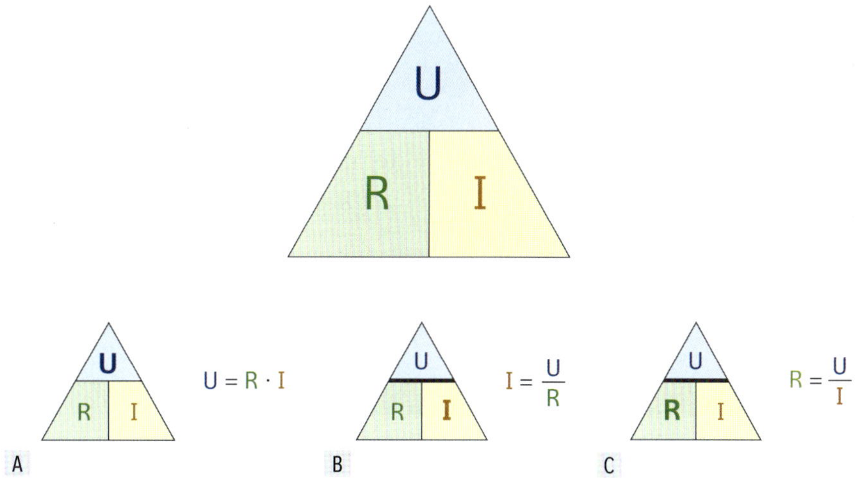

3 Elektrische Größen berechnen: **A** Spannung, **B** Stromstärke, **C** Widerstand

Material mit Aufgaben

M1 **Energieflussdiagramme**

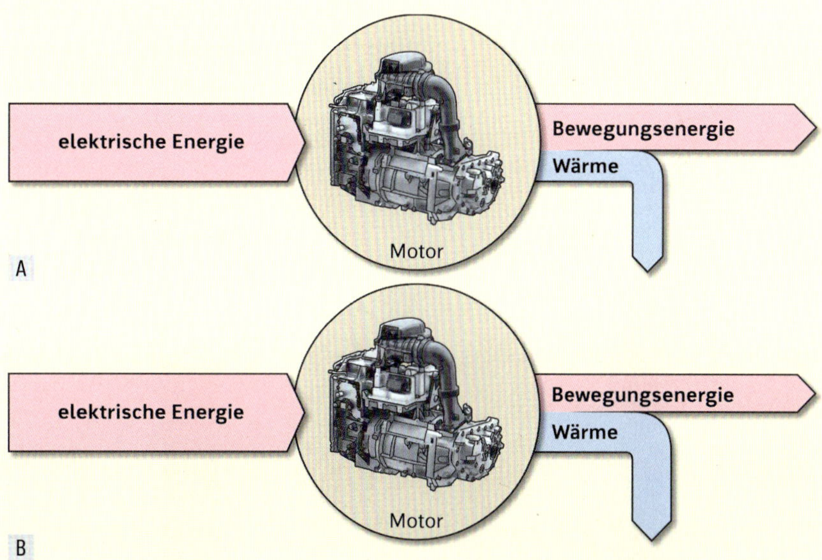

1. Beschreibe die abgebildeten Energieflussdiagramme der Motoren A und B.
2. Vergleiche die abgebildeten Energieflussdiagramme der Motoren A und B. ➕
3. Begründe, welcher der beiden Motoren effektiver arbeitet.

1 Eisenspäne zwischen zwei Magneten

Magnete

Wirkung von Magneten

Magnete ziehen Stoffe aus Eisen, Nickel oder Kobalt an. Die magnetische Wirkung ist an den Magnetpolen am stärksten. Jeder Magnet hat einen Nordpol und einen Südpol. Magnete können sich anziehen oder abstoßen. Das hängt davon ab, welche Pole sich gegenüberliegen. Wenn zwei gleiche Pole sich annähern, stoßen sie sich ab. Zwei ungleiche Pole ziehen sich an.

Magnetfeld

Kommt man mit einem Magneten immer näher an einen Eisennagel, zieht der

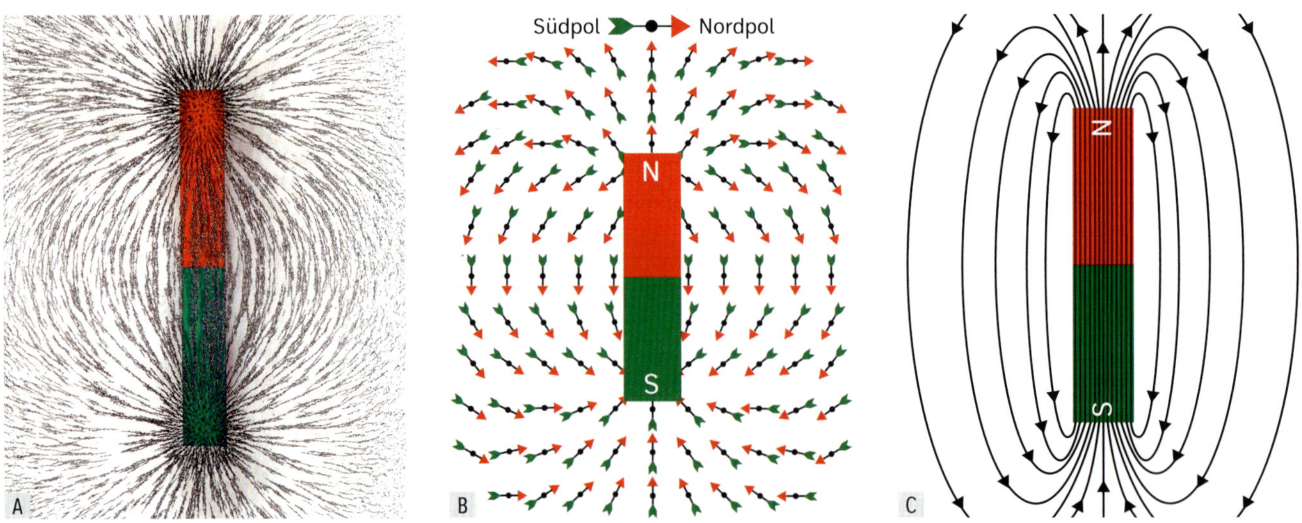

2 Das Magnetfeld eines Stabmagneten: **A** mit Eisenspänen, **B** mit Magnetnadeln, **C** gezeichnete Feldlinien

Magnet den Nagel irgendwann an. Je weiter der Magnet entfernt ist, desto schwächer ist seine Wirkung auf den Nagel. Jeder Magnet hat einen Wirkungsbereich, das **Magnetfeld**. Das Magnetfeld wirkt in alle Richtungen. Mit Magnetnadeln oder Eisenspänen kann man es sichtbar machen. Auch die Erde hat ein eigenes Magnetfeld.

Feldlinien

Zeichnet man die entstehenden Ketten der Eisenspäne in der Nähe eines Magneten nach, erhält man viele Linien, die **magnetischen Feldlinien**. Sie sind ein Modell für die magnetische Wirkung. An ihnen wird der Verlauf und die Stärke des Magnetfeldes sichtbar. Sie verlaufen vom Nordpol zum Südpol und gehen durch den Magneten wieder zum Nordpol. Je näher die Feldlinien zusammen sind, desto stärker ist die magnetische Wirkung. Mithilfe der Feldlinien kann man die Abstoßung und Anziehung von Magneten sichtbar machen.

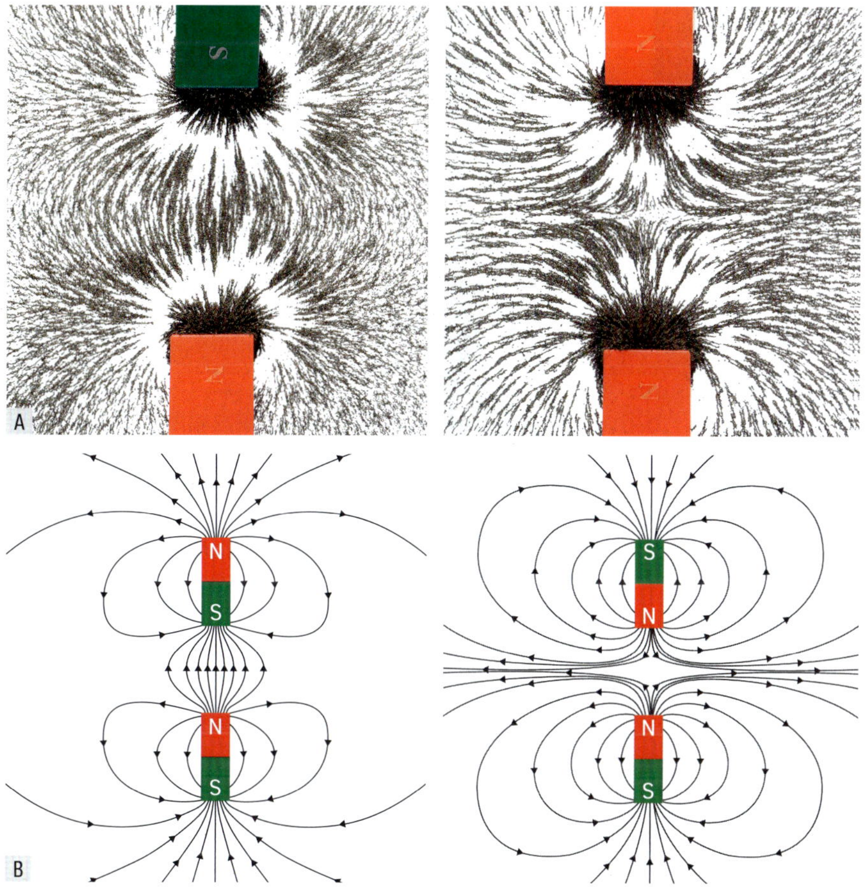

3 Magnetfeld von sich anziehenden und abstoßenden Magneten: **A** Foto, **B** Feldlinienbild

Material mit Aufgaben

M1 Magnetfeld zeichnen

Yussuf und Anna haben die Ausrichtung von Magnetnadeln um einen Stabmagneten gezeichnet.

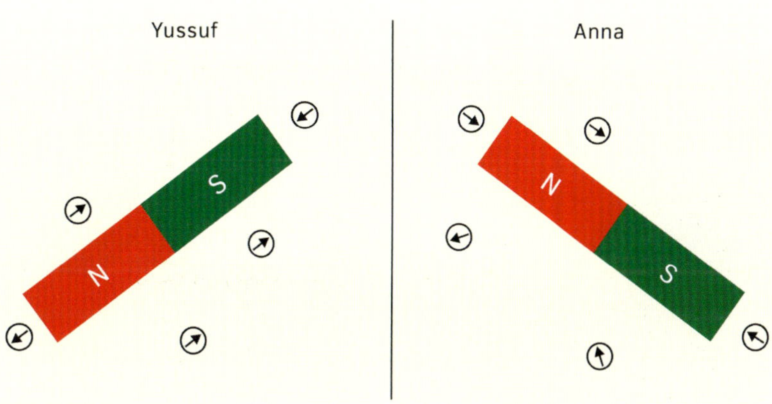

1. Vergleiche die beiden Zeichnungen miteinander.
2. Erkläre, wer eine richtige Zeichnung angefertigt hat.
3. Korrigiere die falsche Zeichnung in deinem Heft und ergänze mindestens drei weitere Nadeln.

1 Elektromagnet auf dem Schrottplatz

Elektromagnetismus

Elektromagnete

Auf Mülldeponien werden sehr starke Magnete zur Trennung von verschiedenen Stoffen genutzt. Sie ziehen nur die Stücke an, die Eisen, Nickel oder Kobalt enthalten. Da der Müll aber teilweise sehr groß ist, reicht die magnetische Wirkung eines normalen Magneten dafür nicht aus. Man nutzt dafür stärkere **Elektromagnete**. Sie nutzen die magnetische Wirkung des elektrischen Stroms.

Strom erzeugt ein Magnetfeld

Auch mithilfe von elektrischem Strom kann ein **Magnetfeld** erzeugt werden. Dies hat der dänische Forscher Hans Christian Oersted in einem Versuch nachgewiesen. Dazu baute einen Stromkreis auf, der einen geraden Leiter enthielt. Neben diesem Leiter platzierte er einen Kompass. Zunächst richtete sich die Nadel des Kompasses in Richtung des Erdmagnetfeldes aus. Sobald elektrischer Strom durch den Draht

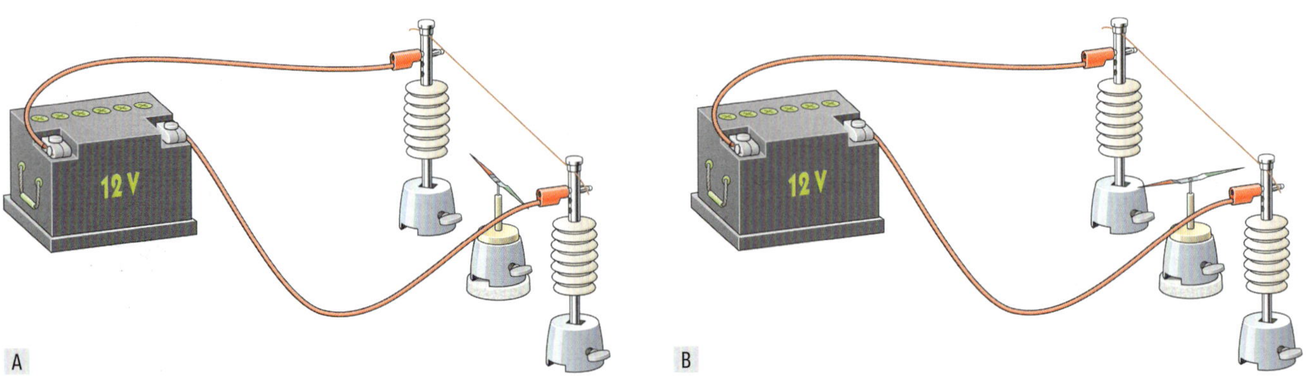

2 Versuch von Oersted: **A** ohne Strom, **B** mit Strom

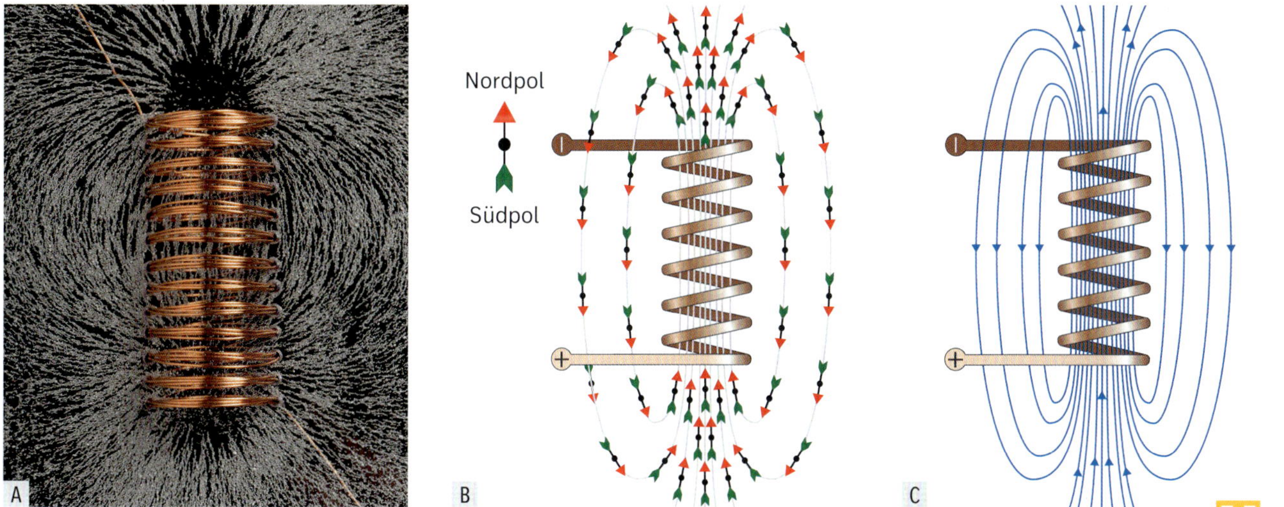

3 Magnetfeld einer Spule: **A** mit Eisenspänen, **B** mit Magnetnadeln, **C** gezeichnete Feldlinien

F

floss, wurde die Nadel so abgelenkt, dass sie sich parallel zum Draht ausrichtete. Der Draht hat also eine magnetische Wirkung entwickelt.

Verstärkung des Magnetfelds

Fließt elektrischer Strom durch einen elektrisch leitenden Stoff, bildet sich ein Magnetfeld um den elektrischen Leiter. Wickelt man den Leiter zusätzlich noch auf, wird das Magnetfeld verstärkt. Das aufgewickelte Bauteil wird als **Spule** bezeichnet. Je enger sie aufgewickelt ist, desto stärker ist das Magnetfeld. Eine Spule, durch die Strom fließt, hat wie ein Magnet einen Nord- und Südpol.

Spule mit Eisenkern

Die magnetische Wirkung des elektrischen Stroms kann zusätzlich verstärkt werden. Dafür wird ein Gegenstand aus Eisen, zum Beispiel ein Eisennagel, in die Spule gesteckt. Wird der Strom dann eingeschaltet, bildet sich ein Magnetfeld um die Spule und das Eisenstück wird magnetisiert. Es entsteht ein starker Elektromagnet.

Material mit Aufgaben

M1 Elektromagnet

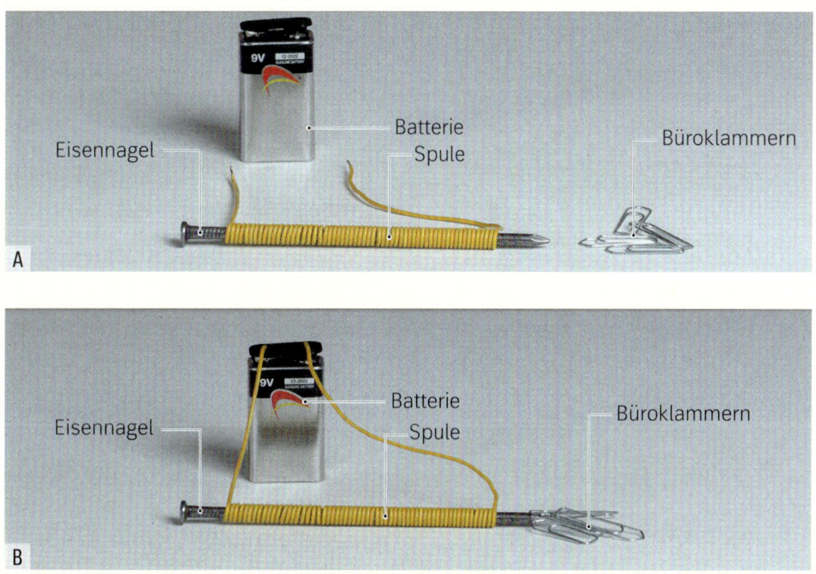

1. Beschreibe den Versuchsaufbau.
2. Erkläre, warum in Bild B die Büroklammern von dem Eisennagel angezogen werden. +
3. Stelle Vermutungen an, wie man die Stärke eines Elektromagneten ändern kann. +
4. Stelle Vermutungen an, ob die Büroklammern sofort wieder vom Eisennagel abfallen, wenn der Strom ausgeschaltet wird.

1 Ein Mixer

Elektromotor

Elektromotoren im Alltag

Elektromotoren sind in vielen verschiedenen elektrischen Geräten, Maschinen oder auch Robotern verbaut. Die Drehbewegung des Elektromotors wird durch magnetische Kräfte verursacht.

Aufbau des Elektromotors

Ein Elektromotor funktioniert aufgrund der Wechselwirkung zwischen Magneten. Er besteht aus einem Stator, einem Rotor, einem Kommutator und Schleifkontakten.

- **Stator** • Der Stator eines Elektromotors ist ein Magnet oder enthält einen Magneten.
- **Rotor** • Der drehbare Rotor befindet sich im Stator. Er besteht aus einer Spule mit einem Eisenkern, dem **Anker**. Fließt Strom durch die Spule, entsteht ein Elektromagnet. Genau wie der Stator hat er dann einen magnetischen Nordpol und Südpol.
- **Kommutator** • Der Kommutator ist an die Spule des Rotors angeschlossen. Er besteht aus zwei Hälften. An ihm befinden sich die Schleifkontakte, die eine elektrische Leitung von der Spannungsquelle zu der Spule des Rotors herstellen. Durch die besondere Bauform kann mithilfe des Kommutators die Stromrichtung gewechselt werden.

Bewegung des Elektromotors

Fließt Strom durch die Spule des Rotors, entsteht ein Elektromagnet. Da dieser sich im Magnetfeld des Stators befindet, stoßen sich die gleichen Pole von Rotor und Stator ab. Die ungleichen Pole ziehen sich an. Ist der Rotor so ausgerich-

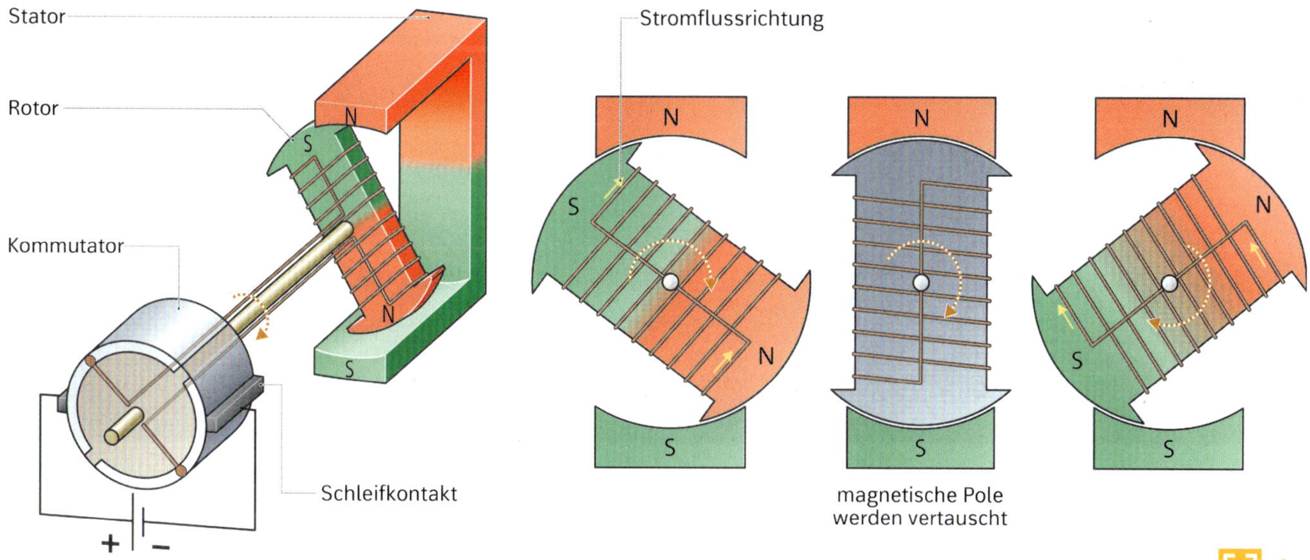

2 Elektromotor

A

tet, dass sein Nordpol am Nordpol des Stators liegt, stoßen sich die beiden Pole ab und der Rotor beginnt sich zu drehen. Nach einer Vierteldrehung dreht er sich weiter, weil er vom Südpol des Stators angezogen wird. Wenn der Nordpol des Rotors den Südpol des Stators erreicht, wird durch den Kommutator die Stromrichtung geändert. Dadurch wird der Nordpol des Rotors zum Südpol und daher vom Südpol des Stators abgestoßen. Nach einer Vierteldrehung wird der Südpol des Rotors von dem Nordpol des Stators angezogen und dreht sich weiter. Sobald der Südpol des Rotors den Nordpol des Stators erreicht hat, wird durch den Kommutator erneut die Stromrichtung geändert. Der Südpol des Rotors wird wieder zum Nordpol und vom Nordpol des Stators abgestoßen. Die Drehung beginnt erneut.

A Beschreibe den Aufbau eines Elektromotors.

Material mit Aufgaben

M1 Dreipoliger Motor

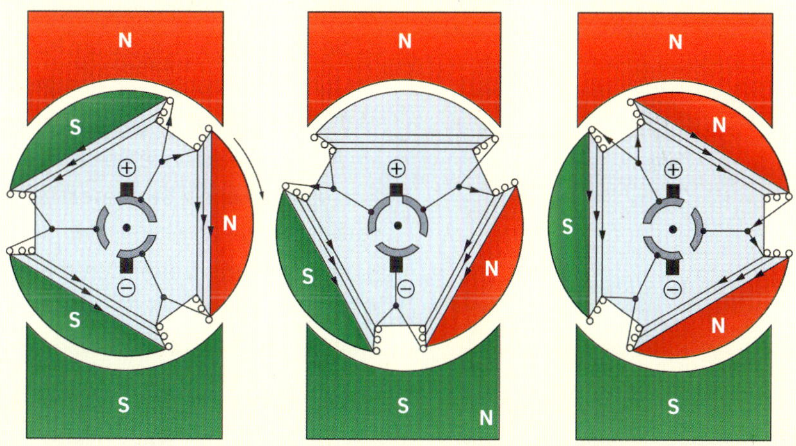

1. Vergleiche den dreipoligen Motor mit dem zweipoligen Motor.
2. Beschreibe die Funktionsweise des dreipoligen Motors.
3. Stelle Vermutungen über Vorteile beim Start des dreipoligen Motors an.
4. Wähle eine der Aufgaben aus:
   a Erstelle ein Fließdiagramm für alle Schritte, die zu einer vollständigen Drehung führen.
   b Der dreipolige Motor benötigt mehr Material, wird aber häufiger verbaut. Stelle Vermutungen an.

1 Stromleitungen führen zu einer Stadt

Induktion

Das Stromnetz

Elektrische Energie lässt sich gut in andere Energieformen umwandeln und auch transportieren. Aus diesem Grund ist sie die Energieform, die am häufigsten für die Energieversorgung genutzt wird. Die Energieversorgung in Deutschland und in vielen anderen Ländern erfolgt daher über ein **Stromnetz**. Um die nötige Energie bereitzustellen, wird in Kraftwerken mit Generatoren elektrischer Strom erzeugt. Der elektrische Strom gelangt dann über oberirdische oder unterirdische Leitungen zu den Verbrauchern. Über weite Strecken ist der Energieverlust über die Leitungen an die Umgebung bei normalen Spannungen sehr groß. Dieses Problem wird mithilfe von **Transformatoren** gelöst. Diese erhöhen mithilfe von **Induktion** die Spannung in den Leitungen sehr stark, wodurch weniger Energie an die Umgebung abgegeben wird.

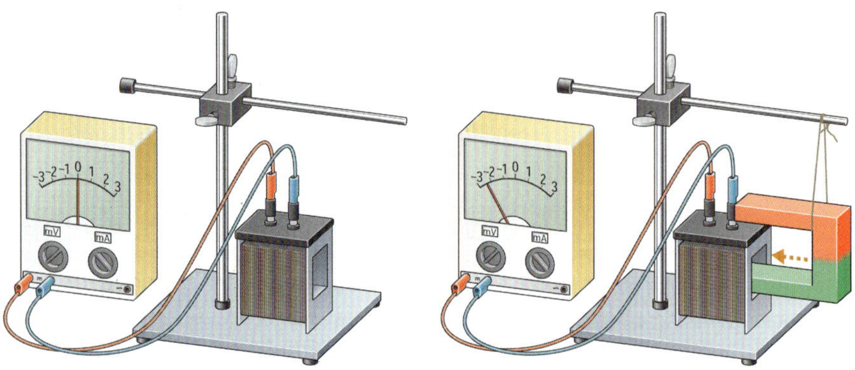

2 Eine Änderung des Magnetfeldes erzeugt eine Spannung

Induktion

Schiebt man einen Magneten in eine Spule, dann kann man zwischen den Enden der Spule eine Spannung messen. Das gleiche passiert, wenn man den Magneten wieder aus der Spule herauszieht oder nur die Spule bewegt und den Magneten festhält. Der Magnet und die Bewegung der Spule erzeugen eine elektrische Spannung. Man nennt diesen Vorgang **Induktion.**

Die erzeugte Spannung wird **Induktionsspannung** genannt. Induktion tritt immer dann auf, wenn sich das Magnetfeld um eine Spule ändert. Durch die Bewegungen von Spule oder Magnet wird durch das Magnetfeld des Magneten das Magnetfeld um die Spule beeinflusst. Die Änderung des Magnetfeldes erzeugt eine Elektronenbewegung in der Spule. Aufgrund des wechselnden Magnetfeldes wird in der Spule auch eine wechselnde Elektronenbewegung erzeugt. In einem angeschlossenen Stromkreis fließt daher **Wechselstrom**. Man sagt auch, es wird ein Wechselstrom induziert.

Gleichstrom und Wechselstrom

Bewegen sich alle Elektronen konstant in die gleiche Richtung, spricht man von **Gleichstrom**. Im Gegensatz zum Gleichstrom ändert sich die Fließrichtung der Elektronen beim Wechselstrom ständig. Die Häufigkeit des Wechsels wird durch die **Frequenz** angegeben. Die Einheit der Frequenz ist Hertz (Hz). Das Stromnetz in Deutschland hat 50 Hz. Der Strom ändert 100 Mal pro Sekunde seine Fließrichtung.

Generator

In Kraftwerken werden Generatoren eingesetzt. Sie nutzen das Prinzip der Induktion. Generatoren sind das Gegenstück zu Elektromotoren. Ein Generator besteht aus einer Spule, die um einen Eisenkern gewickelt ist. Sie bildet den Stator. Um dem Stator befindet sich ein drehbarer Magnet, der Rotor. Durch Drehung des Rotors wird in der Spule ein Wechselstrom induziert. ▶

Material mit Aufgaben

M1 Generator und Elektromotor

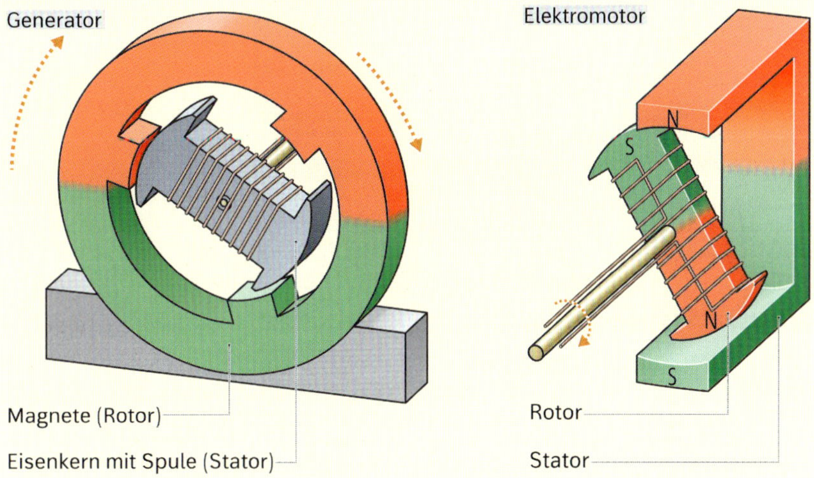

1. Beschreibe den Aufbau des Generators.
2. Vergleiche den Aufbau von Generator und Elektromotor.
3. Erkläre die Funktionsweise des Generators. ⊞
4. Vergleiche die Funktionsweise des Generators und des Elektromotors. ⊞
5. Wähle eine der Aufgaben aus:
   a Vergleiche die Energieumwandlungen beim Generator und Elektromotor.
   b Ein Dynamo wandelt Bewegungsenergie in elektrische Energie um. Stelle Vermutungen über seinen Aufbau an.

P2 Induktion

Material: Stabmagnet, Spule, Kabel, Multimeter

Durchführung: Baue den Stromkreis wie in der Abbildung auf und messe die Spannung beim Hineinführen und Herausziehen des Magneten.

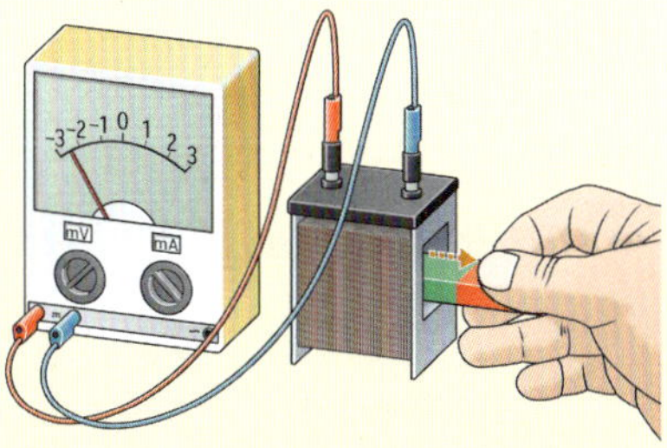

1. Beschreibe deine Beobachtungen.
2. Zeichne ein Energieflussdiagramm für diesen Versuch. ⊞
3. Beschreibe, wie sich die Spannung ändert, wenn der Magnet schneller herausgezogen wird. ⊞
4. Beschreibe was passiert, wenn Spulen mit verschiedenen Windungszahlen genutzt werden.

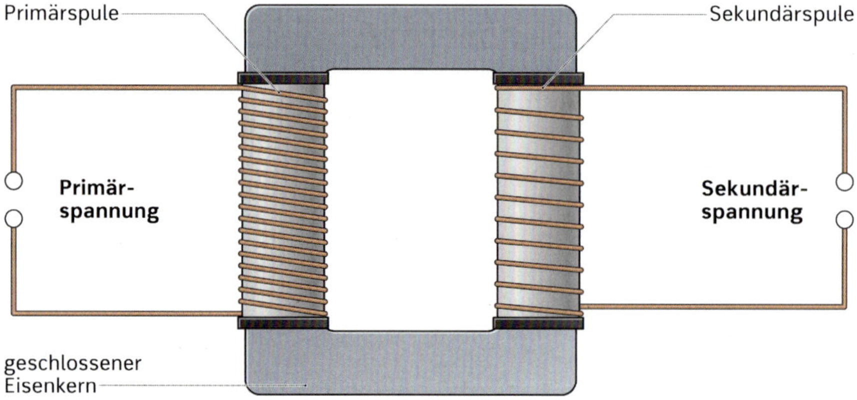

3 Aufbau eines Transformators

Transformator

Mithilfe eines Transformators können Spannungen und Stromstärken in Stromkreisen gezielt verändert werden. Dadurch ist es möglich, elektrische Energie verlustarm zu transportieren oder Geräte vor zu hoher Energie zu schützen. Ein Transformator besteht aus zwei Spulen, die auf einen geschlossenen Eisenkern gewickelt sind. Die Spulen selbst berühren sich nicht. Die erste Spule, die **Primärspule,** ist an eine Spannungsquelle angeschlossen. Die andere Spule wird **Sekundärspule** genannt. Damit Transformatoren genutzt werden können, muss ein Wechselstrom fließen. Im Transformator wird Energie berührungslos übertragen. Die Elektronen fließen nicht direkt von der Primärspule in die Sekundärspule. Es liegen zwei getrennte Stromkreise vor. Durch den Stromfluss in der Primärspule wird diese zu einem Elektromagneten. Nur wenn durch die Primärspule ein Wechselstrom fließt, ändert sich das Magnetfeld des Elektromagneten. Das sich ständig ändernde Magnetfeld wird durch den Eisenkern verstärkt. Es sorgt dafür, dass in der Sekundärspule Elektronen in Bewegung versetzt werden, die ihre Fließrichtung immer ändern. In der Sekundärspule wird ein Wechselstrom induziert.

Hochspannungsleitung

Der Energieverlust an die Umgebung ist bei hohen Spannungen und niedrigen Stromstärken deutlich geringer. Daher werden für den Transport elektrischer Energie hohe Spannungen genutzt. Der durch die Generatoren in den Kraftwerken erzeugte Strom wird mithilfe von Transformatoren in **Umspannwerken** verändert. Die Elektronen fließen dann in **Hochspannungsleitungen** mit hoher Spannung, aber geringer Stromstärke. Hochspannungsleitungen sind aber sehr gefährlich. In der Nähe von Siedlungen und Städten wird deshalb in Umspannwerken wieder die Spannung verringert, sodass der Storm im Haushalt genutzt werden kann. Je nachdem wie das Verhältnis der Spulenwindungen in einem Transformator ist, kann mithilfe der Induktion die angelegte Spannung verkleinert oder vergrößert werden.

Material mit Aufgaben

M3 Stromversorgung

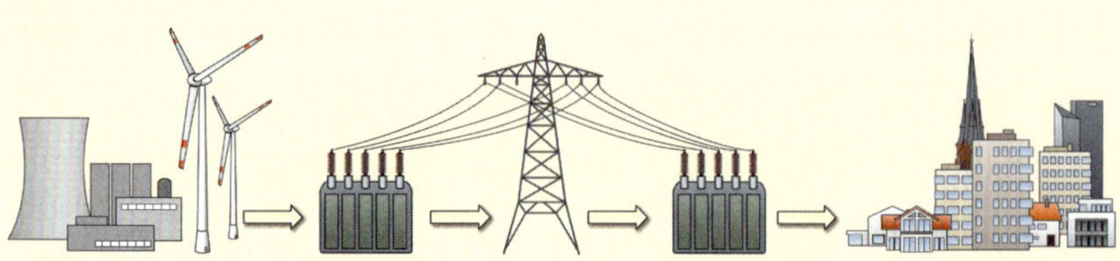

1. Beschreibe das Fließschema.
2. Erkläre, warum Transformatoren wichtig für den Transport von elektrischer Energie sind.
3. Stelle Vermutungen an, warum zwischen Hochspannungsleitungen ein großer Abstand eingehalten werden muss.

Wechselspannung

Vorzeichenwechsel

Eine **Wechselspannung** zeichnet sich dadurch aus, dass Pluspol und Minuspol ständig getauscht werden. Wird an eine solche Spannungsquelle ein Verbraucher angeschlossen, fließt Wechselstrom. Nur mit einer Wechselspannung können Induktion stattfinden und Transformatoren genutzt werden. Daher wird in der Stromversorgung Wechselspannung genutzt. Man betrachtet die Spannung in Abhängigkeit von der Zeit.

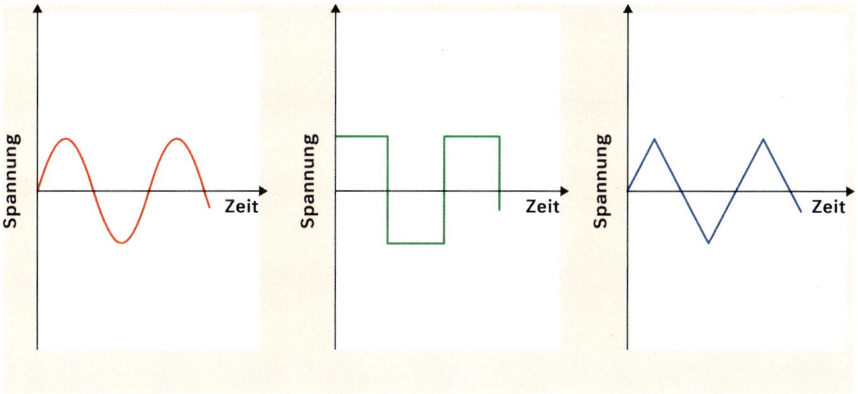

1 Verschiedene Spannungen

Formen der Wechselspannung

Misst man bei einer Wechselspannung mit einem Voltmeter die Spannung, zeigt das **Signal** an, wie sich die Spannung im Laufe der Zeit ändert (Bild 1). Alle Wechselspannungen haben gemeinsam, dass die Signale regelmäßig wieder auftauchen. Sie wechseln von einem positiven Wert zu einem negativen und zurück. Signale können unterschiedliche Formen haben. Es gibt zum Beispiel die Rechteckspannung, Sinusspannung und Dreieckspannung. In Stromnetzen wird häufig eine Sinusspannung verwendet.

Kennzeichen des Signals

Die Zeit für eine vollständige Wiederholung eines Signals wird **Periodendauer** genannt. Die **Frequenz** ist der Kehrwert der Periodendauer und gibt an, wie oft pro Sekunde ein vollständiges Signal auftaucht. Im deutschen Stromnetz liegt die Frequenz bei 50 Hz. Dies entspricht 50 Perioden, also 100 Änderungen des Vorzeichens pro Sekunde. Ein weiteres Kennzeichen des Signals der Wechselspannung ist die **Amplitude**. Sie gibt die maximale Stärke des Signals in Volt an.

Verschiedene Netzspannungen

In Deutschland und den meisten europäischen Ländern wird eine Sinusspannung von 230 Volt und 50 Hertz genutzt. In einigen Teilen der USA, Südamerikas oder Kanada werden aber nur 120 V bei 60 Hz genutzt. Da elektrische Geräte eine gewisse Nennspannung haben, bei der sie optimal funktionieren, brauchen diese Geräte in diesen Ländern einen Adapter, der über einen Transformator die passende Spannung einstellt.

Material mit Aufgaben

M1 Signale

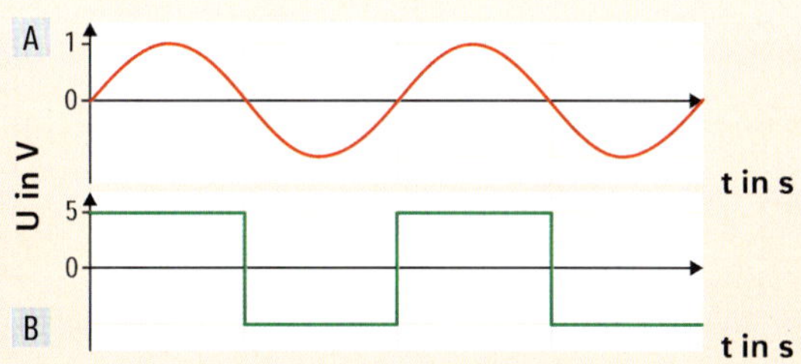

1. Ordne den Diagrammen die Begriffe, Rechteckspannung, Sinusspannung oder Dreiecksspannung zu.
2. Bestimme die Amplitude des Signals in A und B.
3. Skizziere eine Sinusspannung mit höherer Frequenz als in A.

Berechnung am Transformator

1 Ein Umspannwerk

Energie am Transformator

An den Kraftwerken stehen Umspannwerke, die die entstehende Spannung von 11000 bis 21000 Volt für den Transport hochtransformieren. So fließt der Strom mit Spannungen von 400 kV durch die Hochspannungsleitungen. Bevor die elektrische Energie den Kunden erreicht, wird die Spannung wieder auf 230 V heruntertransformiert. Die elektrische Leistung ist vor und nach der Transformation gleich groß. Das bedeutet, wenn die Spannung zunimmt, muss die Stromstärke abnehmen und umgekehrt. In Hochspannungsleitungen ist die Spannung sehr hoch und die Stromstärke klein. In den Leitungen in den Wohnungen und Häusern liegt nur eine Spannung von 230 V an. Dafür ist die Stromstärke deutlich höher. Die Änderung der Stromstärke und Spannung im Transformator ist von den Windungszahlen der beiden Spulen abhängig.

Berechnungen am Transformator

An der Primärspule des Transformators kommt die Ausgangsspannung aus dem Kraftwerk an und in der Sekundärspule wird die gewünschte Spannung erzeugt. Hat die Sekundärspule doppelt so viele Windungen wie die Primärspule, entsteht die doppelte Spannung. Ist die Windungszahl halb so groß, ist die entstehende Spannung auch nur halb so groß. Die an Primärspule angelegte Spannung ist also proportional zu an der Sekundärspule entstehenden Spannung und zum Verhältnis der beiden Windungszahlen. Diese Abhängigkeit lässt sich mathematisch mit folgender Formel darstellen. Dabei steht U_1 für die Spannung an der Primärspule, U_2 für die erzeugte Spannung der Sekundärspule und N_1 und N_2 für die Windungsanzahl der jeweiligen Spulen.

$$\frac{U_2}{U_1} = \frac{N_2}{N_1}$$

Mit dieser Formel kann man berechnen, wie der Transformator aufgebaut sein muss, um aus einer Ausgangspannung

Material mit Aufgaben

M1 Berechnungen am Transformator

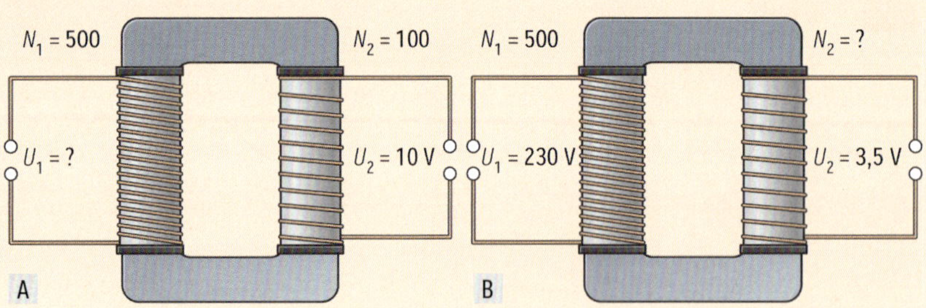

1. III Berechne die Spannung an der Primärspule in Abbildung A.
2. III Berechne die Windungszahl von der Sekundärspule in Bild B.
3. III Stelle Vermutungen an, wie sich die Messergebnisse verändern, wenn die Spulen in Bild A getauscht werden.

eine Wunschspannung zu erzeugen. Elektronische Geräte wie Handys benötigen zum Beispiel zum Aufladen nur eine geringe Spannung. In den Ladegeräten befindet sich daher ein Transformator, der die im Haushalt ankommenden 230 V auf die benötigten 3,5 V heruntertransformiert. Geht man davon aus, dass die Primärspule 1000 Windungen besitzt, dann kann man die nötige Windungszahl für die Sekundärspule wie folgt berechnen:

$$\frac{U_2}{U_1} = \frac{N_2}{N_1} \qquad | \cdot N_1$$

$$N_2 = N_1 \cdot \frac{U_2}{U_1}$$

$$N_2 = 1000 \cdot \frac{3{,}5\ \text{V}}{230\ \text{V}} \approx 15$$

Es werden also 15 Windungen benötigt.

Hochspannungsleitungen

In den Hochspannungsleitungen herrscht eine Spannung von ungefähr 400 kV. Diese Spannung ist überaus gefährlich, da Strom auch ohne direkten Kontakt in Form eines Lichtbogens fließen kann. Im Haushalt werden Spannungen von 230 V benötigt. Diese Veränderung kann nicht in einem Schritt bewältigt werden. Es sind mehrere Umspannwerke nötig. Zunächst wird von 400 kV auf 100 kV heruntertransformiert. Zum regionalen Transport werden 10 kV genutzt. Für die Nutzung im Haushalt ist einer Verringerung auf 230 V nötig.

A Beschreibe den Zusammenhang von Spannung und Windungszahl am Transformator.

2 Hochspannungsleitungen

Material mit Aufgaben

M2 Hochspannungsleitung

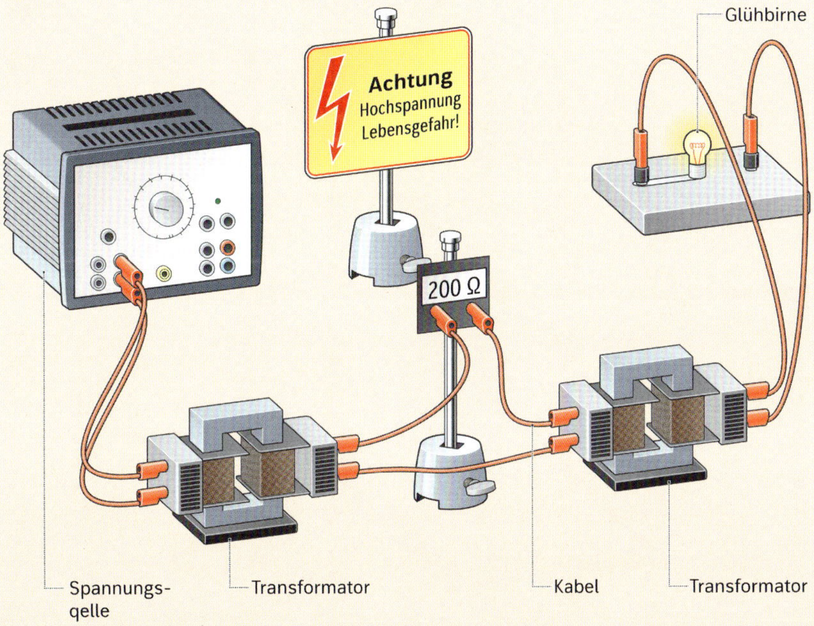

1. Beschreibe den Versuchsaufbau.
2. Ordne den Bauteilen des Versuchs die Begriffe Kraftwerk, Kunde, Hochspannungsleitung und Umspannwerke zu.
3. Erkläre die Notwendigkeit von den Transformatoren im Versuchsaufbau.
4. Stelle Vermutungen über den Nachteil langer Hochspannungsleitungen an.

Das Stromnetz

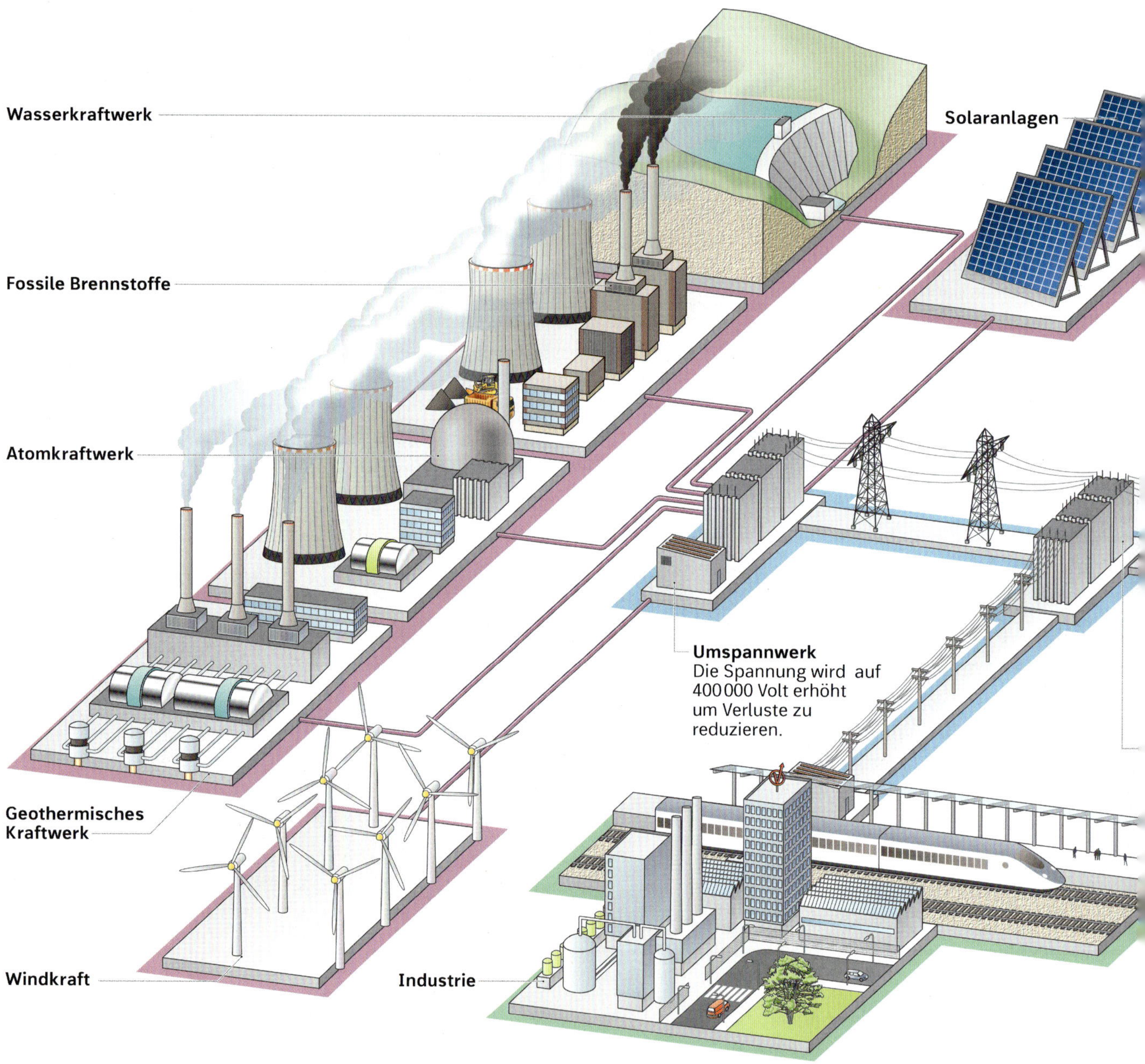

Elektrischer Strom kann über verschiedene Kraftwerkstypen bereitgestellt werden. Von den Kraftwerken wird der Strom dann zu den Haushalten und der Industrie transportiert. Da verschiedene Bereiche unterschiedliche Spannungen benötigen, wird in Umspannwerken die Spannung des Stroms immer angepasst. Die Energieverluste sind bei hohen Spannungen geringer.

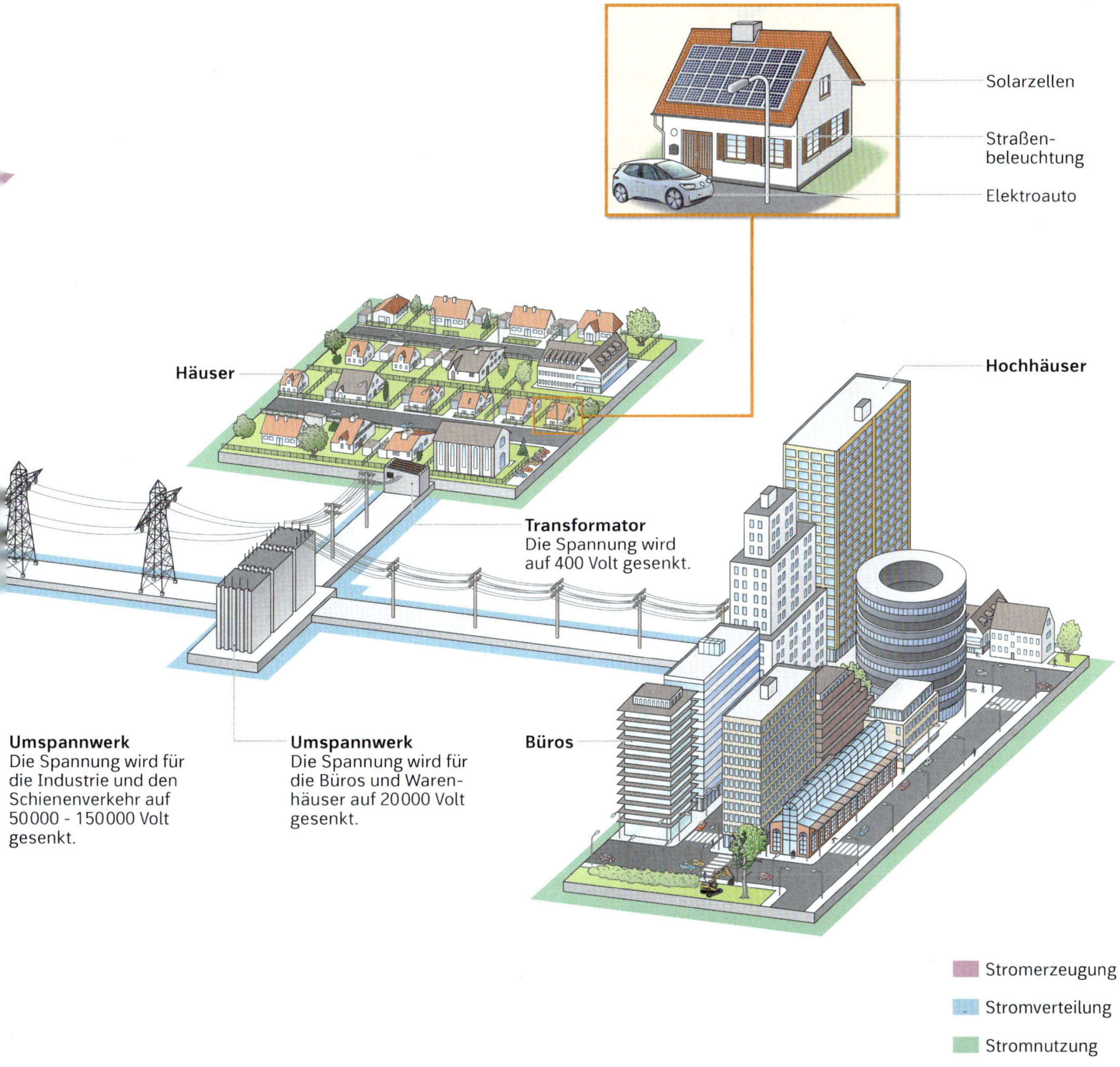

1. Beschreibe mithilfe des Bildes den Aufbau des Stromnetzes.
2. Erkläre die Funktionsweise von Umspannwerken mit ihren Transformatoren.
3. Erkläre, warum sich im Stromnetz viele Umspannwerke mit Transformatoren an unterschiedlichen Stellen befinden.

1 Abbau von Siliciumdioxid

Halbleiter

Leiter, Halbleiter, Isolator

Metalle leiten elektrischen Strom sehr gut. Sie werden als **Leiter** bezeichnet. Kunststoffe hingegen leiten den Strom nicht. Sie sind **Isolatoren**. Es gibt aber auch Stoffe wie Silicium, die spezielle Leitungseigenschaften haben. Silicium leitet unter normalen Umständen den elektrischen Strom nicht. Führt man aber etwas Energie zu, wird es zum Leiter. Aus diesem Grund wird Silicium als **Halbleiter** bezeichnet. Auch die Elemente Germanium, Bor, Selen und Tellur sind Halbleiter.

2 Solarzellen werden mit Silicium hergestellt.

Silicium

Silicium wird aus dem Rohstoff Sand (Siliciumdioxid) hergestellt. Da viel Sand auf der Erde verfügbar ist und Silicium einfach in großen Mengen hergestellt werden kann, wird es für viele verschiedene Bauteile in der Technik verwendet. Zum Beispiel enthalten Speicherchips oder Solarzellen Silicium. Auch jedes Smartphone und jeder Computer kommen heute nicht mehr ohne Silicium aus.

Aufbau von Halbleitern

In Metallen bilden die Atome ein festes Metallgitter und die äußeren Elektronen (Valenzelektronen) jedes Atoms sind frei beweglich. Aus diesem Grund leiten Metalle den elektrischen Strom. In anderen Stoffen wie Glas oder Kunststoff sind die Elektronen immer fest gebunden. Diese Stoffe leiten den elektrischen Strom nicht. In Halbleitern sind die äußeren Elektronen ebenfalls fest gebunden. Die einzelnen Atome bilden über

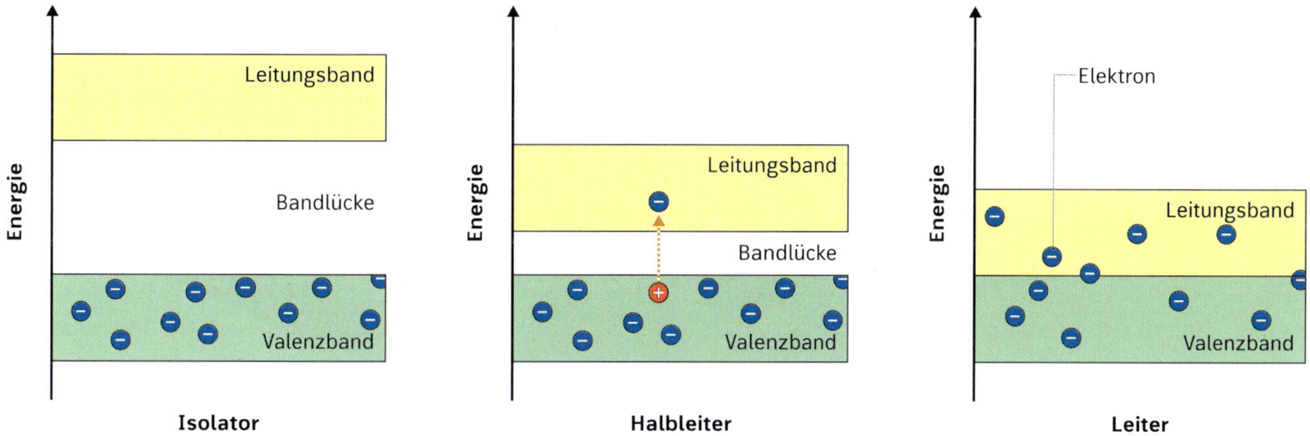

3 Bänderstruktur von Isolatoren, Halbleitern und Leitern

chemische Bindungen ein festes Atomgitter. Die Elektronen, die für diese Bindungen genutzt werden, können aber durch Energiezufuhr gelöst werden.
Im Modell kann man sich dies in Form von Energieniveaus (Bändern) vorstellen. In Metallen sind Elektronen frei beweglich. Die Energie der Elektronen reicht aus, dass sie von ihrem Aufenthaltsbereich, dem **Valenzband**, in das etwas höher liegende **Leitungsband** wechseln können. Der elektrische Strom kann aufgrund der Beweglichkeit der Elektronen im Leitungsband fließen. Bei Isolatoren ist das Leitungsband so weit vom Valenzband entfernt, dass die Elektronen diesen Abstand nicht überwinden können. Sie sind nicht beweglich und es kann aus diesem Grund kein Strom fließen. Bei Halbleitern liegen das Valenzband und das Leitungsband so eng beieinander, dass die Elektronen durch eine geringe Energiezufuhr den Abstand überwinden können und der Stoff damit vom Nichtleiter zum Leiter wird. Die Energiezufuhr kann zum Beispiel in Form von thermischer Energie erfolgen.

Material mit Aufgaben

M1 Leitfähigkeit

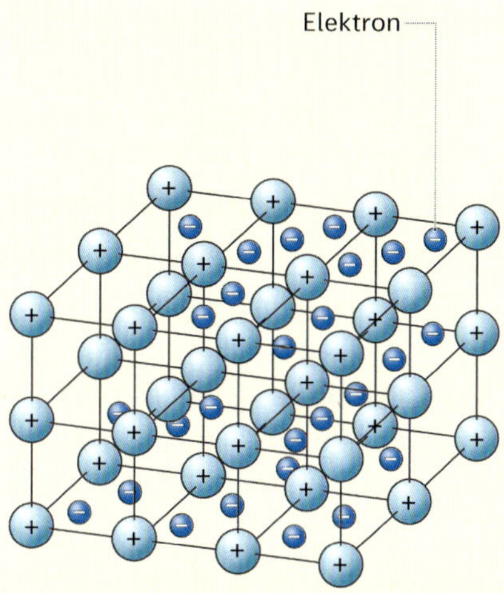

A

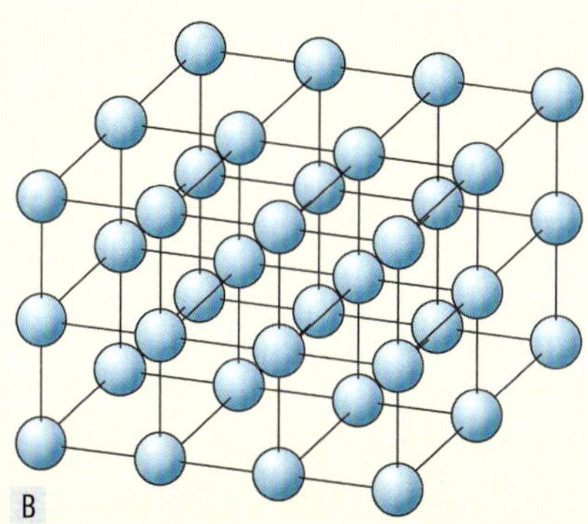

B

1. Beschreibe den Aufbau der Gittermodelle in den Abbildungen A und B.
2. Ordne den Abbildungen A und B die Begriffe elektrischer Leiter und Isolator zu. Begründe deine Zuordnungen.
3. Erkläre, warum Halbleiter elektrisch leitend werden, wenn ihnen Energie zugeführt wird.
4. Stelle Vermutungen an, wie sich die Bewegung der Elektronen in Abbildung A verändert, wenn es an eine Spannungsquelle angeschlossen wird.

1 Ein Handy wird geladen.

Dioden

Dioden

Dioden sind besondere elektrische Bauteile. Sie funktionieren wie ein Ventil. Der elektrische Strom kann nur in einer Richtung durch sie hindurchfließen. Ob der Strom fließen kann, hängt davon ab, in welche Richtung die Diode in den Stromkreis eingebaut wird. Wird die Diode in **Durchlassrichtung** geschaltet, besitzt sie einen sehr geringen Widerstand. Der elektrische Strom kann fließen. Um keinen Kurzschluss im Stromkreis zu verursachen, muss vor jeder Diode immer ein Widerstand eingebaut werden. Dieser **Schutzwiderstand** verhindert, dass die Diode zerstört wird. Wird die Diode andersherum in den Stromkreis eingebaut, ist sie in **Sperrrichtung** geschaltet. Sie besitzt nun einen sehr großen Widerstand. Elektrischer Strom kann nicht durch sie hindurchfließen.

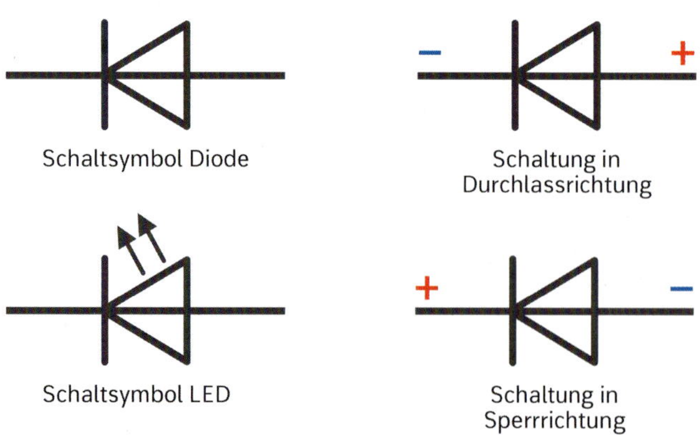

2 Dioden in Durchlassrichtung und Sperrrichtung

Gleichrichterschaltung

In den Steckdosen in Deutschland liegt eine Wechselspannung von 230 V an. Viele Elektrogeräte benötigen eine deutlich geringere Spannung, damit sie nicht beschädigt werden. Aus diesem Grund sind in ihren Netzteilen Transformatoren eingebaut. Darüber hinaus müssen viele Geräte aber auch mit Gleichspannung betrieben werden. Alle Ladevorgänge von Handys, Laptops oder Tablets benötigen Gleichspannung, damit die Akkumulatoren aufgeladen werden können. Um eine Wechselspannung in Gleichspannung umzuwandeln, werden sogenannte **Gleichrichterschaltungen** verbaut.

Funktionsweise

Eine Gleichrichterschaltung wandelt Wechselspannung in Gleichspannung um. Dazu werden vier Dioden als zwei parallel geschaltete Diodenpaare miteinander verknüpft. Der Anschluss der Wechselspannung erfolgt links und rechts. Die Gleichspannung wird oben und unten in der Schaltung abgeleitet. Ein Verbraucher, wie zum Beispiel eine Glühbirne, kann dort angeschlossen werden.

In der ersten Phase der Wechselspannung strömen Elektronen vom Minuspol links in die Gleichrichterschaltung hinein und fließen aufgrund der Durchlassrichtung der Diode nach unten ab, durch den Verbraucher und dann durch die zweite Diode zum Pluspol.

In der zweiten Phase der Wechselspannung sind die Pole vertauscht. Die Elektronen fließen jetzt vom Minuspol rechts in die Gleichrichterschaltung. Aufgrund der Durchlassrichtung der Dioden fließen sie wieder nach unten ab, erneut durch die Glühbirne und über die obere Diode wieder zum Pluspol. Es ist egal aus welcher Richtung die Elektronen kommen. Der Gleichrichter sorgt dafür, dass sie immer in die gleiche Richtung durch den Verbraucher fließen. So wird aus einer Wechselspannung an den Anschlüssen links und rechts eine Gleichspannung, die zwischen den Anschlüssen oben und unten herrscht.

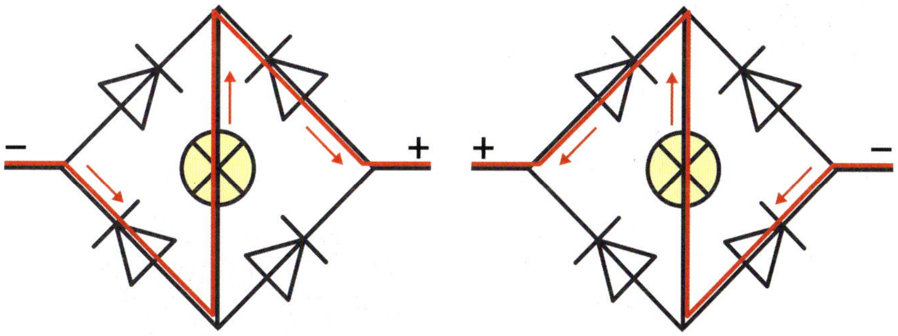

3 Stromfluss in einer Gleichrichterschaltung

A

Material mit Aufgaben

M1 Dioden

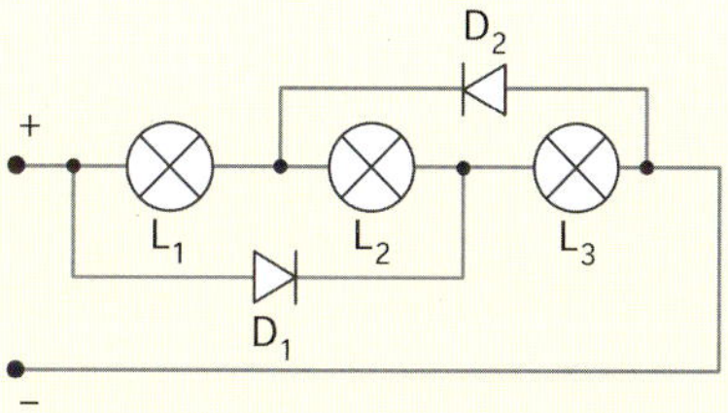

1. Übertrage den Schaltplan ins Heft. Zeichne den Elektronenfluss ein.
2. Begründe, welche der Lampen leuchten, wenn der Widerstand der Dioden viel kleiner als der der Lampen ist und der Strom den Weg des geringsten Widerstandes nimmt.
3. Begründe, welche Lampen leuchten, wenn die Anschlüsse vertauscht werden.

M2 Anschluss von LEDs

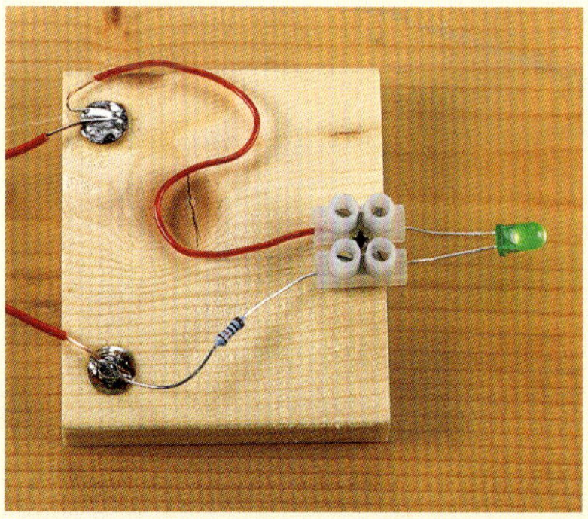

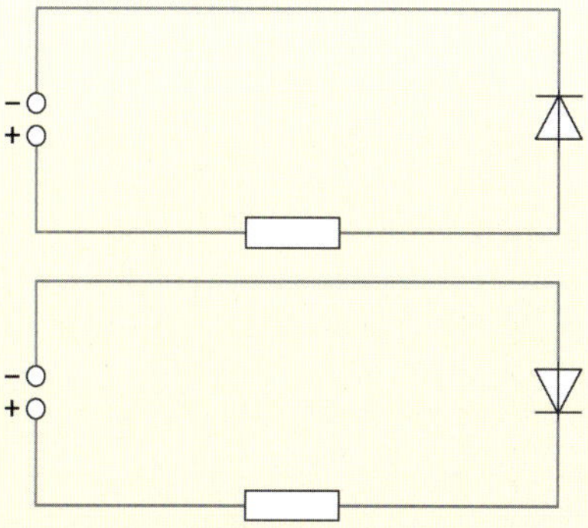

1. Ordne der leuchtenden LED den korrekten Schaltplan zu. Begründe.
2. Erkläre, warum eine LED immer in einer bestimmten Richtung angeschlossen werden muss.

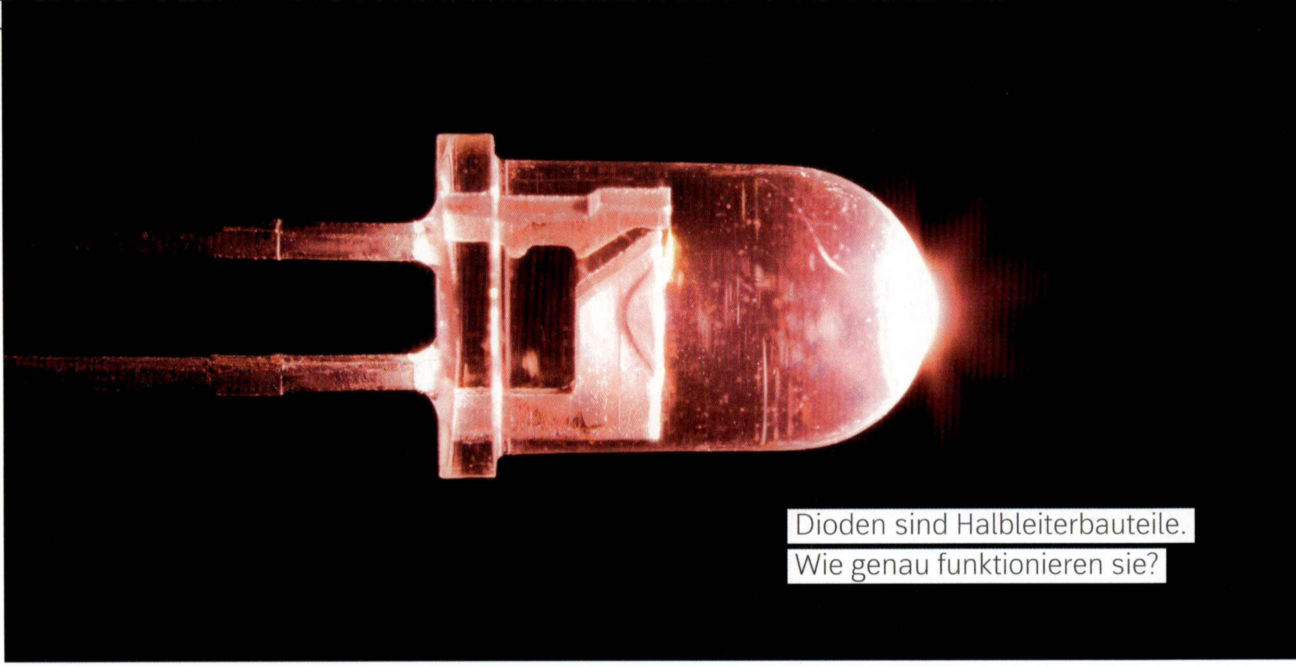

1 Eine Diode

Funktionsweise von Dioden

Leuchtdioden

In Lampen und Displays werden Leuchtdioden, LEDs, eingesetzt, in denen Halbleiter verbaut sind. Fließt elektrischer Strom durch eine LED, sendet der Halbleiter Licht aus. Je nach Material des Halbleiters leuchten die LEDs in verschiedenen Farben. Neben Leuchtdioden gibt es Universaldioden, die eingesetzt werden, um Wechselspannung in Gleichspannung zu wandeln.

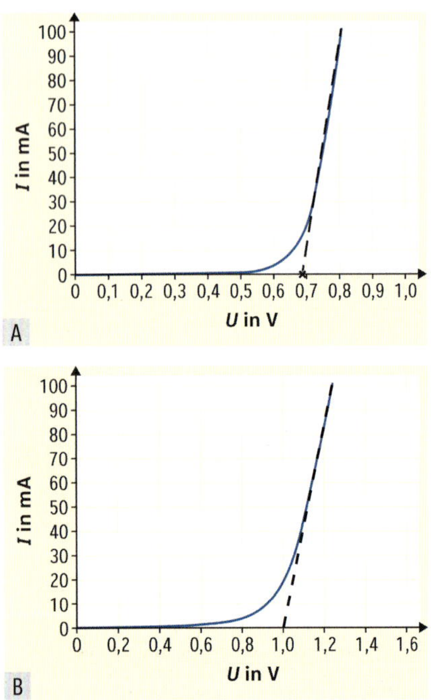

2 Kennlinien einer Diode: **A** mit Schwellenwert 0,7 V, **B** mit Schwellenwert 1,0 V

Kennlinie

Durch eine Diode kann der elektrische Strom nur in eine Richtung fließen. Baut man eine Diode in Sperrrichtung in den Stromkreis ein, fließt kein Strom. Baut man sie in Durchlassrichtung ein, fließt der Strom. Erhöht man in einem Stromkreis mit einer Diode schrittweise die Spannung, fließt zunächst kein Strom. Erst ab einem bestimmten Schwellenwert steigt die Stromstärke an. Man sagt auch, die Diode schaltet durch. Bei den meisten Dioden liegt der Schwellenwert bei ungefähr 0,7 V. Es gibt aber auch Dioden, die schon bei 0,5 V oder erst bei 1,0 V durchschalten. Durch die Messung von Spannung und Stromstärke, kann man die **Kennlinie** einer Diode bestimmen. An ihr erkennt man, wann die Diode durchschaltet.

Leitungsvorgänge einer Diode

Dioden bestehen zum Beispiel aus dem Halbleiter Silicium. Silicium steht in der 4. Hauptgruppe des Periodensystems und hat somit vier **Außenelektronen**. Im Feststoff Silicium sind die vier Außenelektronen jedes Silicium-Atoms an je ein Elektron eines weiteren Silicium-Atoms angelagert. Auf diese Weise entsteht eine regelmäßige **Kristallstruktur**.

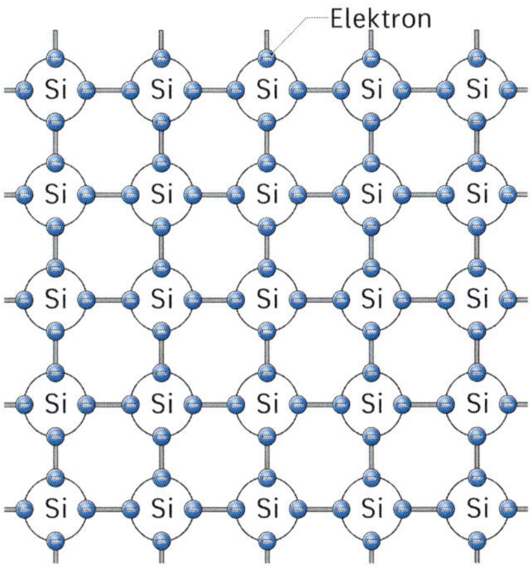

3 Kristallstruktur von Silicium

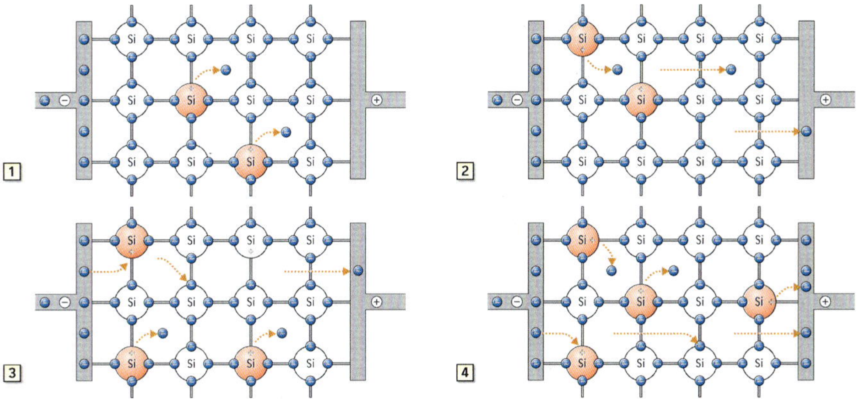

4 Leitungsvorgänge in Silicium

Da alle Außenelektronen gebunden sind, sind unter normalen Bedingungen keine freien Elektronen vorhanden. Der Kristall leitet den elektrischen Strom nicht. Wird aber Energie von außen zugeführt, fangen einzelne Elektronen an, sich zu bewegen. Irgendwann bewegen sie sich so stark, dass sie ihre Plätze in den Bindungen verlassen. Diese Elektronen können sich jetzt frei bewegen. Dort, wo Elektronen die Bindung verlassen haben, bleibt ein positiv geladenes **Loch** zurück. Wird nun eine Spannung angelegt, fließen die freien Elektronen zum Pluspol. Gleichzeitig lösen sich weitere Elektronen aus den Bindungen und setzen sich ebenfalls in Richtung Pluspol in Bewegung. Auf ihrem Weg bewegen sich die Elektronen aber nicht frei im Kristall. Sie springen von Loch zu Loch. Während des Stromflusses entsteht eine **Elektronenbewegung** in Richtung Pluspol. Da diese aber von Loch zu Loch springen, erscheint es so, als bewegen sich die Löcher zum Minuspol. Dort werden sie von nachströmenden Elektronen aufgefüllt.

Material mit Aufgaben

M1 Leitungsvorgänge

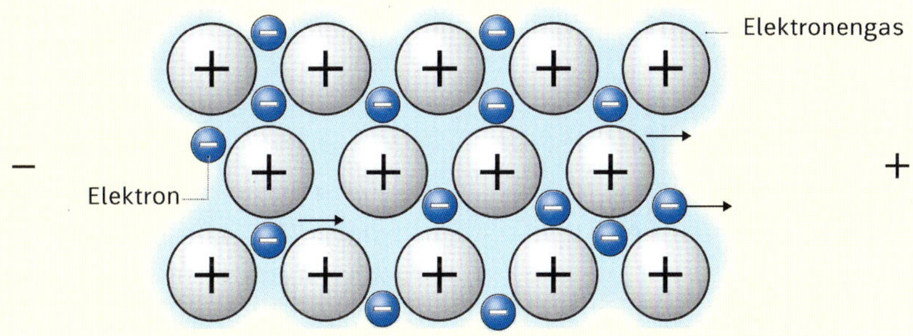

1. Beschreibe mithilfe der Abbildung den Aufbau eines Metalls.
2. Vergleiche die Leitungsvorgänge im Metall mit den Leitungsvorgängen im Halbleiter.
3. Stelle Vermutungen an, warum die Leitfähigkeit von Metallen mit steigender Energiezufuhr sinkt.

P2 Kennlinie

Material: Diode, Kabel, 2 Multimeter, Spannungsquelle, Widerstand

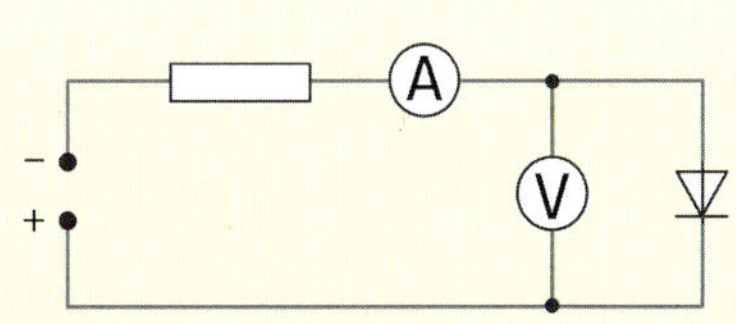

Durchführung: Baue die Schaltung nach dem Schaltplan auf und messe die Stromstärke für verschiedene angelegte Spannungen. Trage die Messwerte in eine Tabelle ein.

1. Erstelle ein U-I-Diagramm.
2. Ermittle den Schwellenwert für die Dioden.

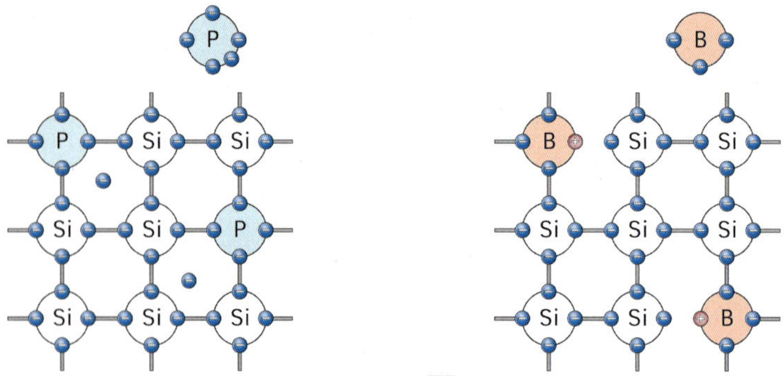

A B

5 Dotierung: **A** n-Dotierung, **B** p-Dotierung

A

Dotierung von Halbleitern

Zur Erhöhung der Leitfähigkeit in Halbleitern können Fremdatome eingesetzt werden. Man sagt, der Halbleiter wird mit Fremdatomen **dotiert**. Atome aus der 5. Hauptgruppe des Periodensystems, wie Phosphor, haben fünf Außenelektronen. Setzt man nun Fremdatome wie Phosphor in das Silicium-Gitter, verbinden sich vier Elektronen des Phosphor-Atoms mit den Elektronen der vier umliegenden Siliciumatome. Ein Elektron bleibt ungebunden und steht zusätzlich für die Leitung zur Verfügung. Da der Halbleiter jetzt mehr negative Ladungen besitzt, spricht man in diesem Fall von einer **n-Dotierung**.

Fremdatome wie Bor stehen in der 3. Hauptgruppe und besitzen nur drei Außenelektronen. Werden Bor-Atome eingesetzt, verbinden sich alle drei Elektronen mit den Elektronen benachbarter Siliciumatome. Das Elektron des vierten benachbarten Siliciumatoms bleibt ungebunden. Außerdem entsteht ein zusätzliches Loch am Fremdatom. Da in dieser Dotierung insgesamt weniger Elektronen vorhanden sind, ist der Halbleiter im Vergleich zum Normalfall stärker positiv. Man spricht auch von einer **p-Dotierung**. Durch zusätzliche Löcher wird die Leitfähigkeit erhöht, weil Elektronen nur von Loch zu Loch wandern können. Je mehr Löcher vorhanden sind, desto einfacher ist der Elektronenfluss.

Das Innere einer Diode

Eine Diode ist aus zwei unterschiedlich dotierten Halbleitern zusammengesetzt. Die eine Seite ist n-dotiert und die andere Seite p-dotiert. Am pn-Übergang treffen die beiden Schichten aufeinander. Dort bildet sich durch die Dotierungen eine neutrale Sperrschicht aus. Die freien Elektronen der n-dotierten Schicht setzen sich in die Löcher der p-dotierten Schicht. Dieser Vorgang wird auch als **Rekombination** bezeichnet. Er findet aber nur in einem schmalen Bereich statt. Ist die neutrale Sperrschicht zu breit, reicht die Energie der Elektronen nicht aus, um diese zu überwinden und in die weiter entfernt liegenden Löcher zu gelangen. Aus diesem Grund hat die Diode eine positive, eine neutrale und eine negative Schicht.

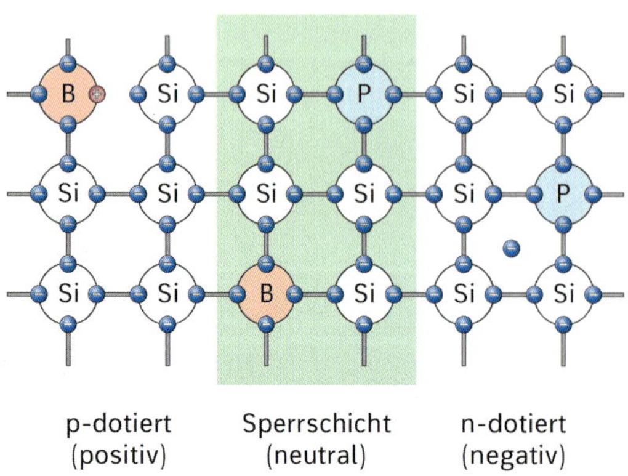

6 pn-Übergang einer Diode

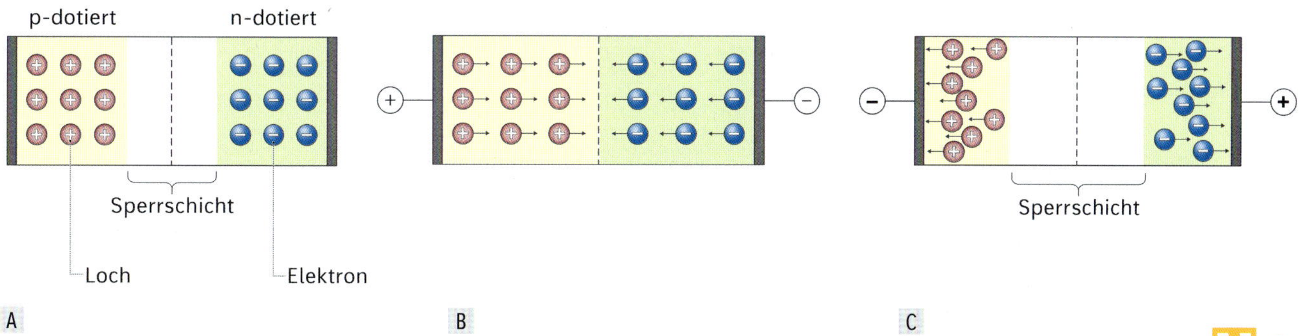

7 Diode: **A** nicht angeschlossen, **B** in Durchlassrichtung, **C** in Sperrrichtung

pn-Übergang in Sperrrichtung

Wird die Diode in Sperrrichtung geschaltet, befindet sich die p-dotierte Seite am Minuspol und die n-dotierte Seite am Pluspol. Die freien Elektronen der n-dotierten Seite bewegen sich zum Pluspol. Elektronen vom Minuspol bewegen sich in die Löcher der p-dotierten Schicht bis zu der Sperrschicht. Es sieht also so aus, als würden sich die Löcher zum Minuspol bewegen. Dadurch wird die Sperrschicht größer. Die Diode leitet keinen Strom.

pn-Übergang in Durchlassrichtung

Wird die Diode in Durchlassrichtung geschaltet, wird die n-dotierte Seite mit dem Minuspol und die p-dotierte Seite mit dem Pluspol verbunden. Vom Minuspol gelangen Elektronen in die n-dotierte Seite. Ab einer Schwellspannung von ungefähr 0,7 V haben die Elektronen ausreichend Energie, um sich aus der Sperrschicht zu lösen. Dadurch entstehen Löcher in der Sperrschicht und eine Bewegung durch sie ist nun möglich. Die Sperrschicht ist aufgehoben. Die Elektronen gelangen jetzt vom n-dotierten Teil über die Löcher der p-dotierten Schicht bis zum Pluspol. Dadurch wird der Stromkreis geschlossen und der elektrische Strom kann fließen.

Material mit Aufgaben

M3 Dotierung

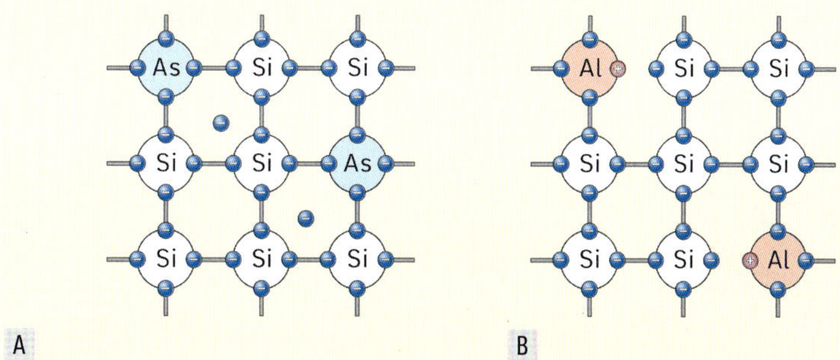

1. Nenne die beiden Fremdatome, mit denen das Silicium-Gitter in den Abbildungen A und B dotiert wurde.
2. Begründe, bei welcher Abbildung es sich um eine n-Dotierung und bei welcher um eine p-Dotierung handelt.
3. Erkläre, wie die p-Dotierung und n-Dotierung die Leitfähigkeit in einem Halbleiter erhöhen.

1 Photovoltaikanlage

Solarzellen und LEDs

Photovoltaik: Der Begriff setzt sich aus dem griechischen Wort „photos“ (Licht) und der Einheit der elektrischen Spannung „Volt“ zusammen.

Photovoltaikanlagen

In Photovoltaikanlagen wird die Strahlungsenergie der Sonne in elektrische Energie umgewandelt. Die Anlage besteht aus sehr vielen einzelnen Solarzellen, die zu Solarmodulen verbunden sind. Photovoltaikanlagen nutzen mit dem Sonnenlicht eine regenerative Energiequelle. Die Sonne wird noch mehrere Milliarden Jahre lang scheinen und Energie liefern. Die Strahlungsenergie ist also nicht begrenzt. Strom und Wärme, die direkt aus der Strahlungsenergie erzeugt werden, sind daher **nachhaltig**. Bei der Energieumwandlung entstehen keine klimaschädlichen Abgase. Die Produktion von Solarzellen ist sehr teuer, weil teilweise seltene Rohstoffe genutzt werden. Durch den Abbau dieser Rohstoffe werden Ökosysteme beeinflusst oder sogar zerstört. Darüber hinaus ist die Leistung der Anlage im Vergleich zu anderen Kraftwerken eher gering und sie liefern nur elektrische Energie, wenn die Sonne scheint.

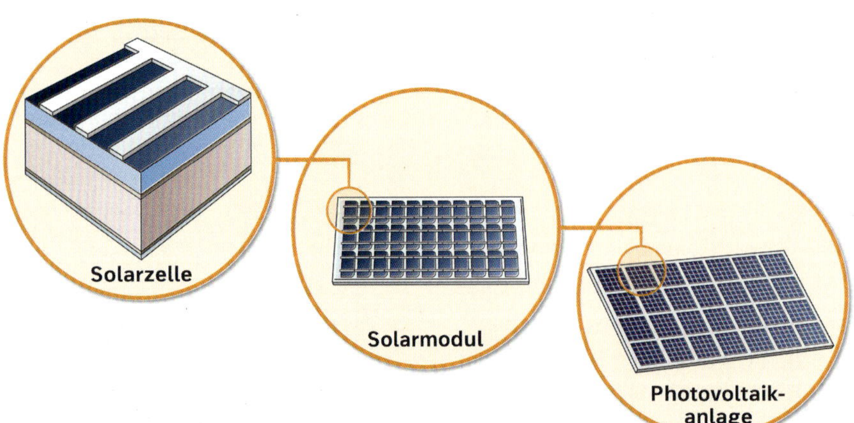

2 Aufbau von Photovoltaikanlagen

Aufbau von Solarzellen

Solarzellen sind aus verschiedenen Halbleiterschichten aufgebaut. Die Halbleiterschichten werden oben von einer Anti-Reflexionsschicht und unten von einer reflektierenden Schicht umschlossen.

Über der Anti-Reflexionsschicht und unter der reflektierenden Schicht befindet sich jeweils eine Elektrode.
Der Aufbau des mittleren Teils einer Solarzelle entspricht einer Diode. Eine n-dotierte und eine p-dotierte Schicht werden durch eine Sperrschicht voneinander getrennt. Fällt nun Sonnenlicht auf die Solarzelle, wird Energie auf die Elektronen übertragen. Dadurch werden sie aus ihren Bindungen im n-dotierten Halbleiter herausgelöst. Aufgrund der Anziehung wandern sie durch die Sperrschicht in Richtung p-dotiertem Halbleiter. Insgesamt findet ein Elektronenfluss von der n-dotierten zur p-dotierten Schicht statt. Es baut sich eine Spannung auf und elektrischer Strom kann fließen. Die Energie des Sonnenlichts wird direkt in elektrische Energie umgewandelt. Sie wird über die Elektroden abgeführt.

Leuchtdioden

Während Solarzellen Strahlungsenergie in elektrische Energie umwandeln, wandeln Leuchtdioden (LEDs) elektrische Energie in Strahlungsenergie um. Leuchtdioden bestehen aus zwei verschieden dotierten Halbleiterschichten. Allerdings wird bei ihnen ein spezielles Halbleitermaterial wie Gallium verwendet. Bei Gallium liegen das Valenzband und das Leitungsband näher zusammen. Werden LEDs in Durchlassrichtung geschaltet, fließen Elektronen von der n-dotierten Schicht zur p-dotierten Schicht. Durch die näher zusammenliegenden Bänder benötigen die Elektronen nicht so viel Energie zum Rekombinieren. Daher strahlen sie bei der Rekombination einen Teil ihrer Energie in Form von Licht wieder ab. LEDs wandeln Energie effizienter um als normale Glühlampen. In Glühlampen wird ein Teil der Energie genutzt, um den Metalldraht bis zum Glühen zu erhitzen. Der große Teil der elektrischen Energie wird dabei aber in Wärme umgewandelt und an die Umgebung abgegeben. Daher sind heutzutage LEDs die meistverwendeten Leuchtmittel. Sie benötigen auch nur eine geringe Spannung und werden daher auch als Kontrollleuchten genutzt.

3 Grüne LED

Material mit Aufgaben

M1 Aufbau einer Solarzelle

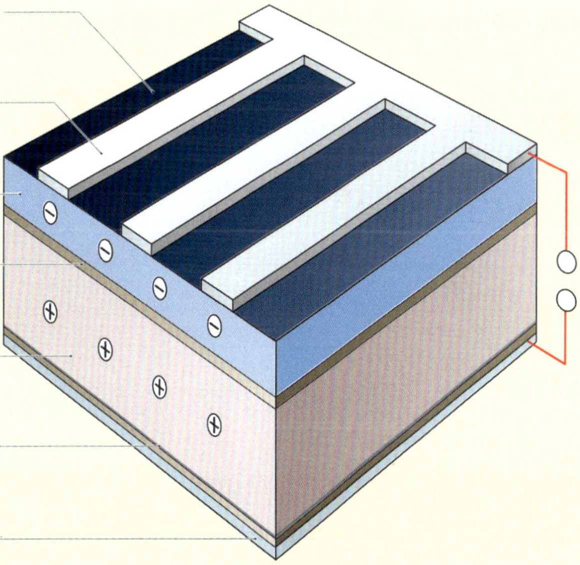

1. Beschreibe mithilfe der Abbildung den Aufbau einer Solarzelle.
2. Beschreibe, wie die Solarzelle Strahlungsenergie in elektrische Energie umwandelt.
3. Wähle eine der Aufgaben aus:
a Stelle Vermutungen über Vorteile und Nachteile von Solarzellen an.
b Stelle Vermutungen an, warum auf der Oberfläche von Solarzellen eine Anti-Reflexionsschicht aufgebracht ist und auf der Rückseite eine reflektierende Schicht.

1 Straßenbeleuchtung

Steuerung durch Halbleiter

Straßenbeleuchtung

Sobald es dunkel wird, geht die Straßenbeleuchtung von alleine an. Gleichzeitig gehen an vielen Häusern die Rollläden zu. Natürlich kann man Beleuchtung und Rollläden auch per Hand bedienen. Häufig übernehmen diese Vorgänge aber Steuerungen mithilfe von **Sensoren**. Diese Sensoren bestehen aus Halbleitern. Sobald Energie in Form von Licht oder Wärme zugeführt wird, verändern sie ihre Leitfähigkeit und setzen die Vorgänge in Gang.

Material mit Aufgaben

P1 Leitfähigkeit vom LDR

Material: Spannungsquelle, Kabel, Schutzwiderstand, LDR, 2 Multimeter, Taschenlampe, Pappe

Durchführung: Baue den Stromkreis wie in der Abbildung auf. Richte die Taschenlampe auf den LDR. Halte die Pappe so über den LDR, dass dieser immer weiter abgedeckt wird. Messe Spannung und Stromstärke.

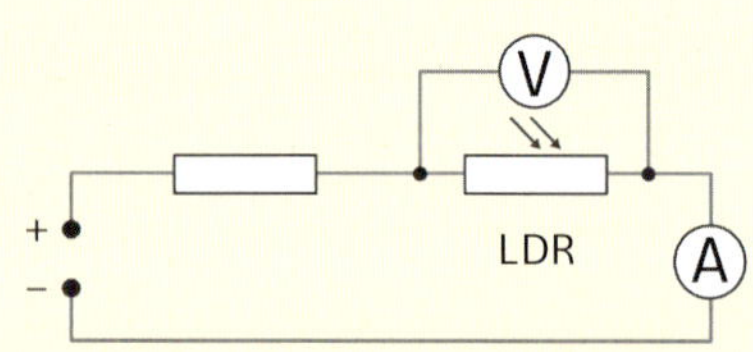

1. Berechne den Widerstand des LDRs bei jeder Messung.
2. Stelle die Ergebnisse in Form eines Diagramms dar.
3. Erkläre die Ergebnisse des Versuchs.

Lichtabhängiger Widerstand

Bei einigen Halbleiter-Widerständen steigt die Leitfähigkeit stark, wenn Licht auf sie fällt. Durch die Energie des Lichts gelangen mehr Elektronen ins Leitungsband. Der Elektronenfluss wird verstärkt. Die Sensoren werden als **LDR** (light dependend resistor, lichtabhängiger Widerstand) bezeichnet. LDRs werden überall genutzt, wo Vorgänge mithilfe von Licht gesteuert werden. Neben der Straßenbeleuchtung findet man sie auch in Lichtschranken. Diese steuern zum Beispiel elektronische Türen.

Temperaturabhängiger Widerstand

Bei anderen Halbleiter-Widerständen nimmt die Leitfähigkeit durch die Zufuhr von thermischer Energie zu. Durch die Zufuhr von thermischer Energie können mehr Elektronen ins Leitungsband wechseln. Gleichzeitig nimmt der elektrische Widerstand ab. Diese Halbleiter werden auch **Heißleiter** oder **NTC**s genannt (NTC, negative temperature coefficient), da bei ihnen bei steigenden Temperaturen der Widerstand sinkt. Sie leiten den elektrischen Strom mit zunehmender Temperatur besser.

Im Gegensatz zu den NTCs nimmt der Widerstand von Metallen bei steigender Temperatur zu. Je mehr thermische Energie zugeführt wird, desto stärker bewegen sich die Atome. Durch die starken Bewegungen der Atome werden die Elektronen in ihrem Fluss behindert und die elektrische Leitfähigkeit sinkt. Metalle werden aus diesem Grund auch als **Kaltleiter** bezeichnet (**PTC**, positive temperature coefficient). Sie leiten bei niedriger Temperatur den Strom besser.

Anwendungen von NTCs

NTC-Widerstände werden vor allem in Heizungssystemen eingesetzt. Durch sie kann in Kreisläufen eine konstante Temperatur eingestellt werden. Sie finden auch Anwendung in der Autoindustrie. Dort findet man sie bei der Steuerung der Kühlwassertemperatur, der Klimaanlage und der Katalysatorüberwachung.

A Beschreibe die Veränderungen der elektrischen Leitfähigkeit bei NTCs und PTCs.

2 LDR

Material mit Aufgaben

M2 Einparkhilfe

1. Beschreibe die Funktionsweise der Einparkhilfe.
2. Erkläre, worauf die Sensoren der Einparkhilfe reagieren.
3. Stelle Vermutungen an, welche weiteren Sensoren in einem Auto verbaut sind.

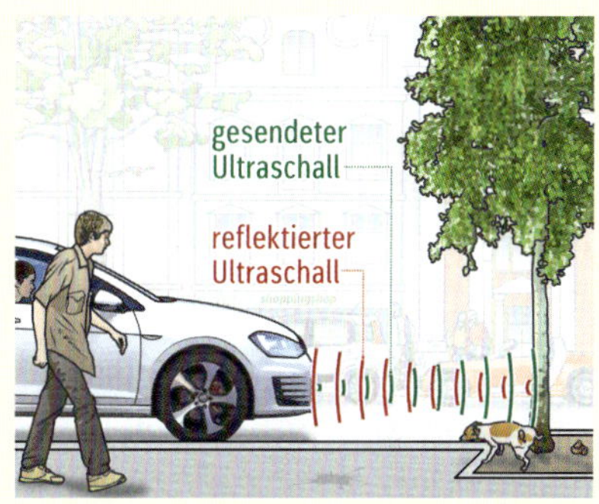

P3 Leitfähigkeit vom NTC

Material: Spannungsquelle, Kabel, Schutzwiderstand, NTC, 2 Multimeter, Reagenzglas, Becherglas, Thermometer, Wasser

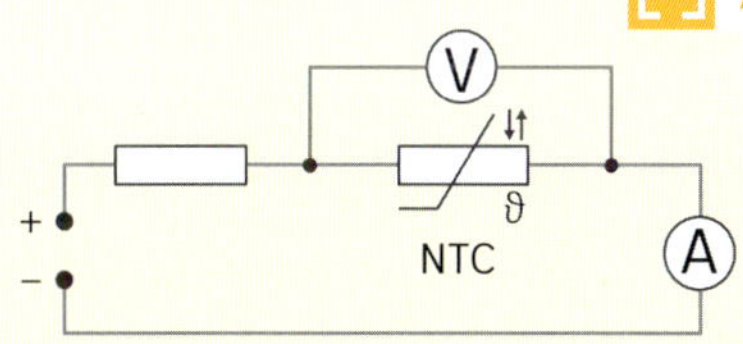

Durchführung: Baue den Stromkreis wie in der Abbildung auf. Stecke den NTC in ein Reagenzglas und dieses in ein Becherglas mit kaltem Wasser. Füge schrittweise heißes Wasser hinzu. Bestimme die Temperatur, Spannung und Stromstärke.

1. Berechne den Widerstand des NTCs bei jeder Messung.
2. Stelle die Ergebnisse in Form eines Diagramms dar.
3. Erkläre die Ergebnisse des Versuchs.

Zusammenfassung Energiewandler

Elektromagnetismus

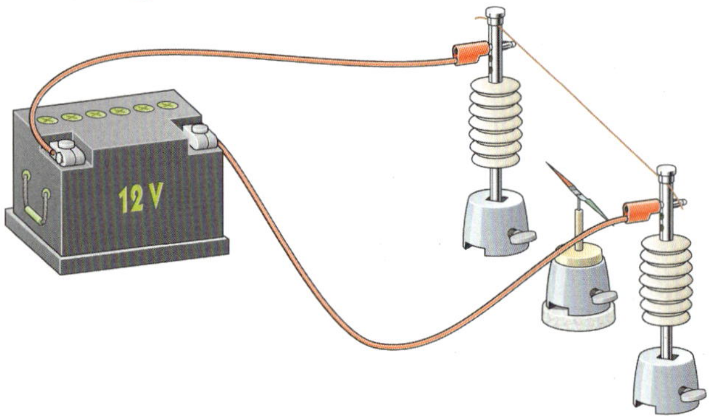

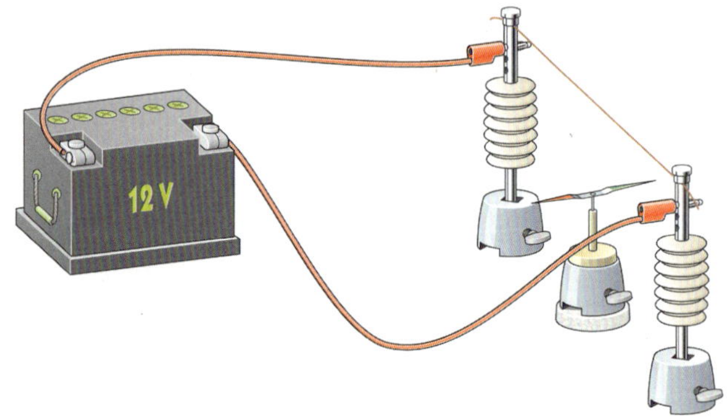

Der dänische Forscher Hans-Christian Oersted hat in einem Versuch nachgewiesen, dass mithilfe vom elektrischem Strom ein Magnetfeld erzeugt werden kann. Dazu hat er einen Stromkreis aufgebaut, der einen geraden Leiter enthielt. Neben diesen Leiter hat er eine Magnetnadel platziert. Zunächst richtete sich die Nadel in Richtung des Erdmagnetfeldes aus. Sobald elektrischer Strom durch den Draht floss, wurde die Nadel so abgelenkt, dass sie sich parallel zum Draht ausrichtete. Das Magnetfeld, dass ein elektrischer Leiter erzeugt, kann man verstärken, indem man den Leiter aufwickelt. Das aufgewickelte Bauteil wird als Spule bezeichnet. Je mehr die Spule aufgewickelt ist, desto stärker ist das Magnetfeld. Ein Eisenkern in der Spule, verstärkt die Wirkung noch einmal.

Induktion

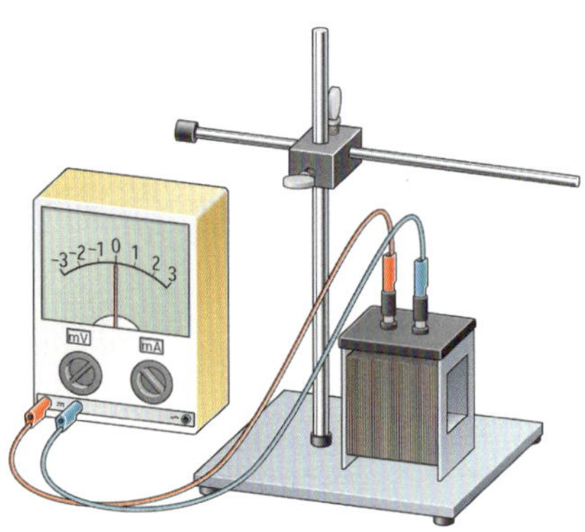

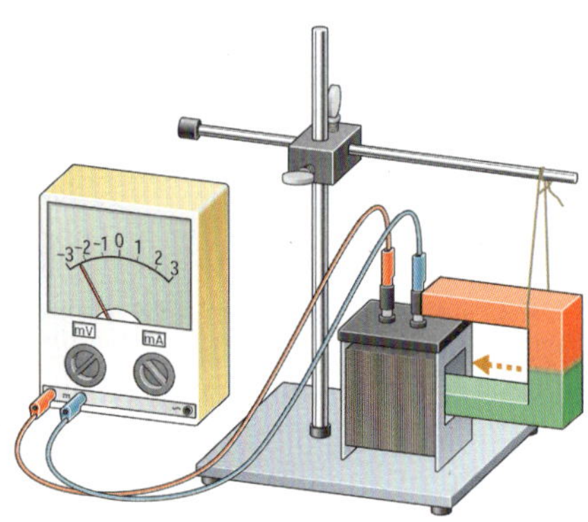

Man kann zwischen den Enden einer Spule eine Spannung messen, wenn man einen Magneten in die Spule schiebt oder wieder herauszieht. Die Bewegungen von Spule und Magnet erzeugen eine elektrische Spannung. Man nennt diesen Vorgang **Induktion.** Induktion tritt immer dann auf, wenn sich das Magnetfeld um eine Spule ändert.

Mithilfe eines Transformators können Spannungen und Stromstärken in Stromkreisen gezielt verändert werden. Sie bestehen aus zwei Spulen und machen sich das Prinzip der Induktion zur Nutze.

Dioden

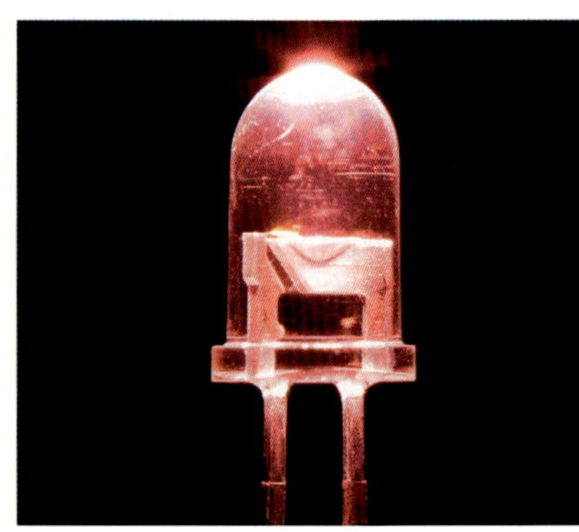

Dioden sind elektrische Bauteile. Der elektrische Strom kann nur durch eine Richtung durch sie hindurchfließen.

Dioden sind Halbleiter. Das heißt, sie leiten elektrischen Strom, wenn ihnen Energie zugeführt wird.

Für die Erhöhung der Leitfähigkeit werden Dioden dotiert.

1 Halbleiter

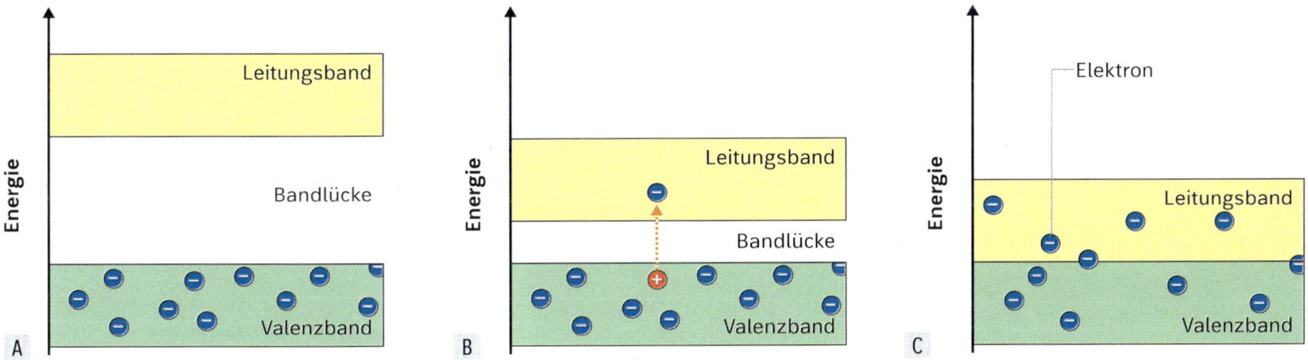

A Beschreibe den Aufbau der verschiedenen Stoffe in den Bildern A bis C.

B Nenne verschiedene Einsatzgebiete von elektrischen Leitern, Halbleitern und Isolatoren aus dem Alltag.

C Ordne den Bildern A bis C die Begriffe Halbleiter, Isolator und Leiter zu. Begründe deine Zuordnung.

D Erkläre, warum Halbleiter trotz einer Bandlücke den elektrischen Strom Leiten können.

E Erkläre, wie sich die Leitungsvorgänge in einem Halbleiter von den Leitungsvorgängen in einem Metall unterscheiden.

2 Transformator

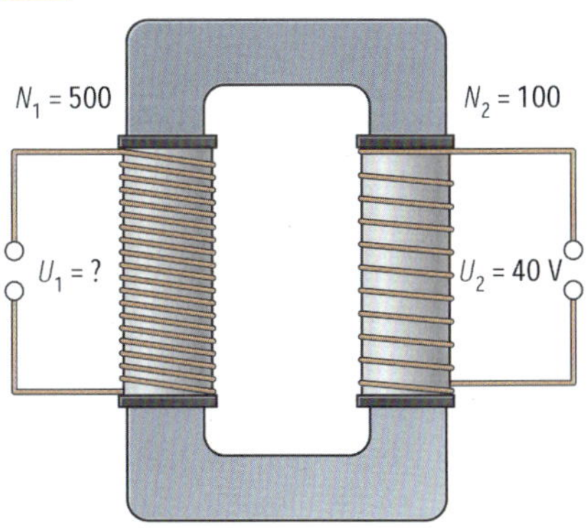

A Beschreibe den Aufbau des Transformators.

B Nenne Anwendungsbereiche von Transformatoren.

C Erkläre die Funktionsweise eines Transformators.

D Berechne die fehlenden elektrischen Größen im Bild.

3 Dioden

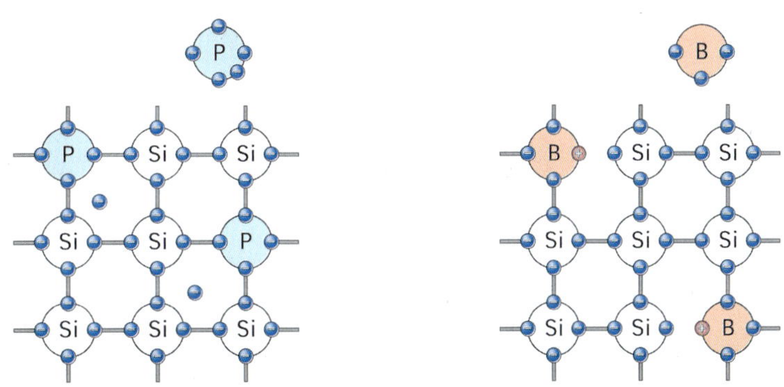

A Nenne die Stoffe in Bild A und B, mit denen der Halbleiter dotiert wurde.

B Erkläre, warum man Halbleiter mit Fremdstoffen dotiert.

C Erkläre den Unterschied zwischen n-dotierten und p-dotierten Halbleitern.

D Beschreibe den Aufbau einer Diode und erstelle eine Skizze.

E Erkläre die Veränderungen eines pn-Übergang einer Diode, wenn sie in Durchlassrichtung und in Sperrrichtung geschaltet wird.

Was ist der Wirkungsgrad?

Was ist der Unterschied zwischen Arbeit und Wärme?

Welche Auswirkungen hat Energienutzung?

8

Energieumwandlungen

Windräder stellen elektrischen Strom mithilfe der Bewegungsenergie des Windes zur Verfügung. Der Wind gehört zu den nachhaltigen Ressourcen.
Zu den fossilen Ressourcen gehört zum Beispiel Kohle. Sie wird in großen Kraftwerken für die Bereitstellung von Strom verbrannt.

1 Ein Kohlekraftwerk

Kohlekraftwerk

Kohle

Kohle ist ein häufig genutzter Energieträger. Sie entstand vor Millionen von Jahren. Deshalb wird sie als **fossiler Brennstoff** bezeichnet. Die Energie der Sonne bewirkte, dass Pflanzen wuchsen und dabei die Energie der Sonne in chemische Energie umwandelten. Abgestorbene Pflanzen vermoderten und wurden von Erdschichten, Gestein und Geröll überlagert. Durch den hohen Druck auf die toten Pflanzen und die höheren Temperatur in den tiefen Erdschichten wurde aus ihnen Kohle.

In der Industrialisierung spielte Kohle als Energieträger eine entscheidende Rolle. Damals wie heute wird die chemische Energie der Kohle durch Verbrennung in thermische Energie umgewandelt. Diese wird dann entweder direkt zum Heizen genutzt oder in Kraftwerken in elektrische Energie umgewandelt. Durch die Verbrennung von Kohle entstehen viel Kohlenstoffdioxid und Wasserdampf. Die Gase werden über Schornsteine abgegeben. Andere Verbrennungsgase und Ruß entstehen als teilweise giftige Nebenprodukte. Sie werden größtenteils bei der Abgasreinigung herausgefiltert.

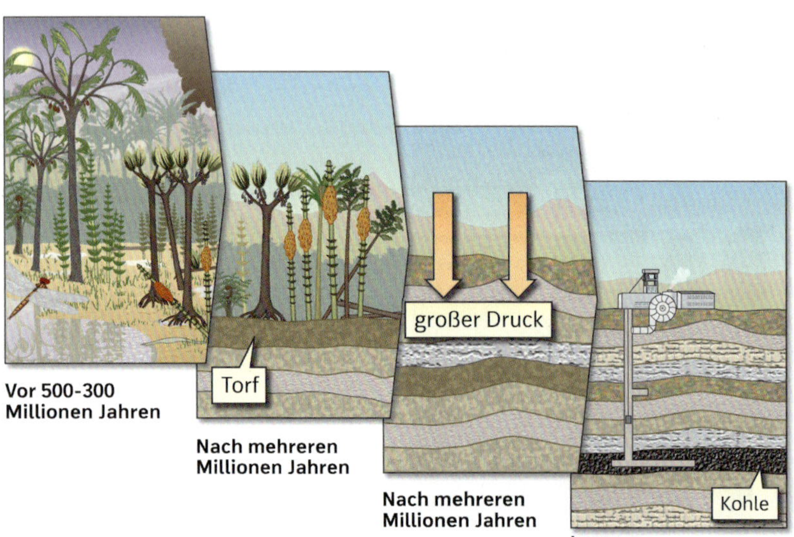

2 Entstehung von Kohle

Energieentwertung

In einem Kraftwerk wird nicht die gesamte chemische Energie der Kohle in elektrische Energie umgewandelt. Es wird auch ein Teil der Energie in thermische Energie umgewandelt. Diese wird teilweise zum Heizen von Häusern und Wohnungen genutzt. Ein anderer Teil wird als entwertete Energie in Form von Wärme zusammen mit dem Wasserdampf über einen Kühlturm abgegeben. Die entwertete Energie ist für den Menschen nicht nutzbar.

Energiestromstärke

In einem Kohlekraftwerk werden große Mengen an Energie umgewandelt. Große Kohlekraftwerke verbrennen bis zu 20.000 Tonnen Kohle am Tag und wandeln dabei Energie von mehreren Billiarden Joule um. Die Geschwindigkeit der Energieumwandlung bezeichnet man auch als **Energiestromstärke**. Die Energiestromstärke gibt an, wie viel Energie in einer bestimmten Zeit umgewandelt wird. Die Einheit der Energiestromstärke ist Watt. 1 Watt entspricht dabei einer Umwandlung eines Joules pro Sekunde. Für Energieumwandlungen, bei denen elektrische Energie entsteht, entspricht die Energiestromstärke der elektrischen Leistung. Ein einzelner Kraftwerksblock eines Kohlekraftwerks kann eine elektrische Leistung von bis zu 1000 Megawatt (MW) haben. Windräder wandeln Bewegungsenergie in elektrische Energie um. Je nach Aufstellungsort haben Windkraftanlagen eine elektrische Leistung von 2 MW bis 14 MW. Große Wasserkraftwerke haben eine Energiestromstärke von etwa 200 MW bis 1000 MW.

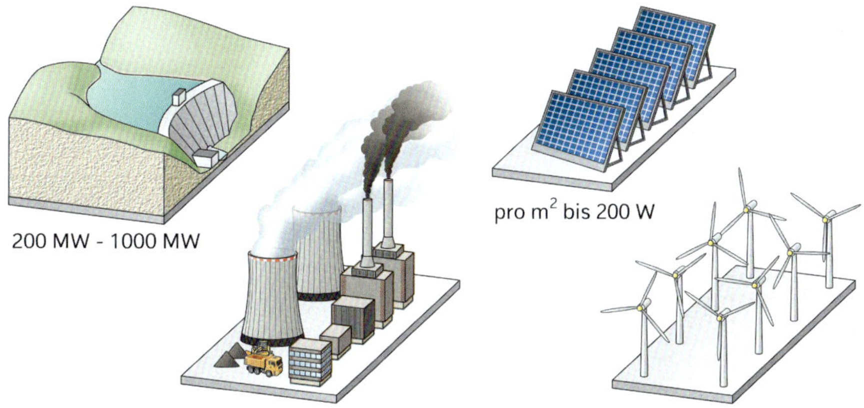

3 Leistung von verschiedenen Kraftwerken

Material mit Aufgaben

M1 Kohlekraftwerk

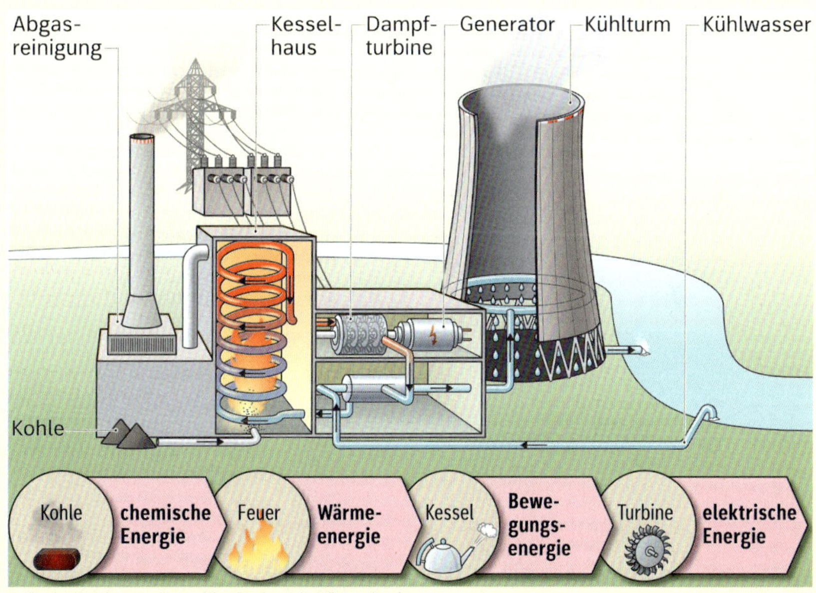

gewünschte Energieumwandlungen (ohne Beachtung der Wärmeverluste)

1. Beschreibe den Aufbau des dargestellten Kohlekraftwerks.
2. Erkläre, wie in einem Kohlekraftwerk elektrische Energie bereitgestellt wird.
3. Stelle Vermutungen über Vor- und Nachteile von Kohlekraftwerken an.

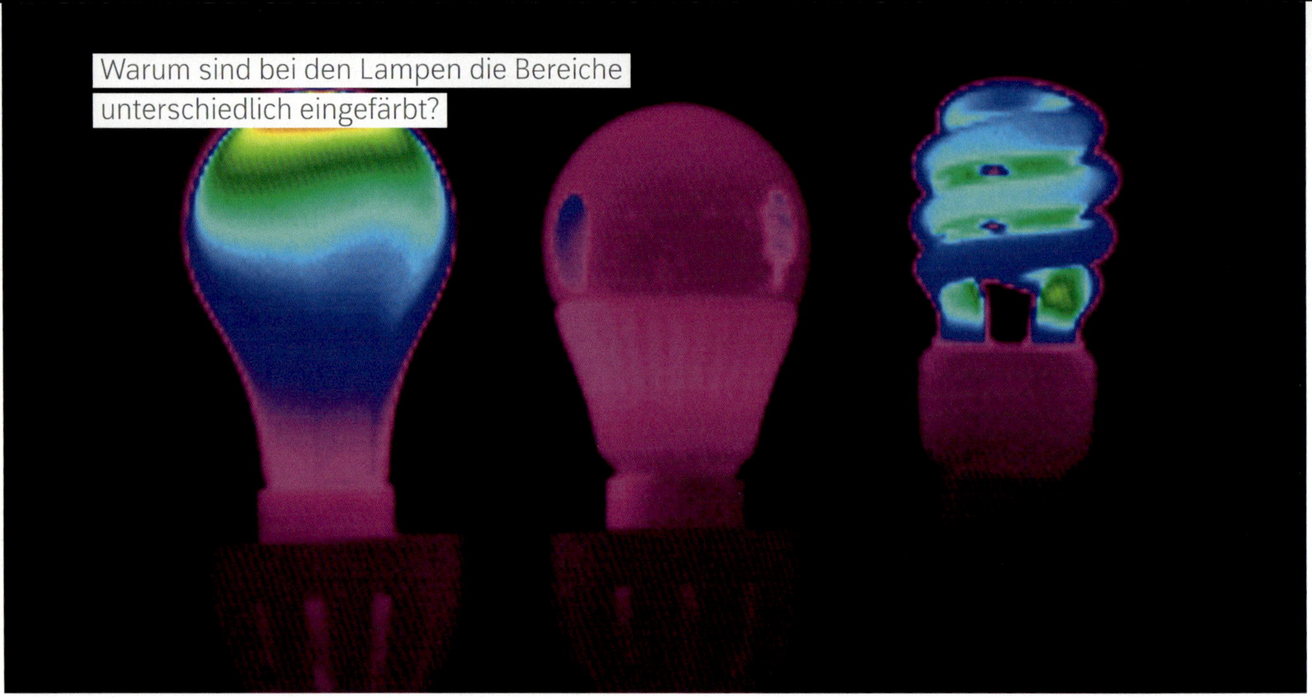

1 Wärmebilder verschiedener Lampen

Wirkungsgrad

Leuchtmittel

In Geschäften sieht man oft Lampen, die sich sehr ähnlich sind, aber unterschiedliche Preise haben. Vergleicht man die Werte für die elektrische Leistung, stellt man fest, dass diese für viele Produkte gleich ist. Der Unterschied zwischen den Lampen wird oft erst in der Anwendung oder mithilfe einer Wärmebildkamera deutlich. Eine Wärmebildkamera stellt den Energiefluss an die Umgebung dar. Die unterschiedliche Abgabe von thermischer Energie wird durch verschiedene Farben dargestellt. Die Stellen der höchsten Abgabe erscheinen weiß, rot oder orange, mittlere gelb oder grün und geringe blau, violett oder schwarz. Obwohl alle Lampen die gleiche Leistung haben, leuchtet die eine Lampe heller als die anderen. Bei Berührung stellt man außerdem fest, dass die nicht so hell leuchtenden Lampen wärmer sind.

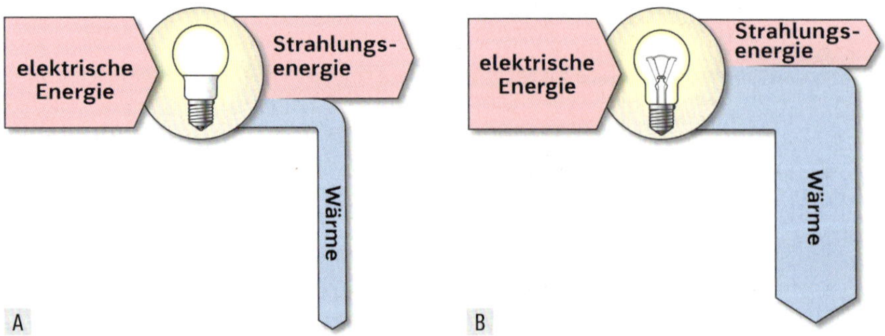

2 Energieflussdiagramm: **A** Lampe mit hohem Wirkungsgrad, **B** Lampe mit niederigem Wirkungsgrad

Wirkungsgrad

Lampen sind Energiewandler. Sie wandeln elektrische Energie in Strahlungsenergie um. Ein Teil der elektrischen Energie wird außerdem in thermische Energie umgewandelt. Je höher der Anteil der gewünschten Energie ist, desto effizienter ist der Energiewandler. Ein Maß für die Arbeitsweise von Energiewandlern ist der **Wirkungsgrad**. Der

Wirkungsgrad ist das Verhältnis der Menge an genutzter Energie zu der Menge an eingesetzter Gesamtenergie.

$$\text{Wirkungsgrad} = \frac{\text{genutzte Energie}}{\text{Gesamtenergie}}$$

Ungenutzte Energie wird als **entwertete Energie** an die Umgebung abgegeben. Der Wirkungsgrad kann Werte zwischen 0 und 1 annehmen. Je höher der Wert ist, desto effizienter ist der Energiewandler. Glühlampen besitzen einen schlechten Wirkungsgrad von ungefähr 0,05. Das bedeutet, dass 95% der eingesetzten Energie als thermische Energie abgegeben wird. Halogenlampen sind mit einem Wirkungsgrad von etwa 0,1 nur wenig besser. Seit mehreren Jahren werden überwiegend LEDs angeboten und gekauft. Sie besitzen einen Wirkungsgrad von 0,25 bis 0,45 und haben eine lange Lebensdauer.

Energieeffizienzklasse

Die elektrische Leistung gibt an, wie viel Energie pro Sekunde umgesetzt wird. Daher kann der Wirkungsgrad auch über die Leistung berechnet werden. Als Eingangsleistung P_1 wird die Leistung bezeichnet, die zum Betrieb einer Lampe benötigt wird. Je nach Art der Energieumwandlung ist der Anteil der umgewandelten Lichtleistung P_2 unterschiedlich. Teilt man die Lichtleistung P_2 durch die eingesetzte Leistung P_1, erhält man den Wirkungsgrad. Auch für viele Haushaltsgeräte kann man den Wirkungsgrad bestimmen. In diesen Fällen wird statt des Wirkungsgrades häufig die **Energieeffizienzklasse** angegeben. Sie ist auf Haushaltsgeräten zu finden.

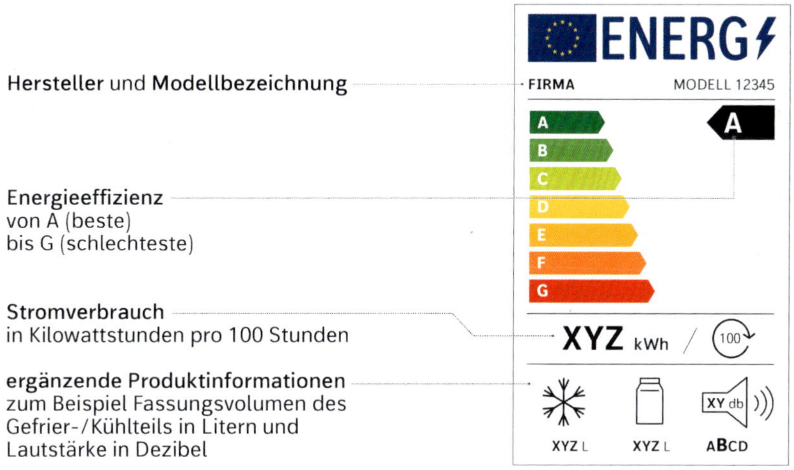

3 Energieeffizienzklassen

Material mit Aufgaben

M1 Wirkungsgrad

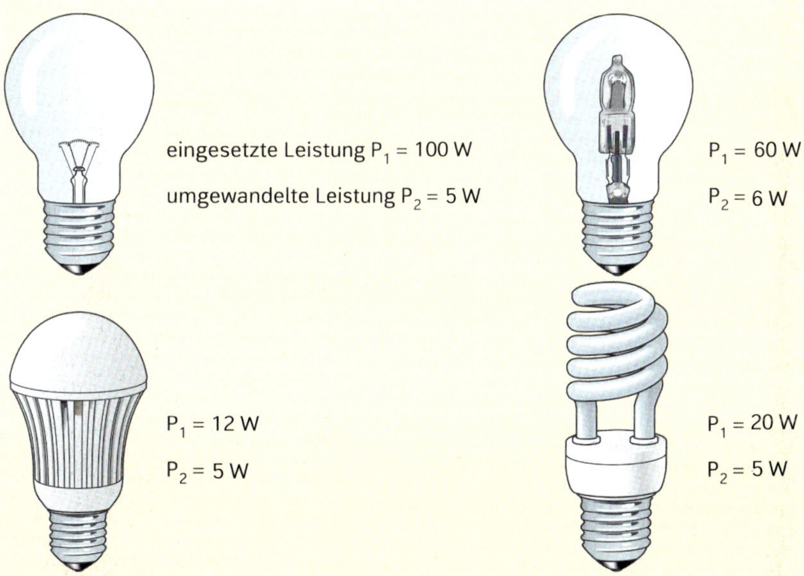

1. Berechne den Wirkungsgrad der verschiedenen abgebildeten Leuchtmittel.
2. Beurteile die verschiedenen Leuchtmittel in Bezug auf ihre Effizienz. ⊞
3. Glühlampen sind oft deutlich günstiger als LEDs. Begründe, welches Leuchtmittel du beim Kauf bevorzugen würdest.

Wirkungsgrad und Leistung

$U_1 = 230\,V \quad I_1 = 0{,}153\,A$
$P_1 = U_1 \cdot I_1 = 230\,V \cdot 0{,}153\,A$
$P_1 = 35{,}19\,W$

$U_2 = 6\,V \quad I_2 = 5\,A$
$P_2 = U_2 \cdot I_2 = 6\,V \cdot 5\,A$
$P_2 = 30\,W$

$$\text{Wirkungsgrad} = \frac{P_2}{P_1} = \frac{30\,W}{35{,}19\,W} = 0{,}852$$

Der Wirkungsgrad beträgt 85,2%

1 Berechnung Wirkungsgrad am Transformator

Wirkungsgrad beim Transformator

Bei vielen elektrischen Geräten wird nicht nur das Gerät, sondern auch das Netzteil warm. Im Netzteil befindet sich ein Transformator, der die Spannung aus dem Stromnetz auf die Nennspannung des jeweiligen Gerätes anpasst. Dabei finden im Transformator Energieumwandlungen statt. Elektrische Energie wird in elektrische Energie umgewandelt. Ein Teil der eingesetzten Energie wird aber auch in thermische Energie umgewandelt und als entwertete Energie an die Umgebung abgegeben. Für diesen Umwandlungsprozess lässt sich der Wirkungsgrad gut experimentell bestimmen und berechnen. Mithilfe eines Energiemessgerätes, kann man die Leistung aus der Steckdose (P_1) direkt bestimmen und ablesen. Zur Bestimmung der Leistung im Stromkreis hinter dem Transformator (P_2) werden die Spannung (U) und die Stromstärke (I) gemessen. Mit diesen Messwerten lässt sich die Leistung wie folgt berechnen:

$P = U \cdot I$

Das Verhältnis der Leistungen entspricht auch dem Verhältnis der umgewandelten Energien, da die Zeit des Umwandlungsprozesses in beiden Fällen gleich ist. Daher kann man den Wirkungsgrad berechnen, indem man P_2 durch P_1 teilt. Netzteile haben in der Regel einen guten Wirkungsgrad, der zwischen 80% und 90% liegt.

Material mit Aufgaben

P1 Glühlampe und LED

Material: Spannungsquelle, LED, Glühbirne, Kabel, Multimeter

Durchführung: Baue die beiden Stromkreise wie in den Schaltskizzen auf. Stelle die Spannungen jeweils so ein, dass beide Lampen gleich hell leuchten und messe Spannung und Stromstärke.

1. Vergleiche deine Messwerte.
3. Berechne die Leistung an beiden Lampen.
3. Stelle mithilfe deiner Messwerte Vermutungen bezüglich des Wirkungsgrades der beiden Lampen an.
4. Laut Angaben eines Herstellers, liegt der Wirkungsgrad einer Glühlampe bei 0,05. Der Wirkungsgrad einer LED beträgt 0,35. Die Leistung der beiden Lampen ist jeweils 10 Watt. Berechne mithilfe der Werte die Lichtleistung der beiden Leuchtmittel.

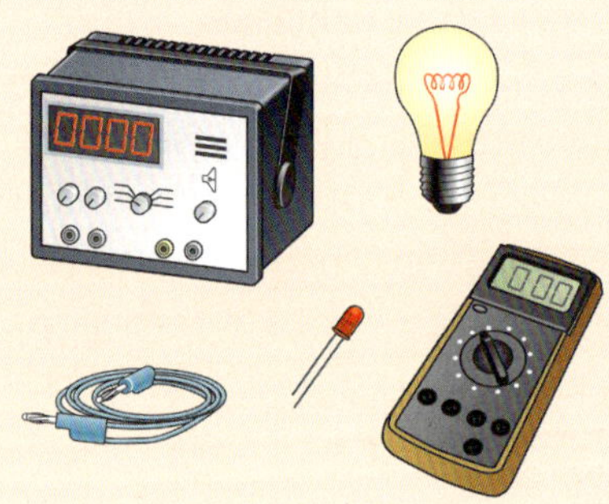

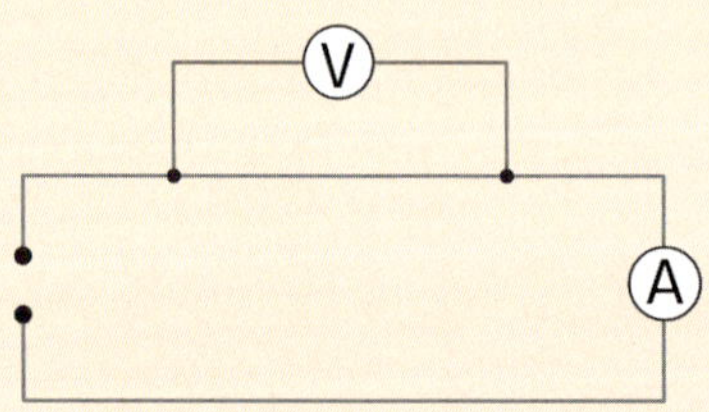

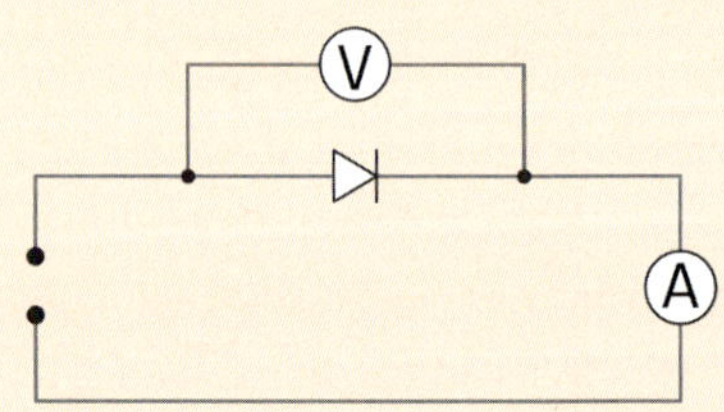

Lichtleistung

Mithilfe des Wirkungsgrads kann man auch Energiemengen oder Energiestromstärken bestimmen, die man experimentell nur schwer ermitteln kann. Das ist zum Beispiel bei der Lichtleistung von Leuchtmitteln der Fall. Oft ist die Eingangsleistung (P_1) auf den Leuchtmitteln zusammen mit dem Wirkungsgrad angegeben. Durch Umstellen der Gleichung

$$\text{Wirkungsgrad} = \frac{P_2}{P_1}$$

nach

$$P_2 = \text{Wirkungsgrad} \cdot P_1$$

lässt sich die Lichtleistung bestimmen.

Einheiten

Betrachtet man Energiemengen, die in Prozessen über eine bestimmte Zeit hinweg umgewandelt werden, können diese mit den Einheiten Joule (J) oder Kilowattstunde (kWh) angegeben werden. Die Einheit Kilowattstunde ist von den Rechnungen für den elektrischen Strom bekannt. 1 Kilowattstunde entspricht dabei 3600000 Joule.

Betrachtet man kurze, einzelne Prozesse, wo die umgesetzte Energiemenge nicht so hoch ist, ist die Verwendung der Einheit Joule sinnvoll. Dagegen ergibt es Sinn, die Energieumsätze größerer oder komplexerer Energieumwandler, die über längere Zeiträume arbeiten, in der Einheit Kilowattstunden anzugeben. Sie sind dann einfacher zu lesen.

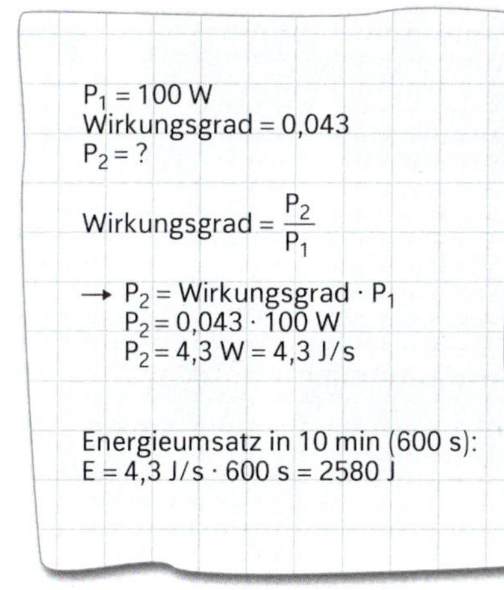

2 Berechnung der Lichtleistung

Material mit Aufgaben

M2 Wirkungsgrad einer Anlage

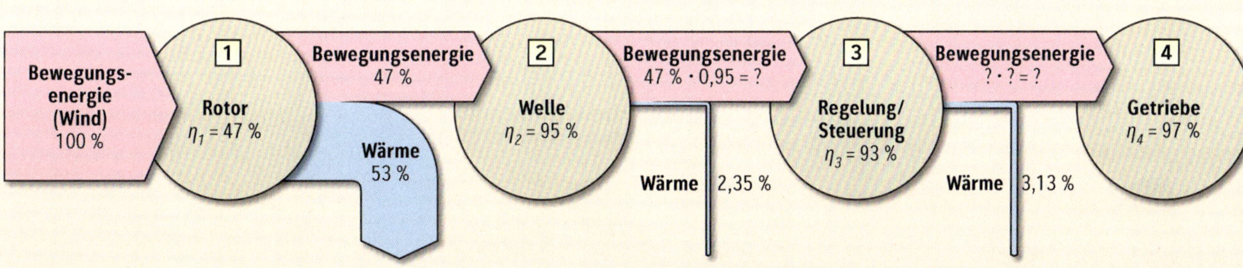

η_1 = Wirkungsgrad

1. Beschreibe das dargestellte Energieflussdiagramm.
2. Berechne die fehlenden Größen im Energieflussdiagramm.
3. Erkläre, wie sich der Gesamtwirkungsgrad einer großen Anlage zusammensetzt.

1 Eine kaputte Vase

Arbeit und Wärme

Kaputte Vase

Fällt eine Vase von einem Tisch, dann zerspringt sie oft auf dem Boden in viele Teile. Bei diesem Vorgang finden Energieumwandlungen statt.
Die Vase wurde vorher auf den Tisch gestellt. Durch das Heben wurde der Vase gezielt **potentielle Energie** zugeführt. Während des Fallens wird diese potentielle Energie in Bewegungsenergie umgewandelt. Die gerichtete Übertragung von Energie durch mechanische Vorgänge wird als **Arbeit** bezeichnet.

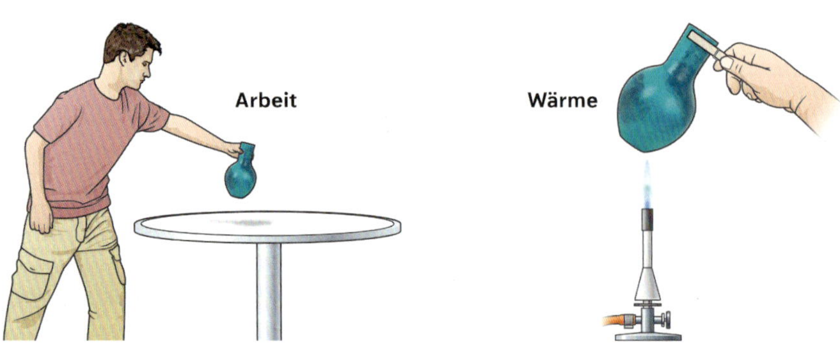

2 Prozessgrößen

Wärme

Das gleiche Ergebnis einer zersprungenen Vase erzielt man auch durch Erwärmung der Vase. Auch hierbei wird Energie übertragen, die schließlich zum Zerspringen der Vase führt. Allerdings wird in diesem Beispiel die Energie ungerichtet als thermische Energie übertragen. Bei diesem Übertragungsvorgang spricht man von **Wärme**. Wärmeübertragung findet immer nur von einem Körper mit höherer Temperatur zu einem Körper mit geringerer Temperatur statt. Man spricht in den Naturwissenschaften in der Regel nie von Kälte.

Prozessgrößen

Arbeit und Wärme sind **Prozessgrößen**. Sie beschreiben nur die Art des Übertragungsprozesses. Ein Gegenstand kann weder Arbeit noch Wärme besitzen. Energie hingegen ist eine Speichergröße. Ein Körper kann Energie besitzen.

Arbeit und Wärme im Vergleich

Das Uhrwerk einiger Uhren wird durch das Spannen einer Feder in Bewegung gesetzt. Durch das mechanische Aufziehen der Uhr wird der Feder Spannenergie zugeführt. Es wird also an der Feder Arbeit verrichtet. Die Spannenergie der Feder wird anschließend dazu genutzt, die Zeiger der Uhr zu bewegen. In einem Verbrennungsmotor wird zunächst über Wärme und dann über Arbeit Energie übertragen. Durch die Verbrennung von Treibstoff wird mithilfe von Wärme den Gasteilchen im Motor thermische Energie zugeführt. Durch die thermische Energie bewegen sich die Teilchen schneller und nehmen dadurch mehr Raum ein. Das Gas im Inneren des Motors dehnt sich aus. Durch die Ausdehnung werden Kolben bewegt. An den Kolben wird also Arbeit verrichtet. Die potentielle Energie der Kolben wird genutzt, um über ein Getriebe die Räder des Autos in Bewegung zu setzen.

Effizienz

Die Energieübertragung durch Arbeit ist oft effizienter, da sie gerichtet abläuft. Man kann sie also besser kontrollieren. Energieübertragungen über Wärme sind ungerichtet, so dass die Energie in alle Richtungen gleichmäßig abgegeben wird. Dadurch kann die Energie nur zu einem geringeren Anteil in die Energieform umgewandelt werden, die auch gewünscht wird.

A Erkläre den Unterschied zwischen Arbeit und Wärme.

B Erkläre, warum Arbeit und Wärme Prozessgrößen sind.

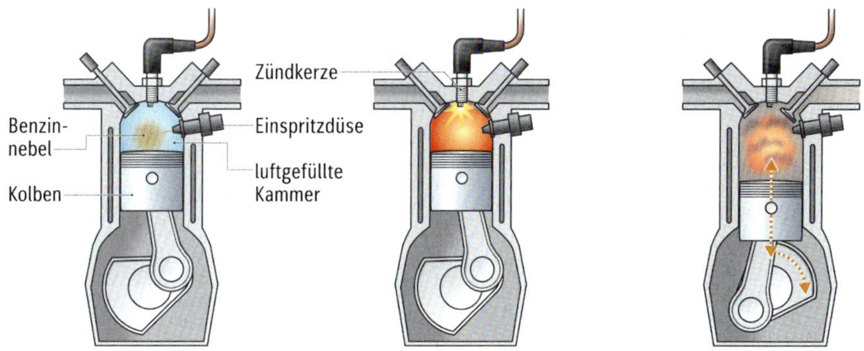

3 Funktionsweise eines Verbrennungsmotors

Material mit Aufgaben

M1 Arbeit oder Wärme?

1. Beschreibe die dargestellten Vorgänge.
2. Erkläre, bei welchem Prozess es sich um Arbeit oder um Wärmeübertragung handelt. ⊞
3. Stelle Vermutungen an, wie kalte Hände durch Arbeit oder durch Wärmeübertragung erwärmt werden können.

P2 Wasser

Material: Reagenzglas, Gasbrenner, Wasser, Stopfen

Durchführung: Fülle Wasser in das Reagenzglas und verschließe es mit dem Stopfen. Erhitze das Wasser vorsichtig mit dem Gasbrenner.

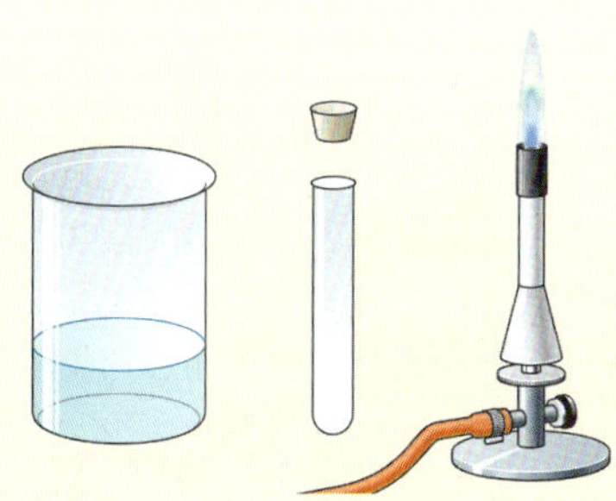

1. Beschreibe die Beobachtung.
2. Zeichne ein Energieflussdiagramm für den Versuch. ⊞
3. Erkläre, an welchen Stellen Energie durch Wärme oder durch Arbeit übertragen wird.

Potentielle Energie

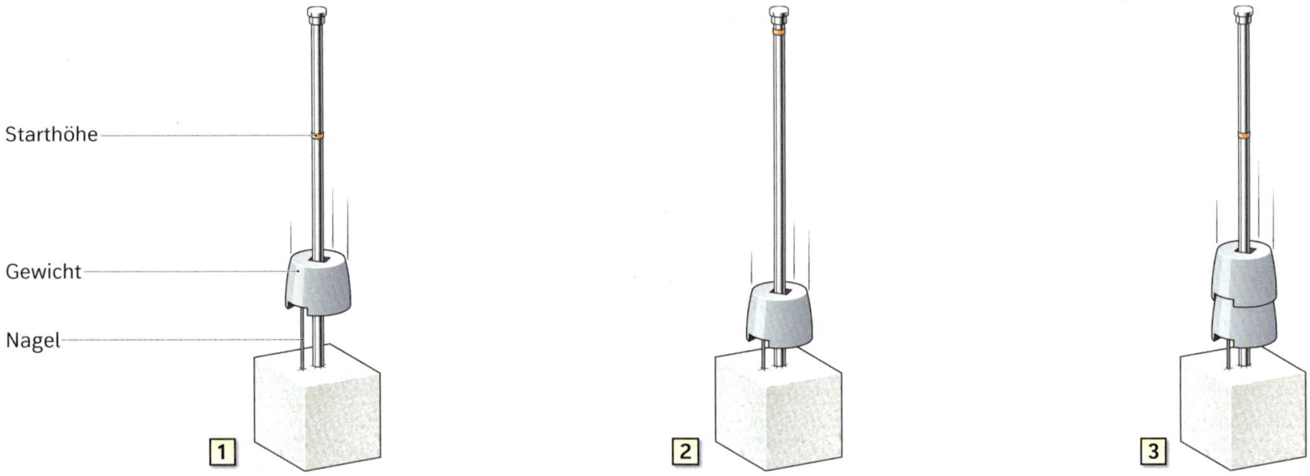

1 Gewichtsstücke werden aus unterschiedlicher Höhe auf Nägel fallen gelassen

Potentielle Energie

Bewegt man einen Körper in eine erhöhte Position, dann hat er mehr potentielle Energie als vorher. Die Menge an potentieller Energie ist aber nicht nur von der Höhe abhängig, sondern auch von der Masse des Körpers. Je schwerer ein Körper ist und je höher er sich befindet, desto größer ist seine potentielle Energie. Es kann mehr Energie beim Herunterfallen umgewandelt werden.
Dieser Zusammenhang lässt sich gut veranschaulichen, wenn man Gewichtstücke auf einen Nagel, der in Styropor® steckt, fallen lässt. Der Nagel versinkt tiefer im Styropor®, je höher oder schwerer die Gewichtsstücke sind.
Darüber hinaus spielt für die potentielle Energie auch noch eine Rolle, dass der Vorgang auf der Erde stattfindet. Aus diesem Grund muss für Berechnungen noch die Erdbeschleunigung berücksichtigt werden.

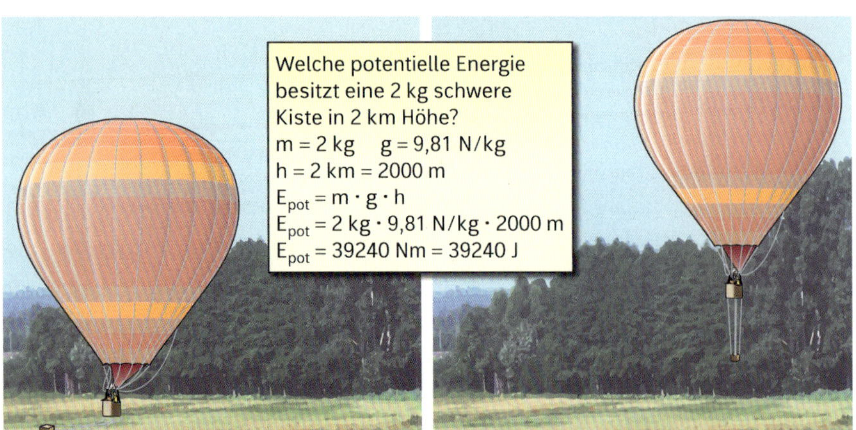

Welche potentielle Energie besitzt eine 2 kg schwere Kiste in 2 km Höhe?
$m = 2\ kg \quad g = 9{,}81\ N/kg$
$h = 2\ km = 2000\ m$
$E_{pot} = m \cdot g \cdot h$
$E_{pot} = 2\ kg \cdot 9{,}81\ N/kg \cdot 2000\ m$
$E_{pot} = 39240\ Nm = 39240\ J$

2 Berechnung potentieller Energie

Berechnung

Zur Berechnung der potentiellen Energie müssen alle Abhängigkeiten zusammengefasst werden. Damit ergibt sich folgende Formel:

$$E_{pot} = m \cdot g \cdot h$$

Dabei stehen die Variablen für folgende physikalische Größen:

m = die Masse des Körpers oder Stoffes in Kilogramm (kg)

g = die Erdbeschleunigung: 9,81 $\frac{m}{s^2}$ beziehungsweise 9,81 $\frac{N}{kg}$

h = Höhe in Metern (m)

Für die Berechnung ist es wichtig, dass man auf die richtigen Einheiten bei Masse und Höhe achtet. Das direkte Ausrechnen führt zu einem Ergebnis mit der Einheit kg $\cdot \frac{m^2}{s^2}$ beziehungsweise N · m. Diese Einheit entspricht der Einheit Joule.
Das errechnete Ergebnis kann direkt in Joule angegeben werden kann.

Potentielle Energie im Alltag

Die potentielle Energie von Stoffen macht man sich oft in Kraftwerken zu Nutze. In einem Speicherkraftwerk wird die potentielle Energie des Wassers mithilfe von Turbinen und Generatoren in elektrische Energie umgewandelt. Diese wird dann in das Stromnetz eingespeist.
Aber auch in anderen Situationen tritt potentielle Energie auf. Immer wenn man im Schwimmbad von einem Sprungturm oder Startblock ins Wasser springt, wird potentielle Energie umgewandelt. Die Energie wird auf dem Weg ins Wasser teilweise in Bewegungsenergie umgewandelt. Beim Eintauchen in das Wasser, wandelt sich ein Teil der potentiellen Energie auch in thermische Energie um, die das Wasser erwärmt.

A Nenne die Größen, von denen die potentielle Energie abhängt.

B Beschreibe an einem Beispiel, wie potentielle Energie in thermische Energie umgewandelt werden kann.

3 Sprung ins Wasser

Material mit Aufgaben

M1 Speicherkraftwerk

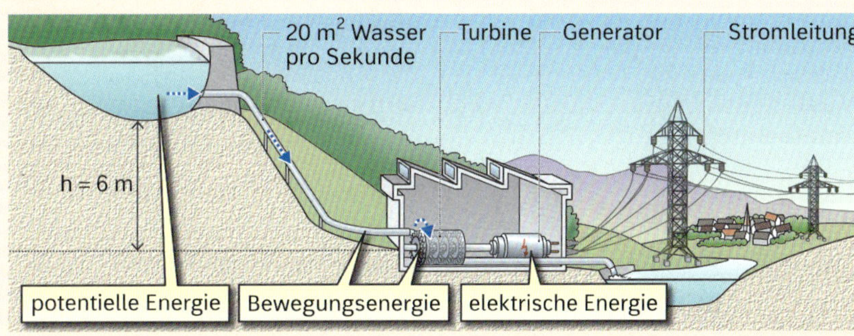

1. Beschreibe die Funktionsweise eines Speicherkraftwerks.
2. Berechne die umgewandelte potentielle Energie (1 m^3 Wasser wiegt 1000 kg).
3. Erkläre, warum die Höhe des Wassers eine Rolle spielt, wie viel Energie umgewandelt wird.

M2 Versuch zur potentiellen Energie

1. Beschreibe die auftretenden Energieumwandlungen.
2. Berechne die umgewandelte potentielle Energie.
3. Begründe, was mit der Energiedifferenz passiert ist.

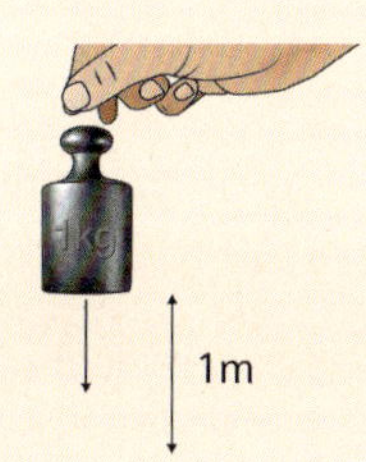

1 Turbinen

Spezifische Wärme

Turbinen

Erhitzt man Wasser in einem Reagenzglas mit Stopfen, dann entsteht heißer Wasserdampf. Der Wasserdampf kann an dem Stopfen Arbeit verrichten, indem er diesen in Bewegung versetzt. Dieses Prinzip nutzt man auch in Kraftwerken, in denen heißer Wasserdampf Turbinen in Bewegung bringt. Diesen Effekt kann man auch mit anderen Flüssigkeiten erreichen. Erhitzt man zum Beispiel n-Heptan, verdampft es schneller und der Stopfen fliegt früher aus dem Reagenzglas. N-Heptan hat mit 98 °C einen ähnlichen Siedepunkt wie Wasser. Trotzdem siedet es bei gleicher Energiezufuhr schneller als Wasser.

Spezifische Wärmekapazität

Die Temperatur ist nicht die einzige wichtige Größe für die Menge an übertragbarer Energie. Die Energie, die eine Flüssigkeit besitzen kann, hängt auch von der Flüssigkeit ab. Einige Flüssigkeiten können mehr Energie aufnehmen als andere. Ihre Temperatur erhöht sich weniger bei gleicher Energieaufnahme. Die Fähigkeit eines Stoffes thermische Energie durch Wärme aufnehmen zu können, nennt man **spezifische Wärme** oder **spezifische Wärmekapazität**. Sie hängt nur vom Stoff ab und ist daher eine stoffabhängige Konstante.

Stoff	Spezifische Wärmekapazität in $\frac{kJ}{kg \cdot K}$
Eis (0° C)	2,06
Aluminium	0,9
Wasser	4,18
n-Heptan	2,22
Wasserstoff	14,3
Wasserdampf (100 °C)	2,08
trockene Luft (Gasgemisch)	1,01

2 Spezifische Wärmekapazität von verschiedenen Stoffen

Berechnungen

Mithilfe der spezifischen Wärmekapazität kann man die **thermische Energie** berechnen, die ein Stoff besitzt.

$Q = m \cdot c \cdot T$

Dabei stehen die Variablen für folgende physikalische Größen:
Q = thermische Energie (J)
m = Masse des Stoffs (kg)
c = Wärmekapazität des Stoffs $(\frac{J}{kg \cdot K})$
T = Temperatur (K)

Wichtig bei der Berechnung ist, dass die Masse immer in Kilogramm angegeben wird. Außerdem wird die Temperatur statt in °C in Kelvin (K) angegeben. Die Temperaturangabe in °C lässt sich einfach in Kelvin umrechnen, indem man die Temperaturangabe in °C und den Wert 273,15 addiert. 10 °C entsprechen also 283,15 K.
Soll die notwendige Energiemenge berechnet werden, um einen Stoff um eine bestimmte Temperaturdifferenz zu erhöhen, kann auf eine Umrechnung in Kelvin verzichtet werden. In diesem Fall wird statt T die Temperaturdifferenz ΔT eingesetzt.

Innere Energie

Die Gesamtenergie, die in einem Stoff gespeichert ist, gibt man mit der **inneren Energie** an. Sie setzt sich aus vielen Bestandteilen zusammen, zum Beispiel der Bewegungsenergie und der chemischen Energie der Teilchen eines Stoffes. Die innere Energie eines Körpers ändert sich, wenn er mit seiner Umgebung Arbeit oder Wärme austauscht.

Wasser als Kühlmittel

Ein Kühlmittel muss viel Energie aufnehmen können, ohne dass sich die Temperatur stark erhöht. Im Vergleich zu anderen Stoffen besitzt Wasser eine sehr hohe Wärmekapazität. Daher ist es gut als Kühlmittel geeignet. In einigen Kernreaktoren wird aber auch flüssiges Natrium als Kühlmittel genutzt. Es hat zwar eine deutlich geringere Wärmekapazität, allerdings siedet es erst bei 883 °C. Durch die starke Reaktionsfähigkeit ist Natrium aber viel gefährlicher.

Material mit Aufgaben

M1 Kühlmittel in Computern

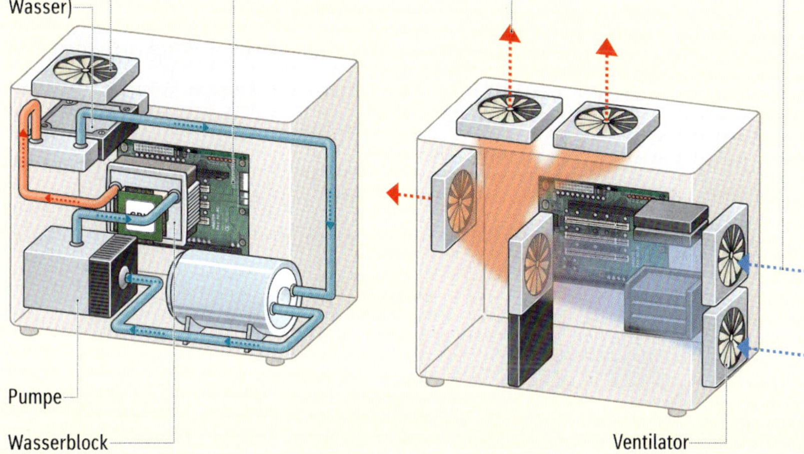

1. Beschreibe den Aufbau der beiden abgebildeten Kühlsysteme.
2. Erkläre, warum die Wasserkühlung besser funktioniert als die Kühlung mit Luft.
3. Ein Computer gibt in einer Stunde eine Energiemenge von 1800 kJ ab. Berechne, um wie viel °C sich die Temperatur das Wasser (5 kg) erwärmt. Die spezifische Wärmekapazität von Wasser beträgt 4,18 $\frac{kJ}{kg \cdot K}$.
4. Stelle Vermutungen über Vor- und Nachteile von Wasserkühlungen an.

Mithilfe von Windkraftanlagen wird elektrische Energie nachhaltig bereitgestellt. Was kennzeichnet nachhaltige Energieversorgung?

1 Windkraftanlagen

Nachhaltige Energieversorgung

Energieversorgung

Die Energieversorgung erfolgt oft mithilfe von elektrischer Energie. Elektrische Energie ist als Transportform von Energie besonders geeignet, da sie sich leicht und störungsarm über weite Strecken transportieren lässt. Um andere Formen von Energie in elektrische Energie umzuwandeln, können verschiedene Kraftwerkstypen genutzt werden.

In **Verbrennungskraftwerken** wird die chemische Energie fossiler Brennstoffe wie Braunkohle, Steinkohle oder Erdgas durch Verbrennung in elektrische Energie umgewandelt. In ölreichen Ländern werden häufig Erdölkraftwerke genutzt. Auch in **Biomassekraftwerken** wird chemische Energie umgewandelt. Diese nutzen keine fossilen Brennstoffe, sondern Tier- und Pflanzenreste.

In **Kernkraftwerken** wird die Energie radioaktiver Stoffe genutzt. Es gibt Kraftwerke, die erneuerbare, regenerative Energieformen wie mechanische Energie, Strahlungsenergie oder thermische Energie in elektrische Energie umwandeln. Dazu zählen **Wasser-**, **Wind-**, **Erdwärme-** oder **Solarkraftwerke**.

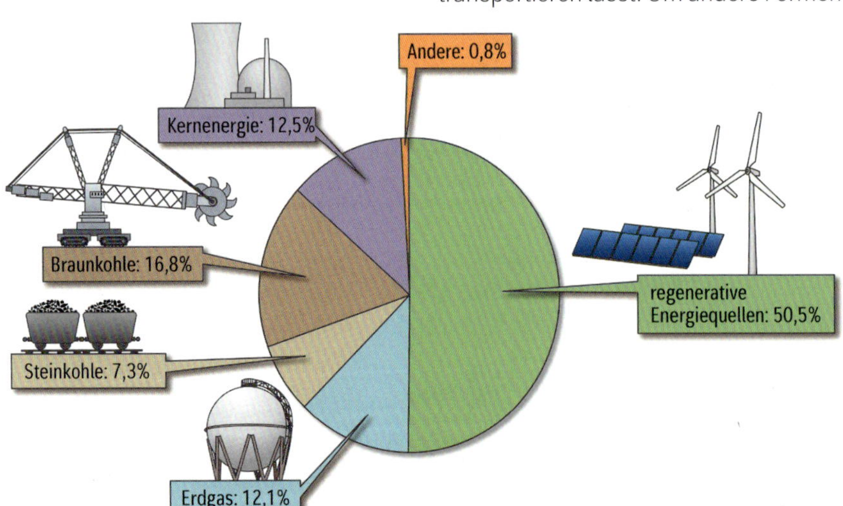

2 Gewinnung von elektrischem Strom für Haushalte in Deutschland (2020)

Nachhaltigkeit beurteilen

In einem bewussten Umgang mit Energie spielen unterschiedliche Aspekte eine Rolle. Sie werden unter dem Begriff **Nachhaltigkeit** zusammengefasst.
Um Nachhaltigkeit beurteilen zu können, muss ein Sachverhalt unter ökologischen, ökonomischen und sozialen Gesichtspunkten betrachtet werden. Der **ökologische** Aspekt umfasst alle Auswirkungen auf die Umwelt, wie Klimaveränderungen oder die Zerstörung von Lebensräumen. **Ökonomische** Betrachtungen achten auf die wirtschaftlichen Folgen. Bei der **sozialen** Betrachtung geht es um gerechte und sichere Arbeitsbedingungen, sowie die gerechte Verteilung von Gütern.

Nachhaltige Energieversorgung

Für eine nachhaltige Energieversorgung ist es wichtig, dass Ökosysteme nicht dauerhaft geschädigt werden. Erneuerbare Energieformen haben den Vorteil, dass sie sich schnell genug nachbilden. Darüber hinaus muss Energie auch bezahlbar bleiben, damit Konzerne wirtschaftlich arbeiten können und die Energie allen Menschen zur Verfügung steht. Energieumwandlungen in Kraftwerken dürfen nicht zu teuer sein. Die Arbeitsbedingungen in den Kraftwerken müssen so sein, dass ausreichend Gehalt gezahlt wird und keine gesundheitlichen Risiken für das Personal bestehen.
Der Anteil an regenerativen Energieformen hat in den letzten Jahren in Deutschland deutlich zugenommen. Aktuell wird über die Abschaltung von Kohlekraftwerken diskutiert, die viele Treibhausgase, wie CO_2, ausstoßen.

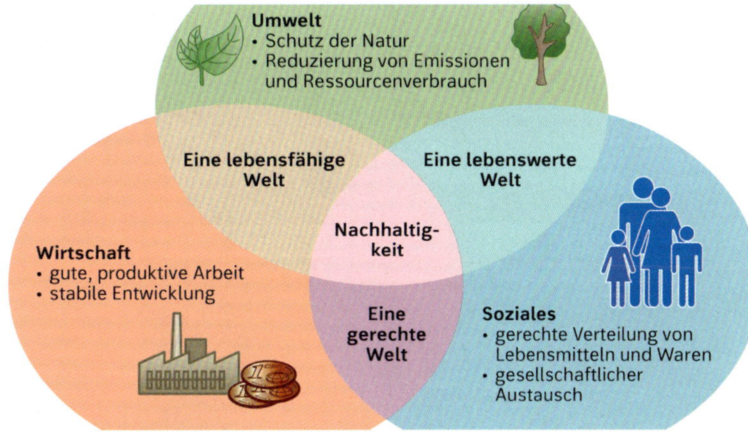

3 Aspekte der Nachhaltigkeit

Material mit Aufgaben

M1 Kraftwerke im Vergleich

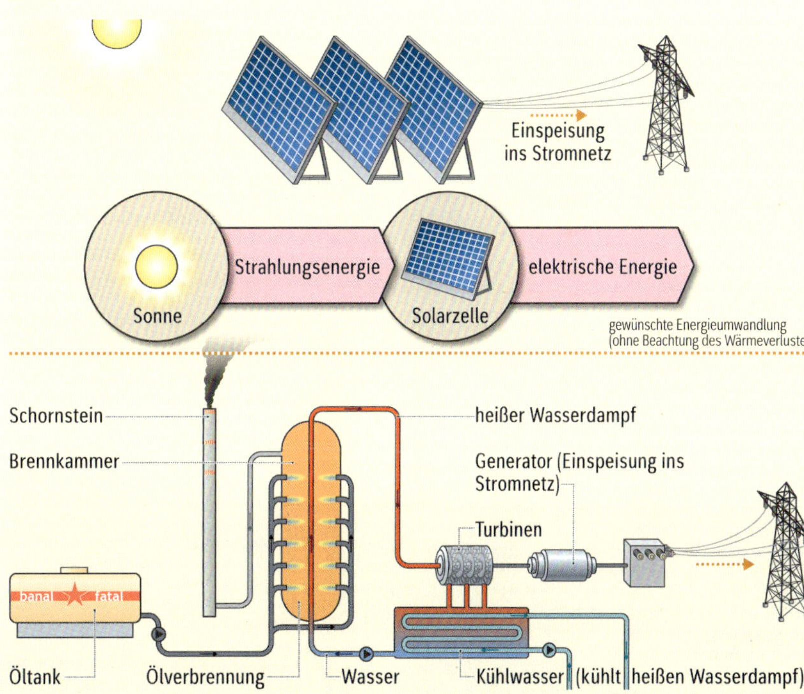

1. Beschreibe den Aufbau des Solar- und Erdölkraftwerks.
2. Beschreibe die jeweiligen Energieumwandlungen.
3. Diskutiert in der Klasse, ob diese Formen der Bereitstellung elektrischer Energie nachhaltig sind.

1 Abbau von Kohle

Auswirkungen der Energienutzung

Nutzung von Ressourcen

Die Energieversorgung durch fossile Energieträger wie Kohle, Erdgas und Erdöl nutzt Ressourcen, die über Jahrmillionen entstanden sind. Da diese sich nicht erneuern, sind sie irgendwann aufgebraucht. Für den Abbau dieser Ressourcen werden Ökosysteme zerstört. Manchmal müssen Menschen umgesiedelt werden und ganze Dörfer werden zerstört. Beim Kohleabbau entstehen Flächen, die dann brachliegen. Sie können nur durch umfassende Maßnahmen wieder renaturiert werden. Auch für die Nutzung erneuerbarer Energieformen werden Ressourcen genutzt. Solarkraftwerke und Stauwasserkraftwerke beanspruchen viel Fläche. Auch hierfür wird in Ökosysteme eingegriffen.

2 Renaturiertes Braunkohlegebiet

Erzeugung von Abfällen

Bei Energieumwandlungen werden in vielen Fällen auch Abfälle erzeugt. Beim Abbau von Kohle müssen große Mengen an Gestein abgetragen werden, um an die Kohle zu gelangen. Bei allen Verbrennungsprozessen werden Abgase erzeugt, die neben Schadstoffen auch Treibhausgase wie Kohlenstoffdioxid enthalten.

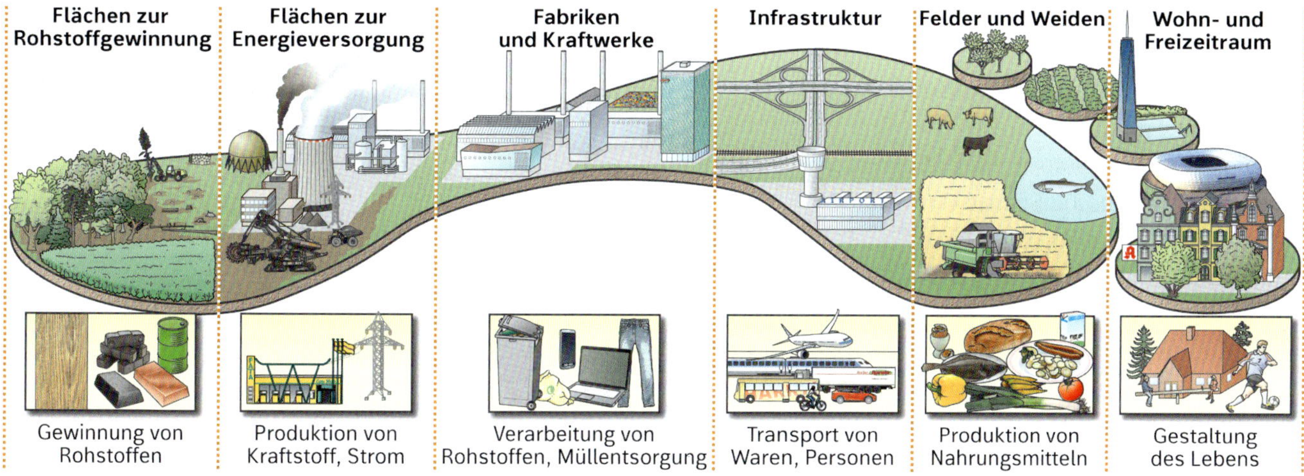

3 Ökologischer Fußabdruck

Soziale Folgen

Die Bereitstellung von Energie hat Folgen für alle Menschen. Personen, die in der Nähe von Kraftwerken wohnen, sind austretenden Schadstoffen besonders stark ausgesetzt. Aber auch Verschattungen durch große Bauwerke und Geräusche durch Rotoren sowie An- und Abfahrt von Lieferfahrzeugen stellen eine Belastung für Menschen dar.

Einfluss des Einzelnen

Die Nutzung von Energie ist ein Aspekt, der zum **ökologischen Fußabdruck** jedes Einzelnen beiträgt. Der ökologische Fußabdruck umfasst die Fläche auf der Erde, die notwendig ist, um den vorherrschenden Lebensstandard in einer Region zu ermöglichen. Das schließt neben Flächen, die für die Produktion von Nahrung, Kleidung und anderen Gütern wichtig sind, auch die Flächen für die Bereitstellung der Energie mit ein. Jeder Einzelne kann durch den schonenden Umgang mit Ressourcen und Energie seinen eigenen ökologischen Fußabdruck verringern.

Material mit Aufgaben

M1 Ökologischer Fußabdruck

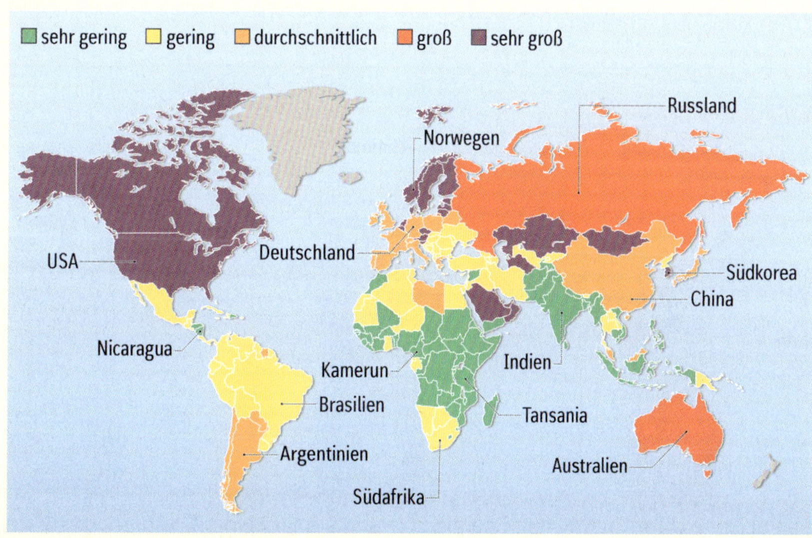

1. Nenne mithilfe der Abbildung Länder mit einem großen und Länder mit einem kleinen ökologischen Fußabdruck.
2. Erkläre, warum ein großer ökologischer Fußabdruck für die Umwelt und die Ressourcenverfügbarkeit problematisch ist. +
3. Stelle Vermutungen an, warum die ökologischen Fußabdrücke der einzelnen Länder so verschieden groß sind.
4. Entwickle Maßnahmen für deinen Alltag, mit denen du deinen persönlichen ökologischen Fußabdruck verringern kannst.

Zusammenfassung Energieumwandlungen

Wirkungsgrad

Energie wird nicht immer nur in die gewünschte Form von Energie umgewandelt. Zum Beispiel wandeln Leuchtmittel elektrische Energie nicht komplett in Strahlungsenergie um, sondern auch in thermische Energie. Dabei ist die thermische Energie nicht erwünscht. Je mehr Energie von einem Energiewandler in die gewünschte Energieform umgewandelt wird, desto höher ist sein Wirkungsgrad. Man kann auch den Wirkungsgrad von Haushaltsgeräten bestimmen. Allerdings wird statt des Wirkungsgrades oft die Energieeffizienzklasse des Gerätes angegeben. Sie ist als Aufkleber auf den Haushaltsgeräten zu finden.

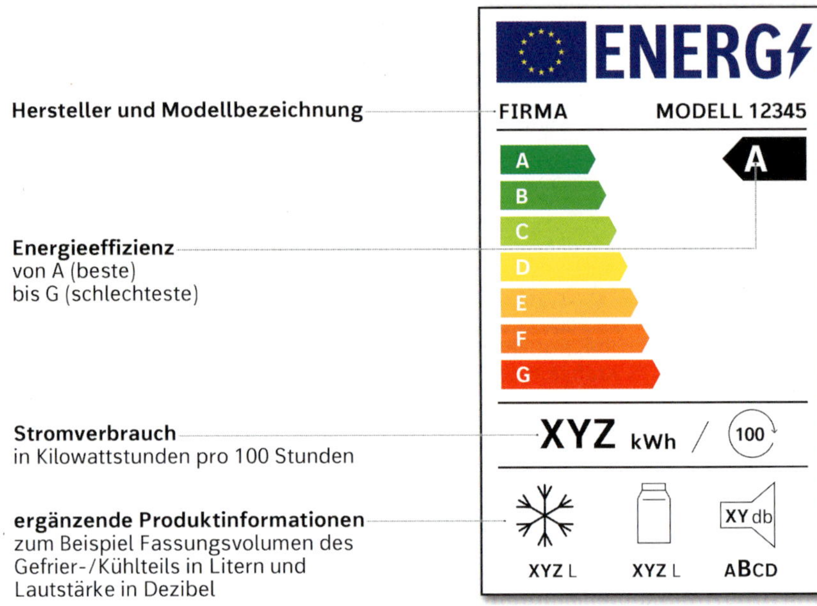

Arbeit und Wärme

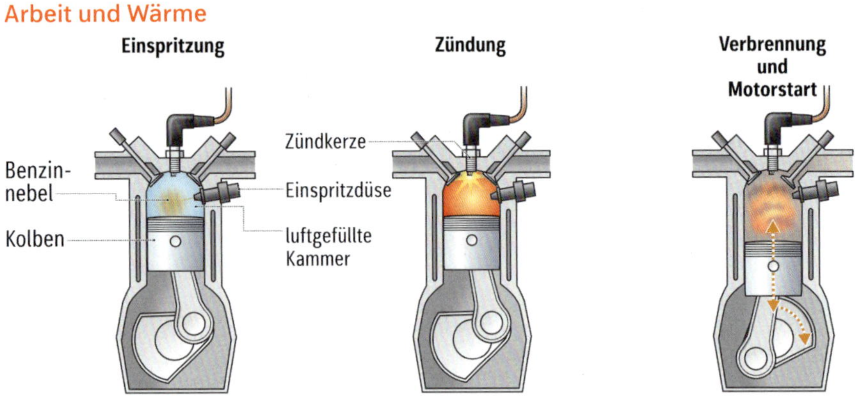

Die gerichtete Übertragung von Energie durch mechanische Vorgänge wie das Anheben eines Körpers, wird als Arbeit bezeichnet. Energie kann auch ungerichtet übertragen werden, zum Beispiel durch Wärme. Wärmeübertragung zwischen Körpern findet immer nur von einem Körper mit höherer Temperatur zu einem Körper mit geringerer Temperatur statt. In einem Verbrennungsmotor wird zunächst über Wärme und dann über Arbeit Energie übertragen.

Arbeit und Wärme gehören zu den Prozessgrößen. Sie beschreiben nur die Art des Übertragungsprozesses. Ein Gegenstand kann weder Arbeit noch Wärme besitzen. Energie hingegen ist eine Bilanzgröße.

Spezifische Wärmekapazität

Die Energie, die ein Stoff besitzen kann, hängt auch von dem Stoff selbst ab. Einige Stoffe können mehr Energie aufnehmen als andere. Ihre Temperatur erhöht sich weniger bei gleicher Energieaufnahme. Die Fähigkeit eines Stoffes thermische Energie durch Wärme aufnehmen zu können, bezeichnet man als spezifische Wärmekapazität.

1 Wirkungsgrad

A Beschreibe, was der Wirkungsgrad von einem elektrischen Gerät angibt.

B Berechne den Wirkungsgrad der abgebildeten Glühlampe und bewerte ihn.

2 Nachhaltigkeit

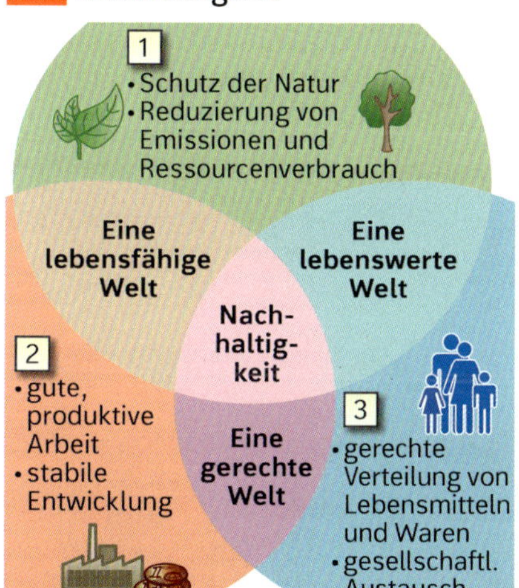

A Ordne den Zahlen die Begriffe Soziales, Umwelt und Wirtschaft zu.

B Erläutere, wie ein nachhaltiger Umgang mit Energie aussehen könnte.

3 Kraftwerke

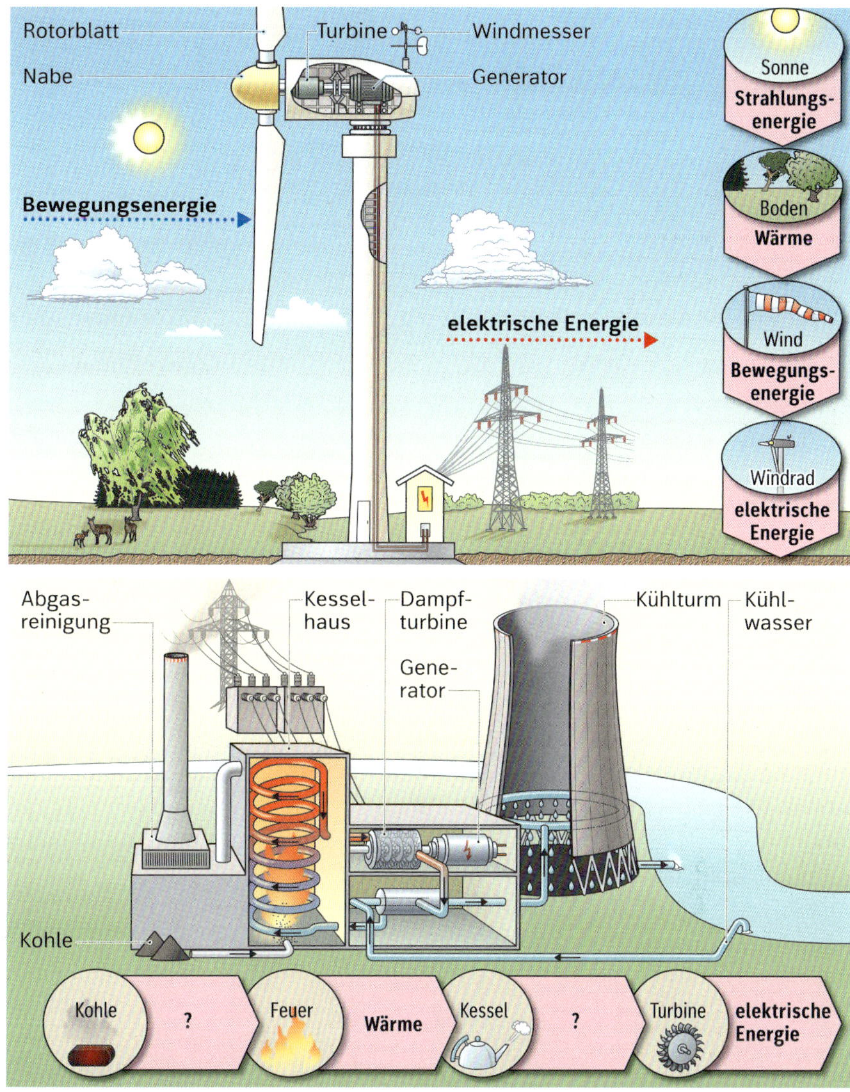

A Beschreibe den Aufbau der abgebildeten Kraftwerke.

B Beschreibe die Energieumwandlungen von Kraftwerk A.

C Erkläre die Funktionsweise der abgebildeten Kraftwerke.

D Übertrage das Energieflussdiagramm in Bild B in dein Heft und vervollständige es.

E Ordne den Kraftwerken zu, ob sie fossile oder regenerative Ressourcen nutzen. Begründe.

F Erkläre den Unterschied zwischen erneuerbaren und fossilen Ressourcen.

G Erläutere Vor- und Nachteile von fossilen und erneuerbaren Energiequellen.

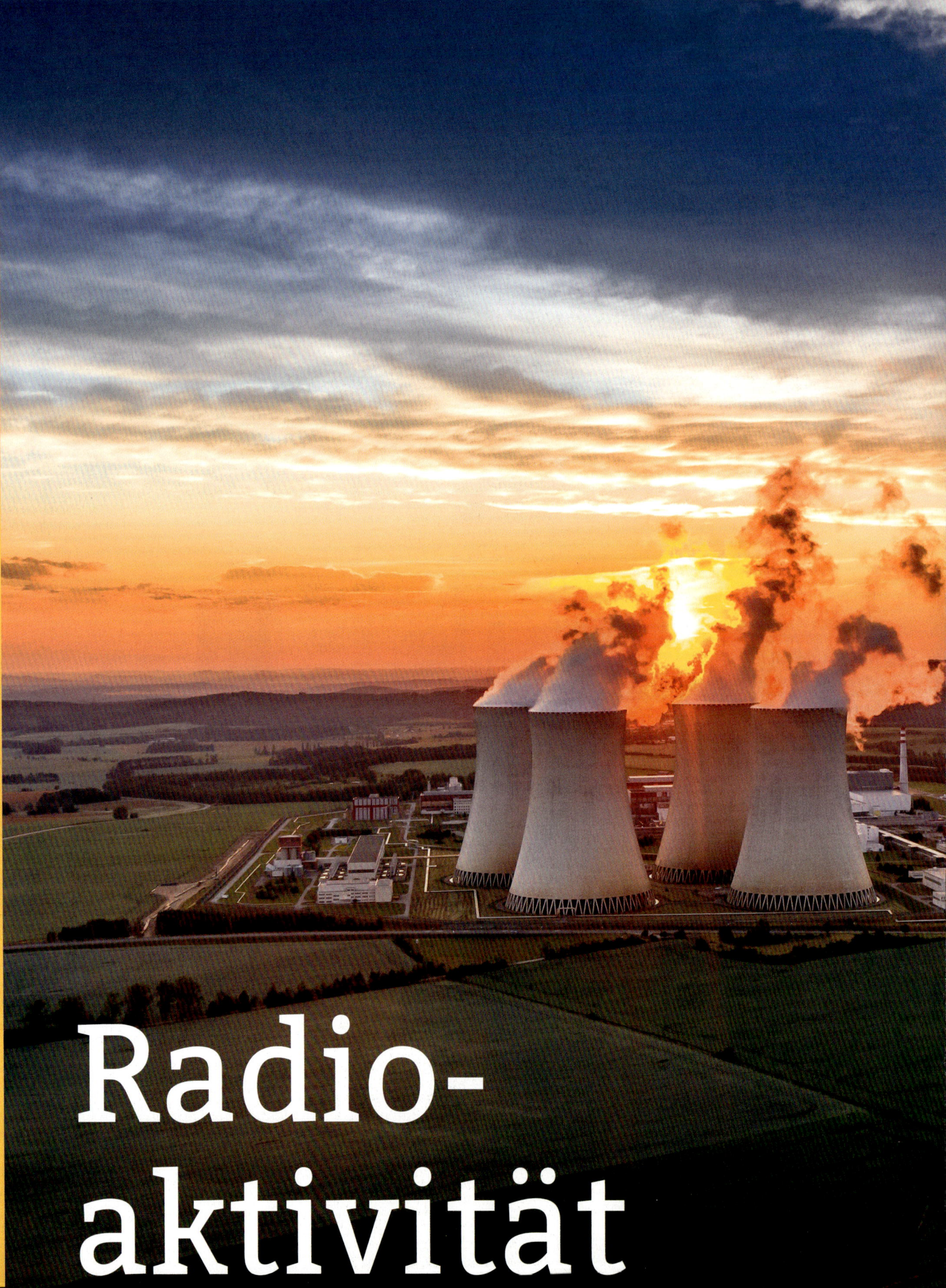

Radio-aktivität

9

Was ist Radioaktivität?
Welche Folgen kann radioaktive Strahlung haben?
Wo werden Kettenreaktionen genutzt?

Atomkraftwerke nutzen radioaktive Stoffe für die Bereitstellung von elektrischer Energie. Durch das kontrollierte Auslösen von Kettenreaktionen wird sehr viel Energie freigesetzt, die zum Beispiel für das Erhitzen von Wasser genutzt wird.

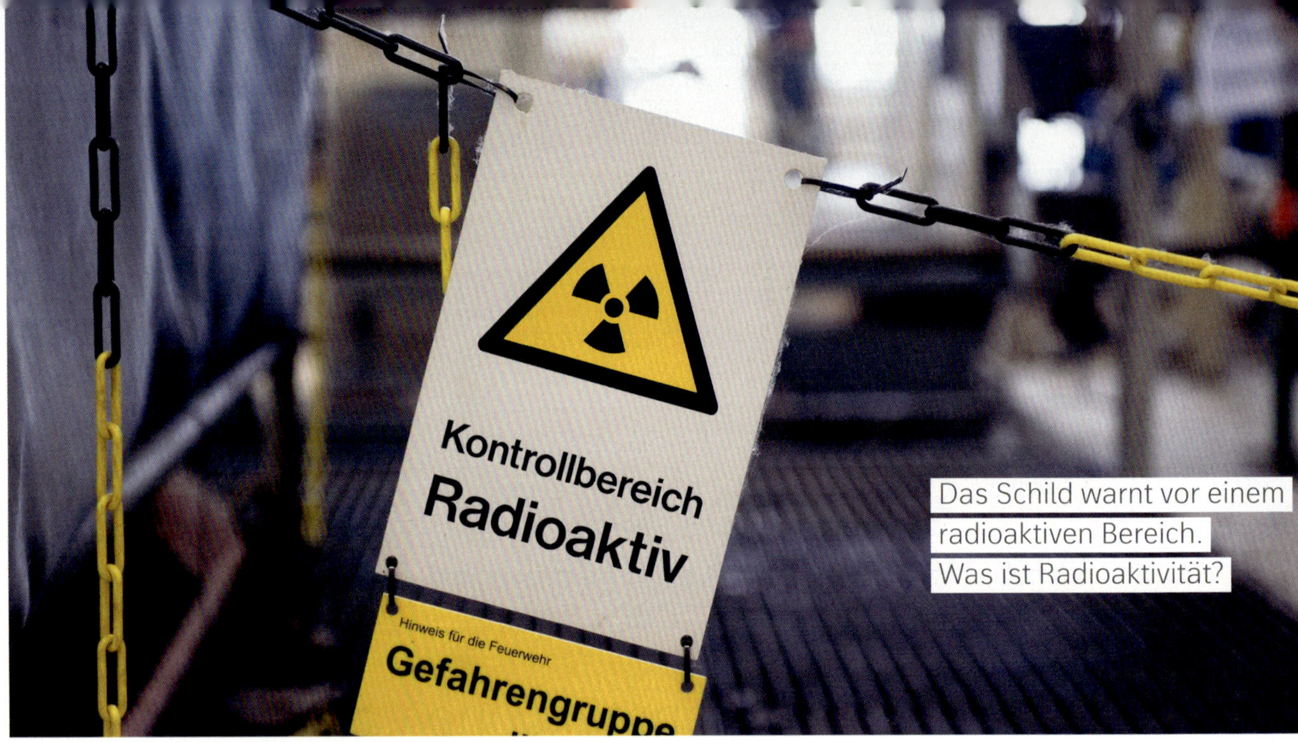

1 Radioaktivitäts-Warnschild

Radioaktive Strahlung

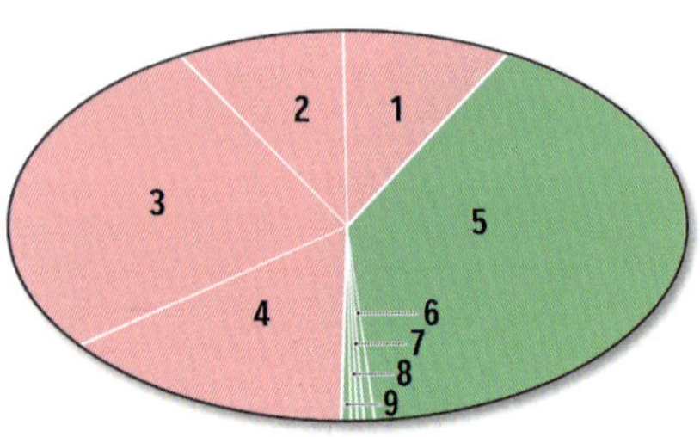

2 Anteile der Strahlenbelastung

Radioaktivität

Nach Unfällen in Kernkraftwerken hört man oft, dass radioaktive Stoffe in die Umgebung gelangt sind. Radioaktive Stoffe senden sehr energiereiche Strahlung aus. Umgangssprachlich wird diese Strahlung als **radioaktive Strahlung** bezeichnet. Man kann sie nicht sehen und auch ihre Folgen werden oft nicht direkt deutlich. Nach so einem Unfall helfen viele Menschen aus aller Welt und führen Messungen mit spezieller Ausrüstung durch, um die Radioaktivität in der Umgebung zu bestimmen.

Ursachen radioaktiver Strahlung

Von den bekannten 118 Elementen sind 28 radioaktiv. Bekannte radioaktive Elemente sind beispielsweise Uran und Radium. Sie kommen im Gestein vor. Radioaktive Strahlung, die von Elementen im Boden ausgeht, bezeichnet man als **terrestrische Strahlung** oder Bodenstrahlung. Radioaktive Strahlung, die aus dem Weltraum zur Erde gelangt, wird **kosmische Strahlung** genannt. Das radioaktive Element Radon ist ein Bestandteil der Luft. Der Mensch atmet also täglich Radon ein und nimmt zusätzlich durch die Nahrung weitere radioaktive Stoffe auf. Er strahlt auch in einem geringen Maß. Diese Form wird **innere Strahlung** genannt. Bodenstrahlung, kosmische Strahlung und innere Strahlung werden unter dem Begriff **natürliche** radioaktive Strahlung zusammengefasst.

Neben der natürlichen Strahlung gibt es auch **künstliche** radioaktive Strahlung. Sie entsteht zum Beispiel in Kernkraftwerken. Aber auch bei medizinischen Untersuchungen wie der Tomografie wird radioaktive Strahlung genutzt.

Ionisierung

Durch die energiereiche radioaktive Strahlung können Atome ionisiert werden. Bei der **Ionisierung** wird ein Teil der Strahlungsenergie auf ein oder mehrere Elektronen des Atoms übertragen. Dadurch haben diese genug Energie, um den Einflussbereich des Atomkerns zu verlassen. So verliert das Atom Elektronen und ist positiv geladen. Durch die Ionisierung entstehen positiv geladene **Ionen** und freie Elektronen. Aus diesem Grund ist der wissenschaftliche Name der radioaktiven Strahlung **ionisierende Strahlung**.

Geiger-Müller-Zählrohr

Für den Nachweis und die Messung radioaktiver Strahlung nutzt man ein Geiger-Müller-Zählrohr. Es besteht aus einem Rohr, in dem sich ein Gas und ein Draht befinden. Außerdem hat es auf einer Seite ein Fenster. Zwischen dem Draht und der Hülle des Rohres liegt eine Spannung an. Wenn durch das Fenster radioaktive Strahlung tritt, wird das Gas ionisiert. Ist die Spannung hoch genug, werden die entstehenden freien Elektronen von dem positiv geladenen Draht angezogen. Auf ihrem Weg ionisieren sie weitere Atome und es entstehen immer mehr freie Elektronen. Es kommt zu einer **Elektronenlawine**. Diese erzeugt beim Auftreffen auf den Draht einen Stromimpuls, der im Betriebsgerät verstärkt wird. Daran ist ein Zähler oder ein Lautsprecher angeschlossen. Im Lautsprecher erzeugt der Stromimpuls Knackgeräusche. Je schneller die Geräusche aufeinander folgen, desto mehr radioaktive Strahlung ist vorhanden.

Nebelkammer

Radioaktive Strahlung kann mit einer Nebelkammer sichtbar gemacht werden. Sie ist eine luftdichte Box, die mit Wasserdampf gesättigte Luft enthält. Die Temperatur ist so eingestellt, dass der Dampf schon bei kleinen Änderungen kondensiert. Tritt radioaktive Strahlung in die Kammer ein, werden Atome ionisiert. Die Ionen bewirken, dass eine Kondensation stattfindet. Es bilden sich Tröpfchen, die mit einer Lampe sichtbar gemacht werden. Anhand der Kondensationsstreifen können die Bahnen der Strahlung sichtbar gemacht werden. ▶

3 Nebelkammer

Material mit Aufgaben

M1 Geiger-Müller-Zählrohr

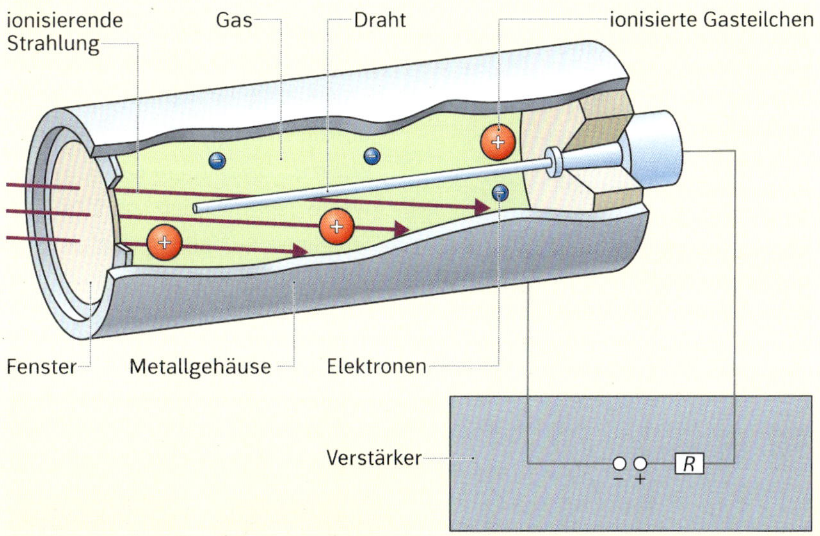

1. Beschreibe mithilfe der Abbildung den Aufbau eines Geiger-Müller-Zählrohres.
2. Erkläre mithilfe der Abbildung die Funktionsweise eines Geiger-Müller-Zählrohres. ⊞
3. Stelle Vermutungen an, wann das akustische Signal des Geiger-Müller-Zählrohres sinnvoll ist.
4. Erkläre, warum die Nebelkammer in der Regel nur noch für Demonstrationen genutzt wird.

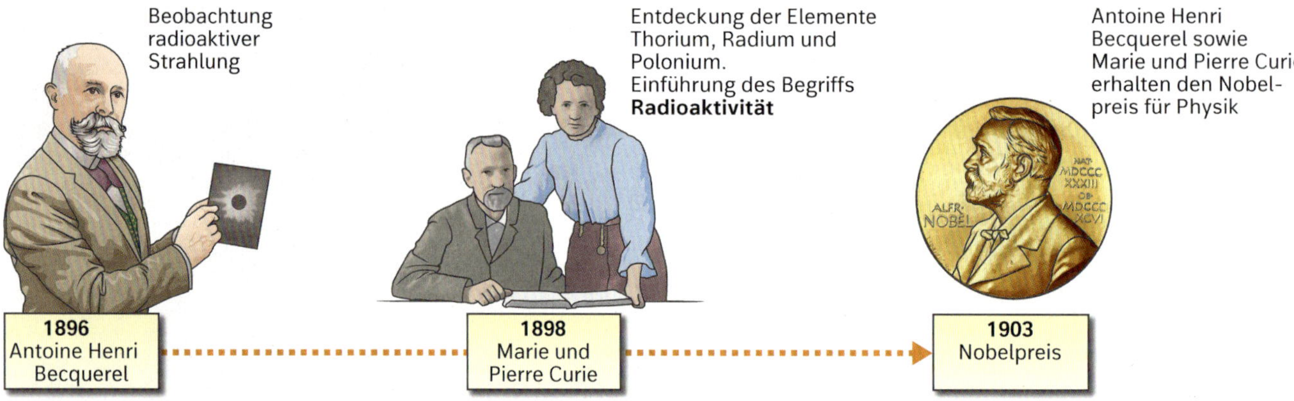

4 Entdeckung der Radioaktivität

Entdeckung der Radioaktivität

Radioaktive Strahlung kann man nicht sehen. Auch ihre Folgen werden oft nicht direkt deutlich. Daher wurde diese Art der Strahlung erst relativ spät entdeckt.

- **Becquerel** • Der Physiker Antoine Henri Becquerel entdeckte durch Zufall die radioaktive Strahlung. 1896 untersuchte er uranhaltiges Material, das im Dunkeln nachleuchtete, wenn es zuvor im Sonnenlicht lag. Er wollte herausfinden, ob das Nachleuchten stark genug war, um sogar durch Papier zu strahlen. Dafür legte er das Material auf eine spezielle Platte und stellte die Sachen in die Sonne. Nachdem er die Platte in eine chemische Lösung getaucht hatte, konnte er den Abdruck des uranhaltigen Materials auf der Platte erkennen. Durch Zufall legte er eines Tages eine Platte in die chemische Lösung, die vorher nicht mit dem uranhaltigen Material in der Sonne lag. Trotzdem konnte er einen Abdruck erkennen. Er stellte fest, dass vom Uran also immer eine Strahlung ausgeht. Becquerel hatte die radioaktive Strahlung entdeckt.
- **Curie** • 1898 untersuchte Marie Curie in ihrer Doktorarbeit die uranhaltigen Materialien genauer. Sie entdeckte dabei **Radon**, ein sehr stark strahlendes Element. Unterstützt durch ihren Mann Pierre schlug Marie Curie für das Auftreten der Strahlung den Begriff **Radioaktivität** vor. Im Jahr 1903 erhielten Marie und Pierre Curie mit Antoine Henri Becquerel den Nobelpreis für Physik. Marie Curie war die erste Frau, die einen Nobelpreis erhalten hat. ■

Material mit Aufgaben

M2 Uranglas

1. Beschreibe die Abbildungen A und B.
2. Begründe, ob in dem abgebildeten Glas uranhaltiges Material verwendet wurde. ⊞
3. Stelle Vermutungen an, warum heute kein Uranglas mehr hergestellt wird.

A ohne Beleuchtung
B nach Beleuchtung

Ionisierung im Energieniveaumodell

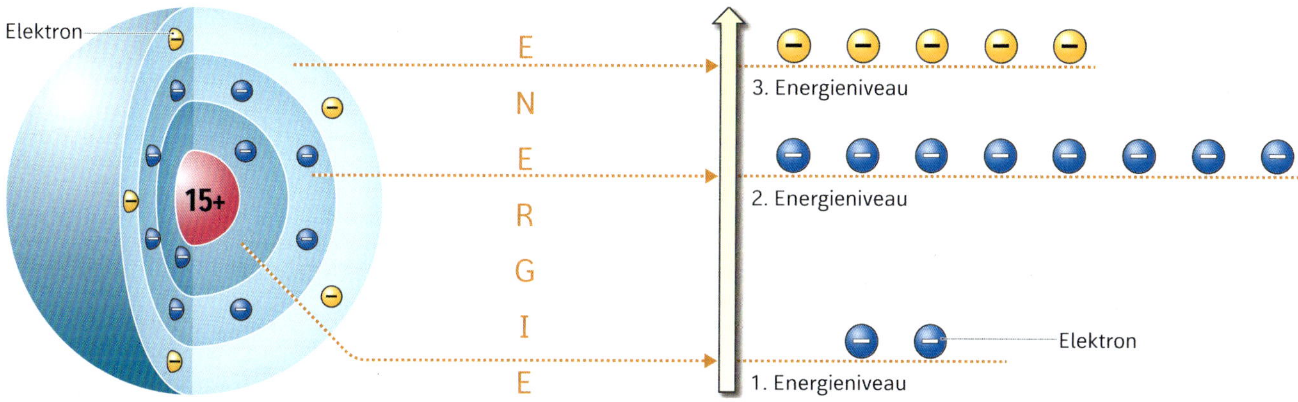

1 Energieniveaumodell

Energieniveaumodell

Elektronen sind unterschiedlich stark an den Atomkern gebunden. Es wird daher unterschiedlich viel Energie benötigt, um die Elektronen aus dem Einflussbereich des Atomkerns herauszulösen. Der Energiebedarf steigt nicht mit jedem Elektron stetig an, sondern die Elektronen befinden sich in Gruppen auf bestimmten **Energieniveaus**. Diese Energieniveaus sind im Schalenmodell der Atome als Elektronenschalen dargestellt. Je näher sich das Niveau am Atomkern befindet, desto energieärmer ist das Elektron und mehr Energie ist nötig, um dieses vom Atomkern zu lösen. Die Energieniveaus können nur eine bestimmte Anzahl an Elektronen enthalten. Das unterste Niveau umfasst maximal 2 Elektronen, das zweite maximal 8 und das dritte maximal 18 Elektronen.

Führt man einem Atom Energie zu, hängt die Wirkung von der Höhe der zugeführten Energie ab. Nur wenn die Energiemenge groß genug ist, kann einem Elektron so viel Energie zugefügt werden, dass es sich von seinem Niveau entfernen kann. Es bewegt sich damit aus dem Einflussbereich des Kerns heraus und ist dann frei beweglich. Radioaktive Strahlung ist sehr energiereich. Aus diesem Grund ist sie in der Lage, sehr viele Atome zu ionisieren und auch mehrere Elektronen pro Atom herauszulösen.

A Beschreibe mithilfe von Bild 1 das Energieniveaumodell.

Material mit Aufgaben

M1 Energieniveaumodell

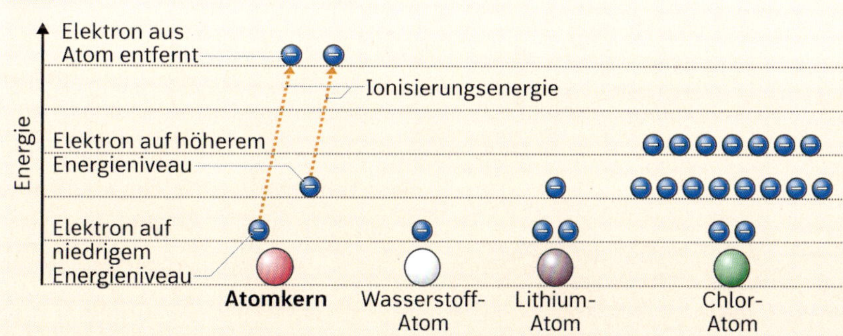

1. Beschreibe die Verteilung der Energieniveaus der verschiedenen Atome.
2. Erkläre, welche Elektronen sich leichter aus dem Atom entfernen lassen.

1 Kranke Frau mit Strahlenkrankheit

Folgen radioaktiver Strahlung

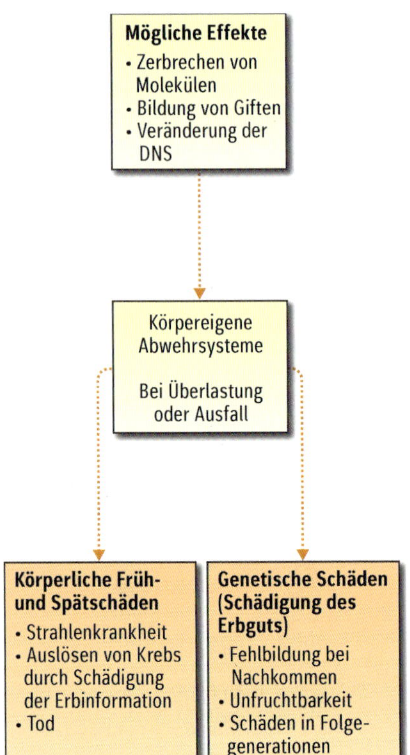

2 Mögliche Folgen radioaktiver Strahlung

Wirkung der Strahlung

Radioaktive Strahlung ist sehr energiereich. Werden Lebewesen radioaktiver Strahlung ausgesetzt, können verschiedene Schäden auftreten. Die Stärke der Schäden hängt unter anderem von der Stärke der Strahlenbelastung und der Dauer der Bestrahlung ab.

- **Körperliche Schäden** • Bei einer hohen oder langen Strahlenbelastung können viele körperliche Schäden die Folge sein. Beispiele für Symptome sind: Ausschlag, Kopfschmerzen, Übelkeit, Haarverlust und blutiges Erbrechen. Man spricht dann von der **Strahlenkrankheit**. Bei kurzem Kontakt mit radioaktiver Strahlung sind die Symptome nur vorübergehend. Es können aber auch dauerhafte Schäden wie bösartige Krebserkrankungen die Folge sein. Im schlimmsten Fall sterben die betroffenen Personen.
- **Genetische Schäden** • Bei einer hohen Strahlenbelastung kann es zu einer Erwärmung der Zellen kommen, bei der diese sogar zerstört werden können. Bei der Zerstörung von Geschlechtszellen kann die betroffene Person unfruchtbar werden. Darüber hinaus kann die Strahlung das Erbgut der Körperzellen verändern oder zerstören, wenn es auf Zellkerne trifft. Krebs oder Mutationen können die Folge sein. Veränderungen des Erbgutes können auch an die Folgegenerationen vererbt werden. Aus diesem Grund wird bei schwangeren Frauen darauf geachtet, dass sie keiner hohen Strahlenbelastung ausgesetzt sind. Vor allem bei Arztbesuchen muss zwischen dem Nutzen der Bestrahlung und möglichen Risiken abgewogen werden.

Radiowellen	Mikrowellen	Infrarote Strahlung	Sichtbares Licht	Ultraviolette Strahlung	Röntgenstrahlung	Radioaktive Strahlung (Gammastrahlung)
energiearm						▶ energiereich
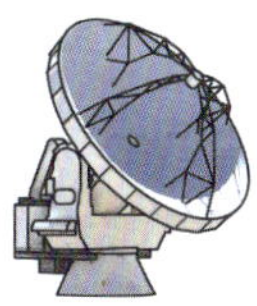 **Radioteleskop** Eine Antenne kann von entfernten Sternen ausgesandte Radiowellen messen.	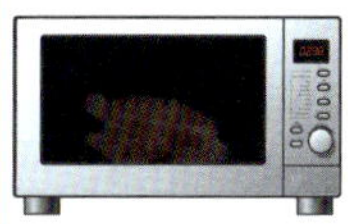 **Mikrowellen** Lebensmittel werden erhitzt, indem Mikrowellen die Wassermoleküle in Schwingung versetzen.	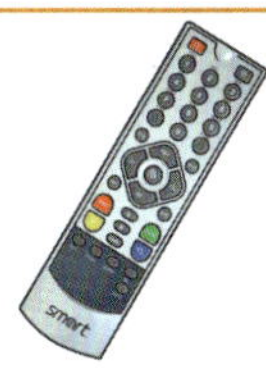 **Fernbedienung** Eine Fernbedienung sendet mit Infrarotstrahlen.	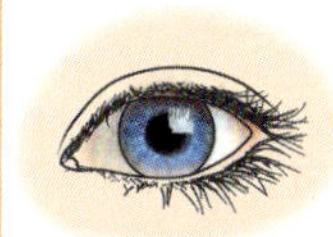 **Menschliches Auge** Das Auge nimmt einen kleinen Bereich im Spektrum wahr.	 **Desinfektion** UV-Strahlung kann Bakterien töten.	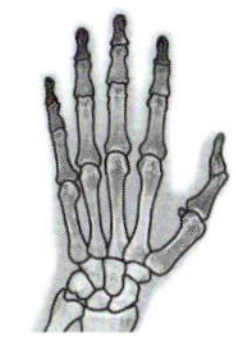 **Röntgenbild** Röntgenstrahlen gehen durch Gewebe, sodass man Knochen sieht.	 **Kraftwerk** Radioaktive Strahlung kann man für die Stromversorgung nutzen.

3 Energiearme und energiereiche Strahlung

Strahlung im Vergleich

Immer wenn Strahlung auf Gewebe trifft, kann es zu verschiedenen Auswirkungen kommen. Die Folgen hängen aber nicht nur von der Dauer und der Strahlenbelastung ab, sondern auch von der Art der Strahlung. Die ultraviolette Strahlung der Sonne (UV-Strahlung) ist deutlich energiereicher als zum Beispiel das für den Menschen sichtbare Licht. Ist man zu lange in der Sonne, verursacht die UV-Strahlung Hautrötungen, die Sonnenbrand genannt werden. Im schlimmsten Fall kann zu intensives Sonnenbaden zu Hautkrebs führen. Röntgenstrahlung ist noch energiereicher als die UV-Strahlung und damit gefährlicher. Es können mit einer höheren Wahrscheinlichkeit Krebserkrankungen entstehen. Deswegen gibt es Richtlinien, wie stark die Strahlenbelastung durch Röntgenstrahlen für Patientinnen und Patienten bei medizinischen Untersuchungen sein darf. Radioaktive Strahlung ist sehr energiereich. Aus diesem Grund sind die Folgen radioaktiver Bestrahlung größer und auch wahrscheinlicher als bei anderen Strahlungsarten.

A Beschreibe mögliche Folgen radioaktiver Strahlung.

B Vergleiche mithilfe von Bild 3 die Strahlungsarten miteinander.

Material mit Aufgaben

M1 Veränderung von Zellen

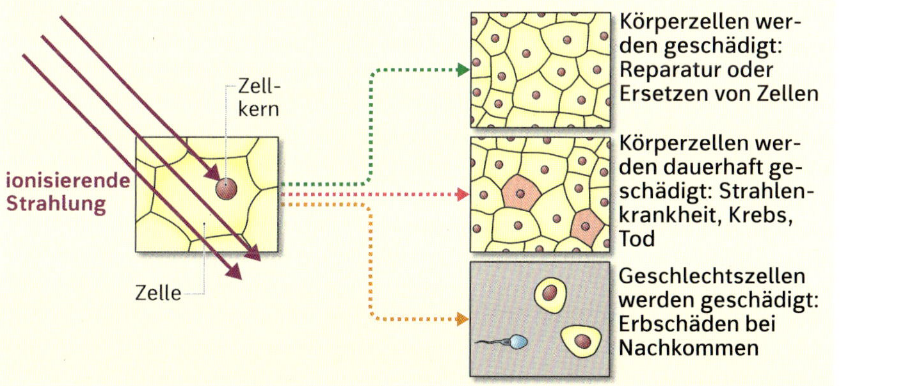

1. Beschreibe mithilfe der Abbildung, was passieren kann, wenn ionisierende Strahlung auf die Zellen im Körper trifft.
2. Erkläre, warum Mikrowellen nicht so gefährlich sind wie radioaktive Strahlung. ⊞
3. Wähle eine der Aufgaben aus:
   a Begründe, bei welchem Pfeil es sich um körperliche oder genetische Schäden handelt.
   b Erkläre die unterschiedlichen Folgen zwischen körperlichen und genetischen Schäden.

1 Gletschermumie Ötzi

Kernzerfall

Kernzerfall

Trifft die kosmische Strahlung auf die obersten Schichten der Atmosphäre, entstehen verschiedene Teilchen, wie zum Beispiel die sekundäre Höhenstrahlung. In der Atmosphäre befindet sich viel Stickstoff. Trifft ein Neutron der Höhenstrahlung auf einen Stickstoffkern, wird dieser instabil. Er kann zerfallen. Man spricht vom **Kernzerfall**.

Zerfällt der Stickstoffkern, kann ein Kohlenstoffkern entstehen, der aus 8 Neutronen und 6 Protonen besteht. Es handelt sich um das Kohlenstoff-Isotop C-14. Es hat ähnliche chemische Eigenschaften wie die wesentlich stabileren C-12- und C-13-Isotope, die hauptsächlich in der Biomasse von Lebewesen vorkommen.

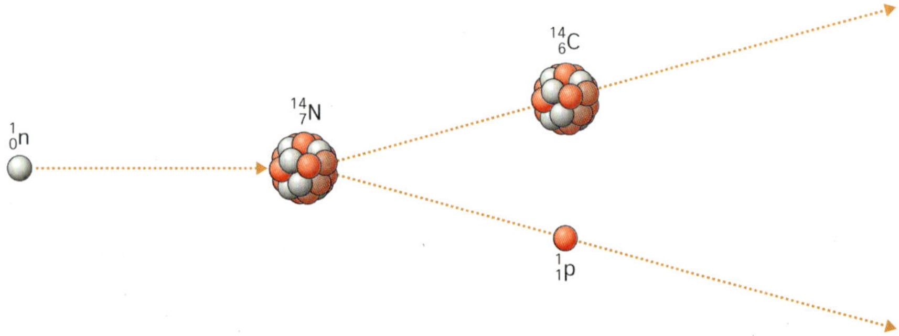

2 Kernzerfall von Stickstoff

Halbwertszeit

Man kann nicht immer sicher vorhersagen, wann ein instabiler Atomkern zerfällt. Der Kernzerfall ist ein zufälliger Prozess. Radioaktive Proben bestehen aus einer sehr großen Anzahl an Atomen. Aus diesem Grund nutzt man nicht die Wahrscheinlichkeit von einzelnen Kernzerfällen, sondern verwendet die **Halbwertszeit** (HWZ). Die Halbwertszeit gibt an, nach welcher Zeit die Hälfte al-

ler Atomkerne einer Probe im Schnitt zerfallen ist. Nach zwei Halbwertszeiten sind dann ein Viertel der Atomkerne noch nicht zerfallen, nach drei Halbwertszeiten ein Achtel. Die Halbwertszeit ist für jedes radioaktive Element konstant. Sie ist damit eine Stoffeigenschaft. Radioaktiver Kohlenstoff (C-14) hat beispielsweise eine Halbwertszeit von 5730 Jahren. Bei Uran-238 ist erst nach 4,5 Milliarden Jahren die Hälfte aller Atomkerne zerfallen.
Den Zerfall von Atomkernen kann man in einer **Zerfallskurve** darstellen. Dafür wird auf der x-Achse die Zeit eingetragen und auf der y-Achse die Anzahl der Atomkerne. Dieser Wert wird oft in Prozent angegeben.

C-14 Methode

Von den Kohlenstoff-Isotopen auf der Erde ist C-14 radioaktiv. Die Konzentration von C-14 ist sehr gering und seit Millionen Jahren konstant. Durch die Aufnahme von Kohlenstoffdioxid gelangt es erst in die Pflanzen und dann über die Nahrungsketten in andere Lebewesen. Diese scheiden das C-14 auch wieder aus. Während des gesamten Lebens bleibt die Konzentration im Körper etwa gleich. Stirbt ein Lebewesen, dann wird kein radioaktiver Kohlenstoff mehr aufgenommen. Das vorhandene C-14 zerfällt mit einer Halbwertszeit von 5730 Jahren. Misst man bei Fossilien wie Ötzi die C-14 Konzentration, kann man so das Alter bestimmen.

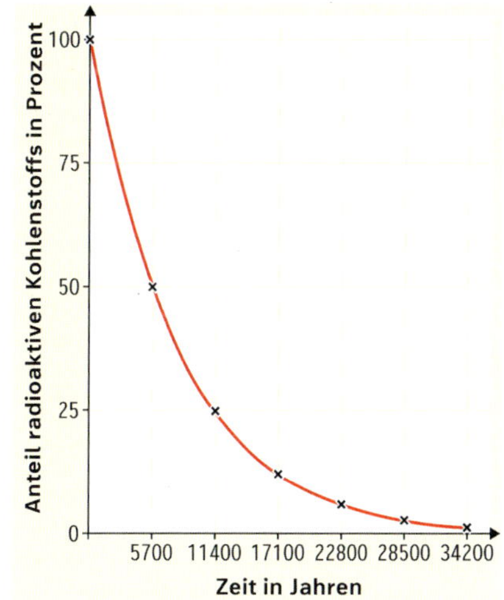

3 Zerfallskurve von C-14

Material mit Aufgaben

F

M1 Halbwertszeit

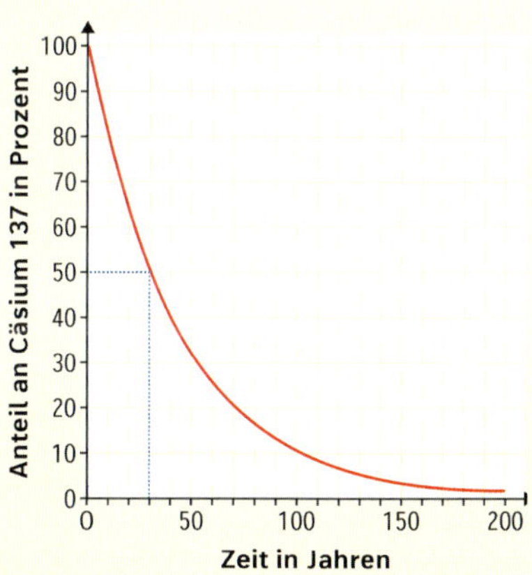

1. Beschreibe die Grafik.
2. Bestimme die Halbwertszeit des abgebildeten Elements.
3. Iod-131 hat eine Halbwertszeit von acht Tagen. Skizziere den Verlauf der Zerfallskurve.

M2 C-14 Methode

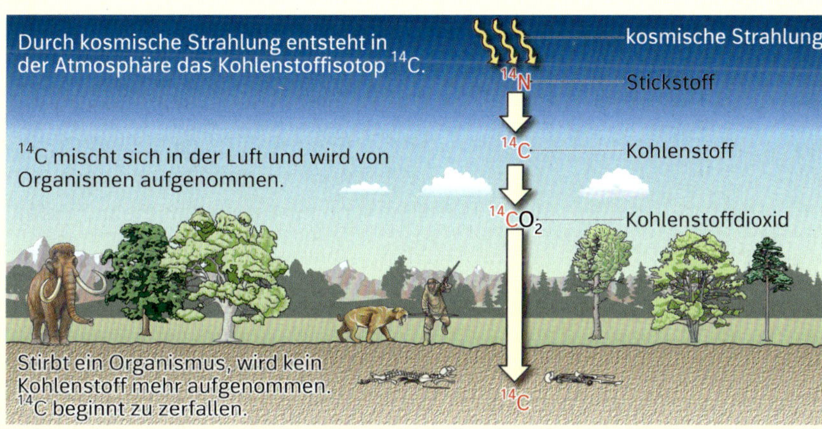

1. Beschreibe mithilfe der Abbildung, wie C-14 Isotope entstehen und wie sie in Lebewesen gelangen.
2. Erkläre, wie die C-14 Methode funktioniert.
3. Stelle Vermutungen an, warum die C-14-Methode bei sehr alten Fossilienfunden nur eine grobe Einschätzung des genauen Alters ermöglicht.

Kernzerfall im Modell

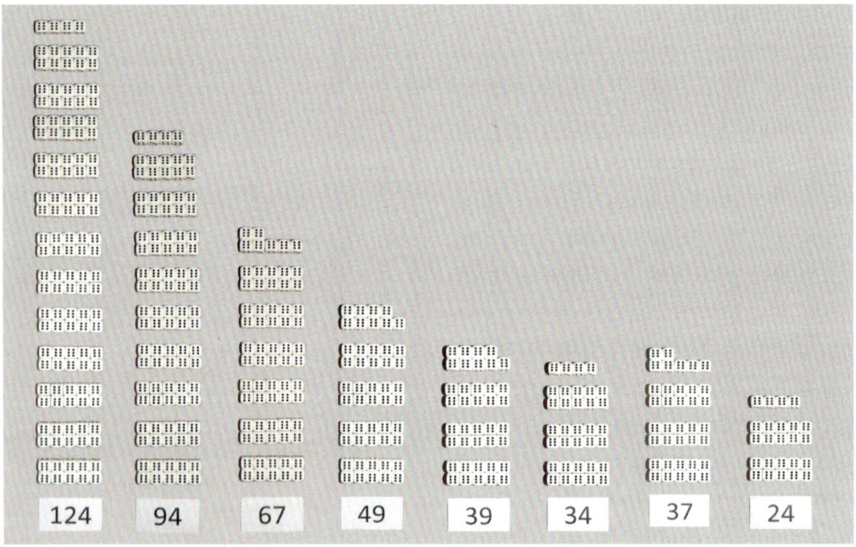

1 Ergebnisse des Modellversuchs

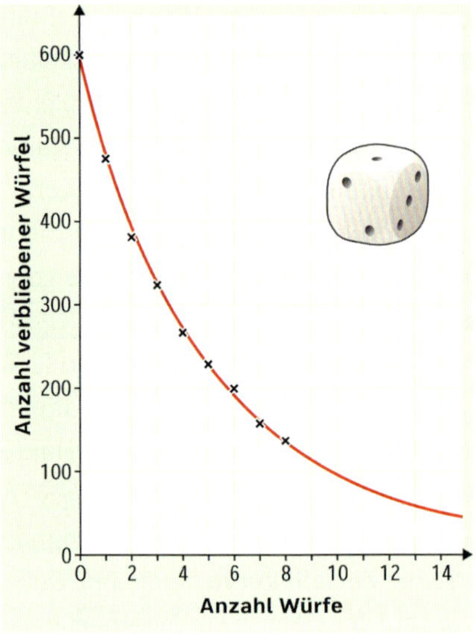

2 Grafische Auswertung mit erwartetem Verlauf

Würfelmodell

Damit man sich den Kernzerfall als zufälligen Prozess besser vorstellen kann, nutzt man das Würfelmodell. Im Würfelmodell stellt ein Würfel einen Atomkern dar. Man beginnt mit einer großen Anzahl an Würfel. Am Anfang wird mit allen Würfeln gleichzeitig gewürfelt. Die Zahl 6 soll für einen radioaktiven Zerfall stehen. Ob ein Würfel eine 6 zeigt oder ein Atomkern zerfällt, ist reiner **Zufall**.

Nach jedem Wurf werden alle Würfel, die eine 6 zeigen, aussortiert, da in dem Fall der Atomkern zerfallen ist und keine Rolle mehr spielt. Danach würfelt man mit den verbliebenen Würfeln so lange weiter, bis fast alle aussortiert wurden. Die Ergebnisse dieses Modellversuchs sind in Bild 1 dargestellt. Zu Beginn wurde mit 600 Würfeln gestartet. Man sieht, dass die Anzahl der aussortierten Würfel stark abfällt. Während nach dem ersten Wurf 124 Würfel aussortiert wurden, sind es beim fünften nur noch 39. Es ergibt sich ein exponentieller Verlauf.

Wahrscheinlichkeit

Beim Würfelmodell ist die „Zerfallswahrscheinlichkeit" jedes einzelnen Würfels 1/6. Die Anzahl der Würfel mit einer 6 entspricht aber nicht genau 1/6 multipliziert mit der Anzahl der Würfel. Die Gesamtwahrscheinlichkeit schwankt um diesen Wert.

Material mit Aufgaben

P1 Halbwertszeit

Material: Viele Würfel

Durchführung: Würfele zu Beginn mit allen Würfeln. Sortiere nach jedem Wurf die Würfel mit einer 6 aus.

1. Werte die Versuchsergebnisse grafisch aus.

Eine digitale Präsentation erstellen

Digitale Präsentationen

Mit Präsentationsprogrammen kann man digitale Präsentationen am Computer erstellen. Mit diesen kannst du Vorträge unterstützen. Es ist sehr wichtig, eine digitale Präsentation richtig aufzubauen und zu gestalten. Im Vordergrund des Vortrages steht immer die vortragende Person und nicht die Präsentation. Eine Präsentation enthält nicht nur Text, sondern auch Bilder, Diagramme oder Videos. Das macht sie interessanter für die Zuhörer.
Wenn die Präsentation in das Internet, beispielsweise auf eine Homepage, gestellt wird, oder sie außerhalb des Klassenzimmers gezeigt wird, braucht man die Erlaubnis vom Ersteller des Bildes, Tons oder Videos.

Aufbau einer Präsentation

Die einzelnen Seiten einer digitalen Präsentation nennt man **Folie**. Eine Präsentation wird in unterschiedliche Abschnitte eingeteilt:

- **Titelfolie** • Auf der ersten Folie stehen der Titel der Präsentation und die Namen der Präsentierenden. Es kann auch ein Untertitel und ein passendes Bild hinzugefügt werden. Die Titelfolie sollte das Interesse der Zuhörenden wecken.
- **Gliederung** • Die Gliederung zeigt dem Publikum, worüber du sprechen wirst. Sie sollte kurz und knapp sein und dem Publikum nur einen groben Überblick geben.
- **Inhalt** • Auf den nächsten Folien werden die wichtigsten Stichpunkte, ergänzende Bilder oder Videos kurz und übersichtlich gezeigt.
- **Zusammenfassung** • Zum Schluss führst du die wichtigsten Aussagen deines Vortrags auf. Die Zusammenfassung sollte kurz sein und keine unnötigen Details beinhalten.
- **Quellen** • Schreibe auf die letzte Folie die Quellen aller Bilder, Töne und Videos, die du nicht selbst erstellt hast. Nenne den Ersteller und wo du den Inhalt gefunden hast.

Material mit Aufgaben

M1 Digitale Präsentation

C-14 Methode

Yusra Tosun und Florian Groß, Klasse 10c

A

Kernzerfall

- Atomkerne zerfallen zufällig
- sie verfallen bis zu einem stabilen Element

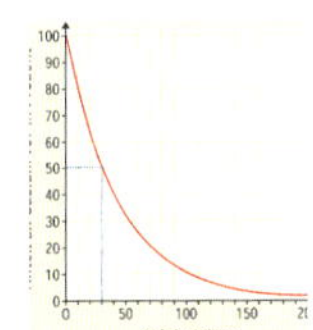

B

Gliederung

- Kernzerfall
- Halbwertszeit
- C-14 Methode

C

C-14 Methode

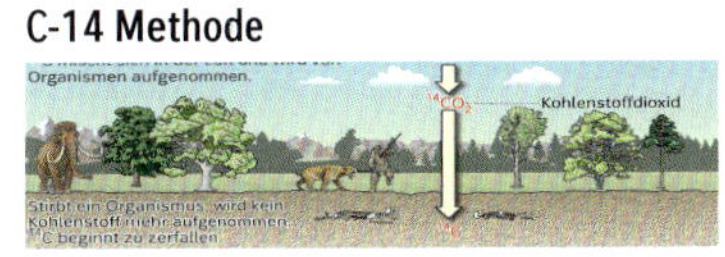

- diese Methode nutzt man zum Beispiel für die Altersbestimmung von Fossilien

D

Zusammenfassung

- radioaktive Elemente zerfallen zufällig
- mithilfe der C-14 Methode kann man das Alter von Fossilien bestimmen

E

Quellen

Folie 2: www.quelle1.de/kernzerfall
Folie 8: www. quelle2.com/c14
Folie 15: www.quelle3.net/hwz

F

1. Ordne den Folien A-F die Abschnitte Titelfolie, Gliederung, Inhalt, Zusammenfassung und Quellen zu.

2. Nenne Vorteile von digitalen Präsentationen.

1 Radioaktiver Stoff in einem Bleibehälter

Strahlungsarten

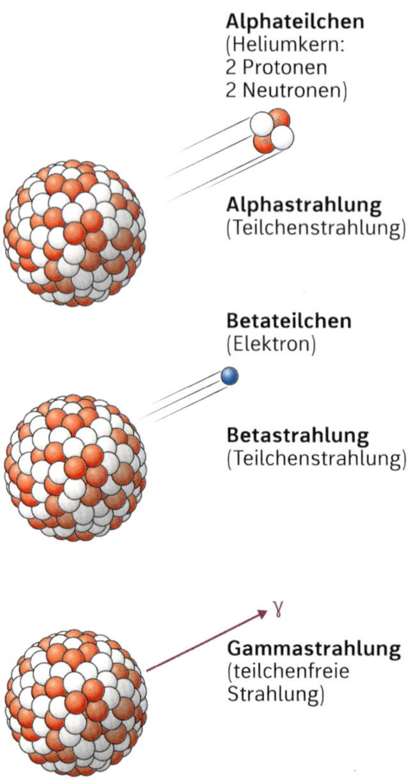

2 Radioaktive Strahlungsarten

Arten radioaktiver Strahlung

Radioaktive Strahlung tritt auf, wenn Atomkerne zerfallen. Bei diesem Prozess können unterschiedliche Arten von Strahlung ausgesendet werden. Diese Strahlungsarten unterscheiden sich zum Beispiel in ihrer Reichweite oder der Energie, die sie besitzen.
Bei den radioaktiven Strahlungsarten wird zwischen einer **Teilchenstrahlung** und einer **teilchenfreien Strahlung** unterschieden.

Alphazerfall

Zerfallen Atomkerne schwerer Elemente wie Uran, dann geben sie beim Zerfall oft **Alphastrahlung** (α-Strahlung) ab. Die α-Strahlung besteht aus α-Teilchen, die sich aus zwei Protonen und zwei Neutronen zusammensetzen. Sie entsprechen damit einem zweifach positiv geladenen **Heliumkern**.

α-Teilchen sind relativ groß. Ihre Reichweite ist sehr gering, weil sie häufig von Molekülen in der Luft abgelenkt werden. In der Luft beträgt ihre Reichweite ungefähr 5 cm. Sie können Hautschichten nicht durchdringen und werden schon von einem Blatt Papier abgeschirmt.

Betazerfall

Zerfällt im Atomkern ein Neutron in ein Proton und ein Elektron, wird das Elektron als **Betastrahlung** (β-Strahlung) ausgesendet. Die β-Strahlung besteht also aus Elektronen, den β-Teilchen. Sie ist daher negativ geladen. Da Elektronen kleiner als α-Teilchen sind, können sie auch Hautschichten durchdringen. Die Reichweite von β-Strahlung in Luft beträgt ungefähr 20 m. Sie kann durch ein etwa 1 mm dickes Aluminiumblech abgeschirmt werden.

Gammastrahlung

Nach Alpha- oder Betazerfällen bleiben manchmal Kerne in einem energiereichen, angeregten Zustand zurück. Um aber wieder in einen energetisch günstigeren Zustand zu gelangen, geben sie Energie ab. Diese wird dann in Form von **Gammastrahlung** (γ-Strahlung) frei. Sie ist eine teilchenfreie Strahlung. Darum ist sie ungeladen. γ-Strahlung kann Gewebe durchdringen und auf ihrem Weg Atome ionisieren. Dadurch kann sie schwere Schäden verursachen. Die Reichweite von γ-Strahlung beträgt mehrere Kilometer und eine vollständige Abschirmung ist auch durch eine dicke Blei- oder Betonschicht kaum möglich.

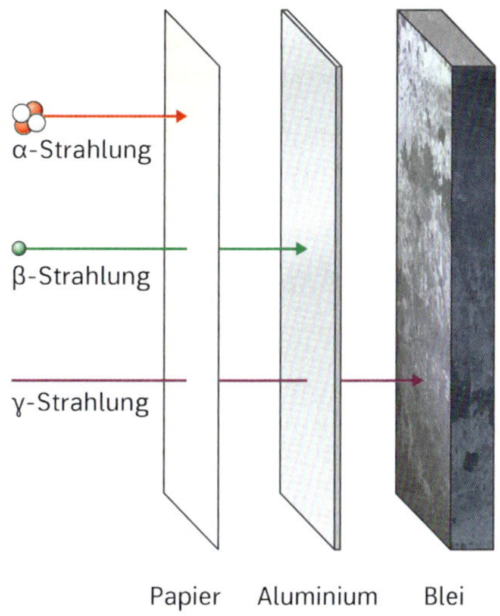

3 Abschirmung radioaktiver Strahlung

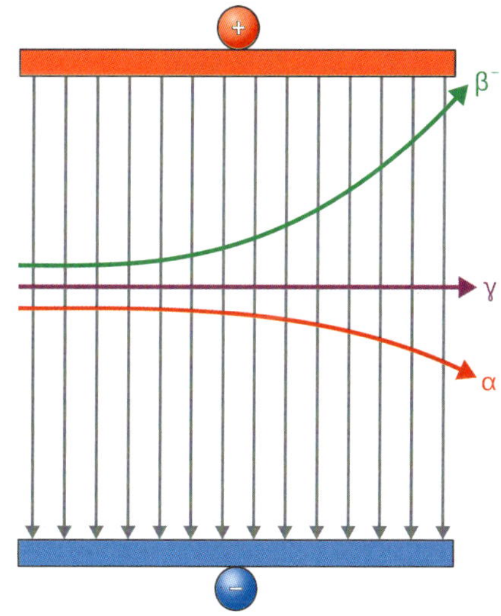

4 Radioaktive Strahlung im elektrischen Feld

Strahlung im elektrischen Feld

Wenn radioaktive Strahlung ein elektrisches Feld durchquert, dann nehmen die verschiedenen Strahlungsarten einen unterschiedlichen Weg. Da die α-Teilchen zweifach positiv geladen sind, werden sie im elektrischen Feld zum Minuspol hin abgelenkt. Die Elektronen der β-Strahlung sind negativ geladen und werden dadurch zum Pluspol des elektrischen Feldes abgelenkt. Die γ-Strahlung ist weder positiv noch negativ geladen. Sie wird im elektrischen Feld nicht abgelenkt. ▶

A Erkläre den Unterschied zwischen Teilchenstrahlung und teilchenfreier Strahlung.

B Vergleiche die drei Arten radioaktiver Strahlung mithilfe einer Tabelle.

C Erkläre, warum α-Strahlung in der Luft eine geringe Reichweite hat.

Material mit Aufgaben

M1 Welche Strahlung ist es?

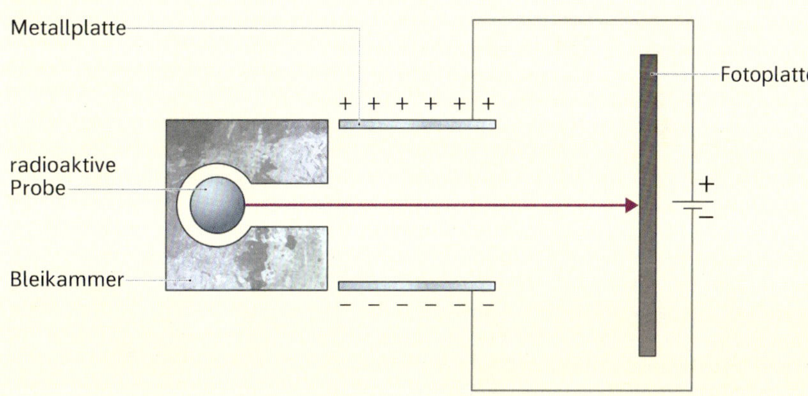

1. Beschreibe den abgebildeten Versuchsaufbau.
2. Beschreibe die Versuchsbeobachtungen.
3. Erkläre, um welche der drei Strahlungsarten es sich handeln muss. ⊞
4. Stelle begründete Vermutungen zum Strahlenverlauf einer Probe an, die α- oder β-Strahlung aussendet. Skizziere die Strahlenverläufe in deinem Heft.

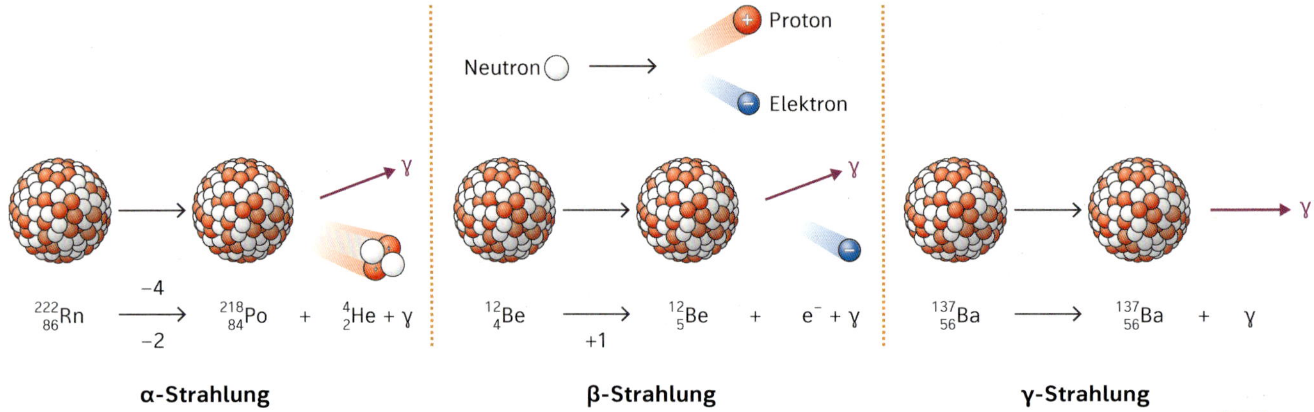

5 Änderung des Kerns

Isotope

Atomkerne bestehen aus Protonen und Neutronen. Chemische Elemente werden über die Protonenzahl definiert. Beispielsweise haben alle Sauerstoffatome gleich viele Protonen. Allerdings kann die Anzahl an Neutronen variieren. Die meisten Sauerstoffatome haben acht Neutronen, es gibt aber auch welche mit neun oder zehn. Dieses Phänomen heißt **Isotopie**. Als **Isotope** bezeichnet man Atome eines Elements, die sich in der Neutronenanzahl unterscheiden. Bei einigen Elementen sind alle Isotope stabil, bei anderen nur bestimmte Isotope. Die instabilen Isotope sind radioaktiv und zerfallen.

Änderung des Kerns

Beim radioaktiven Zerfall verändert sich die Menge der Kernbausteine. Bei der α-Strahlung werden α-Teilchen bestehend aus zwei Protonen und zwei Neutronen abgegeben. Die Massezahl des Atomkerns sinkt also um 4 und die Protonenzahl sinkt um 2.

Bei der β-Strahlung zerfällt ein Neutron in ein Proton und ein Elektron. Die Massezahl bleibt konstant, aber die Protonenzahl steigt um 1.

γ-Strahlung ist keine Teilchenstrahlung. Sie tritt im Zusammenhang mit den anderen Strahlungsarten auf. Aus diesem Grund führt sie zu keiner Veränderung in der Massen- oder Protonenzahl.

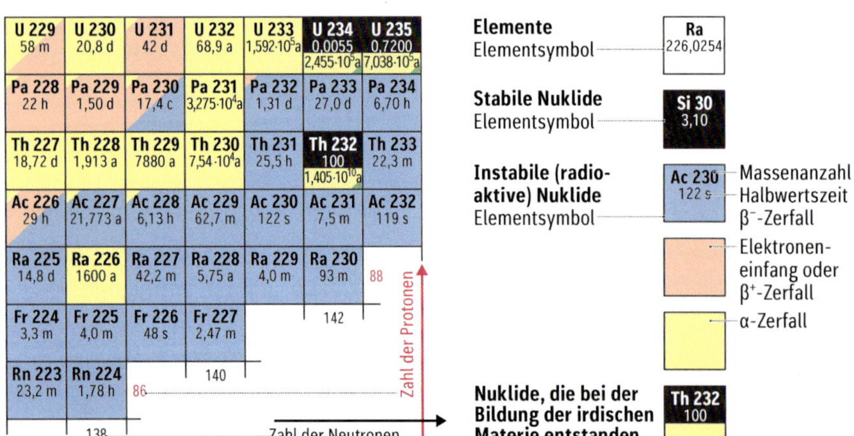

6 Nuklidkarte (Auszug)

Nuklidkarte

Die unterschiedlichen Zusammensetzungen der Atomkerne eines Elements, werden auch als **Nuklide** bezeichnet. Diese lassen sich in einer **Nuklidkarte** übersichtlich darstellen. In der Nuklidkarte ist die Neutronenzahl auf der X-Achse und die Protonenzahl auf der Y-Achse aufgetragen. Alle Isotope eines Elements stehen dadurch in waagerechten Reihen. Die stabilen Isotope von jedem Element sind in der Karte schwarz markiert.

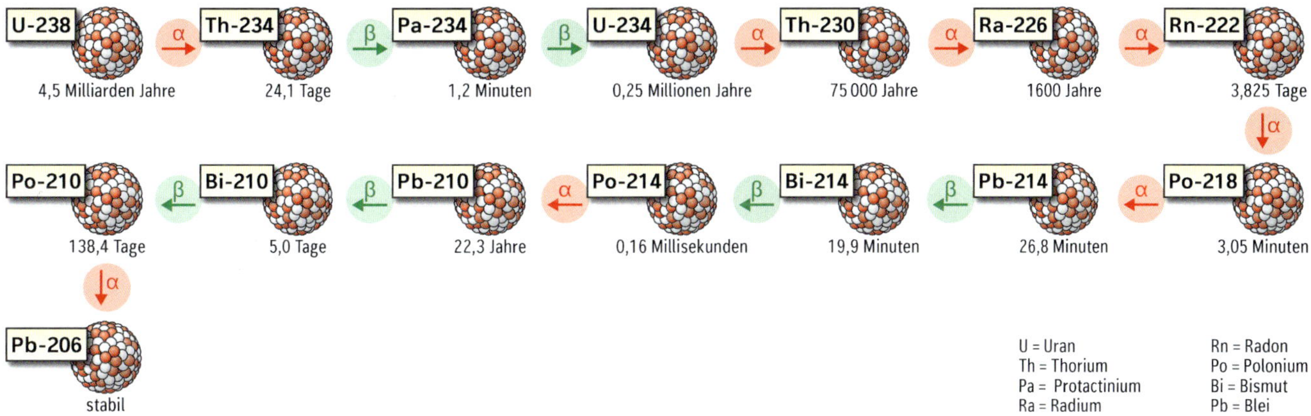

7 Zerfallsreihe von Uran-238 mit Halbwertszeiten

Zerfallsreihen

Die Atomkerne, die beim radioaktiven Zerfall entstehen, sind oft auch instabil und zerfallen erneut. Die Abfolge von Atomkernen, die durch wiederholte Zerfälle auseinander hervorgehen, nennt man **Zerfallsreihe**. Jede Zerfallsreihe endet bei einem stabilen Kern. Vier Zerfallsreihen kommen auf der Erde natürlich vor. Sie gehen von den Elementen Uran, Neptunium und Thorium aus. Die Thoriumreihe und die zwei Uran-Reihen enden bei Blei, die Neptuniumreihe bei Thallium. Natürliche radioaktive Strahler sind oft ein Gemisch von verschiedenen radioaktiven Stoffen, die dadurch verschiedene Strahlungsarten aussenden.

Zerfälle auf der Nuklidkarte

Zerfallsreihen lassen sich mit Nuklidkarten leichter nachvollziehen. Liegt ein α-Zerfall vor, geht man in der Karte 2 Felder nach links und 2 nach unten. Bei einem β-Zerfall geht man ein Feld nach links und eins nach oben. Da sich beim γ-Zerfall die Protonen- und Neutronenanzahl nicht ändert, bleibt man auf dem ursprünglichen Feld.

D Beschreibe die Zerfallsreihe von Uran-238 mithilfe von Bild 7.

Material mit Aufgaben

M2 Zerfallsreihen

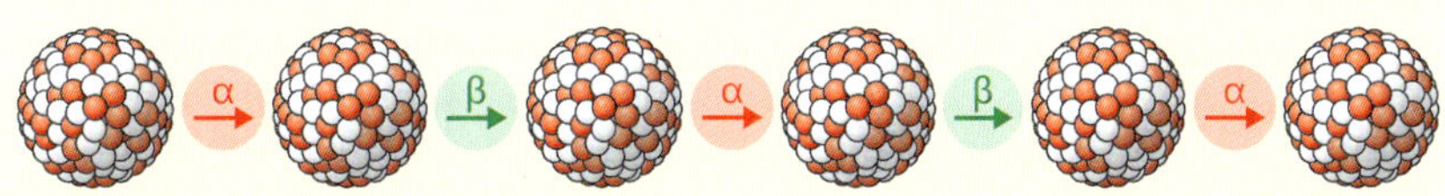

$^{235}_{92}U \rightarrow ^{?}_{?}Th \rightarrow ^{?}_{?}Pa \rightarrow ^{?}_{?}Ac \rightarrow ^{?}_{?}Th \rightarrow ^{?}_{?}Ra$

A

Th 224 1,04 s	Th 225 8,72 m	Th 226 31 m	Th 227 18,72 d	Th 228 1,913 a	Th 229 7880 a	Th 230 $7{,}54 \cdot 10^4$ a	Th 231 25,5 h	Th 232 100 1,405 · 10a
Ac 223 2,10 m	Ac 224 2,9 h	Ac 225 10,0 d	Ac 226 29 h	Ac 227 21,773 a	Ac 228 6,13 h	Ac 229 62,7 m	Ac 230 122 s	Ac 231 7,5 m
Ra 222 38 s	Ra 223 11,43 d	Ra 224 3,66 d	Ra 225 14,8 d	Ra 226 1600 a	Ra 227 42,2 m	Ra 228 5,75 a	Ra 229 4,0 m	Ra 230 93 m
Fr 221 4,9 m	Fr 222 14,2 m	Fr 223 21,8 m	Fr 224 3,3 m	Fr 225 4,0 m	Fr 226 48 s	Fr 227 2,47 m		142
Rn 220 55,6 s	Rn 221 25 m	Rn 222 3,825 d	Rn 223 23,2 m	Rn 224 1,78 h	86	140		

B

1. Beschreibe die in Bild A dargestellten Zerfälle.
2. Übertrage die Zerfallsgleichung in Bild A in dein Heft und ergänze die fehlenden Massen- und Kernladungszahlen.
3. Erkläre, warum ein natürlicher radioaktiver Strahler oft verschiedene Strahlungsarten aussendet.
4. Wähle eine der Aufgaben aus:
   a Ausgehend von Thorium-232 ereignen sich folgende Zerfälle: α-Zerfall → β-Zerfall → β-Zerfall→ α-Zerfall → α-Zerfall. Benenne mithilfe von Bild B das entstehende Isotop.
   b Erkläre den Aufbau der Nuklidkarte.

1 Mann mit Schutzanzug und Geiger-Müller-Zählrohr

Strahlenschutz

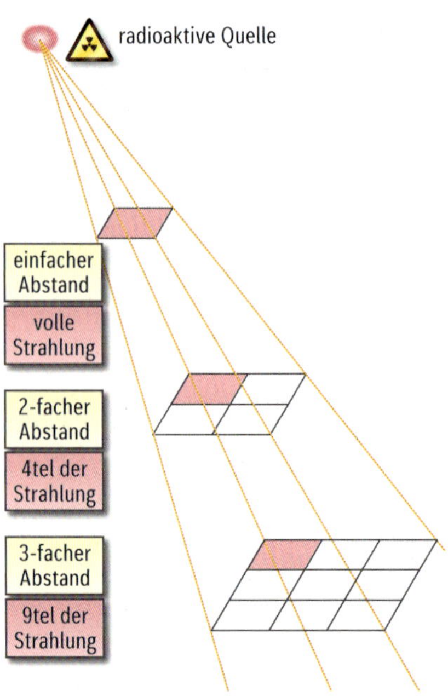

2 Abstand ist wichtig

Folgen radioaktiver Strahlung

Ist man zu viel radioaktiver Strahlung ausgesetzt, kann es zu verschiedenen gesundheitsschädlichen Folgen kommen. Aus diesem Grund müssen Menschen, die häufiger mit radioaktiver Strahlung arbeiten, Regeln beachten, um sich zu schützen. Grundsätzlich gelten beim Umgang mit Radioaktivität die **3A-Regeln**. Sie regeln den Umgang mit folgenden Faktoren: **A**bstand , **A**bschirmung und **A**ufenthaltszeit.

Abstand

Eine Vergrößerung des Abstands ist eine wirkungsvolle Maßnahme im Strahlenschutz. Ein großer Abstand hilft, da die radioaktive Strahlung auf ihrem Weg die Luft ionisiert. Dadurch wird schon ein Teil der Energie umgewandelt, bevor die Strahlung den Menschen überhaupt erreicht.

Je größer der Abstand ist, desto geringer wird die Strahlenbelastung. Bei doppeltem Abstand trifft nur noch ein Viertel der ursprünglichen Strahlung auf den Körper. Die Entfernung, bei der keine Schäden mehr zu erwarten sind, hängt von der Strahlungsart ab. Bei der α-Strahlung reichen schon einige Zentimeter aus, bei β-Strahlung 20 m und bei γ-Strahlung sind auch einige hundert Meter nicht genug.

Abschirmung

Der nötige Schutzabstand kann durch die Verwendung von abschirmenden Materialien verringert werden. Diese können auch als Schutzkleidung genutzt werden. α-Strahlung lässt sich bereits mit einem Blatt Papier abschirmen. Zur Abschirmung von β-Strahlung sind schon millimeterdicke Aluminiumbleche

notwendig. γ-Strahlung lässt sich nur sehr schlecht abschirmen. Durch Beton oder Blei lässt sich die Strahlenbelastung allerdings deutlich verringern.
Die Effektivität der Abschirmung hängt vom verwendeten Material und seiner Dicke ab. Je größer die Kernladungszahl des Materials und je höher die molare Masse sind, desto besser ist die Abschirmung. Aus diesem Grund schirmt Blei besser ab als Aluminium.

Aufenthaltszeit

Die Strahlenbelastung kann auch verringert werden, wenn die Aufenthaltszeit in der Nähe von radioaktiven Stoffen beschränkt wird. Aus diesem Grund ist der Zutritt zu Bereichen mit erhöhter Strahlenbelastung genau geregelt. Zum Beispiel sind in Kernkraftwerken Bereiche mit erhöhter Strahlenbelastung abgetrennt und dürfen nur zur Aufrechterhaltung der Abläufe betreten werden.

Aktivität

Neben dem Abstand, der Abschirmung und der Aufenthaltszeit muss man auch noch auf die **Aktivität** eines radioaktiven Stoffes achten. Die Aktivität gibt die Anzahl der Kernzerfälle in einer bestimmten Zeit an. Man sollte nur radioaktive Stoffe mit hoher Aktivität nutzen, wenn sie wirklich notwendig sind.
Das Formelzeichen der Aktivität ist A und sie wird in der Einheit **Becquerel** (Bq) angegeben. 1 Bq entspricht einem Kernzerfall in einer Sekunde.

A Beschreibe verschiedene Möglichkeiten zum Schutz vor radioaktiver Strahlung.

3 3A-Regeln

Material mit Aufgaben

M1 Abschirmung

1. Vergleiche das Durchdringungsvermögen der einzelnen Strahlungsarten. ⊞
2. Wähle eine der Aufgaben aus:
a Erkläre, warum bei der α-Strahlung wenige Schritte Abstand zum Schutz ausreichen.
b Erkläre, warum die Reichweite in Papier geringer ist als in Luft.

Strahlungsart	Reichweite in Luft	Reichweite durch Papier
α	4-6 cm	1 Blatt
β	20 m	15 Blatt
γ	> 1000 m	> 10000 Blatt

M2 CASTOR-Behälter

CASTOR-Behälter werden zum Transport radioaktiver Stoffe verwendet.

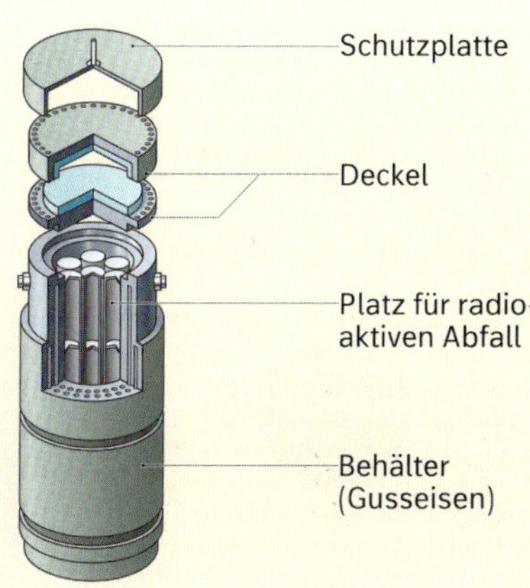

1. Beschreibe mithilfe der Abbildung den Aufbau eines CASTOR-Behälters.
2. Erkläre, warum sich ein CASTOR-Behälter zum Transport radioaktiver Materialien eignet. ⊞

1 Hiroshima nach der Atombomenexplosion

Kettenreaktion

Atombombe

Im zweiten Weltkrieg wurde am 6. August 1945 eine 4000 kg schwere Atombombe über der japanischen Stadt Hiroshima abgeworfen. Innerhalb einer Sekunde hatte die Detonationswelle 80% der Innenstadt komplett zerstört. Insgesamt wurden 70.000 Häuser beschädigt. Direkt kamen 90.000 Menschen ums Leben und weitere 50.000 Menschen starben später an der Strahlenkrankheit. Die Ursache all dieser Auswirkungen liegt in den Vorgängen der **Kernspaltung**, die beim Zünden der Atombombe ausgelöst wurden.

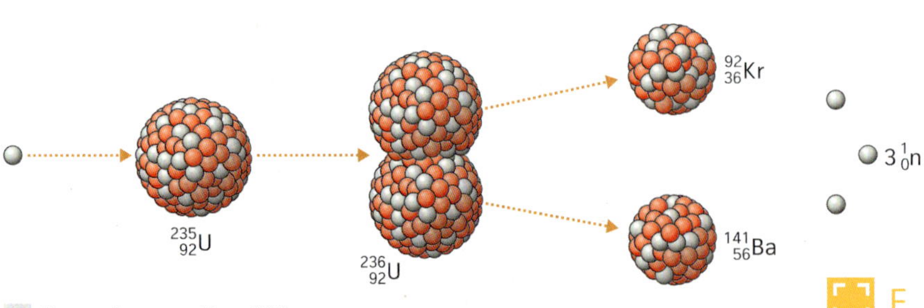

2 Kernspaltung von Uran-235

Kernspaltung

Bei einer Kernspaltung werden Atomkerne in zwei oder mehrere kleinere Kerne zerlegt. In der Regel wird bei diesem Prozess Energie frei. Die Bombe von Hiroshima enthielt 64 kg radioaktives Uran-235. Nach der Zündung mithilfe von Sprengstoff setzte die Kernspaltung ein. Bei einer Kernspaltung trifft ein sehr schnelles Neutron auf einen spaltbaren Atomkern. Ein Uran-Atom zerfällt zum Beispiel in Barium und Krypton. Zudem werden zwei bis drei Neutronen ausgesendet. Diese Neutronen treffen auf andere Atomkerne und lösen weitere Kernspaltungen aus.

Bei jedem Zerfall eines Atomkerns wird viel Energie frei. Da 1 g Uran ungefähr $2{,}6 \cdot 10^{21}$ Atome enthält, ist die freigesetzte Energie pro Gramm Uran im Bereich von 80 Gigajoule. Die Atombombe von Hiroshima enthielt 64 kg Uran. So wird auch die unglaubliche Zerstörungskraft verständlich.

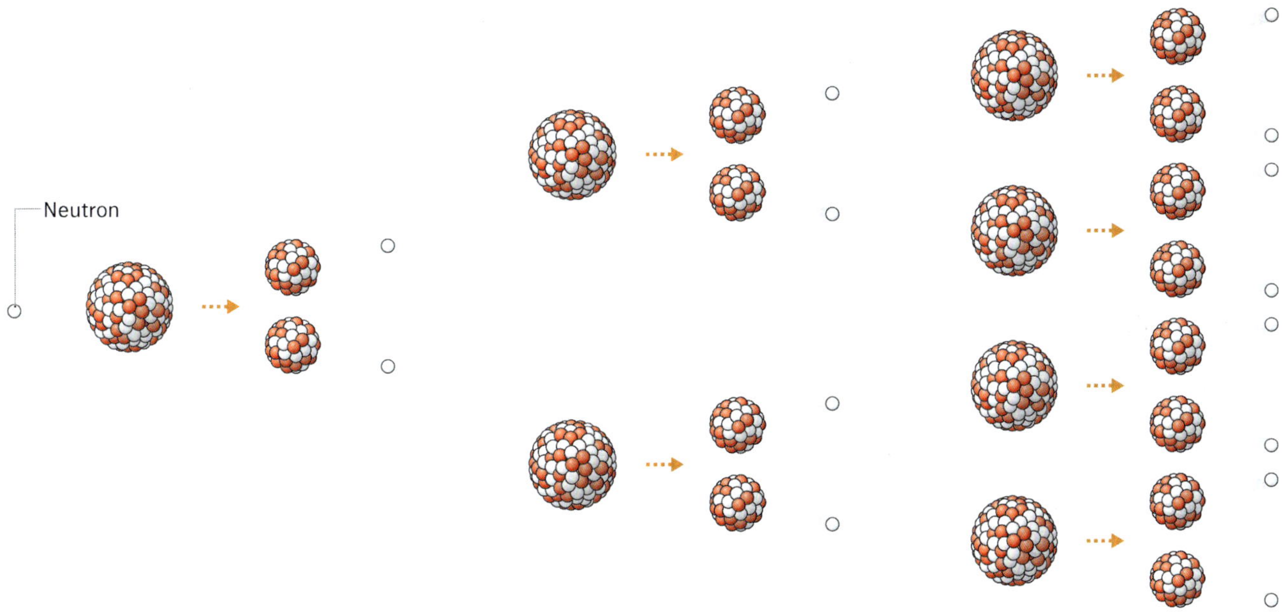

3 Kettenreaktion

F

Kettenreaktion

Bei jeder Kernspaltung von einem Uran-Atom werden zwei bis drei Neutronen freigesetzt. Diese freigesetzten Neutronen treffen auf jeweils ein weiteres Uran-Atom. Die Neutronen spalten diese wieder und setzen so wiederum jeweils Neutronen frei. Dadurch werden innerhalb einer kurzen Zeit unglaublich viele Kernspaltungen ausgelöst und damit auch sehr viel Energie freigesetzt. Man spricht bei diesem Vorgang von einer **Kettenreaktion**.

In Kernkraftwerken finden auch sehr viele Kernspaltungen statt. Allerdings wird dieser Prozess kontrolliert, indem Regelstäbe zwischen verschiedene Bereiche gebaut werden. Diese Regelstäbe fangen Neutronen ab. Man kann dadurch die Kernspaltungen besser kontrollieren.

A Beschreibe mithilfe von Abbildung 3 den Ablauf einer Kettenreaktion.

B Erkläre, warum eine Atombombe so eine große Zerstörungskraft besitzen kann.

Material mit Aufgaben

M1 Kettenreaktion im Modell

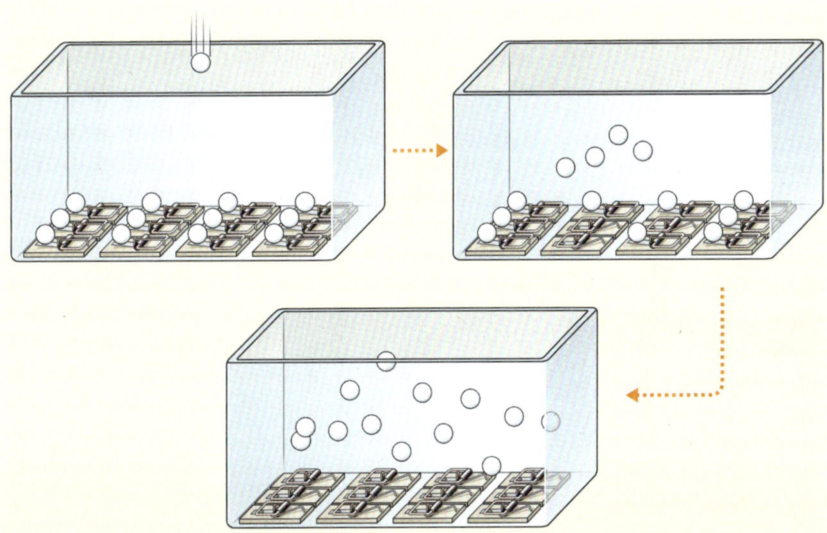

In einem Glaskasten liegen gespannte Mausefallen mit Tischtennisbällen.

1. Beschreibe das Modell.
2. Beschreibe den Ablauf des Modellversuchs.
3. Erkläre mithilfe des Modells den Begriff Kettenreaktion. ⊞
4. Wähle eine der Aufgaben aus:
   a Ordne den Mausefallen und Tischtennisbällen die Begriffe Neutronen und Atomkerne bei einer Kernspaltung zu. Begründe.
   b Stelle Vor- und Nachteile des Modells gegenüber und bewerte das Modell.

Auswirkungen von Kernenergie

1 Kernkraftwerk

Kernkraftwerke

Menschen nutzen kontrollierte Kernspaltungen in Kernkraftwerken zur Stromerzeugung. In einem Kernkraftwerk wird die bei der Kernspaltung frei werdende Energie für die Erhitzung von Wasser genutzt. Das warme Wasser wird dann zu Wasserdampf umgewandelt und treibt eine Turbine an. Die Turbine ist an einen Generator angeschlossen, der den Strom erzeugt.

Unfälle in Kernkraftwerken

Immer wieder kommt es zu Unfällen in Kernkraftwerken. Zu den schwersten Katastrophen zählen die Unfälle 1986 in Tschernobyl und 2011 in Fukushima. Bei beiden Fällen kam es zu Unfällen, sodass radioaktive Stoffe freigesetzt wurden. Diese gelangten in den Boden, ins Meer, ins Grundwasser und die Atmosphäre. Die Wolken aus radioaktivem Staub verteilten sich weltweit. Radioaktive Stoffe reicherten sich in Lebewesen aller Art an. Trotz der Gefahren im Falle eines Unfalls werden Kernkraftwerke in vielen Ländern genutzt.

Vorteile der Kernenergie

Im Vergleich zu anderen Prozessen hat die Verwendung von Kernenergie einige Vorteile. Zum Beispiel werden bei der reinen Energieumwandlung keine Treibhausgase frei. Da nur wenig radioaktives Material benötigt wird, um große Energiemengen freizusetzen, wird der zur Verfügung stehende Raum sehr effektiv genutzt. Außerdem ist die Leistung der Kraftwerke sehr hoch.

Nachteile der Kernenergie

Die Nutzung von Kernenergie hat aber auch große Nachteile. Es besteht das Risiko, dass durch einen Unfall in einem Kernkraftwerk eine weltweite Umweltkatastrophe ausgelöst wird. Radioaktives Material, welches nicht mehr verwendet werden kann, strahlt trotzdem noch viele Jahre weiter. Uran hat zum Beispiel eine Halbwertszeit von 4,5 Milliarden Jahren. Die sichere Lagerung von abgebranntem Brennmaterial ist noch immer ein ungeklärtes Problem.

Material mit Aufgaben

M1 Kernkraftwerke in Deutschland

1. Beschreibe die Verteilung der Kernkraftwerke und die Entwicklung ihrer Anzahl.
2. Begründe, warum nach 1986 nur noch wenige Kernkraftwerke in Betrieb genommen wurden.
3. Stelle Vermutungen über mögliche Gründe für einen Ausstieg aus der Atomenergie an.
4. Stelle Vermutungen an, welche Konsequenzen der Ausstieg aus der Atomenergie für die Menschen hat.

Die Energie der Sonne

Wegen der Energie der Sonne ist das Leben auf der Erde möglich. Pflanzen erzeugen mithilfe des Sonnenlichts durch Fotosynthese energiereiche Verbindungen. Diese sind die Grundlage jeder Nahrungsbeziehung.
Die Sonne gewinnt ihre Energie auch durch Kernkraft. Im Inneren der Sonne finden allerdings keine Kernspaltungen, sondern **Kernfusionen** statt. In der Sonne verschmelzen Isotope des Wasserstoffs in mehreren Schritten zu Heliumkernen. Bei diesem Fusionsvorgang werden große Mengen an Energie frei.

Kernfusion

Bei einer Kernfusion verschmelzen kleine Atomkerne unter Freisetzung von Energie zu einem größeren Atomkern. Für die Bildung von Heliumkernen benötigt man Kerne von Wasserstoffisotopen, die neben einem Proton auch ein Neutron besitzen. Diese werden auch **Deuterium** genannt. Sie entstehen zum Beispiel durch die Fusion zweier Wasserstoffatomkerne. Verschmilzt nun ein Deuteriumkern mit einem Wasserstoffkern, entsteht ein leichter Heliumkern mit nur einem Neutron.
Zwei dieser leichten Heliumkerne fusionieren schließlich unter Abgabe von je einem Wasserstoffkern zu einem Heliumkern mit zwei Protonen und zwei Neutronen. Bei allen Fusionsvorgängen, die zur Bildung von Heliumkernen führen, wird Energie in Form von thermischer Energie und Lichtenergie frei.
Der Vorteil von Kernfusionen ist, dass bei dem Prozess keine radioaktiven Elemente benötigt werden. Aus diesem Grund arbeitet man schon seit vielen Jahren zur Energiegewinnung an der Entwicklung von Kernfusionsreaktoren.

1 Die Sonne

Material mit Aufgaben

M1 Kernfusion

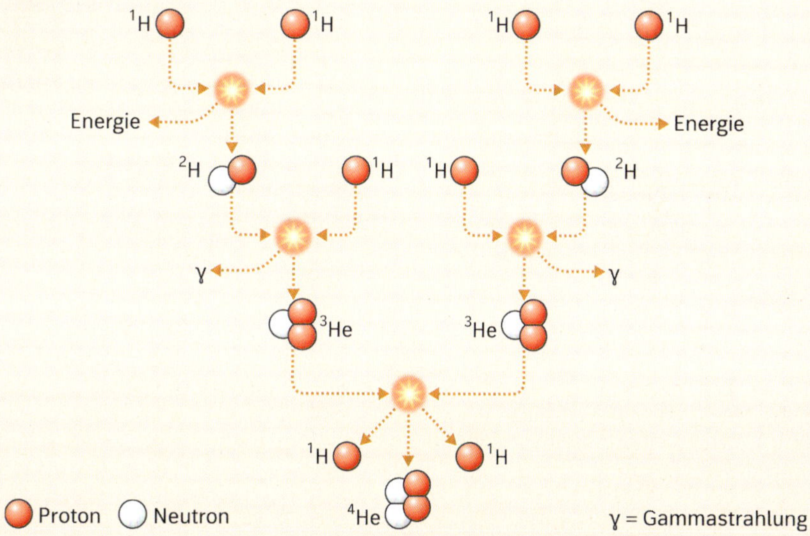

1. Beschreibe die Kernfusionsvorgänge, die zur Bildung von Heliumkernen führen.
2. Erkläre, warum seit vielen Jahren versucht wird Kernfusionsreaktoren zu entwickeln.
3. Stelle Vermutungen an, was passiert, wenn irgendwann in der Zukunft der gesamte Wasserstoff im Inneren einer Sonne aufgebraucht ist.

Auf einen Blick

Aufbau eines Kernkraftwerks

1
Die Brennstäbe befinden sich im Reaktorkern. Sie enthalten viele kleine Kugeln aus Uran. In ihnen laufen die Kernspaltungen ab, bei denen viel Energie frei wird. Die freiwerdende Energie erhitzt das Wasser im Reaktorkern.

2
Die Steuerstäbe steuern die Geschwindigkeit der Kettenreaktion. Sie können zwischen die Brennstäbe gefahren werden, wo sie freie Neutronen einfangen. So bremsen sie die Kettenreaktion.

3
Das im Reaktorkern erhitzte Wasser strömt über Rohre durch einen Wärmetauscher. Das kalte Wasser im Wärmetauscher wird dadurch erhitzt und unter hohem Druck in Dampf umgewandelt. Das nun abgekühlte Wasser aus dem Reaktorkern wird mithilfe einer Pumpe wieder zurück gepumpt.

4
Der im Wärmetauscher erzeugte Dampf wird zu einer Turbine geleitet und treibt diese an.

5
Die Turbine treibt einen Generator an, welcher elektrischen Strom bereitstellt.

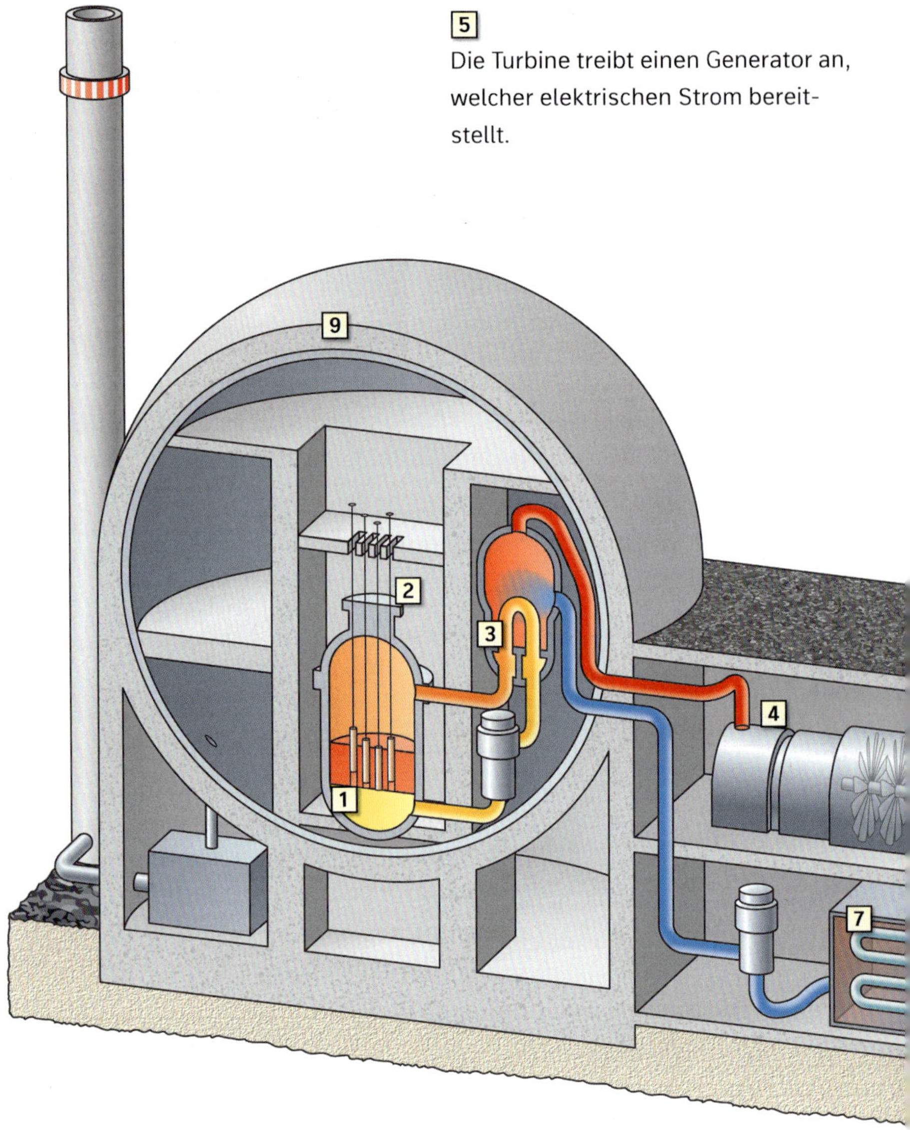

6
Über einen Transformator wird der Strom in das Stromnetz eingespeist.

In Kernkraftwerken werden kontrollierte Kernspaltungen zur Stromerzeugung genutzt. Die bei der Kernspaltung freiwerdende Energie wird für die Erhitzung von Wasser verwendet. Das warme Wasser wird dann zu Wasserdampf umgewandelt und treibt eine Turbine an. Die Turbine ist an einen Generator angeschlossen, der den elektrischen Strom erzeugt.

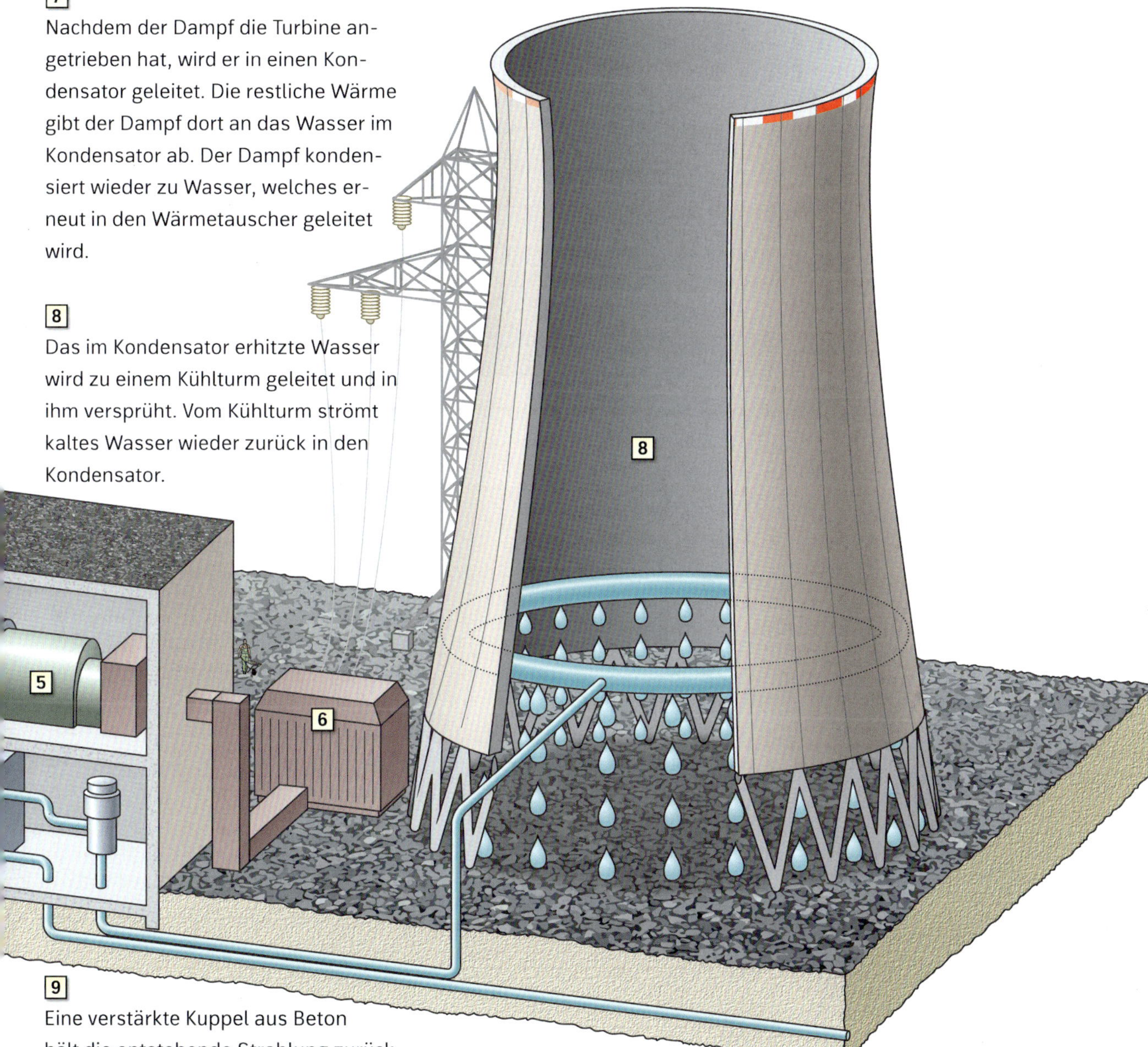

7
Nachdem der Dampf die Turbine angetrieben hat, wird er in einen Kondensator geleitet. Die restliche Wärme gibt der Dampf dort an das Wasser im Kondensator ab. Der Dampf kondensiert wieder zu Wasser, welches erneut in den Wärmetauscher geleitet wird.

8
Das im Kondensator erhitzte Wasser wird zu einem Kühlturm geleitet und in ihm versprüht. Vom Kühlturm strömt kaltes Wasser wieder zurück in den Kondensator.

9
Eine verstärkte Kuppel aus Beton hält die entstehende Strahlung zurück.

1. Beschreibe mithilfe der Abbildung den Aufbau eines Kernkraftwerks.
2. Erkläre, wie in einem Kernkraftwerk mithilfe von Kernspaltungen elektrischer Strom gewonnen wird.
3. Stelle Vermutungen über Vorteile und Nachteile von Kernkraftwerken an.

Zusammenfassung Radioaktivität

Radioaktive Strahlung

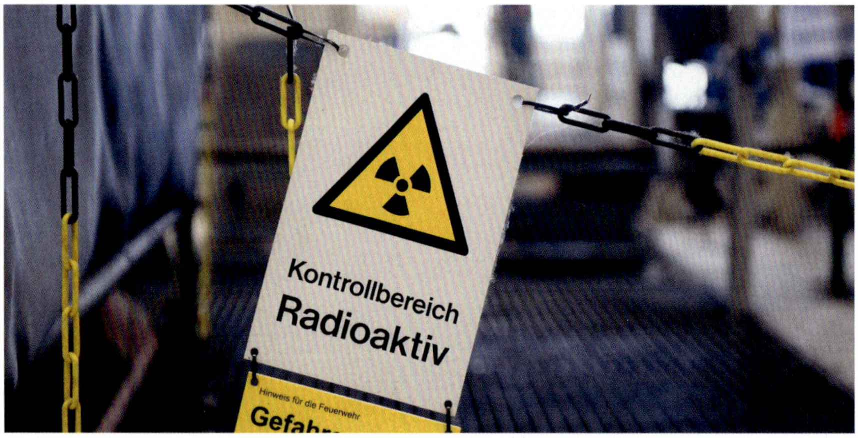

Radioaktive Stoffe senden sehr energiereiche Strahlung aus. Umgangssprachlich wird diese Strahlung als radioaktive Strahlung bezeichnet. Von den bekannten 118 Elementen sind 28 radioaktiv. Es gibt natürliche radioaktive Strahlung, zu der die Bodenstrahlung, kosmische Strahlung und innere Strahlung zählen. Zu der künstlichen radioaktiven Strahlung zählt man zum Beispiel die Strahlung in Kernkraftwerken oder bei medizinischen Untersuchungen.

Kernzerfall

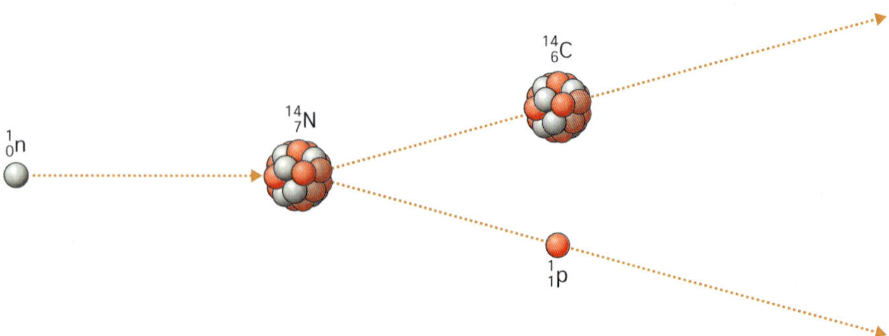

Wenn ein Atomkern zerfällt, wird radioaktive Strahlung ausgesendet. Der ursprüngliche Atomkern zerfällt und dadurch können auch andere Elemente entstehen. Wenn die neuen Elemente nicht stabil, sondern auch radioaktiv sind, können sie wieder zerfallen. Dieser Vorgang wiederholt sich so lange, bis ein stabiles Element vorliegt.

Strahlenschutz

Ist man zu viel radioaktiver Strahlung ausgesetzt, kann das gesundheitsschädliche Folgen haben. Darum sind Sicherheitsregeln zu beachten. Dabei sind die Faktoren Abstand, Abschirmung und Aufenthaltszeit entscheidend.

Kettenreaktion

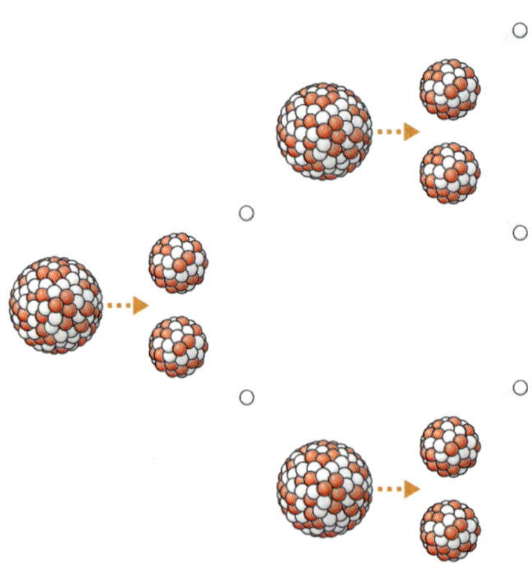

Bei einer Kernspaltung trifft ein schnelles Neutron auf einen spaltbaren Atomkern. Ein Uran-Atom zerfällt zum Beispiel in Barium und Krypton. Zudem werden zwei Neutronen ausgesendet. Diese Neutronen treffen auf andere Atomkerne und lösen weitere Kernspaltungen aus. So wird eine Kettenreaktion in Gang gesetzt. Bei Kettenreaktion wird sehr viel Energie frei. Man nutzt sie bei Atombomben oder kontrolliert in Atomkraftwerken.

1 Halbwertszeit

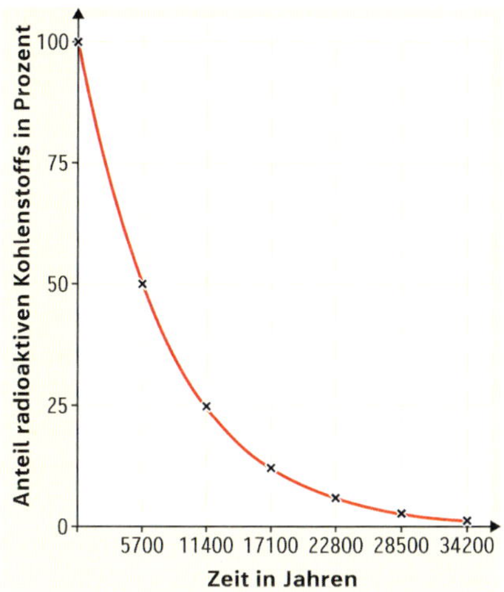

A Bestimme die Halbwertszeit von C-14 mithilfe des Diagramms.

B Erkläre, was die Halbwertszeit eines radioaktiven Stoffes angibt.

C Dennis behauptet: „Die Halbwertszeit ist für jedes radioaktive Element gleich." Nimm Stellung zu seiner Aussage.

D Erkläre, wie die Altersbestimmung von Fossilien funktioniert.

2 Strahlenschutz

A Beschreibe Maßnahmen im Strahlenschutz mithilfe der Abbildung.

B Erkläre, wie die Maßnahmen für Abstand, Abschirmung und Aufenthaltszeit wirken.

C Erkläre, welche Maßnahmen für die Aktivität eines radioaktiven Stoffes gelten.

D Erläutere mögliche Folgen, wenn die Sicherheitsregeln nicht eingehalten werden.

3 Kettenreaktion

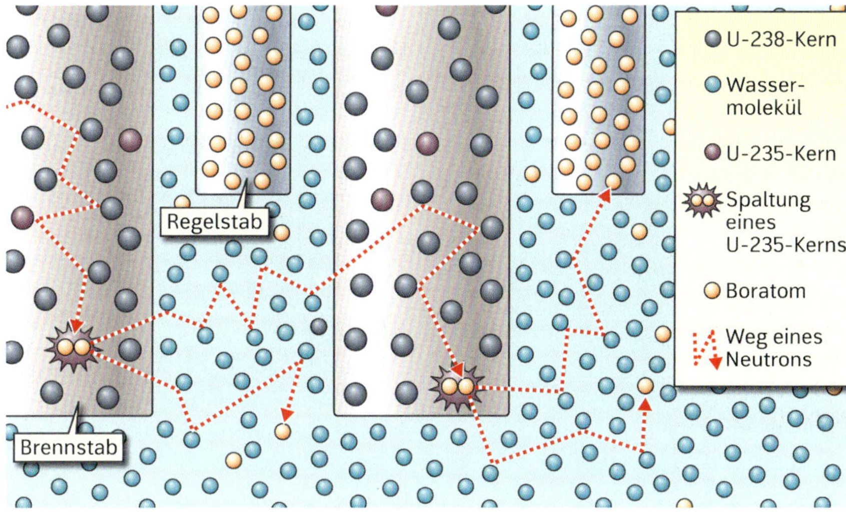

A Beschreibe die Vorgänge in der Abbildung.

B Erkläre, warum es sich bei dem Vorgang um eine Kettenreaktion handelt.

C Erkläre, warum man die Kettenreaktionen in Kernkraftwerken mithilfe von Regelstäben kontrollieren muss.

D Mithilfe der Regelstäbe lässt sich die Kettenreaktion kontrollieren. Erkläre, warum weniger Atome gespalten werden, wenn die Regelstäbe zwischen die Brennstäbe fahren.

E Stelle Vermutungen an, warum sich Wasser zwischen den Brennstäben befindet.

Hilfen

Seite 13

M1 Aufgabe 2

Tipp: In Kitas und Schulen kommen viele Personen zusammen. Es sind mehrere Infektionswege möglich.

M1 Aufgabe 3

Beachte bei deiner Antwort, vor welchen Infektionsmöglichkeiten Handschuhe in Kontakt mit Personen schützen.

M2 Aufgabe 2

Tipp: Beachte die Inkubationszeiten.

Seite 15

M1 Aufgabe 2

Nutze folgende Begriffe: Vermehrung, Verdoppelung, Wachstum

M1 Aufgabe 3

Denke an das Nahrungsangebot, die Feuchtigkeit und die Temperatur.

M1 Aufgabe 4a

Tipp: Niedrige Temperaturen sind keine guten Lebensbedingungen für Bakterien.

Seite 17

M2 Aufgabe 1

Nutze folgenden Satzanfang:

- *Die Bestrahlung mit UV-Licht löste eine Veränderung der Erbsubstanz des Bakteriums aus. Diese Veränderung macht es resistent gegen ...*

M3 Aufgabe 2

Nutze folgende Begriffe: Bestrahlung, Veränderung der Erbsubstanz, resistent

Seite 18

M1 Aufgabe 2

Vervollständige die Tabelle in deinem Heft:

	Tierzelle	Bakterienzelle	Virus
Zellmembran	ja	ja	nein
Zellplasma	ja	ja	nein
...	...	...	...

M1 Aufgabe 3

Tipp: Ein Lebewesen zeigt alle Kennzeichen des Lebendigen: Wachstum, Bewegung, Vermehrung, Stoffwechsel und Reizbarkeit.

Seite 19

M2 Aufgabe 2

Beachte, wie es zur Bildung neuer Virusbestandteile kommt.

M2 Aufgabe 3

Nutze folgende Begriffe: Vermehrung, Wirtszelle, Freisetzung, Befall vieler weiterer Zellen

Seite 21

M3 Aufgabe 2

Bedenke, dass im Frühjahr ein Lockdown stattfand.

M4 Aufgabe 2

Beachte die Möglichkeiten der Übertragung von Viren.

M4 Aufgabe 3

Nutze folgenden Satzanfang:

- *Ein Schal oder ein Halstuch bieten nur geringen Schutz ...*

Seite 23

M1 Aufgabe 2

Tipp: Bei der Freisetzung der Plasmodien werden rote Blutzellen zerstört.

M1 Aufgabe 3

Tipp: Betrachte das Diagramm genau.

Seite 25

M1 Aufgabe 4

Tipp: Die Zecke trinkt das Blut des Wirts.

Seite 27

M1 Aufgabe 2

Nutze folgenden Satzanfang:

- *Fresszellen nehmen Krankheitserreger wie Bakterien auf und ...*

M1 Aufgabe 3

Nutze folgende Begriffe: Fieber, erhöhter Stoffwechsel, mehr Fresszellen gebildet.

Seite 29

M1 Aufgabe 2

Nutze folgenden Satzanfang:

- *Nach dem ersten Kontakt mit einem Antigen kommt es zur Bildung von ...*

M2 Aufgabe 2

Nutze folgende Begriffe: Antigen, Antikörper, Schlüssel, Schloss, spezifische Bindung.

Seite 30

M3 Aufgabe 1

Übertrage und vervollständige die Tabelle:

Zelltyp	Aufgaben
Fresszelle	Vernichten von Krankheitserregern
B-Lymphozyt	erkennen die Antigene der Krankheitserreger, Umwandlung zu Plasmazelle ...
Plasmazelle	...
...	...

M3 **Aufgabe 2**

Tipp: B-Lymphozyt und T-Lymphozyt haben verschiedene Bildungsorte.

Seite 31

M4 **Aufgabe 1**

Beachte, bei welcher Zelle Immunsuppressiva wirken und was die Zelle dann nicht mehr machen kann.

M4 **Aufgabe 2**

Tipp: T-Killerzellen werden durch Botenstoffe der T-Helferzelle aktiviert.

M5 **Aufgabe 1**

Ordne folgende Zellen zu: Gedächtniszelle, Fresszelle, T-Helferzelle.

M5 **Aufgabe 2**

Nutze folgenden Satzanfang:

- *Die T-Helferzelle aktiviert T-Killerzellen, die von Krankheitserregern befallene Körperzellen zerstören. ...*

Seite 35

M1 **Aufgabe 3**

Nutze folgende Begriffe: Gewebe, Blutkapillare, Lymphkapillare, Blut.

M1 **Aufgabe 4**

Tipp: In den Lymphknoten sammeln sich viele Fresszellen.

M1 **Aufgabe 5**

Beachte, dass Krankheitserreger aus der Lymphe durch Lymphknoten gespült werden.

Seite 37

M1 **Aufgabe 2**

Tipp: Denke bei deiner Antwort an die Antigen-Antikörper-Reaktion.

M1 **Aufgabe 3**

Nutze folgenden Satzanfang:

- *Bei einer Verklumpung können sich die Blutzellen nicht mehr frei in den Blutgefäßen bewegen. Das verhindert ...*

M1 **Aufgabe 4a**

Beachte, welche Antikörper Lisas Blutplasma enthält.

Seite 39

M1 **Aufgabe 2**

Tipp: Bei einer aktiven Immunisierung werden abgeschwächte Erreger geimpft, bei einer passiven werden Antikörper geimpft.

M1 **Aufgabe 3**

Folgende Fragen können dir beim Vergleich helfen:

- Was wird geimpft?
- Wurde eine Immunität erlangt?
- Kommt es zu einer körpereigenen Immunabwehr?
- Werden Gedächtniszellen gebildet?

Seite 40

M2 **Aufgabe 2**

Beachte die Veränderung von Viren.

M2 **Aufgabe 3**

Tipp: Verändern sich Viren schnell, ist es schwer, schnell einen Impfstoff zu entwickeln.

Seite 41

M3 **Aufgabe 3**

Tipp: Die Pockenviren sind ähnlich aufgebaut.

M4 **Aufgabe 3**

Beachte die Ausbreitung einer Epidemie.

Seite 43

M1 **Aufgabe 1**

Verwende die Begriffe: steigt langsam an, steigt schnell an, fällt langsam ab, fällt schnell ab.

M1 **Aufgabe 2**

Bedenke was passiert, wenn die Viren aus der T-Helferzelle freigesetzt werden.

Seite 44

M2 **Aufgabe 2 und 3**

Beachte, wie HI-Viren übertragen werden.

Seite 46

M1 **Aufgabe 2**

Nutze folgenden Satzanfang:

- *Je nachdem, gegen welche Pollen eine Person allergisch reagiert, ...*

Seite 47

M2 **Aufgabe 2**

Wähle aus den Reaktionen die richtigen aus: Hautrötung, Austreten von Blut, blaue

Verfärbung der Haut, Hautschwellung.

M2 Aufgabe 3

Beachte, dass sich die Mastzellen im Blut befinden.

Seite 49

M1 Aufgabe 2

Nutze folgende Begriffe: Laktose, keine Spaltung, Dünndarm, Dickdarm, Bakterien.

M1 Aufgabe 3

Nutze folgenden Satzanfang:

- *Die Einnahme von Laktase ermöglicht es Personen mit Laktoseintoleranz, Laktose zu ...*

M2 Aufgabe 2

Beachte bei deiner Antwort das Prinzip der Oberflächenvergrößerung.

M2 Aufgabe 3

Tipp: Zöliakie hat Merkmale von einer Autoimmunerkrankung und einer Lebensmittelunverträglichkeit.

Seite 57

M1 Aufgabe 2

Beachte, dass Merkmalsausprägung und Zellkern zusammenhängen.

Seite 59

M2 Aufgabe 2

Nutze folgenden Satzanfang:

- *Ei- und Spermienzelle sind haploid, weil .... . Nach der Befruchtung und der Verschmelzung der beiden Kerne liegt eine ...*

M2 Aufgabe 3

Nutze folgenden Satzanfang:

- *Bei der Befruchtung kommt es zur ...*

M3 Aufgabe 3

- Tipp: Das obere Karyogramm gehört zu einem Menschen.

Seite 61

M1 Aufgabe 3

Nutze folgende Begriffe: Teilung - Wachstum der Zellen - Wachstum des Körpers

M1 Aufgabe 4

Tipp: Erbgleich bedeutet, dass beide Tochterzellen dieselbe Erbinformation enthalten.

M2 Aufgabe 2

Beachte das Prinzip der Zelldifferenzierung.

M2 Aufgabe 3

Tipp: Nervenzelle leiten Impulse weiter, Drüsenzellen geben viele Stoffe ab, Dünndarmzellen nehmen viele Stoffe auf, Muskelzellen ziehen sich zusammen.

Seite 63

M3 Aufgabe 2

Nutze folgenden Satzanfang:

- *Bei der Mitose wird die Erbinformation verdoppelt. Erst dann ...*

M4 Aufgabe 1

Nutze folgenden Satzanfang:

- *Aus den blutbildenden Zellen im Knochenmark entstehen täglich mehrere Blutzellen. ...*

M4 Aufgabe 2

Beachte, dass Leberzellen lange in der Interphase sind, sich also selten teilen.

Seite 67

M1 Aufgabe 3

Nutze folgenden Satzanfang:

- *Beim Mann entstehen bei der Meiose 4 Spermienzellen. Bei der Frau ...*

M1 Aufgabe 4

Nutze folgende Begriffe: zufällig – Verteilung – Chromosomen - Vielfalt

M1 Aufgabe 5a

Tipp: Beim Crossing-over kommt es zum Stückaustausch gleicher, noch nicht voneinander getrennter Chromosomen.

M2 Aufgabe 2

Ei- und Spermienzelle: haploid

Zygote: ...

Körperzellen: ...

M2 Aufgabe 3

Ordne die Begriffe richtig in die Tabelle ein: haploide Zellen, diploide Zellen, Prophase, Prophase I, Prophase II , Metaphase, Metaphase I, Metaphase II, Anaphase, Anaphase I, Anaphase II, Telophase, Telophase I, Telophase II, Zellteilung.

Seite 70

M1 Aufgabe 2

Beachte, dass nur jeweils 2 Basen zueinander passen.

M1 Aufgabe 3a

Nutze die Begriffe: Abfolge – Basen – Erbinformation - genetischer Code

Seite 72

M2 Aufgabe 2

Überprüft bei euren Modellen, ob sie alle Bestandteile der DNA zeigen.

M2 Aufgabe 3

Beachte, dass die DNA aus 4 Basen, Zucker und Phosphorsäure besteht.

Seite 73

M3 Aufgabe 2

Aufbau eines Nukleotids: ... - Zucker - ...

Seite 75

M1 Aufgabe 2

Nutze folgenden Satzanfang:

- *Verliert Gen 1 seine Funktion, kann Enzym 1 nicht mehr gebildet werden. Deshalb...*

M1 Aufgabe 3

Ausgangsstoff → Enzym 1 → Zwischenprodukt → ...

Seite 77

M1 Aufgabe 2

Nutze folgende Begriffe: doppelsträngige DNA – öffnen - freie Nukleotide - RNA-Polymerase - RNA

Seite 78

M2 Aufgabe 2

AGC, AGU, UCC, ..., ..., ...

M2 Aufgabe 3

2 Basen x 4 verschiedene Basen = ?

M2 Aufgabe 4

mRNA:	AUG-...
Aminosäurekette:	Methionin – ...
DNA:	TAC-...

Seite 81

M1 Aufgabe 2

Nutze folgenden Satzanfang:

- *Mendels Theorie besagt, dass jedes Lebewesen zwei Erbanlagen trägt. Eine Erbanlage stammt von der Mutter, eine vom Vater. Kommt es zur Kreuzung zweier reinerbiger ...*

Seite 83

M1 Aufgabe 2

Hinweis: Haben sich die Merkmale der beiden Eltern gemischt oder nicht?

M1 Aufgabe 3

Nutze folgende Begriffe: Tochtergeneration – Merkmale – Eltern - gleich

Seite 84

M2 Aufgabe 2

Beachte, dass die Verhältnisse beim Genotyp und Phänotyp unterschiedlich sind.

M2 Aufgabe 3

Ordne die Zahlenverhältnisse richtig zu: 1:2:1, 3:1.

M2 Aufgabe 4

Nutze folgenden Satzanfang:

- *Aus den reinerbigen Eltern ...*

Seite 85

M3 Aufgabe 2

Tipp: Orientiere dich bei der Erstellung des Kombinationsquadrates an dem der Erbsen.

Seite 89

M1 Aufgabe 3

Nutze folgenden Satzanfang:

- *Die Spermienzellen eines Mannes können ein Y-Chromosom oder ...*

Seite 91

M1 Aufgabe 1

Tipp: Beachte, ob auch Mischerbige betroffen sind.

M1 Aufgabe 2

Jessica: Aa oder aa, Dennis: AA ...

M1 Aufgabe 3

Tipp: Die 2. Mendelsche Regel wird auch Spaltungsregel genannt.

Seite 95

M1 Aufgabe 2

1: B0

M1 Aufgabe 3

Tipp: Nutze eine Stelle im Stammbaum, an der die Blutgruppe AB vorkommt.

M1 Aufgabe 4

Tipp: Der intermediäre Erbgang wird auch als zwischenelterlich bezeichnet.

Seite 96

M2 Aufgabe 1

Martin: 00 dd, Nancy: AA/A0 DD/Dd, Maximilian: ...

Seite 99

M1 Aufgabe 2

Mutation 1: Bei der vierten Aminosäure wird die dritte Base ausgetauscht. Das Triplett codiert aber noch für dieselbe Aminosäure.

M1 Aufgabe 3

Tipp: Die Mutation hat keine Auswirkungen.

M2 Aufgabe 1

Tipp: Bei einer der beiden Mutationen wurde eine Base entfernt.

M2 Aufgabe 2

Tipp: Leserastermutationen verschieben das Leseraster auch für nachfolgende Tripletts.

+ Hilfen

M2 Aufgabe 3

mRNA: ATG-AAG-GGU-UAA

Aminosäurekette: Met-Lys-Gly-STOPP

Seite 101

M1 Aufgabe 2

Nutze folgenden Anfang:

- *Es handelt sich um eine Verdopplung ...*

M1 Aufgabe 3

Nutze folgenden Anfang:

- *Das Katzenschrei-Syndrom wird durch eine Chromosomenmutation ausgelöst. Es ...*

M2 Aufgabe 3

Tipp: In der Reifeteilung 1 werden die Chromosomen voneinander getrennt, in Reifeteilung 2 nur noch die Chromatiden.

Seite 105

M1 Aufgabe 2

Beachte, dass im Fruchtwasser DNA des Embryos vorhanden ist.

M1 Aufgabe 3

Nutze folgenden Anfang:

- *Mit zunehmendem Alter der Frau steigt auch das Risiko ...*

M1 Aufgabe 4

Beachtet, dass das Paar bei einer genetischen Beratung Informationen erhalten kann, die es vor eine schwere Entscheidung stellen kann.

Seite 107

M1 Aufgabe 2

Nutze folgende Begriffe: Ausgangspflanze - Teilung – Ausbringen im Tiefland und Gebirge – aus Samen der geteilten Pflanze wachsen wieder

M1 Aufgabe 3

Tipp: Beachte, dass sich die Umwelt ändert.

Seite 109

M1 Aufgabe 2

Wähle aus den folgenden Getreidesorten die richtigen aus: Kultur-Einkorn, Emmer, Dinkel, Weizen, Ziegengras

M1 Aufgabe 3

Wähle aus den folgenden möglichen Zuchtzielen die richtigen aus: Menge der Körner, Menge der Borsten, Anzahl der Körner, Farbe der Körner

M1 Aufgabe 4a

Tipp: Bei einer Kombinationszüchtung werden gewünschte vorhandene Merkmale miteinander kombiniert.

Seite 111

M1 Aufgabe 2

Nutze folgende Begriffe: eigene Zellen, Stammzellen, Klon, Heilung

M1 Aufgabe 3

Nutze folgenden Anfang:

- *Aus Stammzellen können sich verschiedene Zelltypen des Körpers ...*

M2 Aufgabe 2

Tipp: Du kannst zur Bildung deiner Meinung die Argumente gewichten.

Seite 113

M1 Aufgabe 2

Nutze folgenden Satzanfang:

- *Die Zygote enthält vor der Übertragung in ein Muttertier auch Gene ...*

M1 Aufgabe 3

Tipp: Nutze die Abbildung auf der Seite.

Seite 114

M2 Aufgabe 2

Beachte, dass transgene Lachse nicht durch Züchtung entstanden sind.

M2 Aufgabe 3

Wähle aus den folgenden Zielen die richtigen aus: größerer Körper, hellere Farbe, schnelleres Wachstum, weniger Nahrungsbedarf.

M2 Aufgabe 4

Nutze folgende Begriffe: Ziel – Zuchtziel – Züchtung - Merkmale – Gene für Merkmale

Seite 115

M3 Aufgabe 1

Vervollständige die Tabelle:

Vorteile	Nachteile
Ertragssteigerung	Ökologische Probleme
Reduzierung von Anfälligkeit gegenüber Schädlingen	Gefährdung der Artenvielfalt
...	...

M3 Aufgabe 2

Tipp: Beachte, dass die Kennzeichnung dem Verbraucher angibt, dass ein Lebensmittel gentechnisch veränderte Lebewesen enthält.

Seite 123

M1 Aufgabe 2

Mumie: Austrocknung durch Sand oder Eis

Abdruck: ...

Seite 124

M2 Aufgabe 3

Nutze folgenden Satzanfang:

- *Die heutigen Pferde treten nur mit einer Zehe auf. Damit ...*

Seite 127

M1 Aufgabe 2

Nutze folgenden Satzanfang:

- *Archaeopteryx weist Merkmale von Reptilien und ...*

Seite 128

M1 Aufgabe 1

Nutze folgende Satzbausteine:

Wasser erhitzt – Wasserdampf – Rundkolben mit Methan, Wasserstoff, Ammoniak – elektrische Energie – Abkühlung

Seite 129

M2 Aufgabe 1

Nutze bei deiner Antwort folgende Begriffe: Kiemenbögen, Vergrößerung, Umwandlung

M2 Aufgabe 2

Bedenke, dass durch die Entwicklung ein Abbeißen und ein Zerbeißen möglich wurde.

Seite 130

M3 Aufgabe 2

Beachte, dass sich die Artenzahl manchmal sprunghaft veränderte.

Seite 131

M4 Aufgabe 2

1 – Erste Fische, 2 - ....

Seite 135

M1 Aufgabe 2

Nutze folgende Kriterien für deinen Vergleich: Spaltöffnungen, Stützgewebe, Leitgefäße, Wurzeln

M1 Aufgabe 3

Tipp: Nutze die dargestellten Umweltbedingungen aus der Grafik der gegenüberliegenden Seite.

Seite 136

M2 Aufgabe 2

Nutze folgende Begriffe: Schleimdrüsen, Schleim, feucht, Sauerstoff

M2 Aufgabe 3

Nutze folgenden Satzanfang:

- *Die Reptilienhaut ist für Sauerstoff kaum durchlässig. Dafür ...*

M2 Aufgabe 4

Nutze folgende Begriffe:

hoch, niedrig, etwa 2/3, etwa 1/3

Seite 139

M1 Aufgabe 3

Tipp: Mit einem großen, dicken Schnabel können Nüsse geknackt werden, mit einem kleinen, dünnen können kleine Dinge ergriffen werden.

Seite 141

M1 Aufgabe 2

Nutze die Begriffe: Fluss Kongo, Trennung, Populationen

Seite 142

M2 Aufgabe 2

Nutze folgende Satzbausteine: Eher große Fische - eher kleine Fische - hauptsächlich durchschnittlich große Fische

Seite 145

M1 Aufgabe 1

Nutze folgende Begriffe: Population, Mutation, natürliche Selektion, Isolation

M1 Aufgabe 2

Nutze folgenden Satzanfang:

- *Nach der synthetischen Evolutionstheorie spielen die Faktoren ...*

Seite 147

M1 Aufgabe 2

Tipp: Lebewesen, die viele Merkmale gemeinsam haben sind wahrscheinlich näher miteinander verwandt.

Seite 148

M2 Aufgabe 2

Nutze folgenden Satzanfang:

- *Die Rose hat Stacheln, weil ...*

Seite 149

M3 Aufgabe 2

Bedenke, dass der Bär ein Läufer ist, das Känguru ein Springer ist, der Maulwurf gräbt und das Faultier kopfüber an Ästen hängt.

M3 Aufgabe 3

Nutze die Begriffe: Grundbauplan, gemeinsamer Vorfahre, verschiedene Funktion

M3 Aufgabe 4

Nutze die Begriffe: lang, schmal, kurz, breit, kräftig

Hilfen

M3 **Aufgabe 5**

Tipp: Laufkäfer laufen, Heuschrecken springen, Maulwurfsgrillen graben und Läuse halten sich an Haaren fest.

M3 **Aufgabe 6**

Nutze die Begriffe: Grundbauplan, gemeinsamer Vorfahre, verschiedene Funktion

M4 **Aufgabe 2**

Nutze die Begriffe: Grundbauplan, gemeinsamer Vorfahre, verschiedene Funktion

M4 **Aufgabe 3**

Nutze folgende Begriffe: Flughaut gespannt zwischen einem Finger und dem Körper, Federn, Flughaut gespannt zwischen mehreren Fingern und dem Körper

Seite 151

M1 **Aufgabe 3**

Tipp: Um einen Stift zu halten, ist ein Präzisionsgriff nötig.

M1 **Aufgabe 4**

Wähle aus den folgenden Merkmalen die richtigen aus. Nutze sie für deine Antwort: stabilisierendes Fußgewölbe, lange Haare, doppelt-S-förmige Wirbelsäule, längere Beine als Arme, schaufelförmiges Becken

Seite 153

M1 **Aufgabe 2**

Ordne die folgenden Vorteile der entsprechenden Theorie zu: Der Wind kühlt den Körper. – Es ist im hohen Gras ein besserer Überblick vorhanden. – Es kann im tieferen Uferbereich nach Nahrung gesucht werden.

Seite 154

M2 **Aufgabe 2**

Nutze folgende Begriffe: einfache Materialien, aus mehreren Materialien, klein, groß

Seite 155

M3 **Aufgabe 3**

Tipp: „Out-of-africa" kann mit „aus Afrika kommend" übersetzt werden.

Seite 157

M1 **Aufgabe 2**

Tipp: Wichtige Werkzeuge waren Hammer, Meißel, Pinsel.

M1 **Aufgabe 3**

Beachte, dass Sprache Wissenszuwachs und Wissensweitergabe über Generationen hinweg ermöglichte.

M1 **Aufgabe 4**

Beachte, dass Schrift Wissenszuwachs und Wissensweitergabe über Generationen hinweg ermöglichte.

Seite 158

M2 **Aufgabe 2**

Nutze die Begriffe: sesshaft, Ackerbau, Viehzucht, gesichert

Seite 159

M3 **Aufgabe 2**

Nutze die Begriffe Industrialisierung, Krankheiten, Sterblichkeit

M3 **Aufgabe 3**

Nutze folgenden Satzanfang:

- *Mit Beginn der Industrialisierung war es möglich, …*

M4 **Aufgabe 2**

Tipp: Vergleiche Infektionskrankheiten und Zivilisationskrankheiten.

Seite 167

M1 **Aufgabe 2**

Beachte die Größe der Gesteinsbrocken und ihren Eisenanteil.

Seite 169

M1 **Aufgabe 2**

Tipp: Viele Metalle glänzen silbern.

M1 **Aufgabe 3**

Beachte, dass Elemente in unterschiedlichen Aggregatzuständen vorliegen können.

Seite 170

M2 **Aufgabe 2**

Nutze folgenden Satzanfang:

- *In den Spalten stehen die verschiedenen Hauptgruppen. In ihnen …*

M2 **Aufgabe 3**

Sauerstoff steht in der VI. Hauptgruppe in der zweiten Periode und hat das Formelzeichen O.

M2 **Aufgabe 4**

Beachte bei deiner Erläuterung die Atommasse.

M2 **Aufgabe 5**

Nutze folgende Hauptgruppen für die Zuordnung: III, IV, V.

Seite 171

M3 **Aufgabe 2**

Tipp: Kohlenstoff hat die Ordnungszahl 6, das Symbol C und steht in der IV. Hauptgruppe.

Seite 173

M1 **Aufgabe 2**

Beachte, dass Natrium mit dem Sauerstoff in der Luft reagiert.

M1 **Aufgabe 3**

Tipp: Paraffinöl schließt luftdicht ab.

M1 **Aufgabe 4**

Vervollständige:

4 Na + ... → 2 ....

Seite 175

M2 **Aufgabe 3**

Tipp: Das entstehende Gas ist Wasserstoff.

M2 **Aufgabe 4**

Vervollständige:

2 Li + 2 ... → 2 LiOH + ...

M3 **Aufgabe 2**

Beachte die grünen Pfeile.

Seite 177

M2 **Aufgabe 2**

Tipp: Knochen enthalten Calcium.

Seite 179

M1 **Aufgabe 2**

Nutze folgenden Satzanfang:

- *Um Flecken auszubleichen ... .*

M2 **Aufgabe 2**

Beachte, dass Brom einen anderen Aggregatzustand bei Raumtemperatur hat als Iod.

Seite 180

M3 **Aufgabe 2**

Vervollständige:

Magnesium + ... → ....

M3 **Aufgabe 3**

Tipp: Bei exothermen Reaktionen wird Energie frei.

Seite 181

M5 **Aufgabe 2**

Vervollständige:

Chlor + ... → ....

M5 **Aufgabe 3**

Tipp: Einige Stoffe sind sehr ätzend und können die Augen reizen.

Seite 182

M1 **Aufgabe 2**

Nutze folgenden Satzanfang:

- *Im Dalton-Modell erkennt man die Zusammensetzung ... .*

Seite 184

M3 **Aufgabe 2**

Tipp: Die meisten Teilchen durchquerten die Goldfolie geradlinig.

Seite 185

M4 **Aufgabe 3**

Beachte, dass die α-Teilchen auf den Atomkern treffen können.

Seite 187

M1 **Aufgabe 3**

Beachte, dass die Kernladungszahl identisch mit der Ordnungszahl ist. Die Massenzahl setzt sich aus der Anzahl von Protonen und Neutronen zusammen.

M1 **Aufgabe 4**

Masse Cobalt: 58,9 u, Masse Nickel: 59,9 u

Seite 188

M2 **Aufgabe 2**

Nutze folgenden Satzanfang:

- *Atomkerne bestehen aus Protonen und ... .*

M2 **Aufgabe 3**

B: Kernladungszahl 5 = 5 Elektronen, 5 Protonen. Nukleonenzahl 11: 5 Protonen und 6 Neutronen

Seite 189

M3 **Aufgabe 2**

Nutze die Begriffe Kernladungszahl und Nukleonenzahl.

M4 **Aufgabe 2**

Tipp: Der Atomkern des ersten Isotops besteht aus 6 Protonen und 6 Neutronen.

M4 **Aufgabe 3**

Nutze folgenden Formelanfang:

$m = 12u \cdot 0{,}99 + 13u \cdot 0{,}01 + \ldots$

+ Hilfen

Seite 191

M1 Aufgabe 2

Tipp: Die Anzahl von Protonen und Elektronen ist immer gleich.

M1 Aufgabe 3

Tipp: In der M-Schale sind 7 Elektronen.

Seite 192

M2 Aufgabe 2

Atom A: Ein Elektron in der äußersten Schale → Alkalimetall (1. Hauptgruppe). 2 Elektronenschalen = 3. Periode. Das Element steht in der 1. Hauptgruppe in der 3. Periode: Natrium.

M2 Aufgabe 3

Tipp: Atome der ersten Hauptgruppe haben ein Außenelektron. Atome der siebten Hauptgruppe haben sieben Außenelektronen.

Seite 197

Aufgabe 2

Beachte die Verteilung der Ladungen und das Vorhandensein eines Atomkerns.

Aufgabe 3

Reibungselektrizität: Rosinenkuchenmodell

Einfache Reaktionsgleichungen: Dalton

...

Seite 199

M1 Aufgabe 2

Nutze folgenden Satzanfang:

- *Die Dichte von Helium ist so ... .*

M1 Aufgabe 3

Vergleiche die beiden Dichten der Gase mithilfe der Tabelle. Gase mit geringer Dichte steigen leichter auf.

Seite 200

M1 Aufgabe 2

Nutze folgenden Satzanfang:

- *Um in einen stabileren Zustand zu gelangen ... .*

Seite 201

M1 Aufgabe 3

Beachte die Wertigkeiten von Kohlenstoff und Sauerstoff.

M1 Aufgabe 4

Beachte die Wertigkeiten von Kohlenstoff und Wasserstoff.

Seite 213

M1 Aufgabe 2

Tipp: Salz erhöht die Leitfähigkeit.

M2 Aufgabe 2

Nutze folgenden Satzanfang:

- *Bei einer höheren Temperatur verdunstet ... .*

M2 Aufgabe 3

Beachte die verschiedenen Schichten im unteren Bild.

Seite 214

M3 Aufgabe 1

Nutze folgenden Satzanfang:

- *Etwas Silbernitrat-Lösung wird in eine ... .*

Seite 217

M1 Aufgabe 3

Beachte bei deiner Erklärung die Verteilung der Elektronen in den Schalen.

M2 Aufgabe 1

Kalium befindet sich in der 1. Hauptgruppe, Bor in der 3. und Iod in der 7. Hauptgruppe.

Seite 219

M1 Aufgabe 2

Beachte die Abstände zwischen den Ionensorten und wie viele Ionen immer aneinander gebunden sind.

M1 Aufgabe 3

Tipp: Bei einem Modell kann gut die Anordnung nachvollzogen werden und beim anderen Modell die Größenverhältnisse.

Seite 220

P2 Aufgabe 2

Entscheide, ob du besser die Anordnung betrachten kannst oder die Größenverhältnisse.

Seite 221

M3 Aufgabe 2

A: Elektrisch nichtleitend. Es sind keine Ionen vorhanden.

B: ...

M3 Aufgabe 3

Nutze folgenden Satzanfang:

- *Es müssen bewegliche ... .*

P4 Aufgabe 2

Nimm Bild 4 zu Hilfe.

Seite 223

M1 Aufgabe 2

Beispiel: Natrium und Chlor bilden Natriumchlorid.

M2 Aufgabe 1

Beispiel: Zink und Fluorid bilden das Salz Zinkfluorid.

Seite 227

M1 Aufgabe 2

Beachte die Verteilung und Beweglichkeit der Elektronen.

M1 Aufgabe 3

Nutze folgenden Satzanfang:
- *Das Elektronengas wird wie ein ... .*

M2 Aufgabe 2

Tipp: Für eine gute elektrische Leitfähigkeit benötigt man bewegliche Ladungsträger.

Seite 229

M1 Aufgabe 3

Tipp: 3 Elektronenwolken sind voll besetzt.

M2 Aufgabe 2

Nutze folgenden Satzanfang:
- *Das Elektron eines Wasserstoffatoms geht eine Bindung mit dem ... .*

Seite 230

M3 Aufgabe 1

Nimm für die Darstellung Bild 5 zu Hilfe.

M3 Aufgabe 2

Nutze folgenden Satzanfang:
- *Die Edelgasregel besagt, dass so viele gemeinsame Elektronenpaare gebildet werden, bis ... .*

Seite 231

M4 Aufgabe 2

Nimm Abbildung 7 zu Hilfe.

M5 Aufgabe 1

Nimm Bild 7 zu Hilfe.

Seite 232

M1 Aufgabe 2

Vervollständige folgendes Beispiel:

O = C = O

Seite 235

M1 Aufgabe 2

Beachte die Ladungsverteilungen.

M1 Aufgabe 3

Überlege, ob das Pentan-Molekül Teilladungen besitzt.

Seite 236

M2 Aufgabe 3

Nimm Bild 4 zu Hilfe.

Seite 237

M3 Aufgabe 2

Beachte, welches der dargestellten Moleküle Teilladungen besitzt.

Seite 239

M1 Aufgabe 2

Nutze folgenden Satzanfang:
- *Die Wassermoleküle lösen ... .*

Seite 245

M1 Aufgabe 2

Nutze folgenden Satzanfang:
- *Der Donator gibt Elektronen an ... .*

M2 Aufgabe 1

Nutze folgenden Satzanfang:
- *Vom höchsten Energieniveau gibt Magnesium ... .*

Seite 247

M3 Aufgabe 2

Nutze folgenden Satzanfang:
- *Ein Aluminiumatom gibt jeweils drei Elektronen an ... .*

M3 Aufgabe 3

Vervollständige:

$Al \rightarrow Al^{3+} + ...$

$Cu^{2+} + ... \rightarrow ...$

Seite 249

M1 Aufgabe 3

Beachte, dass Oxidation die Elektronenabgabe ist und Reduktion die Elektronenaufnahme.

Seite 250

M2 Aufgabe 3

Nutze folgenden Satzanfang:
- *Natriumchlorid wird in eine Schmelze ... .*

Seite 251

M2 Aufgabe 3

Beachte, dass vom Silberblech Elektronen abgegeben werden.

+ Hilfen

Seite 252

M1 Aufgabe 1

Nutze folgenden Satzanfang:

- *Das Zink gibt Elektronen ab und wird ... .*

Seite 253

M2 Aufgabe 2

Vervollständige:

$Mg \rightarrow Mg^{2+} + ...$

$Ag^{+} + ... \rightarrow ...$

Seite 255

M1 Aufgabe 2

Tipp: Ein galvanisches Element besteht aus Zellen, die durch eine dünne Schicht voneinander getrennt sind.

M1 Aufgabe 3

Beachte, dass die Prozesse am Pluspol oder Minuspol stattfinden.

Seite 259

M1 Aufgabe 2

Nutze folgenden Satzanfang:

- *Beim Entladen wird am Minuspol Blei reduziert ... .*

M1 Aufgabe 3

Tipp: In Akkus sind chemische Reaktionen umkehrbar.

Seite 261

M1 Aufgabe 2

Für Laugen muss der pH-Wert größer als 7 sein.

Seite 263

M1 Aufgabe 2

Tipp: Ionen in Lösung sind frei beweglich.

M2 Aufgabe 2

Tipp: Viele gelöste Wasserstoff-Ionen bewirken einen niedrigen pH-Wert.

Seite 265

M1 Aufgabe 3

Vervollständige:

$HNO_3 + ... \rightarrow ...$

M2 Aufgabe 2

Beachte wo der pH-Wert gemessen wird.

Seite 267

M1 Aufgabe 3

Tipp: Donatoren geben etwas und Akzeptoren nehmen etwas an.

Seite 268

M2 Aufgabe 2

Tipp: Bei einem Universalindikator ist der pH-Wert 7 grün.

M2 Aufgabe 3

Beachte, dass das Verhältnis von Säuren und Laugen ausgeglichen sein muss, damit die Lösung neutral ist.

Seite 274

M1 Aufgabe 1

Beachte die Anzahl der Ionen und nicht zerfallenen Säureresten.

Seite 277

M1 Aufgabe 3

Für eine gute elektrische Leitfähigkeit, benötigt man bewegliche Ladungen.

M2 Aufgabe 2

Nutze folgenden Satzanfang:

- *Zu den verschiedenen Aufgaben gehören Wasserlöslichkeit, ...*

Seite 279

M1 Aufgabe 3

Lithiumlauge: LiOH

Das entstehende Salz ist Lithiumchlorid.

Seite 287

M1 Aufgabe 2

Tipp: Beachte die Dicke der einzelnen Pfeile.

Seite 289

M1 Aufgabe 2

Die Feldlinien zeigen immer vom Nordpol zum Südpol. Die Kompassnadeln richten sich an ihnen aus.

Seite 291

M1 Aufgabe 2

Nutze folgenden Satzanfang:

- *In der Spule befindet sich ein Eisennagel. Der Nagel verstärkt ... .*

M1 Aufgabe 3

Bedenke die Anzahl der Wicklungen und die Stromstärke.

Seite 293

M1 Aufgabe 2

Beachte die Umpolung der einzelnen Bestandteile.

Seite 295

M1 Aufgabe 3

Nutze folgenden Satzanfang:

- *Ein Generator wandelt Bewegungsenergie in … .*

M1 Aufgabe 4

Nutze folgenden Satzanfang:

- *Generator und Elektromotor funktionieren sehr ähnlich. Beide bestehen aus einem Rotor und einen Stator. Während der Generator Bewegungsenergie in … .*

P2 Aufgabe 2

Nutze folgenden Anfang:

Bewegungsenergie → …

P2 Aufgabe 3

Beachte, dass die Induktionsspannung umso größer ist, je schneller sich das Magnetfeld ändert.

Seite 296

M3 Aufgabe 2

Beachte, dass Transformatoren Spannungen gezielt verändern können.

Seite 301

Aufgabe 2

Tipp: Umspannwerke passen die Spannung für die verschiedenen Abnehmer des Stroms an.

Seite 303

M1 Aufgabe 2

Tipp: Elektrische Leiter benötigen bewegliche Ladungsträger.

M1 Aufgabe 3

Beachte, dass die Elektronen im Valenzband zusätzliche Energie benötigen um ins Leitungsband zu gelangen.

Seite 305

M1 Aufgabe 2

Beachte die Sperrichtungen der Dioden.

M1 Aufgabe 3

Nutze folgenden Satzanfang:

- *Wenn die Anschlüsse vertauscht werden, dann fließen die Elektronen … .*

M2 Aufgabe 2

Beachte welches Leuchtmittel eine Sperrrichtung hat und welche nicht.

Seite 307

M1 Aufgabe 2

Beachte, dass bei einem Leiter Energie zugeführt werden muss.

P2 Aufgabe 1

Tipp: Trage die Spannung auf der x-Achse auf und die Stromstärke auf der y-Achse.

Seite 309

M3 Aufgabe 2

Nutze folgenden Satzanfang:

- *Bei einem n-dotierten Halbleiter sind mehr negative Ladungen vorhanden. Aus diesem Grund ist … .*

M3 Aufgabe 3

Beachte, dass die Anzahl an Löchern oder Elektronen die Leitfähigkeit beeinflusst.

Seite 311

M1 Aufgabe 2

Nutze folgende Begriffe: Elektrode, Halbleiter, Energieübertragung, Elektronen

Seite 312

P1 Aufgabe 2

Tipp: Trage die Spannung auf der x-Achse auf und die Stromstärke auf der y-Achse.

Seite 313

M2 Aufgabe 2

Nutze folgenden satzanfang:

- *Die Sensoren reagieren auf den reflektierten … .*

P3 Aufgabe 2

Tipp: Trage die Spannung auf der x-Achse auf und die Stromstärke auf der y-Achse.

Seite 319

M1 Aufgabe 2

Nutze für deine Erklärung das abgebildete Energieflussdiagramm.

Seite 321

M1 Aufgabe 2

Beachte, dass ein hoher Wirkungsgrad eine hohe Effizienz bedeutet.

Seite 325

M1 Aufgabe 2

Bei der Arbeit wird Energie gezielt übertragen. Bei Wärme nicht.

Hilfen

P2 **Aufgabe 2**

Nutze den Anfang: thermische Energie → ...

Seite 329

M1 **Aufgabe 2**

Tipp: Wasser hat eine höhere Wärmekapazität als Luft.

M1 **Aufgabe 3**

Nutze folgende Größen:

m = 5 kg

c = 4,18 kJ/kg · K

Q = 1800 kJ

Seite 331

M1 **Aufgabe 1**

Beachte bei deiner Beschreibung ob ein Stoff zur Energienutzung verbrannt wird und wie die Energie umgewandelt wird.

Seite 333

M1 **Aufgabe 2**

Nutze folgenden Satzanfang:

- *Da viele Ressourcen auf der Erde nicht im Überfluss ... .*

Seite 339

M1 **Aufgabe 2**

Nutze folgende Begriffe: Elektronenlawine, ionisiert, Elektronen, Draht

Seite 340

M2 **Aufgabe 2**

Beachte, dass Uran nach Bestrahlung etwas leuchtet.

Seite 343

M1 **Aufgabe 2**

Nimm Abbildung 3 zu Hilfe. Beachte, welche Strahlung energiearm oder energiereich ist.

Seite 345

M1 **Aufgabe 2**

Tipp: Nach der Halbwertszeit sind nur noch 50% der ursprünglichen Masse vorhanden.

M2 **Aufgabe 2**

Nutze folgende Begriffe: Stickstoff, kosmische Strahlung, Aufnahme von Organismen, Zerfall

Seite 349

M1 **Aufgabe 3**

Tipp: Die Strahlung wird nicht im elektrischen Feld abgelenkt.

Seite 351

M2 **Aufgabe 2**

Nutze folgenden Anfang: Beim alpha-Zerfall sinkt die Massezahl um 4 und die Anzahl der Protonen um 2. Die Massezahl von Uran-235 verringert sich also zu 231 und die Protonanzahl sinkt von 92 auf 90.

Seite 353

M1 **Aufgabe 1**

Vergleiche die Reichweite in Papier und die Reichweiten in Luft miteinander.

M2 **Aufgabe 1**

Beachte, dass Eisen gut für die Abschirmung geeignet ist.

Seite 355

M1 **Aufgabe 3**

Tipp: Bei einer Kettenreaktion reicht ein kleiner Anstoß aus, um in sehr kurzer Zeit sehr viele Vorgänge in Gang zu setzen.

Seite 359

Aufgabe 2

Beachte die Energieumwandlungen und wie das Wasser erhitzt wird.

Stoffliste und GHS-Gefahrenhinweise

Stoff Gefahrenpiktogramm, Sicherheits- und Entsorgungssymbole	H- und P-Sätze
Kaliumbromid	H319 P305+P351+ P338
Kaliumiodid	H372 P314
Silbernitrat	H272, H290, H314, H410 P210, P220, P260, P280, P305+P351+ P338, P370 + 378, P308 + P310
Salzsäure (1 %)	H290, H315, H319, H335 P302+P352, P305+P351+ P338
Kaliumnitrat	H272 P210
Kaliumhexacyanidoferrat (gelbes Blutlaugensalz)	H412 P273
Calciumhydroxidlösung (Kalkwasser)	H315, H318, H335 P261, P280, P305+P351+ P338
Schwefelsäure	H290, H314 P280, P301 + P330 + P331, P303 + P361 + P353, P305+P351+ P338 + 310

Beim Experimentieren im Fachraum ist immer eine Schutzbrille zu tragen.

GHS02: entzündlich

GHS04: reizend

GHS05: ätzend

GHS07: reizend

GHS08: gesundheitsschädlich

GHS09: umweltschädlich

Gefahren- und Sicherheitshinweise (H- und P-Sätze)

H290: Kann gegenüber Metallen korrosiv sein.

H314: Verursacht schwere Verätzungen der Haut und schwere Augenschäden.

H315: Verursacht Hautreizungen.

H318: Verursacht schwere Augenschäden.

H319: Verursacht schwere Augenreizung.

H335: Kann die Atemwege reizen.

H372: Schädigt die Organe bei längerer oder wiederholter Exposition

H410: Sehr giftig für Wasserorganismen mit langfristiger Wirkung.

H412: Schädlich für Wasserorganismen, mit langfristiger Wirkung.

P210: Von Hitze, heißen Oberflächen, Funken, offenen Flammen sowie anderen Zündquellenarten fernhalten. Nicht rauchen.

P220: Von Kleidung/ brennbaren Materialien fernhalten/ entfernt aufbewahren.

P260: Staub / Rauch / Gas / Nebel / Dampf / Aerosol nicht einatmen.

P261: Einatmen von Staub vermeiden.

P273: Freisetzung in die Umwelt vermeiden.

P280: Schutzhandschuhe / Schutzkleidung / Augenschutz / Gesichtsschutz tragen.

P301 + P330 * P331: Bei Verschlucken: Mund ausspülen. Kein Erbrechen herbeiführen.

P302+P352: Bei Berührung mit der Haut: Mit viel Wasser und Seife waschen.

P303 + P361 + P353: Bei Berührung mit der Haut [oder dem Haar]: Alle kontaminierten Kleidungsstücke sofort ausziehen. Haut mit Wasser abwaschen

P305+P351+ P338: Bei Kontakt mit den Augen: Einige Minuten lang behutsam mit Wasser spülen. Eventuell vorhandene Kontaktlinsen nach Möglichkeit entfernen. Weiter spülen.

P308 + P310: Bei Exposition oder falls betroffen: Sofort Giftinformationszentrum, Arzt oder ... anrufen.

P370 + 378: Bei Brand: ... zum Löschen ... verwenden.

P314: Bei Unwohlsein ärztlichen Rat einholen / ärztliche Hilfe hinzuziehen.

Register

f. = die folgende Seite, ff. = die folgenden Seiten

Register

Reaktionsgleichungen aufstellen

1. Aufstellen der Wortgleichung:

Stickstoff + Wasserstoff → Ammoniak

2. Übersetzen der Wortgleichung:

Stickstoff + Wasserstoff → Ammoniak

N_2 + H_2 → NH_3

3. Überführung ins Atommodell:

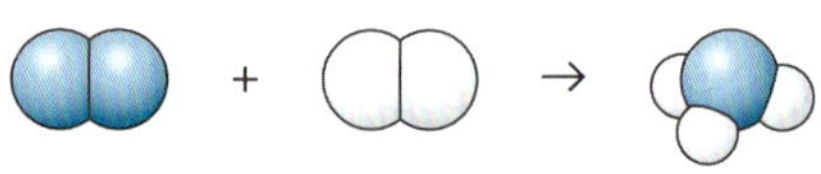

N_2 + H_2 → NH_3

4. Ausgleichen der Stickstoffatome:

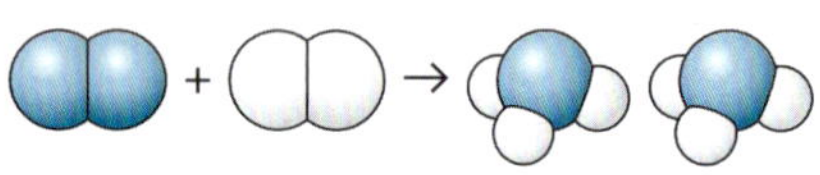

N_2 + H_2 → $2\ NH_3$

5. Ausgleichen der Wasserstoffatome:

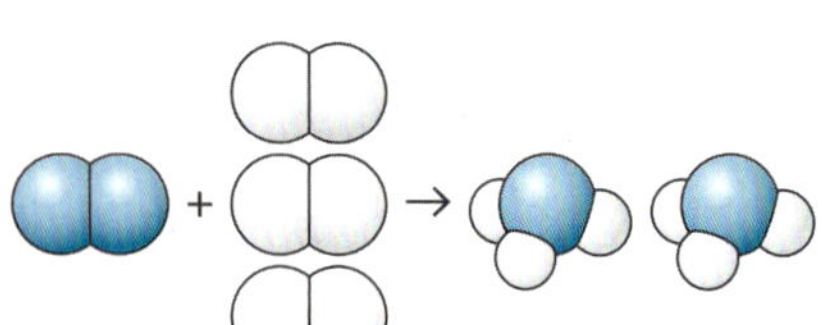

N_2 + $3H_2$ → $2\ NH_3$

1 Aufstellen einer Reaktionsgleichung

Reaktionsgleichung

Bei einer chemischen Reaktion reagieren Stoffe miteinander. Diese Stoffe werden bei einer **Reaktionsgleichung** in einer Formelschreibweise angegeben. Mithilfe einer Reaktionsgleichung kann das Verhältnis, in dem die Stoffe miteinander reagieren, dargestellt werden.

Bildung von Ammoniak

Ammoniak ist ein Gas. Es breitet sich in der Luft aus und ist für den Menschen giftig. Dieses Gas ist jedoch wichtig für die Industrie und Landwirtschaft. Es wird zum Beispiel für die Herstellung von Düngern und Sprengstoffen verwendet. Ammoniak wird aus den Gasen Stickstoff und Wasserstoff gebildet. Die Wortgleichung für die Bildung von Ammoniak lautet:

Stickstoff + Wasserstoff → Ammoniak

Reaktionsgleichung aufstellen

In der Regel liegen die Gase wie Stickstoff, Wasserstoff und auch Sauerstoff als Moleküle vor. Übersetzt man die Wortgleichung bei der Bildung von Ammoniak in die Formelschreibeweise lautet die Gleichung im ersten Schritt:

Stickstoff + Wasserstoff → Ammoniak
N_2 + H_2 → NH_3

Die Reaktionsgleichung ist damit aber noch nicht korrekt aufgestellt. Die Arten und die Anzahl der Atome müssen links und rechts des Reaktionspfeils gleich sein. Die Anzahl der Stickstoffatome des N_2- Moleküls muss sich also auch auf der rechten Seite des Reaktionspfeils beim Produkt Ammoniak wiederfinden. Jedoch darf an den Formeln der einzelnen Moleküle und somit auch am Ammoniak nichts verändert werden. Daher müssen zwei NH_3-Moleküle bei der Reaktion entstehen. Man spricht bei diesem Vorgang vom **Ausgleichen**.

Ausgleichen

Das Ausgleichen erfolgt, indem man eine Zahl vor das Molekül schreibt. In dem Fall gibt es dann zwei Ammoniakmoleküle. Somit ist die Zahl der Stickstoffatome links und rechts des Reaktionspfeils ausgeglichen.

Stickstoff + Wasserstoff → Ammoniak
N_2 + H_2 → $2\ NH_3$

Betrachtet man die Wasserstoffatme in der Reaktionsgleichung stellt man fest, dass auf der linken Seite zwei Wasserstoffatome sind und auf der rechten Seite sechs. Daher muss auch auf der linken Seite des Reaktionspfeils bei den Edukten die Wasserstoffmoleküle ausgeglichen werden.

Stickstoff + Wasserstoff → Ammoniak
N_2 + $3H_2$ → $2\ NH_3$

Nun ist die Reaktionsgleichung korrekt und ausgeglichen dargestellt.

Laborgeräte

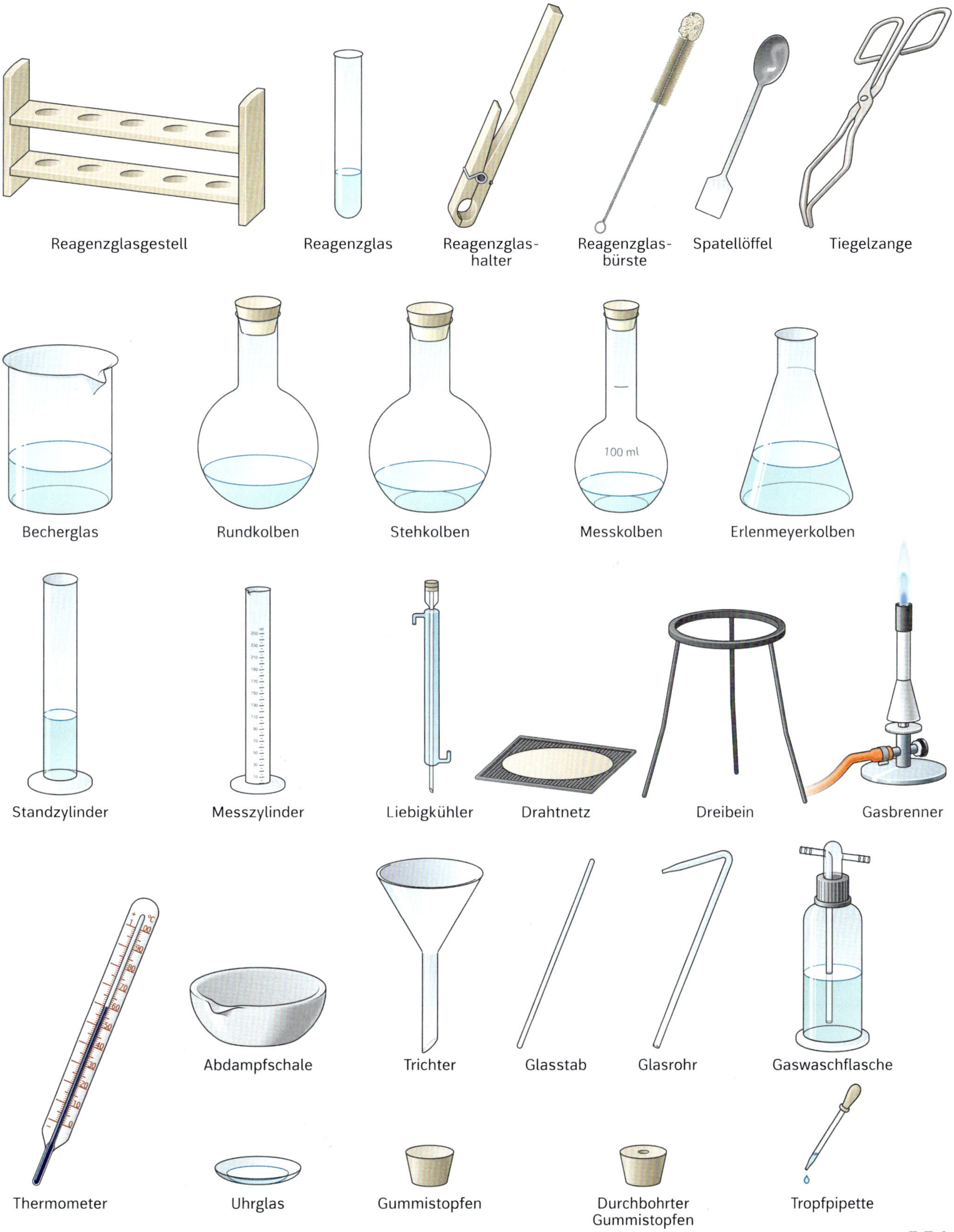

Periodensystem

Legende

Atommasse in u (Eine eingeklammerte Atommasse gibt die Masse des wichtigsten Isotops des Elements an.)	26,98	
	Al	Elementsymbol
Ordnungszahl (Protonenzahl)	13	
	Aluminium	Elementname

schwarz = feste Elemente
rot = gasförmige Elemente
blau = flüssige Elemente
weiß = künstliche Elemente
* = radioaktive Elemente

Perioden	Hauptgruppen I	Hauptgruppen II	Nebengruppen III	IV	V	VI	VII	VIII	VII
1 K-Schale	1,01 **H** 1 Wasserstoff								
2 L-Schale	6,94 **Li** 3 Lithium	9,01 **Be** 4 Beryllium							
3 M-Schale	22,99 **Na** 11 Natrium	24,31 **Mg** 12 Magnesium							
4 N-Schale	39,10 **K** 19 Kalium	40,08 **Ca** 20 Calcium	44,96 **Sc** 21 Scandium	47,88 **Ti** 22 Titan	50,94 **V** 23 Vanadium	52,00 **Cr** 24 Chrom	54,94 **Mn** 25 Mangan	55,85 **Fe** 26 Eisen	58,93 **Cc** 27 Coba
5 O-Schale	85,47 **Rb** 37 Rubidium	87,62 **Sr** 38 Strontium	88,91 **Y** 39 Yttrium	91,22 **Zr** 40 Zirconium	92,91 **Nb** 41 Niob	95,94 **Mo** 42 Molybdän	(99) **Tc*** 43 Technetium	101,07 **Ru** 44 Ruthenium	102,91 **Rh** 45 Rhodi
6 P-Schale	132,91 **Cs** 55 Caesium	137,33 **Ba** 56 Barium	Lanthanoide 57-71	178,49 **Hf** 72 Hafnium	180,95 **Ta** 73 Tantal	183,84 **W** 74 Wolfram	186,21 **Re** 75 Rhenium	190,23 **Os** 76 Osmium	192,22 **Ir** 77 Iridiu
7 Q-Schale	(223) **Fr*** 87 Francium	(226) **Ra*** 88 Radium	Actinoide 89-103	(261) **Rf*** 104 Rutherfordium	(268) **Db*** 105 Dubnium	(271) **Sg*** 106 Seaborgium	(264) **Bh*** 107 Bohrium	(271) **Hs*** 108 Hassium	(278) **Mt** 109 Meitne

Lanthanoide	138,91 **La** 57 Lanthan	140,12 **Ce** 58 Cer	140,91 **Pr** 59 Praseodym	144,24 **Nd** 60 Neodym	(147) **Pm** 61 Promethium	150,36 **Sm** 62 Samarium	151, **E** 63 Eur
Actinoide	(227) **Ac*** 89 Actinium	(232) **Th*** 90 Thorium	(231) **Pa*** 91 Protactinium	(238) **U*** 92 Uran	(237) **Np*** 93 Neptunium	(244) **Pu*** 94 Plutonium	(243 **A** 95 Ame

Metalle
Nebengruppen-Metalle
Halbmetalle
Nichtmetalle

			Hauptgruppen					
			III	IV	V	VI	VII	VIII
								4,00 **He** 2 Helium
			10,81 **B** 5 Bor	12,01 **C** 6 Kohlenstoff	14,01 **N** 7 Stickstoff	16,00 **O** 8 Sauerstoff	19,00 **F** 9 Fluor	20,18 **Ne** 10 Neon
VIII	I	II	26,98 **Al** 13 Aluminium	28,09 **Si** 14 Silicium	30,97 **P** 15 Phosphor	32,06 **S** 16 Schwefel	35,45 **Cl** 17 Chlor	39,95 **Ar** 18 Argon
Ni ckel	63,55 **Cu** 29 Kupfer	65,38 **Zn** 30 Zink	69,72 **Ga** 31 Gallium	72,63 **Ge** 32 Germanium	74,92 **As** 33 Arsen	78,97 **Se** 34 Selen	79,90 **Br** 35 Brom	83,80 **Kr** 36 Krypton
d dium	107,87 **Ag** 47 Silber	112,41 **Cd** 48 Cadmium	114,82 **In** 49 Indium	118,71 **Sn** 50 Zinn	121,75 **Sb** 51 Antimon	127,60 **Te** 52 Tellur	126,90 **I** 53 Iod	131,29 **Xe** 54 Xenon
t tin	196,97 **Au** 79 Gold	200,59 **Hg** 80 Quecksilber	204,38 **Tl** 81 Thallium	207,20 **Pb** 82 Blei	208,98 **Bi** 83 Bismut	(209) **Po*** 84 Polonium	(210) **At*** 85 Astat	(222) **Rn*** 86 Radon
s* adtium	(282) **Rg*** 111 Roentgenium	(285) **Cn*** 112 Copernicium	(287) **Nh*** 113 Nihonium	(285) **Fl*** 114 Flerovium	(289) **Mc*** 115 Moscovium	(293) **Lv*** 116 Livermorium	(294) **Ts*** 117 Tennessin	(294) **Og*** 118 Oganesson

158,93 **Tb** 65 Terbium	162,50 **Dy** 66 Dysprosium	164,93 **Ho** 67 Holmium	167,26 **Er** 68 Erbium	168,93 **Tm** 69 Thulium	173,04 **Yb** 70 Ytterbium	174.97 **Lu** 71 Lutetium
(247) **Bk*** 97 Berkelium	(251) **Cf*** 98 Californium	(252) **Es*** 99 Einsteinium	(257) **Fm*** 100 Fermium	(258) **Md*** 101 Mendelevium	(259) **No*** 102 Nobelium	(266) **Lr*** 103 Lawrencium

Bildquellen

|akg-images GmbH, Berlin: 156.2; IMAGNO/Votava 344.1. |Alamy Stock Photo, Abingdon/Oxfordshire: Alshememri, Kristina 251.1; Bottle, Ian 302.1; DCPhoto 260.1; Iskakov, Vitaly 298.1; Mitin, Andrej 274.1; özdere, isa 166.1; Perc, Franz 251.2; sciencephotos 179.2, 179.3, 179.4, 179.5, 206.2; waldenstroem 310.1; Wlodarczyk, Jan 176.1; Zoonar GmbH/Ziese, Stefan 318.1. |Alamy Stock Photo (RMB), Abingdon/Oxfordshire: All Canada Photos 143.1; Classic Image 122.1; Degginger, Phil 174.6; Doering, Olaf 12.1; German, Robert 137.1; GL Archive 196.3, 197.4; HERRAEZ, DAVID 330.1; Lycett-King, Ian 148.4; Maksymova, Oksana 128.1; Marsh, Yon 291.1; NASA Photo 228.1; Panther Media GmbH 42.1; Phanie 34.1; RGB Ventures/SuperStock/National Cancer Institute 58.4; robertharding 134.1; Saroch, Marek 7.2, 336.1; tbkmedia.de 124.1; The Natural History Museum 127.1; Tischler, Eric 288.1; Volvox Inc 137.2; VPC Travel Photo 123.4; YK 140.3, 140.4. |Atelier tigercolor Tom Menzel, Klingberg: 8.2, 8.3, 8.4, 9.4, 12.2, 13.4, 14.2, 15.1, 15.2, 16.3, 17.1, 17.2, 17.3, 18.2, 19.1, 19.2, 20.2, 20.3, 21.2, 23.1, 23.2, 25.1, 25.2, 25.3, 26.2, 26.3, 26.4, 26.5, 26.6, 27.1, 27.2, 28.2, 29.1, 29.2, 29.3, 29.4, 29.5, 30.1, 30.2, 31.1, 32.2, 34.2, 35.1, 35.2, 35.3, 36.2, 37.1, 38.2, 39.1, 39.2, 40.1, 40.2, 43.1, 44.1, 45.1, 46.2, 47.1, 48.2, 49.1, 49.2, 50.1, 50.2, 50.4, 50.5, 51.1, 51.2, 51.3, 52.2, 52.3, 52.6, 53.1, 53.2, 53.3, 53.4, 56.3, 57.1, 57.2, 58.3, 59.2, 59.3, 61.1, 61.2, 62.2, 62.3, 63.1, 64.2, 65.1, 66.1, 66.2, 67.1, 67.2, 68.3, 69.4, 69.5, 71.1, 73.1, 73.2, 74.2, 75.1, 75.2, 76.2, 77.1, 77.2, 78.1, 79.1, 80.2, 81.1, 82.2, 83.1, 83.2, 84.1, 84.2, 85.1, 85.2, 86.2, 86.3, 87.1, 88.3, 89.1, 89.2, 94.3, 95.1, 96.1, 96.2, 96.3, 97.1, 97.2, 98.2, 99.3, 100.2, 101.1, 101.2, 101.3, 101.4, 102.1, 102.2, 102.3, 103.1, 103.2, 107.1, 108.2, 109.1, 109.2, 112.2, 113.1, 113.2, 114.1, 114.2, 116.1, 116.2, 117.1, 117.2, 117.3, 117.4, 118.1, 118.3, 118.6, 119.1, 119.2, 119.3, 119.5, 119.6, 123.1, 124.2, 125.1, 125.2, 127.3, 129.2, 130.2, 130.3, 131.2, 134.2, 135.1, 135.2, 136.3, 137.3, 138.2, 138.3, 139.1, 139.2, 141.1, 141.2, 142.1, 142.2, 142.3, 143.3, 144.2, 145.1, 146.2, 147.1, 147.2, 148.3, 149.1, 149.2, 150.2, 151.1, 154.1, 155.1, 155.2, 159.1, 160.4, 160.5, 161.1, 161.2, 162.1, 162.2, 162.3, 163.2, 163.3, 163.4, 167.1, 167.2, 167.3, 167.4, 167.5, 169.1, 169.2, 170.1, 170.2, 171.1, 172.3, 173.7, 174.1, 175.2, 175.3, 175.4, 176.3, 177.4, 177.5, 178.2, 179.1, 179.6, 179.10, 181.7, 181.8, 182.2, 182.3, 182.4, 182.5, 182.6, 182.7, 182.8, 182.9, 182.10, 183.1, 183.2, 184.1, 184.2, 185.1, 185.2, 185.3, 185.4, 186.1, 186.2, 187.1, 187.2, 188.1, 188.2, 189.1, 189.2, 191.1, 191.2, 191.3, 192.1, 192.2, 193.1, 196.1, 197.1, 197.2, 197.3, 199.1, 199.2, 206.1, 206.9, 206.10, 207.2, 207.3, 208.3, 208.4, 209.1, 209.2, 209.3, 209.4, 209.5, 213.1, 213.2, 214.6, 215.4, 216.2, 217.1, 217.2, 218.2, 219.1, 219.2, 219.3, 220.1, 221.1, 222.2, 223.1, 223.2, 223.3, 224.1, 224.2, 225.1, 225.2, 226.2, 226.3, 227.1, 227.2, 228.2, 228.3, 229.1, 229.2, 229.3, 230.1, 230.2, 230.3, 231.1, 231.2, 231.3, 232.2, 233.1, 235.1, 235.2, 236.1, 236.2, 237.1, 237.2, 237.3, 239.2, 240.1, 241.2, 241.4, 244.2, 245.1, 245.2, 245.3, 246.3, 246.7, 247.1, 247.3, 248.5, 248.6, 249.2, 249.3, 252.2, 253.1, 253.2, 254.2, 255.1, 256.1, 256.2, 256.5, 257.2, 257.3, 259.1, 259.2, 263.1, 264.2, 265.1, 265.2, 265.3, 266.2, 267.2, 267.3, 268.2, 268.3, 269.1, 269.2, 269.3, 269.4, 269.5, 269.6, 270.5, 270.6, 271.1, 271.2, 271.3, 271.4, 272.1, 272.2, 272.3, 273.1, 273.2, 277.1, 280.1, 280.2, 282.1, 282.3, 282.4, 282.6, 283.2, 283.5, 287.5, 290.2, 293.1, 294.2, 295.1, 295.2, 296.1, 297.1, 298.2, 299.2, 300.1, 303.1, 303.2, 304.2, 304.3, 305.2, 305.3, 305.6, 307.2, 310.2, 311.2, 313.2, 314.1, 314.3, 315.1, 315.4, 318.2, 319.1, 319.2, 320.2, 320.3, 321.2, 323.2, 324.2, 325.1, 325.2, 326.1, 326.2, 327.2, 329.1, 331.2, 333.1, 334.2, 335.2, 335.4, 335.5, 338.2, 339.2, 340.1, 341.1, 341.2, 342.2, 343.1, 343.2, 344.2, 345.1, 345.2, 345.3, 346.2, 347.1, 347.2, 348.2, 349.1, 349.2, 349.3, 350.1, 350.2, 350.3, 351.1, 351.2, 351.3, 352.2, 353.2, 354.2, 355.1, 355.2, 356.2, 357.2, 358.1, 360.2, 360.4, 361.1, 361.2, 375.1, 380.1, 380.2, 380.3, 381.1. |Bienemann, Lisa, Braunschweig: 256.3, 256.4, 256.6, 256.7, 280.4, 346.1, 346.3. |Bintakies, Jan, Hannover: 95.3. |eye of science (RV), Reutlingen: 58.1, 118.2, 118.4, 118.5. |Focus Photo- u. Presseagentur GmbH, Hamburg: ISM 37.2. |Gall, Eike, Enkirch: 16.1, 32.1, 33.3, 52.1, 52.4, 111.1, 145.2, 163.1, 305.7. |Getty Images, München: Chinellato, Matteo - ChinellatoPhoto 218.1; Keystone 354.1; NurPhoto 198.1. |Getty Images (RF), München: Westend61 9.2. |Hardel, Thorsten/www.39punkt.de (RV), Wees: 31.2, 200.2, 241.3, 353.1, 361.3. |iStockphoto.com, Calgary: AleksandarNakic 5.1, 164.1; anatols 26.1; clu 123.5; EmirMemedovski 44.5; golero 13.1; ilbusca 215.1; joannawnuk 80.1; Jun 200.1; labsas 202.1; LanaStock 88.1; Larsson, Erik Titel; LordHenriVoton 327.1; McVay, Ryan 324.1; onlyyouqj 6.2, 8.5, 284.1; Piotrowska, Monika 106.1; Rezvykh, Alexey 215.3; scubaluna Titel; Tammy616 Titel; Tan, Edwin 178.1; typo-graphics 332.2; Vincent_St_Thomas 150.1; vm 290.1; Willowpix 215.2; wmaster890 7.1, 316.1; Zabel, Stephan 94.1; Zeremski, Zoran 258.1. |juniors@wildlife Bildagentur GmbH, Hamburg: Avalon 24.2; Minden Pictures 98.1, 140.5; WILDLIFE/Hartmann, P. 24.1. |Karnath, Brigitte, Wiesbaden: 181.9, 270.3, 270.4, 283.3. |mauritius images GmbH, Mittenwald: Alamy/blickwinkel/von Dueren, A. 143.2; Minden Pictures/De Roy, Tui 138.1; Science Source/Omikron 22.2; Wrba, Ernst 108.1. |Mettin, Markus, Offenbach: 291.4, 291.5, 339.1. |Mettler, Michael, Langenhagen: 107.2, 107.3. |Minkus Images Fotodesignagentur, Isernhagen: 68.1, 68.2, 68.5, 68.7, 68.9, 68.11, 69.1, 69.3, 72.2, 90.1, 168.1, 169.6, 172.2, 173.1, 173.5, 173.6, 176.2, 177.1, 177.2, 177.3, 178.3, 179.7, 179.8, 180.1, 180.2, 180.3, 180.4, 181.6, 182.1, 206.6, 206.7, 206.8, 214.1, 214.2, 214.3, 214.4, 214.5, 220.2, 220.3, 226.1, 232.1, 234.1, 234.2, 238.1, 238.2, 239.1, 240.5, 244.1, 246.1, 246.2, 248.1, 248.2, 248.3, 248.4, 249.1, 249.4, 249.5, 252.1, 262.1, 264.1, 266.1, 267.1, 268.1, 270.1, 270.2, 271.5, 271.6, 271.7, 279.1, 279.3, 280.3, 281.2, 281.3, 282.2, 283.1, 283.4, 286.1. |OKAPIA KG - Michael Grzimek & Co., Frankfurt/M.: Boulton, Mark 148.1; de Oliveira, Paulo 126.1; imageBROKER/Stober, Frank 144.1; imageBROKER/Weber, Michael 146.1; Reinhard, Hans 82.1, 148.2. |PantherMedia GmbH (panthermedia.net), München: Teister, Erich 332.1; vladislavgajic 212.1. |Picture-Alliance GmbH, Frankfurt a.M.: dpa/Hager, Christian 338.1, 360.1. |Pniok, Heinrich, Moorrege: 169.3, 169.4, 169.5, 175.1, 198.2, 198.3, 198.4, 206.11, 240.3, 240.4. |Ratermann, Martin, Vechta: 246.4, 246.5, 246.6, 247.2, 282.5. |Rössler, Michal, Freiburg: 8.1, 41.2, 43.2, 44.2, 47.2, 52.5, 78.2, 99.1, 99.2, 106.2, 119.4, 321.1. |Schlierf, Birgit und Olaf, Lachendorf: 181.1, 181.2, 181.3, 181.4, 181.5, 221.3, 261.2, 261.3, 261.4, 375.2, 375.3, 375.4, 375.5, 375.6, 375.7, 375.8, 375.9, 375.10, 375.11, 375.12, 375.13, 375.14, 375.15, 375.16, 375.17, 375.18. |Science Photo Library, München: 50.3, 173.2, 173.3, 173.4, 206.3, 206.4, 206.5, 275.1, 275.2, 340.2, 340.3; Agentur Focus/Syred, Andrew 59.1, 88.2; Biophoto Associates 3.2, 54.1, 56.2; Cavallini, James 58.2, 86.1; Degginger, E.R. 174.8; Degginger, Phil 174.5, 288.2; Dennis Kunkel Microscopy 42.2; ESA/NASA 357.1; EYE OF SCIENCE 64.1; Giphotostock 221.2, 278.1, 279.2, 306.1, 311.1, 314.2, 320.1; Gschmeissner, Steve 3.1, 10.1, 14.1, 28.1, 33.1, 62.1, 62.4, 62.5, 62.6, 62.7, 62.8, 63.2, 68.4, 68.6, 68.8, 68.10, 69.2; Heritage Images/Oxford Science Archive 168.2; Kiseleva, Dr. Elena 76.1; Molloy, Cordelia 289.1, 289.2, 313.1; PLAWGO, ARTUR 9.3, 190.1; PROFESSOR ENZO DI FABRIZIO, IIT 70.2; PUBLIC HEALTH ENGLAND/CENTRE FOR INFECTIONS 20.1; Reader, John 152.2; Science Source/Turtle Rock Scientific 9.1, 216.1; Turtle Rock Scientific 174.2, 174.3, 174.4, 194.1, 212.3; Wiersma, Dirk 212.2. |Shutterstock.com, New York: AFPics 91.4; angellodeco 112.1; Atypeek Dsgn 160.2; B-D-S Piotr Marcinski 93.3; Benz Bennee, Jason 110.1; bluehand 160.1; Cineberg 257.1; Cisakowski, Romuald 140.1, 140.2; Deva Studio 60.2, 60.3, 60.4, 60.5; dimid_86 13.3; EKKAPHAN CHIMPALEE 304.1; EQRoy 156.1; Galaganov, Dmitry 276.1; ggw 16.2; Gorodenkoff 152.1; Hermes Furian, Peter 56.1; i.bur 91.2; Impact Photography 44.4; Kanareva, Raisa 292.1; kitty 44.6; KPL 22.1; Kuvaev, Denis 100.1; MJTH 44.3; New Africa 254.1; nrqemi 6.1, 242.1; Pollard, Ash 222.1; PRILL 123.3; Prochazka, Jiri 24.3; riopatuca 13.2; Romanova, Tatjana 93.4; Siriphiroon, Poravute 258.2; sunnyfrog 127.2; urbans 294.1; Vyshnya, Taras 312.1; Wylezich, Bjoern 123.2, 348.1; yelantsevv 299.1; Yuganov, Konstantin 38.1. |Spangenberg, Frithjof, Konstanz: 129.1, 130.1, 131.1, 132.1, 132.2, 132.3, 132.4, 133.1, 133.2, 133.3, 133.4, 153.1, 158.1, 158.2, 158.3, 160.3. |stock.adobe.com, Dublin: Archivist 196.2; ariel16000 41.1; barmalini 74.1; beast01 70.1; chanawit 36.1; Couperfield 122.2; CrackerClips 328.1, 334.3; eldarnurkovic 48.1; EyeEm/zakharenko, alexander 136.1; fototrm12 356.1; hedgehog94 104.1; Jan 136.2; Kottmann, Jürgen 46.1; Laputin, Alexey 60.1; nateejindakum 172.1; Petair 302.2; Photographee.eu 342.1; RomanVX 4.1, 120.1; Subbotina, Anna 18.1; surowa 148.5; svetlanaz 5.2, 210.1; TebNad 352.1, 360.3; Wollwerth Imagery 126.2. |Tegen, Hans, Hambühren: 166.2, 166.3, 166.4, 174.7, 179.9, 204.1, 204.2, 204.3, 208.1, 208.2, 240.2, 281.5, 305.5. |ullstein bild, Berlin: Imagno 197.5. |Verband Lebensmittel ohne Gentechnik e.V. (VLOG), Berlin: 115.1. |von Goessel, Hannes, Erding: 20.4, 21.1, 33.2, 72.1, 81.2, 90.2, 91.1, 91.3, 92.1, 92.2, 93.1, 93.2, 94.2, 95.2, 104.2, 105.1, 105.2, 110.2, 110.3, 128.2, 157.1, 157.2, 159.2, 194.2, 194.3, 195.1, 195.2, 195.3, 201.1, 202.2, 203.1, 203.2, 203.3, 203.4, 203.5, 203.6, 204.4, 205.1, 205.2, 207.1, 241.1, 241.5, 250.1, 250.2, 250.3, 251.3, 251.4, 260.2, 261.1, 261.5, 263.2, 274.2, 275.3, 276.2, 277.2, 278.2, 279.4, 281.1, 281.4, 282.7, 283.6, 286.2, 287.1, 287.2, 287.3, 287.4, 288.3, 288.4, 289.3, 289.4, 289.5, 291.2, 291.3, 293.2, 296.2, 297.2, 297.3, 304.4, 305.1, 305.4, 306.2, 306.3, 307.1, 307.3, 307.4, 308.1, 308.2, 308.3, 308.4, 308.5, 309.1, 309.2, 312.2, 313.3, 315.2, 315.3, 315.5, 322.1, 322.2, 322.3, 323.1, 325.3, 327.3, 330.2, 331.1, 333.2, 334.1, 335.1, 335.3.

Aufgaben richtig bearbeiten

Im Unterricht und bei Klassenarbeiten musst du Aufgaben lösen. Dazu ist es wichtig, genau zu verstehen, was mit dem jeweiligen Arbeitsauftrag gemeint ist. Dafür musst du wissen, was die Verben in den Aufgaben bedeuten.

Nennen

Beim Nennen listest du Daten, Fakten, Personen oder Begriffe ohne weitere Erklärung auf.

1. Nenne verschiedene Arten von Krankheitserregern.

Aufgabenlösung:
Bakterien, Viren, Einzeller und Pilze.

Vergleichen

Beim Vergleichen stellst du Gemeinsamkeiten und Unterschiede gegenüber. Eine Tabelle kann helfen, Vergleiche anschaulich darzustellen.

3. Vergleiche den Bau einer Bakterienzelle mit dem Bau einer Tierzelle.

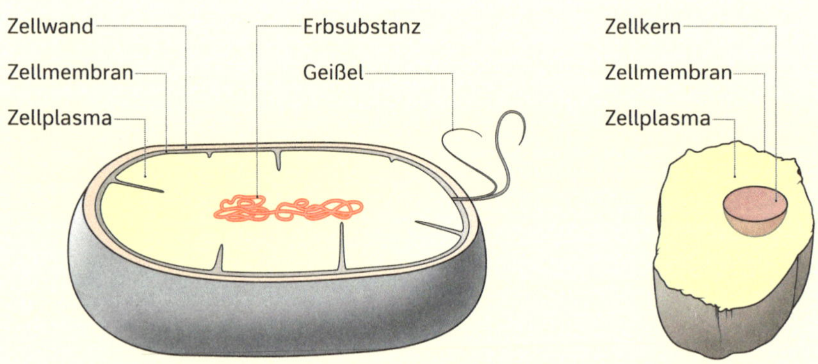

Bakterienzelle **Tierzelle**

Aufgabenlösung:

Zelltyp	*Bakterienzelle*	*Tierzelle*
Zellkern	*nicht vorhanden, Erbsubstanz liegt frei im Zellplasma*	*vorhanden, Erbsubstanz von Kernmembran umschlossen*
Zellmembran	*vorhanden*	*vorhanden*
Zellwand	*vorhanden*	*nicht vorhanden*

Beschreiben

Beim Beschreiben gibst du Sachverhalte, den Aufbau oder Zusammenhänge wieder. Die Antwort soll in ganzen Sätzen und in eigenen Worten formuliert sein. Es sind keine weiteren Informationen oder Erklärungen nötig.

2. Beschreibe, wie schnell sich Bakterien vermehren.

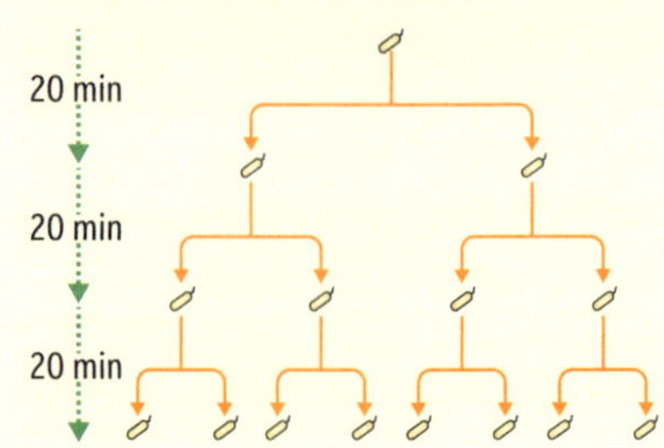

Aufgabenlösung:
Eine Bakterienzelle teilt sich in zwei Tochterzellen. Diese wachsen schnell. Bei guten Bedingungen teilen sich Bakterienzellen alle 20 Minuten, so verdoppelt sich innerhalb dieser Zeit die Anzahl der Bakterien. Nach 20 Minuten sind aus einem Bakterium zwei entstanden, nach 40 Minuten vier Bakterien, nach einer Stunde 8 Bakterien. In einer Stunde hat sich die Anzahl der Bakterien verachtfacht.